U1006596

宣统皇帝

◉长篇历史小说

五千年历史的最后一帝

叶子文◎著

中国華僑出版社

图书在版编目（CIP）数据

宣统皇帝/叶子文著．—北京：中国华侨出版社，2008.12

ISBN 978-7-80222-592-3

Ⅰ．宣…　Ⅱ．叶…　Ⅲ．爱新觉罗·溥仪（1906~1967）—传记　Ⅳ．K827=7

中国版本图书馆 CIP 数据核字（2008）第 050847 号

宣统皇帝

著　　者／叶子文

出 版 人／方　鸣

责任编辑／文　锋

装帧设计／武晓强

责任校对／吕栋梁

经　　销／新华书店

开　　本／787×1092 毫米　1/16 开　印张／34　字数／670 千字

印　　刷／中国农业出版社印刷厂

版　　次／2009 年 1 月第 1 版　2010 年 7 月第 2 次印刷

书　　号／ISBN 978-7-80222-592-3

定　　价／56.00 元

中国华侨出版社　　北京市安定路 20 号院 3 号楼 305 室　　邮编：100029

法律顾问：陈鹰律师事务所

编辑部：（010）64443056　64443979

发行部：（010）64443051　传真：（010）64439708

网　址：www.oveaschin.com

e-mail：oveaschin@sina.com

内容简介

冕旒稚子已荒唐，
傀儡衣冠更可伤。
额手雄鸡唱彻后，
神州从此无君王。

——富察·鹤年先生作《清帝十二咏之十二·宣统皇帝》

爱新觉罗·溥仪，生于清光绪三十二年（即公元1906年）。作为大清也是中国大地上的最后一位封建帝王，溥仪的一生充满了传奇色彩。他并不是上一代皇帝光绪的亲生儿子或者手足兄弟，而是其“本生弟子”，也就是亲侄子.他的生父是光绪的弟弟醇亲王载沣。

光绪病重期间，溥仪奉太皇太后慈禧懿旨被“教养宫内”，几天之后光绪去世，他又奉太皇太后旨入承大统为嗣皇帝，承继的是穆宗也就是同治的香烟，同时兼承大行皇帝光绪的宗祧。这一年，他刚刚三岁，正式场合大家称他为“宣统皇帝”，而背地里，朝野上下都管他叫做“小皇上”。宣统皇帝登基之后没有多久，武昌起义就爆发了，民主革命的暴风骤雨，推倒了大清王朝，也使得宣统还没来得及亲政就退了位，成了“清逊帝”。这当然是他、更是他所代表的那个阶级不能接受的事实，于是，他开始了不择手段的复辟活动，甚至不惜认贼作父、卖国求荣，借助日本侵略者的武力，在东三省搞了个臭名昭著的“满洲国”，当上了“康德皇帝”。后来日本战败，溥仪被苏联红军俘虏，移交给中国，在抚顺战犯管理所接受改造教育，洗心革面，最终完成了由封建皇帝到新中国公民的历史转变……关于溥仪的这些历史，他本人有过一部著名的回忆录《我的前半生》。

我们这部《宣统皇帝》，把重点放在了揭示溥仪性格形成的原因上，因此，也就更加着重对他生活的社会进行全方位的立体再现。书中对遗老遗少、后妃、太监、军阀、政客、汉奸、特务等活动在溥仪身边的各色人物都有细致入微的刻画描写，他们的奸诈权术、复辟行径、糜烂生活等等，都被暴露在光天化日之下。

1969 年，溥仪逝世，作为新中国的普通劳动者，他没有得到也不再需要封建帝王所十分看重的尊谥，但是，所有的人都会把他记在心里，当提到他的时候，都会由衷地说一声："那就是溥仪先生……"

目录

摄政王等一班大臣正为如何处置野心渐露的袁世凯，各持一词，难下决断。八旗健儿当年果敢决断的气魄，如今已难再现。这时，宣统皇帝猛然尖叫一声，大臣们纷纷跪倒接旨，不料那小皇上说的却是："我要小解！"

"我饿，皇额娘。"连喝了二十多天稀粥的溥仪向太后哭诉，得到的却是这样的回答："饿也不能吃硬饭，这是治消化不良最好的法子。"溥仪来到狗舍，见狗在香喷喷地啃着骨头，真想抢过来啃上一啃……

善耆道："你们在甘水桥下埋设地雷，可是意欲暗杀摄政王，还不从实招来！"那白面的革命党人冷然一笑道："杀一个小小摄政王有何大惊小怪？我革命党人志在推倒满清！""你是什么人？""汪精卫！"

刚刚往太监总管张谦和嘴里撒了一泡尿的大清天子，这会儿还沉浸在恶作剧的喜悦之中，他若无其事地对沮丧的大臣们说："孙文有什么？黎元洪有什么？朕的天兵天将一到，他们全得投降！"

载沣看着英国大使朱尔典，狐疑道："贵国如果真能以武力干涉革命党，我就退……退藩。"朱尔典轻松说道："亲王放心，大英帝国的军舰即日已开赴武汉。"载沣跪向隆裕太后道："摄政王印在此……"

溥仪看见地上跪着一个粗胖的老头子，一边哭诉，一边擤鼻涕，说的是什么"共和"、"退位"、"条件"，溥仪全然不懂，只有一句话，溥仪听清楚了，那胖老头子说："臣袁世凯无脸见太后

刚复位，就赐黎元洪死，这也有点太不像话。再说，民国不也优待过我吗？”

小皇上溥仪看罢退位诏书，忍不住放声痛哭，瘫倒在几案上。张谦和忙把他扶起，“万岁爷，万岁爷”不住地叫着，不知说什么才好。载沣、陈宝琛等也老泪横流。顿时，毓庆宫犹如出殡一般，哭声震天。

护军卫队首领似乎明白皇上要干什么，忙指挥护兵横在皇上面前，紧紧关上了大门。“开门！我要出去！”溥仪像荒原中的一头孤狼在仰天长啸！他撕打着护军们，咬着他们，踢着他们，直到声嘶力竭……

“小的运气好，见着了真龙天子。请万岁开开天恩，赏小的个爵吧！”溥仪听了那人的话，比听到民国总统的祝福还高兴。他忽然想起老北京给桥头叫花子的诨名，就道：“就封你‘镇桥侯（猴）’吧！……”

洋教师庄士敦定定地望着溥仪，他想，在愚昧和庸碌气氛的包围中，在充满虚假、自私、盲目自大的环境中，在太监、王公们畸形人格的影响下，这少年的心灵能不受污染吗？他的人格会不受侵蚀吗？

溥仪问道：“庄师傅，蚯蚓怎么分公母？”庄士敦道：“若在英国的中学，这是要学习的一种知识，蚯蚓是雌雄一体的，非常特殊。”溥仪却哇地一声大哭起来。庄士敦感到莫名其妙，道：“皇上这是怎么了？”

溥仪大声道：“王爷早早地剪了辫子，却不让我剪；早安上电

神武门城楼上，绍英宣读皇上的圣旨："兹将太监全部裁撤，立即出宫。钦此。"片刻之后，全场掀起愤怒的狂涛。"留个印记给皇上，让他不得好死！"一个太监忿恨地叫着，一头撞向神武门，顿时鲜血飞溅……

清室的内务府几近瘫痪，绍英、耆龄袖手不问，荣源不敢露头，金梁也不知到哪里去了。剩下的郑孝胥已是灰头土脸，他的内务府改革计划已成泡影。无奈之下，郑孝胥只好写了辞职书，双手递到溥仪桌前……

听着祝贺声，看着椅子上和身边的明黄色，溥仪悲从中来，一点也没有生日的快乐。"我是一个被驱赶的，寄人篱下的皇帝，是一个被废了名号，正在争取恢复那称号的皇帝，我还能有所作为，还能回到紫禁城吗？"

罗振玉高兴地对溥仪道："原来驻武昌的第八镇统制张彪在天津有一片园子，他愿意租给皇上住。""我才不住他的！关键时候他也会扔下我一走了之的。""皇上，他说要赎罪，看他是个忠臣，皇上就原谅他吧！"

张园里摆上了乾隆、慈禧的灵位和香案祭席，遗老遗少个个痛哭流涕。溥仪的心里燃起了无比的仇恨怒火，他走到阴森森的灵堂前，当着满脸涕泪的人们向空中发誓道："不报此仇，我便不是爱新觉罗的子孙！"

1932 年 3 月 9 日，溥仪穿着西式大礼服，在所谓新京长春的执政府典礼大厅举行就任执政仪式。当伪满洲国旗五色旗升上旗杆以后，溥仪不禁飘飘然起来。他想：我既是一国元首，今后有

溥仪在各种各样的设想中度过了惊恐的一夜，但无论何种设想总免不了一死，要死也要死出个样子来。他最终下定决心，临死前一定要高喊一声“太祖太宗皇帝万岁”，也不枉为爱新觉罗的子孙……

第一章
醇王府添丁选乳母
李总管献美陷阿哥

醇王爷的坟地里长了一棵白果树，市面上顿时传扬开了，“王”字头上加个“白”，莫非醇王府要出皇上？溥仪的乳母王焦氏却搞不明白，这个嘬起奶来不依不饶的小东西，当真会是什么“真龙天子”吗？

清光绪三十二年农历正月十五，京城醇王府门外的大街上，来了一个贫寒人家打扮的少妇。这少妇远远望见王府门前的威势，战战兢兢地收住了脚，怯怯地对领她来的那个男人道：“焦大哥，我，我还是回去吧……”被叫做焦大哥的人头戴官帽，脚穿青布洒鞋，身穿窄袖窄裤腿青布短袄裤，腰扎蓝板儿带，身材高大壮实，如铁塔一般。他正是这醇王府里的轿夫。

听见少妇的话，焦大哥恼了，他眼珠子一瞪，说道：“回去？回去还喝西北风啊？王焦氏，这会儿了你怎么敢说回去！你以为王府的事情是闹着玩儿的吗？王爷都知道你今儿个进府，你这一变卦，教我怎么办？这不是拿我开涮吗！要不看在跟你们兄妹一笔写不出两个焦字的份儿上，我才不管这档子闲事呢！”

见那少妇一脸恐惧的样子，轿夫的神色缓和了些，复又说道：“你也不想想，给王爷的贵子当奶妈，这是你几世才能修来的福分哪！”

“焦大哥，我……”

焦大哥一摆手，止住了王焦氏的话，接道：“醇亲王爷载沣是当今皇上光绪爷的亲弟弟，你去是给皇侄当乳娘！这是多大的造化，你们家祖宗的坟地准是挑对了地方！”

说到这里，他一伸手把少妇拉到了道边，压低了声音，神秘地说道：“说到坟地，你听说过吗？老醇王爷的坟地上，最近长了一棵树，一棵白果树！”

“墓地上长白果树有什么稀罕的？”王焦氏道。

“你不认识字，听我跟你说。白果树长在醇王的墓地上，白果树的‘白’字下边是醇亲王的‘王’字，这是个皇上的皇字。人家都说，醇王府要出皇上！”

“当今皇上不就是醇王府出的吗？”

“你怎么那么糊涂！当今皇上进宫都三十多年了，这白果树可是最近新长的！”

“这么说，醇王府又要出皇上咧？”

轿夫焦大哥一根指头立在自己双唇前，郑重地道：“这话只能心里知道，可不敢出去胡说！怎么着，还回去吗？”王焦氏摇摇头，悄声道：“不回咧！”“对了，还得跟你说，王府的规矩可大了，进府之后不可多说一句话，不可多走一步路，如何叫人，如何行礼，如何应答，规矩多着呢，不过你也不用担心，进了王府，自然有人教你这些规矩。”

就这样，王焦氏跟着轿夫焦大哥进了醇王府，他们自然没有资格从正门进入，走的是两旁的小门。

进了门，但见各处都挂了红灯笼，这不仅由于今天是正月十五，更由于醇王府添了男丁。

轿夫道：“这个院子叫狮子院。”接着指着院内正中的一个门道：“那个两旁有石狮子的门叫宫门。宫门两边的旁门叫抱厦门，进了抱厦门的殿，就是戏文里常说的银安殿，这里是不常开的，由银安殿绕过去，是二殿，东西的配房是首领太监、使唤太监住的地方。二殿的后面是神殿……”

轿夫滔滔不绝地说着，往西来到回事处。

轿夫道：“我这就回去了，我在门外候着大妹子的佳信。”

不一会儿，有一个人带着王焦氏往西，走进一个门内，那人让她站在这儿稍等。王焦氏看过去，见影壁后面是一座大房子，后来知道这是客厅，客厅后就是正院。不一会儿，来了一个老妈子，对王焦氏道：“随我来。”于是由这间正厅旁的抄手游廊进入里院，迎面又是高大的房屋数间，东西两边又有耳房厢房。二人由这上房夹道进入后院，这里的仆妇们已成群结队。老妈子让王焦氏在这里净过手，洗过澡，复又回到刚走过的前院。

进了正面的屋子，屋子可能有七间——王焦氏看不清楚，有明间，有暗间。这明间的后窗前，设着木炕，炕中放着炕桌，炕桌后放着炕案，炕案上的东西王焦氏一件也认不出，却知道那都是古旧的东西。炕边坐着一个满身珠光宝气的妇人，王焦氏看见她后，一时竟不知怎么办才好，这时领她进来的老妈子道：“快向老祖宗行礼。”

听得这一声叫，王焦氏扑嗵一声跪在地上，“咚”地磕了一个响头——这响声如深潭里投进了一个大石头，王焦氏吓了一跳，心道：“这地怎么是空的，怎么这么响！”

“站着说话吧。”老祖宗倒很和蔼。

王焦氏站了起来。

“你的孩子多大了？”老祖宗问道。

“三个月了。”王焦氏答。

“听说你丈夫不在了。”

“也去了三个月了。”

“家里听说还有公婆，你的娘家还有什么人？”

“娘家父母都不在了，还有一个哥哥是剃头的。”

“是河间府人吗？”

“是。”

“这里倒有你的不少同乡。”老祖宗说的是府里的许多太监都是河间府的。

老祖宗又问了一些话，方道：“验看吧。”

几个老妈子过来，解开王焦氏的衣裳，尽脱下来，虽然一屋子都是女人，但她却觉得自己从来也没有受过这种耻辱，不过王焦氏显得特别安详，因为她一家活命的希望就在这里。

老妈子只轻轻一触王焦氏那高挺硕大的乳房，乳汁立即源源不断地涌了出来。不一会儿，便注满了两大碗外加一小碗。老妈子把几碗乳汁端给炕上坐着的妇人，老祖宗露出满意的笑容，道：“怪冷的，快穿上衣服吧。”

几个年轻的丫环立即利索地把棉袍给王焦氏穿上。王焦氏冷惯了的，虽是正月，但这里暖融融的，满屋绿草鲜花，王焦氏更没有觉得有一点儿寒冷。

“出去吧。”老祖宗道。

王焦氏又是扑嗵跪倒在地，给老妇人磕过头，走出门去，又被领回后院。

坐在炕上的老祖宗就是老醇亲王的福晋刘佳氏。正福晋即慈禧的亲妹妹去世后，刘佳氏就成了醇王府的“老祖宗”。

“我看这二十人中，数她最好。奶水稠厚，人也端正。虽是刚生过孩子的人，腰身并不嫌粗蠢，手脚也匀称。看她性格也朴实，刚才那磕头的架势，倒把我吓了一跳。”老福晋笑了起来。

王焦氏被留下来，每月二两银子；从此她也就和年老的公婆及几个月的女儿分开了。

当天晚上，王焦氏被领进醇王载沣福晋的屋内，老福晋刘佳氏也跟了进来。载沣福晋即荣禄女儿瓜尔佳氏的旁边，一个婴儿正安详地睡在襁褓中，他大大的脑门，红红的脸蛋，惹人怜爱。王焦氏虽然为离开自己的孩子而辛酸，但眼前可爱的宝宝又令她无限喜悦。她很自然地给婴儿喂奶，不一会儿小孩吃饱了，打了个哈欠，似乎是甜甜地笑了一下。刘佳氏和瓜尔佳氏都露出满意的笑容。看着孩子可爱的样子，刘佳氏道：“小乖乖生下来两天就会笑了，长大后必是个聪明的孩子。”

“大脑门，就是聪明。”王焦氏由衷地说。

“大脑门，大脑门。”刘佳氏高兴得合不拢嘴。

王焦氏现在吃的是她活到现在连见也没见过的东西，每天面前摆得满满的。虽然没有一点咸味，她吃起来也特别香甜，奶水更是如泉涌一般，醇王府上下对她无不满意。

所有的仆妇们都对福晋刚生下的婴儿叫“爷”，当然王焦氏也不例外。有身份的人称这个婴儿叫“阿哥”。小阿哥虽是婴儿，可有许多人终日侍候他。“精奇”、“水上”和“嬷嬷”是常在阿哥身边的三个妇差。“精奇”是看妈；“水上”是水妈，做些杂活；“嬷嬷”这是王府里的人对王焦氏的称呼，是乳母。除掉这三人之外，还有几个“姑娘”——也有的叫她们“使唤丫头”。王焦氏没想到这么一个小孩身边有十几个人侍候，而且她还听说，长大些会更多，身边还有一些太监。

转眼到了小阿哥的满月，醇王府唱了三天的大戏，醇亲王载沣和弟弟载洵、载涛都高兴地换上戏装，亲自上台唱起来。王爷载沣虽然平时说话结巴，但在台上却流利自然；贝勒爷载涛的猴戏更是博得了满堂的喝彩。王焦氏真不敢相信，王爷们还有这种本事，她活到现在也没有见过这么好的戏。

台上不停地唱，台下送礼的人络绎不绝，连慈禧老佛爷和皇上都赐了礼物。当然筵席更是少不了的，王焦氏惊骇万分，她怎么也想象不出，一桌子竟摆上一百来种菜肴。

满月后，醇亲王载沣给他的长子起了名字，叫溥仪。

让醇亲王府上下受宠若惊的是，在溥仪三个月的时候，慈禧老佛爷特命老福晋和福晋把溥仪带到宫中。老太后见了溥仪喜不自胜，说这孩子长大了肯定有出息。

光阴似箭，转瞬便到了光绪三十四年的孟冬时节。

虽说是孟冬，但这天的天气却特别暖和。几天猛烈的东北风吹过，天空丝云不挂，碧蓝碧蓝的，蓝得透明，蓝得深不可测。太阳斜挂在西天，却是它最灿烂的时候。

慈禧正在颐和园长廊上享受着斜射过来的阳光。眼前湖水澄明，映着蓝天。往远处望去，苍黛色的西山横躺着，阳光勾勒出它清晰的轮廓。

慈禧看着这一切，心里非常高兴，她仍陶醉在万寿节的欢乐里，黄而发亮的脸上现出些红晕的色彩，松弛的眼角现出几丝笑纹。看到她的面容，李莲英忙道：“老佛爷今儿个气色真好啊!”

“是啊，老佛爷就像万丈光芒的太阳，我们都沐浴在您的光辉里，大清的江山都沐浴在您的光辉里。”

“是四格格吗?”

“是，老佛爷。”

说话的当儿，四格格已来到慈禧的面前。四格格是首席军机庆亲王奕劻的女儿，是在慈禧面前最得宠的女人。

“老佛爷，小的给您送来一件礼物。”四格格解开一个红锦的包裹，露出一个檀木匣子。四格格把匣子捧在慈禧膝上道：“请老佛爷打开。”

慈禧刚一打开匣盖，里面立即响起清脆悦耳的声音：“万寿无疆，万寿无疆，万寿无疆……”

慈禧一惊，继而听到这颂词，心里不由一喜，眼角的笑纹拉得更密更长了。

四格格忙道：“祝老佛爷和大清的江山一样万岁、万岁，万万岁。祝老佛爷笑口常开，心想事成。”

慈禧见匣内之物，原来是一尊金铸弥勒佛。老年的慈禧最好听奉承话，也最喜欢这些以“佛”为题材的玩意儿。听了四格格的话，看着这一尊佛，老佛爷心想：是啊，虽然有许多乱臣贼子捣乱，但我的大清依然如故，它还在我手里，牢牢地、永远地在我手里。

李莲英道：“四格格，这件东西是谁送给你的呀？”

“袁都督。”

四格格的话刚一出口，慈禧的嘴角不由地抽动了一下，这细微的动作被李莲英看个清清楚楚，不由在肚子里“哼”了一声。

四格格立时改口说道：“阿玛心里哪一刻不想到老佛爷呀，他不只是对袁世凯，他对许多人都说过，有什么让老佛爷开心的物件，可不许隐着藏着……”

“回——”慈禧轻轻地说了一声，脸色很阴沉。

“起驾——”李莲英一声高喊，开道太监立即“吃吃”地喝起道来。

四格格像被野猫抓了心肺，脸上的笑容僵住了，愣愣地站在那里。

慈禧回到东寿堂殿内，翻看着那一摞奏折，见一份上写道：“庆王自任军机，门庭若市，细大不捐，其父子起居饮食车马衣服异常挥霍，并将私产一百二十万两送往东交民巷英商汇丰银行存储……”

另一份上写道：“庆王寿日，直隶总督袁世凯送他白银二十万两并有其他珍宝，庆王府平日之开销悉由总督奉给，全额报销……”

……

看着这些奏折，太后的心里起了阵阵波澜。当年八国联军打进北京，多亏了庆亲王奕劻，给她开脱了支持义和团的干系，又和各国联络订了条约，虽然有人对《辛丑条约》说三道四，可是慈禧能够金蝉脱壳，保住大清，保住她稳坐殿上。所以慈禧把奕劻这支远支的宗室一步步地提到军机处并负责与各国联络。现在奕劻羽翼已丰，贪贿无厌，这些慈禧倒并不放在心上，可是，近日多方奏闻，他和袁世凯越来越亲密，甚至难舍难分，这就不能不引起慈禧的警惕了。提起袁世凯，慈禧太后不由得倒吸了一口冷气，自言自语："他是个无信无义，卑鄙无耻的奸猾小人。"慈禧想，他手中有精锐的北洋军，若和掌握朝中大权、根深叶茂、特别是受到各国宠爱的奕劻混在一起，大清的未来将不堪设想。慈禧不由得一阵眩晕，这是她从来没有过的感觉。"难道我老了？——不！我要活到一百二十岁！"她心里这样念叨着，渐渐地稳直了身子，在昏暗的大殿里，她的眼里闪射出绿荧荧的光。她在心里咬牙切齿地道："我要斩断他俩的关系，我要剥夺他们手中的权力，特别是军权。等着瞧吧，看你们能蹦跶出我的手掌心。"一挺身，慈禧站了起来："传膳！"

膳后。太后的寝宫内。

李莲英正揉捏着慈禧的肩臂。慈禧此刻双目微阖，气息平匀，显然是在这种舒适的按摩之中渐入梦乡。

恍惚之中……

"兰儿。"

兰儿正在河边的垂柳边捕着蛱蝶，听得这一声温柔的呼唤，便转过头去，见柳丝下，鲜花边，站着一个亭亭的美少年，细眉斜鬓，双目含情。兰儿见到他，芳心早已醉了，叫道："荣哥！"

听了这声叫，荣哥款款地向她走来。兰儿此时紧张得喘不过气来，浑身只觉酸软，眼睛眯着再也睁不开，身体便向后倒下去。少年"荣哥"急步过来揽住她的纤腰，与她一同倒在花丛中……

二人正在忘情之中，只听得一声喊叫犹如惊雷，"淫妇，我要杀了你！"兰儿睁眼一看，只见一个蓝脸人出现在她眼前，睁着牛眼，张着血盆大口向她扑来，一双铁爪紧紧地掐着她的脖子。

"啊——"慈禧惊叫着从梦中醒来。

李莲英停住手，道："老佛爷，怎么了？做恶梦了？"

老太后坐起之后随即又瘫软在床上，犹如六月里的芭蕉叶，被摘了下来猛然放进炉火中，一下子就蔫了。她目光呆滞，手不住地抖着，嘴角不住地抽搐，腮上的赘肉耷拉下来。

李莲英的双手又在太后身上游走，还柔声喃喃道："梦中的一切都是假的，老佛爷别在意。"

慈禧却一反常态地说："你……回去吧……"

"还是让奴才伺候老佛爷歇息吧。"

"不……不要了，让我一个人呆一会儿吧，你……睡去吧。"

李莲英嘱托过坐更的太监，来到自己的寝处。"啊——哈！哈！"李莲英号叫了几声，又低声阴阴地叫着："我要当皇上！我要当主子！"

多么荒唐的想法，多么狂妄的想法，但李莲英确实一直在做着当皇帝的梦，特别是在荣禄死了之后。

他回想起铲除第一个敌人的经过——

载漪不同其他亲贵子弟，他没有去钻营“文道”，而是用心武学，慈禧太后便看中了他的将帅之才，封他为端王，后来又立他的二儿子溥儁为“大阿哥”。于是溥儁俨然是光绪帝的太子了。这可触到了李莲英的疼处。

随着西太后日益离不开李莲英，李莲英的权势日益膨胀，他的野心也日益膨胀起来。虽然他在宫中权势熏天，虽然他喜欢谁就是谁，不喜欢谁就像碾死一只蚂蚁一样地除掉他；可是，他仍然有许多“主子”，什么“太后”，什么“皇上”，还有什么“后妃”。“我就不能当主子吗？”李莲英时常这样问自己。他认为他能当主子，只要能成为西太后的男人。这个在别人看来最荒诞不经的想法，在李莲英看来确是可以实现的。只要把太后伺候得离不开他，他就可能成为慈禧的男人；只要他成了慈禧的男人，凭太后的个性，立他为皇上也不无可能。都说女的不能做皇帝，武则天不是做了？慈禧实际上不也是做到了吗？只要慈禧太后让他做皇上，他想，他就有能力做中国历史上第一个太监皇帝。

可是慈禧却立溥儁为大阿哥，这就断了李莲英的念想。于是他处心积虑地打起溥儁的主意来。

一天，见大阿哥过来，李莲英便右手扶膝，向溥儁行着礼，麻脸上堆满笑容，笑得是那么灿烂，犹如绽放结籽的向日葵。

“什么事啊？”溥儁鼻子朝天，傲慢地答道。他觉得，他是皇帝的当然继承人。

“这是个好对付的人。”李莲英在心里骂道，脸上仍堆着笑说：“太子殿下，奴才有几件宝贝，想孝敬您老人家。”

“太子殿下”这几个字一叫，溥儁马上心花怒放：“什么宝贝？”

“全是国宝。太子殿下一看便知。”

“在哪里？”

“在奴才的住处。”

“前边引路。”

李莲英的住处是一个独立的院落，客堂很雅洁，犹如文人雅士的书房。屏风上书写着名人字画，博物架上放着古朴的瓷器和一些鼎炉之类。檀木的方桌旁，摆着两个红木太师椅。李莲英请溥儁坐下，垂手侍立。

溥儁问：“有什么奇货呀？”

“太子爷，您老别急……”

正说道，后院响起悠扬的笛声，犹如花下的黄莺在歌唱，又如云间的百灵在啼啭。

“谁吹的这高妙的笛子？”溥儁站起身来。

“这正是奴才献给太子爷的‘奇货’。”

溥儁向后转去，李莲英忙道：“奴才带路。”

穿过一个拱门，二人来到一个小花园。花园虽小，但假山池沼俱全，非常雅致。

李莲英用手一指说道：“太子爷，您老请看那边。”

顺着李莲英所指的方向望过去，见一个碧池旁的古藤下，坐着一位仙女似的姑娘，穿着薄薄的单缣宫服，坐在石凳上正在吹笛。一双玉臂抬起，正衬出高耸圆润的乳房，纤可一握的腰肢。在池水光亮的映衬下，那一头黑发衬托下的玲珑的耳朵、优美的颈项、圆圆的手臂、细长的手指，无不莹洁、细嫩；莹洁得透明，细嫩得摸一下就出水。

溥儁的眼睛直了。“真是个宝贝！”说着，张开的嘴巴再也合不上，舌尖和嘴角流下长长的口水。

李莲英的眼角斜着溥儁，心道：“看我怎么搓弄你。”

两个月以后的一天，一个好吹笛的宫女在太后驾到时不知回避，那天正是老太后心烦意乱的时候，慈禧令太监把她架来。

“好不知高低的贱货，竟然在銮驾前吹笛子！”

“奴婢总以为老佛爷喜欢笛子，所以……”

“打！剥去她的衣服打。”慈禧命令道。

剥着剥着，一个太监忙走上前道：“老佛爷，她……她里面穿着件男人的内衣。”

“什么？”慈禧的鼻子都气歪了，“再打，问她是谁的衣服。”

“老佛爷，”一个太监走上前低声道，“这事透着邪。老佛爷您想，这后宫除了我们这些假男人，还有哪个男人能进来？”

慈禧想了想，那肯定是溥儁了。于是命令道：“把她推出去斩了！”

“慢——”李莲英忙走过来道，“老佛爷，待奴才再问她几句。”

“好吧。”

“你这贱人，是谁告诉你这么做的？一个宫女怎有这样的胆子？”

“禀总管老爷，奴婢死也不敢在老佛爷面前吹笛子，是大阿哥说太后喜欢听笛子，奴婢这才没回避，想吹一曲儿给老佛爷解解闷，求老佛爷、李总管开恩。”

李莲英笑道：“老佛爷，奴才看这宫女少不更事，不如就饶了她吧——老佛爷把她交给我再审一审。”

“交给你了。”

“带走！”李莲英喝道。

过了两个时辰，李莲英禀道：“老佛爷，大阿哥不止和她一个有染，简直是秽乱后宫啊。前些日子，大阿哥更是奸污了一个宫女，以致这个宫女怀孕快要生产了。还有……就不说了吧，这都是奴才失察，若没有今天这事，还不知道呢，请老佛爷处罚我吧。”

“反了，反了！我早有耳闻，说他是个花花公子，到处寻花问柳。没想到现在竟然闹到宫里来了。这事就交给你了，特别是那个快要生产的宫女，你看怎么才能弄得悄没声息。”

慈禧极力地想把大事化小、小事化了，她不愿这事张扬出去，让人家说她的选择是错误的。

“老佛爷，那个吹笛的宫女——还是赏给奴才吧。”

“她是漂亮——随你吧。无论如何这些事处理得要稳妥。”

“嗻——，奴才一定会把这事摆平。不过，老佛爷，奴才有一句话不知当说不当说。”

“你什么时候变得这么吞吞吐吐的了？有话直说吧。”

“老佛爷，奴才说错了，你就打奴才的嘴吧。奴才想，端王和义和团有那么大干系，虽然他已被处置，但他的儿子还做着大阿哥，老佛爷您想，这八国的主儿能高兴吗？如今大阿哥又在宫闱闹成这个样子，若不置办他，有损老佛爷的英明声誉啊。”

过了许久，慈禧答道：“废了他。”

“哈、哈、哈。”李莲英干笑着，从往事的回忆中回到美好的现实：“荣禄死了，太后最喜欢的是我，我可以做万岁爷了！”

太后和荣禄不是一年两年的情分，李莲英发现了秘密：荣禄是慈禧的闺中情人！看太后见到荣禄时的那眼神，看太后见到荣禄时的那动作。她恨不得和他日日厮混，夜夜共枕；恨不得时时躺在荣禄的怀里。李莲英发现这个秘密后心里就像是被冰封冻住了：他在太后心中的地位怎能有荣禄的万分之一？当太后面首进而做皇上的设想不就成了镜中花，水中月？

“哈、哈、哈、哈，现在好了，我快要熬到头了。”他自言自语，在屋里转着圈、蹦跳着，兴致越来越高，于是出了宫回到自己的床上。

李莲英也有三妻六妾。他来到刚娶的小老婆那里，这个小妾是袁世凯买来送给他的，长得像江南的山水一样秀丽，名叫秀儿。可是，现在那光洁的色彩渐渐暗淡了，秋波闪烁的明眸也失去了神韵。

见到李莲英，秀儿犹如老鼠见到了凶恶的狸猫，浑身乱抖，不由地向后缩着。李莲英一跃扑上去，像猛虎抓捕着小兔，随即把她拎起来按到了床上。

“我的小乖乖……”

每当听到这句话，秀儿知道，残酷的虐待开始了。

“我的小乖乖……”

说着这句话，李莲英的眼前出现了父亲紫黑的面容、粗糙的大手，这双有力的大手把李莲英缚到床上，随即对李莲英说道：“我的小乖乖，你忍着点……”接着一刀下去了，那年头没有麻药，没有止痛止血的药。“啊——”八岁的李莲英嚎叫着，不知昏过去多少次……

“我的小乖乖，你忍着点……”

李莲英一遍遍地念叨着，用他长长的指甲当“刀”，在秀儿的身上狠命地掐着、划着。

秀儿惨叫几声昏了过去，结果换来的是更残酷的虐待。一会儿她苏醒过来，咬着枕头，再不敢喊叫，她知道，若是喊叫，只能鼓励他更猛烈地虐待自己。

豆大的汗珠在秀儿的额头面颊滚动着，头发湿得如水泼的一样。

“我要怎么着就怎么着——我是万岁爷，万岁爷……”

一个多时辰过去，李莲英筋疲力尽——他得到了快感。

第二天，慈禧的眼睛深凹进去，似一眼荒废的枯井，没有了任何神彩，眼圈乌黑，如涂了一层墨。

庆亲王奕劻第一个来到仁寿殿，见到太后这样，不由得心内一震，随即稳定一下道：“老佛爷，每天的饮食还进得香吗？”

“我的身体好得很，结实着呢。”

“奴才这就放心了——不是奴才冒昧，实在是我大清全仰仗着老佛爷您呀。”

“你这样有孝心，我的心里就舒坦多了。奕劻呀，你的大儿子载振现在可好吗？”

奕劻的心像是被开水烫了一下，激动得差点儿掉出眼泪来，可仍是抑住激动，道：“犬子时刻不忘老佛爷的教导，在商部勤勉有加；在家里不仅刻苦读书，而且一日也不曾废了鞍马。”奕劻知道，太后最喜欢会武的人，八旗子弟缺少的就是先祖的这种风气。

“是啊，我大清就需要文武双全的人才，需要能孝敬祖先，光大祖先洪业的人。”

“奴才父子决不忘老佛爷的教导。”

“奕劻，我想把袁世凯提拔到军机处，并让他当外务部尚书，你看怎样？”

“好呀。袁世凯对我大清忠心耿耿，早在戊戌年曾为保护老佛爷立下大功。他实在是我大清的栋梁之材。老佛爷如此赏识袁世凯，是朝廷之福，大清之福。圣明呀，老佛爷。”

“那就由你传旨，即刻调他到军机处。”

“嗻——”

“荣禄的墓地你派人去看一下。”

“嗻——”

“退下去吧。”

“嗻——”

军机大臣瞿鸿禨已进来多时，也在一旁冷眼看了多时，当他听到慈禧太后要奕劻传旨擢升袁世凯时，他立刻明白了：西太后对袁世凯已猜疑很重了。袁世凯任直隶总督，这正是京畿重地，他又握有北洋六镇的重兵，这确是大清朝的心腹之患。现在敏锐的西太后要处理这件事了。所以，当奕劻刚走出大殿，他便进言道：“太后，臣有一言，不得不说，如骨鲠在喉，今天想要一吐为快。”

“瞿爱卿，你就说吧，你对大清的忠心，我是知道。”

“可是……”瞿鸿禨往四周看了看。

“莲英呀，你们都退下去吧。”

这可是唯一的一次例外，其他的大臣、太监退出是常事，李莲英也退出大殿，这可是破天荒的头一次。

人都退尽，瞿鸿禨道：“太后，袁世凯虽然在戊戌年立有大功，可这个人两面三刀，唯利是图，显然是无信无义之人，胸藏大奸之徒，不能说他是真的忠心清室吧。现在太后又升擢他到了军机处，又兼外务大臣，臣以为此人只可罢黜，怎能提升呢?”

“瞿卿所言甚是，但除了升他到军机处，你还有什么法子削去其军权，说来听听。”

“这……这是赶虎出山？太后圣明!”

“瞿卿呀，以你对大清的忠心，我是放心的，所以袁世凯到了军机处，还望你多多关照啊。”

“谢太后信任。可是臣尚有一言，奕劻领衔军机，又负责与各国联络，其子载振又是商务大臣。臣以为他一家受太后恩典太重了，实在不该享有这些。太后深思：满朝中奕劻和袁世凯最为亲近，臣也曾上书奏及奕劻府中所有开销都拿到直隶总督府报销的事，二人拧在一起恐怕不是大清之福吧。臣总以为袁世凯有王莽曹操之志，若太后对奕亲王过于信任，比方说……比方说……”

“你就直说吧。”

“比方说要让载振承嗣大统，不是正快袁世凯之意吗？不论何事、何人，若有袁氏夹杂其中，恐怕都不可逆测。”

“那依你之见……”

“臣以为不如把庆亲王的军机大臣一职开缺，当然，这不是易事。有一国的保护，就不好动这个人，何况奕劻有八国的庇祐。但这件事不能不做，只要是做得绝密、干脆，证据确凿而又突然，外邦也不好说什么。”

“是的，关键要有证据堵住外邦的嘴。我已搜集了奕劻许多作恶的证据，尔等也要多方搜集，务要确凿，不能泛泛。在大量确凿的证据面前，开缺奕劻，八国没有理由干涉，虽有苦衷，也说不出来了。”

“太后圣明!”

瞿鸿禨退出后，慈禧的心内翻腾起来。刚才提到载振，奕劻眼内放射出异样的神采，凭她几十年的经验，她已看出，奕劻确有让载振嗣光绪之位的打算，恐怕这件事奕劻等已和袁世凯谋议过了。慈禧倒吸了一口冷气，心想：好在我已作了准备，不然现在真的是束手无策了。

她早已感觉到来自袁世凯的威胁。废黜溥儁后，起初她也确曾扶持过奕劻，真的想让载振承继大统，合奕劻父子之力，或许能抑住袁的势力。没想到袁世凯这条毒蛇已紧紧地缠住了奕劻，奕劻甘心为其卖命，情势不可逆转。所以她很庆幸她自己几年前预作的安排，她钦佩起自己的高明、自己的眼光来。

几年前袁世凯的势力在膨胀的时候，她感到自己犯了个大错误，不该让袁世凯训练新兵，给他这么大的权力。她时刻在寻找着补救错误的措施。首先，她要慢慢地削去袁世凯的军权，没有了军权，袁世凯就成了拔去了毒牙的眼镜蛇；其次，立的储君不能和他有任何关系或隐藏的亲近关系，不然，必然被大奸巨猾的袁世凯所哄骗。那么谁是最痛恨袁世凯的人呢？当然是光绪，倘若光绪有儿子，还真的可以让他继承大统，可这已是不可能的事了。那么还有谁最恨袁世凯？还有谁绝对不会被袁世凯的假象虚伪所迷惑？那就是光绪帝的弟弟们。可是如果让光绪的弟弟们承继光绪的皇位，那和光绪帝又有何区别？还不是最终又要从她慈禧手里夺权？那不等于她又树了一个敌人！立溥伟行吗？这个奕䜣的孙子。想到奕䜣，慈禧的心里就涌起一股暖流，当年多亏了奕䜣的支持才治服了肃顺他们，才有了今天这一切，不然自己早已身首异处了。可是溥伟的年龄太大，他会像载湉一样很快亲政。慈禧绝不允许大权有一刻的旁落。那么怎样才能既保住自己的大权不致旁落，又使得所立的新君绝不会上袁世凯的当呢？慈禧心生一计：把荣禄的女儿嫁给光绪的弟弟载沣，依靠这两个家族的势力来对抗袁世凯和奕劻，同时立载沣的儿子为储君，他登基的时候年龄绝不会大，那么她就仍能垂帘听政，何况载沣又是个谨小慎微、唯唯诺诺的人，他办事，慈禧是绝对放心的。这样大清的权力，就仍然牢牢地掌握在她的手中。立幼君、立与袁世凯为敌的人，这就是她的思路。可惜，荣禄死得太早，不然她就可以和荣禄一起对付袁世凯，就不会像今天这样孤立无援了。

回想几年前的往事，慈禧既为她的预作安排而得意，又为荣禄的过早去世而悲酸。现在载沣的儿子溥仪已经三岁，就让这三岁的孩子做储君吧。可是她不能不有所担心，万一自己……她马上又否定了这样的想法，万一是不可能的，她的身体再差，也能活到八九十岁，在这段时间里，她有足够的时间为小皇帝扫平道路。想到这，她又悲从中来，荣禄过早地去世了，不然她也没有必要担心这些事情了。她不由感到自己势孤力单，对局势的左右感到力不从心。

“我真的老了，”慈禧叹道，可她又坚定地认为，“我有足够的时间为幼君扫平道路，我一定会办到的，天下没有我办不成的事！”

庆亲王爵是嘉庆帝赐给其爱弟永璘的，奕劻承袭了这个爵位。

庆亲王府本是乾隆权臣和珅的宅第，和珅被嘉庆帝赐死后，其宅第归永璘所有，它座落在定安门外定府大街。奕劻时，又大兴土木进行了扩建，府第中的房屋、厅堂至上千间。另有承泽园、泄水湖、苦水井等花园。京城外铺店不计，仅京城内就有几十所铺房。各地的田庄达六万多亩。

奕劻坐在契约斋内，女儿四格格就立在旁近。

“老佛爷真的显出厌烦？”

“依女儿的眼力，确是如此。”

奕劻相信他女儿的眼力。多少年来，他看定了，大清国就是慈禧，慈禧就是大清国，只要能讨得慈禧的赏识与欢心，就能飞黄腾达。所以他总是在巴结着慈禧。一个偶然的机会，他带四格格见了太后，而精明乖巧的四格格没有丧失机会，初次见面就讨得了太后的极大欢心。后来，太后把四格格许给了荣禄的九儿子。多少年了，四格格几乎天天都在陪伴着太后，这虽然对婚后的四格格是种折磨，但是对于奕劻是求之不得的。奕劻认为，虽然在签订《辛丑条约》时为保护慈禧立了大功，但是他的步步高升最主要的还是由于四格格。如果没有四格格，他怎能对慈禧的心理、她的好恶知道得那样清楚？现在，既然四格格感受到了厌恶，看样子，事态真的有点严重了。奕劻不由地站起身来，在屋子里转着圈子。好长时间，才憋出一句：“怎么载振还没来！”

“报——”

“快进。”奕劻道。

总管带进一个人，那人进门便跪倒在地上。

“怎么不是载振。”奕劻跺着脚道。

总管很诧异，这在以前是没有的事，他还是不慌不忙地说：“王爷，这位可是天津卫有名的才子，今儿个专来孝敬王爷您老人家的。”

“给王爷请安。奴才日思夜想，渴求仰瞻王爷恩颜，今日总算慰了小的一番心愿。”

来人膝行到奕劻面前，双手捧着一个红纸封。

奕劻习惯地伸手接过，道："下去吧。"

总管和来人刚出屋，奕劻翻看红纸封的背面，上面写道："海关税官"。

"哼，这种肥缺能随意到手？胃口真大！"说着，麻利地撕开纸封，银票的数字首先跳入眼里：八万两。

不过这八万两的银票还是不能冲淡他的焦急："载振怎么还不来！"

第二章
狎歌妓载振贪艳色
褫兵权太后疑枭雄

载振一把揽住杨翠喜的纤腰，咬住她耳朵道：“我会疼你爱你一辈子的，我的小亲亲，我要把你封为福晋。”“福晋？你是王爷？”“老爷我是庆王府的贝子，将来必定是王爷的，说不定比王爷还要大……”

身为御前大臣、农工商部尚书的载振刚从吉林按察事务回家，警务尚书徐世昌就到府求见。

载振把徐世昌迎到客厅道：“你我一同到吉林，一路上日日一起，感情融洽万分，无话不谈；刚一到京，又枉车骑来府，莫非有什么话在路上不好说吗？”

徐世昌道：“在下正是由于觉得与贝子爷相处十分融洽，故不避叨扰，一到京便来求见。另外，也是受人所托，有一封信欲亲自交于贝子爷。”说着递上一个锦包和一封信。

载振解下锦包，见是一个红漆的匣子，打开匣子，不由得眼前一亮：里面是十颗光灿夺目的大珍珠！

“这种珠子，多年来已经很少见到了。”

“是啊，南海的珍珠已很难得了，何况这么大的，可算是至宝。”徐世昌和道。

载振贝子打开信封，见信上写道：“段芝贵再拜奉尚书贝子殿下：闻殿下奉旨赴吉林督办农工商兼学务，小人即前往拜谒，惜失之交臂。但小人素慕大人，渴求拜瞻，故随殿下车骑至京。特奉薄礼，万请笑纳。并在饭庄聊备菲酌，恭请殿下大人光临。段芝贵叩首再拜。”

载振道：“这段芝贵不是袁总督帐中的督操提调、现正候补道员的段将军吗？”

徐世昌回答道：“正是，没想到贝子老爷对他竟这样熟悉。”

“亲王府与袁总督一向交厚，他家的事，哪有不晓之理？”

于是，载振乘轿前往赴宴。

段芝贵早在饭庄门口恭迎。见载振的轿子来了，忙跪在轿前道：“小人三生有幸，能请得贝子爷殿下屈尊光临。”

载振下轿扶起段芝贵，道："段将军怎能行此大礼!"

段芝贵起身，又道："久仰贝子爷。"于是扶他进了饭庄。

二人进得厅堂，见地上铺着波斯地毯，电灯放射出五彩的光芒。对门是一座一人多高的大钟，壁上挂着西洋人体油画。屋子的正中摆着椭圆形的一张桌子，桌子上放着红玫瑰、郁金香和康乃馨，再看周围摆了许多热带的树木和苏州盆景。

载振道："这使我又到了西洋。"

段芝贵道："这个厅就叫'巴黎厅'。小人想，贝子爷殿下曾到过法、比、美、日等国访问，又参加过英皇加冕典礼，故此，小人专门购得西洋名画，专为殿下布置了这个厅。"

载振转了一圈，道："还是西洋的电灯好，这画能看得真切。果然幅幅都是瑰宝。"

段芝贵道："若贝子爷喜欢，小人就敬奉您老了。"

"确是价值连城，啧……啧……"

三人落座，摆上珍肴。载振道："我在西洋出使时，人们都称我为'部长'，亦称'殿下'。回到国内，称我作殿下的，好像就你一人。"

段芝贵起身行礼道："贝子爷这样说，让小人慌恐得很，难道殿下看不起小人不成？无论如何，小人心里只有殿下，今后愿在殿下的鞍前马后效犬马之劳。小人出身武备，当年曾在陆军中主持操务，也颇有些威望，殿下若有用得着小人的，小人赴汤蹈火，粉身碎骨，在所不辞。"

"我岂不知将军之才威，袁总督手下，哪个不是精兵强将！我大清朝廷，就靠你们扶持哪。"

"父督时常教导孩子要为大清出力，特别嘱托对庆亲王及贝子爷要忠心耿耿，我虽不才，愿自荐于贝子殿下帐下。"

"什么？你称袁总督为父亲?"载振道。

徐世昌道："袁公早收芝贵为义子了。"

"如此就更是一家人了。"

徐世昌和段芝贵奉袁世凯之命而来，他们以为，今后的皇上有可能就是载振。且不说奕劻是西太后最宠的红人，是首席军机；单是这载振，太后偏选他出使各国，明显是让他历练历练，同时让他和各国建立良好的关系，希冀以后各国能给他以支持。现在又让他做了御前大臣，特别是农工商部尚书的显职，很明显，储君的位子，西太后有点属意于他。现在若能和他拉上关系，前途无量。即便载振不能做皇帝，凭其父亲是当朝第一权臣，他本人又是少年显贵，徐世昌、段芝贵也应极尽巴结之能事。

载振想，我阿玛与袁世凯早就谋划立我为储君，看老佛爷的心思，对我也有九分了。我若要做皇上，也要在朝廷内外多结交一些人才是，我要慢慢地织成一张网。现在段芝贵做着陆军管营又补了道员，既军又政，正是我要结交的。

喝了几杯后，载振道："不知芝贵将军有何打算。"

段芝贵道："别无他意，只想瞻仰恩容，表明我的赤子之心。"

又喝了几杯，载振眯眼瞧着身边的几个使女，似有不以为然之意。段芝贵看的真切，便"啪啪"拍了两下手。厅堂尽头的红幔徐徐拉开，一曲琵琶如风入竹篁，飒然而来，随即又如泉流石上，沁人心脾。

载振拍手赞道："乐天之琵琶女，也不过如此。我还以为段将军乃军旅中人，没有召妓侑酒的风气呢。"

段芝贵道："小人请的可是杨翠喜呀!"

载振霍地站起来："她就是名妓杨翠喜？难怪转轴拨弦三两声，未成曲调先有情。"

载振定睛看去，见那抱着琵琶的女子额头如碧天里的溶溶皓月，两腮恰似刚出水的芙蓉。鼻腻鹅脂，鼻尖微微上翘；口似樱桃，嘴角风情万种。十指纤纤，如雨中抽芽的春笋；玉臂白白，似日光映射下的春雪。

"果然绝色美人!"载振赞道。

"她的曲子才真正是天下一绝哪。"徐世昌道。

"快唱来听听。"载振急不可耐。

话音刚落，女子唱道："本自多才阔，盼得几时成合？今日里猛见他门前过，待唤着怕人瞧着，我这里高唱当时水调歌，要识得声音是我。"

"果然名不虚传！再唱一曲!"载振叫道。

那杨翠喜启朱唇，闪秋波又唱道："杨柳深深小院，夕阳淡淡啼鹃，巷陌东风杏花天，才几日停针线。又寒食戏秋千，一春幽恨远。"

"好一曲'红绣鞋'，滋味足矣，有如此仙乐美声相伴，平生足矣!"载振眯眼摇着头道。

"既然贝子爷如此喜欢，那就买了来，孝敬您老人家。"

载振的双眼猛地睁开，喷出火来道："当真?"

"若这点事小人也办不到，在贝子爷这里还能叫效犬马之劳吗?"

段芝贵叫随从叫来鸨儿道："你家闺女可曾许人?"

"我家闺女还没梳拢开苞呢，怎么可能嫁人呢?"

"本老爷要买下，怎么开价?"

"我养了这闺女十几年，现在刚有出息，虽说只是在帷后弹唱，却已名满天下。我家里全靠她吃饭呢，哪里能想到让她嫁人?"

"一万两白银如何?"

鸨儿的眼睛睁得像鳖蛋，扭头说道："还没试花呢，我怎忍心?"

"再加二千两，不愿意就算了。"

"哟，瞧这位爷说的，哪有这么硬梆梆的话儿。看你这位爷也是个豪爽的人，再加点嫁妆，我就割爱忍痛，把姑娘给你了。"

鸨儿的话音还没落，载振就急不可待地道："今天就梳拢了吧。"

"殿下，是您的人了，全凭殿下喜欢。"

"今天就梳拢了，走——"载振就要转身。

"歌台后面那道墙，是有暗门的，里面别有洞天呢。贝子爷就在此梳拢得啦！"

红幔落下，载振走进幔内，徐世昌和段芝贵及载振的随侍，在幔外喝起酒来。

走进红幔，载振握着杨翠喜纤柔的小手，滑腻的滋味直透到骨髓。载振把她拉起来，按一下墙壁上的铜钮，果然墙壁上闪开一道门，门内特别宽敞，朦胧的红光弥漫着全室。墙壁上挂着裸体的西洋画，个个都是光洁丰腴的女人。这些催情画，更使得载振不能抑欲，摸着杨翠喜的纤腰说："你这腰儿，还没那墙上女人的指头粗呢，你受得了爷的爱吗？"

"万请爷可怜我，可别痛杀我也。"说时莺呢燕喃，撩人神魄。

载振一把拥翠喜入怀，道："我会疼你爱你一辈子的，我的小亲亲，我要把你封为福晋。"

"你是王爷？"翠喜惊道。

"老爷我是庆王府的贝子，将来必定是王爷的，说不定……"载振急忙打住。

清晨，载振睁开眼睛，见翠喜仍在睡着。他唤太监进来把衣服穿好，盥洗毕，一个太监道："爷，庆王爷不会怪罪吧。"

"没有的事。以后她到了府中，你们只当以前没有见过她，不准说出她的身份。"

"嗻——"

"你们侍候她起来吧。"载振道。

待翠喜也盥洗完毕，对载振道："爷真的是贝子爷？"

"那还有假？"

正在这时，一个太监拿着一方白绢道："请爷验红。"

翠喜低下头去，娇羞无比。载振愈加爱怜，让随侍拿来牛奶和一些点心。吃罢，载振对翠喜道："再唱一曲如何？——就以昨夜风情？"

翠喜拿过琵琶，唱道："宝奁装就待春风，鸳枕鸯被色色红，怎样鱼游春浪中，觑朦胧，一半儿猜疑一半儿懂。"

载振接唱道："浅酒人前共，软玉灯边押；回眸入抱总含情，痛——痛——

痛；轻把郎推，渐闻声颤，微惊红涌……”

“报——”

一曲还没唱完，门外竟有人在这个时候大声传报，扫兴。

待听完阿玛奕劻和四格格的话，载振才知道昨夜家里人有多着急。听到父亲和妹妹的讲述后，他也感到他的储君地位并不像他想象的那样牢固，与杨翠喜风流的惬意，早已烟消云散了。

“如此看来，老佛爷对我们的疑虑，似乎不是来自我们自己，而是来自袁世凯。”载振道。

四格格补充道：“确实，我给老佛爷送金佛时，她还很高兴，可一听到这金佛是袁世凯送的，她的脸色立即就阴沉起来。”

“是呀，这些年，我们家的园林、房屋乃至于过生日、办喜事的开销都是直隶总督府报销的，都让袁世凯包下来了，这能不传到老佛爷耳朵里去吗?”奕劻道。

“阿玛，老佛爷对我们的疑虑，恐怕不是在钱财上。”载振道。

“这点道理我还能不知道？我花点钱，卖点官，老佛爷不会把这些看得很重。当年义和团起事，八国联军打进京，老佛爷避居西安，大局实际上由李鸿章执掌，满朝文武也都认为李鸿章是太后最宠信的人。实际上，太后单独召见我，让我督办与各国交涉事宜，我那时就知道老佛爷对汉人不可能是完全信任的。这些年，我有点晕头了，袁世凯的势力这么大，老佛爷能不疑忌吗？袁世凯能出卖皇上，难道他就不能出卖太后？所以太后对他必然是置之死地而后快，只是认为时机不对罢了。而我们与袁世凯是绝对分不开了，袁倒，我们也倒，只能荣辱与共，支撑到底。”奕劻直挠头。

“可不能想法脱离，”载振慌忙道，“阿玛细想一想，若和袁世凯脱离，军队中我们能倚重于谁？满人中的那些少壮军官，可都是反袁又忌恨我们的，若我嗣位，有谁能在军中稳定大局!”

“如今嗣位事小，就不要念念不忘了。如今得罪了太后，嗣位就不太可能；可得罪了袁世凯，更是不行，不仅丑事全被抖搂出来，太后那里我们也没有脸面。是啊，太后那里我失了一招。”奕劻叹了一口气。

“这话从何说起?”载振道。

“太后前日在仁寿殿召我，和我商议擢升袁世凯的事，我当时竟忘乎所以，喜形于色，不知道太后是在试探我。”

“阿玛一向城府深藏，不露形色，怎么……”四格格插话道。

“唉，老了。”奕劻道，“如今只有顺着太后的台阶走，一面坚决执行老佛爷的旨意，调袁世凯入京，在老佛爷那里疏远袁世凯，另一面还要帮助袁世凯尽量留住兵权。这二者中，目前最重要的是要巩固我们在太后心中的地位，只要载振能嗣位，一切都好办了。”

四格格道：“还有一件大事。在阿玛退出仁寿殿后，太后与瞿鸿禨不知说了什么话，把所有的人都赶到殿外，连李莲英也不例外。”

“咦，这真是个严重的事儿，”奕劻心事重重地说，“这就有可能是专门针对我的了，千万要防着点。”

“何以见得呢?”载振道。

“若是满人，商议的可能是汉臣；若是汉臣，谈论的可能满人。”奕劻道。

“那为今之计——”载振向父亲道。

奕劻捋了捋山羊胡子，道：“为今之计，四格格仍要到太后那里，尽量多探些风声，特别是太后和瞿鸿禨的谈话。载振就在家观测动静。我现在就找徐世昌，与他一起到天津传旨，正好借此与袁世凯合计一下。”临了，奕劻盯着载振道：“要知道什么事是重要的，莫因玩乐误了正事!”

袁世凯得知西太后升他做军机大臣的事后，鼻子“哼哼”个不止，“调虎离山，我偏不离开!”

是的，袁世凯混到今天这种地步确实不容易，他创业的历程也是极艰难的。袁世凯抓住了他一生中两个关键的机会，决定了他一生的命运，而这两个机会是他自己创造出来的。

离开科举之路、踏上投靠淮军的行程时，他就立志在军中显姓扬名做一番事业。透过自己官僚的家庭，他早已看到，清朝廷已腐烂透顶，不可救药，内忧外患，面临分崩离析的局面。他认为，只有在军中握有实权，在这乱世才可夺得权势。曾国藩不是有了湘军才得势，李鸿章不是有了淮军才位极人臣的吗?从投向淮军的那天起，他就摇尾乞怜，见风使舵，撒银泼金，结交权贵。他先后打通了淮军首领李鸿章、大总管西太后的亲信李莲英、大学士荣禄、军机大臣庆亲王奕劻的关节。特别是巴结上了荣禄，终于，机会来了，朝廷让他在天津小站练兵。从此他的手里有了自己的军队，有了“建功立业”的资本。在这里他培植了亲信徐世昌、唐绍仪等智囊，又得到了三个“狗”、“虎”、“龙”将才：冯国璋、段祺瑞、王士珍，所谓的“北洋三杰”。

第二次机会更是历历如在目前——

那是一个深夜，天上遮满了乌云，大地笼罩在黑暗之中。朔风凛冽，卷起地上的尘沙和败叶，刮得树枝呜呜作响。袁世凯还在赶写奏折，他打算赶快离开京城这个是非之地，因为他已探明确实，朝局将有重大变化：光绪帝立志维新，而庆亲王奕劻等却哭请太后训政，荣禄做了许多军事部署，看来帝后两党要作最后决战了。在这种情势下，拥有新军的自己若仍然呆在这里，岂不是引火烧身吗？离开此地，坐山观虎斗，看准哪一方有胜利的把握再下手，岂不更好？他这样想着，奏请离京的折子就要写好。

“报——”侍从高声叫道。

“混账，现在报告什么？”

侍从官进来，走进袁世凯低声道：“军机章京谭嗣同求见。”

“为什么……”袁世凯正要训斥侍从官为什么不找个借口推辞，却见谭嗣同已径直走了进来，马上改口道：“为什么不早请进来？”

二人行礼毕，谭嗣同不待落座就说道：“在下多有要事相商，余人尽可退去。”

袁世凯做了个让众人退去的手势，对身边的唐绍仪却道：“你可以留下。”

谭嗣同单刀直入地说：“袁公以为皇上是什么样的人？”

袁世凯右手一扶膝盖，说道：“如今的皇上，是旷代圣明之主。”

“那么，天津阅兵的阴谋，袁公知道吗？”

“是的，在下确实听说过。”

“现在能够救我圣主的人，只有先生您啊！足下如果想救皇上，就赶快行动，”谭嗣同摸着自己的脖子道，“如果不想救驾，就请到颐和园首告我，把我杀了，可以挣得天大的富贵。”

袁世凯腾地站起，厉声说道：“先生把袁某看成什么人了，圣主乃是我们共同侍奉的君主，我与先生都受到圣上特别的厚爱。救护的责任，难道只有你才有吗？如果你有什么救助皇上的办法，在下愿意知道。”

谭嗣同取出身上的密诏，然后说道：“西后和荣禄的密谋，全在天津阅兵之举。先生及董福祥、聂士成三军都受荣禄节制，荣禄企图在阅兵时兵谏皇上而扶太后重新亲政。虽然这样，董、聂二军是不足挂齿的。放眼天下，真正强有力的是先生您啊，如果以您的一军抗击董、聂二军是绰绰有余的。所以袁君可以实行救主计划，保护圣主、复大权、清君侧、肃宫廷，这是永垂千古的功业啊！”

袁世凯道：“如果皇上在阅兵时急速驰入我的大营，传号令以诛奸贼，那么我必能追随各位先生，竭尽死力救护皇上。”

谭嗣同道：“荣禄待足下素来优厚，足下如何对待他？”

袁世凯只是嘿嘿而笑，并不答言。

旁边，唐绍仪发话道：“荣禄这个奸贼并不是真心实意地对待袁公。过去朝廷增加袁帅的军队，荣禄说：‘汉人不要给他们很多兵权。’所以他对袁大帅向来不过是笼络罢了。比如前年胡景桂参劾袁大帅这件事，本来胡景桂是荣禄的私党，荣禄先是唆使他弹劾大帅，不久查办此事，却处理了胡景桂，为大帅昭雪，以向大帅施恩要人情。后来过不多久，胡景桂就做了宁夏知府，随即又升做宁夏道，这都是荣贼心计险极巧极之处。我们袁大帅难道会忘记这些事吗?”

谭嗣同道：“荣禄有王莽曹操之才，是横绝一世的奸雄，袁公对付他恐怕不容易吧?”

袁世凯目眦尽裂、血脉贲张，红着脸大声道：“如果皇上在我的大营，我杀荣禄就如杀一条狗一样!”

至此，谭嗣同便坦然地把详细情况告诉给袁世凯道：“是这样的：二十日先生你请训时，皇上当面交给你朱谕一道，命你带兵赶赴天津见荣禄，你见荣禄时，出朱谕宣读，立即将荣禄正法，即代为直隶总督，代谕僚属，张贴告示，宣读荣禄大逆不道的罪行，然后迅速入京，诛讨旧党，实行维新新政。”

听罢谭嗣同的话，袁世凯道：“现在军营中的枪弹火药都在荣贼手中，而各营、各哨的长官都是过去委任的。事情这样急迫，既然确定了策略，那么我现在就急速回军营去，更选将官，设法贮备弹药，到时候大事就可成功了。”他又向谭嗣同叮咛道：“非常时期，在下也不留先生多叙了，希望先生绝不可将这绝密之事吐露半字，他日勤王胜利后，你我再长谈三天，痛饮三夜!”

谭嗣同转身走出法华寺。

“哈哈，哧——，这样的计划，这样的书生能成什么气候。不过这可是我的绝好机会，扩大北洋军的机会到了！可以取李鸿章而代之了。”

唐绍仪道：“满清这棵大树，本来根已松动，不久也可摇倒了，那时，大帅连大清也可取而代之。”

“胡说！我对大清可是忠心耿耿的!”

说罢，袁世凯连夜到颐和园向西太后和荣禄告密去了。

是的，他抓住了机会。因为他的告密，因为他对太后、荣禄的“忠诚”，换来了直隶总督的要职，换来了几百万两白银的军饷，换来了董、王军队归他指挥的谕旨，换来了北洋军壮大到几十万人的大好形势。

可是如今西太后那个臭婆娘却要调虎离山！袁世凯在心里骂着西太后：“这是明升暗降，夺我的军权——这不是要我的命吗?”

一边骂，袁世凯一边整理着思路。目前西太后肯定正准备着夺去他的军权，但是如果交出军队，他有能力和她抗衡吗？袁世凯清醒地认识到他绝不是西太后的对手。既然不能和西太后抗衡，那么军权就必须交出来，而他又绝对不能失去军队，这就是矛盾的焦点。

找到了矛盾的焦点，袁世凯作出以下的决策——

首先要巩固自己和西太后的关系，巩固和奕劻的关系。对西太后实行以退为进的策略，向她表示忠诚，她叫朝东，就不向西，她让打狗，就不撵鸡，让她找不出责难的理由和借口。袁世凯决定为讨好西太后，为使所有的军权不致丧失殆尽，他先把军队让出一部分，让出北洋军六镇中的四镇，这一方面可以向朝廷表示他袁世凯并没把军队当袁家军，同时朝廷一时也不好收回其余二镇的军权。

其次要始终保持和军队中的联系。一方面通过自己的私人感情，另一方面通过自己在朝中的地位保持对他们的威慑力。

再次，和奕劻一道，借助于其他人，在朝里和藩省多多安排自己的亲信，这既能巩固自己的地位，建立一张权力网，又能为军队中的部下树立良好的形象。

正当袁世凯思路畅通之时，传报庆亲王奕劻亲自来了，袁世凯不由得喜上眉梢。

总督府人多眼杂，袁世凯把奕劻接到自己家里。

奕劻说罢京中情况，问袁世凯："如今的事，该如何办?"

"从亲王所说的情况来看，太后似乎是身体不大好。在这种情况下，巩固亲王您的地位就显得尤为重要了。亲王试想，只要能保住您在朝中的地位，又有我等忠心为亲王效劳，即使西太后另立他人，日后还不都是听亲王您的?不过，一些要害部门和地方权力都不能失去。比如东北三省，是大清皇业的发源地，直隶和山东是京畿要地，这些地方，必须掌握在亲王您的手里。在下认为，让徐世昌做东北三省总督为妥，让段芝贵做黑龙江巡抚最合适，而山东，让您的儿女亲家孙宝琦做总督为好。这些人，都是亲王您的辅弼股肱啊。"

是啊，让载振做嗣皇，自己做摄政王，像太后那样威风，这是奕劻几十年的奋斗目标。正如袁世凯所说，果真老佛爷定的人选不是载振，以奕劻在朝中的地位，仍由他说了算。而要牢固地控制局势，军队是一关键，其次就是京畿的督抚了。袁世凯所言甚是。于是奕劻道："项城处处为本王着想，我很感激。不过这些事做起来恐怕难度不小，不一定能如愿。"

"这事我已想过。我和亲王可以互为呼应，亲王可以以我为借口实现这一目的。"

奕劻心领神会，又道："还有军队的事，老佛爷定会要你交权，此事如何处理——这可是关键所在。"

"庆王爷请放心，这些军队保证听亲王您的驱使，不论是现在还是今后。"

"这——我就放心了。"

"不过——"袁世凯心事重重地道，"瞿鸿禨究竟跟老佛爷说了些什么，是目前首先要弄清楚的事。这个人肯定对你我不利。"

"我也是这样想。我正在让四格格到颐和园探听此事。"

"肯定打听不出来。王爷想，太后把她最信任的李莲英都屏出了殿外，还有谁能知道他们的筹划?"

二人都陷入了深思，钟表的秒针在嗒嗒地响着。

突然，袁世凯说道："在下有一个一石三鸟之计。这事可要靠王爷家的格格了。"

于是，袁世凯便向奕劻说出了他的计划。

听完袁世凯的计谋，奕劻的心像是被电击了一下，心道："这个袁世凯，连瞿家小老婆的脾性都知道得一清二楚，这样的人，可怕，太可怕了。"

袁世凯刚送走奕劻，徐世昌和段芝贵从里屋出来。

袁世凯问徐世昌："卜五，我的安排可有什么不妥吗？"

"项城兄安排得很周到细密。有一点是要注意的，要充分考虑到西太后的心狠手毒。当年她对肃顺，对慈安，对她的亲生儿子同治，后来对珍妃和光绪帝，都是无所不用其极。所以在下认为，如今项城兄应在此尽量逗留，一来让庆亲王为实现我们的计划有充分的时间和借口；二来我们可以在此时带一些礼物拜访各国大使，待各国大使向西太后表态后，项城兄再进京；三是大帅要在这几日内召集我北洋大小将校，训导交待一番，而且要把这一消息有意无意地传发出去，这样，北洋军皆在京畿重地，西太后不可能不有所忌惮。"

"卜五考虑得甚是周详。芝贵，你可急速传我口令，让各镇标统以上将校及各处局统领即日来总督府。"

"是。"段芝贵转身拍他的电报去了。

"项城兄，在下有一言不得不讲，讲了有杀身之祸，不知大帅是有所安排还是考虑不周。"

袁世凯一怔，问："我还有何事考虑不周？"

"仔细想想看。"

"是我自己的军队中的将校，还是军队真的被人夺走？"

"不是，大帅想，北洋军为大帅一手经营，大小将校是大帅亲自细心挑选的，又考察了这么些年，这些人对大帅绝对忠心耿耿。其次，他们心中只知大帅不知有朝廷。可以断言，日后朝廷肯定会派一些人渗透进来，但北洋军早已自成一体系，朝廷命将不仅不能指挥得动，而且会增加各军对朝廷的敌视。再说，各镇兵力大致相仿，无一镇有绝对优势兼并其他各旗，也无一镇首领有统辖其他各旗的威望，所以即使大帅离军，各镇心目中的领袖仍是大帅您呀，您又有什么可担心的呢？祸从北洋军出，从何说起？"

"那么是太后？"

"在下已说过，太后忌各国干涉，又忌大帅手中的军队，她再毒辣，也不敢轻举妄动，做出不测之事。"

"不会是奕劻吧？"

"哈哈——"徐世昌笑道，"此世间他仗着两人，一为太后，另一个就是大帅您了。即使他做了摄政王，也要仰仗大帅许多年，待他把他的敌人一一排除干净时，就剩下大帅和他了，大帅可能已想过，到那时他有没有缚鸡之力，何况大帅您是一条龙。”

袁世凯急切地问道：“没有谁能真正夺走我的军队，连西太后都不能把我怎样，卜五，我险从何来？——快讲！”

“适才我在壁后听奕劻之言，似乎太后确已身体欠安，大帅也对奕劻说过这样的话，既然如此，大帅处境岂不非常凶险吗？”

“这……卜五，她即便不立载振，纵观宗室，随便何人，能与奕劻和我抗衡吗？”

“大帅怎么只想嗣君，不是有个现成的皇帝在吗？”

“什么——”袁世凯的头“嗡”的一声，眼前发黑，差一点栽下来。许久，他才恢复常态。是啊，若不是徐世昌提醒，他觉得他的脑袋真的要被割下来了。是啊，不是还有现成的皇上吗！光绪帝不是还在吗？只要太后崩逝，光绪帝自然主政，嗣君何用？有谁能和光绪帝抗衡，只要他振臂一呼，无论是朝廷内外的缙绅士大夫，还是工商士民百姓，就会云集到他的旗帜之下。他袁世凯的军队再强大，也会淹没在他的汪洋大海之中。

“怎么得了！”袁世凯急切地说，“卜五有何良策，快快教我！”

“我只是想到他的威胁，确实没有想出什么好的办法。”

袁世凯顿时如霜打的茄子，黑紫着脸一动不动。许久，嘴角流出缕缕血丝，心道：“量小非君子，无毒不丈夫！其实这事很简单，一包毒药就能解决问题了！”

徐世昌见袁世凯露出这种表情，不禁骇异。于是说道：“若没有什么事，愚弟这就走了。”

袁世凯擦去嘴角的血丝道：“去各国公使馆的事，就拜托你了。你最方便，管理京中警务，这也非常重要，告诉赵秉钧，让他诸事小心。”

“好吧，各国若有何要求，是否项城兄亲自处理？”

“不要了，诸事你自己斟酌办，只要不太离谱，答应他们就是。”

临走，徐世昌道：“只是我们巡警部力量太小，不然现在也可起大的作用。”

“这件事就由赵秉钧办了。卜五兄以后有更重要的事。”

只用了一串钻石项链，四格格就从瞿鸿禨的六妾高小红那里把老佛爷那天跟瞿鸿禨谈话的情况全都打听出来了。

原来，太后在仁寿殿亲口传下懿旨，命瞿鸿禨和几个御史准备奏折，弹劾庆亲王，主要罪状是卖官鬻爵。

就在四格格找高小红套话的那天上午，奕劻来到颐和园东寿殿觐见太后，首先递上军机处的奏报："孙文、黄兴遣其党徒在各地活动骤紧。匪徒在镇南关起事，已被平息。昨日，安庆炮营队官熊成基起事，旋败死。"

慈禧道："竟还有像秋瑾、徐锡麟那样的暴徒，看来还不少呢。"

奕劻道："汉人仇满活动日紧，奴才已命令各地严加防范并搜捕孙文黄兴党徒，同时照会各国限制孙文等人活动并要求拘捕。"

"很好。要各地除恶务尽，决不手软，宁可错杀，不可漏网，更不能让死灰复燃。命各地更要密切注意那些文人学士，他们最会蛊惑人心，教唆闹事。你现在就以军机处发布谕令：禁学生干预政治及开会演说。"

"奴才即命办理。"

慈禧道："袁世凯为何不来京述职？"

"有许多事务正待交结，他即刻就来。"

"为什么他召集大小将校集于天津总督府，这也是交接吗？"

"回老佛爷，北洋六镇历来为直隶所统辖训练，袁世凯既要到军机处任职，军务不能不交待吧？"

"胡说！"铁良吼道，"他分明是在拥兵威胁朝廷。"

"你在和谁说话？这样放肆无礼！他果真带兵入京师，难道会张扬？——他要威胁早威胁了，何待今日？"奕劻转向慈禧道，"老佛爷，袁世凯一向忠于大清，召集将领议事，恐怕也是为京畿安全着想。老佛爷试想，如果他对老佛爷哪怕有一点不忠，当年也不会冒出卖皇上的恶名来为老佛爷您保驾吧？"

说着，奕劻又拿出一份奏折道："这是袁世凯交兵权的奏请。"

西太后看过后把它交给铁良，铁良怒道："这是以退为进的诡计！不愿全交兵权又想讨好老佛爷，六镇只交回四镇，另留两镇是何居心？什么'直境幅员辽阔，控制弹压须赖重兵'，全是借口托辞。"

不待奕劻讲话，慈禧道："看来袁世凯确实是为朝廷着想。"于是拿起笔在袁世凯的奏折上朱批道："现在各军均应归陆军部统辖。第二，第四两镇暂由该督调遣训练。"

慈禧把它交给奕劻道："即刻送交袁世凯，并催其进京述职。"

"嗻——"

铁良又说道："若不是庆亲王的引荐保举，他袁世凯哪有这么大的架子。"

"呸！你乳臭未干知道什么？袁大人是荣中堂一手提拔的，也是老佛爷自己看中的人才，我是什么时候才认识他的！你这样说是对荣中堂的不恭，是对老佛爷的不恭……"

"不要说了！"慈禧发怒道。她倒不怕奕劻揭自己的短，而是奕劻提到了荣禄。一提到荣禄，她就是一阵揪心的痛苦。不错，袁世凯是荣禄举荐的，她心想："奕劻你不要觉得现在羽毛丰满了就这么张狂，你知道的底细多；哼，以后的事情你就别想知道了！”

奕劻又奏道：“内举不避亲，外举不避仇。虽然可能有人攻讦我，我仍然保举一些人。老佛爷，如今东三省改为督抚制，以奴才想，东北总督以徐世昌为宜，黑龙江巡抚可以让段芝贵担任，至于山东巡抚，我看孙宝琦很好。”

西太后道：“这事交王公大臣各部院再议一议，东北三省是大清的发源地，命脉所在，要慎重从事。——没有事，就退去吧。”

“老佛爷，奴才仍有一事相告。”

“快讲。”

“可是这里人多眼杂。”他瞟了瞟铁良。

“有这么机密吗？”

“这事确实不能让外人知道。”他故意用“外人”来提醒铁良，不要脑袋发胀。

“那么，你们都出去吧。”西太后特意看了一下铁良说。

铁良怀着一肚子气出去后，奕劻掏出一张相片递给慈禧太后。

慈禧接过相片，惊讶万分说道：“这怎么可能？”原来照片是瞿鸿禨和梁启超在上海的合影。

“全乱了！全乱了！”慈禧嚷道。

这是袁世凯的阴谋，他要除掉军机处中西太后的眼线，他要除掉敢于和自己作对的人——目前包括和奕劻作对的人，这样做，也能起到杀一儆百的作用，震慑哪些想对袁世凯和奕劻蠢蠢欲动的人。

在一般的情况下，捏造什么事是不能动摇瞿鸿禨在西太后心中的地位的，只有拉上保皇党才能震动慈禧太后，所以奕劻从袁世凯处回来后，急忙让四格格找相识的外国摄影技师莫理逊制造出了这张照片。

太后的脸枯黄地发干，仍在那里怔着……

奕劻道：“奴才跟老佛爷这么些年了，除了多贪点钱，没有什么对不起老佛爷的地方，奴才对老佛爷忠心耿耿啊。老佛爷想想，奴才哪件事不是为了老祖宗，不是为了您老人家。奴才难道不知道袁世凯手中的军队对大清是一种威胁？奴才能上他们的当吗？荣中堂在世时养成了袁世凯的军力，我现在又有什么更好的办法？如果奴才做错了什么，奴才倒想听听老佛爷的，老佛爷您说说看，难道像铁良那个毛头小子说的那样一下把袁世凯给宰了！奴才也想一口吃下袁世凯，但那样做不行，会激起事变，这乱子不能再添了。孙文的乱党猖狂得很，去年秋七月在广州等地起事，冬十一月黄兴孙文又进攻镇南关，今年三月孙文黄兴又唆使其党徒攻击云南河口，早几天又在镇南关活动，安庆昨天又有起事。如此看来，孙文黄兴的来头绝不似草贼民寇，其学说颇能蛊惑人心，依奴才看，他们的影响连洪秀全也不能比拟，这些隐患不一一摘除，若在袁世凯的问题上激起事端，大乱将会随之而来。请老佛爷三思！”

奕劻停顿了一会儿，见慈禧太后似乎被他感动了，又接着说道：“老佛爷，对待袁世凯，奴才以为‘将欲取之，必先予之’，先把他调到军机处，让他脱离他的老窝，再渐渐剥去他的军权，为了松懈他的警惕，也为了消除他的部下对军队的控制，把他的一些部下调到地方去，脱离军营警务，让他的军队一盘散沙，到那时，要治服袁世凯不如捻死一只蚂蚁一样？”

“你能这样想事我就放心了，铁良的话你不要放在心上，以后还望你多提携像他这样的年轻人。大清就缺少像你这样考虑周全，富有远见，行动有主心骨的人。”太后停了停，看定奕劻说道：“庆亲王，你是知道的，这大清的天下我已交与你多年了，我也老了，天下是你们的天下呀！”

“老佛爷怎么说出这样的话来？奴才诚惶诚恐，无地自容了。奴才丝毫也没觉老佛爷有什么老相。只是奴才有许多事做得欠妥，让老佛爷焦心了。为了大清，奴才从今后一定克己自新，决不辜负老佛爷的期望，决不辜负列祖列宗。”

两人又谈了一会儿家常，奕劻才告辞而去。

望着奕劻的背影，慈禧心道：“这奕劻的心里真的装着天下了，他对天下的形势条分缕析，竟说得这么透彻，看来袁世凯图谋天下的野心也已暴露无遗，不然，奕劻哪来这么多的见解。”慈禧咬了咬牙，她觉得奕劻更要早日除掉。要加快剥夺袁世凯军权的步子。不过，也正像奕劻所说，此事也不能过急，车转弯过急过快，是要翻的。她觉得，现在就必须做好解除袁世凯军权以后的工作了，这工作刻不容缓。于是传旨铁良、良弼速到东寿殿来。

看到铁良、良弼进殿时英武的身姿，老太后的心里宽慰了许多。

二人行礼后，太后道：“你们近前来说话吧。”

二人谢恩，站在跟前。

太后道：“大清就指望你们了，荣禄去后，我们满人中没有一个人能主持军事，何况即使荣禄在日也要靠李鸿章、张之洞；而在这以前，要靠曾国藩，满人的后代竟衰颓到这种地步，非要靠汉人才能坐稳天下吗？”

“老佛爷。”铁良和良弼齐齐地跪倒在地，说道，“我们再不敢不努力了。”

“再不努力，将死无葬身之地！曾国藩、李鸿章对大清还算知恩图报，有点忠心，可现在的袁世凯却是虎视眈眈，大清危在旦夕啊！”

“所以要杀了他！”铁良道。

“这样会激起事变，他的军队就在京畿，对他现在还不能妄动，何况这些年来他和各国交结甚厚，若骤然做出突然行动，列国也会干涉。”

“我们的军队也不是吃素的。”良弼道。

“我们现在手里的军队和袁世凯的军队对抗是以卵击石，旗人的子弟只会逛窑子养鸟听戏，恐怕跑都跑不动，还能打仗？我今天让你们来就是让你们学着袁世凯，也要训练自己的军队！”

“是的，奴才早有此想，”良弼说，“我们也要练兵，我们也要办军官学校。”

西太后道：“铁良已是陆军大臣，以后慢慢地从袁世凯手中拿过军权，但最难的是如何统御这支军队。良弼你帮助铁良，尽快招揽人才，尽快训练出一批能统兵打仗的将校，你是从日本军校毕业的，你应该有办法。”

“奴才若不竭尽全力，就不是大清的子孙！”良弼昂扬说道。

“良弼，你是近卫军都统，近日要加紧提防，绝不可有半点松懈麻痹，袁世凯是一条恶狼，奕劻是大清的败类——可不能有半点马虎。”西太后叮咛着。

“为何不罢黜奕劻？”铁良道。

“他有八国做后台，这事不可急办。不过，时机已经成熟，明后天就可下诏把他开缺了，军机处及御史们已收集了弹劾他的奏折，在证据面前，洋人也没有话说。所以良弼这些天一定要提防着点。”

两个年轻人不由欢喜起来。

铁良道：“奴才还以为老佛爷护着他。”

“你们今后都要历练历练，学着处理人事的方法。”

三人谈到很晚，西太后觉得，她一定能控制局势，交给嗣君一个稳固的天下。

第三章

老太后垂死定朝政
病皇帝临终讽国贼

光绪帝病眼蒙眬地看向跪在角落里的袁世凯，竭力说道：“那是袁世凯吧？抬起头来，看着朕！”两人目光相接，光绪的声音里充满了怨毒：“朕临死尚有如许人在此跪候，不知袁世凯你能否有朕这福气！”

第二天，慈禧的梦想被击得粉碎。

英国公使朱尔典强烈要求清政府外务部澄清有关弹劾奕劻的消息，并声明英政府对这一问题至为关注。此后其他西方各国及日本驻华大使也纷纷向外务部提出了类似的要求和声明。

外务部即刻把各国公使的声明要求送到了颐和园。

西太后震惊之余急召瞿鸿禨。

瞿鸿禨刚一到仁寿殿，西太后破口大骂：“你这个蠢才！这么机密的事情，你是怎么泄露出去的！”

瞿鸿禨大惊失色，不知道太后说的是什么。

看着瞿鸿禨惊慌失措的样子，老太后更是气不打一处来，把各国的函文摔在瞿鸿禨的脸上。

瞿鸿禨看罢之后，浑身哆嗦，脸色煞白，道：“这……这……怎么可能，怎么可能？”

“你竟敢和洋人串通出卖我，出卖大清，是个十足的国贼。你和梁启超的事也要和你清算。来人哪！把他交与刑部，议处斩首。”

“太后开恩，臣实在没有和任何一个洋人有来往，太后明鉴，我和梁启超的事更不知从何说起。”说着五体投地，泪流满面。

西太后把照片扔在了瞿鸿禨的面前。瞿鸿禨见自己和梁启超站在一起，骇异到了极点，像是撞见了鬼似的，但此时他似乎清醒了一点，连忙说道：“太后，臣的一举一动太后都可以查个清清楚楚。太后，这张照片为什么早不交出来，晚不交出来，偏偏这个时候交出来？这是阴谋，太后。”

西太后略一思考，收了点怒气，道：“我想你也不会忘恩负义到这种地步。但是我召你谈话的内容必是泄露出去的，不是你说的，还是我泄露出去的？”太后的怒气又腾地上来了。

“让臣想一想……”瞿鸿禨突然明白了，猛地往自己的嘴巴上甩着巴掌，说道，“我糊涂透顶了，我曾向六妾说过，而她又和庆王府的四格格是手帕之交……”

太后皱了皱眉头，想：“这话说得肯定不错了，不过这么重大的事，竟向小老婆说起，而且造成这么严重的恶果，打乱了她苦心设计的图谋，她怎能不气恼？”遂恨恨道：“你真是成事不足败事有余！”

瞿鸿禨羞愧难当，自知罪责难饶。“不过，”他说道，“太后，我已把材料全部整理完毕，放在军机处。”

瞿鸿禨的话音刚落，一个御史道：“太后，臣所奏庆亲王贪贿事，昨已核定与事实不符，实是臣办事不明，谨向太后谢罪，并请瞿大人抽掉小人的材料。”

“真是小人！”瞿鸿禨骂道。

恰在这时，奏事太监报御前大臣陪朱尔典求见太后。慈禧最怕见洋人，于是硬着头皮让他进殿。

朱尔典行礼后道：“在下代表大英帝国政府并受法、荷、葡、俄、日、美等国公使委托，特觐见太后陛下，就报纸所登消息进一步表明我们的看法。我们一致认为庆亲王殿下多年来致力于建立大清国和各国的友好关系，他是大清国的治国能臣，也是我们值得信赖的朋友，如果贵国真如消息所说罗织亲王殿下的罪名，并要撤除庆亲王殿下军机大臣的职务，我等各国不会干涉贵国内政，但谨请贵国通报各国处分亲王殿下的理由，向各国出示弹劾条款的确凿证据及证人。如若不然，则各国对贵国的法统及真实意图表示怀疑，这必将损害各国与贵国业已建立的友好关系并有可能倒退到辛丑年的状况。”

说罢躬身行礼转身去了，也不待慈禧太后的照会。

慈禧太后想，这几天奕劻等肯定做了大量的工作，一些御史可能会模棱两可，一些证据肯定已被销毁或转移，一些证人也会被奕劻控制——事事都已被奕劻抢先了一步，看来开缺奕劻现在已经不可能了。她不禁对瞿鸿禨恼怒起来，另外照片的事宁可信其有不可信其无，事已至此，不如向各国卖个人情，平息此事。

不久，清廷向各国澄清开缺奕劻一事纯系谣言惑众，别有用心，并诏谕免去瞿鸿禨军机大臣的职务，允其回乡养老。与此同时，徐世昌被任命为东三省总督，孙宝琦任山东巡抚，段芝贵仍留原职。

袁世凯取得了全面的胜利，即刻到京走马上任。

慈禧太后经过这次的打击迅速走向崩溃，身体骤然失去了活力，如同一个干枯丝瓜。但是她仍倔强地支撑着不肯服输。她知道，如果不在她有生之年制住袁世凯，在她之后，再没有谁有这种力量。一天之内，她下了三道谕旨。

第一道，袁世凯六镇之军队归陆军部统一管辖，进行重新调动整顿。

第二道，任命良弼全权统筹负责修改军制，再训练一支新军，并令其统筹负责设立军校事宜。

第三道，调张之洞任军机大臣并擢体仁阁大学士兼管学部。

太后就如一只老蜘蛛一样拼命地织着一张网，想要捆住袁世凯。

接连的打击、忧思、操劳，使得慈禧的生命迅速走向衰落，就如一片秋后的树叶，蒂部已没有了汁液水分，只要略微有点儿寒风，就会飘落下来。但是，老太后似乎没有意识到这一点，她只是觉得她正在步入人生最后的光辉旅程，离这个旅程的尽头还有一段距离。在她接连发出三个谕旨以后，心里突然觉得异常地舒畅兴奋，精神抖擞，体力充沛，她于是对李莲英说："我看这几天天气不错，就趁此回宫，途中到万牲园走一趟。"

"虽是晴天，却很寒冷啊。"李莲英道。

"没事，这点冷算得了什么！这次不仅要游园，还要玩得痛快。"

太阳已接近中天，河湖水面如镜，涟漪不兴。老太后坐在藤椅上，刻着龙凤图案的大船在缓缓向西苑行驶。船到万寿寺拢岸，太后离舟，在万寿寺进过香，乘轿而行。在万牲园，老太后竟步行观赏园中动物，步履很是矫健。

回到西苑，老太后竟余兴未尽，说："莲英，你准备一下，让四格格她们几个都过来，我们要照相，还要演戏呢，我要演普陀山观音大士！"

李莲英调来了一个平底大船，又从升平署调来行头，慈禧扮成观音大士，李莲英扮成观音大士身旁的护法韦陀，四格格穿着莲花衣扮作善财童子，奕劻的三姑娘、五姑娘则扮成撑船的仙女。他们摆好了姿势，由照相师照了相，虽是冬天，太阳却暖融融的，湖水显得特别明艳照眼。湖边的树木在湖水中描画出自己疏朗的影子。慈禧和太监格格们演着戏，心情也如这湖山穹苍一样清朗，不觉身上汗涔涔的，干黄的脸上显出红润的色彩。"来，再照一张。"慈禧高兴地又叫来大家，于是摄影师又架好相机，指挥着她们。慈禧和李莲英等依次站好，摄影师挥起手来："好，就这样，好了。"摄影师的话还没落，一阵旋风好像从地穴中吹来，冷冷地阴阴地凉凉地扫过船去，老太后激凌凌打了个寒颤，起了一身鸡皮疙瘩，头不禁一阵眩晕。老太后一摆手，做了个回去的动作。

慈禧太后病倒了，发了很高的烧，御医说是伤风，过几日便会好的。可是守在身旁的四格格和李莲英却看出了御医惊异的神情，觉得太后的身体太虚弱了。

这天傍晚，四格格向李莲英使了个眼色，李莲英跟了出来，到了一间屋内。四格格道："李总管，天下都知道你是老佛爷的人，你的威势、你的荣华都是老佛爷给的，你自己这样看吗？"

"四格格怎么说出这种话来，奴才的一切都是老佛爷给的。"

“可是，如果老佛爷仙升，一位老佛爷的政敌执掌天下大权，总管还认为自己可以继续如今的这种日子吗?”

“奴才本来就知道这一点，但奴才却不知道老佛爷的哪一位政敌能执掌天下?”

“大总管一向精明，这会儿怎么又糊涂了?”

“请四格格明示，别再戏耍奴才了。”

“大总管，瀛台的那个人难道不能号令天下吗?”

“正是……”李莲英心里一惊。

“前几日我曾到瀛台看过皇上，见到了他的日记，有一页写道：‘我的病已经很重，但我仍要坚强地活下去，老佛爷一定会崩于我前，如果如此，我一定斩杀袁世凯、剐杀李莲英。’”

“谢谢四格格的救命之恩，但救人救到底，格格既然把奴才叫到这里来，肯定已成竹在胸了。”

“我能有什么办法? 放着现成的‘观音大士’不请教，倒问起我‘善财’来了。”

李莲英阴阴地一笑说道：“奴才明白四格格的意思了。”

第二天，慈禧太后的病情好转，高烧退尽。她感觉轻松了许多，觉得挺了过去。

李莲英来到床前问寒问暖之后，给老太后梳头，然后把她抱在怀里，让她坐着，太后感到舒服了许多。

李莲英说道：“按说老佛爷病刚好，奴才不应把这事告诉老佛爷，但事关重大，不能不说。”

“又是什么事，别吞吞吐吐的。”

李莲英便把光绪皇帝的日记说与太后听，然后说道：“万岁爷说老佛爷一定驾崩在他前面，奴才真不知道他怎能说得这样肯定，奴才不禁想起那年他召六个反贼谋害老佛爷的事来。”

“难道他还想再次谋害我吗? 你觉得他现在还能做出什么事吗?”

“万岁爷既然能想第一次，保不准就会想第二次。何况幽禁了几年，他的内心愤懑得很。”

“怎么消除这个隐患呢?”

“如果……如果皇上的病不好……”

两人沉默了很长时间，慈禧道：“皇帝看样子病得很厉害，以后的病也难以减轻。我想，他一直病着迟迟不愈，一定是侍奉汤药的人不尽职责。此后你要亲自去照看他，一切饮食医药的事都交与你全权负责了。”

李莲英从太后的寝宫出来，四格格又把他迎到一间屋里，意味深长地望着李莲英说道："这是给皇上治病的新药，不瘟不火，是袁世凯袁宫保亲自让我交与大总管的。——还有这张银票。"

昨日的风和日丽在一夜之间已荡然无存，铅似的云块布满了天空，直压向大地。风呼啸着，似深夜旷野中的狼嚎。枯草败叶和沙尘被冷风卷起，不是在空中乱舞，就是噼噼啪啪地打在什么东西上。

瀛台的一间屋内，光绪帝正孤独地蜷缩在床上，陪伴他的除了盖在身上如铁似的寒衾冷被，就是从门缝隙中钻进来的凉风了。他用以打发时间的办法，就是听窗外如泣如诉的风声，翻看手里早已翻烂了的《昭明文选》。不过，这时他再也听不进门外的风声，再也不愿翻看那本破烂的《文选》。他的手冻僵了，他的头痛得厉害，他的身子抖动得就像被野风撕扯的芦苇。这一间屋子，南北九步半、东西七步。这个，光绪帝不知数了多少遍。这间"殿"和颐和园里的繁华景象很难联系起来，可它却确实是一座"殿"，是光绪帝的寝宫。在寒水的拍打之中，这间屋子徒有四壁，马桶里发出腥臭味。

门突然间开了，随着寒风扑进来的，是大总管李莲英。看到光绪帝这样，李莲英这样的冷血动物心里也一阵阵抽紧。

李莲英急忙关上门，走到光绪帝的床边，打着自己的耳光，泪流满面地说道："万岁爷，奴才该死，奴才该死！奴才多日没来看万岁爷，没想到万岁爷竟病成这样。"

李莲英让一个太监提个炉子来，抱床被子来，那太监似乎没听明白，疑惑地看着李莲英，李莲英又大声嚷一遍，那太监确认了李莲英的命令后才去提了炉子抱进一床被。

"啪——"一巴掌打在那太监脸上，"万岁爷冻成这样你们也看不见？你们的良心叫狗吃了？"

这太监站在那里一动不动，嘴角的血丝滴下来。他记得，秋天他给这屋子糊窗上的缝隙时，挨的就是这样的巴掌，老佛爷知道后更是让人对他一阵臭拳，他再也不敢拿光绪帝当主子看待了。

光绪帝暖和了一些，枯瘦的手指慢慢地伸张开来，混浊的眼珠转了几下，细长的脖子转了转，转向李莲英。李莲英见他这样，复又跪下，打了自己一巴掌："万岁爷，奴才该死，是奴才没有照顾好万岁爷。今后我再也不离开万岁爷了，我要亲自侍奉。"

窗外的风似乎小了许多，光绪帝说道："是皇额娘让你来的？"

"是奴才自己要来看看万岁爷的。万岁爷病成了这样，可见这些王八蛋的贼人没有尽心服侍万岁爷，今后奴才就亲自留在这里，奉汤煎药，直到万岁爷病好。"

“你希望朕的病好？”

“万岁爷把奴才想成什么人了？奴才以前私心重，为讨好老佛爷的欢心是干了些对万岁爷不当的事，特别是对不起珍妃娘娘。昨夜的梦中，娘娘……娘娘……掐我的脖子让我还她的命抵她的命，惊醒后，奴才……奴才……现在还债来了，奴才赎罪来了。奴才要在万岁爷这儿向珍妃娘娘赎罪，让她饶了我，让我多活两年。”

提起珍妃，光绪帝的心里一阵揪心的苦痛，两行清泪流下，抽咽起来，往事历历如在目前，特别是珍妃被活活地塞进井里的一幕，虽然他没有亲见，却更让他想象出当时的惨像……

“是你……你们害死了朕的珍妃……”光绪帝怨愤地望着李莲英。

“皇上，老佛爷的话谁敢不听？当时是崔玉贵抱娘娘主子……”

“我的珍妃……”光绪帝号啕大哭起来。

光绪帝的膳食改善了，都是他以前在宫中最喜欢吃的，李莲英亲自喂着他，一口一声地说要赎罪，并说不怕老佛爷杀头，就怕珍妃娘娘主子掐他喉咙。

李莲英亲手煎下汤药，端到光绪帝面前，说道：“万岁爷，喝了吧，喝了身体就好了，只有这样才能安慰九泉下的娘娘主子，只有这样万岁爷才能对得起大清、对得起列祖列宗。奴才现在想通了，只有万岁爷的维新才能救国，老佛爷现在做的不正是万岁爷当年想做的吗？”

“不要再提太后。”

“万岁爷，其实老佛爷也在后悔，当初是为了争权。老佛爷一辈子好胜，所以把朝中的权又从万岁爷手中夺去了。可现在她老人家年老了，慢慢地，心思也转过来了，本想亲自来看看万岁爷，可仍然心高气傲，只让奴才来侍候皇上，请万岁爷宽心。”

光绪帝绝不会认为慈禧太后对他能有多少慈爱的心肠，但派人来看看他的病也还在情理之中；听了李莲英的话，他也觉得他应该治好自己的病：若死在了这里，见到珍妃不更加痛苦吗？这样想着，就把药喝了下去。

夜里，光绪帝的肚子隐隐作痛，头像灌了铅，沉重得很。第二天起床，更觉浑身无力，下了床，给他穿衣的太监刚一松手，他就如踩了棉花似的，腿一软，一头撞在了墙上。几个太监忙把他扶起，重又让他坐在床上。突然，他腹中又是一阵剧痛。瞬间的剧痛过去之后，他的头脑也清醒了，拳头紧紧地握着，咬着牙在心里骂道：“真是蛇蝎心肠。”

用过早膳，李莲英进来向光绪跪安，问道：“万岁爷吃过药后身体可好些吗？”

“好多了。”

“这药我煎好了，万岁爷趁热喝了吧，不然凉了会苦的。”

李莲英端过药碗，光绪帝一伸手道："朕自己端着喝吧。"不小心一扬手，碗掉在了地上。

"奴才该死，奴才给万岁爷再煎一碗。"

"好的——李莲英，朕问你，皇额娘身体还好吗？"

"这两天老佛爷的身体不大好，正因为这样，同病相怜，才让奴才来侍候万岁爷。"

"皇额娘病很重吗？朕要去看看。"

"病不是很重。万岁爷自己治病要紧，可千万不要再因去探望老佛爷加重了病情。"

"传皇后和载沣进来见朕。朕的病有所好转，皇额娘又这样关心儿臣，朕想通过他们向皇额娘问安。"

李莲英想："这皇上死到临头还真的想着东山再起的梦——也好，向老佛爷禀明，让他们来吧。"

光绪帝已经清楚地意识到李莲英异常热乎的用意了，他已意识到虽然打翻了一只药碗，他在人世间的时间也肯定不会太多了。好在他们下的是慢性毒药，在临死前还能安排一些事情。就这样死去，他真是心有不甘，但也无可奈何。回想这一生，他最爱的人是珍妃，最恨的人是袁世凯而不是慈禧，是袁世凯出卖了他，他才落到这种地步。他伸手撕下一片内衣，咬破食指，在上面写了几个字，放进袖子里，然后静静地躺在床上。

隆裕皇后和载沣来了。光绪帝没有正看皇后一眼，不仅因为她脸长得像黄瓜，更因为她是慈禧的亲侄女，是慈禧的眼线，他心里明白，如果不要求隆裕前来，只让载沣一个人到这里，慈禧是不会同意的。

"皇……皇阿哥。"载沣本来就结巴，见了同胞哥哥成了这个样子，不由悲从中来，泪流满面。

"五弟，哭什么。这几日蒙皇额娘关心，大总管亲奉汤药，我感觉已经很好。今天让你们来，是因为太思念你们，而我又太过无聊。"

说着光绪帝站起身来，拥抱着载沣，迅速地把写好的血诏塞进载沣的袖内。

载沣心内明白，紧紧地拥抱着哥哥，泣不成声。

光绪推开他，笑道："不要这样，大家都好好的，何必如此！——五弟，侄子溥仪、溥杰很可爱吧。"

"很……很……好，很聪明，长得壮……壮实。"

"好好教导他们，他们是我们爱新觉罗的后代。"光绪帝揣摩出慈禧太后一定会立溥仪为嗣君。

"皇阿哥，你……放心吧。我一定好好教导他们。"

"让他们继承我们的大业。五弟你也应坚强些，砥砺自己，大清的天下就靠你们了。你们回去吧。”

“皇阿哥——”载沣哭着离去了，到了轿中，急忙抽出光绪帝塞给他的绸片，他展开来，看见几个血红的大字：“杀袁世凯。”

恭亲王溥伟这几天特别兴奋，身为御前大臣，固然应在太后与皇帝之间来往，但这两天他如穿梭一般，走动得特勤。许多的事情他都细细地看在眼里，记在心里。皇上病倒了，离命归西天的日子已经不远。谁来嗣承光绪的帝位呢？自从大阿哥溥儁被废黜以后，他就在考虑这个问题。溥伟心里喜滋滋的，觉得他是合适的人选。祖父恭亲王奕䜣是咸丰帝的六弟，那么溥伟就是道光帝的嫡脉了。更为关键的是，正是由于他的祖父奕䜣当年坚决地支持慈禧，才使她能够镇压肃顺，坐稳太后的职位而垂帘听政。现在他的家里还珍藏着咸丰帝赐的上方宝剑，有先斩后奏的权力，这种荣耀，这种地位，遍观皇室近亲，无人能比。这些天来，溥伟总是窥伺着一切，每件事每一个细节他都不放过。窥伺的结果令他狂喜，慈禧太后不再信任奕劻，种种迹象表明，他是唯一合适的人选。

这几日，除了去了几趟瀛台之外，他就住在内廷，在慈禧的床前寸步不离。一方面他要进一步讨好慈禧，另一方面他要在这里等候被立为储君的佳音。

慈禧看着侍立一旁的溥伟道：“我看还是你最好，像你的祖父。你真是个忠诚孝顺的孩子。”

溥伟心里一阵喜悦，说道：“这都是老祖宗教导的。奴才终日勤勉，唯恐不及祖父之万一。”

“不是我夸你，在年轻人里头，你是最有出息的了。我有一句话，只和你一个讲。”

其余的人都离开后，慈禧说道：“你家存有咸丰帝的御赐宝剑——白虹剑——不是吗？”

“是，老祖宗。”

溥伟见她问起剑，不免有点失望。他以为慈禧要在私下里向他说立储的事呢。

“我告诉你，将来这把剑就可稳定朝廷，稳定大清的天下。”

溥伟的眼睛放射出异样的光芒，说道：“我一定不会辜负老佛爷的期望，把大清的事业发扬光大。”

“我说过你是最有出息的，你知道你这把剑该砍在谁的头上吗？”老太后的眼睛里闪着绿光。

“我……我知道。”溥伟停了下来，为的是整理一下思路。

“是谁？”

“袁世凯！”

"这我就放心了。"慈禧好像完成了一件最重要的事，长出了一口气，喃喃地重复着，"这我就放心了……"

溥伟跪下去，泪流满面。他把慈禧的手握住放在自己的胸前，一句话也不说，他觉得这样更能表示出他对老太后的感激和忠诚。而此时，慈禧也以为她以前立储的想法是否错了。她想，立溥伟不是很好吗？不！她想，我还要看看自己的身体情况。若不行了，就立溥伟；若仍然健康，就立溥仪。

慈禧的寝宫里显得非常黯淡。虽然已是日中的时辰，但这屋子里却给人一种暗夜的感觉，仿佛这是墓中的鬼蜮世界。人们站在那里如同竖着的僵尸；走动着的，脚步都轻轻的，犹如幽灵。

西太后躺在床上，虽然溥伟握着她的手，把年轻人滚涌的热力传到她身上，但她仍感到身体发冷。她似乎真正意识到她这片冬天的树叶就要从枝头上掉落下来。于是问道："李莲英回来了吗？"

"奴才已经回来了。"不知什么时候李莲英已站在溥伟的后面。

"你看皇上的病情怎样了？"

"昨天还好，今天已经喘不过气来了。奴才想，老佛爷该为他的后事着想了。"

"是的，是该为他的后事着想了。莲英，就让你……"

李莲英的心提到嗓子眼上，心怦怦地跳着。

太后却突然改口说道："我想拉肚子。"

听了这话，李莲英真感到扫兴。净手毕，慈禧支走了奕劻。

奕劻刚走，慈禧传铁良进殿。

太后说道："你传我的旨，把段祺瑞的第六镇调出北京，开赴涞水；把你直接统辖的第一镇调进京城驻防。为使段部顺利出城，你可以多想点法子，不要过激，要好好地劝说解释。"

"老佛爷放心，奴才一定能办好这件事。奴才早有准备了，这就回去，给他的军士每人二两银子，二双新鞋，一套新装——他不会不走哩。"

铁良走出去后，慈禧即传醇亲王、端王，军机大臣张之洞、袁世凯、鹿传霖及世续进殿。

慈禧高高地坐在大殿的宝座上，身体笔挺，目光锐利，显得沉毅而刚强。众人跪在地上，齐向太后问安。

太后道："我最近身体不适，顿感体力不支，皇帝又龙体欠安，意欲立摄政王处理国事，你等以为如何？"

袁世凯道："若有摄政王帮太后处理国事，为太后分忧，太后的身体即可早日康复，增寿益岁。臣以为太后所想甚是。"袁世凯想，这摄政王的位子应是首席军机庆亲王奕劻的。

其余的人则都反对，说太后只是微疴，稍治即愈，摄政王的事可以以后考虑。

太后听了大家议论一会儿，道："我看就如袁卿所说，命一摄政王处理国事，我可以安享几天清福。"

此话一出，其他人也就附和说该设摄政王孝敬太后。

于是慈禧太后说："既然大家都认为该设摄政王一职，那就命一摄政王处理国事。我看这个职位应给载沣，你们看如何？"

张之洞道："太后英明。载沣谨严诚恳，性行淑均，正堪当此任。"

"我……我……不行。"载沣急道。

"臣赞同张中堂的意见。"鹿传霖道。

"奴才也是。"世续道。

袁世凯见状也说道："臣也以为太后的安排英明而又远见。"

"既如此，就这样定了。尔等听着，若不支持醇亲王，就是反对我，就是大清的奸贼，天下可共诛之。"老太后声音洪亮坚定，声震大殿。

袁世凯心内一阵阵吃惊："这老婆子，手段真厉害。"

于是慈禧正式颁下谕旨："醇亲王载沣着授为摄政王。钦此。"

慈禧又道："现在应按光绪即位时之上谕，为同治帝立嗣。如今皇帝病急，这已是刻不容缓的事情了，我的主意已定，想跟你们商量商量，看看你们的意思。"

袁世凯道："臣以为应立溥伦。溥伦是道光皇上的长支传嗣，最为恰当。"袁世凯已经看到立载振已毫无可能。因为定给同治皇帝立嗣，载振和他是同辈，不是"溥"字辈，立载振就不可能了。太后在奕劻不在时讨论这事，明显地是要摆脱他，怎可能立他的儿子做嗣君呢？可是袁世凯仍不甘心，仍要找一个和他没有利害关系的人，溥伦就是这样的人。

张之洞道："醇亲王为人忠厚，又是摄政王，正年富力强，臣以为，立醇亲王阿哥最宜。"

其他人也随声附和，慈禧的心意已很明显，大家谁愿意忤逆？

听过他们的议论，慈禧道："以前，我将荣禄的女儿嫁与醇亲王做福晋，即定意将其所生长子立为嗣君，以为荣禄一生忠诚的回报。可惜荣禄不能亲见今日之事了。"

慈禧默然良久，叫载沣道："醇亲王听旨。"

"奴才在。"醇亲王载沣跪在慈禧面前。

"醇亲王载沣之子溥仪着在宫内教养，并在上书房读书。钦此。"

大殿内有两个人呆若木鸡，好似当头被打了一锤，脑子嗡嗡直响一片空白——

一个是袁世凯，一个是李莲英。

殿外还有一个也如披冰霜，这个人就是溥伟。

慈禧太后训过话后，军机们回到西苑的值室，西太后回到寝宫。

“莲英——”西太后叫道。

并没有人答应。

“李莲英——”

还是没人答应。

“李莲英！”慈禧大声喊起来。

“奴才在。”李莲英不知从什么地方来到太后面前，身体似乎是萎缩了一半。

“你怎么啦？”太后问道。

“奴才身体不舒服，身体发高烧，头脑昏沉，看样子是病了。”

“这几日你太过劳累——本来我想让你再到瀛台去一趟，你既然病成这样，就回房去休息去吧。”

“谢老佛爷。”李莲英退了出去。

“小德张！”

“奴才在。”

小德张的心里一阵狂喜，他看得出，他的地位又要升高一步。

“你到瀛台去看看皇帝的情况，速去速来。”

“嗻——”

小德张很快便回来报告说：“万岁爷奄奄一息，恐怕撑不过今晚。”

“速传醇亲王、端亲王、军机大臣、隆裕皇后等到皇帝那儿，若庆亲王回来，让他也去。”

“嗻——”

光绪帝的床前黑压压地跪了一片。

“皇阿哥，我……我本来要奉储君来，可风太大，所以没来，你有什么话对他说吗？”载沣道。

光绪帝道：“希望他不要像我，希望你也不要像我。你要果敢、果断，不能懦弱。”

袁世凯跪在后面的角落里，但还是被光绪帝看见了。

“那是袁世凯吧。”光绪帝道。

“臣在。”袁世凯稽首在地。

“抬起头来。”

袁世凯不得不抬起头，眼观鼻，鼻问口。

“看着朕。”

“……”

“看着朕!”

袁世凯和光绪帝的目光相接，光绪的眼里充满了怨毒。

光绪帝道：“朕临死尚有如许的人在此跪候，不知袁世凯你能否有朕这福气。”

这几句话似乎用尽了光绪帝所有的力气，说罢就瘫软在床上。

隆裕皇后走上前道：“皇上，你感觉怎样?”

光绪把脸转过去，对着墙壁。他虽不怨愤隆裕，但觉得与她没有任何话说。

“皇上，”隆裕皇后抚着光绪，柔声地说道，“换上衣服吧，皇上。”

“不换!”光绪帝愤然道。

几个太监拿来长寿礼服，刚要动手换，光绪用尽全身力气打掉太监的手厉声道：“谁给朕换衣，谁就是大逆不道。”

载沣望着珍妃的姐姐瑾妃，向她示意。瑾妃走到床前道：“皇上，为了妹妹，奴婢请皇上穿上寿衣吧。”

“朕……就穿……这身衣服去见她。爱妃，我终于和你团聚了。”

说罢，光绪帝停止了呼吸。窗外，日落。

小德张把光绪驾崩的消息传给慈禧，慈禧老太后的精神一震，似乎病全好了，手脚也特别地有力气。她又来到仪鸾殿，训谕军机及内阁大学士们把皇帝遗诏颁布天下。

军机大臣们见太后神安气和，精神陡增，非常惊讶。一个时辰后，颁下“光绪遗诏”，诏曰：

“朕自冲龄践阼，寅绍丕基，荷蒙皇太后畴育仁慈，恩勤教诲，垂帘听政，宵旰忧劳。嗣奉懿旨，命朕亲裁大体，钦承列圣家法，一以敬天法祖，勤政爱民为本。三十四年中，仰禀慈训，日理万机，勤求上理，念时势之艰难，折中外之治法。辑如民教，广设学堂，整顿军政，振兴工商，修订法律，预备立宪，期与海内臣庶，共享升平。各直省遇有水旱偏灾，凡疆臣请赈请蠲，无不恩施立沛。本年顺、直、东三省、湖南、湖北、广东、福建等省，先后被灾，每念我民满目疮痍，难安寝馈。朕躬气血素弱，自去岁秋间不豫，医治至今，而胸满胃逆，腰痛腿软，气壅咳喘诸症，环生迭起，日以剧增，阴阳俱亏，以致弥留，岂非天乎？顾念神器至重，亟宜传付得人。钦奉慈禧端佑康颐昭豫庄诚寿恭钦献崇熙皇太后懿旨，以摄政王载沣之子溥仪入承大统，为嗣皇帝。在嗣皇帝仁孝聪明，必能仰慰慈怀，钦承付托，忧勤惕厉，永固邦基。尔京外文武臣工，破除积习，恪遵前次谕旨，各按逐年筹备事宜，切实办理。庶几九年以后，颁布立宪，克终朕未竟之志，在天之灵，藉稍慰焉。丧服仍旧制二十七日而除。

布告天下，咸使知闻。”

太后的神安气和令人惊讶。又以新帝之名传谕，称述大行皇帝之德，并太后仁爱之恩。在这种情况下，追忆光绪初年，因为没有给同治帝立嗣，吴可读曾以尸谏。现在新立的皇帝溥仪已继与同治帝为嗣，以实践太后当年的谕旨。然而，如果不筹划出一种兼顾的方法，那么光绪帝就会和同治帝一样没有后嗣，士大夫一定会有起而争之的人，于是慈禧太后就独出己见，创为兼祧之举。谕曰：

“钦承慈禧端佑康颐昭豫庄诚寿恭钦献崇熙皇太后懿旨。前因穆宗毅皇帝未有储贰，曾于同治十三年十二月初三日降旨，大行皇帝龙驭上宾，亦未有储贰，不得已以摄政王载沣之子溥仪，承继穆宗毅皇帝为嗣，兼承大行皇帝之祧。”

慈禧太后觉得，她的身体仍很康健，病体完全康复。摄政王监国的事又让他放心不下，她觉得，权力还是要攥在自己手里，于是又下诏曰：

“现在时势多艰，嗣皇帝尚在冲龄，正宜专心典学。着摄政王载沣为监国。但所有军国政事，悉秉承予之训示裁度施行。俟嗣皇帝年岁渐长，学业有成，再由嗣皇帝亲裁政事。”

朝廷内外看了这道诏谕，立即明白：皇上三岁，监国摄政王不能独断国事，则监国徒有虚名。而溥仪则不过又是一个光绪帝而已。

禁卫军的铁甲马踏着长街，引来一支浩荡的队伍。几十个太监被裹在马队与步兵之中，在强劲的北风吹撼下，他们仍保持着队形。太监的正中，是一顶明黄色的轿子。

“开门！开门！”

醇亲王府的大门打开了，各处的灯光也随之亮了起来。

醇亲王和同来的王公及军机大臣下马，小德张高声地念着慈禧太后的谕旨：

“钦承慈禧端佑康颐昭豫庄诚寿恭钦献崇熙皇太后懿旨。大行皇帝龙驭上宾，未有储二，着摄政王载沣之子溥仪承继穆宗毅皇帝为嗣并兼承大行皇帝之祧。自今日起，着嗣君在宫内教养，并在上书房读书。钦此！”

第四章
三龄童即位成宣统
四兄弟谋事如空谈

两岁半的小皇帝，被雷鸣般的朝拜声吓住了，他在龙椅上一个劲儿地打着挺儿，跎着蹦儿哭喊着："我要回家，我要回家！"摄政王载沣跪在面前，结结巴巴哄着昨天的小溥仪、今天的小宣统："就完了，就快完了……"

醇亲王载沣听罢谕旨，进到屋里号啕大哭。当年他父亲接到让载湉进宫的懿旨时也是这样痛哭，载沣比他的父亲更悲恸。他父亲只是悲伤儿子的命运如同同治帝一样，而载沣却不仅为年仅三岁的幼儿悲痛，也为自己悲痛，为自己的过去和将来都受西太后的控制而悲痛……

"王爷，老福晋晕过去了。"不知是谁向他报告。

载沣急忙擦去眼泪，来到母亲刘佳氏的房里。这里正忙成一片，一大群太监和女佣挤在这里，灌姜汁的灌姜汁，传大夫的传大夫，闹腾了好长一阵，老福晋才苏醒过来。载沣和母亲四目相对，千言万语，一时无从说起。心中的万千苦痛，无法开口诉说。

"奶奶（满语称母亲为'奶奶'，称祖母为'太太'），我们看看皇上去吧。"载沣道。

孩子睡得正熟，醇亲王和老福晋看着他睡得那样安详，想到今后他就要离开亲人到那冷冰冰的宫中，不免又哭了起来。全家的人不住地劝解，正在这时，小溥仪被吵醒了，哇哇大哭。这个三岁——其实是两岁半的孩子就要让人抱去做皇帝了。

"孩子……不，皇上，来吧，老佛爷下……下旨意了，咱们必须赶快去，不然老佛爷要不耐烦了。"载沣哽咽着结结巴巴地说着，一个宫女抱起小溥仪，溥仪哭得更凶了。

小德张从宫女手中接过孩子。

"我的孩子……"瓜尔佳氏叫了起来，她抢过孩子，给他穿了几件衣服。

"这……这……不合礼法吧。"小德张吞吞吐吐地说。他认为瓜尔佳氏不该那样对待即将登基的皇上。

瓜尔佳氏并不理会他，给孩子穿了衣服后，抱在怀里亲个不够，犹如生离死别。孩子不住地哭叫着，声音似乎要把房顶都掀开来。

佣人和太监们都在心里嘀咕着：这绝不是好兆头，哪见到小孩子哭得这样凶的，像是给鬼吓着了似的，哭得人心里冷飕飕的。

“老福晋又昏过去了。”不知是谁喊了一声。

大家又闹腾了一会儿，老福晋才苏醒过来。载沣让人把老福晋扶进里屋歇息，道：“军机大臣们还在等着，这就走吧。”

小德张伸手又去抱孩子，哪知小溥仪连踢带打就是不让他过去抱，小德张苦笑着望着军机大臣怎么吩咐，军机大臣也是束手无策，便和摄政王商量，载沣早已六神无主，只顾点头，他更是什么办法也没有。

王焦氏看溥仪哭得可怜，忙过来把他抱在怀里，又把奶头放进他嘴里，溥仪这才停止了哭叫。

束手无策的军机大臣们和醇亲王商量了一下，决定由王焦氏这位嬷嬷抱着小溥仪一同到宫中。

“嬷嬷，孩子就交给你了。”瓜尔佳氏对乳母王焦氏哭着说。

奶妈王焦氏抱着孩子，随小德张走了出去。

“嬷嬷，孩子就交给你了——”瓜尔佳氏还在高声地呼喊着。

“额娘——”小溥仪此时似乎明白了，将要发生什么事，哇地大哭起来：“额娘，我不愿意去……”

载沣架着瓜尔佳氏，没有让她冲出去。此时王焦氏则一躬身，出了门，迎着大风，钻进了轿子。

禁卫军马队的铁蹄仍踏在石板路上。可这时，这一行队伍再也保持不住队形了。

狂风怒吼着，尘沙碎石被卷起，扑打着人们的面目。每个人都难以睁开眼，他们只能歪着头，斜着身子躬着腰前行。所有的灯笼都被吹灭了，他们只能摸黑前行。

不知是谁叫了一声：“该死的天！”

这一声叫在人们的心头埋下不祥的种子，恐惧的气氛更强烈了。

可是怒号的风声丝毫也没掩住小溥仪的哭叫，他的哭声似乎要穿透这铅一样的苍穹，冲开这铁一样的黑暗。

“太不吉利了。”人们都在心头嘀咕着。

终于进了午门，天也亮了起来。溥仪的哭声也止住了。大概是累得再也不能出声了。嬷嬷王焦氏本来应该在宫门外把溥仪交给内侍，但她还是说服了小德张，让她抱着孩子走进了太后的寝殿。

殿门挂着厚厚的布帘，掀开布帘进去，王焦氏不禁吃了一惊，她原以为太后住的地方一定是辉煌敞亮无比，可是呈现在眼前的，就如一个鬼蜮的阴间，整个大殿有如地下的坟墓。所有的窗子都挂上了厚厚的蓝色帘子。在阴森森的帏帐中，一个老妇人半躺半卧着。她的头顶上是一颗夜明珠，在夜明珠的照射下，老妇人的脸色显得白惨惨、蓝幽幽的。王焦氏觉得这个老妇人就是老太后了，于是跪倒向她请安。

小德张接过溥仪，来到太后面前道："老佛爷，未来的万岁爷来觐见您了。"说着将溥仪的面孔朝向太后。

谁知溥仪刚一见到慈禧，便"哇"地大哭起来，不仅大声号叫，而且浑身哆嗦个不住，头直往小德张怀里钻，像是见到了凶神恶煞。

慈禧心里一怔，厌恶地看了小孩一眼，说道："这孩子真别扭，快抱出去吧。"

小德张连忙把小溥仪交给王焦氏，让太监把她带走。

慈禧从看到小溥仪的那一刻起，心里就好像是吃了个秤砣似的，憋得厉害，喘不过气来，连打了几个嗝。她心道："人们说小孩子若见了谁被吓哭了，说明那个人也活不长了。难道我真的不行了?"越想越别扭，连忙叫道："小德张，快过来，给我拍拍揉揉，我的心里憋得厉害。"

小德张连忙走上前，揉着慈禧的胸脯。一会儿，慈禧道："我的头也昏胀得厉害。"

御医马上被叫来，医生望闻问切之后，说道："老佛爷的脉已极弱，熬长寿汤吧。"

人们都愣住了，喝长寿汤，就是到了要驾崩的时候了，御前太监忙把这消息告诉御前大臣，御前大臣飞报王公亲贵和军机大臣。

太后的床就在寝殿的宝座上。慈禧已经穿起了长寿衣，她真是心有不甘。她真想废了那个看见她就哭的小孩，是这个小孩要了她的命，她认为，她的病体已经康复，她应该坐在宝座上而不是病榻上；她还应该再统治这个国家十几年，一切都安排好了，没有谁能危及、哪怕是丝毫动摇她的统治。可是这个小孩，这个处心积虑被她立为皇嗣的小孩，却用他那尖厉怪异的哭声把她的灵魂赶出了躯壳。也许是载湉的阴魂在作怪。这样想着老太后的眼前出现了光绪帝怨愤的绿惨惨的面容；随即，珍妃那被泡大了的肿胀的白灿灿的脸也向她压来，两个面孔交替出现，不断地变大、变大，不断地慢慢地向她靠近，压向她、压向她。慈禧太后拼着全身的力气，双手一挥，"啊——"一声长叫，旁边的太监们忙捶打着她，拍打着她的胸脯。太后只有出气似乎已没有了进气。

"莲英呢？莲英……"

老佛爷想告诉李莲英，要警告他，她要死了，叫他留心仇敌。

李莲英觉得太后此时已无权柄，竟拒绝到太后的跟前……有着野心的李莲英绝望到了极点，转而痛恨慈禧到了极点。太后病重时，小德张找到他，他对小德张道："老佛爷在生的时候我万分崇拜她，我愿意永远记住她生时的音容，我决不忍心看她最后受苦的神情，我不能去。"

小德张只好对老佛爷说没找到李莲英。老佛爷眉头皱了皱，仅剩的三分魂魄又荡去了一分。不过，她的脑子、她的思路，到死都是清晰的。

"都来了吗?"

小德张道："都来了。"

"传旨。"

隆裕皇后、载沣和几个军机大臣忙到床前，一会儿，军机降旨曰：

"奉太皇太后懿旨。昨已降谕，以醇亲王为监国摄政王，禀承予之训示，处理国事。现予病势危急，自知不起，此后国事，即完全交付监国摄政王，若有重要之事，必须禀询皇太后者，即由监国摄政王禀询裁夺。"

这末尾的几句话是想给新太后及叶赫那拉氏以机会，在有重大要事的时候，能够参与。这样，就可维持叶赫那拉氏永久的权势，而巩固她所占的地位。如果监国摄政王及其他人有仇视慈禧太后的举动，做他们在她生时不敢做而死后敢做的事，则新太后就可以按照这个诏谕干预政事。

军机大臣和亲王、郡王、贝勒、贝子们跪了一殿。殿外，几百名喇嘛在那里念着经，呜呜的大铜号声和北风阴惨的号叫混杂在一起。

"别来，别来……"慈禧看见光绪帝和珍妃绿莹莹白惨惨的脸又向她压来、压来……

"别来——"她惊恐地叫着，恐怖地瞪着双眼。最后的一声喊叫，使得她永远也不能发出声音了，只是双目突出得更厉害，嘴巴张得一生也没有这么大过。

医生把了把她的脉，宣告了老太后生命的终结。小德张撬开老太后的牙关，把一个大珍珠放进她的嘴里。这叫做"饭含"。

"哐、哐、哐……"喇嘛们敲着钹进来，围着太后舞蹈着。

同时，颁布了太后的遗诏：

"予以薄德，秉承文宗显皇帝册命，备位宫闱，迨穆宗皇帝冲年嗣统，适当寇礼未平，讨伐方殷之际，时则发捻交讧，海疆多故，民生凋敝，满目疮痍。予与孝贞显皇后同心抚视，夙夜忧劳，秉承文宗显皇帝遗诏，策励内外臣工，暨各路统兵大臣，指授机宜，勤求治理，任贤纳谏，救实恤民，遂得仰承天命，削平大难，转危为安。及穆宗毅皇帝即世，今大行皇帝入嗣大统，时事愈艰，民生愈固，内忧外患，纷至沓来，不得不再行训政。前年宣布预备立宪诏书，本年预示预备立宪年限，万几待理，心力俱殚，幸予气血素强，尚可支持。不期本年夏秋以来，时有不适，政务殷繁，无从静摄，眠食失宜，迁延日久，精力渐惫，犹未敢一日暇逸。本月二十一日，复遭大行皇帝之丧，悲从中来，不能自克，以致病势增剧，遂致弥留。回念五十年来，忧患迭经，兢业之心，无时或释。今举行新政，渐有端倪，嗣皇帝年方冲龄，正资启迪，摄政王及内外诸臣，尚望协心翊赞，固我邦基。嗣皇帝以国事为重，尤宜勉节哀思，孜孜典学，他日光大前诏，有厚望焉。丧服二十七日除，布告天下，咸使闻知。”

1908年12月2日。光绪三十四年十一月初九日。

雪停了，但是北国的天气却更加奇冷。北京的街头巷尾布满了“倒卧”，士兵们、巡警们把这些因冻饿而死在街头的尸体一具又一具地扔进芦席大车里。街上没有行人，天空没有鸟雀。偶尔有只瘦骨嶙峋的野狗晃动着身子，这里嗅嗅，那儿闻闻，或者是在厚厚的积雪中扒着什么。

太和殿的内外，早早地聚满了人，黑压压的，有如糖盘子上滚满了一层蚂蚁。人们在寒风中哆嗦着，头缩进领口里，手抄在袖笼里。每个人都很想跺几下脚暖和暖和，可是没有哪一个人敢这样做。

中和殿里，一群王公大臣及太监宫女们正在忙活着。载沣和嬷嬷王焦氏正在给小溥仪穿龙袍。小溥仪刚离开王府半个月，似乎有点习惯了人们的摆弄，任由人们把他举起又放下，推来搡去。大大的脑门高高地突起，圆圆的眼睛睁得大大的，好奇地看着周围的人。可是一会儿他就不耐烦了。人们往他的身上一件一件地加着服饰。首先是朝服，朝服上用金丝绣成二十六条金龙外加日月星辰、黼黻藻火、五色云头、八宝立水。溥仪被裹在里面动弹不得，手脚觉得特别地难受便不住地舞弄着。

“嬷嬷，我不穿，我不穿。”溥仪叫道。

可是人们并不听他的，又在他头上戴着帽子。这顶朝冠的顶戴有三层，每层一座金龙托子，上承一粒东珠。这下小溥仪更受不了了。

“我不戴，我不戴。”

小溥仪一低头，帽子掉下来，太监连忙接着。

载沣道：“到太和殿再戴上吧。”

载沣抱着溥仪来到太和殿，把他放在高大的宝座上。溥仪坐不住，载沣单膝侧身跪在宝座下双手扶着小皇上。而在此时，“万岁、万岁、万岁”的呼喊声齐声响起，震得大殿嗡嗡直响。

溥仪早已冻得手脚发麻，听到这山崩地裂的呼叫吓得哇哇大哭。

“阿玛，阿玛，我不要在这儿，我要回家，我要回家……”

载沣双手紧紧地抱着溥仪，小溥仪一动也不能动，哭得更厉害了。

“跪——”

随着一声喊，太和殿内外的文武百官黑压压地齐齐跪下。

“一叩首——再叩首——三叩首——”

文武百官们的双手扶着冰冷的石块，头不断地磕着地面。

“刷——”响起衣袂的磨擦声，这衣袂的声音犹如阵风掠过山谷。

“跪——，一叩首——二叩首——三叩首——”

随着黑压压人群的起伏，溥仪哭闹得更厉害了，手脚不断地踢打着。

“哇……哇……，我要回家，我要回家。”

溥仪的声音越来越响，他的脚踢在了载沣的脸上。载沣急得满头大汗，忙哄着小皇上道：“别哭，别哭，一会就……就完了。快完了，快……快完了……”

“不能这么说，摄政王。”内务府总管低低地叫着。

典礼终于结束了，人们渐渐退出宫去。大家都低声地议论着：“怎么说‘快完了’呢？”“‘回家’，这是什么意思？”“‘完了’，‘完了’，咦——这可不是好兆头啊。”

宣统帝的登基大典真是旷古未有。

“面茶张”的面茶铺前，停着几辆人力车，车夫瑟缩着身子坐在墙根旁，墙根旁的积雪早已扫得一干二净。他们不远处，几个小孩正在跳绳，破烂不堪的衣裳丝毫不减他们的兴致，童稚的声音随着绳圈起落：“不用掐，不用算，宣统不过二年半。”

喝面茶的人转头看了看，重又吸溜起他的面茶，车夫用绽出棉花的袖子擦着鼻涕，似乎什么也没听见，就是几只麻雀也无动于衷，转动着眼睛，在人们面前啄着什么，一直蹦到小孩子飞动的绳前，才扑楞楞飞起，打着个旋，重又飞回到墙根这片空地上。

什刹海后海北岸，醇王府的大门比以前热闹多了。轿子在这里进进出出，一天到晚没有停的时候。

肃亲王善耆在大门前下了轿子，到了大殿，见大殿的楹柱上写着一副对联：

福禄重重增福禄　恩光辈辈受恩光。

“一点不假。”善耆心道。他又环视大殿内的摆设，见西边的屏风上写着第一代醇亲王奕譞的治家格言。右边写道：

“财也大，产也大，后来儿孙祸也大。借问此理是若何？子孙钱多胆也大，天样大事都不怕，不丧身家不肯罢。”

左边写道：

“财也少，产也少，后来子孙祸也少。若问此理是若何？子孙钱少胆也小，些微产业自知保，俭使俭用也过了。”

肃亲王正在品味，奏事处的官员来到肃亲王面前道：“请亲王随奴才来。”

善耆随奏事官来到醇王府的大书房，上悬“宝翰堂”的匾额。此处奏事处的官员退去道：“摄政王在鉴意轩中。”

善耆进入书房，见书房的条案上放着一个周代的欹器，善耆不由走了过去。他知道这种器皿在放水时只能放进一半，如果水放满了，他就会倾倒，水就会全部流掉。善耆见这器皿上还铭了几行字。一面刻着：“月盈则昃。”另一面的铭文是：“满招损，谦受益。”

善耆看了这些，不由得心事重重，转身走向旁边的侧室“鉴意轩”。

载沣已出来迎接，拜礼客套后，善耆见书桌上贴着一幅对联：

“有书大富贵，无事小神仙。”

善耆笑道：“摄政倒有汉初唐始的黄老思想。”

“褒奖过……过甚。我怎能与初汉初唐相比。”

善耆又见中堂是一幅扇面，上写着白乐天的七言绝句：

“蜗牛角上争何事？石光火中寄此身。

随富随贫且随喜，不开口笑是痴人。”

善耆又环视四周。满屋子摆放的，就只是书了。

“摄政王的藏书果然丰富，看样子是无人能比的。”

“我与父王同好，只喜书中字句，诗里情怀。”不谈政事，载沣也不结巴了。

善耆意味深长地道：“摄政王的雅情高怀确实让人钦佩。但目前皇上冲龄，国家多难，身为摄政王，肩负大清的国运，我以为，摄政王可不能太过逍遥啊。”

“唉！我本无心政……政事，也无能于国……国政，太后突然委国于我，又突然崩逝而去，我真有点泰山压肩，喘……喘不过气来的感觉。我……我现在的确感到已无退……路，只能苦撑局面。千头万……万绪，不知从何做起，危机四伏，不知怎……怎样才能消除。”

“摄政王，太皇太后既然能委你以重任，你就应该有能力承担此大任。想当年你出使德国不辱使命，举国称赞，谁不钦服？如今摄政王肯定能使我大清傲立于世界各邦，说什么无心无能的话来。”

载沣曾出使德国，坚决拒绝了德皇威廉二世让他跪见的无理要求，此举引起国内国际的一片赞扬。

“你说现在该如何做？”载沣见肃亲王似乎已经有了成熟的想法。

“首先要做的是清君侧、安定朝廷。”

“这……这恐怕不行吧。大行皇上和太皇太后刚刚崩驾，皇帝刚刚登基，人……人心未定，怎可做此大的举动？”

“摄政王，若不采取断然措施，实是养虎贻患，恐怕越往后拖延，越不可收拾。”

“如何清……清君侧？”

“杀袁世凯！”善耆厉声道。

载沣心里一震，这不是皇阿哥光绪帝血诏上的话吗？

“此时恐怕不行吧？”摄政道。

“摄政王，若不杀袁世凯，真的如项羽放走了刘邦，吴王放走了勾践。将来坏大清天下者，必是袁世凯。”

“容我考虑考……虑一下。”

善耆见摄政王载沣一时难以说动，难下决心，于是说：“谨请摄政王慎重考虑此事，早下决断，此乃目前第一要事也。”

说罢，肃亲王善耆告辞回府了。

载沣何尝不想杀袁世凯？即使没有袁世凯和他同胞哥哥光绪帝的那段过节，那段深仇大恨，即使没有光绪帝的血诏，如今他既然坐了摄政王的位子，他也一定要杀袁世凯。袁世凯处军机要地，军机首脑庆亲王奕劻又是他拿钱喂饱的人，完全听袁的支配，政权实际上由他控制；京畿陆军将领除第一镇外都是他的亲信，几省的督抚也都是他所提拔，有的暗中与袁勾结。如果不杀袁世凯，他这个摄政王确实是徒有虚名，今后难以左右形势。可是载沣却难以下手，怕激起变乱。

那么到底如何处理这件事呢？

载沣思前想后，确定了他的大计方针：首先要把军队控制在自己手里。当年他出使德国时，德国皇帝兼海陆军大元帅给他留下深刻印象。于是载沣首先决定，全国所有的军队统由朝廷统一调节，各省督抚没有对军队的支配权，如各省要调动使用军队，必须经朝廷批准。至于北洋各镇的军队，更是不在话下，统由大元帅调度。

载沣的心里有了轮廓以后，急传载涛、载洵、载泽来商讨。

载泽是奕谟的义子，载沣称他为大哥，他的爵号是镇国公。载洵和载涛是载沣的同母弟。

载沣向着载泽道：“大哥，我现在想的是，首先要控制军权，然后才能除去袁世凯，不然恐生事端，列国友邦恐怕也要干涉。”

“绝不能这样做。应先杀袁世凯，采取迅雷不及掩耳之势诛杀之。列强各国拿袁世凯是个工具，袁世凯既死，他们闹一阵子自会平息。至于奕劻，势力再大，也翻不起什么大浪。我仔细观察过，袁世凯每日上朝，仅带差官一名，进乾清门后，便只他单身一人。我们实在是有很好的机会下手。当年圣祖康熙帝擒拿鳌拜，是何等的艰难、何等的决断、何等的魄力！我们后代子孙难道就孱弱到今天这种地步吗？”镇国公载泽显得慷慨激昂。

“此事我……我须问问张之洞再说。若得到他的同意，杀袁世凯就不会造成多大事端了。”载沣道。

载泽着急起来：“摄政王，杀袁世凯并不是为了我，也绝不仅仅是为了你，是为了年幼的皇上，是为了大清几百年的基业啊！此时不采取断然措施，更待何时？机不可失，时不再来啊！”

“这……这……如何是好？”载沣结巴得更厉害了。

两位弟弟你看看我，我看看你，不知两位哥哥谁说的对，都觉得有道理，一副茫然的样子。

载沣又说道：“太皇太后和大行皇帝的梓宫还没有奉安，皇上刚……刚即位，还是等等再说吧。”

载泽长叹一声，看到载沣杀袁世凯难下决心，于是道：“那就按摄政王的意思办吧，摄政王代皇上任海陆军大元帅，设立军咨大臣，军队日常事务由军咨大臣处理。”

“这个职务就……就让载涛担任吧。”载沣道。

“很好。”载泽也同意。

载洵此时突然说道：“我要做海军大臣。”

“你毫无经验，怎能担此重任？何况现在的海军急待振兴整顿。”载泽道。

“难道海军大臣一职要落到别家的手里吗？”载洵急道，“这一职务非我莫属。阿玛管理过海军，我要继承父王的遗志，重振海军军威！”

载沣最怕这样声色俱厉的言辞，而且在他的心中，也认为海陆军的大权都应由自己家里的人掌握，就如德皇为元帅，他的王子们分任海陆军司令一样。于是载沣道：“那好吧。不过，你要先出国考察一下，回来再做海军大臣。”

第二日，载沣召见王公、军机大臣及各部要员来到养心殿。

养心殿的中央设着皇帝的宝座。宝座的上面和两边各悬着匾额。上面悬着雍正帝亲书的“中正仁和”，左边的是“江山万代”，右边的是“万寿无疆”。左右两边的紫檀木大案上整齐地放着清代各皇帝的圣训。

因为皇帝年小，接见大臣不是在大殿举行，而是在正殿侧边的东暖阁。

靠近东暖阁的东墙，设着宝座和屏风。南墙上开着一扇窗户，上有乾隆皇帝亲书的“明窗”二字。“明窗”的下面，是一个炕。

东暖阁的隔扇里，是一个临时的寝宫，供皇帝躺卧休息。

见大臣王公们都来了，载沣从临时寝宫里抱出宣统帝坐在南窗下的炕沿上，载沣坐在他的身旁用一只手扶着他。王公大臣们行了跪拜礼。

载沣道："摄政王代皇上谕令：各省的兵权收归中央，由陆海……海军大元帅统一调度指挥，大元帅一职由摄政王代皇帝担任。从今……今天起，各省督抚所兼陆军部尚书侍郎等职一律取……取消。谕令：从今日起设军咨府，由贝勒载涛任军咨府大臣，各省督抚调遣军队，均须先电达军咨府。另谕：训练禁卫军，由载涛任训练禁卫军大臣，善耆协办，良弼统筹执行。"

有大臣陈夔龙说道："如此，则督抚手无军权，若地方乱起，恐怕弹压不能及时。"

瑞澂也道："摄政王日理万机，又兼陆海军大元帅，恐怕不妥。"

载沣道："此……此事不可商量。德皇兼陆海军大元帅一职，军威才……才壮大，军力才强。这亦是皇帝的特权。这个职务待皇帝年长后，我自然交给皇帝，我只代行而已。至于各省督抚不再统军，政军分开，为各国统例，有何不可？此事亦不……不可商量。"

"不可商量。"溥仪见阿玛说到这几个字时脸色发红，声音很大，很好玩，于是就学了一句，谁知这话一出口，就一锤定音，王公大臣们齐刷刷地跪下道："万岁，万万岁！"

"嘿……嘿……"载沣没注意，小皇上一骨碌爬下来，摸着王公大臣们帽上的顶子。跪着的人哪个敢动，任由他摸来摸去，头也不敢抬。载沣也不好骤然去抱他，无所适从……

袁世凯的书房里，徐世昌正和他密谈着。

袁世凯看上去脸色很难看，腮上的赘肉耷拉着，眼珠突出，似乎要挣出眼眶。他思考问题的时候和别人不同，别人在苦思冥想时总是眯着眼，而他想问题想得越深，眼珠突出得就越厉害，像被人勒着脖子越勒越紧似的。这就有如有的人睡觉闭着眼，可偏偏有人在睡觉的时候，眼睁得老大老大。

过了好长时间，袁世凯才说："没想到这个载沣还真有点魄力。"

"袁兄错了，他真的有魄力，袁兄就不能坐在这里了。"

"他能把我怎样——他只不过是个乳臭未干的毛头小儿。"

"可不要这么想。"徐世昌道，"当年鳌拜可能就觉得他军权在手，功勋卓著，而掉以轻心，竟被玄烨那个毛头小子给制住了。今天，他载沣要是采取这一手段，袁兄将奈他何？"

"如此我恐怕脱不了身了，卜五教我，卜五救我。"

袁世凯深信他这位同乡兼同学的谋略。

"袁兄也不可着急，以今日情形看来，载沣只是取军权在手，还是对袁兄有所顾忌，这正说明了载沣色厉内荏。所以，袁公尽可高枕无忧。"

“是啊，我也是这么想。”

“可是——”徐世昌卖着关子，不再说下去了。

“可是什么?”袁世凯急着说道。

“可是如果载沣身边尽是吹风的人，他这棵墙头茅草忽然倒向哪方，也不可预料啊。”

“确实是这样，像溥伟、良弼、铁良、善耆、载泽之徒，都不是善良之辈，都是茅厕里的石头，又臭又硬。特别是那个载泽，老奸巨猾。这些人终日在载沣面前说三道四，恐怕我就会有不测之祸。”

“正是如此。”

“若是如此，卜五怎可说我高枕无忧？卜五兄肯定有计教我。”

“目前，袁兄一定要密切联系旧日部下，以为急迫之需。二，要走张之洞和庆亲王奕劻这两个棋子。庆王奕劻是袁兄的人，已无话可说，但要授他一计，让他粘住铁良不放，以期引起载沣等人对铁良的疑忌，这样，我们就可去一劲敌。”

袁世凯插话道：“这条反间计能行通吗?”

“能，因为载沣兄弟急于把各种权力都抓到手。”

“那——快接着说吧。”

“对张之洞，袁兄可以粘住他，动之以情，晓之以理，明以利害，若拉过张之洞，或张之洞态度模棱，袁兄就真的可以高枕无忧了。因为对大事，载沣得询问张之洞，若张之洞为你开脱，袁兄还有何忧呢?”

“是啊，只要张之洞不倒向载沣，持骑墙的态度，我们就满意了。”

“正是。”

“不过，我与张之洞素不相识，怎能一下子把他的态度改变过来?”

“一方面，袁兄要自已找机会和他接近，人都是有感情的嘛；另一方面袁兄的部下可以和张之洞的部下接近。袁兄这边，兵有兵权，财有财权，人有人权；地方有督抚，朝中有军机、有尚书；军中有都统，有将军。若和张之洞的部下交往，恐怕他的部下还求之不得呢。另外，我假设一个场面，你看张之洞会有什么反应?”

“什么场面?”

“比如，王士珍、冯国璋或段祺瑞和张之洞的属下在一起喝酒喝醉了，他们说：‘有谁敢动袁大帅一根汗毛，我们就和他拼了，我们的命是袁公给的。’你看，张之洞要知道这些话，会怎么想?”

“这不是让我死得更快吗?”

“这就叫置之死地而后生。袁兄一定要看出载沣最怕的是什么，弄清楚了这个，一切就都主动了。”

“他一怕激起事变，二怕王公大臣们不服，三怕外邦干涉。”

“按着这三条一一地去做，不就高枕无忧了吗？”

“是啊，我正想着法子如何才能套住隆裕这个婆娘。张之洞此人，晚年糊涂又好色，我自有主张。”

“袁兄果然已有行动了。是的，有隆裕太后掣肘，载沣更不敢动了。慈禧太后的谕旨明写着嘛。——袁兄既已想得如此周全，还拿来问愚弟，是想试试愚弟的才能吗？”徐世昌毫不含糊地质问袁世凯。

“我何敢如此？你不要多心，你我是亲兄弟，这么些年，彼此情投意合。这只说明我们想到一块去了。”

“袁兄对隆裕太后有把握吗？”

“我已留意隆裕很久，她身边的太监小德张原名张祥斋，字云亭，排行‘兰’字，宫内的名字叫张兰德。慈禧太后很喜欢他，赠名恒太。他是由一名小伙计逐渐爬到今天大太监的位置的，这种人和李莲英之辈没什么不同，有奶就是娘，有银子就是爹。你看走这条路行吗？”

“最好。”

在袁世凯和徐世昌谈话两天以后，英国一家大报发表评论。评论以为，虽然两宫俱都崩逝，虽然中国皇帝尚在冲龄，但有英明年富力强的摄政王，有袁世凯那样的良正贤能之臣，清国的政局不会动荡，一定更加稳定，英清关系也必将会健康发展。

接着，美、荷、西、葡等国的报纸也作了相似的评论。各国的评论都把摄政王和袁世凯紧密地联系在一起，对袁世凯的溢美之词，对袁世凯在清国所起到的稳定作用，更是连篇累牍。

袁世凯对这家英国大报的驻京记者非常满意，高兴之余又送给这位老朋友几件宋代的青瓷器。

慈禧太后要入殓了，一如生前一样，满身的珠光宝气。钻石戒指，钻石耳环，绿玉镯子，旗头上面的翠扁宝石簪子，钻石头花，红宝石头花，蓝宝石头花，绿宝石头花，翡翠佛手兰，又有金镶绿玉制成的指甲套五对。她头枕翡翠玉石莲花玉枕，脚托绿玉仙鹤。其寿衣、凤冠、珠履，全是由珠翠穿镶而成。凤袍上挂着珍珠络，珠络每颗八钱，佛头一两，共一百八十八颗，用丝线穿成。背云、坠角是祖母绿宝石，针稔是绿翠玉织成的三十颗珠子，光彩夺目。蓝宝石玉带扣是康熙皇帝朝服上的饰物，带扣上有十三道白光线。等等、等等。至于随葬的珍贵物品更是不计其数，难以尽述。

在灵堂中最忙的太监是小德张。

这一天，已是黄昏，小德张刚从灵堂出来，忽然听到一个声音道："张罕达。"

他望了望四周，只看见袁世凯站在远处，他以为，以袁世凯的身份，不可能与他这个内侍在此时交往，更不可能称他"罕达"。（"罕达"即"师傅"）

小德张转身又往前走，又听到有人叫："张罕达请留步。"

小德张复转过身来，这才确认是袁世凯在叫他，忙起步上前单膝着地行礼道："袁宫保怎能这般叫小人，小人实不敢当。"

袁世凯伸手拉起他，握住他的手道："我一向敬佩罕达的为人。过去在太皇太后前，罕达勤勉有加。如今在宫中声望日隆，我正怕结交不上，叫声'罕达'实在是发自内心，诚心诚意的。"

"袁大人过奖了。小人乃刑余之人，承蒙中堂大人如此看重，敢不肝脑涂地，奔走于左右。不过称我为'罕达'，小人实是承受不起。"

小德张知道，这是袁世凯在笼络他，而他也甘愿或者说是求之不得地和袁世凯拉上关系。宫中的内监，在这种乱世，谁能拒绝权臣的笼络？

袁世凯道："既然'罕达'不妥，你我既为知己，以后就是自己人，不必客气，我就直称你为大总管得了。"

慈禧太后死后，李莲英走出皇宫，在宫中再也看不到他的影子，他在北京或是在京外居住，别人也不追问，只是宫中大总管的职位还缺着，这可是个权力遮天的位子，袁世凯抛出这句话，抛出"大总管"的诱饵，怎不令人垂涎三尺。

"我与大人既为知己，彼此结为朋友，就愿意为大人效犬马之劳。大人若有什么吩咐，在下赴汤蹈火在所不辞。"

小德张心里抑制不住喜悦：大总管的位子正是他梦寐以求的，是他人生的最高追求。

袁世凯道："我只是想与大总管交个朋友，苦无机会，今天正巧遇上，表明一下心意，并无其他的意思。"

于是二人又嘀咕一阵，怕撞上别人，二人便匆忙道别。临别，袁世凯从袖中取出二万两银票塞在小德张手中道："大总管在宫中诸事都要打点，花费很大，这是我的心意。"

"这……这……"

小德张还没"这"完，袁世凯已经走了很远了。

小德张来到隆裕太后的长春宫中，道："老佛爷，据奴才看来，这几天宫中可不平静啊。不知道老佛爷有没有看出。"

隆裕太后处处都想学着慈禧，小德张叫她为"老佛爷"，她心里喜滋滋的。

隆裕太后道："我确实没看出来有什么不平静的。"

"老佛爷您宅心仁厚。常言道，害人之心不可有，防人之心不可无。这几天，老佛爷只在大行皇上及太皇太后的梓宫前守灵，哪里知道有许多人在图谋着太后的宝座哪。"

隆裕太后大吃一惊："这怎么可能？太皇太后明明有懿旨的。"

"可是她驾崩之后，有些人就不一定听她的了。据奴才所知，同治万岁爷的三位贵妃，珣妃、瑜妃、瑨妃，正聚在一起商量多日了，在朝臣中也有赞同的，摄政王的意思也不一定就那么牢靠。"

"这如何是好？"

"老佛爷也不必急躁，奴才给老佛爷长个心眼儿就是。奴才以为，老佛爷您可以和庆亲王奕劻、军机大臣袁世凯联络一下。以奴才之见，老佛爷您和太皇太后的能力不相上下，太皇太后能垂帘听政，老佛爷您又怎么不能垂帘听政？若垂帘听政，没有朝中的大臣作为辅弼还行？"

"这些，我都没想过。不过若是能和庆亲王和袁世凯联络一下，那是再好不过的。"

"奴才愿意为老佛爷奔走。老佛爷有什么旨意，奴才可代为转达。"

"那就太累你了。"隆裕太后说着打了个哈欠。

小德张见状，急忙过去，拿过梳子，拔去隆裕头上的金钗，给她梳起头来。梳好头后，小德张又给她按摩了一会儿。

隆裕太后觉得特别惬意，问道："小德张，你多大了？"

"回老佛爷主子，奴才三十三岁了。"

"看你像是二十四五的人，不像是三十出头的。"

小德张长得亭亭笔立，唇红齿白，双目流盼，隆裕太后早就喜欢他，慈禧太后也多次说过把小德张给隆裕，现在隆裕终于得到了他。

小德张道："奴才皮嫩，显得年轻。"

"待我执掌太后的印玺后，宫中大总管的位子就给你了。李莲英西板院的房子就赐给你。"

"谢老佛爷。"

小德张跪在地上，不知磕了多少个响头，他已热泪盈眶。

"快别再磕头了，别再碰了。给我捶捶腰吧，我的腰眼酸痛得很。"

小德张真的动了感情，他擦了眼泪，认真地给隆裕捶打着脊背，掐捏着腰眼。

突然，隆裕一翻身拉起小德张的双手，胸脯急剧地起伏着……

慈禧出殡的日子到了，隆裕和太妃们随王公大臣宗室等为慈禧送葬奉安。奉安的队伍浩浩荡荡。

到了陵地，经过了好长一段难熬的时间，终于要封地宫的门了。小德张安排太监和匠工们动手封门，宗室亲贵和太后太妃们在那里等着朝拜。

突然，小德张把隆裕太后拉在一旁说道："老佛爷，大事不好。"

"什么事，慌成这样?"隆裕问道。

"三位贵妃主子已启程回宫了。"

"这怎么就回去了！太不懂规矩，还没有行家礼朝拜哪。"

"老佛爷，她们冒天下之大不韪急着回去，肯定是想要一件东西。"

"什么东西?"

"太后的玉玺——她们要硬取强夺了!"

隆裕明白过来，这是冲着太后的宝座来的。

"赶快上车。"小德张叫道。

隆裕的马车像风一样向城里驰去，车夫的鞭子"噼啪"在空中响个不停。

隆裕轻车简从，马车从东华门进紫禁城，然后二人急急地来到坤宁宫，到大殿一看，太后金印好好地放着。隆裕一下子瘫软在小德张怀里，她已经毫无力气。

不久，三位太妃赶到，见隆裕太后已经捷足先登，不禁大吃一惊。原来她们前呼后拥地带了许多太监宫女，行动当然很慢。此时摄政王载沣、庆亲王奕劻已经进来。庆亲王奕劻拿过"合符子"，由军机处颁谕，隆裕皇后遵照太皇太后慈禧生前的懿旨，从即日起，为皇太后。

瑜妃道："光绪皇帝本来是弟继兄位，按说仍是同治为正统，宣统皇帝如今是同治嗣裔，只不过是兼祧光绪，怎么光绪的皇后成了正统，而我们却成了别支了？摄政王，你说对不对?"

"这……这……对……不对……"载沣结巴得说不出话来。

庆亲王奕劻道："隆裕立为太后是太皇太后老祖宗留下的懿旨，谁人可以更改？况隆裕本为皇后，为嫡，现在自然是皇太后，祖宗家法、大清礼法如此，谁人可以更改？不要再胡闹了!"

同治三妃张目结舌……

隆裕太后回到寝宫就瘫软在床上，小德张把她揽在怀里说道："累成这个样子，我给你按摩一下。"

"今天的事真是危险极了，多亏了你，不然，后果真不堪设想。"

"老佛爷，如今您已经是万岁爷的皇额娘了，对他有教养之责。以后，老佛爷您应在万岁爷身上多花点时间，尽到自己的圣德圣职。"

隆裕太后听明白了他的话，是要她把皇上抓在自己手里，只要有了皇上，自己就有了干涉政治的主动权了。就是将来，小皇上是自己羽翼下长大的，待他成人后，也不能忘了皇额娘的养育之德。

隆裕道："皇上的一切，我就交与你安排了。"

"嗻——"

第二天，太后下旨，任命小德张为太后宫中大总管，把李莲英住的西板院赐给了他，月俸也和李莲英一样了。

皇上虽然住在太后的长春宫，但是他有自己的一整套机构。皇额娘对他的关心除了每顿饭外，就是在他有点小病的时候看看他，询问一下。

经小德张的推荐，隆裕太后任命张谦和为小皇上太监队伍的总管，并做溥仪的"罕达"，教他认字，教他宫中的规矩。

既是万岁的"罕达"，以后就前途无量，当万岁爷长大成人后，张谦和的地位是可想而知的。于是小德张来到万岁爷的殿中。

小德张的身影刚一出现，张谦和赶忙到他跟前给他行了跪礼，恭敬地道："张爷，恭喜爷高升，也感爷对奴才的提拔。"

"张爷您也太谦虚了，您比我年长，怎么行这样的礼来，您是说我不懂规矩吗。"说着就要跪下去。张谦和急忙起立。

小德张又说道："你我既是本家，又都是总管，以后就别客气了，你我就以兄弟相称吧。"

"小人实不敢当。"

"这就是看不起我了。"

"哪有这样的意思，小人不敢越礼。"

"你既是万岁宫中的主管，有何越礼之处，莫非嫌我年轻吗？"

张谦和不再推辞，二人对拜了，结为兄弟，一叙年庚，反而小德张长一岁，张谦和扑嗵跪在地上道："兄弟给哥哥磕头了。"

张谦和站起身道："哥哥今天来这里，可有什么指教吗？老祖宗可有什么旨意？"

"今天我来是传达老祖宗的旨意。老祖宗说了，她既是皇额娘，就负有育养皇帝的重任。今儿个派我来，特向你说一声。第一件，你是万岁爷的'罕达'，身份与别人不同，你是饱学之士，不比哥哥胸无点墨，万岁爷的识字启蒙，宫中礼节，全要你传授了，你不能有丝毫的懈怠；第二件，嬷嬷王焦氏的奶可要纯净，所以嬷嬷的饮食起居，每天也要向老祖宗报告；第三件，宫外的人不许和万岁爷接近，一切人等见皇上，都须报请老祖宗同意，就是摄政王爷要见，也要请示老祖宗；第四件，万岁爷的饮食起居、身体情况等等，每天都要详细地报告老祖宗，从今儿个起，一日三餐都与老祖宗同进。就这么些事儿。”

“请总管禀老祖宗，让老祖宗放心，我们一定会尽力服侍万岁爷的。老祖宗交待的事情奴才们一定会做好，一定，一定。”

“今儿的晚膳就过去吧！”

第五章

小皇帝闹朝因小解
新太后靡帑为新宫

摄政王等一班大臣正为如何处置野心渐露的袁世凯，各持一词，难下决断。八旗健儿当年果敢决断的气魄，如今已难再现。这时，宣统皇帝猛然尖叫一声，大臣们纷纷跪倒接旨，不料那小皇上说的却是："我要小解！"

晚膳的时候，张谦和抱着宣统帝来到长春宫，太后的长脸装点出笑容，看着小皇上，小皇上从张谦和的怀里出来，伶俐地到隆裕太后面前下跪，说道："儿臣给皇额娘请安。"声音如莺歌玉韵。

听着这琅琅的童声，隆裕不由得心里一喜，脸上的笑容绽放得自然一些，说道："皇帝起来吧。"

"谢皇额娘。"

小溥仪站了起来。他的两腮没有在家里时那么圆润，略显瘦削，可脑门显得更大了，两只大大的眼睛闪动着。

"这要是我的亲生骨肉该有多好！"隆裕伸出手去，把小皇上拉到跟前，疼爱地道："好孩子，想要什么就给皇额娘说一声。"

"孩儿不想要什么，最想听讲故事。"

"那好吧，额娘让他们天天给你讲故事，讲好多好多的故事。"

"额娘，我想让皇额娘答应我一件事。"

隆裕心里嘀咕起来：这小孩儿心里能有什么事？"你说说看。"

"孩儿不想单睡，晚上孩儿害怕，孩儿想和嬷嬷在一起睡。嬷嬷讲的故事好听极了。"

隆裕太后想了一下，没有马上回答。小溥仪的脸上露出失望的神情，可是他马上说道："皇额娘，孩儿不和嬷嬷睡在一起，能和皇额娘睡一起吗？孩儿想听皇额娘讲故事。"说着，趴在隆裕的膝上，头依偎在她的腿上。

隆裕想：这孩子太聪明了，不会像光绪那样吧。但是溥仪的这声叫，这句话，这些动作，似乎唤起了隆裕身上的母性。

隆裕道："你还是和皇额娘睡在一起吧。"

“谢皇额娘。”

小溥仪转身从盘子里抓起一把菜递给隆裕道：“皇额娘吃——吃。”

隆裕太后真地吃下去，说道：“你真是个孝顺的孩子。”

小溥仪听到夸奖，又去抓另一盘子的菜。张谦和忙走上来道：“万岁爷，吃饭哪有用手抓的？在皇额娘面前，可要像个好孩子样呀。”

“什么是好样子？”

“就是规规矩矩，有礼节。”

小溥仪扑闪着眼睛望着张谦和，他不懂得张谦和说的是什么意思。

“用膳。”隆裕道。

小溥仪在张谦和的扶助下，坐在那里用膳，喝着隆裕太后特地给他点的粥，可是没喝几口他就停下了。

用膳毕，隆裕太后道：“皇帝，你还是和嬷嬷一起睡吧。”

小溥仪忙跪在地上道：“谢皇额娘。”

在小德张的搀扶下，隆裕太后回到了寝宫。

小溥仪觉得，似乎只有刚才的那位皇额娘才能管制他，其余的人似乎不敢管。隆裕太后刚一出门，他腾地窜到桌子上，抓起饭菜来。没有一样是好吃的，吃一口，吐一口。

“万岁爷，下来吧，下来吧。”太监们急得团团转，可是却没有哪一个敢去把他抱下来，任由他在上面爬——这是万岁爷在用膳吗？

看到太监们那种着急的表情，抓耳挠腮的样子，小溥仪“吃”得更欢了，一百多样菜，差不多被他“吃”了个遍。

太监们实在心疼，因为这些剩饭菜就是他们的饭菜。

以后的每顿饭，小皇上就这样地爬着吃，吃着，还要看周围太监们的怪样子。

这一天，小溥仪在太后走后又爬上桌去闹腾，闯得正欢的时候，嬷嬷王焦氏走了进来，看到这种情形，大声叫道：“万岁爷，这是在干什么？”

小皇上立即停下来。

嬷嬷伸手把他抱下来，说道：“万岁爷，这满桌子都是吃的东西，万岁爷这样爬来爬去，可不就把它糟蹋了。”

太监们吓得个个吐出了舌头。

“嬷嬷，没有的事呀，你看，他、他不是吃得挺香吗？”

太监们忙点头哈腰道：“是，是，万岁爷，很香，很香。”

“万岁爷，要是嬷嬷抓过的东西，用脚踹过的东西，拿给他们吃，他们会说很香吗？万岁爷吃了这样的东西，也会说很香吗？”

太监们听到这话吓坏了，露出惊恐的神情。可是看看小皇上，却十分顺从地躺在嬷嬷的怀里。

王焦氏抱着万岁爷来到他的寝宫，太监们给他洗过澡，嬷嬷抱着他来到龙床——这可是隆裕太后特许的。

小溥仪躺在王焦氏温暖的怀里，伏在她硕大的乳房上吮吸了一会儿，说："嬷嬷，我怎么有这么多名字？"

"万岁爷有许多名字吗？"

"有的人叫我'皇上'，有的人叫我'皇帝'，有的人叫我'万岁爷'，有的人叫我'老爷子'，有的人还叫我'宣统帝'，这是怎么回事呀？"

"这个么，我也不懂，等万岁爷长大了，就会明白的。"

"嬷嬷还有不懂的吗？嬷嬷会讲这么多的故事。"

"嬷嬷知道的就是这些。"

"嬷嬷讲故事吧。"

"好的，不过万岁爷以后对吃的东西可不许那样了，糟蹋吃的是最不好的。"

"我听嬷嬷的话。"

"好吧，我讲个故事给万岁爷听。"

嬷嬷王焦氏讲道——

"从前，有一个小孩叫王小，爹娘都在荒年的时候饿死了……"

"嬷嬷，怎么会饿死？"

"没有饭吃，不就饿死了？"

"没有饭吃，不能吃肉吗？"

"万岁爷，你不懂这个，我接着讲吧。"

"好的。"

"爹娘饿死了以后，王小就只剩下一个小猫了。王小就带着小猫到处地要饭逃荒，有时只能要得一口饭，王小舍不得吃，就给小猫吃。小猫对他可好了。有一天，他们来到一个大山里，迷了路，走不出去了，王小急得没办法。突然，小猫会说话了，他说：'王小，咱就在这开荒种地吧。'王小很奇怪小猫会说话，不过他很高兴，就说：'小猫，我们吃什么？'小猫说：'山上有野果子。''那，我们怎么开荒种地呢？我又没有力气。'小猫说：'我有，你只要削一根木棍，我就能拉着它开出一片地来。'王小就真的削了一个小棍，插在地里，解下腰带拴在木棍上，再把另一头套住小猫的脖子。王小说道：'小猫咪，走一走，一天犁出九十九。'果然，一天就犁出九十九亩地。王小到集上讨了些种子，在犁出的地上种下，三个月后，长出了黄灿灿的谷子。王小和小猫都高兴得睡不着觉。可是有一个财主从这路过，说：'这是个荒山。怎么长出庄稼来？'王小说：'是我开出来的。'财主说：'你小小年纪怎能开出这么大一片地来？’‘是小猫给我犁的地。’‘哈哈哈，’财主不信王小的话，说：‘这些地是我开出来的。’王小就和他讲理，引来了许多人，告到了县官那儿。县官说：‘小猫能犁地吗？’王小就当场做给他们看，套上小猫，说：‘小猫咪，走一走，一天犁出九十九。’小猫咪一弯腰，就犁出一大片地来，这时，大家才信。可是县官硬说那只小猫是财主的，小猫就被财主强夺去了。可是财主套上它，小猫就是不肯走，财主气的把猫咪打死了……”

“财主太坏了。”小溥仪道。

“是的。王小拿来死了的小猫，哭得死去活来，就把它埋下。埋下不久，就长出一棵大树。突然，树下有个声音说：‘王小，你摇摇树。’这是小猫的声音！王小听出来了，就摇摇树，他这一摇，树上的银元宝就掉下来。王小就又过上好日子了。这事又被那财主知道了，又把那棵树抢占了去，可是他一摇，石头、瓦片就从树上掉下来，砸得财主头破血流……”

“哈哈哈，好！好！”小溥仪道，“那以后呢？”

“后来，那财主头上血流不止就死了，王小就在荒山上种地过日子。万岁爷，粮食都是干活干出来的，只有干活的人才能吃粮食，有好结果。不干活，想坏主意，就像那财主一样。万岁爷长大了，要制止那些像财主那样的人。”

“我要把他们都杀了！嬷嬷，再讲一个吧。”

“好的。”

嬷嬷也感到寂寞，于是又讲了个故事，小溥仪听着听着就睡熟了。睡熟了的小溥仪更显可爱。王焦氏看着他，心里甜甜地，满脸都是微笑。多聪明的孩子呀！乡下人的孩子，到了三岁，有的还不会说话呢。可这孩子说话清清楚楚，比我们乡下的大人还会说呢。突然，小溥仪在梦中叫道：“奶奶，奶奶……”眼角挂着泪珠，王焦氏的眼泪也扑簌簌地往下掉，可怜的孩子，这么小就和亲娘分开。她不由想起了自己的女儿，这时也和溥仪一般大小，可是她的女儿哪有眼前的皇帝的幸福，陪伴女儿的只有她的奶奶，而奶奶又年迈多病。不过，嬷嬷觉得，这小皇上和她的女儿一样可怜。她不明白，人们为什么不允许他的亲娘来带着她，甚至也不允许他的娘亲来看看他。嬷嬷觉得，这宫里，只有她一个人真心地疼爱着这个小孩，其他的人都是利用他、怕他。嬷嬷目不转睛地看着熟睡中的溥仪，她觉得，这孩子很少笑过，就是在梦中也很少见到。

“可怜的孩子！”嬷嬷喃喃地道。

第二天，小溥仪醒得很晚，张谦和等几个太监宫女给他穿着衣服，梳洗好，用过早点，小皇上就跑开了。几十个太监宫女跟着他跑，不知道要干什么，转了许多圈以后，小皇上道：“前天的那小猫哪里去了？”

“万岁爷原来是在找猫呀，奴才这就给您抓去。”

“快——”

"嗻——"

不一会儿，张谦和抱来一个温顺的猫咪。

皇上道："拿个带子来，再拿个棍子。"

"嗻——"

小皇上将带子的一头缠在木棍上，另一头绕在猫的身子上，然后叫道，"小猫咪，走一走，一天犁出九十九。"

小溥仪多么希望奇迹出现，可是小猫咪却伸一下懒腰，躺在地上睡觉了。

"起来——"溥仪又把猫抱起来，站好，叫道："小猫咪，走一走，一天犁出九十九。"

可是猫咪动也不动。

张谦和道："万岁爷这是干什么呀？"

"开荒种地。"

"哟，万岁爷真的躬耕垄亩了。"

"不干活就不能吃饭，就是坏人。"

张谦和跪在地上道："英明啊，万岁爷。"可是他起身后又道："有许多事，万岁爷是不必亲自去做的。"

"我不愿当坏人。"溥仪立即道。

"万岁爷对这些粗活是不要干的，只要奴才们干就行了。比方说，扫地、做饭、穿衣、洗脸等等的这些事，万岁爷都是不必干的，只要奴才们干就行了。"

"万岁爷就可以不干活吗？"

"万岁爷就可以不劳动，万岁爷让别人劳动就行了。"

"什么叫劳动？"

"就是'干活'。"

"我要干活，我要做好人。"

张谦和灵机一动，道："万岁爷要干活也可以，只是万岁爷的活和别人的不同，万岁爷读书写字批阅奏章就是干活。"

"我现在就读书写字批阅奏章。"

"嗻——"

于是张谦和先教学生读起《三字经》来。

"人之初，性本善，性相近，习相远……"

小皇上读得特别起劲，特别用心。

张谦和在宫内不住地夸奖着皇上，渐渐地，把皇上套猫犁地的事也讲出来，宫里宫外就沸腾起来，有的批评，有的赞颂。不久又传出小皇上是跟着他的奶妈睡在一起的，这下可引起了大家的一片指责。攻击最起劲的是同治帝的三个妃子，这一次光绪帝的瑾妃也加入到她们的行列，一同把矛头指向隆裕。她们向内务府质问：是谁允许皇上跟那个下贱的嬷嬷睡在一起的？那么下贱的嬷嬷怎么能带皇帝睡觉？这成何体统？宫中的礼法哪里去了？大清的礼法何在？

醇亲王府的老福晋和溥仪的亲娘的眼泪从来就没干过，听到太妃和太后的纷争，特别是不让嬷嬷带小溥仪睡觉后，更是伤心悲恸。她们原以为太皇太后驾崩以后，小溥仪可以自由一些，可是现在看来，去了一只虎，又来了几匹狼。

从这以后，每天，小溥仪要么是在嬷嬷的怀中被拉走，要么是在嬷嬷的怀中沉沉睡去，待到一觉醒来，看到的是几个宫女太监的冰冷的面孔。他的脸，又消瘦下去了。

袁世凯的心里开始紧张起来。他看到载沣当真在紧锣密鼓地训练他的禁卫军，他的新陆军，又正在筹建一支强大的海军，这对他是极大的威胁。以载沣的才能，似乎不能实现这种宏愿，但袁世凯不愿冒这个险。这些日子，他在盘算着如何才能阻挠载沣这一目的实现。

在一切因素中，袁世凯首先想到的“人”。“人”是最关键的，当初他自己在天津小站练兵时，首先考虑的就是“人”的问题。这个“人”，第一要忠于自己，第二也要有头脑。在载沣的手下，目前最忠于载沣的最有才能的人是谁呢？——铁良。袁世凯盘算着如何才能除去铁良，另外，他想到的是：如果载沣手里没有钱，他训练什么军队？建什么海军？所以要在钱方面钳住载沣。

铁良对于练兵是行家里手，既有经验，又有办法。袁世凯采用徐世昌的计策，逐渐地和铁良亲密起来，特别是奕劻和他走得更近，在铁良府上经常往来。

这一天，铁良召集各镇将军到陆军部述职，载涛作为军咨府大臣当然在座。不一会儿，袁世凯和奕劻也来了，他们也坐在主席台上听取各镇的述职汇报。铁良心想，袁世凯是军机大臣，庆亲王奕劻又是政府首脑，看样子他俩是摄政王和军咨府大臣载涛请来的。载涛心想，奕劻和袁世凯到这里来，昨天王兄并没有提起，现在他们居然坐在自己的旁边，可见二人是铁良请来的。载涛的心里特别不高兴。

将军们述职完毕后，袁世凯威风凛凛地训起话来，虽然是鼓励鞭策一类的套话，但却有意地强调了铁良的功绩。

奕劻也接着来了这么一套。

载涛的心里如吃了苍蝇一样：这个会上最该发言的应该是他载涛，可袁世凯和奕劻却都在上面大言不惭地讲起套话来。在他们的讲话中，铁良俨然是陆军的领袖，陆军的象征。而且很明显，铁、袁、奕三人似已串通一气，其感情已很深厚了。

正在这时，铁良请他讲话。载涛有一种受到冷落的感觉，他胡乱讲几句慰勉的话就告辞了。

奕劻道："载贝勒，你可不能走呀，我们正准备摆宴慰劳各位将军，你走怎么行呢?"

"有你们在这里就行了——我告辞了。"说罢，载涛扬长而去。

铁良莫名其妙，待走上来想向载涛问个究竟，载涛已走得很远了。

奕劻道："铁尚书，朝廷慰劳各位将军，筵席已摆好，请吧。"

此时，袁世凯已经和几位统领先走几步往赴宴会了。铁良心里有点疑惑，但也只好随他们而去。

载涛来到载沣的书房，此时良弼也在座。载涛把当天的情况向哥哥作了汇报，话还没说完，良弼就抢着说道："这些天庆亲王奕劻和袁世凯几乎天天到铁良府上，不知搞什么名堂，不可不防啊。"

"看来这铁良被奕劻和袁世凯拉了过去，军队等于又回到了袁世凯的手上。"载涛道。

"这如何是好?"载沣不知所措。

良弼道："铁良是庆亲王奕劻在太皇太后面前保举的——这些天，人们都这么说——铁良是奕劻一手提拔的。如今铁良倾向奕劻，也是必然。以我看来，这铁良陆军部尚书的职位必须换人。"

载涛道："既然铁良为奕劻保举提拔，若铁良成了陆军领袖，奕劻就不易对付了，袁世凯也就犹如又回到了军队——奕劻的灵魂已攥在袁世凯的手心里，这是谁都知道的事实。"

第二天，载沣革去了铁良陆军尚书一职，他的职务由荫昌接替。

载泽在张家口听到更换陆军部尚书的消息，大吃一惊，急忙回到京师，见了载沣道："是谁的主意撤掉了铁良?"

"是……是涛贝勒和……和良弼。"

"胡闹！这不正中袁世凯的下怀吗?摄政王你想一想，现在铁良对军中的事务已很熟悉，特别是对北洋各镇人员情况有了较详细的了解，基本上能控制住北洋军队，他正是袁世凯的眼中钉肉中刺，你怎能做这种亲者痛仇者快的事?"

"大家都……都说他是奕劻的人。"

"糊涂!"

"如今怎么办?铁良已被换下。"载沣着急起来。

"再重新任命他已不可能，这样做朝廷的脸面有损，摄政王的威望有损。再说，你即使再任命他，他也不会再干了，他恐怕已心灰意冷了。"

果然不错，载沣再任命铁良为陆军部协统、协理军咨大臣时，铁良托病在家，表示难以胜任。

载泽又进言道："既然他内心有恨，不如把他远远地支开罢了。"

于是载沣又下朝旨任命铁良为江宁将军，远离京师。

袁世凯和奕劻的心里无比舒畅。心腹大患已除，二人都感到轻松了许多。

袁世凯道："多亏庆亲王做得像，像极了。"

"还是袁大人安排设计得好。如今这荫昌对军队是个外行，对各镇情况又不甚了解，帅不知将，将不知帅，好对付多了。"

"听说隆裕太后已下旨要在安定门内永康胡同极乐寺为小德张建宅，并拨了十万两银子。这倒使我想起一件事来，既然太后能为她的太监建宅，为何就不能为她自己建宫呢?"袁世凯意味深长地看着奕劻。

"这样，载沣和隆裕太后就会发生更大的冲突，而同时海军的银饷就落空了。"奕劻心领神会。

当天，小德张又接到袁世凯的三万两白银。

袁世凯的管家说："我家袁大人听说大总管建房，手头紧，特派小的送来这些银子，以供急需，万请大总管笑纳，好让小的回去交差。"

"如此多谢袁大人了。"

这一天，又是膳后。几只麻雀蜷在太后寝宫的屋檐下，小德张指着那几个麻雀说："老佛爷，这几只麻雀倒真会享福，竟在这里做起窝来。"

隆裕太后看了看道："这里的黄昏，好像比别的地方早。"

"是啊，这长春宫是嫌矮了点，不怎么敞亮。奴才以为，老佛爷另设一宫，以为闲居消遣，不是很好吗?"

"这合适吗?"

"老佛爷现在是太后，住的地方、游的地方都不能太寒酸，不然有损国体。当初太皇太后老祖宗扩建颐和园，那是多大的派头，多大的福气啊!"

隆裕处处想模仿慈禧，这句话正说到她心坎上。

隆裕道："你难道叫我建个园子不成?"

"奴才服侍老佛爷是极心所能，奴才也想享受一番，这也是奴才的一点私心吧。奴才以为，不必建什么大园子。这大内御花园东面有一片高地，不如就在那里建个宫殿。老佛爷在那里享受，岂不很好?"

第二天，养心殿里，小皇上已坐在龙椅上，载沣坐在旁边扶着他，正在接见早朝的王公亲贵。此时，隆裕太后来到殿内，王公大臣们吃一惊，连忙跪下请安。

载沣连忙道："不知老祖宗驾……驾到，有……有何事。"

隆裕太后坐定后，说道："我想在后宫御花园的东面建个宫，特来向摄政王询问并谕知王公大臣们知道的。"

"这……这……行不得——"载沣道。

"怎么行不得。"隆裕厉声道。

“此时正缺军……军费，何况还有违祖制礼法。”

奕劻道：“此事并不有违祖制礼法，当年太皇太后扩建颐和园是用了海军军费的，此事无人不知；既然太皇太后不算是有违祖制，现在老祖宗建宫费点内帑，也不是逾矩。”

载泽道：“老祖宗、摄政王，此事万万行不得，现在国家债台高筑，数省非旱即涝，灾情严重，何况现在正是建军时节，怎能动用国帑建宫设殿呢？更者太皇太后奉安刚毕，在宫中又建宫室，这不是有违祖制吗？”

大学士那桐道：“奴才以为，既是宫中内帑，是太后家事，完全应由太后做主，旁人也说不上话。”

这一说，倒也是真的，这是太后家事，用的是内帑并不是国库。

载泽道：“即使是内帑，也还不妥，太皇太后服期未满，奈何？”

“你们还把我这个太后放在眼里吗？太皇太后尸骨未寒，你们就这样对我！我花自己的钱你们还这样阻来挡去，要是动一点国库，说不准你们会对我怎样。”

隆裕太后撒起泼来，对着皇上说：“皇帝，你看他们都欺负额娘，你说，皇额娘要建个水晶宫，好不好，对不对？”

小溥仪被吓蒙了，急忙说：“皇额娘说的对，皇额娘说的对。”

“皇帝都同意了，摄政王你说对不对？能不能建？”隆裕追问载沣。

“这……这……”载沣明知她是胡闹，一时语塞，拿不出话来回答她。

奕劻道：“既然皇上已经答应，金口玉言，这是不能改的。”

“此事断不可行。”载泽道，“皇上冲龄，怎知此事该与不该？摄政王快拿主意。”

“难道皇上和太后的话都可以不算数吗？”奕劻道。

“这……这……还是建吧。”载沣怕越闹越大。

“嗨！”载泽长叹一声，心道，“原来太皇太后选中他做监国摄政王就是为的他这种性格啊，他太好摆布了。可惜太皇太后死得太早，她没想到她死得那样快，竟弄成现在这种样子。

于是隆裕太后破除禁忌，竟命工匠在御花园东的土埠上兴筑水殿，四周浚池，引玉泉山的水回绕殿上；窗棂门户，无不嵌用玻璃。隆裕太后自题匾额，叫作“灵沼轩”，俗称为“水晶宫”。工程起了不久，太后说内帑不够，缠着摄政王拨出国帑，摄政王无奈如数拨出银两，水晶宫又造下去，越造越大，越造越奇，犹如一座吃钱的机器。

这还不算，隆裕太后到底觉得在太皇太后刚一奉安就动土建宫有点不妥，记念慈禧慈恩，特饬造大法船一只，用纸扎成，长约十八丈有零，宽二丈，船上楼殿亭榭，陈设俱备，侍从篙工数十人，和常人一样高低，都穿着真的衣服。

船上设宝座，旁列太监、宫女及一切器用，身穿礼服的下跪官员，仿佛平日召见臣子的形状。中悬一黄缎巨帆，上书“普渡中元”四个大字。船外围绕无数红道，内燃巨大的蜡烛。满京师的人都称为是巨制。中元节制，摄政王用皇帝名，致祭舟前。祭毕，将大法船运到东华门外，敬谨焚化。都城中的男女老幼，都集聚来这里观看，感叹为古今绝无仅有。只这一项报销，高达五十万金。再加上太后奉安所花银子一百二十五万两有零，太后的水晶宫又是无底的吃钱深洞，载沣左支右绌，捉襟见肘，眼见得国库中哪有分文剩下。

不久，隆裕太后又提出让那桐、徐世昌入军机处，载沣与她争执不下。最后仍是隆裕太后占了上风，为挽救局势，载沣在军机处又安插了自己的人——毓朗。但实际上奕劻和袁世凯完全控制了军机处。

载泽病倒了。载沣急忙去看他，载泽是载沣的头脑。载沣来到载泽的床前，载泽双目紧闭，连一句话也不说，头也不转一下，只是胸脯剧烈地起伏着。

“大哥，我……我来了。”

载泽终于说话，他说：“大哥为的是你，并不是为我个人打算。你怎么连一次都不听我的呢？弄到今天这种局面，怎么收拾呀？”

“事事都有太……太后在那里主张，我我怎么好处理。”

“太后在国服期间修建宫殿，明显有违祖制礼法。此时正在兴建海军，海陆军所需巨大，况又外债高筑，你怎能答应她呢？哪一条驳不倒她，你就是不说——你说怕闹出事来，我看今后恐怕会真的出事，到那时你悔恨也来不及了。”

“这这……都是我无能。我想问一下大哥，怎么挽救局面？”

“杀袁世凯！”

“对！杀袁世凯！”恭亲王溥伟此时恰好进来，说道，“所有的事情，明摆着袁世凯是主谋，若不杀他，后患无穷，后患无穷……”

“这……”载沣又犯难起来。

“你又‘这’什么？”载泽气愤地说，“恭亲王所言甚是，此事绝不可手软。只要摄政王你朱笔写下字据，恭亲王为御前大臣，此事好处理——采用非常手段，确保无虞！”

“我……我再考虑一下。”

“当断不断，反受其乱！”载泽坐起来，“摄政王，我的五弟，我与你虽不是一母同胞，但父王使我为义子，对我有天高地厚之恩，我从来都把你当作骨肉亲兄弟，听我一句话吧，杀袁世凯！”

“镇国公说的是，杀袁世凯，杀了袁世凯满天的乌云都散了！”溥伟也催促道。

“这……这……”

“摄政王，你走吧，我疲倦得很，最怕听你的‘这这。’——你走吧，让我歇一会儿。”载泽又紧闭双眼，胸脯更剧烈地起伏着，下巴的胡子似乎在转瞬间变黄了。

载沣走后，载泽道：“恭亲王，你敢不敢把袁世凯杀了!”

“我也想过这个问题，但摄政王的态度不明确，我若杀了袁世凯，恐怕前途不妙，我的性命不保。我倒不是吝惜自己的性命，我这样死了若不明不白，岂不冤枉。”

溥伟还有一层深意，这天下本来应是我的，可是却让溥仪做去了，有谁能把溥仪的位子让给我，我准会把袁世凯杀了。

“唉——”载泽长叹一声，刚才还是麻黄的胡子，突然间变白了。

“哈哈哈……”

袁世凯和奕劻狂笑着。

这是百顺胡同玉香堂的一个大厅。袁世凯和奕劻正在狎妓饮酒。玉香堂是北京最高等的清吟小班，没有熟人介绍是不能入院的。庆亲王奕劻虽是胡子雪白的干瘦老头，却是最出名的大玩家。他对北京的妓院像是对紫禁城的乾清宫和养心殿一样熟悉，常来常往，对这些堂子，比他自己的庆亲王府似乎都了解得更多些。前几天，内线早已告诉他，玉香堂从陕西米脂买来一个姑娘叫梨香，丰乳肥臀，皮肤胜雪，吟唱曼舞，无不精通。当时抽不开身，如今他和袁世凯大获全胜，所以换了轿子，悄悄地来到这里，消磨时光来了。

二人落座饮了几杯后，奕劻道：“那位米脂的姑娘何不出来见见?”

班头道：“已经来了，正等着二位爷的招呼呢。”

说罢一拍巴掌，帷幕往两边闪开，露出一个戏台。琵琶声中，台中的一位女子穿着薄薄的绿绸，背对着筵席在扭动着腰肢，摆动着肥臀。那小腰细细，只有一握；肥臀却鼓鼓圆圆，风骚无比。梨香将两只雪白的手臂伸展开来，似波浪般摆动，柔若无骨。娇躯随手臂的摆动，如柳丝般袅袅婷婷。而那乌云高髻的颈项如转轴般扭动，灵活异常。突然，她猛一转身，但见她面如银盆，明眸如高山上的湖水；更有高高耸立的玉乳半露，随着舞步不停地颤动，真是夺人魂魄。但见她绿裙飘飞，随着急速的旋转犹如圆圆的荷叶撑起，雪白的玉乳和银盘的脸恰似含苞的菡萏。而“荷叶”下面，一双美腿，匀称而又白腻。

袁世凯早已按捺不住，此时看了那一双肥美的玉腿再也不愿熬下去，站起来，一伸手搂住她的纤腰，随即坐下来，让梨香坐在他的腿上，一只手早摸到她的大腿：“我的儿，我从没有摸过这样的腿，凉沁沁，滑腻腻，软柔柔。”

袁世凯抬起头望着奕劻道：“庆亲王，这个梨香是我的了。”

奕劻在心里骂道，嘴里咽着口水，说道：“就归你了。”奕劻恨起自己来，他在心里骂着自己：“你个笨蛋，你非要带袁世凯这个大色狼到这里来干什么?”他又在心里骂着袁世凯:“没想到他抢的这么快。”

“我要娶她做我的第九房姨太太!”

奕劻听袁世凯这么一说，更气恼了:“袁世凯要生吞独占，我连沾边也沾不上了。”既成了袁世凯的姨太太，他奕劻就只有干想的份儿了。不过奕劻总要饱一饱眼福，饱一饱耳福，说道:“听说梨香姑娘不仅舞跳得好，唱功也极高。老夫不知能闻否?”

“当然，当然。”袁世凯似是对梨香又似是说给奕劻听，他说道:“梨香，你今后就是我的了，这位是亲王爷，是我的生死之交，你可不能慢待了他。现在既然亲王让你唱几曲，不妨就唱几曲听听。今天的场合，什么都可以唱的，到了咱家里，可就……”他向奕劻道，“其实我们家也都很随便的。”

班头看出了庆亲王奕劻的猴急，心想，可不能得罪了这位全天下第一权贵，全天下第一财神，于是道:“亲王老爷，我班里还有一位‘青果’儿，名叫绿玉，是小人我亲自调教，藏在家中，今天也带来了，莫若……”

“她是我的了，快让她来……”

奕劻生怕袁世凯这个大色狼又给他抢了去，所以争先声明绿玉是他的了。

班主把绿玉带来，袁世凯望去，眼里如滴出血来，但见:宫样眉儿新月偃，侵入鬓云边。未语人前先腼腆，樱桃红破，玉粳白露，半晌叫出一声:“二位爷们儿好——”恰似呖呖莺声花外啭。这一句叫差一点儿把袁世凯的心儿摘去，直喜得奕劻魂儿飘上了九天。奕劻忙上前，拉住她坐在自己旁边，竟唱道:“行一步，可人怜，解舞腰肢娇又软。千般袅娜，万般旖旎，似垂柳在晚风前。”

袁世凯道:“亲王爷，叫你的绿玉也唱几支曲儿。”

奕劻目不转睛地看着绿玉道:“咱都唱，都唱!”

袁世凯喊道:“让绿玉先唱!”

班主道:“老爷说的好，这绿玉是小人我亲自调教的，就让她先唱吧。”

于是绿玉拿起琵琶道:“我唱个《花蝶》吧。”

“咦——好！好！我续唱。”袁世凯道。

几人果真你一曲我一段地唱起淫词艳曲来。唱着唱着，袁世凯搂起绿玉的腰来。奕劻也趁势摸了一把梨香的大腿，几人疯了一阵子，奕劻道:“班头儿，这绿玉真的是青果儿?”

班头道:“我不要命了，敢哄老爷您哪。”

“好！这是赏你的。”说着奕劻从腰上解下一块玉，往班头手里一塞道:“今后若有好角儿，可别忘了告我一声儿。”

班主惊喜了半天，道:“若有好角儿，小的亲自送到王府上。”

奕劻见袁世凯仍在占他的绿玉的便宜，便道:“袁大人，今儿个就到这里了，回吧。”

袁世凯对班头道："这梨香女子我带走了，改日差人送银子来。"

"爷您尽管带走，我们巴结还巴结不上呢。"

"放心吧。"袁世凯道，"银子不会少你一文。"

刚出门，袁世凯对管家道："安徽巡抚正在京城，让他垫上。"

袁世凯还没进家门，巡警部统领赵秉钧迎上前来道："我急死了，袁公到什么地方去了，到处找也找不到。"

袁世凯一惊："什么事?"

赵秉钧道："天大的事!"

袁世凯急步走进书房，屏去众人，道："发生什么事了?"

"我从张之洞的部下那里得知，载沣正要对袁公行不测之事呢。"

袁世凯似被人打了一闷棍，可仍镇定得像个石狮子，说道："此事确凿吗?"

"万无一失，在下和那张之洞的幕宾犹如张子房和项伯的关系，他特地告诉我这件事的。"

"张之洞是什么意见?"

"张之洞坚决反对这样做，认为这样要引起大乱!"

袁世凯不由得暗暗佩服徐世昌的预先安排，不然我恐怕现在就身首异处了。确实，载沣若有非常的举动，必定会问张之洞。放眼天下，只有张之洞才可以和袁世凯相抗衡。

"快叫管家们来。"袁世凯吩咐道。

一会儿，袁府上的官员、管家和幕僚们齐齐地到了。袁世凯道："你们在各处，把天下将大乱的话散发出去，把将起兵祸的话散播出去，这些话务必要传到各王府和朝廷官员的耳中。明白了吗?"

"明白。"大家齐声叫道。

"好，大家分头去做吧。"

众人走后，袁世凯叫来儿子袁克定道："快，轻车简从，从后门出去。"他转身向赵秉钧道："我在西山的寺里。你给段、王、冯去个电报。"

袁世凯和袁克定只带几个从人，坐着车急急地奔向西山，在一个寺庙内住下。然后派人到京中打听消息。

第二天，满北京的人都在传言北方将有兵祸发生，将有造反的事情发生；而南方，在两广、江浙等地的革命党也将暴动，孙文和黄兴已经潜入国内，有的说到了上海，有的说到了江宁，有的说根本就不在江沪而是在广州。京城人心惶惶，大有山雨欲来风满楼之势。

载沣接到各种传言的奏报，不由地慌张起来。这兵祸，这造反是不是袁世凯的旧属在蠢蠢欲动？是不是铁良的职务被撤以后各镇的将军对朝廷不满？南方的革命党早就让载沣头痛，去年一年之中多次造反起事，虽都能镇压下去，现在是不是又死灰复燃？是不是因为太皇太后和光绪帝刚刚崩逝而新君初立要抓住这个时机起事？推翻大清是孙文之徒多年来叫嚣要做到的事情，是不是他们认为现在是最好的时机？

载沣六神无主，于是决定在朝廷商议这些事，查证这些事。

还是在养心殿，小皇上坐在宝座上，载沣在旁边扶着他。小皇帝的面前黑压压跪了一片。

载沣道："今天上午接到各处奏报，说有兵兵兵祸，又说有造造反的事将要发生，还说孙文已潜入国内，准备起事。你们以为如何？"

"我要小解。"宣统帝道。

王公大臣们极想笑，可笑声都咽到肚子里。

载沣示意太监拿尿壶。

"我等不及了，要小解。"宣统帝看着黑压压的人，只感到尿急。

载沣不得已，抱起他交给太监，又转过身子说道："你们说说看。"

载沣道："这些都是别有用心的人散布的谣言，未可轻信。"

奕劻道："无风不起浪，此事绝不可掉以轻心。"

张之洞道："近几年，南方孙文之徒非常猖狂。臣在两江总督的时候，深知这帮贼寇来势非同小可。他们不同于一般的匪类，他们似是志在天下。太皇太后在日曾明谕对他们要严加防范。所以据臣看来，此事宁可信其有不可信其无。至于兵祸，虽然不是空穴来风，但也不可信以为真。"

善耆道："袁世凯怎么没来？怕是有鬼吧？"

奕劻道："昨日我与他在一起骑马练身，他不慎从马上摔下来，脚被摔伤了。这事，恐怕摄政王已收到告假的奏请了。"

"是……是……他说有足疾，近几日不能上朝。"

"早不伤，晚不伤，偏偏今日谣言四起的时候，他伤了脚！摄政王是否想过此事?"善耆道。

"不要说捕风捉影的话，"那桐道，"今天我们来这里是讨论袁世凯的事情吗?"

载沣道："先说乱党和兵祸的事。"

张之洞道："以为臣之见，迅速诏谕南方各省督抚、各将军都统，密切注意各地事态，随驻各军要严阵以待。同时，速谕北方各镇将校对其所属要严加管束，密切侦视，要他们对驻地周围民众也要严加防范。另外，各镇统领布置好军务后，应速速来京述职。"

载涛道："七日内令各镇统领到京述职复命，不得有误。"

载沣道："就这么办吧。"

载泽刚想说话，突然被抱回龙座的皇上在上面蹦了起来："我要小解。"他又这样叫道。他觉得，只要小解就可以离开这龙座，就可以轻松一会儿——这成了他以后的习惯。

"退朝。"载沣代皇上宣布道。

第六章

袁世凯归隐迫大势
小溥仪遭难抑童真

“我饿，皇额娘。”连喝了二十多天稀粥的溥仪向太后哭诉，得到的却是这样的回答：“饿也不能吃硬饭，这是治消化不良最好的法子。”溥仪来到狗舍，见狗在香喷喷地啃着骨头，真想抢过来啃上一啃……

退朝以后，肃亲王善耆又找到载沣载涛兄弟。

载涛道：“大家的话有道理，五哥，这袁世凯非杀不可。”

善耆道：“我和良弼带禁卫军把他抓起来。”

“别别这么莽撞。从今天的情况看看来，确实是不能杀……杀袁世凯，必然激起变乱。”载沣道。

“摄政王，不能这样前怕狼后怕虎的，怕这怕那，就不要做摄政王了！”善耆自知失礼，“啪”打了自己一个嘴巴道，“这是情急说出这样无礼的话，摄政王不要放在心上。”

“明……明天再说吧。”载沣道。

第二天，载沣接到东三省总督徐世昌的密报。

上一次，隆裕太后提议让那桐和徐世昌入军机处，载沣认为徐世昌是袁世凯的私党，坚决反对，结果只是让那桐进了军机处。现在接到徐世昌的密报，载沣很想知道密报的内容是什么。他急忙展开，上面写道：“袁世凯乃大奸大猾之人，绝不可留，臣我曾随他练兵，尽知其培植私人力量之内幕。其选人的标准，是对其是否效忠；其所练之军队——如今庞大的北洋军——实为袁家军，并不为朝廷着想。臣以为，大清天下若要安稳，必除袁奸，以上谨请摄政王裁之。”

徐世昌真的叛变了袁世凯？——不是。

原来徐世昌接到袁世凯的电报，电报只几个字：“踹我一脚。”徐世昌思忖了好久，终于明白了。袁世凯现在在朝廷中是难以保住职位了，此时让徐世昌踹他一脚是让徐世昌讨好载沣，保住徐世昌的位子，或许徐世昌能借此升迁到朝廷任职。这样，徐世昌就可以做为袁世凯的心腹耳目保存下来。同时，如果徐世昌的奏报写得好，还能给袁世凯解围。

徐世昌为袁世凯的头脑而赞叹，于是提笔写了电报稿。

载沣看罢徐世昌的奏报，心道："这徐世昌对我大清倒是忠心耿耿，他到底与袁世凯不同，如此看来，除袁势在必行，但袁世凯又确实杀不得。从徐世昌的密报看，北洋军确实已成袁家军。此时，国库空虚，皇上冲龄，南方革命党又蠢蠢欲动，自己手里没有战斗力强的军队，若北洋军真的有事，怎能对付?"

载沣最终决定：开缺袁世凯。

此时袁世凯已被奕劻从西山寺庙中接回——这是奕劻和英国公使朱尔典一同担保他无事，他才敢回到自己家中的。他觉得，在朝中的官看样子是保不住了，正当他还存侥幸心理的时候，载沣代皇上发下上谕："军机处奉摄政王代皇上谕：袁世凯患足疾，步履维艰，难胜职任，着将其开缺回籍养病。钦此。"

袁世凯审时度势，觉得应以退为进。于是携全家回河南隐居，奕劻、那桐、东三省的巡抚唐绍仪、朱家宝、段芝贵及其故旧、北洋属下都来送别。英国公使以私人身份与记者莫理逊一起也在送行者之列。

可是，唯独没有徐世昌的身影。

袁世凯慨然叹道："我不怪卜五，可是卜五也太势利了。"

"是啊，世态炎凉，袁宫保也不要难过，谁能说他真的看破了世态人情呢?"肃亲王善耆道。他和奕劻一起也来为袁世凯送行。

袁世凯道："肃亲王，我已看破世情，我将终老田园。"

可是，肃亲王善耆从袁世凯的表情中明显看出他有越王勾践之志，看出他有东山再起的野心。肃亲王留意着送行的人，这些人和袁世凯有千丝万缕的联系，又怎能斩得断呢？这群人文武都有，甚至还有外国人，不就是个小朝廷吗?

善耆回到宫中，见到载沣道："摄政王，如果现在下一道朱谕，追杀袁世凯，他必不防范，取其人头，如探囊取物般容易。如果放了他，我恐怕大清有春秋吴国之忧——袁世凯实是勾践之辈人物。"

"事已至此，就不要节……节外生枝了。"

善耆转换话题道："我有一种想法，恳请摄政王恩准。"

"说吧。"

"扩大警察部队。我并请摄政王谕准把训练的任务交给我。"

"好吧。"

罢黜了袁世凯以后，载沣觉得他伟大得不得了，连说话也不怎么结巴了。他订立了一个宏伟的计划，以新立三十六镇代替北洋六镇或抑制北洋军。

在政治方面，他与立宪派和好，答应立宪。在军队中，他认为应以留学生做都统和协统、标统，以代替旧军官，这也是他非常信任留德的荫昌和留日的良弼而罢去铁良的原因之一。

载沣接连发出上谕，在北方任命了吴禄贞、蓝天慰、潘榘楹、黄国梁、阎锡山；在南方任命了蔡锷、许崇智、蒋尊簋等。这些留学的士官生，分别作了协统、标统。

载洵此时已考察回国，做了海军大臣。

一个宠大的军事体系已初具规模。

不久，调善耆为民政部尚书，撤除巡警部，巡警自此归民政部。善耆同时受命建立警校，训练出一支新式的警察队伍。

载沣做了一系列的安排后，忽然想到了徐世昌，他觉得徐世昌能弹劾袁世凯，足见其于大清的忠心，于是和几位亲王商讨。

“我觉得徐世昌应调到中央，做军机大臣。”载沣道。

“我坚决反对，”奕劻道，“朝廷刚刚开缺袁世凯，袁的部下肯定心存怨尤，徐世昌是袁的私党，是袁世凯的头脑智囊，此时让他做军机大臣能合适吗?”

“他和袁世凯不同，他不会心存怨尤。我有证据表明这一点。”载沣急忙解释。

奕劻又道：“我仍然表示反对。不过，既然摄政王有证据表明他对大清是忠心的，我也无话可说。但是，我觉得，那桐是我们满人，对大清难道不比徐世昌这个汉人更忠吗？为什么把那桐的民政部尚书撤去而还要动他在军机处的位子?”

“我并没有想撤掉那桐在军机处的位子，至于民政部尚书一职，给善耆更合适，那桐已是军机了，再兼着民政部，不合制章。”

奕劻生怕动那桐的职位，他和那桐是亲家。既然摄政王无意动他，奕劻就说道：“摄政王已有周到的安排，我就无话可说了。”

载沣看了看其他的人，别人并不表示意见，载沣于是就作了决定，让徐世昌做了军机大臣。

载沣并不知道善耆是个野心勃勃的人。善耆的最终目标是推倒载沣独揽大权。在善耆看来，奕劻虽然多年占据要位，但是这个人只知贪财好色，还是容易对付的。最难对付的是袁世凯。推倒袁世凯之后，就可以慢慢地把载沣取代了。现在袁世凯虽然没有被杀，却远离了京师，善耆就可以做他事先安排好的事情了。

首先，他要倡导立宪。立宪是大势所趋，立宪就可以换得民心，就可以取得政治上的好名声好威望。绞杀维新的慈禧也开始维新，就说明立宪是不可抗拒的潮流，是赢得民心的一张牌。从载沣上台的政治行动来看，他也在讨好立宪派。不过善耆看得很清楚，载沣只不过是瞒天过海为稳固自己的地位表面上和立宪派套近乎而已，他是要集中精力对付袁世凯，对付孙文的革命党。如果暴露出载沣对立宪的伪善，暴露出他的真心，载沣在政治上就会陷于孤立。善者看清了这些，于是在政治上，他提倡立宪来树立个人的形象。他早早地先行一步，鼓吹立宪，那么第一任内阁总理大臣这一首相的位子，他就有可能谋到。

这一日上午，载沣仍然坐在小皇上的左边，此时他踌躇满怀，觉得天下尽在他的掌握之中，处理天下大事可以游刃有余了。

载沣望着满殿的王公大臣们道："我在以前曾谕示过留日士官生任各镇统领、协统、标统之事。今天我再强调一下。各省要建督练公所，陆军要建小学、讲武堂，提高军队的素质。那么督练所的总办，陆军小学的监督，讲武堂的总办，都应由士官生担当。你们以为如何？"

善耆道："摄政王这样安排很好，大清的复兴，指日可待。"

载沣道："还有什么意见吗？"

载泽道："日本为孙文黄兴之革命党活动的据点，党徒众多，影响也大。所任用的士官生应严加调查，防止和革命党有染的人混进来。"

"镇国公说的很有道理。"张之洞道，"老臣以为不仅是在军官的选拔上，就是在招募的新军中也要注意是否有革命党渗入。"

载沣道："这个就交与军咨府和陆军部着手办理，通知各处严防革命党乘隙而入，载涛、荫昌听到了吗？"

"嗻——"

载沣向善耆道："你训练的警察部队，不知怎样了，它可关系到大清的稳定，是大清的一支重要的力量。"

善耆道："我要让警察部队脱胎换骨，人员的安排已大致拟定，不日将送摄政王审核，摄政王放心好了。"

"我要小解。"宣统帝道。每次有宣统帝参加的朝议，当宣统帝觉得这些人要说个没完没了时，总要说这一句话——"我要小解。"这已成习惯了。御前太监也巴不得万岁爷说这句话。听到这句话，太监急忙把宣统帝抱下龙座，到后面轻松去了。

"不过，"善耆接着说道，"我大清仍有大政要筹备啊。"

载沣道："肃亲王所说何事？"

"立宪。我认为，立宪已是刻不容缓。当初太皇太后虽也反对过立宪，但是光绪帝所做的维新举措有一些并没有废止。后来，太皇太后又明确表示要实行立宪新政，遗诏中曾指出要筹备实行立宪。如今，天下稳定，我觉得实行新政的时机已经成熟。"善耆滔滔不绝。

张之洞道："肃亲王的话我也有同感。"

张之洞觉得，他应该能当上立宪后的第一任内阁总理。如今，袁世凯已去，有影响有实力的，应当是他了。

军机大臣徐世昌也发言赞成立宪，于是满屋对立宪都是赞同之声。

载沣不耐烦起来。不错，他曾明确表示，康有为梁启超是大清的忠臣，以前对待他们的态度和作法是不公平的。可是现在突然要他实行君主立宪，真是如芒刺在背。他这个摄政王之所以有权势，那是因为有皇上。若是立宪，权力归于国会和内阁，他这个摄政王不就成了摆设？

正当载沣无所适从的时候，奕劻道："如今实行君主立宪是断断不行的，国家表面上稳定，其实隐忧四伏。若骤然实行立宪政体，建立国会，恐怕竞选攻讦四起，乱党也会剩隙而起。"

奕劻觉得，他现在年纪已大，如果实行立宪，载沣会借机拿掉他。他的人缘又不好，以前他敲榨过的人会向他发难，不如维持现状，保持亲王和军机首席的双重身份。

载涛道："如果实行君主立宪，君主就要颁布宪令宪法，可现在皇上冲龄，这等国家大事如何进行？"

载沣道："宪……宪政一定要搞，但首先应以稳定为主，稳定才能复兴。现在皇帝冲龄，此时拟定宪法宪政，时机不成熟，百姓素质也不成熟。我以为九年以后，皇上亲政时再实行也不迟。"

善耆心里想："九年的时间太漫长了，到那时不知会出现什么局面，这内阁总理大臣的位子就泡汤了。"于是善耆说："此事请摄政王三思，我倒觉得。如果早日实行立宪，会稳定大局。如果不实行立宪，各友邦不满意，民众不满意，学界不满意，孙文之徒也会借此鼓噪煽动，天下倒真的很难稳定了。"

载沣道："肃亲王说的有道理，但目前最重要的是军……军队，兵强邦安。所以当务之急是训练三十六镇军队，君主立宪以后再议吧。"

载泽道："现在实行宪政，条件确实不成熟，但九年才实行，又让人觉得日期太远，现在可以在各省设咨议局，为地方民众代表的机构，中央可设资政院，资政院议员由各省咨议局推选，咨议局、资政院的工作就是筹备国会。一旦时机成熟，宪政可立即实行，不知如何。"

载泽的话赢来一片赞同声。

载沣道："军机处发上谕设立咨议局和资政院。"

"你们退去吧。"这时小皇上倒正儿八经地坐在龙座上发起话来。

现在每次朝议要结束，他都喜欢从撒尿的戏耍中回到龙座上说上这几句话，他能够大致地判断出什么时候朝议该结束，他感到唯有这个时候最好说。每当他说这句话时，他发现前面的那群人的脸上就会呈现出千奇百怪的表情，有高兴的，有忧愁的；有的眼眯着，有的眼斜着；有的脸绷得紧紧的，有的脸上像开了朵花。这时他如果突然走到谁的旁边，那人必会肃然行礼，说道："皇上万岁。"

现在他看到肃亲王善耆的脸很难看，于是马上从龙座上一蹦跳下来，跑到善耆面前。

善耆连忙躬身道："皇上万岁。"

小皇上道："你有什么不高兴的事吗？是不是你额娘不让你睡好觉就把你抱起来？"

"回万岁爷，没有的事，奴才睡得很好。"

"没有人愿意和你玩吗？"

"回万岁爷，奴才不贪玩。"

"那你怎么不高兴。"

"回万岁爷，奴才并没有不高兴。"

"那你的脸色怎么这么难看？不要这样。"

"奴才谢万岁爷关心，这就改正。"善耆咧起嘴巴，堆起满脸笑容。

回到肃亲王府，善耆心里仍阴沉着。几个儿子看他这样，问他出了什么事没有。他训斥道："能出什么事？废话。"儿子们见不是话，就都溜开不再惹他。

这时，楼阁上一扇窗的后面，有一个秃头，鹰一样的眼睛扫着院内，看到善耆的表情以及对儿子的态度后，他转身走出房间，来到另一个院子。院子里一个十岁左右的小女孩正在舞着一把刀。

秃头对小女孩道："你阿玛叫你呢，快去吧。"

小孩飞一样出去。"阿玛——"她清脆的声音很响亮。

善耆老远就听到叫声，脸上立即绽开笑容。这时，小孩已跑到他跟前，善耆一把把她抱起："我的小乖女儿，阿玛快抱不动你了。"

这个女孩是善耆的掌上明珠——十七格格宪玗。

"阿玛，把我放下来，看我练一套刀法。"

善耆用袖子擦了擦女儿额头上的汗，把她放下来，小宪玗认真地拉起架势，一招一式地练起来，招招刚猛，式式带狠。

善耆不由赞道："好！好！人们都看重男孩，我看，我们肃亲王府的将来，恐怕全靠你了。"

"是啊，我们中国向来就有巾帼不让须眉之说，有杨门女将、花木兰，都是女中豪杰。我看令爱将来定会干出一番大事业。"

那个秃顶留着一撮小胡子的矮子走了过来。

"川岛先生，"善耆忙过去和他握手，"小女的刀法由川岛先生亲授，这是她的造化，造化！快，来拜见师傅。"

"谢师傅！"宪玗机灵聪颖，一经阿玛点出，忙过来跪在地上向川岛叩头。

川岛浪速道："这——我也就不推辞了，认下这个徒弟。哈——哈——哈——"

川岛一阵干笑，旁边的一只猫听到笑声，惊吓得窜进屋里去了。

川岛浪速是日本浪人，生于日本长野县松本市。八国联军进北京时，善耆并没有随慈禧太后西逃，而是留在京师。他就是在那时认识川岛浪速的。

现在，善耆创办了高等巡警堂，就请了川岛浪速做教官总监，川岛浪速向他介绍了日本警察制度，并推荐了十几名日本教官。

善耆道："一切全仰仗川岛先生，不仅是小女将来的前途，就是眼前在下的警务，肃王府的一切也全仰仗先生。"川岛浪速兼做了肃亲王府的大总管。

在下还有个请求，不知先生允否。"

"你我这样亲密，还有什么事吞吞吐吐不好说出，但说无妨。"

"我想请你们帮助我们侦知一下袁世凯的情况，如何。"

"亲王对袁世凯放心不下？"

"袁世凯在军中多年，各省督抚又多是他提拔选用，如今要说他真的息影山林，与他的军队和旧属没有联系，恐怕不可能吧？"

"亲王尽管放心，你对我们如此信任，我感到很荣幸。接到这样的任务很高兴很乐意。我们一定帮助亲王搜集袁世凯的情报。实不相瞒，我国政府对袁世凯和英国靠得很近心存疑虑，我本人向亲王保证，我们坚决地站在亲王这一边；同时我确信大日本帝国也是站在亲王这一边的。"

肃亲王善耆觉得自己的腰杆硬了许多。他又问道："不知贵国对我国的君主立宪有何看法？"

"你们讨论了吗？"川岛要获取点情报。

善耆把朝廷讨论的情况向川岛浪速作了详尽的介绍。

"看来亲王颇赞成立宪。"

"贵国实行君主立宪，军队强大，国家昌盛，我觉得我们也应尽快实行君主立宪。"

"亲王这种想法，我本人很赞同。因为这是贵国内政，本国政府不太好表示看法。不过我本人觉得，亲王应进一步巩固、加强在政坛上的威望、地位，我们也好更有力地帮助亲王实现自己的理想。"

"师傅——"宪玗打断了他父亲和川岛浪速的谈话，"看我练得还好吗？"

"好！好！"川岛浪速赞叹道。

"骗人吧？"宪玗蹦跳过来搂着川岛浪速的脖子道，"若师傅骗我，我就把你的秘密告诉父王。"

"什么秘密，你不要诈我。"

"真的让我说吗？"

"好吧，你再练一遍，让师傅看看。"

宪玗又拿起刀，嘿嘿嘿、哈哈哈，摆起套路。

日月如梭，光阴似箭，转瞬之间，溥仪已在紫禁城生活了二年多。他已经五岁多了。

正是盛夏，小皇上不呆在堆满冰块的长春宫和养心殿，却屁颠屁颠地在外边到处乱跑。几十个太监随着他跑，个个汗流浃背，突然小皇上手一挥，太监们全都停住脚步，他们注视着皇上，原来皇上见前边一朵花上正立着个红蜻蜓。

小皇上聚精会神地、悄悄地走过去、走过去，二指一捏，正当他要大叫着庆贺胜利时，红蜻蜓却翩然而起，看似悠闲，却恰好躲过了他掐捏。小皇上心有不甘，头随飞动的蜻蜓转动着。不一会儿，蜻蜓盘旋过一阵后又落到它原来落的那个地方。这一次，小皇上更加倍地小心，凑过去，凑过去，他发现蜻蜓的尾巴已经在自己的二指之间了，于是二指一并，可是蜻蜓又飞走了。

“张罕达。”溥仪叫道。

“奴才在。”驼背的张谦和急忙趋身来到皇上前。

“我要蜻蜓！”

“好！好！奴才这就给万岁爷逮。”

可是张谦和抓了几次也没有抓到。于是说：“万岁爷，待奴才拿个网子过来。”

“快！”溥仪命令道。

张谦和急命几个太监回去。不一会儿，拿一个网子来。这是用洋铁丝做口，用纱布做兜制成的网，网把是一根竹竿。张谦和拿起网把，很轻松地网住了一个蜻蜓。小溥仪蹦跳着、欢呼着，便从张谦和手里接过网把，聚精会神地捉起蜻蜓来。

这是小溥仪最开心的一个下午，虽然他的小脸晒得通红。

“张罕达，我明天还能来捉蜻蜓吗？”

“当然，万岁爷想干什么就可以干什么。”

小皇上兴高采烈地回宫去了。

用过晚膳，太监端来大澡盆。几个太监围着澡盆表演着滑稽剧，几个太监给小皇上洗着澡。

溥仪对那几个做着滑稽相的道：“你们学捏蜻蜓让我看看。”

几个太监便伸头瞪目，躬腰猫步，学着皇上捏蜻蜓的样子，逗得溥仪哈哈大笑。他不知怎么突然来了精神，从浴盆里蹦起来，抓起瓢舀起水，向那几个太监泼去。几个太监做着怪相，装出笑脸恳求道：“万岁爷，饶了奴才们吧。”

“哗”，一瓢水正泼向一太监的脸面，他满脸堆笑：“谢万岁爷赐水，谢万岁爷……”

一个“爷”字没说完，又是一瓢水泼过去，这太监吞了一口，顿时张口结舌。

“哈哈哈……”小溥仪笑起来。

“嘿嘿嘿……”太监们也跟着笑起来。

穿上衣服，小溥仪又拿起装着他下午战利品的一个小细笼子，问道：“张罕达，蜻蜓吃什么？”

“回万岁，它吃蚊子。”

“那它是益虫了喽。”

“是的，怎么，万岁爷要放了它吗？”

“怎么能让它既吃蚊子又不至于跑掉呢？”皇上不想放。

张谦和道：“可以在蜻蜓的尾巴上拴上细线。”

于是有太监拿过些细线，拴在蜻蜓的尾巴上。放了几只，果然如放风筝一般，蜻蜓无论如何飞，也总被自己控制着。

第二天，皇上又来到御花园。今天，他却被那些鸣叫个不停的蝉迷住了。于是张谦和就给他弄了个蜘丝粘网，让皇上粘知了。

夏天并不显得酷热，小皇上的心里充满了喜悦。

又回到长春宫，隆裕太后见到溥仪手中的知了后，立刻拉长了脸：“皇帝这两天都在干些什么？”

“回皇额娘，儿臣在……在捉蜻蜓，捉知了。”

“胡闹！”她脸色铁青，“皇帝，你是天子，怎么玩这些下贱的事儿，这叫玩物丧志。”

张谦和手里还拿着小皇上粘知了的长竿，此时吓得早已如筛糠一样，浑身冷汗淋漓。

“张谦和！”隆裕叫道。

“奴才在。”张谦和随即跪倒在地。

“我让你做皇帝的罕达，就是让你教他这个的吗！”隆裕太后竟站了起来，“这成何体统！”

“奴才该死！奴才知错了。”

“打！”隆裕叫道，“打三十板子。”

张谦和的屁股被扒出来，三十板下去，鲜血淋漓。

小皇上站在那里呆若木鸡，吓蒙了。

“把那些该死的蝉和蜻蜓都弄死扔了。”隆裕太后命令道。

小溥仪的心里一阵阵抽紧，他的红蜻蜓，完了，他可爱的蝉，就要遭受灭顶之灾。

晚膳，小溥仪吃得很少，虽然太监们说他“进得香”。膳后，他如泥塑的一样，毫没了生气，他呆坐在澡盆里，任由太监们摆弄。太监们照例做着各种滑稽的动作逗乐，可小皇上一点也笑不出来。

张谦和歪着屁股说道："万岁爷，都是奴才不好。老祖宗说的是，从明天起，我们就不出去了，万岁爷和奴才在一起认字读书吧。"

溥仪仍是一声不吭，穿好衣服后，仍呆坐在那里。太监们心里有点发毛，其中一个道："还是请王焦氏嬷嬷来吧。"

张谦和道："去请她吧。"

王焦氏来到长春宫，见皇上痴呆着，吃了一惊，急忙奔过去道："万岁爷，怎么了？"

"嬷嬷——"小皇上伏在王焦氏怀里哭起来。

奶妈来了，皇上是要吃奶的，其他的人都走出房间。

"万岁爷到底怎么了？"

"皇额娘打了张罕达，弄死了蜻蜓和知了。"

王焦氏心里明白了八九分，说道："万岁爷，老祖宗是为了您好，万岁爷是天子，别尽贪玩就是。"说着，用褂襟擦去皇上的泪水，把皇上紧紧地抱在怀里。

许久，皇上道："嬷嬷，我真想叫你额娘。"

王焦氏急忙捂住皇上的嘴，吓得魂不附体，说道："万岁爷，可别这样叫——懂吗？"

"懂。"皇上撩起王焦氏的衣襟，伏在她厚大的双乳上。过了一会儿，溥仪道："嬷嬷，他们不让你吃有盐的东西，是吗？"

"是的。"

"我明天给嬷嬷有盐的东西吃。"

"这可不行，这是犯了法的。"

"他们说，我想干什么就干什么，为什么我让你吃有盐的东西就不行呢？"

王焦氏想了想说："这个我也不懂，反正皇上也是按着法做事的。"

第二天，皇上吃奶过后，王焦氏发现她的怀里竟有一个猪肘子，她分明嗅到渴望多年的那种香味，那种盐味，顿时，两行热泪滚涌而下："多好的孩子啊。"

溥仪一连多少天闷闷不乐，吃饭不香。他的脑海里不时地出现着那些可爱的红蜻蜓，它们带着他的细线，在大殿内翩然翻飞，在他的帷帐中轻盈地翻飞，多可爱的红蜻蜓！可是它们被太监们撕烂了。在隆裕太后的命令下，他们撕掉了它们的翅膀，撕断了它们的尾巴，撕开了它们的肚肠。黑色的屎被挤出来，头被摘掉仍滚动着眼珠。每每想到这些，溥仪就会呆上半天。一个五岁多一点的孩子本来不该有这样的忧郁，一个皇上、天子，天下地位最尊贵的人，不该有这种忧郁，可是他却总是心情不舒畅。他天天仍然走进御花园，可是并没有了往日的戏闹与欢笑。他望着头顶飞过的蜻蜓，望着伏在枝干上不知疲倦地鸣叫着的知了，有时甚至流出泪来。大总管张谦和二总管阮进寿整日小心翼翼地服侍着他。张谦和有时也不免叹几声，可是摸摸仍在发疼的屁脱就再也不说什么。

一连几天都不吃什么东西，只是喝些稀粥，吮些奶水，这也急坏了几个太监和奶妈王焦氏。

这天，王焦氏道："二总管，去弄点栗子来吧，栗子能健胃。"

二总管阮进寿果然从外面带来许多栗子。王焦氏道："二总管，你讲个故事给万岁爷听听吧。"

阮进寿心领神会，他和王焦氏一道来到御花园，王焦氏叫过溥仪，道："万岁爷，你整天在这里看什么呀?"

"嬷嬷，我在看蜻蜓。"

"你知道蜻蜓吃什么吗?"

"张罕达说吃蚊子。"

"我讲个蚊子的故事给老爷子听听，好吗?"

"好!"溥仪的脸上露出笑容，他伏在王焦氏的腿上仰头听着。

王焦氏讲道："有两个人在晚上睡觉的时候，总也睡不着，因为有蚊子总是在他们的脸上耳朵旁飞来飞去，嘤嘤乱叫。其中一个人说道：'张三，我们用被子蒙住头，蚊子就叮不到我们了。'过了一会儿，张三憋得太厉害，就从被里伸出头呼了口气。这时，他却见到了萤火虫，他马上叫道：'老天爷啊，蒙住头也没有用，蚊子打着灯笼在找我们呢?'"

"哈哈哈——"小溥仪笑了起来。他说道："这个张三，连萤火虫也没见过。我在中南海见过多少次啊。"

阮进寿见皇上显出高兴的神情，忙道："万岁爷，奴才再讲一个蜻蜓的故事。"

"快讲。"溥仪命令道。

阮进寿讲道："从前，一位老先生想知道蜻蜓有什么习性，于是就抓了只蜻蜓，在它尾巴上拴了根细线作试验。他把蜻蜓放在手掌上说'飞'，蜻蜓就展翅飞了。老先生把蜻蜓又收回来，掐去它的翅膀，又将他放在手掌里命令说'飞'，当然蜻蜓再也不能飞了。于是这位先生写道：'当人们将蜻蜓的翅膀掐去后，它就成了聋子，再也听不到人们的命令了。"

"嘿嘿"，皇上笑了起来，"老先生太迂了。"

"万岁爷，吃栗子吧，可香了。"王焦氏道。

溥仪于是接过王焦氏和阮进寿剥过的栗子，大吃特吃起来。王焦氏和阮进寿见万岁吃得香，自己心里也高兴，就忘了对万岁爷的食量加以控制。谁知这一吃，竟把皇上给撑着了。晚上，皇上翻滚着嚷着肚子疼，又吐了好些生生的栗子。阮进寿忙叫来御医，御医说皇上是消化不良。

第二天，隆裕太后来到皇帝的床前看了看，问明了太医和太监们说的情况，又喝令打阮进寿二十大板，并命令以后决不许给皇帝吃硬食，她气呼呼地道："今后只许给皇帝吃粥——他肠胃本来就弱，经你们这一折腾，不知什么时候才能好。"

一天、两天，十多天过去了，隆裕太后仍然只许给溥仪稀粥吃。

"我饿，皇额娘。"溥仪向太后道。

"饿也不能吃硬饭，这是治消化不良最好的法子。"

"我饿"，"我饿"。溥仪不止一次地向隆裕、向太监、向王焦氏叫喊，除王焦氏给他点奶吃以外，没有一个人管他。

他来到狗舍，见狗在香喷喷地啃着骨头，真想也拿骨头啃一啃；他在御膳房见师傅们把那残汤剩菜倒掉，真想去抓几把塞在口里……

一个月过去了，隆裕太后仍不让他吃"硬饭"，只许他吃稀粥。

这一天，薄云蔽日，凉爽得很。隆裕和溥仪一起到中南海游玩。

溥仪有气无力地走着。他看旁边的小鸟似乎也被饿昏了，懒懒地飞着；听那青蛙的叫声，一如肚子空空的，声音软绵绵的。

"咯咯咯——"唯有太后和小德张发出刺耳的笑声。

"皇帝，皇帝！"隆裕叫道。

"儿臣在！"小溥仪从迷糊中清醒过来。

"你把金鱼喂一喂。"隆裕道。

一个太监给溥仪两个干馒头。

馒头！溥仪在心里欢呼着。他接过两个干馒头，肚子在咕咕地翻滚着，他情不自禁，狠命地咬着干馒头。

"快，快，慢一点就吃不上了！"似乎有一个人在催着溥仪，他狼吞虎咽，他囫囵吞枣，他……

"万岁爷在干什么?"不知是谁叫了一声。

"皇帝停下。"隆裕太后叫道。

溥仪似乎明白了什么，吮着手上的馒头渣子的嘴唇马上不动了，抬起头来，惊恐地看着隆裕太后。

"今后不许皇帝看鱼了。"隆裕命令道。

回宫后，小溥仪又捏着鼻子喝下汤药，隆裕说别让干馒头把胃撑得更坏了。

禀承隆裕太后的懿旨，太监们对溥仪看得更严了，皇上再也没有机会能偷吃一丁点儿东西。太监们越戒备，就越刺激着小溥仪的食欲，便越刺激着他抢吃抢喝的欲望。有一天，各王府给太后送来贡品——每月初一、十五各王府按例都要送食品给太后。这些贡品放在西长街，被小皇上看到了。凭着一种本能，他直奔其中的一个食盒，打开盖子一看，里面是满满的酱肘子！小皇上抓起一只就咬。太监们大惊失色：“万岁爷，快放下来!”

小溥仪哪管他们的喊叫，直往嘴里填，可刚入嘴里，几个太监一拥而上，硬是把肘子抢下来。

好香的一只肘子！溥仪人小力弱，虽然拼命抵抗，也只能望肘兴叹。

又是许多天过去了……

“老祖宗，奴婢说的也许不对，可是照奴婢看，若再这样治万岁爷的胃病，恐怕会病得更厉害。”王焦氏跪在地上碰着头，磕着额，求隆裕太后停止她那种“饥饿疗法”。

御医也道：“老祖宗，皇上的胃病已经好了，可以正常进膳了。”

“那好吧，”隆裕道，“不过，你们听着，有哪一个再不慎让皇帝得了胃病，非把他打个稀巴烂不可，听到了吗?”

“嗻——”大家齐声答道。

可是有一天，太监们吓坏了，小皇上趁人们不注意一下子吃了六个春饼！

“快！快!”张谦和叫道，“两边抓着蹾!”

于是有两个太监左右提起小皇帝的双臂，像砸夯似地在砖地上蹾了一阵。

这真是个异想天开的消食方法，不过看来很灵验很有效，张谦和很满意，因为皇帝没有让春饼撑着，没有因此而犯胃病。

第七章
谋缓颊乾清宫颁诏
施杀手甘水桥埋雷

善耆道："你们在甘水桥下埋设地雷，可是意欲暗杀摄政王，还不从实招来！"那白面的革命党人冷然一笑道："杀一个小小摄政王有何大惊小怪？我革命党人志在推倒满清！""你是什么人？""汪精卫！"

楼小能容膝，檐高老树齐。

开轩平北斗，翻觉太行低。

"好诗！气势恢弘，格调沉雄。大帅胸襟，不下汉高祖唐太宗！"

袁世凯笔还没落，冯国璋就拍案叫绝。

"如今天下飘摇，正是大帅大展宏图之时。此时，大帅如龙潜渊，不知何时能腾天而起，学生请大帅指点迷津。"段祺瑞道。

"你二人多次微服来此，以我看，还是不来为好，如今我们大家都是韬晦之时，不可行藏尽显。以前我虽然位居要害，你们和我其实都是亲兄弟。如今我下野归田，虽然二位老弟不忘旧情，屡次来访蜗居，但也应看到，这必然引起当权者的注意。为稳妥起见，为保存我北洋一脉，我送你们一个字——"袁世凯又饱蘸浓墨写下一个大字——"忍"。

冯国璋道："如今各省立宪运动风起云涌，孙文、黄兴之徒气焰日益嚣张。皇帝乃一小儿，载沣、载洵、载涛兄弟又孱弱无能，其他人等，也只会贪贿。如此，朝政日非，大乱将至。若论平乱人才，李鸿章算得上是行家里手，惜早已去世，张之洞也算是个人才，最近也已去世。现在只有大帅一人，大帅若再不出山，一味'忍'下去，危机必迫在眉睫。"

袁世凯道："如大局不糜烂，载沣之辈决不起用我，果真糜烂，则恐怕我出山时，不好收拾。所以你们回去以后，要对形势严加控制。对孙文黄兴之徒的打压，决不能手软，但又要留有余地；而对立宪派，则一同鼓吹播扬，与他们建立感情。"

"我们懂了，"段祺瑞道，"朝中之事，大帅也不可掉以轻心。"

袁世凯道："段老弟所言甚是，但料也无妨。徐世昌与我有几十年的交情，与你们也都是血脉相连，同是当初练兵时的刎颈之交。所以，朝中有什么事，他会及时处理的。另外，奕劻等人既是皇族亲贵，又是朝中首脑，向来为我所用。如此则确保无虞。”

冯国璋道：“这样，我等就放心了。”

段祺瑞道：“大帅倚重杨士琦和杨度，会不会有什么闪失？”

“杨士琦是立宪要人，杨度则不仅为维新党人所信赖，与同盟会之徒也过从甚密。据我所知，他在东京的寓所，有‘留日学生俱乐部’之称。像黄兴、宋教仁、陈天华、刘揆一等同盟会要员都与他经常往来。二位老弟所担心的可能就是杨度。我仔细研究过，这杨度当初被认为是维新党，本来是笑话，而他与同盟会的交往，也不是有什么革命主张，他这个‘毛’是看哪张皮好便依附在哪张皮上。”他又补充说道：“杨度，字皙子，是湖南湘潭县人。光绪二十七年朝廷开经济特科时，他和梁士诒同往应试，梁士诒中了一等第一名，他中了一等第二名。西太后向瞿鸿禨谈及特科中试人才时，瞿鸿禨信口答道：‘第一名梁士诒是梁启超的兄弟，孙文的同乡，他的姓名又是梁头康足——康有为原名祖诒，其人可想而知！’瞿鸿禨把三水人梁士诒当作新会人梁启超的兄弟，又把香山县和三水县当成一个地方。这是笑话，不过西太后听到革命党和维新党的名字，就吓得变了脸色，撤换了阅卷大臣。杨度因新党嫌疑逃往东京。”

“大帅真的是结交天下英雄，预闻天下大计。”冯国璋道。

“二位老弟，此来我没有什么好招待的，临别也没有什么好送的。但我想，如今正是艰难困顿之时，我们每个人，特别是二位老弟，都要结交天下英雄好汉。我这里有些散碎银子二位拿回去做大事吧。”

“大帅正在困厄之时，还需花费。而我们每次来都蒙厚赠，实在汗颜。这银子，我们绝不能收。”段祺瑞急忙推辞，冯国璋也坚辞不受。

“别见外了，都是自家人。你们跟我打天下已多少年了，怎么还这么客气。我家世代为官，土肥地丰，家底殷实。我在山东做巡抚和在直隶做总督时，又积蓄了不少，这些你们是知道的，如今你们正是用钱之际，就不要再推辞了。”

这时，下人拿进来一封信，袁世凯看罢，嘴角露出笑容，向段冯二人道：“又有好事了，赵秉钧从北京来信，说他已获知近日广州革命党将有大的行动。他问我如何处理，你们看怎么办？”

赵秉钧原来是巡警部侍郎，是袁世凯一手提拔的特务头子，现在是善耆的手下，管着北京的巡警。

冯国璋道：“大帅的意思是，有两个拳头打向清廷：一个是立宪派，一个是革命党。我们要托住一个拳头而又要砍下一个拳头。我以为赵兄的这个消息应让朝廷知道，以扑灭革命党人的星星之火。”

段祺瑞道：“以学生看来，广州地处偏远，对腹地影响不大，正可让革命党逞一时之能，而观载沣的举动。”

袁世凯道："这就对了。既要让革命党有所行动，又不能让他们闹得过大，这样，既可以摇动清廷这棵大树，又不让革命党成了气候。对清廷的方略就是摇大树方略，不断地摇它，不断扯动它的根须，假以时日，它就倒了。但清廷这棵树倒了决不能再长出革命党的大树来，对它，只能让它成为幼苗，待清廷这棵大树倒下时，就掐灭它。"

袁世凯又特地吩咐他们和其他各镇保持团结，要他们和赵秉钧保持密切联系，几人又谈了一会，段冯二人便离开了彰德。

刚送走冯段二人，又报张謇来见。袁世凯不由得又是一番高兴。

张謇是目前国内立宪派的领袖，是光绪年间的状元。中状元后，见国势衰微，就动起了实业救国的念头，创办了大生纱厂、通海垦牧公司、广生榨油公司、大兴面粉公司等企业。袁世凯想，若能把他拉过来，宣统小朝廷就更孤立了。

袁世凯赤着双脚，手上沾满了泥巴，满脸堆笑，迎上张謇道："在下正在侍弄菜园，闻听张兄到此，心里欢喜，不嫌冒昧。如此模样，张兄不会见怪吧？"

"宫保高人雅志，躬耕南亩，在下钦佩不及，何来见怪？"

二人来到池边，袁世凯洗着脚，道："沧浪之水清兮，可以濯我缨，沧浪之水浊兮，可以濯我足。如今我倒真的是这样了。"

"不知宫保可真的愿意濯足，再踏入世俗吗？"

"种豆谷菜蔬，吃五谷杂粮，我可从来没离开过世俗啊。"

"如今为立宪之事，天下沸腾。可是当途者不顾民生国计，只顾一己之私，一家之权，营数人之利。如此逆潮流而动，恐怕不是国家之福。宫保既不离世俗，对此事有何看法？"

"不遵宪政，不建国会，天下为一人之天下，则我国政体经济难入正轨，官贪吏惰的现状也绝难改变。若建国会，民众参与国事，有识之士尽可畅谈国事，由精英主持国政，国家决策就不致有何偏颇，则中国地大物博，人才荟萃，前途无量。"

"为了建立国会，为了实行宪政，为了国家的前途，不知宫保现在有意出山否？"

"我何敢吝惜自己的驽钝之躯而不为国效力？"

"好！老夫此行正是要到北京请愿，敦促朝廷早日实行宪政。其实，全国各省也都为立宪纷纷进京请愿，谓成立国会已刻不容缓。"

"真的要实行宪政，蒙皇上天恩，命世凯出山，我一切当遵从民意而行。而且我一定同先生您合作，可以做你的股肱臂膀。"

"宫保怎说出这样折煞老夫的话。宫保放心，对你，不论何时，老夫一定任你驱使，若有谋于我有用于我，但说无妨。"

二人于是进了养寿堂，密谈了半天，订下同盟。

有两次请愿都被朝廷屏退了。“国会请愿同志会”的孙洪伊、李长生等人发起第三次国会请愿运动，请愿得到各省督抚的大力赞助。

孙洪伊、李长生带着二十多人组成请愿团前往摄政王府上请愿书。天上还下着瓢泼大雨，众人在大雨中行进，身上热血沸腾。正走着，忽然听到有几个人在路上冒雨议论着。

“国家若再不改革，我中华必沦落为列强的殖民地。”

“其实现在就是任人宰割。”

“听说各省咨议局联合起来组成了‘国会请愿同志会’，不知现在怎样了。”

“屡次都没有成功——现在，皇上冲龄，摄政王纯为一人打算，国家大难正在眼前，我辈学子可不能坐视啊。”

请愿团的同志听到这里，看谈话的是几个青年，便不约而同地围拢上去道：“不知几位怎么称呀，从何处来。”

其中一个青年道：“你们是谁?”

孙洪伊道：“我们是国会请愿同志会的代表，现在正要到摄政王府上上请愿书，适才听到几位的谈话，所以围过来。”

几个青年激动地道：“我们是东三省旅京的学生。”

“我叫赵振清。”

“我叫牛广生。”

……

李长生道：“大家避一避雨吧。”

于是众人来到一个茶馆，又议论开来。说到激动处，学生赵振清道：“我提议，我们割臂写下血书，决心用鲜血换国会。”

“我同意。”牛广生道。

“我同意。”“我同意。”……

大家写下血书一齐往摄政王府走去。

第二天，请愿团又上书资政院。这时，各省咨议局纷纷响应请愿团的行动。

又过了一天，全国十八个省的总督、巡抚、将军联名致电军机处，请其代奏朝廷，请求召开国会。

又过了一日，资政院上奏朝廷，要求“提前设立上下议院，以维安危，以安群情”。

各地立宪的一片鼓噪搞得载沣心慌意乱。两年来，他首先从军事入手，排斥袁世凯，排斥汉人，把全国的兵权总揽在皇室的手里，用满人为各级高级军官，加强了对军队的控制，他本人代皇帝为全国陆海军大元帅，又设了军咨府作为陆海军的联合机构和全国军事的参谋本部。他让两个弟弟分别作了军咨府大臣和海军大臣，让自己的亲信荫昌做陆军大臣，接统北洋各镇。在外交上，与各国都已达成充分的谅解，互相间已建立了信任，特别是通过铁路的修筑，清政府与各国的关系进入了蜜月期。载沣觉得，现在他的地位已十分巩固了，可是那些立宪派们却不识好歹，一天比一天嚷得更凶了，一点也不珍惜这来之不易的安定局面，以致于连各省督抚都附和他们，这着实让他讨厌。如果翻脸视立宪为非法，载沣觉得他的实力不够，他对全国大局还不能牢牢地控制，那么载沣只有搪塞敷衍一番。

这一天，载沣找来了载泽、载涛、载洵和良弼。

载沣道："立宪的事绝不能再拖，不然会引起内乱。"

"如……如何应付呢？"载泽问道。

良弼说："再提前几年，把原来的九年改为五年，从宣统元年算起，还有两年就可立宪，这样，他们就该满意了。"

载泽道："仅仅这样恐怕不妥，还要拿出具体行动。"

载洵道："难道真的建立国会？大哥还要拿出什么具体行动？"

"让大哥说完。"载沣责备载洵道。

"我觉得应建立内阁。"载泽说。

"这不比建立国会走得更远吗？国会不一定有实权，它有可能是个摆设，而内阁可是掌握着政府的一切权力。"载洵道。

载泽说："我们可以建立内阁，但这个内阁由皇族组成，不是经过选择的。先建立一个内阁后，对将来的国会成员也有一定的制约作用。"

"这个办法好。"良弼道。

"很好。"载洵道，"大哥以为这内阁总理大臣该是谁较好呢？"

"奕劻。"载泽看了载沣一眼。

载涛道："这怎么行，这几年总是想遏制他，这一次建内阁，不是个很好的机会吗？"

"大哥说的对。"载沣说，"你说奕劻不行，谁可胜任？"

"肃亲王善耆怎么样？"载涛道。

"他比奕劻更危险。"载沣道。

"无论如何不能让奕劻做总理大臣，这不就等于袁世凯又回到朝廷来了。我认为还是善耆好，不管怎么说，善耆对大清是忠心耿耿的，不像奕劻那样处处为袁世凯所用。"良弼道。

载涛道："我也这样看，肃亲王的危险和奕劻的危险不同。"

"大……大哥，你说呢？"载泽问载沣。

许久，载沣都没有说话。

从载沣的利益来说，善耆是危险的人物，善耆的个人野心确实很大，对载沣他是想取而代之，这一点载沣和载泽等都有所觉察。但是另一方面，对大清来说，善耆比奕劻可靠，因为奕劻是袁世凯的灵魂。不能说袁世凯就死了心了，袁世凯是绝对不甘于沉寂的。一个想取载沣而代之，一个想取清朝而代之，孰轻孰重？

载涛道："让奕劻做总理恐怕有后患。"

载沣又结巴起来："有……有何后患？也可以让奕劻有名无实，让他挂个空牌子得了。"

良弼跪下道："摄政王，万万不可这样做！请摄政王三思而行之。"

载沣道："各部都要派合……合适的人选，有何不可？袁……袁世凯已下野，张之洞已死，汉人还能翻起大浪？"

载沣说什么也不想让善耆做总理，他似乎看清了善耆的性格，善耆是什么事都能做出来的人，采用什么极端手段对他来说连眉头都不会皱一下，让他做总理，载沣怎能放心？

载沣最后道："此事再和太后商量一下。"

大家心里明白，和太后商量，奕劻做总理已成定局。

隆裕太后不仅认定内阁总理应由奕劻来做，还进一步要求道："我觉得那桐应做协理大臣。"

这一天，溥仪坐在乾清宫高高的宝座上，载沣侍立在他的旁边，乾清宫内外站满了人。溥仪知道，有重大的事情发生了。太监们说，有大事才会让万岁爷坐在乾清宫的座位上，召见王公大臣。

宣统帝坐在宝座上，乾清宫的恢宏巍峨，衬托了宝座的高贵，不可企及。小皇上坐在上面，俯视着眼下黑压压的人群，自然地生出凌架于一切之上的感觉，自然生出尊严凛然不可侵犯的感觉。

啪——啪——啪——

殿外三声鞭响，殿内群臣跪拜。御前大臣高声朗诵了摄政王和军机处代皇上的诏谕：

"奉摄政王代宣统皇帝诏曰——

着将原定于宣统八年立宪之期缩改于宣统五年实行，开设议院。此次缩期，即作为确定年限，一经宣布，万不能再议更张。此后倘有无知愚氓藉词煽惑，或希图破坏，或逾越范围，有违社会稳定，均足扰害治安，必即按法惩办。所有各省代表人等，着民政总参及各省督抚剀切晓谕，令其即日解散，各归安职业。着自即日起改立责任内阁，设立宪政内阁。授庆亲亲王奕劻为内阁总理大臣，大学士那桐、徐世昌为协理大臣，以梁敦彦为外务大臣，善耆为民政大臣，载泽为外交大臣，唐景崇为学务大臣，荫昌为陆军大臣，载洵为海军大臣，绍昌为司法大臣，载沧为农工商大臣，盛怀宣为邮使大臣，寿耆为理藩大臣。另命内阁协理大臣俱为国务大臣，内阁总理大臣，协理大臣均充宪政编查馆大臣。庆亲王奕劻仍管理外务部。置弼德院，陆润庠为院长，荣庆副之。仍置军咨府，以载涛、毓朗为军咨府大臣。并谕：以后不论满汉，对皇上自称不再有别，皆以‘臣’自称。钦此。”

“万岁，万岁，万岁！”随着这响彻云霄的呼声，黑压压的人群跪下又站起，站起又跪下……

乾清宫显得更加庄严肃穆。

六岁的溥仪仔细地看着满朝官员，神情专注凝重；看着渐渐散去的人流，目光中显出不应有的深邃。

“皇帝，下来吧，退朝了。”载沣道。

宣统帝似乎没听见他的话，仍然注视着殿外的人流。

“万岁爷，摄政王千岁和老爷子说话呢。”张谦和道。

宣统帝郑重地道：“王爷，我是最厉害的吗？”

载沣急忙答道：“当然，皇帝是最厉害的。”

“养心殿的宝座，这里的宝座，只有我才能坐吗？”

“那当然，这些宝座都是龙座，只有皇帝才能坐。”

“那我也是最尊贵的了。”

“当然，皇帝是天子，是天下最尊贵的，天下人都得服从你。”

“刚才那么多的人都要听我的？”

“我说过了，天下的人都是你的臣民，皇帝是天子，刚才这么多的人都是你的大臣，都是供皇帝驱使的。”

“这大殿也是我的吗？”

“何止这大殿，整个皇宫，整个天下都是皇帝的。”

宣统帝又望了望大殿的穹顶，环顾了一下四周，这才走下宝座。

诏谕缩期立宪的当天，北京商民奉令悬灯欢祝国会缩期召开，欢庆内阁成立，北京城成了红灯的海洋。

可是，各省的请愿代表见成立的内阁实际上是以皇族为主，便呼为“皇族内阁”，更加失望，有一种被愚弄的感觉，便留在北京继续活动。

同志会中的汤化龙、谭延闿、蒲殿俊等，不断运动，坚持翌年即开国会。载沣气急败坏，谕令：“若再留不走，即以目无皇上，叛国卖国论处，即行逮捕。”同时他又谕令各省督抚弹压请愿者。请愿团仍不甘心，不顾身家性命，继续留在北京活动。

在奉天，各界士绅民众一万余人手持请开国会的旗帜，在省公署前伏地跪泣，要求明年召开国会，一连数天不愿散去。省公署接到命令严词训斥，于是公署拟出《公告》，云：“有极少数别有用心的险恶之徒，煽惑民众闹事，政府绝不能坐视不管，望工商士民各安本业，不为奸邪之徒利用……”之后，省政府派大批军警围住群众，大有马踏枪击之势，众人见状，为顾性命，渐渐散去。

各省都有类似的活动，也都受到政府类似的警告。

善耆又是一脸阴沉的回到府上。他的这种表情又被整日泡在他家中的贵宾兼保护人兼管家川岛浪速看个一清二楚。

川岛浪速正在指导宪玗练柔道，摔打了几下以后，他停下来对十七格格宪玗道：“亲王又有不顺心的事，你还是过去吧。”

宪玗心领神会，跑出练功房，来到善耆的面前说道：“阿玛，又有什么不高兴的事了。”说着搂着父亲的脖子。

善耆已经不好意思和女儿拥抱了。因为女儿虽然只有十三岁多一点的年纪，但已玉乳挺拔，屁股圆隆。她比同龄的女孩子要早熟得多，正是一朵待开的蓓蕾。何况现在正是夏天，女儿又穿着紧身的练武服。

善耆道：“阿玛没有什么不高兴的。”

“阿玛骗人。”

“好吧，阿玛承认。小宪玗是最了解阿玛的。”

“是的。”川岛浪速也走了过来。

“其实我应当高兴才是。我们盼了很长时间的宪政，现在有了一个影子，今天朝廷又宣布成立了内阁。”

“这事，先前可一点风声也没有啊。是不是老朋友对我保密。”

“说实在的，此事事先我也不知道。前几日谕诏说今天在乾清宫有大事宣布，事先并没有透露什么，今日突然宣布，看样子这是摄政王谋划好了的事情，他是不要人们有活动的余地。”

“也可能是就瞒住你一个人。”川岛道。

“不会。溥伟等也不知道。”

“宪玗，你出去吧，我和你父王有话要说。”宪玗出去后，川岛浪速说：“如此看来，摄政王对你并不十分信任。”

“他可能觉得如今已羽毛丰满了，便独断专行起来。”

川岛浪速道：“奕亲王已是风烛残年，干不了几年。在中国最有前途、有见识、有才干的政治家，是您——亲王殿下。我们一定会支持您这样识才兼备的人。”

“对不起，只顾讲话了，竟忘记了老朋友的晚饭。请——”

晚餐的丰盛自不待言，善耆的二十一个儿子，有五个陪坐在周围。善耆的家里总是打破常规的，他对儿子特别是对女儿们的纵容和荒唐，是非常闻名的，所以他的两个小女儿，当然包括宪玗也一起在坐。

川岛浪速心里一紧，生出邪恶的念头，盯着宪玗看了半天。

宪七道："今天晚上就早点休息吧，明天我们到西郊去打猎。"

"我也去！"宪玗叫道，"我就穿这身衣服去！"

肃亲王善耆道："好吧，你们明天都去。"

"亲王殿下也放我两天假了？"川岛浪速道。

"只要先生乐意，就也随他们一道去，也好就旁指点。"

宪七行猎回来后，还没进府门，就接到巡警密报，说摄政王府邸前有可疑的人在行动。宪七不敢大意，急忙来到派出所。

载沣当上摄政王后，载涛主持宫廷和摄政王府的安全保卫工作，他特地在摄政王府邸加派了禁卫军一个连。建立警察后，肃亲王善耆为民政部长主管巡警，又在摄政王府邸加了一个派出所以加强守卫。宪七主管各王府的护卫工作，接到报告后，所以迅速来到摄政王邸巡警派出所。

巡警祥和报告说："小的在这一片巡视，发现有两个人不分早晚，总是在摄政王府附近徘徊，我就把这事告诉了长官，长官让我跟踪侦察。侦察了几天，我发现那两个整日在摄政王府周围徘徊的人在琉璃厂开设了个照相馆，照相馆的名字叫'守真'。那两个人，一个姓黄，叫黄树中；一个姓罗，叫罗世勋。另外还有一个人姓汪，经常来这照相馆——基本上是每天必来，一来就扯上大半天。这几个人说的一嘴南方话，我一句也听不懂。更为可疑的是，这几个人行动总是鬼鬼祟祟，总是不安分。这几日，又察到他们在菜市口铁铺中买铁罐子。老爷们想想，他们买铁罐子干吗？"

"如此看来，这几个有重大阴谋。你们不要打草惊蛇，但一定要把这几个人的行动牢牢控制住，严密监视。再派一些便衣，加紧警戒，特别是摄政王出入经过的地方，要严加防范！"宪七布置了一番，最后说："谁要是疏忽酿成了大祸，他自己的下场是不用讲的；如果立了大功，他一辈子都会显耀。现在我就命令，把祥和升为巡官，今后还有重赏。"

这一天，已是掌灯以后，祥和等人发现黄树中和罗世勋来到甘水桥下，这是摄政王每日上朝的必经之地。他们围拢过去，依稀看见照相馆的黄罗二人正在埋罐，几个便衣巡警突然出动，一举将他们逮捕。同时，火速到琉璃厂东北园，抓到了那个姓汪的。

巡警迅速将这三人押到警察总厅，宪七审了一会后，觉得事情重大，即刻报告了他父亲肃亲王善耆。

善耆坐堂，先问黄罗二人姓名，黄罗据实以告。

善耆道："地安门外甘水桥下的炸弹、地雷是否你们二人所埋？"

黄树中道："确实是我们所埋。"

"你埋地雷何用？"

“明知故问——特来炸摄政王。”

“你与摄政王何仇?”

这时姓汪的答道：“我们与摄政王本人无仇，可是这载沣却是朝廷首脑，所以我们要杀他。”

“你叫什么名字?”

“我叫汪精卫，字兆铭。是追随孙文孙中山的革命党人!”

善耆道：“本朝开国以来，待你汉人不薄，你何故恩将仇报?”

汪精卫大笑道：“满清夺我土地，奴我人民，吮我膏血，已二百多年。这且不必细说，现在强敌四逼，已兆瓜分，摄政王既握全权，理应实心为国，择贤而治，大大地振刷一番，或尚可挽回一二。讵料监国数年来，毫无建树，中外人民请开国会，请求实现宪政，一再不允，坐以待亡。覆巢之下，安有完卵?我所以起意要杀他。其实，杀他只是初步行动，我们要废除封建帝制，建造民主共和国体。”

善耆问他：“你是编《民报》的那个姓汪的吗?”

“正是。”

“章炳麟说，如今的民报已经为孙文和你汪精卫所私有，这话不错吧?”

汪精卫道：“章炳麟是一派胡言，是造谣。”

“可他也是革命党人，可见你的动机也不一定是救国，正像你们革命党人章炳麟所说，你们也是为一人一姓而谋取天下的。”

“章炳麟是叛徒，你也不要诬蔑党人。”

善耆看汪精卫底气不足，便觉得此人可利用，于是问道：“你们几个人谁是主谋?”

黄树中忙道：“我是!”

汪兆铭忽然对黄树中道：“你何尝主张革命?你曾向我劝阻，今天反来承认，为我而死，真正是何用意?”他回头对善耆道：“主谋的人是我汪兆铭，决非黄树中。”

黄树中道：“主谋的人是我，炸弹是我到桥下放的。”

汪精卫道：“主谋是我无疑，我在同盟会中，地位之高，天下共知，而且此次谋杀摄政王之背景，我也可说出一二。自镇南关、河口诸役迭遭失败后，我同盟会情绪有点低落，我悲愤欲绝，想以一死来激励革命，于是便约黄树中等从事暗杀。我曾写信给胡汉民兄：‘此行无论事之成否，皆必无生还之望。弟流血于菜市街头，犹张目以望革命军人之入都门也。’最初欲杀载洵、载涛未遂，便又决定杀载沣。此等细节，我都能一一说出，黄树中能说出吗?主谋是我!”

善耆道：“我钦佩你们的壮烈，却鄙弃你们的行为。你们各人要写出供词，然后等候发落。”

善耆回到府中先给摄政王载沣写了汇报，之后叫来他家的家庭教师程家柽。

善耆早就和革命党人有来往。善耆的想法是，如果他要是做了总理，主持国政，革命党是一支不可回避的政治力量，甚至可以说是影响到自己政治生命的政治力量。他没有载沣的那种武力铲除的想法——或者说暂时不采用这种政策，而是以笼络为主要手段，以缓和时局，将来总理的位置到手又坐稳后，再作进一步打算。所以。这几年，他已通过关系和革命党有了联系。他是通过他的内亲崇铠、家庭教师陈家柽、陈家柽的朋友谷思慎进行联系的。

善耆知道他家的教师陈家柽是同盟会会员，所以现在把他叫来商议汪精卫等人的事情。

善耆道：“我们抓到几个革命党人，他们要谋害摄政王。”

“居然有这种事？”陈家柽假意道。

“是的。抓到了三人。”

“都是谁？”

“汪兆铭，黄树中，罗世勋。”

陈家柽大吃一惊，问道：“对这几人将如何处理？”

“那肯定是杀头了。”

程家柽道：“国家如果杀汪、黄等人，则此后党祸日夕相寻，并不是朝廷之福。”

善耆道：“我有一件事想告诉你。”

“什么事？”程家柽问。

“你是同盟会员，汪、黄等人是你的同志。”

“这从何说起？”

“意思很明白，你就不要再遮掩了。”

程家柽道：“既然如此，亲王必是同情革命党人的，若能在汪、黄等人的生死问题上有所通融，将来同盟会对亲王必有所回报。”

“还望先生通知贵党。”

“一定。”

摄政王载沣召来法部尚书廷杰、民政大臣善耆。

摄政王载沣道：“地安门外是我上朝出入必经之路，他们竟敢在那里埋……埋地雷，谋为不轨，若不是探悉密谋，我的性……性命恐怕不……不保。这些人该如何处置？”

廷杰道：“杀以儆其余。”

善耆道：“还是‘怀柔’为好。革命党人都不怕死，近年以来枭首剖心，也算严酷，可是他们却越聚越多，胆子越来越大，竟闹到京城中来了。依我看来，就是将其立即正法，京外的革命党人又至，办也办不完。不如暂从宽大，令他们感朝廷恩惠，或许消解怨毒，也未可知。”

“肃亲王这是何居心？岂有谋杀监国摄政王而不加以正法之理?”廷杰叫道。

“我正是从国家的稳定着想，才提出对那些被邪说一时迷惑的匪人应当怀柔感化的。这和以前的‘招安’是一样的策略。”

“好吧，肃亲王是如何想法?”载沣问。

“就判他们终身监禁，与死也是一样的。”善耆道。

“就按肃亲王的话办吧。”载沣道。

判刑后，善耆多次探监，和汪、黄、罗等人进行密谈。

巡警厅丞王治馨对善耆道：“亲王爷，您老人家到狱中不便，一切还是交给小人吧。小人一定会为王爷办妥这些事情的。”

善耆想，自己亲自到狱中确实引人注目，不如就把这件事交给他，于是道：“好吧，你是我的心腹。你去办，我放心。”

于是善耆向黄、汪、罗等人时常馈赠食品，送钱送物，都让厅丞王治馨去做。

民政部右侍郎赵秉钧给袁世凯的密电说：“我令王治馨投诚善耆，目前他已取得善耆信任。王治馨借善耆名义与汪、黄、罗等来往，也与汪黄等建立了信任。今后如何行事，请明示。”

袁世凯电示赵秉钧：一定要把汪黄等人拉到我们这边来。

于是王治馨公开和革命党人来往，日益亲密，表面上是为了善耆，实际上是为了袁世凯。

赵秉钧的电报源源不断地把消息报告给袁世凯。

香港。

同盟会的同志正聚会商讨革命的大事。黄兴道：“多年来，我党同志前仆后继，为推翻清廷专制政府、建立民主共和，作出了不懈的斗争，可歌可泣。徐锡麟、秋瑾诸同志牺牲在前，萍醴、镇南、安庆等多处起义失败于后。最近汪精卫、黄树中等同志又遭逮捕监禁。虽然如此，为救我中华，拯民于水火之中，我辈决不能吝惜生命，隳颓斗志。特别是现在，清廷驱逐各省请愿团，其假立宪的面目已暴露无遗，全国物议沸腾，清廷已陷于孤立。此时正是行动的大好时机。今天召集大家来，就是确定今后的行动，商讨我党今后如何行动。”

赵声说道：“内地封建势力过于强大，民众又多愚弱怕事，革命党虽救斯民于水火，但总是孤独而少响应。我党同志为国为民虽不惜生命，决不贪生怕死，但为中华民族，革命的力量、革命的火种一定要保护珍惜。所以，要吸取以往历次失败的教训，决不能作无谓的牺牲。我认为，两广最适宜我党行动，这里清廷力量相对薄弱，而且利于与国外联络。这里交通便利，万一事情不偕，革命同志可以迅速撤出。况且，这里经济发达，民众较为向往民主共和，若据而有之，建成根据地，可以渐图扩张。”

“是的，”黄兴道，“目前逸仙先生已在南洋和欧美各地募集经费。他也认为应当以广州作为革命的首发地。占领了广州，我们可以据此而北上，经湖南、湖北和江西直捣北京。”

与会的同志都认为这是正确的战略，于是讨论具体的行动，准备在广州集中革命力量进行暴动。

他们先成立了统筹部，为领导起义的总机关，统揽一切。黄兴为部长，赵声为副。下设：一、调度处，运动新旧军界，以姚雨平为长；二、储备课，购买和运送枪械，以胡毅生为长；三、交通课，联络江、浙、皖、鄂、湘、闽、滇各省，以赵声为长；四、秘书课，掌管文件，以胡汉民为长；五、编辑课，草定制度，以陈炯明为长；六、出纳课，掌财政收支，以李海云为长；七、总务课，司理一切杂务，以洪承点为长；八、调查课，调查敌方情形，以罗织扬为长。

统筹部同时令谭人凤联络各省策应工作，各地同盟会员负责人宋教仁、陈其美、孙武、焦达峰、方声涛等奉命响应准备。预定四月十三日在广州发难，由赵声、黄兴任革命军正副司令。

部署妥当后，革命党人从南洋筹集到二十多万两白银，购到洋枪炸弹，专用女革命党人把这些武器弹药偷运入广州，租房子藏好。这些房子门条上面都是某某公馆，或写“利华工业研究所”、“学员寄宿舍”等。又把各种文书，如营制、饷章、军律、札符、安民告示、保护外国人的告示、照会各国领事的文书、取缔清廷的规则，都预先拟定了出来。筹备了好几个月，已是万事俱备，只待一声令下。可是偏偏在这个时候，却出现了一件意外的事情。

广东人冯如，在美国学造飞机，离美国回国，前去拜见总督张鸣岐，说道：“学生在美国学造飞机，已二十多年，现在造成一飞机，能升高三百五十尺，载重四百余斤，此次回国，已将其运回，准备试验，不知大帅以为如何？”

张鸣岐道：“冯先生爱国情切，学成回国，我们热烈欢迎。若试验飞机成功，实是我大清之福。好！我们定个日子——就在三月初十如何？”

消息传出，广州官绅商民争欲先睹为快。三月初十日，在燕塘试放飞机的地方，聚集了几万人前来观看，红男绿女络绎不绝。

广州将军孚琦是荣禄的侄子，也坐着绿呢大轿排仗出城。孚琦到达后，张鸣岐已经在场，相见礼毕，彼此坐定。张鸣岐一声令下，飞机腾空而起，越飞越高，围观的人群发出海啸般喝彩声。大小官员也啧啧称奇。

孚琦虽然有点恋恋不舍，但是守城的责任在身。如今聚集这么多人，他怕城中出事，便告别张鸣岐，先行回城。谁知刚到城门口，只听“轰”的一声巨响，孚琦从轿中探出头，一颗子弹嗖地一声从头上划过，孚琦大惊，忙大声叫道：“有革命党，快快拿住。”哪知他这一叫，反把手下的亲兵吓得四散逃走，连轿夫也弃轿逃去。此时，子弹连续地打来，孚琦的身体犹如蜂窝一般被穿了许多洞。此时正好张鸣岐回来，逮住了刺客。广州府正堂及番禺县令，忙饬轿夫抬回尸首，一面押着刺客，随张鸣岐一同进城。张鸣岐立即令营务处审讯，刺客供称：“我姓温名生财，曾在广九铁路做工，无父无母，无妻无小，此次行刺，是为四万万同胞复仇，如今孚琦已被杀死，我甘愿偿命。”

“你的同党是谁?”

“四万万同胞都是我的同党。”

“是谁人指使?”

“枪杀孚琦的是我，主使的也就是我，何必多问?”

营务处用尽酷刑，见问不出什么，便请示督署，将温生财杀害了。

经过此事后，广州城风声鹤唳，草木皆兵。清兵迅速调兵入城，加紧城防。

黄兴闻听了这个消息，顿足不已，大叫：“这个温生财，义气用事，坏了大事!”

当下同盟会举行秘密会议，与会的同志大多认为目下举事恐怕不利，不如暂且让聚会广州的同志撤出，以后再找机会。

黄兴道：“我们应先期起事。一、我们密谋大事，不应存在畏缩心理。二、革命同志大多已进入城中，有进无退。这次起义，全党全力以赴，很多同志远道而来，现在形势虽然恶化，但是，若半途而废，将失去信用。三、我们花了几百万，全党经费已用殆尽，购买的军火大多已运至广州，若起义延期，军火必被清贼破获，我们如何向全党交待？四、筹划如此之久，惹起各国观瞻，若不战而退，有损同盟会声誉。”黄兴说罢痛哭，决意起义。

众人又议了一会，于是举手赞成起事。到了三月二十九日，由于叛徒出卖，清军侦得风声。

黄兴道：“束手待毙，不如冒险进取。”

于是在这一天早晨六点钟，同盟会在广州举事。先派敢死队抬了轿子，向总督衙门内进去。管门的人还以为是觐见总督，不敢上前阻拦。待革命党进入衙门后，便扔起炸弹，将头门炸坏，炸死管带，然后又向二门捣入，直入内房，却不见总督。原来，张鸣岐听到爆炸声从内室顺扶梯从窗口逃跑了。

张鸣岐微服来到水师统领署内，令统领李准反击。李准亲自上马出衙，在总督府门前指挥清军与革命党酣战。革命党人虽然英勇无比，但终因寡不敌众败退逃散。

革命党中，只有黄兴、赵声、胡汉民、李燮和极少数人逃到香港。阵亡的人中，有七十二人葬在黄花冈。

第八章

武昌镇革命军起义 毓庆宫小溥仪读书

刚刚往太监总管张谦和嘴里撒了一泡尿的大清天子，这会儿还沉浸在恶作剧的喜悦之中，他若无其事地对沮丧的大臣们说："孙文有什么？黎元洪有什么？朕的天兵天将一到，他们全得投降！"

养心殿里，载沣坐在宣统帝的旁边。殿内，又是黑压压的一群。

溥仪知道，只要他坐在了这里，眼前集了许多人，便一定有许多人说话，必定又要争吵，虽然他听不懂，但这些人有一点似乎是共同的：都是为了皇上，都是为了他宣统帝。

有一个老头邮传大臣盛宣怀道："皇上、摄政王，各省商民集股修路，设立公司，对国家实有大弊大害，宜敕部臣将全国干路定为国有，一些支路，可交各省绅商集股自修。请皇上、摄政王裁之。"

学务大臣唐景崇道："皇上、摄政王，臣以为，此事万万行不得，原因有二：一、若收归国有，国家财力捉襟见肘，必向外人大笔借款，则我铁路乃至经济命脉皆受外人控制，国家主权有可能被外人侵染；二、前此朝廷批准由商民自筹款项筑路，商民之公司业已纷纷成立，款项都已募集，此事正有条不紊地进行，若骤然间收铁路为国有，商民的利益有损，恐酿成祸乱，广州革命党枪声犹在耳旁，为国家稳定，还是维持原案为好。臣谨请皇上、摄政王三思。"

老头盛宣怀又道："中国幅员广袤，边疆辽远，必有纵横四境诸大干路方足以利行政而握中枢。从前规划未善，致使路政错乱，不分支干，不量民力，一纸呈请，就准许商办，竟导致数年以来，广东收股只达一半，四川则欠账甚多，再筹无着；湖鄂则开局多年，徒供坐耗。像这样迟缓不已，恐旷日持久，民累愈深，上下交受其害。臣仍以为应定干路为国有。"

民政大臣善耆道："皇上、摄政王，依奴才看来，商民公司主事者多为奇思邪想之徒，说他们与孙文黄兴之匪徒有来往，亦未可知。所以臣以为，若把国家之动脉交由商民，恐出纷乱，盛宣怀收国有之说甚当。不过，奴才以为，若向外人借款，我国不可只把眼光看着西洋。

总理大臣奕劻道："日本已有实惠，西洋友邦对我国帮助甚大，与西洋友邦互通有无更是刻不容缓。况西方友邦财力雄厚，对我国经济之发展有更大的利用价值。”

这些话说到了所有亲贵的心里，现在纷乱四起，立宪者要限制皇室利益，革命党更是要废除皇权、皇族的利益。现在，向国外求助是打击立宪和革命的最有力的手段了。

载沣站起身，扶着小皇上溥仪道：“摄政王代皇上谕旨：晓谕我人民，宣统三年以前各省分设公司集股之干路，应即由国……国家收回，亟图修筑，悉废以前批准之案，违者以抗旨者论。与外国交涉事宜，交邮传大臣盛宣怀办理。内阁速将此谕布达各省。”

人们向宣统帝跪拜退朝而去。

1911 年 4 月 15 日，盛宣怀代表清政府与英、德、法、美四国银行团签订了《湖北湖南两省境内粤汉铁路、湖北境内川汉铁路的借款合同》，共借款 1000 万英镑，以两湖厘金盐税作担保。合同规定，粤汉铁路用英国总工程师，川汉铁路用美国和法国总工程师；四国银行团享有二条铁路的修筑权和铁路延长继续投资的优先权。

粤汉、川汉铁路拍卖给了外国，夺取了中国人自己办铁路的权力，而且不还商民的股本。

全国沸腾了。

四川民众指出：“以路抵款，是政府全力夺自于百姓而送与外人。”

广东民众斥责：“铁路国有，失信天下。路亡国亡。政府虽欲卖国，我粤人断不能卖国。”

四川、湖南、湖北、广东四省要求“诛卖国贼盛宣怀以谢天下”，提出“路存与存，路亡与亡”的口号。不久，这股浪潮迅速席卷全国，从城市到乡村，自近海到内陆，人人激愤，都立下为救国而死的决心。

载沣在养心殿西暖阁里看着各省督抚的奏报，气得发抖。各省一致吁请朝廷从缓执行铁路国有，以免引起大乱。载沣觉得这些督抚都是饭桶，特别是四川总督赵尔丰，成都将军玉昆，是刚刚调到四川委以大任的，竟也跟着起哄，电请维护民办路案。

载沣气破了肚皮。

民办！民办！国家还有什么体统！民办！民办！皇上还有什么权威！这天下是谁的？何况已经与友邦订了合同，签了约的，我中华向有传统美德，难道能违反条约吗？

“杀——，杀——！”载沣狂叫起来。

听到喊声，一旁的溥仪吓得大哭。宣统帝从来没见过监国摄政王这样凶狠，比太监讲的大灰狼还可怕。摄政王的眼睛里能滴出血来！

听到溥仪的哭声，载沣来到他的面前，扑嗵跪倒，说道："皇帝，我拼死也要保全皇帝的权力、权威，我爱新觉罗氏不……不是软弱的，决不能向奸民屈服。"

载沣给四川总督赵尔丰、成都将军玉昆去了电报，让他们对乱民格杀勿论。

载沣把电报刚发出去，奏报端方求见。端方在朝廷解除满汉通婚的禁令时，和袁世凯结成了儿女亲家。他因为光绪帝移灵时在隆裕后的行宫摄影，以大不敬罪被革职。

载沣心里正茫无头绪，听说有人求见，便让进来。

端方叩首后道："赵尔丰生性怯懦，我最了解。现在风潮越闹越大，已难以收拾。我以为对乱民暴徒绝不能手软，一定要采取严厉措施。在此危难时机，恳请摄政王能让我有所作为，对年幼的皇上尽绵薄之力。"

载沣道："皇帝冲龄，我……我们都应加倍努力，特别是现在，天下极不稳定，我们更应奋勇向前。你能自告奋勇担此大任，我甚感欣慰，现在就命你为川粤汉铁路督办，处理如今的铁路事宜。你到湖北后，应抽……抽调新军，亲自到四川，格杀乱民。"

"嗻——"

"杀——，杀——，格杀乱民！"宣统帝溥仪不知什么时候进来，竟取下墙上的一把宝剑，尽力地向跟着他的太监刺去。这是当年雍正帝挂在这里的一把宝剑，不知小皇上是怎么取下的。既是御剑，太监跪在那里哪里敢动，任由溥仪猛刺，鲜血从他头上涌出。端方五体投地，也不敢动。载沣面对御剑也跪下来，膝行至溥仪面前，叩头道："皇帝把剑给我。"于是"请"下小皇上手中的宝剑，即命把太监抬出去医治，载沣随后命令张谦和："以后把这些御剑都放到别处去。"

端方这时才站起来，面如土色。

赵尔丰接到载沣严词申斥的电报，急得如热锅上的蚂蚁。

赵尔丰站在督署值室的窗前，用望远镜向外张望着。附近的大街小巷早已水泄不通，挤满了愤激的人流。总督府门前的广场上，更是人头攒动，犹如潮水一般。他看见一个人站在一块石头上，隐隐地听那人说道："各位股东、父老们，有人出卖了川汉铁路，这是出卖我们的财产、我们的命啊！这是卖国！如果川汉铁路给洋鬼子占了，四川也就给鬼子占了，中国也就给鬼子占了！"说罢，那人号啕痛哭。一时间，广场上哭声喊声混在一起，如海啸一般。赵尔丰在望远镜里看到，一些警察也随着人群哭起来。

"怎么格杀？说的倒轻巧。"赵尔丰扔下望远镜，对一旁的玉昆说。

"炸弹扔过去，排枪打过去，马队踏过去，我不相信，这些人都不怕死！"玉昆道。

“还要加上其他的办法。”赵尔丰想了想，说道，“要派一些人，在他们中指出，他们是受指使的，是受乱党煽惑的，要他们不要上当。”

赵尔丰又召来几个人，密谋了一会儿，给端方拍了电报，让他急速进川。

鸟无头不飞。赵尔丰首先找到保路同志会的会长蒲殿俊，副会长罗纶。赵尔丰道：“二位仁兄，如此闹腾对国家有何好处？难道国家陷于混乱，你们有什么好处吗？学生不上学，商人不做生意，农工人等不做活，你们就没有损失？何况，你们这样公然与政府对抗，与朝廷对抗，目无法纪，目无皇上，难道是要让国家陷于无君无父无法的混乱局面？至于铁路还于商民，本督也和你们有一样的看法。本督和将军也曾一起向皇上、摄政王禀陈此事，你们也是知道的。本督还是奉劝二位，要以国家稳定为务，不要破坏安定，不要引火烧身。”

蒲、罗等人本是利用群众排山倒海的力量，企图迫使政府收回铁路国有的成命，因为在他们的手中握有最多的铁路股票。但是，如果群众真的暴动起来，这对他们是绝对不利的，他们绝不想让自己卷入漩涡蒙受“造反”的罪名。听了赵尔丰的话后，二人都表示，他们的行为绝不会越轨，百姓绝不会暴动；他们这样做，只不过是为国为民族的利益、为大清为皇上而呼号，希望朝廷、皇上能听到他们的声音，从而改变政策，使国家走上民富国强的道路。

赵尔丰虽然没有完全达到目的，但摸清了这次运动的情况，这次保路风潮的领导者都是立宪派，直接领导是咨议局；保路同志会之中并没有革命党人。这些人既想利用民众，又害怕民众的行动超出他们的目的范围；既想要挟政府，又怕担当“造反”的罪名，赵尔丰的心里踏实了些。

蒲殿俊、罗纶回去后，贴出了《公启》，上面写道：“一不要在街头聚集，二不要暴动，三不要打教堂，四不要侮辱政府。”他们用黄纸刊印光绪皇帝的神位，在神位左右两边写着光绪皇帝的话作为对联：

各种政务让大家讨论
铁路事务还是归商办

他们把这副对联发给各家各户，贴在门上，让人们每日早晚向神位烧香礼拜。各街道中心也搭起了“皇位台”。

赵尔丰又接到载沣的电报，训斥他多日来对局势仍没有控制，行动迂缓。赵尔丰牙一咬，道：“好！看看咱的手段！”

这一天，赵尔丰召保路同志会的蒲殿俊、罗纶、邓孝可、颜楷、张澜、胡嵘、江之乘、叶秉诚、王铭新等到总督府商讨有关铁路事宜，说皇上有旨，诏令川鄂诸省迅速陈述铁路还归商办的理由。这些人信以为真，一齐来到总督府，可是刚到府衙，众人被齐齐拿下捆绑，投进监狱。

聚在广场上的人群见众位同志一去无回，便头顶光绪皇帝的牌位，集合起来齐向总督府门前请愿。赵尔丰早有准备，见民众已挨近府门，便一声令下，埋伏的士兵，一阵排枪打过去，顿时总督府门前，血流成河。此时，两边的马队骑兵直冲过来，踏那些手无寸铁的百姓如同烂泥一般。百姓们被屠刀驱散了。赵尔丰下令关闭城门，不许人们出入；关闭电报和邮路，切断与外界的联系，封锁消息。

同盟会员龙鸣剑，在夜深人静时，用一根绳子冒死爬过城墙，做了几百个小木片，木片上写道："赵尔丰先逮捕蒲殿俊、罗纶等人，后剿杀四川爱国群众。各地同志赶快起来自保自救。"

木片顺锦江漂流而下。各地群众拾到"水电报"，知道成都出了血案，纷纷组织"保路同志军"，很快脱离了君主立宪派和平请愿的轨道而走向武装起义，他们奋勇攻打成都城，与政府军展开血战。

大清的江山在风雨飘摇之中，载沣和隆裕太后整天只有以泪洗面、哀叹唏嘘的本事。

一天，载泽向载沣说："现在的人，只知道有光绪帝，而光绪帝驾崩了；他们不知道宣统帝，不知道有皇上，所以容易产生乱心。我想，皇上现在已经六岁了，就为皇上延师入学，让天下人知道皇上的聪明颖达。天下的人知道有皇上，也就安心了。"

"大……哥，就这样吧，我让其他人准备一下，我……这这就去见太后。"

载沣来到养心殿，跪在隆裕太后面前道："是我……我无能，把天下弄成这样。奴才想，皇帝已经六岁，就为他延师入学，并通告天下，天下人知道皇上的聪颖，心里或许会安宁一些，也一定会对皇上表示忠心的。"

隆裕太后道："那就办吧，王爷你看谁可作皇帝的老师呢？"

载沣道："若论才名和忠心，没有比得上陈宝琛的了。"

隆裕也很高兴，因为她早就听说过福建陈宝琛的才名，在光绪年间，他同情光绪帝，受慈禧太后冷遇而被迫辞职。这样，这个1868年就考中进士的人，在福建鼓山的一个山庄内，一住就是二十年，日日沉浸于圣贤著作之中，精研诗学和书法，其人品和学名不仅不因隐居而匿隐，而且更昭彰播扬于天下，正是"桃李不言，下自成蹊"。现在，他已出山，做山西巡抚，"高山仰止，景行行止"，朝野交口称赞。所以隆裕太后道："陈宝琛这个人好，是真正的君子，文质彬彬，文采和品德都没有说的，就这样定了吧。"

"那么，我就召他进宫。不过，还应有古文师傅和满文师傅。"

隆裕太后道："古文老师选陆润庠，满文师傅就选伊克坦行了。"

宣统三年七月十八日，天刚亮，张谦和就已给溥仪穿戴整齐。他把皇上打量了许多遍，仍意味深长地看着。

溥仪道："张罕达，怎么了？"

张谦和哇地一声哭了起来，一会儿，他止住哭声，道："我是太高兴了，万岁爷就要上学读书了，让奴才教识字的日子告一段落了，万岁爷长大了……"

溥仪道："我一定会好好读书的，二嬷说，只有读书才有出息，她最羡慕那些读书人。"

张谦和为皇上备好轿子，扶皇上进轿，来到养心殿。

和别的日子不同，今天，隆裕太后也早早地起床，从长春宫来到养心殿。

东暖阁内，她端坐在那里，不一会儿，溥仪来了。

"给皇额娘请安。"

"皇帝，从今天起，你就要正式读书了。为了大清的基业，你不可懈怠。要想长大后能治理好国家，就必须现在用功学习圣贤之道，学习祖宗的治国驭民方略——你明白吗？你长大是要主政的。"

"皇额娘放心，儿臣会勤奋努力的。"

看着六岁的孩子，听他说出这样的话，隆裕太后很激动，想：这皇帝和当年的光绪帝一样，很聪明，只是，现在的形势和当年大不一样了。

隆裕道："你这就去学堂吧。"

"谢皇额娘。"

载沣和陈宝琛、陆润庠、伊克坦已等候在中南海瀛台补桐书屋。皇上来了，载沣站在那里，陈宝琛等向皇帝叩了头。之后，载沣向溥仪道："皇帝，万般皆下品，唯有读书高。皇帝虽是天子，也必须尊重师傅。《礼记》曰：'君子如欲化民成俗，其内学乎！玉不琢，不成器；人不学，不知义。是故，古之王者，建国君民，教学为先。'皇帝长大以后要主天下大政，这天下就是皇帝的，能不能治理好，就看皇帝能不能从现在起勤学先王治国之道了。"

然后，载沣又向皇帝讲了读书的种种规矩，最后道："这些老师，都是天下闻名的，道德文章都能垂范天下，皇帝要好好向他们学习。"

然后，载沣带皇帝向坐在书房的三位老师作揖，算是行了拜师礼。随后，陈宝琛、陆润庠、伊克坦带着小皇帝，到孔子的神位前磕了头，然后，回到书房的书桌旁。溥仪坐北面南，三位师傅坐在东面，陈宝琛便开始讲课了。

陈宝琛总体上介绍了十三经，又大致地介绍了《大学衍义》、《朱子家训》、《庭训格言》、《圣谕广训》、《御批通鉴辑览》、《圣武记》、《大清开国方略》等书。第一天的课就这么完了。

这一天，所有的学堂在辰时都停了课，所有的私塾也都不再开讲。在辰时，官府衙门和天下的学校、私塾中所有的人，都对着北京磕了三个头，庆祝皇上开学读书。

不久，更是传出皇上如何聪颖，如何刻苦勤奋读书的事，一时间，天下的人都在传颂着宣统皇上。

在中南海学了一个时期以后，大家都感到不方便，特别是皇上。于是书房便由中南海搬到了毓庆宫。

毓庆宫是嘉庆皇帝的寝宫，光绪皇帝就是在这里读书的。

从此，溥仪开始了在毓庆宫的读书生涯。

香港。

黄兴、胡汉民、谭人凤、宋教仁、廖仲恺等革命同志正在紧张地举行会议。

黄兴道："我仍认为在腹地举行起义是冒险。在广州的行动，我党精英损伤过大，如果在武汉的行动再遭挫折，势必影响革命同志的士气，而且我们的力量也确实到了绝对不能再损失的程度。"

宋教仁道："如今的形势比以前有更大的发展。清廷成立皇族内阁，使国人彻底看清了他们假立宪的面目。现在，铁路收归国有，人们看出政府不仅丝毫不把民众的利益放在心上，而且和列强勾结的卖国行径昭然天下。清廷，那个小皇上，皇族势力已陷入空前孤立。从政治形势看，如今是推翻清政府的大好时机。"

谭人凤白须飘胸，面如皓月，他是个老同盟会员，在革命同志中有崇高的威信，奉领袖孙中山先生之命，专往湖北，与各革命党团体建立了广泛联系，对湖北的情况最熟。此时，黄兴道："请老谭说一下湖北的情况。"

谭人凤啜了几口茶，说道："湖北的秘密团体有日知会、共进会、群治学社、振武学社、文学社等。日知会的全体成员已加入我会，其本部被破坏后，被捕的朱子龙死于狱中，李亚东、张难先越狱逃出，胡瑛仍在狱中。群治学社多为文化人，但许多成员已打入新军，主要同志有邓玉麟、蒋翊武、刘尧澂、唐羲支、查光佛、詹大悲等。但查光佛、刘尧澂在私运炸药时被发现，已逃走，不知去向。振武学社实际是群治学社变名复活的一个组织，以新军士兵为主要骨干，分布在二十九、三十一、三十二、四十一、四十二等标及炮、马、工、辎等各营，在宪兵队及陆军中学、陆军测绘学堂军需处也有人加入。文学社其实是由振武学社演变而来，因振武学社也曾被破坏。文学社中，蒋翊武、蔡济民、马荣、彭楚藩、孙昌复、詹大悲、何海鸣等为骨干，胡瑛在狱中也参加了。他们在新军中有广泛的影响。共进会的大部分成员为本会会员，核心人物是孙武、焦达峰、刘公、居正等。以上是各会的情况。如今四川动荡，保路运动已为我同盟会所渐渐引导，四川的革命形势已风起云涌。端方此时调入四川的新军，其中不少官兵是革命党人或与我们有联系。以上就是湖北的情况。"

宋教仁道："湖北已成为漩涡的中心。如今湖南、江苏、浙江、江西、两广等地的民众为保路早已行动起来。我党若在武汉举事，中心开花，革命事业可一举而成。”

“好！”胡汉民有点瘦削，但高挑的身材笔挺挺的，站在那里显得不怒自威，有点儒将气派。他说道：“我们要进一步调整一下我们行动的方略，我们革命的对象是清政府，因此，应先把主要的敌人打倒。对立宪派，如果他们能顺应革命形势，我们也表示热烈欢迎。这样可以孤立敌人，壮大我们的力量，减少革命的阻力。我认为，革命时机不可错过，反封建的任务却要一步一步完成，不可能一蹴而就。”

宋教仁也说道：“大敌当前，我们不能多树敌人，我们自己也不能孤军奋战，应把一切反清的力量团结起来。”

廖仲恺道：“中山先生去年十二月离开槟榔屿，此后到过巴黎、纽约、旧金山、温哥华及加拿大太平洋铁路沿线各埠，最后到了芝加哥。先生在芝加哥出席了同盟会芝加哥分会的集会，并宣布成立‘革命公司’，先生许诺，购买该公司股票的本息，俟革命成功后加倍偿还。在温哥华，先生以革命政府的名义发行十元、一百元、一千元三种面额的金币债券。各地华侨都争先恐后的捐献。所以，革命的经费虽不宽裕，也还是能建立一支有战斗力的军队，能应付各方面的支出的。逸仙先生如今正在美国争取国外政治支持，作革命的宣传。我认为，在中国腹地起义的时机已经成熟。”

黄兴听了大家的话，兴奋地站了起来，大声说道：“看样子清朝的覆灭已为时不远了！”

会议决定，成立以谭人凤、宋教仁为首的同盟会中部总会，总会机关设在上海，就近领导长江地区的革命工作；谭、宋二人应随形势发展，进入湖北直接领导。其余同盟会员，策应全国民众，以响应支持。

端方调三十标和三十二标前往四川，二标迟迟不动。二标的军队属第八镇管辖，第八镇统制张彪感觉形势不对，于是派人暗地侦察。侦察来的结果让他大吃一惊：留鄂的新军中十分之三的士兵都和革命党人有联系。张彪迅速把这一情况报告给湖广总督瑞澂，瑞澂通令各地严加防范，同时进行了更严密的侦察和搜捕。

旧历八月十五（10月6日），瑞澂正与妻妾在一起赏月欢度中秋，突然接到荆襄巡防队统领得龙的电文，说，在汉口英租界内拿获革命党刘汝夔、邱和商两名。瑞澂得电，急令解到省署讯问。命令刚发，张彪又来电，说在小朝街拿获革命党八人，内有一名女革命党叫龙韵兰；又说陆军宪兵队什长彭楚藩内通革命党，已查出拿下；同时，在雄楚楼北桥高等小学堂间壁洋房内，查获印刷告示、缮写册子的革命党五人。张彪刚报告完毕，瑞澂又接到关道齐耀珊的电话，说洋房公所吴恺元于汉口俄租界宝善里内，捉到秦礼明、龙霞初二名革命党人，并搜出炸药、手枪、旗帜、名册、印信、札文底册、信件等等。齐耀珊刚刚报告完毕，外边又送来一名革命党，是在黄土陂千家街地方小杂货店内逮捕的。

当天晚上，总督署内又查出炸药一箱。有教练队军兵二人，觉得形迹可疑，便立即拿住杀了。

第二日辰刻，瑞澂对革命党人并没有怎么审讯，一声令下，全部杀掉。同时，瑞澂命令张彪及各地巡捕，只要是革命党，可以就地正法，格杀勿论。宁可错杀一千，不可漏掉一个。

张彪拿着名册回营，便命令将弁向各营查诘，各营官兵不得外出，外面的也不许一人入内。一连串的腥风血雨，立刻在各营中造成了疑神疑鬼、人人自危的现象，大家都无比惊恐，传说张彪将根据小册子按图索骥，那时一个攀扯一个，不但真的革命党会被杀头，就是非革命党，也将同归于尽。

此时无论是革命人还是非革命党人都想背水一战，以便死中求生。大家公推的起义首领蒋翊武当即决定在十九日晚起事，可是由于巡捕的搜捕，破坏了领导机关，起义的命令没有送出去。蒋翊武急忙逃走，不知在何处，一时间革命党群龙无首。

10 月 10 日（旧历八月十九日）下午。

三十一标工兵营内一时间噤若寒蝉，人们互相之间不仅不说一句话，甚至连目光都不敢与对方相交。这样过了好长时间，突然，一个士兵喊道："弟兄们，我们这是干什么呀？我们弟兄们之间还有什么可怀疑的？相处这么些年，要是我死了你们就好受吗？无论哪一个死了我们都不会高兴的。你死、我死、他死有什么区别？来，弟兄们，反正都是快要死的人了，不如痛痛快快地喝一场，吃一顿。"

他的话立即得到响应。于是大家齐声道："革命就是要革个痛快，要杀头也杀一个痛快。"于是便纷纷地掏出自己的钱，买来酒肉大吃特喝起来，一直喝到很晚。

当晚，工兵营前队二排长陶启胜前来查夜，见许多人在喝酒吃肉，而另一个士兵金兆龙正在把子弹装入枪膛，便厉声喝道："这是干什么？你想造反吗？"

正在气头上的金兆龙，听到排长的话，便咬牙切齿地说道："老子就是要造反，你又能怎样？"

二排长伸手就要抓他，金兆龙和他扭打起来。金兆龙边打边叫："弟兄们，赶快起来！此时不动手更待何时？死也要死个样子出来，还能伸着脖子让人家砍吗？"

士兵程定国听到喊声，举起枪托把二排长陶启胜砸倒。

管带听到动静赶来查问，另几个士兵见他过来，举枪便打。

左队士兵方兴，这时在门前空地上扔了一枚炸弹，振臂大呼："整队整队，集合集合。"于是集合起四五十个士兵。

工兵营的骚动迅速像一阵风一样卷入到步、马、炮、辎各营，各营官兵拖炮的拖炮，背枪的背枪，汇集起来，先占领了楚望台军械库。

此时，群龙无首，士兵熊秉坤站在高处高声叫喊道："我是同盟会的总代表，向大家宣布，从现在起，我们的军队叫湖北革命军。今天晚上，我们的目标是攻占总督衙门，口令是'同心协力'。但军队的指挥应当是楚望台的队官长吴兆麟，他进过参谋学堂，也打过仗，人称他是'智多星'，我们选他作总指挥，你们说行不行？"

"行——"一声齐出，如霹雳震响。

吴兆麟也不推辞，站在一个桌子上，高声叫道："同志们，我既是总指挥，弟兄们就要绝对服从我的命令，你们能做到吗？"

"坚决听从指挥。"大家齐声答道。

恰在这时，蔡济民又带着别的营的士兵和学生赶到楚望台。南湖炮队也把火炮拉了过来，吴兆麟命令把炮架设在中和门城楼、楚望台、蛇山和其他制高点上，调二千人围攻总督衙门。

瑞澂听到消息，哪敢多停留一刻，这个拍马屁的能手在关键时刻连个电报也没发向朝廷便带着妻妾逃出城，到楚豫兵舰上躲了起来。张彪躲藏到日本领事馆里，也不敢出头。

11日上午，革命军取消旧的纪年法，改称黄帝四千六百零九年，各处飘扬着用十八颗星代表十八个省的临时国旗。

武昌各届人士在咨议局召开选举革命军鄂军都督大会。咨议局议员刘庚藻建议推选第二十一混成协协统黎元洪为都督。临时指挥吴兆麟首先表示同意。随后大家推选刘庚藻、马蒙、蔡济民、汤启发、张振武、方维等去迎接黎元洪。

黎元洪听到门外一片叫声，以为革命党是来革他的命的，忙躲在后室的床后面，但还是被搜到了。黎元洪吓得瘫软着站不起来，几个人扶着他。刘庚藻道："我们此来并无恶意，咨议局选举了都督，大家一致推选黎公，我们是请你就任湖北都督的。"

"莫害我，莫害我，谁同你们造反！"

马荣道："望你以国家民族利益为重，担此要任，难道你还愿意为那个小皇帝、那个即将覆灭的朝廷效力吗？"

这话让黎元洪有点动心。黎元洪觉得清朝的气数已尽，于是也道："你们人才很多，你们不要来找我，我干不了这件大事。"

蔡济民不耐烦，举起枪道："当不当也要随我们走一趟。"

"你们要我到哪里去?"黎元洪惊慌地道。

刘庚藻说:"到咨议局。"

到了咨议局,黎元洪一见有许多熟面孔,连咨议局的议长汤化龙也在那里,心里安稳了许多。

当即,有人拿出布告,要黎元洪签字。黎元洪大叫道:"我无德无能,无论如何也不签这个字。你们还是另请高明吧。我又不是革命党,你们不要害我。"

此时,革命党人李翊东举枪对着黎元洪说:"不杀你让你当官你还不肯,不要敬酒不吃吃罚酒。再不答应,我一枪崩了你!"

说完,李翊东拿起笔在布告下的"都督"前写下个"黎"字,说:"我代签了,你看着办吧。"

武汉三镇被革命军占领后,黎元洪看到革命形势如火如荼,又见外国人严守中立,便觉得自己是个天降大福的人,决定出任都督。

10 月 17 日,在阅马场举行祭天大典,祭祀黄帝和革命誓师,谭人凤向黎元洪授旗、授剑,黎元洪作了演讲后,走下台,骑了鄂军中最高大的马,绕场检阅军队。

当天,由汤化龙执笔,草拟了鄂军都督府组织条例,诡称是中山先生亲自制定,托同志带到湖北的。于是同盟会与君主立宪派以及投机政客之间立即互相倾轧,争权夺利。胡瑛刚从牢里出来,便自立为外交部长,其余的杨开甲、吴兆麟为参谋部正副部长,杜锡钧为军令部长,孙武、杨振武、蔡绍忠为军务部正副部长,民政部部长由咨议局议长汤化龙兼任。

此前,鄂军政府成立之际,起义军便请了一位老先生拟定檄文,以黎元洪之名传布天下。

军政府又谱了一首兴汉军歌,歌曰:

> "地发杀机,中原大陆蛟龙起。好男儿,濯手整乾坤,拔剑斫断胡天云。复我皇汉,完我自由,家国两尊荣。乐利蒸蒸,世界大和平。中外禔福,乐无限。好男儿,撑起双肩,担此任。"

武汉起义及各地酝酿起义的奏报一个接一个电至朝廷,中央震动,宫廷震动。

溥仪觉得今天的太监有点儿不对劲儿,往日伺候他起床,他们又说又笑,总是逗着皇上乐。可是今天,溥仪觉得他们个个像是被谁打了几十板子似的。特别是张谦和,平时,脸上总是堆着笑容,可今天,道道皱纹绷得直直的,嘴角撇着,好像是死了娘似的。

"你们都怎么了?"小皇上叫道。

“没有什么，万岁爷。”张谦和道。

“那你们阴沉着脸干什么？莫不是皇额娘训了你们？”

“没有的事，老祖宗这些天对奴才们可好了。”张谦和答。

“我让你们笑一笑！”

“嘿嘿嘿……”众太监都做起笑脸，唯独张谦和斜着眼看那些作笑的太监。

“张谦和。”

“奴才在。”

“你为什么不笑？”

“嘿嘿嘿……万岁爷看奴才笑得怎样？笑得好不好看？”

“一点也不好看。你不是说万岁爷叫你干什么你们就要干什么吗？可是我让你们笑，你却违旨不笑，你是抗旨，对不对？”

“对，对，奴才这就笑个好看的。”张谦和又作出笑脸。

“算了吧！”溥仪大喝一声。

正在这时，小德张走来，溥仪看见他，连忙后退，他平时对隆裕身边的人，都有点怕。

溥仪来到隆裕太后面前，行礼道：“儿臣恭请皇额娘圣安。”

“皇儿坐下吧。”

溥仪感觉隆裕太后的话特别温和，于是坐下，抬眼望了望太后，心里也感纳闷：太后的眼角似也藏着泪水。

“皇额娘不舒服吗？”

“皇帝真孝顺，我没有什么不舒服的。皇帝入学几个月了，该知道当皇帝的大道理了，切不可顽皮懈怠，今后天下就指望你去治理哪。”

“儿臣绝不忘皇额娘的教诲。”

隆裕太后看了小皇上好久，才说了一句：“天下是你的，你要好好珍惜它，读圣贤书，学治国安邦之道。你下去吧。”

“谢皇额娘教导。”

溥仪来到毓庆宫，到了书房，师傅陈宝琛已经坐在东边的案旁，见皇上进来，忙起身鞠躬。溥仪到自己的案旁坐北面南，停了一会儿，道：“开始吧。”

“皇上，臣今天想讲一段《孟子》，可以吗？”

“就依师傅。”

陈宝琛给皇上一本《孟子》，书已打开，而且用红笔标出了竖线。

“皇上，看那标红线的文字，老臣把它念一遍——天将降大任于斯人也，必先苦其心志，劳其筋骨……故生于忧患，而死于安乐也。”

陈宝琛带皇上又读了一遍，才讲解道：“这段文章是说，凡是能成就一番伟业的人，必定要受到苦难的磨炼，人们在苦难中，就能砥砺意志，增长才干。

人们在忧患之中，才能求得生存和发展；而如果贪图享乐，就消磨志气，沦于愚昧，而致澌灭。”

“师傅是要让我能忍受苦难吗？”

“正是。”陈宝琛不禁为皇上的聪颖所打动。

“可是，人们都希望我吃得香，穿得好，心里愉快啊。”

“皇上，这个‘苦难’不可理解得死了，对皇上来说，主要是国家之难，如今国家堪忧啊。”

“人们只说天下是我的，国家是我的，没人说国家有什么灾难。”

“现在皇上年纪尚小，年长后，渐渐会知道的。现在的‘忍受苦难’，就是要刻苦读圣贤之书，而学治国之道。”

“师傅说的和皇额娘说的一样。”

“太后也说了这些话？”

“皇额娘说的也是这个意思，没有师傅说得细致。”

“皇上要记住这些话，实行这些话，国家就有望了。”

放学后，溥仪走到半路，突然折回，回到毓庆宫，到了书房，果然见陈宝琛伏在皇上的书案上失声痛哭。溥仪没有打扰他，悄悄折回去，来到养心殿想看看有没有摄政王，见摄政王不在，就到了长春宫向隆裕太后禀报今天上学的情况。

“皇帝把今天的课复习一下吧。”这是每天散学后，溥仪到太后宫中，隆裕必说的一句话。

于是溥仪便把陈宝琛教的那段《孟子》说了一遍。

“皇帝要记住陈师傅的话，将来做个能成就大事业，稳定天下的人。”

“皇额娘，现在天下有什么祸难吗？”

“有。可是皇帝还小，以后会告诉你的。”

从太后那里出来，溥仪来到自己宫中，问张谦和道：“张罕达，现在国家有难吗？”

“回万岁爷，国家太平的很，哪有什么难的。”

“张谦和！你敢欺君吗？”

张谦和浑身一哆嗦，道：“奴才不敢。”

“那，陈师傅和皇额娘都说现在国家有难，你们这几天——特别是今天——一个个脸阴沉着，分明有什么事，为什么瞒着我，快说！”

“万岁爷圣明，圣明啊万岁爷。奴才们这些天，心里难受，为的是有一帮乱臣贼子想夺万岁爷的天下啊……”

“谁！是哪一个有这胆量？想造反吗？”

“是孙文和黎元洪。”

“杀！把他们都杀死！这天下是我的，他们竟敢造反！”

“万岁爷，您是真命天子，摄政王已派人去捉拿他们去了。”

“他们投降了也不饶他们，都杀了！”

皇上的几句话，使张谦和与其余太监们精神大振。他们靠皇上吃饭过日子，所以为那些造反而忧虑。现在看见皇上如此威风，他们想，什么人也不能把皇上怎样，于是，几天来内心的害怕顿时减去了。

第九章

摄政王交印真无奈
袁世凯问鼎实有心

载沣看着英国大使朱尔典，狐疑道："贵国如果真能以武力干涉革命党，我就退……退藩。"朱尔典轻松说道："亲王放心，大英帝国的军舰即日已开赴武汉。"载沣跪向隆裕太后道："摄政王印在此……"

载沣刚一接到湖北暴乱的电报，就急传内阁及满蒙诸王大臣齐集养心殿。载沣知道，这次廷议虽然事关重大，但一定会有不雅的场面，所以没有请太后及皇上。

一班王公大臣，无论年老年少，无论官职高低，都是愣站在那里，你看我，我看你，并不说一句话。

载沣急得手脚冰冷，道："我……我让你们来，难道是让你们在这里呆……呆站吗?"

载涛觉得自己身为军咨府大臣，首先应该拿出意见。可是如今武昌举事后，其他各省显然也在萌发事变，如何处理，他深感顾此失彼，捉襟见肘。于是道："若仅是武昌一地之暴徒，消灭容易，恐怕其他省份，也会发生暴乱，陆军大臣以为如何处理?"他把问题交给了荫昌。

荫昌想，身为陆军大臣，责任不可推脱，于是道："我即刻带兵前往武昌，扫除乱党。"

协理徐世昌道："荫大人是否知道乱党人数多少？枪械多少？士气如何？战略如何?"

"这……这，我一时还没有完全掌握。"

"再问大人，此次前往，须带多少兵马，多少辎重?"

"这……"

"知己知彼，方能不败。荫大人对革命党一无所知，如何能胜?"徐世昌把荫昌挤兑得张口结舌。

摄政王道："想徐协理必有良策。"

徐世昌道："此次武昌之乱，皆由新军倡起，武器精良，军事上都是内行，绝非一般草寇。臣多年不理军务，否则臣愿提一旅之师以缚乱党。"

总理奕劻道："我保举一人，定可平定叛乱。"

"快说，此人是谁?"摄政王道。

这时大家都把目光集中到这个白胡子干巴老头身上。

"恐怕我说出此人，你们心内不许。"奕劻的三角眼翻了翻。

"到底是谁？如果能救我大清，但说不妨。"

这时奕劻才说道："此人就是正在养病的袁世凯。"

顿时，养心殿里一片静寂，连人们的喘息声都听得逼真。

突然，良弼昂然道："乱贼虽以新军为中坚，但也不过数千，而我在武汉周围近处的兵马，就有上万。况，铁路可直通武汉，顷刻间可以集数万强大兵力于武汉。乱党并无海军，我海军之舰可以在长江以大炮轰击乱党，和陆军呼应。我以为，大军到时，必能一举荡平。若荡平武汉乱党，其余各地亦当鼠窜隐于穴中。"

良弼此言一出，大家顿时振奋起来。

载洵道："我以为，可令荫昌即刻率北洋军两镇南下讨伐，海军提督萨镇冰派军舰协同作战。"

摄政王载沣道："就按良弼和载洵说的办，并谕各省严加防范。"

军咨府大臣和海陆军大臣商讨后，荫昌即命令冯国璋和段祺瑞所率两镇精锐之师迅速南下。冯段二人却回电称"稍作整顿，即行开拔"。荫昌觉得味道不对，就在北京没敢动身，先观望一下。

冯国璋接到军咨府和荫昌的命令后，一刻不停，坐火车来到洹上村。袁世凯给了他六个字："慢慢走，等着瞧。"冯国璋心领神会，回到部队后，和段祺瑞相约，慢腾腾地往武汉进发。

而此时，载沣又收到武汉三镇皆落入革命党之手，革命党已招兵买马、准备北伐的电报。同时，南方各省都已获悉，革命党将有大规模行动。若不当机立断，形势难以挽回。

奕劻和徐世昌力保袁世凯出山。

载沣无奈，于是只有下谕："着袁世凯补授湖广总督，前往平乱。"

又有大臣道："此次革命党起事，究其源，全由盛宣怀一人激变，他要收川路为国有，以致川民争路，革命党乘机起衅。为今之计，非严谴盛宣怀不可。"

不几日，盛宣怀被革了职。

载沣决定让袁世凯出山的当天夜里，徐世昌乘火车赶到彰德洹上村。恰在这时，杨度和袁克定也先一天从北京抵达。几个人都是袁世凯的心腹，便密谋起来。

杨度道："天下大乱，民无所归，捷足者先得。如今清廷已飘摇欲倒，而南方乱党之首脑黎元洪，仅一介武夫，必不能有所作为。我认为，袁公当立刻出山领兵逐鹿。”

徐世昌道：“杨先生之‘鹿’为何物？”

袁世凯道：“杨兄之‘鹿’，其义甚明，卜五有什么话就直说。”

徐世昌道：“如果杨先生所言之‘鹿’为天下的话，则南方有革命党，北方有朝廷，同时，南北势力又交互掺杂。袁公出山猎鹿，若兵向朝廷，则失忠失义，失诚失信；若兵向革命党，则仍有两点疑问：一、革命党势力究竟有多大？二、若扑灭革命党后，袁公在清廷地位如何？是不是挟天子以令天下或取而代之？以上愚见，不知袁兄如何考虑？”

袁世凯道：“卜五所言甚是。一、得民心者得天下。我世受清室恩惠，从孤儿寡母手中取得天下，肯定为世人所诟病，得不忠不义之名，这样就失去民心。二、清廷旧人尚多，如两江总督张人骏、东三省总督赵允巽、云贵总督李经羲、陕西巡抚升允，等等。这些人都有相当势力。三、北洋握兵权者，如姜桂题、冯国璋，虽为我心腹爱将，但尚未灌输此种思想。四，北洋军力未达长江以南，我若为杨兄所说，即刻伸手取鹿，恐兵烟不休。五，南方民气发达程度，尚未看透，人心向背，尚未可知。所以现在仍然应稳坐静观。”

几个人谈到深夜，徐世昌要回北京，袁世凯道：“你们休息一下，我送卜五。”

二人出门，坐在一辆吉普车内，袁世凯道：“卜五应该有话教我。”

徐世昌道：“凡事要顺理成章。清廷虽是朽木，当仍有旧鸟恋枝，不如让其自倒，群鸟必归袁公这棵茂密的大树。”

“其根仍很结实，如何便能自倒？”

“若南面飓风摇摇，它如何不倒？”

“在飓风劲吹之时，我才可托孤受命。”

“袁公所言甚是。”

袁世凯明确了行动的纲领。以南方革命军要挟清廷交出大权，趁势取得清廷的军政大权后，再据此与南方革命党抗衡，这样因利乘便，宰割天下，顺理而成章。

第二天，袁世凯向朝廷复奏道：“值此时艰孔亟，理应恪遵谕旨，迅赴事机。唯臣旧患足疾，迄今尚未大愈，沉病缠身，行走不便。近自交秋骤塞，又发痰喘作烧旧症，益以头眩心悸，思虑恍惚。虽非旦夕所能愈，而究系表症，施治较旧恙为易。一俟稍可支持，即当力疾就道，藉答高厚鸿慈于万一。”

总理大臣奕劻接奏后回禀载沣，载沣见后，脸色气得煞白。袁世凯分明是在刁难他，当初载沣以袁世凯有足疾为借口开缺了他，没想到今天他反过头来也以足疾为借口推托而不赴任。

载沣立即召集皇族商议对策。

镇国公载泽道："袁世凯分明是要挟朝廷，乘朝廷危难而夺取军政大权，他不是不愿赴任，而是嫌官小职低。"

肃亲王善耆道："如此狼子野心，不用也罢，何必求他。"

恭亲王溥伟道："此贼不除，终为大患，他比革命党更可恨。"

载沣道："我也知道他……他存心不良，可是如今谁……谁能调度军队去消灭革命党？谁？谁？"

载沣连问几遍，没有一个答应。

过了一会儿，载涛道："看来当初调段祺瑞冯国璋二军前往，是个大失误。不然，我亲率禁卫军赴难，亦不至于落到这种地步。"

良弼道："此时带禁卫军前往如何？"

载泽道："万万不可。若禁卫军离开京师，其他北洋军或革命党乘虚而入，形势更难应付。"

"但荫昌无论如何，也要全力赴敌。"载涛道。

最后令荫昌出京师急赴国难，率段、冯二军尽快赶往武汉。

一封封电报如炸弹投向朝廷——

九月初一日（10 月 22 日）。湖南宣布独立，共进会会员焦达峰为湖南军政府都督。

九月初二日（10 月 23 日）。江西独立，新军协统吴介章为都督。

九月初三日（10 月 24 日）。陕西新军推举管带张凤翔为都督，响应革命军。

载沣再也忍不住，又召集内阁和皇族会议。

奕劻还是那句话："只有袁世凯可扭转时局。"

"可……可他不愿就任，如何？"载沣道。

"徐协理和袁世凯是老朋友，不如让徐去一趟，看看他态度如何。"

"就这么办。"载沣已无可奈何。

九月初八日（10 月 29 日）。徐世昌回到北京，而就在这一天，山西宣布独立，推举新军标统阎锡山为都督。

载沣顿时感到京畿受到严重威胁，急忙和奕劻、徐世昌商量对策。

载沣问："徐协理到彰德，情况如何？"

"唉——"徐世昌长叹一声。

"到底怎样？"载沣急不可耐。

"不说也罢，袁世凯这厮太不像话了！"

奕劻道："到底是怎么回事？说出来就是。"

"真是不像话。袁世凯这厮居然提出了就职的条件，这些条件是万万不能答应的，我看，让他在那呆着吧，没有他，前方照样打仗。”

“这些话少说，你先说说看，他提了哪些条件。”奕劻道。

“没法说，我也不敢说。”

“你说吧。”载沣道。

这时，徐世昌才假惺惺地说道：“袁世凯提出了六个条件：一、明年召开国会；二、组织责任内阁；三、开放党禁；四、宽容武汉起义人物；五、授以指挥前方军事全权；六、保证饷糈的充分供给。这些条件，如何能答应！”

奕劻也气得直打颤，更不用说载沣了。召开国会，组织责任内阁，皇族将无一点权力，连奕劻也要下台。摄政王成了一个空架子，皇上成了一个摆设。军权又落在他手中，大清不就名存实亡了吗？

载沣来到毓庆宫，走进书房，见小皇上正聚精会神地背着书：“溥博渊泉，而时出之。溥博如天，渊泉如渊。见而民莫不敬，言而民莫不信，行而民莫不说。是以声名洋溢乎中国，施及蛮貊。舟车所至，人力所通，天之所覆，地之所载，日月所照，霜露所队，凡有血气者，莫不尊亲，故曰配天。”

童音朗朗，字字清晰。载沣不忍再听陈师傅的讲解，急转出门，眼泪刷刷而下。他的心如刀割一般：几百年的基业，败在自己手上，皇帝此时正值冲龄，刚刚开蒙，真是上对不起列祖列宗，下对不起子孙后代，更无颜面对皇帝。

不料，陈宝琛尾随出毓庆宫，问道：“摄政王，想必又是武昌乱党的事让您伤心了？”

“陈师傅，仅乱党还罢，连袁……袁世凯也要要挟皇上。”

“以老臣看，袁世凯确是王莽之奸，曹操之志，此等人万不可用。即使天下分崩离析，也不可用这种奸邪顽劣之人。若邦国分崩离析，凭皇上聪颖，励志图新，还可缓图大业；若让袁凶入朝，则是引狼入室，开门揖盗，则皇上危险之至，请摄政王三思！”

“陈师傅，你费心了，我一定记住你的话。”

载沣来到太后宫中。隆裕太后消瘦得如同枯草，她万没料想能落到如今这种地步，见载沣来了，忙问：“荫昌的军队进展如何？”

载沣道：“三军徘徊不进，山西又闹独立，京畿危在旦夕，特向太后禀奏。”说罢，已泪如雨下。

“不是让徐世昌召袁世凯赴任吗？情况如何？”

“袁奸提出六项条件，实在目无皇上。”

“哪六项？”

待载沣说出六项条件，隆裕太后垂泪道：“这不是欺负我们孤儿寡母吗？”

“都是臣等无用，落到这……这……”载沣已泣不成声。

“皇额娘，我下学了。”溥仪走了进来，把“红模子”递与隆裕太后检查。

隆裕太后拿在手里，看着端正秀直的字体，说道："好，写得好……"话没说完，眼睛一红，就要掉下泪来。

"溥博渊泉，时而出之……"小皇上又背起书让太后检查。每天，他下了学堂都必须向隆裕太后汇报学习的情况，让隆裕太后检查一遍，可是今天只读了几句，隆裕太后说道："让摄政王给检查一下吧。"

说着，隆裕太后转过头去。

溥仪面对摄政王载沣继续读着，可是摄政王却跪了下来，头埋在手里，贴在地上，始终没有抬头。溥仪见王爷浑身乱抖，看样子是伤心地哭了。

隆裕太后转过脸来道："皇帝出去吧。"

溥仪鼻子发酸，道："皇额娘、王爷，是那个孙文和黎元洪要夺我的天下吗？"

"呜——"摄政王哭出声来。

"皇帝，你说的对，那些革命党想'共和'咱的天下。"太后道。

"'革命党'是谁？"

"就是那魔头带的虾兵蟹将，小喽啰。"

"那为什么不派天兵天将去捉拿？"

"正派着呢，皇帝出去吧。"

皇帝谢过出去。

隆裕道："载沣，你太没出息了，在孩子面前怎能这样！"

"奴才无用，奴才有罪。"载沣这时才抬起头来道，"奴才实在是无脸见他。"

隆裕叹了一口气，问："若答应袁世凯的条件，皇帝又在冲龄，以后如何是好？你可有什么法子吗？"

"奴才觉得，不如至承德别宫暂避，效咸丰帝秋狝木兰。"

"那就这样吧，暂避一下也好，回老家养精蓄锐，可以卷土重来。"

摄政王和隆裕太后要避居承德的话传出后，徐世昌急忙把这一情况报告了袁世凯，袁世凯急电徐世昌和奕劻，让他们阻止皇上北上。

太后和皇帝的太监忙乱成一片，大家都在收拾细软。

溥仪道："这样收拾东西是要干什么？"

一个太监道："到木兰围场打猎。"

"我也去吗？"

"就是侍奉万岁爷一道去的。"

"太好了！太好了！"溥仪高兴地拍着手跳起来。

可是太监一点也不高兴，溥仪觉得气氛不对，问道："你们为什么不高兴？你们不喜欢打猎吗？"

没有人回答他的话，小皇上心里悻悻的。

“皇上。”一个声音道。

溥仪见是那个白胡子三角眼的总理大臣，问道：“你来干什么?”

“我来求见太后。皇上，可不能到东北行猎，去了就回不来了。”

“为什么?”

“皇上走了以后，革命党可能就乘虚占了北京。”

“我有天兵天将扫荡妖魔。”

“是是，皇上天威，定能扫荡群魔，可是若离开京城就办不到了。”

“那我就不走了。”

“好！皇上有气派。”

奕劻谢过皇上，来到养心殿的西暖阁。

奕劻跪禀道：“太后，去承德万万使不得。如今和当年咸丰帝不同，天下百姓皆眼望帝京，若皇上一动，则天下必人心惶惶，如此退出关外，则大清江山再难恢复。且京畿已有革命党活动，东北三省也有革命党图谋举事，如果现在銮驾起行，路上难保不出意外。”

隆裕被他说得怔在那里半天，许久，她才说道：“你说如何是好?”

“只有让袁世凯出来收拾局面。”

“他就能收拾得了吗?”

“北洋军养精蓄锐这么多年，十年磨一剑，霜刃未曾试，军力不知超出革命党多少倍。北洋军至，则革命党必除，革命党既除，即可图振兴清室大业。而要北洋军奋勇杀敌，非袁世凯统领不可。”

“我也觉得舍了这宫不安全。可是袁世凯的条件实在太过分了。”

“如今荡灭革命党要紧，况且，袁世凯对皇上对太后还是忠诚的。”

这时，站在一旁的小德张说道：“老佛爷，走出京城，不安全。咸丰帝和当年老佛爷出京是为了避洋人，可现在，说不定就从什么地方冒出个革命党来向你扔炸弹，太可怕了。”

隆裕太后道：“那就停止收拾东西。庆亲王，你和摄政王说说。”

“那好，可是太后心里一定要有底呀。”

“我知道了，”隆裕转过身对小德张道，“叫他们把东西搬回去。”

“嗻——”

小德张传了太后旨意，又是一阵搬东西的声音。

这时溥仪进来，问：“皇额娘，不去打猎了吗?”

“不去了，路上不安全。”

“是有妖怪吗?”

“是的。”

"我不怕，皇额娘，我要带天兵天将扫荡他们。"

奕劻心里一怔，隆裕心里一喜。

奕劻派他的儿子载振到了彰德洹上村，今天，载振回来，说了袁世凯要拥戴他做皇上的事。奕劻心想：这事并不是不可能，若袁世凯果真平定了革命党，凭他的威势，结合自己总理的位子，改立皇上是可能的，那自己就成了太上皇。现在听小皇上竟说出这样的话来，心里怎能不吃惊？岂不知，这话都是平时太监们讲狐仙鬼怪的故事培养了皇上的"豪气"。

隆裕太后为载沣的孱弱而伤心，见皇帝竟有扫荡妖魔的气魄，心里感到安慰，想：大清的将来还是有指望的。

第二天，隆裕太后下旨："授袁世凯为钦差大臣，所有赴援之海陆军并长江水师、暨此次派出各项军队统归该大臣节制调遣。对此次湖北军务，军咨府、陆军部不为遥制，以一事权。拨内帑银一百万两为湖北军费。第一军由冯国璋统率，第二军由段祺瑞统率。"

袁世凯存心想让清廷现在就亡，也不能让皇上北移，不在自己的掌握之中。所以，当得知山西等地要进军北京及皇上要避居承德的消息后，也着急起来，急电徐世昌、奕劻等阻止皇上北上，又许拥立载振为未来的皇上，同时，又派袁克定回京送巨资与小德张，让他从中做隆裕太后的工作。这一切形成合力，得来隆裕的懿旨，隆裕的懿旨一到，虽然没有满足袁世凯全部的要求，但他早也等不及了，他不想让局势发展得难以控制，当即回电表示即日赴湖北督师。

袁世凯走马上任了，立即电令冯国璋急速开赴前线，向革命党猛攻。令王士珍襄办湖北军务，招募新兵一万二千五百名，编为湖北巡防营进占皖北，保证北洋侧翼安全。

冯国璋接到袁世凯的电令后猛扑汉口，击退民军，纵火焚烧汉口华界。接连三天，烟尘蔽天。清军在城中奸淫掳掠，无所不为。见到有姿色的妇女，就拖曳而去，有的竟轮奸至死；有的强逼不从，用刀刺毙。那些迁徙的百姓，哪怕有一点儿财产，都被他们抢光。百姓恨政府军入骨，革命军一来，都夹道欢迎。所以革命军人数虽少，却众志成城，受百姓全力拥护。政府军虽然夺下汉口，却也付出了惨重的代价。

袁世凯又命令向汉阳进军，汉阳眼看就要拿下。

正在此时，新军第二十镇统制张绍曾，第三镇协统卢永祥，第二混成协协统蓝天蔚，第十九协协统伍祥祯，四十协协统潘榘楹等，打电报向政府提出最后通牒十二条，要求在本年召开国会，由国会起草宪法，由国会选举责任内阁，皇族不得充当国务大臣。

载沣见局势危急，只得照办，于是急令资政院起草宪法，同时下了一道罪己诏，下令释放一切政治犯，并下令嘉奖张绍曾，以图缓和局势。

资政院神速地制定好了宪法。

溥仪刚刚吃过嬷嬷的奶，摄政王便让人把他请到养心殿。

载沣向溥仪叩了三个头，道："禀皇帝，摄政王无能，以至国家到此地步，现在国家宪法已定，请皇帝原谅我这无用的王爷。"

溥仪见他哭得伤心，道："王爷，我什么时候说你无能了？你怎么无能？"

"皇帝，今天我要到太庙宣誓实行宪政，宪法定了十九条，皇帝……皇帝……"他又哭了起来。

"皇帝，到了上学的时间了，你去吧。"隆裕太后进来道。

于是溥仪谢过皇额娘走了出去。

隆裕道："载沣，你还不如个孩子，倒要孩子来安慰你，皇帝这样年幼，也没像你这般怯懦。你这是干什么？整日在皇帝面前哭哭啼啼，这是监国摄政王的样子吗？"

"我……我实在难过……"

"唉——"隆裕长叹一声。

当日，摄政王率诸大臣到太庙中，焚香燃烛，叩头宣誓实行宪政，誓文曰：

"惟宣统三年十月十六日，监国摄政王载沣，摄行祀事，谨告诸先帝之灵曰：惟我太祖高皇帝以来，列祖列宗，贻谋宏远，迄今垂三百年矣。溥仪续承大统，用人行政，诸所未宜，以致上下睽违，民情难达，旬日之间，寰逼纷扰，深恐颠覆我累世相传之统绪。兹经资政院会议，广采列邦最良宪法，依亲贵不与政事之规制，先裁决重大信条十九条，其余紧急事项，一律检入宪法，迅速编纂，且速开国会，以确定立宪政体。敢誓于我列祖列宗之前。"随即颁布宪法信条十九条：

一、大清帝国之皇统，万世不易；

二、皇帝神圣，不可侵犯；

三、皇帝之权以宪法规定者为限；

四、皇帝继承之顺序，于宪法规定之；

五、宪法由资政院起草议决，皇帝颁行之；

六、宪法改正提案权，属于国会；

七、上议院议员由国民于法定制别资格中公选之；

八、总理大臣由国会公选，皇帝任命之，其他国务大臣由总理推举，皇帝任命之，皇族不得为总理大臣、其他国务大臣并各省行政长官；

九、总理大臣受国会之弹劾时，非解散国会，即内阁总理辞职，但一次内阁，不得二次国会之解散；

十、皇帝直接统率海陆军，但对内使用时须依国会议决之特别条件；

十一、不得以命令代法律，但除紧急命令外，以执行法律及法律委任者为限；

十二、国际条约，非经国会之议决，不得缔结，但宣战、媾和，不在国会期内，由国会追认之；

十三、官制官规，以法律定之；

十四、每年出入预算，未经国会议决，不得适用前年度预算；又预算内规定之岁出，预选案所无者，不得为非常财政之处分；

十五、皇室经费之制定及增减，依国会之议决；

十六、皇室大典，不得与宪法相抵触；

十七、国务裁制机关，由两院组织之；

十八、国会之议决事项，由皇帝宣布之；

十九、第八，第九，第十，第十二，第十三，第十四，第十八各条，国会未开会之前，资政院适用之。

袁世凯见汉阳即日可下，正在作进一步筹划，却接到“兵谏”朝廷当年召开国会实行宪政的消息，不禁又惊又喜。喜的是他正好利用这个意外事变作为压迫清廷接受他的全部六项条件；惊的是，他担心清廷会垮得太快，将使他失去一个可供利用的工具，而且“兵谏”脱离了他的政治阴谋，如果他不能控制“兵谏”的军队，则陷于腹背受敌的地位。于是袁世凯迅速采取了措施。

首先，他派赵秉钧勾通奕劻，调姜桂题所部毅军进驻北京，把守九门要冲。赵秉钧代满人为民政大臣，强令商户开业，减免捐税，以安人心。

其次，派人暗杀吴禄祯，因为吴禄祯准备在石家庄起义反清。

再次，暗杀吴禄祯的计划得逞后，通过徐世昌逼迫张绍曾离开第二十镇。张绍曾听说吴禄祯被暗杀，于是匿于天津租界。

北方稳定后，正接到朝廷宣告解散“皇族内阁”，将授他为内阁总理大臣的电报，于是便率精锐卫队北上京师。

段祺瑞道：“大帅此去，会不会有不测之事。”

袁世凯道：“谅朝廷也不会有什么不意的举动，不过，极个别的人不能不防。”

冯国璋道：“大帅还有什么话要交待吗？”

“你们要打打停停，看看打打。革命党目前一下子打不完，可以留有余地，以利和谈，国璋可主战，琪瑞可主和，你们要把这出戏唱好。”

冯国璋道：“我们明白大帅的意思。”

袁世凯道：“让国璋受了一些委曲，还望你不要放在心上。”

“我懂，这是为了安抚舆论，是为大局着想，大帅尽管放心去做。”

此前袁世凯曾指冯国璋通饬各营，整顿纪律。

“你们能这样放眼天下，不拘泥于小事，我就放心了。”

袁世凯于是乘火车北上京师。

隆裕太后带着溥仪在养心殿接受了袁世凯的拜谒。

袁世凯膝行至宣统帝前，泪流满面道：“皇上如今已经长大，可这几年臣却远在江湖，没尽臣子之责，请太后皇上恕我罪过。”说罢伏地不起。

没想到溥仪说道：“如今国家纷乱，你应尽心治国，不可有丝毫懈怠。你是朕的天兵天将，应尽快扫清妖魔。”

前一句是陈宝琛师傅经常挂在嘴边的话，后一句是这几天小德张常讲的。小德张告诉皇上，有袁世凯做皇上的天兵天将，正捉拿妖魔，妖魔鬼怪猖狂不了几天了。

听了宣统帝的话，袁世凯心内一震，没想到皇上小小年纪有如此的口才见识，说话从容镇定如此，莫非又是一个光绪帝？看来下手不应迟缓。袁世凯这样想着，脸上仍是泪挂双腮，听了溥仪的话，又匍匐于地，说道：“臣若不肝脑涂地以待皇上，天地不容，人神共鉴。”

隆裕太后略感宽慰，道：“我们孤儿寡母全靠你了。”

袁世凯又是一番发誓。

走出紫禁城，袁世凯来到东交民巷，拜访各国公使，发表政见道：“余之主意，在留存本朝皇帝，即为君主立宪政体，以前满汉歧视之处，自当一扫而空之。尤有重大之问题，则在保存中国。此不能不仰仗于各党爱国者牺牲其政策，扶助我之目的，以免中国之分裂及以后种种之恶果。故为中国计，须立刻设立坚固之政府，迟延一天，即生一天危险。”

袁世凯和英国大使朱尔典、《泰晤士报》记者莫理逊已有几十年的交情，此次拜访英使馆时，袁世凯邀请朱尔典、莫理逊到袁世凯临时下榻的外交部一叙，二人欣然答应。

袁世凯摆了一席丰盛的筵宴。

袁世凯道：“为我与大使先生、记者先生多年的交情，为我国与大英帝国的百年和好，干杯!”

“干杯!”朱尔典和莫理逊一饮而尽。

徐世昌、杨度、赵秉钧、袁克定在座，一起干杯。

袁世凯道：“在下有许多事情烦请阁下帮忙，还望二位老朋友像以往一样全力支持。”

朱尔典道：“我们定会全力支持。”说着，他拿出一张纸道：“这是本国外相格雷昨日复我的电报。”说罢递与袁世凯。

袁世凯见电文的意思是支持他，如同吃了定心丸一般，心中大喜。

袁世凯急于与南方讲和，他想，革命军是杀不完的，若是与南方这样打下去，也许会取得一时或局部的胜利，但最终凭军事消灭南方革命党，要花费很大力气，甚至是不可能的，而北方的局势也有随时变化的可能，这样的话，对他个人的前途就大为不利了。如今，清廷的权力已握在自己手上，清廷的灭亡是一蹴而就的事，如果能和南方讲和，再顺手推倒清廷这棵朽烂的大树，那么，全国有实力的，就只有他自己一人，天下就姓袁了。

袁世凯通过英国在武汉的领事馆，二次派使者往见黎元洪，结果都是无功而返。

袁世凯见二次前往谈判的人都受辱而回，便下令段、冯二人猛攻汉阳。此时黄兴已到武昌，做了革命军的总司令，虽然在他的指挥下革命军奋勇顽强地抵抗，但是仍然溃败回武昌，汉阳失守。关键时候，黄兴又回到上海。冯国璋的大炮猛烈轰击，武昌大有黑云压城城欲摧之势。

武昌指日可下，袁世凯却又重新打起了他的算盘。原来，革命军虽然失去汉阳，但得到了比汉阳更重要的广大地方。

11 月 3 日，陈其美率众起义，上海县光复。同日，革命军成立贵州军政府。

11 月 4 日，蒋介石率敢死队百余人起义攻打杭州督抚衙门，占领杭州，浙江光复。同日，苏州新军起义。

11 月 5 日，江苏巡抚程德全宣布江苏全境光复。

安徽、广西、广东、福建等相继独立，驻守南京的张勋向北逃窜。

至此，津浦路之宿县以南全为革命军占领。

袁世凯看到，虽然取得汉阳局部的胜利，但自己已处在包围之中。于是他采取果断措施，通过英国大使朱尔典，用欺骗的方式和施压的手段，迫载沣退居家中，让他交出精锐的禁卫军；同时，令段祺瑞发表声明希望南北休战。

朱尔典来到养心殿，拜见隆裕太后、摄政王载沣和新任内阁总理袁世凯。

载沣道："大使今日何事造访？"

朱尔典直截了当地道："今天我是以老朋友的身份来奉劝亲王殿下回藩休养的。"

载沣并没有像朱尔典和袁世凯事先预料的那样有异样的神情，他似乎意识到这一天一定会到来。

载沣道："既是君主立宪政体，如贵国一样，就有皇帝在。而现在皇帝幼冲，我为摄政王，难道有何……何不妥吗？"

朱尔典道："我国有女王殿下，贵国有隆裕太后。皇上虽小，自有太后照顾。可是殿下既为'监国摄政王'，那么既监国又摄政，内阁恐为影子或摆设，我们国家没有如此的政体。"

袁世凯道："大使这样说倒使我汗颜惭愧。我养病多年，不谙国务，还要亲王主脑筹划，我好尽犬马之力，亲王若退藩休息，我如何能担当治国重任，大使之言有欠考虑。"

朱尔典道："我不仅是从通常的政体出发谈这件事，若实行立宪，就应权归内阁，而且，从贵国实情及维护皇权来说，若不彻底实行立宪，恐负贵国国民之殷望，戡乱无从谈起。"

载沣道："我若下……下野，能使国家安宁，难道我倒贪恋这个位子不成？只是革命党之目的，必欲颠覆皇位，我若下野，于事无……无补。"

朱尔典道："如果亲王作出姿态，为使人民安乐而退藩让权于内阁，那么我大英帝国对危害立宪政府的一切力量都不能坐视而不加裁制。"

载沣道："如果贵国能武力干涉革命党，我就退……退藩。"

朱尔典道："亲王放心，我们一定会出兵维护与我们友好之政府，我已得到本国政府通知，大英帝国的军舰即日已开赴武汉。"

载沣跪向隆裕太后道："以后全仰仗太后了，我把摄政王印交于太后。"

隆裕太后对朱尔典道："还望大使不要食言。"

朱尔典道："太后陛下，我见您如见我大英帝国女王，岂有食言之理？"

袁世凯听出了朱尔典这句话的味道：朱尔典以"我"许诺，并没有带出"英国"的字眼。

载沣交出了摄政王印，转身就要走。

"摄政王，"袁世凯跪在载沣面前道，"摄政王代皇上行大元帅职，我谨请王爷在京留守，本总理再赴前线。"

载沣道："我既然不是摄政王，代皇帝行大元帅职自……自然取消，又怎能代你留京？"

袁世凯道："那么还请亲王转告军咨府大臣贝勒爷载爷和毓朗贝勒留京，我到前线。"

隆裕道："内阁刚刚成立，首脑怎可离京？"

袁世凯道："臣恳请贝勒爷亲率禁卫军奔赴前线，扫除革命党，如今南方已遍是革命天下，若无天威皇族之风，恐怕难以平定。"

隆裕太后道："传旨让他仍来议事。"

载涛、毓朗哪敢带兵打仗？于是乖乖地辞去了军咨府大臣的职务。

一切都在自己的预先安排之中，进展顺利。袁世凯便任命徐世昌为军咨府大臣，电令冯国璋回京为禁卫军军统。袁世凯还是对禁卫军不放心，于是让冯国璋把军队带到城外驻守。同时，袁世凯加强了自己的卫队，把它编成了拱卫军，令他的干儿子段芝贵任拱卫军统领。

袁世凯想：此时若和南方议和不成，也能凭据此方，占据半壁江山和他们周旋了。

后方巩固后，袁世凯任命段祺瑞为湖广总督主持南方军事。段祺瑞深知袁世凯的用意，立即停止对武昌的轰击，并发表政见，说他也不反对共和，他认为他和鄂军有许多共同点。此议一出，北京一片恐慌，但都敢怒而不敢言，南方得到这个口音，便有人鼓动起议和来。

袁世凯叫来杨度道："赵秉钧曾建议我留汪精卫在京委以大用，克定也与他拜为义兄弟，你看汪精卫此人如何？"

"我在东京时，就曾和他交往，此人志大才大，非等闲之人，绝不甘于人下。"

"请道其详。"

"此人志大，不甘人下；其才高，更自视才高，更不愿在人之下。所以，若能满足其一己之欲望，特别是权力之欲望，他无所不做。而今袁公主持国家军政，若吹之以风，他必借风扬帆，济海酬志。"杨度停了一下又道，"凭袁公之腕，还是不怕他翻到危险的地位的。"

袁世凯道："不过，他又为何冒险刺杀载沣？我曾看过他的'绝命书'，他对共和似乎真的心意笃深。"

"那也是为了一己之欲。"

"杨兄说得这么肯定，不妨你们联手，为南北团结的事出点力。"

袁世凯又专门请汪精卫长谈了几次，汪精卫有一点受宠若惊的味道。杨度对汪精卫道："你我在东京就是知己的朋友，我也不瞒你，袁公曾屡次夸你人才难得，说你将来是总理的前途，兆铭你从今以后可能就是春风得意的日子了。"

汪精卫道："我只是想为国为民多出点力，并不是为个人打算。"

"那么为使国家不致分裂，百姓不受战乱之苦，你我应为南北走向一体倾以全力，你以为如何？"

"我也是这样想。"

汪精卫和杨度便一起成立了"国事共济会"为调和南北而奔走。

上海英租界。

黄兴接到英领事馆的信，信中表述了英国愿调停的愿望。黄兴正为这事思虑，又接到黎元洪的电报，电报说："弟以为革命军须建立统一的临时中央机构，以协调革命行动。"其实，各革命军都表达了相同的愿望。这几天，革命军各省区的代表已陆续到达上海，黄兴把英领事馆的信给大家看了，并说："革命义士汪精卫及我党的老朋友杨度在北京成立了'国事共济会'，以调和南北矛盾。汪义士称，袁世凯有意要和我方讲和，并云袁真心赞成共和政体，颇有诚意。对此事，诸位有何看法？"

一位代表说："袁世凯曾几次派代表到武昌，现在我们对袁的表示不能再回避了，应有明确的回答。”

另一位代表说：“段祺瑞停止了对武昌的轰击，并公开表示支持共和，由此看来，袁氏对共和确有诚意。”

另一位代表说：“清政府已名存实亡，现在的问题不在于革命军与清政府之间，而存在于革命军和袁世凯之间，为避免更多的流血，应当说服袁世凯以一举手之劳推翻清政府，建立共和国。如果袁世凯愿意接受这个条件，革命军应当推选他为临时总统以促其成。”

另一位道：“是的，若和袁世凯兵戎相见，全国实行共和之期恐怕遥遥不可测。”

于是会议任命伍廷芳为南方议和代表，并通过了“虚临时总统之席以待袁君世凯反正来归”的决议案。

袁世凯接电后，派唐绍仪为代表到上海与伍廷芳谈判，谈判地点由上海英领事馆提供。经过舌战，双方签署了五条草约：

一、确定共和政体；二、优待清皇室；三、先推翻清政府者为大总统；四、南北满汉出力将士各享其应得之优待；五、同时组织临时议会恢复各地之秩序。

《民立报》以《战乎？和乎？》为题发表社论，反对以“口舌之力结此大革命潮流”。北方革命协会各团体在天津集会，一致议决吁请孙中山制止各省代表与袁世凯中途议和，以贯彻全国彻底革命的初衷。

在这时，孙中山由美国回国。

第十章 孙中山以德任总统 袁世凯趁乱逼宫闱

溥仪看见地上跪着一个粗胖的老头子，一边哭诉，一边擤鼻涕，说的是什么“共和”、“退位”、“条件”，溥仪全然不懂，只有一句话，溥仪听清楚了，那胖老头子说：“臣袁世凯无脸见太后和圣上……”

1911年12月25日。早晨，上海外滩金利源码头挤满了人群。随着一轮红日从海面上跃出，一艘客轮停靠码头。一会儿，船舱里走出一位精神抖擞的中年男子，手挥礼帽向人们致意。

“中山先生！”

“热烈欢迎中山先生回国！”

人群响起如潮的欢呼声。

中山先生健步走向岸边，记者们围拢上去，争先恐后地拍照，争先恐后发问。

一位记者问：“先生这次回国带回多少钱？”

中山先生答：“我不名一钱，我所带回的是革命的精神。”

《民立报》记者问：“先生对未来的形势有何看法？”

中山先生道：“来日大难尤甚于今，革命同志应该持一种真精神、真力量去战胜困难。”

有记者问：“如今南北和谈，先生看法如何？”

中山先生道：“我认为，革命正如火如荼，革命应扫荡一切封建之残余。和谈应建立在推翻清政府的基础之上，建立在扫穴犁庭、彻底打败封建主义的前提之下，建立在构筑共和政体大厦的精神基础之上。”

当天，《民立报》以《欢迎！欢迎！》为题发表了专题评论，独立各省的欢迎电报如雪片似的飞往上海。

26日，黄兴单独拜见了孙中山。

黄兴道：“先生回国，举国沸腾，革命成功在望，弟实感欣慰，我党牺牲之同志地下有知，也足当含笑九泉。”

孙中山道：“弟在国外奔走，国内之事，全赖黄兄。革命党人前仆后继，至有今日之形势。黄兄筹划之功，不可没也。弟此次回国，实为推波助澜，为革命潮流中之一浪花耳。只是弟以为，‘革命成功在望’之说，或有疑惑，须知清朝已有几百年根基，而封建思想几千年来桎梏人心，中国民众之觉悟尚待提高，所以共和国体一时恐难建立，共和之思想也未必已真正深入人心。”

“逸仙兄思虑太过。先生回国前，伍廷芳与唐绍仪之南北和谈已取得成效，达成五点共识。召开议会，确定共和政体更是为双方所确认。以袁氏之力量推翻清廷当不在话下，而其赞成共和政体之心迹，也一再表露。我以为，共和国家已呼之欲出。”

“袁氏为人如何？就我所知，当年他曾反对立宪而向西太后告密，今日共和思想何来之迅之速之突然？恐为一时之思亦或遮人耳目而达个人之目的。”

“袁氏之韬略，我们确是难以窥见，但其推翻清廷之志，无可怀疑。其赞成共和的举动，若果真另有所图，也不足虑，因为国家宪法、共和政体可以约束之。”黄兴站起身，踱步接着说道，“若其真敢欺世枉法，天下必共讨之，其政治生命亦必终结，这一点恐怕袁世凯自己也深知。逸仙兄曾言：‘世界潮流浩浩荡荡，顺之者昌，逆之者亡’，袁氏不是不明白共和乃世界之潮流这一道理，以现在之形势，他也应有足够之教训。”

孙中山道：“既然如此，当继续与北方和谈，务必使其表示明确态度。同时，为防止其另有图谋，中华民国成立之日，当宣布约法，以法律约束之，以国会约束之。另外，国都宜建于南京，以此控制他。”

“目前，各省革命代表已集南京和上海，成立中央政府已为大家共愿。先生众望所归，共和国政府之首脑必为先生担任。只是伍廷芳和北方代表已拟定推翻清廷者为民国大总统，各省代表及都督也都支持这一看法，先生以为如何？”

“既然民国成立已刻不容缓，就不可延待。至于大总统职，是为临时，若袁氏果真推翻帝制，实现共和，临时总统即辞去职务。”

黄兴道：“如此甚好。”

孙中山与黄兴谈话的当晚，汪精卫从北方乘火车赶来，孙中山亲到门口迎接。二人紧紧拥抱，汪精卫流泪道：“我以为再也见不到先生了。”

孙中山道：“义士当年之举，震动天下，激励革命党人不怕牺牲奋勇向前。今日革命之形势，兆铭功不可没。”

“先生谬赞了，实不敢当，兆铭不过一马前卒耳。”

二人谈至深夜，孙中山问及袁世凯之事，汪精卫一力称赞。孙中山踌躇满志，长出了一口气，以为袁世凯真的倾向革命，共和国真的如躁动于母腹中的十月婴儿，就要诞生了。

孙中山道：“天下为公。天下非一人一姓之天下，若袁世凯推翻清廷，赞成共和，即推举其为大总统。”

孙中山给袁世凯去电说："革命代表已集会议，临时中央政府之成立已刻不容缓。若代表举吾为总统，吾不可拒诸君之意，但文虽暂时承之，而虚位以待之心，终可大白于将来。望早定大计，以慰四万万人之渴望。"

12月29日（十一月初十日），革命军十七省代表在南京举行会议，推定汤尔和、王宠惠为正副议长，旋即进行临时总统选举，孙中山以十六票当选，其余一票为黄兴。

1912年1月1日上午十时，孙中山乘沪宁铁路专用花车离沪前往南京，同行者有南方各省代表临时会议议长汤尔和、副议长王宠惠和孙中山的军事顾问荷马李等数十人。上海各界万余人在车站送行，礼炮齐鸣，欢声震天。下午五时，火车抵南京下关，礼炮雷鸣，军乐齐奏，停泊在长江江面的军舰发炮二十一响。各省代表和驻南京的各国领事均至车站迎接。居民夹道欢迎，铁路沿线及街道商店遍悬灯笼旗帜。

临时大总统府设在南京城内旧两江总督衙门内。下午六时十五分，孙中山先生乘马车去总统府，由黄兴和海陆军代表等迎入内阁。

1912年1月1日晚十一时，南京孙中山大总统受任典礼举行。孙中山先生首先宣读了誓词。

同时宣读了《临时大总统就职宣言》。

宣言毕，孙中山接受大总统印，由秘书长将其盖于宣言上。

之后，孙中山下令定国号为"中华民国"，同时改用阳历，以1912年1月1日为中华民国建元的开始。

1月3日，代表又依临时政府组织大纲举行副总统选举会，黎元洪以十七票当选。

临时政府组织成员如下：

临时大总统孙中山、副总统黎元洪；外交部总长王宠惠、次长魏宸祖，陆军部总长黄兴、次长蒋作宾，海军部总长黄钟英、次长汤芗铭，内务部总长程德全、次长张居正，财政部总长陈锦涛、次长王洪猷，司法部总长伍廷芳、次长吕志伊，教育部总长蔡元培、次长景耀月，实业部总长张謇、次长马君武，交通部总长汤寿潜、次长于右任，参谋本部总长黄兴，秘书长胡汉民，法制局长宋教仁，印铸局长黄复生。

袁世凯得到南京临时政府成立、孙中山担任临时大总统的消息后，惊慌万状，恼怒异常。可是他又不能悍然和临时政府对抗。袁世凯认为，最好能不战而屈人之兵，用谈判的方法达到军事所不能达到的目的。

袁世凯仔细地分析了南方政府的成员，一半是革命党，另一半则是立宪派或被革命浪潮裹挟进去的清廷封疆大吏。至于各省首脑，更是以立宪派和清廷旧官吏为主。这些立宪派和清廷旧官吏都是投机革命，窃取革命果实，在政府和地方上占据要害位置，握有实权。策动立宪派和变节的清廷官员向革命的中坚人物施加压力，是完全可能的。即使是革命者，有些人迭遭失败，已经害怕流血，害怕革命胜利遥遥无期。这些人想通过妥协、通过他袁世凯的政变推翻清政府，走革命的捷径。

绝不让南方的临时政府站稳脚跟，形成气候，对南方的行动已刻不容缓。

袁世凯首先指使姜桂题、冯国璋、张勋等将领联名致电内阁，主张君主立宪，反对共和。

北方又组织了“君主立宪维持会”，推举冯国璋为会长，反对共和。

在一片喧嚣声中，袁世凯宣布解除唐绍仪北方谈判代表的职务。声明唐绍仪签订的关于国民会议的各项办法逾越权限，北京内阁政府概不承认。以后的谈判事项由袁世凯自己和伍廷芳直接电商。

袁世凯自己致电伍廷芳质问道：“乃闻南京忽已组织政府，并孙文受任总统之日，宣誓驱逐清政府，是显与前议国会解决问题相背。特诘问贵代表，此次选举总统，是何用意?”

伍廷芳回电道：“南京临时政府与国民会议解决国体决不相妨。现在民国光复十余省，不能无统一之机关，此为内部组织之事，为政治上之通例。若以此相诘，请还问清政府于国民会议未决之前，何以不即行消灭?”

袁世凯见伍廷芳措辞强硬，心里惊慌。恰在这时，却接到孙中山要他推翻清廷、实行共和的电报。电报称，只要袁世凯能做到推翻清廷实行共和，孙中山就把大总统的位子让给他。

袁世凯不肯相信孙中山的话，怕其中有诈，复电孙中山道：“君主共和的问题，现在正应付于国民公决，所决如何，无从预揣。临时政府之说，未敢与闻。谬承奖掖，惭悚至不敢当。”

袁世凯急切中又请来英国公使朱尔典和《泰晤士报》记者莫理逊。

见到袁世凯沮丧的神色，莫理逊道：“袁先生东山再起，正是收拾残局的大好时机，怎么露出这样为难的样子?”

袁世凯道：“实不相瞒，南方革命党人义气用事，实不了解中国复杂内情，执意共和，和谈似无诚意，所以我特别焦心。”

朱尔典问：“难道总理真的不赞成共和?”

袁世凯道：“‘共和’、‘立宪’，名称不同而已。立宪即设君主，共和即为大总统，只不过立宪以首相行政府职权而已。共和、立宪，又各有国会，我也没有什么不赞成的，只是南方那些浮躁的革命党人，不知我国国情，煽惑人心。贵国不也是君主立宪政体吗？有何不妥？不过，我也不是反对共和，只是觉得中国应有一个强有力的政府。”

朱尔典道："如此看来，总理阁下最关心的，并非立宪抑或共和，而是政府本身是否坚强有力，政府首脑是否有统治中国的威望。"

袁世凯答："正是。"

莫理逊道："现在中国最有实力者还是袁总理，这是我们共同的看法。袁先生放心，我们都是多年的老朋友了，有什么话，就直说。"

袁世凯道："正如莫先生所说，我们都是几十年的朋友了，我在练兵时，贵报就曾报道过我军军威；在下的许多危机，都是靠二位兄弟的帮忙才得以化解的。此次恳请二位兄弟帮我度过这一难关。当然，如果南北为一，中国有强有力的政府，贵国的在华利益才能有保障。我们都是朋友，所以我就明说了。"

朱尔典道："我国政府获悉南京临时政府成立后，重申大英帝国的铁路投资及其他通商事宜，理应受到贵国的保护，同时声明绝不会对中国混乱无序的局势袖手旁观。"

莫理逊道："我国政府希望在贵国山东、河南、河北、山西诸省亦应有很好的商机，特别是铁路矿业方面。

"老朋友有什么要求尽管提出，不过孙中山可不一定答应。"

朱尔典道："我们会敦促南京临时大总统信守诺言，在袁总理作出行动后，让出大总统一职。"

袁世凯与朱尔典、莫理逊一番谈话后，心里更踏实了一些。于是指示梁士诒致唐绍仪密电："清廷正商筹退位之方，此后如何推举，苟不得人心，则祸变益巨。前云孙君肯让袁君大总统一职，有何把握，乞速详示。"

原来，唐绍仪的代表身份只是表面上被取消，却做了袁世凯的秘密专使，这样，袁世凯无论是对清廷还是对革命党，都可进退自如。

孙中山接待了唐绍仪。之后，同盟会中坚人物会议南北议和之事。

宋教仁道："先生如今怎么少了锐气，难道惧怕袁世凯不成？革命取得的成果难道能拱手让给他人？"

孙中山并没有回答宋教仁的话。

片刻沉默。

胡汉民道："袁世凯要是做了总统，怎能保证共和政体的实行？恐怕共和会有名无实。袁世凯乃一武人，他的政府必定是军人政府；他的统治，必定是军事统治。名义上他是大总统，实乃又一个皇帝耳。"

宋教仁说："胡兄的看法正是我想说的，袁世凯凭军事而建政府，一定是独裁政府，强权政府，孙先生决不能让大总统一职。"

黄兴说道："多年来我奔走各地，多次赴死地而后生，今日之局面得来不易。若再陷入混战，我党又必遭重大牺牲。当然，我们并不惧怕牺牲，可是，诸位有没有想到，此战一开，四万万同胞又要涂炭于炮火，国家亦可能而分崩离析。中国贫弱已极，应有稳定之局面。所以，和谈成功，国家免受劫难，未尝不是一件好事。此前，袁世凯一再表示赞成共和，若其反悔，岂不是自毁前程？我以为他不会做此傻事。逸仙兄曾言，逆历史潮流者亡，袁世凯不会自取灭亡吧。”

汪精卫道：“我曾身陷囹圄，早把生死置之度外，难道还怕与袁世凯打仗不成？只是我亲见袁世凯对共和确有诚意，中国不可丧失此和平发展之良机。”

谭人凤道：“老夫看，袁世凯数次出尔反尔，奸诈凶顽，此人最不可信。若孙先生让大总统一职，袁氏主持国政，恐怕中国永无宁日。到那时再采取行动，恐怕正如孙先所言：‘艰难远逾前日。’”

老人白须飘飘，长叹一声。

汪精卫愤然起立，说道：“这些都是揣测之辞。如今应该看袁世凯的具体行动，他若真的推翻清廷，毁数千年封建帝制，诸位同志又有何话说？同志们的担心是可以理解的，但现在首先应该看到民军有无能力扫荡清廷，应该看到民军乃至天下百姓是拥护还是反对和谈，应该看到袁世凯是否真的愿意推翻清廷，袁世凯的行动是否能达到我们的革命目的。他若能实现我们多年来为之奋斗之目的，我们的疑虑是不是多余？”

宋教仁道：“我看汪兄的话更多揣测之词。”

谭人凤道：“大家别争了——孙先生，你是什么看法？”

孙中山一言不发。

汪精卫急了，道：“逸仙兄，你不赞成议和，难道是舍不得总统这个位子吗？”

孙中山奋然道：“我三十多年来为革命奔走，奉行‘天下为公’，难道会贪恋总统的职位？你要知道谭翁等的担心是有道理的，中国承几千年专制之思想，百姓开化不够，袁世凯利用这一点，又凭手中军队，从而走向独裁，就会毁革命成果于一旦，难道同志们对此事能急切地下结论吗？”

同盟会内对袁世凯的态度不一，对南北议和意见分歧，难于统一。孙中山便让政府和议会讨论，政府和议会中的立宪派和旧官僚乘机而起，桴鼓相应，汪精卫、黄复生等也朝夕鼓噪。

《泰晤士报》发表评论道：“我们认为，南方临时政府非常缺乏管理国家的经验，临时政府的组建过于匆忙。目前，中国南北分裂的局面应当结束，中国应实现统一之政府。放眼中国，有能力实现统一的，仅袁世凯一人耳；收拾局面，非袁不可。”

英美各国则不断宣称，如果中国内乱不止，将果断进行武力干涉。

司法总长伍廷芳早年在美国留学，在美国有很好的声誉，作为和谈的南方代表，他致电美国公使，希望其劝告清廷退位。但是电报一去，如泥牛入海。

外交总长王宠惠和伍廷芳一样，曾留学美国，知名度很高，他电请美国政府承认中华民国，但美国政府置之不理，结果和伍廷芳一样。

孙中山受到多方压力，内外交迫，于是致电伍廷芳转告袁世凯：“如清帝实行退位，宣布共和，则临时政府决不食言，文即可正式宣布解职，以功以能，首推袁氏。”

当天，汪精卫去电袁世凯：“若袁公迫清帝退位，实行共和，则临时大总统退职，已成定局，不必怀疑。”

袁世凯确认自己在推翻清廷后能坐上大总统的宝座，便迅即采取了迫清廷退位的措施。他认为此事越快越好，如果南方国民大会成立，将终为其要挟而难以摆脱。所以现在的问题是专对清室动手，同时又要避开承担从孤儿寡母手中夺取大权的恶名。

这一天，他见到了庆亲王，惊慌失措地道：“全国大势都已向着共和，民军势力一天比一天厉害。听说孙文这回从海外回来，携有大宗款项，还有西洋海陆军数十人，都愿帮助效力。对南京政府，各国都已表示亲近的态度，倘若我们的战事再拖延下去，胜败不必论，试问饷在哪里？枪炮在哪里？如果兵临城下，不但皇位不能保全，就连这些贵族也都无望了，岂不是后悔嫌迟吗？”

庆亲王奕劻只愁得捶胸顿足，被袁世凯的话吓得六神无主，便道：“袁宫保就没有什么最后的办法了吗？”

袁世凯犹豫了半天，长嘘短叹了半天，才说道：“只有趁这个时刻，请皇太后俯从民意，肯把政权让出来，再由我们切实商量，哪个还敢亏待皇上和宗室贵族？就是后世谈论起这件事来，晓得朝廷为保民不私天下，自然人人感恩戴德。这样做，既有了体面，又享受了实惠，岂不很好吗？不过，这话臣下不好说，请王爷把这话转奏圣听，若被采纳，功劳也不小呢。”

庆王叹息了一会儿，觉得若能保住他上亿的家产，做寓公也还快活，就道：“别无他法，也只好如此。”

袁世凯离开后，庆王奕劻不敢迟延，进宫去了。

隆裕太后在东暖阁里接见了庆亲王奕劻。

太后道：“你来的还好，奏报说匪首孙文做了临时大总统，竟到了这种地步，你看怎么办？”

奕劻道：“我实在也没有什么办法，革命党看样子还要往北发展。”

“你看咱们的军队能阻止他们吗？”

奕劻道：“很难。”

“那如何是好？你在朝中几十年了，就没有一点办法了吗？”

“唉——”奕劻叹了一口气道，“不如让袁世凯和他们谈判，看能谈出什么结果来。”

“不是已经在谈了吗？你知道他们谈些什么吗？”

“皇族不干涉内阁的事，我也不知他们谈了些什么。”

“你看袁世凯可靠吗？对大清忠诚吗？”

“这个，太后放心。老实说，我今儿个来，就是请太后放心地让袁世凯和南方谈判，也许能谈出对咱有利的结果。我看，现在的革命党和当年的洪贼不同，杀是杀不完的，压是压不下去的，不如满足些革命党的条件，或许可以消弥兵祸。”

奕劻并没有向隆裕提出退位的事，怕她一下子接受不了，见太后对袁世凯谈判的事已很信任，就谢恩出宫了。

奕劻刚走，外务副大臣胡惟德求见。因为正大臣根本就没有到任，所以外交部事务由胡惟德主持。

胡惟德跪在地上启奏道：“太后，臣接到驻日、美、英、德、荷、法等国公使的电报，此事重大，特来禀奏太后得知裁夺。”

“是什么事，就说吧。”

“他们一致要求皇上退位……”

“什么！”

隆裕太后惊得瞠目结舌，脑子嗡嗡作响。

小德张把胡惟德的电报交给太后，隆裕定了定神，接过电报，当看到“实行共和，乃世界之潮流，皇上退位为大势之所趋”时，几乎昏晕过去，眼前直发黑。

“主子没有事吧？”

小德张连忙扶着太后。

“没事……”太后有气无力地说。

过了许久，隆裕问道：“内阁对这怎么看，你们有什么说法吗？”

胡惟德慌忙说道：“臣等不敢评议此事，只等太后和皇上定夺。臣这就告退。”

胡惟德出去没有多久，国务大臣兼民政大臣赵秉钧进来奏报道：“太后，全体国务员上奏太后，臣觉得此事重大，不敢声张，特秘密奉太后知闻。”

隆裕太后接过密奏，上面写道：“臣等国务员全体恭奉奏太后陛下：孙文就临时总统，各国表亲近之态。孙文挟海外之资，延外国之将，领十余省之众，欲北伐清室，扬言要‘扫穴犁庭’。我方海军尽叛，天险已无，何能悉以六镇之军，防卫京津？虽效周室之播迁，已无相容之地……”

隆裕眼前一黑一头栽下，小德张连忙扶住，掐了太后人中，揉了太后胸脯，太后醒了过来，觉得自己失态，看那赵秉钧时，只五体投地，伏在地上，并没抬头。太后又定了定神，让御前太监捧来茶水，啜了几口，方才又看那密奏，不看便罢，看后更是如五雷轰顶："……东西友邦，有从事调停者，以我只政治改革而已，若等久事争持，则难免干涉。而民军亦必因此对于朝廷，感情益恶。读法兰西革命之史，如能早顺舆情，何至路易之孙，靡有孑遗也……"

太后又是眼前一黑，一头栽下。

下午，太后并没有叫溥仪到毓庆宫去上学，而是让他接见大臣，这是他最不情愿的，他也最不喜欢和隆裕太后一起接见大臣，他惧怕她，不敢说"内紧"，不敢随意地乱动。但是既然隆裕太后命令了，那是不可更改的，也只有和她一起到东暖阁了。

溥仪觉得很奇怪，往常接见王公大臣，总有很多人，你争我吵，有时很有趣，很热闹。可是今天，殿里就三个人：太后坐在炕沿上，溥仪坐在太后的身后。炕前的红毡子垫上，则跪着一个粗胖的老头子。老头子满脸泪痕，一把鼻涕一把眼泪，溥仪定睛看他，是认得的。这个人是总理大臣。溥仪很纳闷，好长时间，太后和那老头也不说一句话，太后不住擦眼泪，那粗胖老头则不住擤鼻涕，有时那胖老头子就呜呜地哭出声来。

那胖老头子终于说话了，说了一些什么"共和"、"退位"、"条件"，溥仪全然不懂，只是太后所说的"孤儿寡母"，溥仪觉得就是说太后和他自己。有句话，溥仪似乎更明白一点，那胖老头子说："我已经六十岁了，满身是病，但是为了太后和皇上，我哪能顾得自己？月余以来，操劳国事，病体更不行了。可是生怕有什么大乱，所以拼死命效犬马之劳，报大清对我的恩德，可是……可是……臣无能啊……无脸见太后和圣上，……呜……呜……"

溥仪从来也没见人哭得这样伤心，也被煽情得掉下泪来。溥仪的心灵深处隐隐地升起一股阴云，冒起一股凉意，他意识到，那孙文和黎元洪肯定厉害无比，将要对他皇上不利，他自己已经处在十分危险的境界之中了。

"唉……唉……"溥仪号啕大哭起来。

袁世凯从宫中出来，非常得意，想：我让梁士诒在幕后策动各驻外使节联名致电请清帝退位，这一招果然很灵；赵秉钧的戏看样子演得也不错。袁世凯决定再到外务部新衙门去一趟，让胡惟德再和各国联络一下，对隆裕太后施加压力。

马车出了东华门，刚走过丁字街三义菜馆门口，突然，一颗炸弹从酒店里扔出来，袁世凯的马车驰得飞快，炸弹没有打中。马车已经走到祥宜坊酒店门口了，袁世凯被刚才的炸弹吓得惊魂未定，忽然又听得轰隆一声，又是一颗炸弹飞来，但又没打中马车，只炸死了袁世凯的卫队管带袁金标以及排长一人，亲兵二人。袁世凯的马车被震翻在地，袁世凯从覆车中爬出来，臃肿的身体此时竟匪夷所思地灵巧，他急忙跃上一匹马，加鞭急驰而去。

袁世凯拣了一条老命。

当晚，捕得杨禹昌、张培、黄之萌等，三人供认是北方革命党“共和会”会员。

自此，袁世凯再不上朝，把这件坏事变成了对他有利的好事——他找到了不上朝的绝好托辞。

载沣的王府里聚满了皇族大臣。恭亲王溥伟、肃亲王善耆、镇国公载泽、原民政大臣桂春、原陆军大臣铁良、原禁卫军统领良弼以及贝勒载涛和载洵，不约而同地来到载沣这里。

桂春道：“我已经把我们的警察集中了起来，贵胄学堂的学生也都义愤填膺。”

良弼道：“我们已组织了宗社党，又成立了敢死队、暗杀队，革命党会暗杀，我们难道就不会？我们的拼劲哪里去了？”

前些天，良弼、铁良、溥伟、善耆等人成立宗社党，他们宣布绝不和革命党妥协，绝不和袁世凯一气。

载泽道：“现在不是讲暗杀的时候，如今袁世凯终于露出了他的真面目，他已经动手了，想让皇上退位，我们怎么办？”

“绝不能答应！”良弼道。

世续说道：“前天，我见到袁世凯，我指着头上的辫子问他：‘你对这个打算怎么办？’他还回答：‘大哥你放心，我还很爱惜它，总要设法保全他。’没想到他今天，就当起曹操了。”

“我早就说过，袁世凯是绝对不能相信的，奕劻那时不能做总理大臣，可是如今……”善耆这是在埋怨载沣，立刻，他又老羞成怒地说，“我们瞅机会把袁世凯干掉！”

良弼道：“袁世凯虽然派了冯国璋到禁卫军，但禁卫军仍在我的手里控制着。我们不如就在北京和袁世凯拼了！”

载沣道：“可……可是拼掉了袁世凯，革命党……怎么办？”

“我看冯国璋和袁世凯不同，他对大清还是满忠诚的。”良弼道。

“算了吧，”溥伟道，“他和袁世凯一个样，明里一把火，暗里一把刀，明里对你笑，脚底下却使绊子，这样的人，绝对不能相信。”

善耆道：“不如让外国人帮我们。”

“谁肯帮……我们？”载沣问。

“日本国。”善耆道。

“外国人的话，是绝不能信的，他们总拿中国人当枪使。”载涛道。

善耆不以为然地道："若日本人真的愿意出兵呢？"

桂春道："若真的愿意出兵，也不失为一个办法。你的管家川岛浪速不是和日本军部有联系吗？不妨试试看。"

善耆回到肃亲王府，把王公们的话说与川岛浪速。川岛浪速当即把袁世凯策划提出的清帝退位的情况报告了日本政府。

次日，日本政府发表声明：日本决不承认中国改建的共和国。

也就在这一天，隆裕太后下旨召开御前会议，宗室亲贵，满蒙王公都参加了。隆裕太后给大家看了国务员的密奏，各驻外使节的电文，又把袁世凯不能左右形势的危言给大家说了。

铁良道："无论如何，我们也没有投降革命党的道理。"

和昨日在摄政王府一样，良弼、桂春等都摆出了拼命的架势。

奕劻道："太后，我以为袁世凯说的话也不是没有道理。如今革命党猖狂，连袁世凯也差点被炸死，北京城内到处都是乱党，就如一个火药桶，有一点火星就会爆炸，若不实行共和，恐怕会有李自成进北京之祸。"

"放屁！"良弼道，"大清的天下都是你败坏的，你贪赃不算，这些年一心护着袁世凯，到现在还替袁世凯摇旗呐喊——"良弼说着往奕劻身前凑过去，旁边的人连忙把他拉住。

奕劻辩解道："不管怎么说，袁世凯也没有通匪，昨天被革命党炸了就是明证。他先哄一哄革命党，在皇上退位后，再恢复大清，这种图谋也是可能的——以退为进嘛。"

溥伦道："袁宫保可能就是这种打算。"

载泽愤怒地道："你们到现在还护着袁世凯，是何居心？袁世凯又给了你们多少钱？又许给了你们什么好处？袁奸虽然被炸，但他和革命党讨价还价是事实，他要挟大清是事实。"

肃亲王善耆道："滚吧，你们现在就到袁世凯那里去。"

"滚！"良弼也怒斥道。

铁良等一肚子怒气正无从发泄，这时犹如找到了出气筒，齐声骂起奕劻来。奕劻拉长了老脸，两只羊眼闭起来，任由人骂，一声也不吭。

溥伦也低着头，冷汗直流，生怕愤怒的拳头砸在自己身上。

"皇上来了。"不知是谁喊了一声。

除隆裕太后外，屋里的人齐刷刷跪下来，不敢抬头。

"你们不去捉拿魔头妖怪，在这吵什么？"溥仪走到隆裕太后前，给太后请了安。

载沣见皇帝来了，心如刀割，自己的儿子做了皇上，可看样子退位是难免的了，大清的天下就要在他这一代结束，不由悲从中来，失声哭出来。听了载沣的哭声，大家不由想到大清就要灭亡，想到自己以后不知是什么结果，内心的悲哀再也抑制不住，也都不禁失声痛哭。顿时，养心殿就像停棺举丧一样。

肃亲王叫道："这像什么话，皇上在此，我们不能为他分忧，竟这样没出息，手足无措，我们是满蒙的后代吗？"

载泽问道："听肃亲王的口气，好像日本人有了回音？"

听了这句话，大家止住了哭声。

善耆道："日本政府今天不是已发表声明不同意共和了吗？"

载振道："可是眼下已黑云压城，危如累卵，这个声明又有何用？何况英美等国都一起护着袁世凯。"

"日本说可以出兵，不过，它的条件是割让满蒙。"

"这……这不是出卖祖宗吗？"载沣还以为有什么好消息，听到这里，顿时垂头丧气起来。

大殿里又陷入了沉默。

善耆说道："如今北京城遍地乱党，南方已成立临时政府，扬言北伐，而袁世凯又以革命党来要挟我们，说实在的，我们除了向外国求救，别无他法。当年申包胥哭秦廷而保存了楚国，重耳借秦穆公的军队入主了晋国。他们也曾向外国许过什么，可是后来不都是很强大吗？日本与我国最近，它若派兵来救，我们必能脱离眼前的危难。脱离险境后，再图恢复，也不失为一条良策。"

载涛却道："此事万万行不得。如今民心浮动，革命党打的也是救国救民的旗号，若是把满蒙让于外人，小民更会蜂拥而起，那时便真的遍地是革命党，丧尽民心，我们更无可措手，更难恢复了。"

载沣也道："此事行……行不得。"

善耆仍不死心，道："宁与外邦，也不给家奴。若让革命党或袁贼得势，则真的会像法国路易十六……"

"宁与外邦，不给家奴。"这几句话在溥仪的脑海中留下强烈印象。

奕劻这时却说道："袁世凯正在与革命党谈判优待条件，如实行共和，我们还有优待条件，袁世凯会保护我们的……"

"闭上你的臭嘴！"良弼气炸了肺，怒不可遏。

其他的人也对奕劻怒目而视，奕劻再也不敢开口。

良弼道："日本人提的条件也太苛刻，看样子，日本人的心思不一定是只想着满蒙。恐怕到时它会得寸进尺，比袁世凯更凶恶可怕。"

"唉——"隆裕太后长叹一声，"摄政王看怎么样？"

载沣哭了起来，哽咽着道："我们的祖宗在那里，怎能拱手让……让给外人。”

“罢了。”隆裕太后道，“说什么满蒙也不能割让给外邦，这些地方不同于青岛和香港。”隆裕太后又看了看大家，说道：“今天就到这儿吧，明天再继续商议，你们回去以后再多想一想，看有什么办法。”

隆裕太后屡诏袁世凯进宫，可袁世凯只推说自己惊魂未定，伤体未愈，革命党时刻在筹措着杀他，走在街上太危险。袁世凯再也不到宫中，再也不和隆裕太后面见。

毓庆宫中。

溥仪的书案上放着三个布人儿，布人儿的胸上都插了钢针。

陈宝琛道：“皇上，这三个人是谁？”

“孙文、黎元洪、袁世凯。”

“这是谁让皇上这样做的？”

“是张谦和及宫女让这样做的，他们说这样就可以把他们咒死了。”

“皇上，关键的是要学会治理国家，做一个文能治国、武能安邦的人，这样这些妖魔就不敢在世上横行了。”

“陈师傅，为什么妖魔现在这样猖狂，没有谁能降伏他们？”

“皇上年龄还小，有些道理还不懂——不过，老臣就说给你听听，不懂也是有益处的。此事都是由于先朝老佛爷——就是慈禧太后，不恤百姓疾苦，搜刮百姓，赋敛过重，失了民心。朝中纲纪混乱，卖官鬻爵，贿赂公行，政府腐败糜烂不堪。而此时，列强虎视中国，企图瓜分，可是政府虚怯无能，一味屈膝，致主权一再受辱，国土被租让割去许多。先帝光绪，奋起改革，欲除弊病，可是慈禧太后、荣禄和现在的袁世凯一起，囚禁了先帝。自此以后，政府腐败更甚，乱党便乘机而起；可是朝中兵权为袁世凯多年前所谋取，他虽下野，但旧部仍在，仍在暗中控制一切。以致于现在朝中无兵，国家无银，而百姓又多向着乱党，局面就不可收拾了。”

溥仪没有听懂几句，只是意识到先太后做了坏事，便说道：“先太皇太后囚先帝，就没有人反对吗？”

“皇上，有人反对，可老太后势力太大。”

溥仪看了看案上的三个人，把他们推到旁边。他虽听不懂陈师傅的话，似乎觉得这三个人并不是罪魁祸首。

第二次御前会议又在东暖阁举行。

隆裕太后问道：“你们看是君主好还是共和好？”

有几个人立刻回应道：“奴才们都主张君主，没有主张共和的。”

这次会议，奕劻和溥伦都没有参加，对共和，没有赞成的。

铁良说："奴才恳请坚持君主政体，决不要被奕劻之流所迷惑。"

太后叹道："我何尝要共和，共和的话，都是袁世凯和奕劻二人说的。他们说革命党太厉害，咱们无饷可筹，兵不敷遣，没枪没炮，打不了这个仗。我说：'不能找外国人吗？'他们说去问问，过了两天说问过了，外国人说摄政王退了位他们才帮忙，载沣你说是不是这样？"

载沣点了点头道："朱……朱尔典是这样说的。"

隆裕道："昨儿个日本人要帮忙，可又提出了那样杀人的条件。这外国人，都没安好心。"

溥伟忿忿地说道："英国人最可恨，摄政王不是退位了吗？怎么他还不帮忙？这都是奕劻、袁世凯欺君罔上。"

那彦图道："太后以后别再听奕劻的了，袁世凯更不是好东西。"

载泽道："乱党并不可怕，只要出军饷，就有忠臣去破贼杀敌。冯国璋说过，发三个月的饷，他就能把革命军打败。"

"内帑已经给袁世凯全要去了，我真的是没有钱了。"太后摇头叹气，长吁短叹。

溥伟道："当年日俄战争的时候，日本帝后曾用首饰珠宝犒赏军士，日本军个个争先，把俄国打败了。奴才恳请太后，把宫中的珠宝玉器都拿出来，重赏之下，必有勇夫。"

善耆道："这确实是个好主意，那些东西留在宫中，保不准会被乱党和袁世凯拿了去，不如犒军。"

隆裕道："这样打仗，胜固然好，要是败了连优待条件也没有了，这不是两头都落不着吗？"

"优待条件不过是骗人之谈，"溥伟道，"即使这个优待条件是真的，以朝廷之尊而受臣民的优待，岂不贻千古笑谈？"

太后心事重重地说："就是打仗，只有冯国璋一人也不行呀！"

溥伟道："奴才恳请太后和皇上赏兵，让奴才报效国家。"

善耆道："我们有的是忠勇之士，只要给我们饷，我们一定能有军队，效命疆场。"

太后问道："载涛，你是管陆军的，你说说咱们的军队怎样？"

载涛对时局看得雪亮：大清已绝不能挽救，潮流所至，将荡涤一切。于是他碰头说道："回太后，奴才练过兵，没打过仗，不知道。"

良弼叫道："禁卫军实际上还在奴才手里，奴才要和他们拼一拼。"

载洵道："咱们可以化整为零，将王公封藩，分到各地去抵抗。"

这是废话，众人想，现在自己的封地都保不住，说什么抵抗，谈什么分藩！

太后停了一会儿，说道："你们下去吧，明日再议。"

善耆向太后叮嘱道："国务大臣们就要觐见了，太后要慎重降旨。"

太后摇头叹息道："我真怕见到他们。"

溥伟道："他们要是问皇上退位的情况，太后就推到国会身上。"

说着，众人都退了出去。

第十一章
颁三诏清皇帝逊位
陈五策日浪人乱华

十四格格住进异国情调的日式闺房的第一夜，她的义父就来占有她如玉的肉体。十四格格踢打着、撕咬着，可是，那日本浪人只说了一句话，就让她停止了一切抵抗："只有我们大日本，才能帮助大清复辟……"

过了不久，国务大臣赵秉钧觐见太后，问起皇族就退位一事的商量情况，太后果然道："王公们都说，退位的事他们不好做主，还是让国会开会决定吧。"

赵秉钧不禁佩服袁世凯的先见之明，临来皇宫，袁世凯曾对他说，隆裕太后必定会拿遥遥无期的国会搪塞退位的事。

现在赵秉钧见太后果然以国会搪塞，于是就按事先准备好的话回答道："这个事儿若让国会讨论，大伙儿态度可就不会一致了，有没有优待条件可就说不准了。国会的那些人，可不像袁世凯那样对待太后和皇上，可不会像袁世凯那样处处为皇上和太后着想。太后试思，将来被选进国会的人，三教九流，什么样的激进想法没有？让他们讨论，袁宫保为太后和皇上争得的优待条件，必定会化为乌有。"

隆裕太后张口结舌，过了一会儿才说道："让王公们再议一议吧。"

赵秉钧道："太后可要早日定夺，连袁世凯的马队都被炸翻了，这说明革命党人已遍布京城。听说他们组成了敢死队，手里腰上都是炸弹，有的手里端着枪，说不准他们会做出什么事来，攻打皇宫的事也说不准。"

袁世凯并不以攘夺南京临时政府为满足，而企图于清帝退位后不经南京临时政府参议院选举，自己在天津成立一个由他一手包办的政府，他把这个想法告诉了英使朱尔典，朱尔典欣然同意了。

于是在袁世凯的催促下，隆裕太后又召开了第三次御前会议。这次会议，袁世凯派赵秉钧、梁士诒、胡惟德为代表列席会议。

与前两次会议一样，王公们你一言、我一语，都提出了各种办法，但各种办法又都不是怎么太好。争论了一两个钟头，也没有明确的意见。

这时毓朗贝勒说："我们不要这样争论来争论去的，大家乱糟糟的。太后要拿出决断，要战，即效命疆场，责无旁贷。要和，也要早定大计。"

一旁的胡惟德、赵秉钧、梁士诒早已等得不耐烦了，听了毓朗摸不着头脑的话，更是火冒三丈。

赵秉钧腾地站起来，道："我说明白点吧。现在与南方和谈的结果是，双方基本上达成了协议，此协议列国政府也是支持的，那就是南北政府同时取消，另在天津组织临时政府。经过袁总理的多方努力争取，对皇室、皇族、满人的优待条件列为八条和七条，你们看这些条件行不行？"

说着赵秉钧把优待条件逐条念了一遍。

赵秉钧的话讲完后，年老的王公们个个默默不语，良弼等少年亲贵则坚决反对，表示决不与革命党妥协，要和他们决一死战。

赵秉钧又站起来大声叫道："今天开会，明天开会，议来议去也议不出个所以然来，内阁只有全体辞职！"

良弼霍地站起道："你们辞职就辞职，我们可以成立皇族战时内阁，就派铁良统兵南下，这有什么不可？"

赵秉钧道："你们不要丧失良机！"说罢满面怒容地走出去，署理外务部大臣胡惟德和署理邮传部大臣梁士诒也跟着走出。

隆裕太后吓得脸色焦黄，哭道："这如何是好？如何是好？"

良弼跪下，五体投地，泪流不已，道："太后！我们绝不能实行共和，大清的几百年基业不能就这么完了，我们宁愿战死，决不苟活！"

"必杀良弼！"

袁世凯在室内徘徊着，良弼成了他收拾清廷的最大障碍。

可是怎么杀良弼呢？袁世凯想，他自己不能直接出手做这种事，不然，他要落一个使他永远洗不清的"活曹操"的恶名。

"借刀杀人！"

袁世凯让大儿子袁克定给汪精卫去了电报："义弟兆铭：良弼已成共和之大碍，唯戕除良弼，皇室才能就范，则共和可成，望义弟速办此事，建共和开国之功。义兄克定谨。"

汪精卫乘火车来到天津，正遇着黄复生。黄复生已是南京临时政府印铸局局长。

黄复生与汪精卫相见拥抱之后，道："兆铭兄如今主持北方同盟会工作，北方革命形势定会有大的改观。"

汪精卫道："精卫能力有限，黄兄在北方多年，诸事都要蒙黄兄指导配合，请多帮助愚弟做好工作。"

“这个自然，你我是同生共死的同志嘛！”

“如此我就直说了，我特来拜访你，是想请黄兄帮我一个大忙。”

“那就说吧。”

“良弼实为革命路上的绊脚石，他是反对清帝退位的中坚分子，是个顽固的封建君主主义者，他的存在大大影响了革命的进程。总部决定除掉良弼，迫清帝退位，以成就共和之宏伟大业。前次我们兄弟谋炸载沣时，我固知兄之肝胆气节，所以特来与你商量。”

“汪兄可有什么具体的计划吗？”

汪精卫从皮夹里抽出一张名片，道：“这是奉天讲武堂总办崇恭的名片。拿了这个名片，就可以冒充崇恭去见良弼，这样就可以见机行事了。”

黄复生就是黄树中，自获特赦后，改名黄复生，他岂肯再入死地？

黄复生道：“我极赞成铲除良弼，也极愿意去执行这项工作。可是临时政府已委任我为印铸局局长，催我即刻赴南京任职，涉及国家金融财政及诸多大事，所以此次我就不宜前往北京了。不过，黄兄可以把名片放在这儿，我可以为你物色一个人将此使命完成。”

“黄兄豪气干云，我极为佩服，名片就留在这里。我就告辞了！”

两人拥抱而别。

汪兆铭从黄复生家里走出的第二天，黄复生的门房说有一位老乡叫彭家珍来访。黄复生一拍大腿，道：“大事成矣……”

黄复生迎到门口，见了彭家珍握手拥抱不止，说道：“你我弟兄一别竟是十几年，今日一见恍如梦中。”

彭家珍被黄复生的真情所打动，道：“黄兄名震天下，弟早想来拜访，但是，一来我萍踪无定，二来黄兄为革命事业奔走天下，也是家无定所，所以我总不能如愿。今天得见老兄，实在是圆了我多年渴慕之梦。”

二人进堂落座，黄复生道：“彭兄这么多年来都在忙些什么？”

“我前些年在东北军中做军需，武昌义举，天下响应，我向往革命之心很久，就弃去官职只身南来，到了南京，听说咱老乡程德全也做了革命党人并做了江苏都督，于是我又转而东向，到了苏州拜见了程都督。程都督把我介绍进革命党，我入了同盟会。这一次，总部派我为‘东北招讨使’，命我回东北策动军队响应革命。我从南京到此，听说黄兄在这里，不愿失之交臂，特来拜访。”

“现在有一项伟大的任务，不知你是否愿意承当，此事关系到革命的进程，关系到共和国体能否顺利实行。不过，要完成这项使命，有可能要牺牲自己的生命。”

彭家珍霍地站起，道：“我为革命的事业，甘愿抛头颅，洒热血。我既然参加了革命党，早已把生死置之度外，有什么任务就直接说罢。”

黄复生把汪精卫的话又向彭家珍说了一遍。

彭家珍激动地说：“黄兄把名片交给我吧。为了中国有光明的前途，我个人的牺牲算得了什么，我乐意接受这项任务。”

彭家珍怀着为共和事业贡献自己的一切的精神，怀揣名片，由天津到了北京，找到了良弼的住处——光明殿胡同的一座宅地。

1 月 26 日，良弼退朝回来，自称是天津讲武堂总办崇恭的彭家珍迎了上去，到了良弼的跟前，良弼还没看清他的面目，彭家珍袖中的炸弹已经爆炸，彭家珍当场牺牲，良弼的一条腿飞上了天。

第二天，良弼一命呜呼。

袁世凯拍案狂笑：“好、好、好！”

王公大臣始终怀疑“北京城内到处是革命党”是袁世凯散布的谣言，良弼被炸以后，个个吓得心惊胆战，纷纷地逃离北京，往大连、天津、青岛的一些租界里去逃难。在京的，一部分住进了东交民巷，没有离开府第的，都纷纷请袁世凯派兵保护。

袁世凯乘机调曹锟的第三镇北洋军进驻北京，特别是在东城及天坛一带派了重兵，留守的王公大臣完全在他的军事直接“保护”之下。

隆裕太后急诏王公宗室再开御前会议。可是除了载沣兄弟和溥伟、善耆、世续等外，再没有别人。

大家在一起，早也打不起精神，隆裕和载沣只是以泪洗面。

正当大家都在悲痛无奈之时，赵秉钧又呈来一封电报，道：“太后，看看这封电报吧。”

隆裕太后和大家传看着电报，面如土色。

那是一封“恳请”立定共和政体的电报，措辞强硬，态度坚决。

隆裕太后等再看后面立名的，乃是一大串人，个个炙手可热：

第一军总统官段祺瑞，及古北口提督毅军总统姜桂题，护理两江总督张勋，察哈尔都统陆军统制官何宗莲，副都统段芝贵，河南布政使帮办军务倪嗣冲，陆军统制王占元、曹锟、陈光远、吴鼎元、李纯、潘渠楹、孟恩远，河北镇总兵马金叙，南阳镇总兵谢宝胜，第二军总参议官靳云鹏、吴光新、曾毓隽、陶云鹤，总参谋官徐树铮，炮台协领官蒋延梓，陆军统领官朱泮藻、王金镜、鲍贵卿、卢永祥、陈文运、李厚基、何丰林、张树元、马继曾、周符麟、萧广传、聂汝清、张锡元，营务处张士钰、袁乃宽，巡防统领王汝贤、洪自成、高文贵、刘金标、赵倜、仇俊恺、德启、刘洪顺、柴德贵，陆军统带官施从滨、萧安国。

隆裕太后等看到有这么多的将领联名具奏请求共和，个个呆若木鸡，载泽、溥伟见自己成为将军们的靶子，不免心惊肉跳，铁良、世续等也不再说话，载沣、载涛、载洵三兄弟一向怯懦，只有长吁短叹。

隆裕太后道：“看样子咱没有什么路可选择了，你们还有什么话，就尽快说。”

溥伟道：“奴才只等拼却一死了。”

铁良道：“誓死也不共和。”

善耆道：“我也是这样。”

载沣兄弟只是闷坐，并不说话。

隆裕太后道：“回去吧。”

众人散尽，隆裕太后在小德张的搀扶下回到寝宫。

隆裕太后已瘦得只剩下皮包骨头。这些天来，在小德张的一再解劝下，她只勉强喝了些牛奶，吃了些葵花籽。

小德张道：“主子，这许多天来您可辛苦多了，国家的一切都压在老祖宗您的肩上，他们只是轻一句重一句地乱说，到底还是一点法儿也没有。照奴才看来，共和也罢，君主也罢，老主子您还是一样。讲君主，老主子管的事不过是用宝；讲共和，太后也还是太后。不过，这可得答应了那‘条件’。要是不应啊，革命党打进了北京城，那就全完了。”

小德张这些年已经被袁世凯喂得肥肥的。昨日赵秉钧进宫就曾向他简短地交待了几句话。小德张把赵秉钧的话记在心里，今天看准时机就吐了出来。此时，见隆裕太后并没有责备他的意思，便又进一步说道：“老佛爷，只要革命党人答应不伤害老佛爷和皇上，不动老佛爷和皇上的位子，老祖宗您还是答应了吧。老主子这身子骨再也经不起折腾，奴才看了心疼啊。”说着，小德张抱着隆裕哭了起来。

第二天，段祺瑞又来了电报，历数皇族败坏大局的罪状之后说：“事至今日，乃并皇太后皇上欲求一安福尊荣之典，四万万人欲求一生活之路而不见许……不忍宇内有此败类，岂敢坐视乘舆之危而不救……祺瑞当率领全军将士入京，与王公剖陈利害，已挥泪登车，昧死上达。”

隆裕太后被段祺瑞吓得直哆嗦，惊魂未定，赵秉钧又来觐见，道：“启禀太后，本国务大臣收到署直隶总督张镇芳领衔，署两江总督张勋、署湖广总督段祺瑞、安徽巡抚张怀芝、山西巡抚张锡銮、河南巡抚齐耀林、吉林巡抚陈照常、署山东巡抚张广建等联名电奏，奏称他们一致恳请太后速降明谕，宣布共和。这是电报稿。”

赵秉钧把电报放在几案上，跪拜后转身走了出去。

与此同时，北方各省咨议局，驻国外的公使又来电恳请朝廷实行共和政体。

隆裕太后昨晚已被小德张说动，见到如雪片而来的电报，召来载沣道：“我看，就让袁世凯全权和革命党谈判吧。”

载沣含泪点了点头道：“全凭太后安……排。”

于是隆裕太后通过赵秉钧降下谕旨：“兹授袁世凯全权与南京临时政府磋商退位条件。钦此。”

袁世凯终于等来了这一天，于是便迅速落实早已着实做好的工作，首先落实《退位诏书》。清帝退位诏书由张謇起草，参议院通过后交唐绍仪电达袁世凯转清廷颁布。袁世凯在诏书中添入“由袁世凯以全权组织临时共和政府与民军协商统一办法”一句，以表示其权力得自清廷，而不必受革命政府约束，同时又由此造成一种“北洋正统”的观念。

袁世凯把诏书交给赵秉钧，赵秉钧交给了内务总管大臣世续，世续来到坤宁宫，泪如雨下。太后在昏晕之中，也不看这谕诏的内容，只是两手抖动着钤印御宝。盖过御宝，泣不成声，哪能站得住，几个宫女扶着她入寝宫去了。

世续把钤印御宝的诏书交与赵秉钧，赵秉钧把诏书又送给袁世凯，袁世凯嘿嘿一笑，也在上面署了名，盖了章，然后颁布天下。

宣统三年十二月二十五日，即中华民国元年 2 月 12 日，清帝退位诏书颁下，共有三道谕旨。

退位诏书颁罢，载沣回到家里，瓜尔佳氏早迎上来，道：“今天的事情怎样?”

“我……我可轻松了，这一次是真的什么事也不用做了。”载沣如释重负地长出了一口气。

瓜尔佳氏惊讶地问道：“这是怎么回事？这话是什么意思。”

“皇上退位了。”载沣好像没事儿似的道。

“什么?”瓜尔佳氏哭了起来，“你……你怎么这么没有出息！竟显出这种嘴脸，亏了皇帝还是你的亲生儿子!”

瓜尔佳氏身上流着荣禄的血，她不甘心儿子的天下就这么完了，咬牙切齿骂道：“孙文，你这个乱臣贼子，你没有好下场，你不得好死!”

这时，溥杰进来道：“额娘，阿玛，你们看这是不是孙文?”他手里拿着不知从哪里弄来的报纸，报纸上登着一张大照片。

“就是他！这个匪首。”瓜尔佳氏道。

溥杰听说他真的是孙文，证实了他所认的照片左边的两个字。于是他找来剪刀，狠狠地扎相片上孙文的眼睛。

瓜尔佳氏道：“好儿子，你是额娘的好儿子！你决不要像你阿玛那样没有出息，将来你长大了，你一定要做你哥哥的左膀右臂，帮你哥哥恢复祖宗的大业。”

诏书发下后，善耆找到溥伟，道：“当年申包胥哭秦廷救了楚国，我们俩也学他救救我们大清。”

溥伟道：“你找日本人，我找德国人，大清绝不能就这么完了。”

“是的，宁与外邦，不给家奴！”善耆愤愤地道。

从溥伟家里出来，一路上，善耆仔细地观察着街上的情况。这位做过警察头子的人，一眼就看出了满街的便衣，显然，除了曹锟大批的军队外，袁世凯增加了警务力量。

善耆是宗社党人，宗社党是反对清帝退位的中坚力量。在颁布退位诏书的当天，袁世凯就宣布宗社党为非法，下令在北京城实行戒严，特别是防止王公和宗社党人逃跑。肃亲王是铁杆的反袁派，是宗社党人的中坚，更是在袁世凯军警的严密监视之下。

回到王府，川岛浪速已经迎了出来。

川岛浪速道：“我已经把这里的情况向本国政府做了汇报，大使先生还在和外相研究中国的局势。”

善耆道：“许多事情教我们懂得，只有日本才真的帮助我们，英美都是势利小人。”

川岛浪速道：“我们日本人的感情是经得起任何风雨考验的。我一定尽力向政府说明这里的情况，我也相信我们大日本帝国绝对不会坐视袁世凯和美英勾结，损害我们日本在大东亚的利益。”

二人走进书房，川岛浪速进一步地说：“如今要骤然复辟清室，已不现实。”

善耆道：“看来，只能做长远打算了。”

川岛浪速看定善耆道：“不如先图满蒙，然后再一步步地恢复大清天下。”

善耆道：“我赞成满蒙独立，我也希望贵国政府能给予支持。”

“我一定会尽全力帮助老朋友。”

从肃亲王府第出来，川岛浪速回到自己在北京买下的豪华宅第。他写了一篇文章的提纲，准备文章完成后迅速交于政府。

次日，川岛浪速来到日本驻华的使馆，向武官高山公通大佐递交了他的文章，高山公通看后大加赞赏，道：“先生是个中国通，我本人很敬重你对大日本帝国的忠诚，为维护大日本帝国在中国的利益做出的杰出贡献。”

第二天，在日本使馆，高山公通大佐召集会议，讨论川岛浪速提出的计划。

会议制定了具体的军事行动，这个行动包括：由肃亲王以家产为抵押筹集款项；松井清助和肃亲王的五妹夫喀喇亲王一起逃离北京，去蒙古组织一支蒙古队伍；木村直人和内蒙的巴林王去巴林负责训练军队；多贺宗之负责在“满洲”置办武器，并把这些武器交付松井清助。川岛浪速负责善耆的活动并联系东北土匪薄益三，通过他运送武器。

川岛浪速带着计划来到肃亲王府，善耆听罢川岛浪速的计划后，立即血脉贲张，兴奋起来，道：“到时接皇上和太后，建立我们的政府！”

善耆摆宴庆贺川岛浪速的成果，把他的儿子、女儿们都叫了来，围了两桌。

席上，川岛浪速忽然心内愀然，叹起气来。

原来年已花甲的川岛浪速至今还没有儿女，他是个不能生育的日本浪人，对此他总感遗憾万分。另外，他出身低微，虽然屡经奋斗，在浪人中出了名，在日本政府中也有了知名度，可是人们对他总是不屑：他的出身太低。现在和肃亲王的家人一桌，虽然肃亲王已是退藩休息，但儿女满堂，很让人羡慕；特别是亲王的威势虽难以和往日相比，但气派仍在。川岛浪速心里埋着种子，这颗种子已埋了多少年了，今天，就要发芽了，就要出土见天日了：他想以肃亲王来抬高自己的身份，而手段就是……

肃亲王见他表情有点凄怆，道：“川岛先生莫不是有什么不开心的事吗？”

川岛浪速挠了挠秃头，道：“我已年届花甲，膝下凄凉，今日见亲王儿女满堂，故悲从中来。”

肃亲王笑道：“我道什么事，这有何悲伤的，我早有想法，我这么多儿女，你看哪一个好，你喜欢哪一个，就认为义子好了。”

川岛浪速听了这话既高兴，又遗憾，遗憾的心情没有表露出来，只是万分欣喜地道：“亲王真是我的生死之交，我不枉和你相处了十几年。我……就认宪玗为义女吧，亲王允否？能割爱吗？”

“哈哈哈……好！好！好！”善耆道，“明天——不，今天，就完了礼节，我把我最爱的女儿送给你了。”

川岛浪速激动地流出泪来，道：“谢亲王的关爱……”

肃亲王打断了他的话，道：“以后就是一家人，就甭客气了。”

川岛浪速问惊讶得张口结舌的宪玗道：“你同意吗？”

宪玗道：“我太高兴了。”

当天，在肃亲王府举行了仪式，宪玗成了川岛浪速的义女，川岛浪速给他起了一个日本名字——芳子。

川岛浪速带着义女川岛芳子来到自己的宅第——从此，川岛芳子就与川岛浪速生活在一起。

到了川岛浪速的家，川岛高兴地叫来老婆道：“我们有女儿了！”

“什么？”

“我们有女儿了！肃亲王的女儿宪玗已经给了我们，今后就是我们家的人了。”

川岛芳子向义母行礼，义母装点出笑容，给了川岛芳子一挂项链。

川岛府中大摆筵席庆贺，合宅中人都为川岛认了义女而高兴。消息传得很快，日本使馆武官也打电话向他庆贺。

仆人们早已为川岛芳子收拾好了闺房。已很晚，川岛浪速带芳子来到她的卧室，卧室很雅洁，川岛芳子似乎很喜欢房间日本式的摆设道：“父亲，日本的房间都是这样的吗?”

“芳子，你别叫我父亲，也像你们一样叫阿玛吧。你刚才问这房间，是的，日本的闺房就是这样的。”

“我很喜欢，阿玛。”

“你今后就是我的人了。”说着川岛浪速走向芳子，搂着她的腰。芳子也没有觉出什么异样，平时川岛做“师傅”时，经常这样搂她，摸她。不一会儿，芳子觉得今天似乎和以前不同，她看到了川岛那令人惊恐的充满邪恶的目光，又感觉到他的手肆无忌惮地在她身上摸着。

“阿玛……”

“什么。”

“阿玛回去歇息吧，已经很累了。”

“是的，我已很累了。不过，我的乖乖，今天，我就在这住下了。”说着他紧紧地搂住芳子。

芳子惊恐地叫道：“阿玛——你是我的阿玛!”

“嘿嘿……”川岛淫荡地笑着，“我本想娶你为妻，一来抬高我的身份，我成了驸马，二来还可以生子。可是你父亲却把你许给我做了女儿。不过，也没什么，今后再改过来就是……”

川岛芳子意识到，噩梦开始，一切都不可改变，于是任由川岛浪速施为……

第二天，川岛的脸色很难看，他恼恨自己的无能，芳子的脸色透着疲惫，眼光露出失望。而川岛的老婆，脸色像铁一样冰冷，见了芳子，啪地一巴掌打过去道：“在这儿，不要摆格格的架子了，干活去吧。”

“啪”，川岛甩了他老婆一巴掌，他正一肚气，这时有了发泄的地方，“你这个没有崽的猪，不下蛋的母鸡，你死吧!”

用过早饭，川岛浪速拧了一把芳子的乳房，道：“我要到亲王府去了，有大事要办，你不要理那个黄脸婆子。”

川岛浪速很晚才回来，直接到了川岛芳子的房中，道：“我明日就要和你阿玛逃离北京，我们会接你及你家人出去的，你放心，我们正帮助你们恢复大清。”

川岛芳子最痛恨革命党，以前，她家的威势，跺一跺脚北京全城都颤动，可是现在……她恨孙文，她恨袁世凯，她留恋失去的一切，她向往像她姐姐一样在北京城内外呼风唤雨，过那种任性放肆的生活。想到这些，她也觉得失身川岛是值得的。她知道，这个叫川岛的日本人正帮父亲恢复失去的一切。

第二天，川岛浪速又到了肃亲王善耆的府中。一会儿，他和善耆及善耆的儿子宪德乘着一辆豪华的马车行驶在大街上，招摇过市。这辆车的后边，有两辆马车不紧不慢地跟着。川岛浪速和善耆在车里说笑着，似乎根本不在意或者没看见那两辆跟着的马车，他俩放荡地笑着，放肆的笑声从车里传出来，引得路边的行人和军警侧目而视。

过了几条街，马车突然急驰起来，拐进一个胡同。胡同里早就等着两辆破旧的马车，川岛浪速、善耆和宪德以神速的动作从豪华马车里跳下，钻进那两辆破旧的车子中的一辆，车夫随即扬鞭，马车绝尘而去。原来的那辆豪华马车减缓了行驶的速度，在不紧不慢地行驶着，车上的“川岛浪速”、“善耆”和“宪德”仍在那里坐着，只是再也不发出一点声音。这辆豪华马车从容地驶进了川岛浪速的家里，那两辆尾随的马车也就在周围徘徊着。

善耆、川岛浪速和宪德所乘坐的破旧马车以风驰电掣般的速度驶进火车站，火车站早已部署了日军的警备队。

他们正要登上火车，突然，一位日本人报告说前面的铁路已被袁世凯派人破坏，于是他们当即决定从秦皇岛登上海轮出逃。他们又在日本军警的保护下驰向秦皇岛，登上“勃海风”号航行到旅顺。

与此同时，溥伟也逃到了青岛。

奕劻和善耆、溥伟不同，多少年前，他就在天津英租界里盖了房子，修了花园，准备了后路。辛亥革命风起，他就想，他有上亿两白银的家产，即使大清覆灭，他躲到英租界里，也可以安度晚年。现在，他早已到了天津他的王府里，在这里的生活，并不比在北京庆王府的差什么。他的日子过得很惬意，这种寓公生活私毫没有使他有什么失落感，倒感到很庆幸。他感到气恼的是，他的儿子孙子们为分家产如斗架的公鸡一样，闹得不可开交。

“皇帝，一切都过去了。”

“皇额娘，是‘什么’都过去了？”

隆裕太后一时语塞，焦黄的脸上露出尴尬的神色。

溥仪看太后脸色很难堪，于是道：“是孙文的革命党和袁世凯奸贼这些事情过去了吗？”

“是的，皇帝，一切都解决了。”

“这些大魔头、大坏蛋、大奸贼都被镇压了吗?”

“不，是解决了。”

溥仪也不好再问，“解决”看样子不是被镇压，但那些妖魔好像是不会再扰乱宫中的生活了。

果然，过了几个月，宫中变得越来越平静，生活和原先没有任何不同。太后还是太后，太妃还是太妃，万岁爷更是万岁爷，总管仍是总管，太监仍是太监，宫女仍是宫女。

除掉几个总管和御前太监，奴才们压根儿就不知道发生了什么事。

紫禁城黄色的琉璃瓦在阳光下闪耀着灿烂的光彩；宫殿高大、巍峨，仍然震慑着人们的灵魂。

对于紫禁城来说，唯一的变化，是东西长安门及天安门广场正式开放通行，后来，保和殿、中和殿、太和殿又分了出去，“皇宫”便只有乾清门到神武门那块地方了。而中南海也变成了袁世凯的总统府。这些变化，对于溥仪来说是丝毫也感觉不出来的，因为在没有退位以前，除在登基时到过中和殿和太和殿外，他的活动范围也就是乾清宫后面的那块地方。

这些天是溥仪最快乐的时候。民国已经成立了一年多。在这一年的时间里，太后太妃身体都不怎么舒服，很少问事；而师傅们也不怎么问皇上的事。皇上早把“大魔头”、“妖怪”、“奸贼”扔到九霄云外。这一年来，溥仪屁颠屁颠地跑到这，溜到那，一刻也不闲着，好不快活。

这一天，下了点薄雪。早上吃过点心，又吃了几口嬷嬷王焦氏的奶，他就嚷着要到御花园去。

听了皇上的吩咐，敬事房的太监忙“吃——吃——吃——”在前开道，两名总管太监靠路两侧鸭行鹅步地前行，他们的身后是一个方阵，方阵的中心是一顶明黄色轿子，小皇上就坐在上面。两名御前小太监在两边扶着轿杆随着轿夫的脚步往前小跑着。轿的后边，一名太监举着一把黄罗伞。伞后面几步远的地方，是一大群太监，有的空着手前行，更多的则是捧着各式各样的东西：有捧马扎的，以便万岁爷随时休息；有捧衣服的，以便万岁爷随时换用；有拿着雨伞旱伞的，为着皇上出轿子的时候给他避雨或遮阴。御前太监后面，是御膳房的太监，有的捧着装着各种点心茶食的食盒，有的捧着热水壶，有的捧着茶具。这一组人的后面，是御药房的太监，挑着担子，里面装着各类常备小药和急救药，里面有灯心丸、菊花水、芦根水、竹叶水、竹茹水，还有什么藿香正气丸、六合定中丸、万应锭、痧药、避瘟散、云南白药、三仙饮，等等。这一群太监最后面的两位，是带大小便器的太监。

这个队伍“唰、唰、唰、唰”地走着，只闻衣袂之声、脚步之声，人们连大气也不敢出。

“停！”

小皇上突然一声喊叫，这个肃然前行的队列即刻整齐地停了下来。

张谦和与阮进寿回过头来，见万岁爷向他们做着不要乱动不要出声的手势。特别是敬事房“吃吃”的太监，更看到万岁爷呲呀咧嘴，手指放在嘴上，不让他再出声。

太监像幽灵一样在原地站着，不敢有丝毫的动作，更不敢出声，有个想打喷嚏的，连忙用袖子捂住嘴，憋在那里。

小皇上猫着腰悄然而迅速地往前小跑，一会儿慢下来，蹑手蹑脚地前行。这时，太监们才看明白了，原来前面的空地上落了一群麻雀在觅食：小皇上是想抓麻雀。他悄悄地靠近、靠近，麻雀就在他的脚边。于是他弯下腰去、弯下腰去，可就在他一伸手的刹那间，“扑楞楞”，几个麻雀一起打着旋飞起来，但飞得不远，又落到前面，而其余的麻雀到原地蹦着找食，晃动着脑袋，睁大狡猾的眼睛时不时地瞄着皇上。小皇上便又猫腰悄悄地跨过步、挪过步去，一伸手，结果和刚才一样。这样反复做了多少次，皇上再也耐不住性子，突然叫道：“这些该杀的麻雀！”

太监们听了，心里一阵抽搐：“皇上要处死这些麻雀！”

小皇上跑回来，总管太监张谦和道：“万岁爷是要抓那些麻雀吗？”

“当然是的，你能抓到吗？”

“奴才也抓不到。”

“废话！抓不到瞎说什么！——谁能抓到？给我抓一个！”

太监们一哄而上，麻雀一哄而起，全部飞走了，反而一个不剩。

小皇上噼噼啪啪打了几个太监的耳刮子，道：“你们抓不到，还逞什么能？吓得麻雀连一只也没有了！”

说罢，气哼哼地又揍了几个。

张谦和道：“万岁爷，奴才有个办法能抓住它们。”

“快说，什么法子？”

“用饭引它们吃，就抓住了……”

“传膳！”没等张谦和说完，小皇上高喊一声。

张谦和想继续说下去，皇上已经进入轿子，又叫道：“传膳。”

皇上的话是绝对不能违背的，张谦和也就没有把余下的话说完，也只好命令道：“传膳。”

“快！”小皇上让抬轿的太监快跑。

小皇上已从太后的长春宫分出来，自己住进了养心殿。来到养心殿，张谦和又叫了一声“传膳”，养心殿门前的一个太监跟着急忙叫了一声“传膳”，便传达给了候在西长街的御膳房太监。

不一会儿，又一支“浩浩荡荡”的队伍出现了，这是由几十个穿戴整齐的太监组成的“连队”，抬着大小七张膳桌，捧着几十个绘有金龙的漆盒，直奔养心殿而来。来到明殿里，由套上白袖头的小太监把漆盒接过，在东暖阁摆好。所有的食具都绘着龙纹，并写道“万寿无疆”，一律的银器，下托以盛有热水的瓷灌，六桌菜肴之外，另摆一桌大锅。

尝膳的太监一一尝过之后，一个小太监叫道：“开膳。”

小皇上今天却不坐在座位上用膳，而是看着张谦和道：“罕达，饭来了，怎么用饭抓麻雀，我们抓去?”

张谦和手足无措，他早已意识到皇上的话可能误解了他的意思，这时支支吾吾，不知如何是好。

“怎么，这桌上的饭菜都不行吗?”溥仪道。

张谦和又看看粥、点心和火锅，发现没有哪一样能作麻雀的饵食，苦笑道：“万岁爷，这些都不行。”

小皇上吼声震天：“什么？那你为什么说用饭可以抓麻雀，你这不是欺君之罪吗?”

第十二章 享优待小朝廷得意 弄虚仪大总统沽恩

帝师陈宝琛的脸上溢满了笑意，“明天那个大总统派人给皇上拜年。”“我才不接见他们呢！我不想跟他们说话。”“皇上只受礼就行了。呵呵，优待条件载在盟约，为各国所公认，连他总统也不能等闲视之！”

张谦和心惊肉跳，跪地自责道：“奴才该死，奴才该死。”便打自己的嘴巴，打出鲜血来。

小皇上道：“你说，用什么‘饭’能抓麻雀？”

张谦和道：“回万岁爷，几把小米就够了。”

“快拿小米，抓麻雀，抓不到，我让敬事房打你板子。”

“嗻——”

张谦和让洒扫太监找来箩筐和绳子，又令一个小太监到御膳房拿来一包小米，又通知其他地方的太监把麻雀赶到这儿来。于是在养心殿门前的空地上撒了小米，支了箩筐，一根长长的绳从筐下的支棍处一直接到养心殿门内。张谦和抱来锦垫，让小皇上趴在上面。

果然不一会儿，一群麻雀飞来。

小皇上聚精会神地盯着麻雀，眼见一个麻雀进了筐下面，小皇上一拉绳子，筐子盖到地上。

“抓住了！”

小皇上蹦跳着欢呼，随即飞奔向箩筐，几个太监帮助他揭开筐子，可是里面什么也没有。

张谦知道：“万岁爷太性急了，那麻雀好像进去了，一拉的片刻，它就飞了，万岁爷沉住气，待进多了再拉。”

小皇上又回到养心殿门内，趴下来，目不转睛地望着筐下。不一会儿，一群麻雀又飞来了，这一次，小皇上耐住性子，看有许多麻雀进到筐子下面，且都争先恐后地啄食着小米，便一拉绳子，筐又盖了下来。

“万岁爷，这一次准抓住了。”

小皇上又是一跃而起，奔向筐子，手往里一伸："抓住了，抓住了！"他的手碰到了麻雀温柔的毛，几只麻雀在里面扑楞楞地乱撞。

"抓住了！——唉哟——"小皇上的手被麻雀啄了一下，手忙从筐里缩回。这一口咬得不轻，张谦和忙把皇帝的手拿起在口中吮着。

"呸！这小麻雀，竟敢咬万岁爷！"张谦和令人拿来绸布做网子，罩住了筐的一边。

果然抓住了几只麻雀，早有太监找来笼子，把麻雀放在里面。

笼子就挂在帷帐里，小溥仪目不转睛地盯着它们。起初，麻雀仍还在笼子里撞飞个不停，可是不久，就蜷伏着不动了。

张谦和道："万岁爷，野鸟养不活，看样子连明天都活不到。"

"胡说，不是好好的吗?"

这时，奶妈王焦氏也走来，道："万岁爷，张罕达说的对，这些鸟，野性大，养不活的。不像那些家养鸟。"

小溥仪最信王焦氏的话，看着麻雀在笼子里不动，道："嬷嬷，就真的没有什么法子养活它们吗?"

"没有，除非把它们放了。"

"可我不愿放。"

"那就养一夜试试吧。"

溥仪又躺在王焦氏的怀里吃着奶，张罕达给他又讲了几个故事，小皇上便睡着了。

第二天，小溥仪一睁眼，就检视他的鸟笼子，可是有两只麻雀已硬直了身子，死在笼子里。顿时，他伤心地大哭起来。值夜的太监惊恐万状，忙掀开帐子，见皇上是为两只麻雀在号啕，心里才轻松下来。

"是我害死了你们，鸟——"

太监仍没想到万岁爷这么伤心，齐来解劝，可这反而使他哭得更厉害了，更伤心了："是我害死了麻雀——"

哭声传到殿外，早有多事的太监报到太后的长春宫。

隆裕太后道："早知道也不让他这么早就搬出去，看来对皇帝的管教太松了。兰德——"

小德张应声道："嗻——"

"你传话过去，让养心殿的太监规矩点儿。"

"嗻。"小德张应声去了。

万岁爷正在宫门口，抽抽噎噎，把剩下的麻雀放了，可几只翻着肚子躺在那儿，翅膀下起着个泡泡。

张谦和道："这麻雀性子野，这些泡泡就是气的。"

"是吗——"小德张道，"看你们做了什么，老祖宗生气了。"

张谦和与张兰德是拜了义兄弟的，忙笑脸迎了过来，可是正要张口，小德张道："张谦和——"

张谦和的笑僵在脸上，忙拜下去听张兰德的吩咐："张谦和、阮进寿，奉老祖宗旨意，各打你们二十大板，到敬事房领赏去吧。"

"嗻——"

世续、绍英等内务府大臣和几位师傅也受到斥责，对皇上的管教又像以前一样走入了正轨。

可是没过两天，一向慈祥的陈师傅的脸突然阴沉起来，讲课也没有了兴致。过了一天，陈宝琛的脸变成了灰黑色，有时煞白。终于他在讲着《大学》的一段之后忍不住了："摄政王太懦弱，太后也太宽容。"

"陈师傅，发生什么事了。"

"皇上，老臣不该惊动皇上，请皇上谅解。"

"是什么事？陈师傅。"

"咳，皇上说的大魔头孙文、黄兴、还有陈其美……我也说不清还有谁，到北京来了！"

"什么！"

小溥仪惊恐起来，向来，宫中的人是谈"魔"色变的。

"皇上，孙文、黄兴并没有什么可怕的了。孙文已辞去总统的职务，黄兴也不再是什么'部长。'"

"陈师傅，什么叫'总统'、'部长'？"

"都是些匪贼的番号，称号。"

"听说袁世凯也是总统。"

"所以袁世凯也是匪贼。"

"这么说，袁世凯就成了大魔头了。"

"是的。"

"那么，孙文和黄兴到北京来，为什么不捉拿他们？"

陈师傅叹了一口气，道："孙文和袁世凯匪贼勾结，不好捉拿的。可是，太后、摄政王也太……"

陈宝琛不愿再说下去。

溥仪道："皇额娘和王爷怎么了？"

"孙文到摄政王府里拜见了摄政王。"

"他到了王爷府上？"

"是的，"陈宝琛气哼哼地道，"他们到了王爷府上拜见王爷，王爷应质问他们为什么不到宫中拜见太后、皇上。可是，王爷却受到了孙文的蛊惑，好像自己有什么不是似的。摄政王对他还很友好呢。”

溥仪听了陈师傅的话，心里反而轻松了许多，孙文这些人到了王府，和王府的人反而友好，溥仪就觉得陈师傅的气愤没来由。

陈师傅又道：“那孙文还称赞摄政王能看清历史潮流呢，临走还给了摄政王一些亲笔签了名的相片。”

小皇上脸上露出笑容，道：“魔头还是怕天上下凡的贵星的。星君要是发怒，那魔头可就害怕了。”

“是的，那孙文是匪贼，堂堂的摄政王怎能对他这么客气。”

溥仪笑道：“那魔头又不害人，赦了他。”

“该剥皮抽筋。可是摄政王在下午还到孙文的行馆去回拜。”

溥仪不笑了，道：“哪有星君去回拜妖魔的。”

“就是。更可气的是隆裕太后还降旨要摄政王宴请孙中山。”

“孙中山是谁?”

“就是孙文——宴会是在金鱼胡同那宅第内举行的。”

“皇额娘和王爷是不是要收服这些妖魔?”

“不是。”

溥仪模模糊糊地意识到陈师傅为什么生气了。

陈师傅又道：“最可恨的是那个溥伦，在宴会上还为孙文、黄兴、陈其美那些人作颂词，说他们‘革命’是保证国家进化的‘应有之举’，居然说孙文、黄兴及其他革命党有什么远见卓识，还胡说什么他们的光辉业绩堪与华盛顿的功勋并论。真是一派胡言。”

“华盛顿是谁?”

“美国的一个总统。”

溥仪的心里有点沉甸甸的，为什么会这样，他自己也说不清楚。

有如发生了可怕的瘟役，紫禁城里的人们个个唉声叹气，脸上显出紫灰色。太后又不断地抹眼泪，陈宝琛师傅讲课的语气总是非常低沉，内务府大臣世续则整日缩头缩脑，总是白眼珠多，黑眼珠少。

“又跑了一个太监。”

张谦和念叨着。

溥仪心里不明白，太监为什么总是逃跑，于是问道：“有谁打他们了吗？他们跑什么?”

可是并没有人回答万岁爷的话。

有一天，小皇上照例到长春宫向隆裕太后汇报上学的情况，出来后，溥仪对在身旁的阮进寿和张谦和道：“我们出去散散步吧。”

“好的。”张谦和心里也郁闷，巴不得皇上说这句话。

他们来到西二长街，看见成群的太监在搬动体元殿的自鸣钟和大瓶之类的陈设。

“这是在干什么”？溥仪问。

“万岁爷，这是太后叫往颐和园搬的。”

“什么？为什么要往颐和园搬？”溥仪问。

张谦和愁眉苦脸地说：“这个，奴才们也说不清楚。”

“你们不是说这紫禁城是我的，这天下都是我的吗？为什么害怕？你们为什么害怕？我不要往颐和园搬！”

“万岁爷，可这确实是老祖宗让搬的呀！”张谦和道。

“皇额娘为什么要这么做？”

阮进寿道：“万岁爷，这也没有什么好瞒的。太后这样做，是因为那个什么‘条件’，什么……诏书……”

“我明白了，”小皇上愤愤地说，“这肯定都是因为孙文和袁世凯，是不是？”

“万岁爷英明，的确是这样。”阮进寿道。

张谦和接着说：“听说袁世凯要搬到这里住，太后才不得不命人把东西往颐和园搬。”

阮进寿道：“人们都纷纷地说，到了颐和园大伙都活不成，所以才纷纷逃跑的。”

“我要杀了袁世凯！”小皇上恨恨地道。

“万岁爷到哪儿，奴才跟哪儿保驾，决不像那些胆小鬼。”

张谦和并不像他说的那样英勇，他的脸整日阴沉着，拉得很长，偶尔挤出笑来，比哭还难看。每天早晨，他在小皇上的“龙床”旁替万岁爷念书，总是如秋的蝉鸣一样，有气无力。

北京的天空也如紫禁城一样凝重。就要进入隆冬，是京城死人最多的季节，人人在大街上惊慌失措地行走。可是惊慌之中，京城也显出一些新的气象来，大街小巷多了五色旗——这是民国的国旗，多了一些彩灯。这是民国二年元旦即将到来时所显现的新气象。

老百姓虽然对这些新气象并没表现出什么异样，但在紫禁城内，惶恐的气氛渐渐被欢欣和微笑冲淡了。

阳历除夕。小皇上到了毓庆宫，见陈师傅已坐在那里。他见皇上来了，忙起身躬立，待皇上坐定后，他也坐下，但一反常态，并没有拿朱笔圈书，却微笑着瞅着皇上，皇上被他看得莫名其妙，道：“陈师傅有什么高兴的事，这样情不自禁的？”

“是这样，”陈宝琛的脸上溢满了笑意，“明天是阳历元旦，民国要来人给皇上拜年，是他们那个大总统派来的。”

“我才不接见他们呢！”

“皇上，”陈宝琛道，“收服妖怪也要讲方法方式的，明天皇上还是见的好——这说明，皇上还是真命天子，妖魔鬼怪是改变不了什么的，这是天意。”

“那我也不想说话。”

“皇上可以什么话都不说，由内务府大臣安排一切就行了。”停了一会儿，陈宝琛的脸像绽开的一朵花，道：“优待条件载在盟约，为各国所公认，连他总统也不能等闲视之。”

这一天早早地放了学，皇上到了太后那里，太后的长脸也露出笑容，这是非常难得的。

太后道：“皇帝，明天大总统就要派人来给皇帝拜年，皇帝可要显示出天子的尊严来。”

“说实在的，我真不愿见他们。”

“嗯——”太后道，“这说明我们的地位还是无比尊崇的，皇帝就是皇帝。”

第二天，张谦和等人忙里忙外，张兰德更是威风八面，春风得意。小太监们或洒扫，或摆设，一个个脚步轻快，脸上挂满了笑容。

内务府大臣指挥着太监，给皇上穿上金龙袍褂，戴上珠顶冠，挂上朝珠，皇上顿时显得威严了许多。

人们簇拥着皇上来到乾清宫，皇上稳坐在高高的宝座上，两边肃立着御前大臣以及御前侍卫们。

溥仪坐在高高的龙座上，目视前方。

总统派来的礼官朱启钤走进殿门，遥遥地向皇上鞠了一躬。皇上定睛望去，那是个面目白皙的小个子，这就是妖怪吗？溥仪见他又走前几步，不敢正视龙座，向前几步立定，再鞠一躬。溥仪盯着总统的特使，见到他来到龙座前了，他看到朱启钤的目光刚和他一接触就回缩低眉，虚岁也才九岁的小溥仪心内一声冷笑，眼光更锐利得如同刀子，他见朱启钤又深深地向他鞠了三躬，然后致贺词。至于这位特使说了什么，皇上一句也没听到，他只知道在这个世界上，他的地位是最尊崇的。

绍英走上台，跪在皇上的面前，小皇上把面前龙案上的黄绢封面的匣子打开，取出事先写好的答辞，交给了绍英。绍英接过，站起来向朱启钤念了一遍，念完了又还给皇上。这时朱启钤再鞠躬，后退，然后转身走出殿外。

第二天清晨，龙床帐外张谦和书声琅琅，金声玉振。隆裕太后在膳后笑眯眯地道：“皇帝你要用功，多学点治国平天下的道理。”毓庆宫中，陈宝琛微笑着捻那一撮雪似的山羊胡子，摇头晃脑地道：“优待条件载在盟约，为各国所公认，连他总统也不能等闲视之。”

不一会儿，他又点头道：“天子就是天子，真命天子嘛！”

中华民国二年（公元1913）2月15日，是农历癸丑年的正月初十，正是隆裕太后的万寿节。袁世凯特派了总统府秘书长梁士诒持国书前往致贺，上面赫然写道：“大中华民国大总统谨致大清隆裕皇太后陛下”。

清室也以国书作答，末了是这样几句：“尧室岁月，付天地之悠悠；禹甸河山，惧风云之扰扰。俯视者苍生待命，但期时和而年丰；仰愧者祖宗在天，敢曰河清而人寿。”

梁士诒走后，国务卿赵秉钧率全体民国国务员，以外国使臣的礼节前往宫中祝贺，乘马车入东华门，在上驷院门外下车，换轿入景运门，在乾清宫下轿，步行至上书房。这时，绍英早已等候在这里，见国务员们整整齐齐地来了，忙迎上前去，各自鞠躬行礼后，绍英领着他们入正门向太后行三鞠躬礼。礼成，仍由原路出宫。

本来，隆裕太后得了厌食症似的，吃什么吐什么，已瘦得皮包骨头，脸上全无了血色。可是万寿节如此热闹，使她又恢复了元气，脸上显出红润的色彩。

“老祖宗，我真是高兴。我早说过，老祖宗您不要过于悲伤，看，现在不一切都好了吗?”

小德张把太后揽在怀里，动情地说道，眼泪不禁流下来。

“能活到现在，多亏了你。”隆裕太后在张兰德的怀里犹如羔羊。

冬天的一束阳光射进长春宫，隆裕太后的心里也如这冬天的阳光一样充满了温暖。她从张兰德的怀里坐起来，道：“张罕达，把皇帝叫来，我总觉着对这孩子关心得少了点。”

“主子怎么这么说呀，这些年，主子哪天从早到晚不是惦着他，看护着他。”

“唉，小小的孩子，生活在这宫中，又碰上这么个年头，虽是皇帝，可是却比人家的孩子受的苦多。”

“主子对万岁爷可说是操碎了心，奴才看着心疼。主子，现在万岁爷大了，懂事多了，您老人家就宽几天心吧。主子您这几天的身体刚见好，心情刚舒坦了些，就别再多操心了。”

“张罕达，你去吧，把皇帝叫来。”

“嗻——”

不一会儿，溥仪来到长春宫。溥仪刚行过礼，隆裕太后笑容满面地道：“皇帝，坐下来吧，快坐下来。”

听了太后的话，小皇上如沐春风。

"皇帝，虽说咱已退了位了，可咱还是皇帝，这载在盟约里。民国的人再放肆，对于盟约，也是不敢小觑的。你年龄还小，本来我不该和你说这些，但退位的诏书是我颁的，虽然当时是没法子，可我也是一时糊涂。皇帝，你体谅这一点吗?"

"皇额娘，您那样做肯定有那样做的道理，皇额娘就不要再想那些过去的事了。"

隆裕太后舒了一口气，道："毕竟是皇帝，是天子，天赋聪明，说出这样有见识的话。皇帝，你也读了两年多的书了，虽是少年，可经过的事多，也明白了许多道理，今天皇额娘叫你来，是说几句要紧的话儿，我觉得你完全能懂的。"

"皇额娘，我已经长大了，有什么话，就说吧。"

"天下的事，可为则为之，不可为就不要太费心了……"

溥仪道："可有些事情不是我愿意去做，是别人让我做的。"

"唉，皇帝，话又说回来，身为爱新觉罗氏，日子就不能往轻松里去过，就得为列祖列宗争光啊。"

连隆裕太后自己都不知道她到底想对皇上说什么。一方面，她觉得自己、皇帝都活得太累，特别是皇帝。他三岁入宫，就没有过什么快乐的日子，就没有享受人间的温暖，他实在是最无辜、最痛苦的一个，她想为自己、为皇帝解脱痛苦；但是，另一方面，身为太后，身为皇帝，处在退位避政的地位，又于心不甘啊！

虽然只是八九岁，溥仪已懂得了许多，他大致明白了，太后让他对一些事看开些，活得快活些，让日子过得轻松些。但是太后对孙文、袁世凯这些人夺得了本该属于他爱新觉罗氏的天下又感到愤懑。

这次谈话，竟成了隆裕太后和溥仪的永诀，这也是溥仪真切地感受到母爱的一次谈话。更令溥仪感到激动的是，隆裕太后唯一的遗旨、她在人世的最后一句话是："你们别难为了那孩子。""那孩子"就是小皇上，"那孩子"这个亲切的称呼，可以看出来，在隆裕太后的弥留之际，显现出了人世间最美好的情感。她人生中的最后一句话是对民国的代表和清朝的遗臣说的，这"难为"的含义各有不同。对民国来说，太后希望不要对皇上有什么不善意的举动；对清朝的遗臣来说，太后希望他们量力而行，量天意而行，不要让皇帝做超出他能力、超出天意的事。

人们对太后的逝去并没有太多的悲哀，虽然清朝的遗臣们在太后灵柩前干嚎，虽然太监们发出种种阴阳怪气的哭声。

太后是在她万寿节后第七天即2月22日（农历正月十七）凌晨去世的。当天上午副总统黎元洪就发来了唁电，电文称隆裕太后"德至功高，女中尧舜"。

这让那些王公旧臣很是欣慰。内务府马上以“大清皇帝暨王公大臣”的名义回复了黎元洪的唁电：“副总统哀悼大行皇后仙驭升遐，情词恳挚，并蒙饬属依制成礼，遣员致吊，足征优待之隆，不胜感纫之至。”

姿态最为动人的还是大总统袁世凯，他不仅自己黑纱缠臂，还通令全国下半旗志哀一天，大大小小的文武官员一律服丧二十七天，报丧的电文也均由国务院代发。

2月28日，全体国务员前往宫内致祭，宫内外车轿云集。灵柩前，国务员们采用了新式的志哀方法，随着号令，一鞠躬，再鞠躬，三鞠躬，齐齐刷刷，煞是好看。

袁世凯大总统对宫廷的关心更是无微不至，他致书“大清醇亲王”请晋封瑾妃的尊号，清内务府和王公遗臣们不敢怠慢，忙恭上尊号，曰“端康皇贵妃”。这样，后宫又有了新主子。

3月19日即阴历二月十二日，太和殿举行了国民哀悼大会，主祭的总代表是参议院议长吴景濂。

又过了几天，是隆裕释服的日子，又举行了全国陆军哀悼大清隆裕太后大会，领衔的是段祺瑞将军。

辫帅张勋通电全国，称隆裕太后之丧为“国丧”，电文曰：“……食毛践土，莫非王臣……我国大总统及政府诸公皆清朝二百余年之臣子，即新党人物有崛起草莽，其祖若父亦皆受禄于朝。”

满族王公大臣赏穿孝服百日；汉人中，陆润庠、徐世昌、陈宝琛、袁励雄，也赏穿了孝服。值得一提的是太傅徐世昌，自退位诏颁布后，他一直寓居青岛，如今，他这样一位前朝廷重臣、当今袁大总统的至交密友心腹，更是北洋元老，特来奔丧，怎能不令清臣王公们兴奋？

可是做过军机首席、内阁总理大臣的庆亲王奕劻，寓居近在咫尺的天津租界，却屡召不来。

光绪皇帝生前并未循旧例建陵，他的崇陵是在他死后才在河北易县梁各庄修建的，溥仪即位时，基础工程尚未及半。当时从京汉铁路高碑店车站起，修建了一条支路，经涞水县、易水城，直达梁各庄，光绪皇帝的梓宫即由北京用专车“奉移”到梁各庄行宫内“暂安”。1908年12月，光绪的灵柩奉移至梁各庄行宫，暂安殿的近旁设立了王公大臣六班公所，凡现任各部院的王公大臣和八旗都统都要轮流值班，守护梓宫，每日朝奠。暂安殿内由清内务府包衣旗人负责，门外有泰宁镇的绿营日夜巡逻。

隆裕太后死后不久，崇陵地宫也刚好建成，正好举行光绪帝及隆裕太后的奉安合葬，两宫一起奉安是自古未有的，而为“前朝”的大行皇帝举行奉安仪式，更是中国历史上绝无仅有的一次。

奉安盛况空前，清朝王公遗臣的喜悦欢乐也因之达到了顶点。

奉安经过的路面都铺上了黄土。隆裕太后的灵车也到了梁各庄。

4 月 3 日是两宫梓宫的奉移之期，全体国务员及满蒙王公大臣都来向光绪帝和隆裕行最后的大礼。满蒙王公及妃子们在溥仪的带领下行跪拜礼，国务大臣及一些政府地方官员和军界代表则在灵前三鞠躬。这些人由赵秉钧率领，赵秉钧脱下大礼服，换上了清朝的素旗褂。

突然，正在伏地痛哭的两位老人起来走到一位西装革履的绅士前，一位老人上前欠身为礼，道："敢问先生是哪一国人？叫什么名字？"

那位西装革履的绅士道："节庵，你莫恶作剧呀。"

"什么东西！"这位老头勃然扳起面孔，"你若是革命党，就不该来；若是大清朝的官，就应穿上孝服。你这个无耻的东西，亏你还老着脸站在这里。你带信给奕劻那个老东西，最好莫再活在这个世界上。"

另一位老头附和道："问得好。"他指着那西装革履的人道，"就是，这是个什么东西。"

先前的那个老头又骂了起来："你忘了你是孙治经的儿子？你做过大清的官，你今天穿着这身衣服来行这样的礼，来见先帝先后，你、你、你有廉耻吗！你是个什么东西。"

被骂的人面如土色，结结巴巴地道："骂得好，不错，不错，我不是东西……我不是东西。"

人们都围拢起来，"西装"恨不得有个地缝能钻进去。

喧嚷的声音传到溥仪的耳朵里，溥仪正要寻问，陈宝琛师傅笑道："皇上，这是好事，是梁鼎芬和劳乃宣在骂孙宝琦。"

接着陈宝琛介绍了孙宝琦是奕劻的亲家，当过山东巡抚，辛亥时曾闹过独立投降孙文的。对这些小皇帝并没有什么大兴趣，可当陈师傅介绍了梁鼎芬的事迹后，溥仪激动不已：光绪梓宫在暂安殿期间，梁鼎芬经常哭临梓宫前，跪地不起；他每日朝奠，风雨无阻。建陵工程竣工后，梁鼎芬见陵园无树，既不美观，又关风水，便设法在这里栽树。他先派人在北京定购了三百只陶瓷酒瓶，然后就率领十几个人往崇陵的"宝城"上将所有的酒瓶都装满了洁白的雪，塞好瓶口，封上红纸签，上书"崇陵雪水"四字，再运回北京他们住所，写了一份告启，说明崇陵栽树的理由。随后他就每天携着从人，用人力车载着雪水瓶，到各亲贵和遗臣家一一拜访。到达某一府第后，先报名片并送雪水一瓶为礼，随即开门见山对主人说明崇陵理宜栽树，劝他们拿出几个钱购买树苗，并将捐启递与对方，写明捐款数目。这些人的捐款如与其身份职位相称，他就含笑而别；不然，他就立刻用激烈的语气数落对方，让他难堪。倘若至某府第拜访某君没有谋面，即留言于某日某时再来拜访。这样，梁鼎芬终于在崇陵上栽了树。

“真忠臣也!”溥仪赞叹道。

“老臣一定将皇上的赞誉转告梁鼎芬。”陈宝琛道。

跪拜鞠躬致奠后，辞灵奉安。奉安盛况不逊以前。

先用六十四人杠小请将梓宫抬至行宫前大道上，换升大杠，谓独龙杠，由一百二十八人扛。此时，辒辌辂杖、伞亭旗旌等全副銮驾，已由銮舆卫准备整齐，待命发动。泰宁镇绿营马队在最先头开道，一部禁卫军及宪兵沿路警戒。銮舆卫所属的銮驾范围内，最前是三十二人抬的红漆四方木架，中间装置一根红漆旗杆，上面挂着直幅下垂、黄帛金龙、红火焰、上系铜铃的一架旛杆。旛杆后面，有木制采漆的斧钺瓜棍、熊虎常旗。其后是一班满洲执事，执大门纛一对、小旂旒八根，形式相同，俱用红漆杆挑着直幅黄帛、金龙、红边的“驱路”。其次是大轿和小轿。随后是彩绸扎的影亭，跟着一柄黄缎绣花伞。下面金鼓乐器和笙管笛箫乐器各一班。再次是身穿孝衣的二排人，手托木盘，盘内放着檀香炉，燃着檀香，分左右二班，发出呜呜哇哇的哀声。另有一班身穿孝衣的人沿路向天空和路上撒纸钱，所过的路上都铺得满满的。随后就是由禁卫军步队所组成的仪仗队，官长抱刀，士兵荷枪上刺刀。这一方阵的后面，便是和尚、道士，相连一里左右。他们都穿着本教的法衣，手执法器，不断地吹奏念经。再后就是由皇帝溥仪率领的执绋恭送的王公大臣了。王公大臣一律穿着青布袍褂、青布靴子，戴着去掉顶翎的秋帽。杠后一队人全身行猎装束，另有一些车辆和备差员工人等。

奉安队伍直达崇陵牌楼门。随即换了六十四人杠，抬至地宫门外，把梓宫安放于特备的车上，随着“响尺”有节奏的响声，灵车升堂入殿，移上了石床。之后，钦天监指挥杠夫将梓宫按山向奉安于石床中央的“金井”上面。随后同样将隆裕太后的梓宫奉安于梓宫左傍齐头微低一些的位置。合了葬，奉安礼成，即布置殉葬事宜。人们把石桌、供器、万年灯，册宝以及帝后生前用过的衣被、文玩、金银器皿以及佛经、香料、金玉等贵重镇压品等等运至地宫，布置妥当后，恭送人员先后退出地宫。

就要关闭石门了，突然，一个老头一瘸一拐地往地宫冲去，有人叫道：“梁大人要殉葬，梁大人要殉葬!”

人们明白过来，这是梁鼎芬要随先帝而去，主事人便急命梁的亲随把梁鼎芬背出地宫。

四道石门砰然落下……

溥仪刚回到京城，却意外地接到袁世凯大总统的报告——

大清皇帝陛下：

中华民国大总统谨致书大清皇帝陛下：前于宣统三年十二月二十五日奉大

清隆裕皇太后懿旨，将统治权公诸全国，定为共和立宪政体，命袁世凯以全权组织临时共和政府，合完全领土为一大中华民国。旋经国民公举，为中华民国临时大总统。受任以来，两稔于兹，深虞险越。今幸内乱已平，大局安定，于中华民国二年十月六日经国民公举为正式大总统。国权实行统一，友邦皆已承认，于是年十月十日受任。凡我人民皆有进于文明，跻于太平之希望。此皆仰荷大清隆裕太后暨大清皇帝天下为公、唐虞揖让之盛轨，乃克臻此。我人民感戴兹德，如日月之照临，山河之涵育，久而弥昭，远而弥挚。维有董督国民，事新治乱，恪守优待条件，使民国巩固，五族协和，庶有以慰大清隆裕皇太后在天之灵。用特报告，并祝万福。

大中华民国二年十月十九日　袁世凯

在养心殿里，内务府大臣世续读完袁世凯的报告，道："我曾问过袁弟，我说：'你别忘了本啊！'他说：'大哥，你放心，我是大清的。'从这报告来看，他没忘本啊。"

瑾皇太妃说："我们原先是不是看错了袁世凯？他到底是个什么样的人？"

载涛道："袁世凯是不是曹操？"

世续道："项城当年和徐世昌、冯国璋、段祺瑞说过，对民军只可智取，不可力敌，徐、冯、段这才答应办共和国。也许这是智取？"

不知是谁在人堆里说道："我早说过，那个优待条件里的'辞位'的'辞"字有意思。为什么不用退位、逊位，袁宫保单写成个辞位呢？'辞'者，暂别之意也。"

另一位说："大总统常说'办共和'办的怎样。既然是'办'，就是试行的意思。"

载涛道："铁良也从日本回来了，日本人也愿意为我们恢复祖业出力，不过，我对日本人，不是太放心。"

"铁良回来了！"人们齐声地在养心殿里小声地重复着。

听了这些，小溥仪不是太懂，铁良回来了为什么会在这些人中间引起震动，他更是不甚明了。但有一点他是非常明白的：这些人都是为了他，为了他的地位，为了他的权威。

世续又道："咱们想想看，项城的'政非旧不举，人非旧不用'是啥意思？他的'优容前清耆旧'是啥意思？他亲自打电报邀请大清老臣来北京委以重任是什么意思？这都说明项城要还政于清。"

溥伦是国务员，是袁世凯身边的红人，他见袁世凯的义兄世续滔滔说个不停，也不愿落后，道："前些天，咱大清的东三省总督赵尔巽应大总统邀请至京，做参政，又做清史馆馆长，袁世凯对他说：'此日所为，皆所以维护皇室，曾商之于世续，谋欲卸肩。世续言无接手之人，故不得不忍辱负重，蹈此浊流。'”

袁世凯给溥仪的报告迅速传开。劳乃宣便写了《共和正解》、《续共和正解》、《君主民主平议》三篇文章，并把它们印刷成册，发行各处。劳乃宣把这小册子送给徐世昌两套，托徐世昌把其中的一套转呈袁世凯。袁世凯见上面写道：“项城之心实未尝忘大清”，“实有不可告人之苦心也”。又写道：“转圜之法，唯有还政于清室，定国名为‘中华国’，以‘共和’纪年，大清皇帝封项城为王爵，世袭罔替，所以报项城之勋劳，亦以保项城之身家也。”

袁世凯浏览了一下小册子，摇头大笑：“唉呀，真有这样的读书人，可爱，可爱！”

王公旧戚却是笑逐颜开，情不自禁。皇宫里，人人欢喜，都以为皇上很快就会复辟，很快就会日月重光。王爷载沣、皇叔载涛等往养心殿来的次数越来越多，王公们到养心殿觐见皇上和太妃的人也越来越多。就连太监宫女们也是个个喜上眉梢。

宫中最高兴的人是张谦和，隆裕太后宾天后，张兰德便携亿万家财到天津租界去过逍遥日子去了，这宫中的权威，也就数张谦和最高了，若皇帝复辟，身为万岁爷宫中的总管、万岁爷的启蒙罕达，其地位之尊崇是可想而知的。所以张谦和的脸上总是挂着笑，有时在睡梦中，还能把自己笑醒。他瞅皇上的时候，能连看一个时辰不眨眼，目光中溢满了快意。

溥仪当然也万分高兴，自从入宫，他从没有见宫里人这样快乐过——从没有见宫里人因自己、因他皇上受到大总统的尊崇而这样快乐过。

陈宝琛依旧是笑眯眯的，仍然是那句说了无数遍的话：“优待条件载在盟约，为各国所公认，连他总统也不能等闲视之。”

待袁世凯向溥仪写了报告，陈师傅本该更是满心欢喜，可是脸上却显出凝重的神色。溥仪在毓庆宫见师傅这样，问道：“陈师傅，这两天王爷和世续为什么这样高兴？”

陈宝琛道：“就老臣所知，世续去问了袁世凯，问了他恢复旧业的事，袁世凯说：‘大哥你还不明白，那些条件不是应付南边的吗？太庙在城里，皇上在紫禁城怎好搬进颐和园？再说皇宫除了皇上，还能叫谁住？’世续把袁世凯的这些话和王爷说了，所以王爷这些天也非常高兴，督促皇上的学业更紧了。”

是的，载沣这些天对儿子的复辟虽有怀疑，并不像其他人那样高兴得昏了头，但是他对袁世凯也产生了一定程度的幻想。

溥仪却很郑重地问道：“怎么我见师傅的脸色却凝重起来？”

“这个……”

“师傅还是觉得我年纪小，不该和我讲政务吗？”

“皇上虽年在幼冲，但英明过人啊……”

皇上见陈宝琛又想回避话题，道：“陈师傅有什么话就直说，忠君直谏么。”

“皇上英明。明天我拿来几份报纸给皇上看看再说吧。”

第二天，陈师傅给皇上带来几份报纸，这在宫中可是禁物。

“皇上，老臣只是想让皇上明白些时局，别无他意。”

“陈师傅就放心说吧。”

“皇上，这份《时报》这样写道：大总统令梁士诒、曾彝进转告国民党中的一些人说：‘现在看透孙、黄除捣乱外别无本领。左又是捣乱，右又是捣乱，我受四万万人民托付之重，不能以四万万人之财产生命，叫人捣乱！自信政治军事经验，外交信用，不下于人。若彼等能力可代我，我亦未尝不愿，然今日诚未敢多让。彼等若敢另行组织政府，我即敢举兵伐之！国民党诚非尽是莠人，然其莠者，吾力未尝不能平之！’”陈师傅停了一下望着溥仪扑闪着的眼睛，又说道：“事后果然平定了孙文的什么‘二次革命’，但老臣以为，他平定孙文的‘二次革命’，却是为了他自己的独裁，皇上，你看这份《大陆报》。”

皇上接过报纸，陈师傅指给他看的是袁世凯接见上海《大陆报》记者米勒的谈话。

米勒问：主张何种政体？

袁：自以共和政体为主张！盖共和既已告成，而又欲适用他种政体，其愚孰甚！

米勒：近有人评论总统并不实心赞成共和，拟复君主制，有是事乎？

袁：予知此种谣传自不能免；然既为公仆，岂能逃诽谤乎！此种问题当留之以待后人之解决。余既为民国办事，必当尽余之能力，以求民国之成功！倘有破坏之危险，决非自余而生，必由于一般暴徒以破坏国家为主义者也。

米勒：有人谓总统欲仿效拿破仑，信乎？

袁（笑）：余欲为华盛顿，非拿破仑也。华盛顿为历史中最有名人物，建造自由国，余何故欲为拿破仑而不为华盛顿乎！

米勒：现在中国最要之事为何？

袁：对内外均以和平。此为最重要之事。

陈宝琛道：“由此看来，袁世凯对我们好讲自己是大清旧臣的话，而对外，却总是拥护共和的。而且他说‘最要之事’是‘和平’，可是却用兵对付国民党。虽然是孙文这个匪徒先说要进行什么‘二次革命，武力讨袁’的，但在此之前，中原、山东及江浙贵湘乃至两广云南，袁世凯都已做好了武力统一的准备。我说这些话，不知皇上能不能听明白，就是：虽然孙文之匪理应得到讨伐，但是袁世凯对孙文之徒一向是欺骗着行事的。他对孙文欺骗，对我们也未必不这样。皇上年纪幼小，不知道袁世凯在先皇时的所作所为，像我们这些老臣，对他，就不能不存有疑心了。”

“只有陈师傅和我讲这些事，太后、太妃、王爷是从来不讲的。”

“皇上也应该知道一些这样的事。前些日，”陈师傅又拿出几份报纸，指着一张照片说，“这个人叫宋教仁，是他提出把同盟会改为国民党的。这是他被暗杀的照片，暗杀的人，皇上看这报上说得很明白，是袁世凯指使的，袁世凯指示赵秉均以国务院名义发出的通电上说：‘……沪上发现一种监督政府、政党之裁判机关，宣告宋教仁、梁启超、袁世凯、赵秉钧、汪荣宝等罪状，特先判决宋教仁之死刑，即时执行。’袁世凯、赵秉钧显然是要混淆视听，可是后来案子越来越明白，赵秉钧再也脱不了关系，皇上可知袁世凯是怎么做的?”

皇上摇了摇头。

“先是两个嫌犯武士英、应桂馨都不明不白的死了，连国务院总理赵秉钧也七窍流血暴毙——显然，他是被毒死的。”

小溥仪浑身哆嗦着。以前他只是抽象地把孙文、黄兴等当成妖魔鬼怪，还不太令他害怕，今天看了照片，看了报上的这些消息，听了陈师傅的这些解说，心一阵阵地抽紧，真正明白了天下还有这样可怕的事，还有这样可怕的人，他对“人”有了比较具体的认识。

看着皇上的脸色阵阵发青、阵阵发白，陈宝琛道：“皇上，老臣今天不该讲这些，更不该给你拿这些报纸来看。”

“陈师傅，今后天天拿这些东西给我看。”

陈宝琛大吃一惊：“恕臣不奉圣旨，我今天拿这些东西进宫，已是冒天下之大不韪了。”

皇上怔在那里，陈宝琛也怔在那里，都不说一句话。

第十三章
求安生清室让玉玺 作威福袁氏窃民国

溥仪的童音颤抖着："袁世凯做皇帝，我是什么？"载沣回道："袁世凯亲笔签约说，只要皇上给他两样东西，他就和咱们两不干涉。""他要咱们什么东西？""他要宫里的銮驾仪仗，还有大清的传国玉玺……"

只有陈宝琛和小皇上两个人心神不定地静观时局，紫禁城里其他人却个个心花怒放。有的传言，不久就会"日月重光"，宣统帝会重登大宝。

紫禁城外也是一片喧嚣，有的传言铁良回到北京，和日本浪人组成了一个什么"党"，准备在北京起事，扶宣统帝复位。有的说袁世凯大总统见民国共和政体没有一点好处，百姓也看不出民国比大清有什么好的地方，反而越来越乱，倒不如恢复大清，袁总统便准备废民国恢复大清，扶宣统帝即位，他才不会把这个功劳让铁良那伙人抢去呢。

一时宣统帝要重登皇位之说传遍了整个北京城。

这是1914年的11月间。袁世凯在办公室里指着肃政使夏寿康的呈文对他心爱的二儿子袁克文说："你看看这篇文章，应如何处理。"

袁克文接过呈文，见文章的题目是《严行查禁复辟谬说》，袁克文把呈文看了一遍，想了一会儿，道："爸爸，现在是杀一杀这股风的时候了。我以为，声讨复辟之说要大张旗鼓，把它和乱党放在一起讨伐；同时，爸爸要在此时显出中流砥柱的作用。"

"好，这些事情你来安排一下吧。"

袁克文到了内务部，当日，内务部把造谣复辟列为"重大内乱案件"，通饬各省及京师警察厅迅速查办，步军统领立即传讯国使馆编修宋育仁，宋育仁成了这股风头的替罪羊。

次日，参政院召开大会，旗籍参议员荫昌、联芳、宝熙、增韫、赵尔巽五人和其他二十多个参议一道要求政府对造谣复辟的即参照刑事内乱罪，从严惩治。

接着，各省将军纷纷发出通电，声讨清室复辟的邪说。

在社会各团体都发出声讨之后，袁世凯才发表讲话，道："应全国军民的请求，本大总统已下令申禁复辟邪说。此等狂瞽之谈，度倡言者不过谬托清流，好为议论，其于世界大势如何，国民心理奚若，本未计及，遑顾其他。岂知现当国基未固，人心未靖之时，似兹谬说流传，乱党得益肆浮言，匪徒且因以煽惑，万一蹈暇抵隙，变生意外，势必至以妨害国家者，倾复清室。不特为民国之公敌，并且为清室之罪人。唯本大总统与人以诚，不忍遽为诛心之论，除既往不究外，用特布告中外，咸使闻知。须知民主共和载在约法，邪说惑众厥有常刑。嗣后如有造作谣言，或著书立说及开会集议以紊乱国宪者，即照内乱罪从严惩办。"

紫禁城又陷入极度的惶恐之中。

现在溥仪又有了四个"娘"，同治的妃子瑜妃、珣妃、瑨妃，光绪的妃子瑾妃。因袁世凯大总统的建议，后宫由瑾皇太妃主持，晋升为端康皇太妃。当溥仪向太妃们请安来到永和宫瑾太妃的宫中时，见瑾太妃正哭泣。溥仪走上前道："皇额娘，儿臣给您请安了。"

瑾太妃抹掉胖脸上的眼泪，道："皇帝，你今天别上学了，随我在养心殿吧。"

"嗻——"

养心殿里，当瑾太妃和皇帝溥仪进去时，载沣、载涛、世续、绍英、陈宝琛等已集了一屋子，人们都哭丧着脸。

瑾太妃和皇帝坐下后，载涛道："如今的事怎么办才好？"

绍英道："让世续去问一问袁世凯去。"

瑾太妃哭道："你们别再生事了，眼前要紧的是派个人去向袁世凯澄清事实。"

陈宝琛道："这样不好吧，皇上对他有什么好解释的呢？"

绍英道："还是去解释一下吧。"

瑾太妃道："王爷你是什么意见？"

载沣答非所问道："袁……袁世凯不是个东……西。"

满文师傅伊克坦道："派个下面的人去问一问情况。"

载涛道："这样可以。"

于是瑾太妃下诏让正蓝旗都统志锐进宫。

志锐到了养心殿，端康太妃哭着说道："志锐，你到总统府去力为疏通，解释一下，别有什么嫌疑。"

默不作声的小皇上这时却突然冒了一句："别失了体统。"

志锐道："奴才不敢。"

陈师傅见皇上发话，心里一喜，其他人则心里一惊。

志锐来到总统府，袁世凯派秘书阮忠枢接待了他。

志锐道："请秘书长向总统转达，复辟的谣言内廷毫不知情，这纯属革命党伎俩。清室非唯不敢存复辟之心，这种邪说连听也不愿听。清室蒙荷大总统优待，铭感万分。"

阮忠枢道："将军放心回去吧，大总统素来以保全中国、保全皇室为唯一宗旨。他曾反复说过，对皇室及王公的优待是永远不废的。您放心回去吧，您的话我一定代为转告。"

志锐回到宫中，袁世凯便派内务总长朱启钤和司法总长章宗祥来到宫中。世续忙会见了他们。

章宗祥道："这次我们来是秉承总统的使命以释民国和皇室的嫌疑的。世总管是大总统的义兄，我们本是一家，这话也就好说了。"

世续道："二位大人是我们的老朋友了，有什么话，大家直说。"

于是几人定出了清室"别嫌明微"的七项办法。

陈宝琛在毓庆宫中向皇上念着那"七项办法"："一、尊重民国现行法令，裁撤宫内慎刑司；二、通用民国纪年；三、废止对官民赐谥及其他荣典；四、皇室所用各项执事人等应一律服民国制服……"陈宝琛再也读不下去，把纸摔在地上，道："这是什么约定，丧权辱国！"

师傅没有心思教书，皇上也没了读书的心境。

这一天，袁世凯在参政院做了一个演讲，大谈特谈君主立宪制。

秉承袁世凯演讲的调子，美国人古德诺在《亚细亚报》上发表了《共和与君主论》，文章写道："中国数千年以来，狃于君主独裁之政治，学校阙如，大多数之民众智识不甚高尚，而政府之动作，人民绝不与闻，也没有研究政治之能力。几年来，共和之结果，是中国走向混乱，而中国之将来，也必因总统继承问题酿成祸乱，盖因中国民众没有选举国家元首之能力。这种祸乱如任其滋生，则必败坏中国之独立与完整……"

古德诺文章一发表，杨度、孙毓筠、李燮和、胡瑛、刘师培、严复联名发起成立了"筹安会"。

杨度发表宣言道："美国友人古德诺轸念君国，尚且不惜大声疾呼，实行君主立宪，以为对中国的国民的忠告，可我们中国人自己却不思根本解决富国强民之道。我们既是中国人，国家的存亡，就是自己性命的生死，古人云天下兴亡，匹夫有责，我们怎能苟且偷安，漠视国家纷乱而坐待其亡？我国人民民主意识共和意识全无，民智程度太低，共和决不能立宪，只有君主才能立宪，与其共和而专制，不如立宪而行君主制。我国国民无选举之识见，所以必须摒除竞选国家元首之弊端，国家才能安定，否则，国家将永无安宁之日。只有易大总统为君主，使一国元首立于绝对不可竞争的地位，才可以消弥纷乱，保持国家稳定。”

此后，不断有请愿团涌进北京请求改共和为君主立宪。参政院宣言：各种请愿团充分反映了中国人民的意愿。这些请愿团五花八门，如：商会请愿团、人力车夫请愿团、孔社请愿团、乞丐请愿团、妓女请愿团。不久各请愿团组成了一个“全国请愿联合会”。

袁世凯于是又发表宣言说：“如国民一致拥护君主制，本总统只有顺从民意。”

1915年12月11日上午9时，“全国人民意愿的总代表”参政院汇查各省及军队进行的国体投票。各省国民代表共1993人，赞成君主立宪的票数是1993张。各省推戴书上一致写着：“恭戴今大总统袁世凯为中华帝国皇帝，并以国家最上完全主权奉之于皇帝，承天建极，传之万世。”

当日，秘书长林长民拿出推戴袁世凯做皇帝的“推戴书”在参政院大会上朗读，读完后，林秘书长道：“各位若同意‘推戴书’，请举手。”

全体起立，一齐举手，一致通过。

林秘书长宣布：“袁大总统为中华帝国皇帝，获国民代表全数一致通过！”

在紫禁城中，时常能听到外面的市声，大街上小贩的叫卖声，人们讨价还价的吵闹声，木轮大车的隆隆声，有时连骆驼骡马的喷嚏声也听得一清二楚。宫中的人们把这叫“响城”。自从袁世凯的总统府迁入中南海，随即又把北海、团城划归总统府范围后，紫禁城“响城”中听到最多的是军士们的歌声，仪仗队的喊叫声以及军乐的奏鸣声。

今天，大家清晰地听到中南海那边传来“万岁”的欢呼声，这声音在紫禁城回荡不息，人们个个心里打着寒战。

在毓庆宫读书的溥仪也听到了这声音，顿时脑子里一片空白。他知道，袁世凯就要做皇帝了，而自己也是皇帝。自古天无二日，哪有一国之中有两个皇帝的道理，何况袁世凯向来心狠手辣，溥仪虽在幼年，但自己危险的处境，他是十分明白的。

看着溥仪脸色发青，嘴唇发紫，陈宝琛的胡须不住地抖动着，手指不住地摩挲着书页，在皇上面前，在年幼的皇上面前，他更要抑住自己内心的不安。

紫禁城的人们又像被大雨淋了的蚂蚁一样，行动纷乱，举动慌恐。人们走路都显出怪异的模样，好像脚下踩着毒蛇似的。

小溥仪清晨起来，又听到张谦和那似秋蝉一样有气无力的读书声，道：“你别读了，让我们清静一会儿吧。”

几个太监伺候溥仪起床，刚穿戴停当，响城的声音又回荡在紫禁城，这是很嘹亮的号声。皇上怔在那里。

张谦和道："这是袁世凯吃早饭了。哼！吃饭还奏乐，简直是钟鸣鼎食，比皇上还神气。"

张谦和的背驼得更厉害了，深陷的眼睛投出怨愤的光芒。

溥仪瞪眼一动不动……

袁世凯穿着龙袍，金丝玉坠，志得意满一脸横肉地坐在几个桌子前，送膳的人一队队地走来，一桌子一桌子地摆上去。"哈哈哈……我比慈禧老佛爷摆的还多，比那什么太妃、皇上更多……"袁世凯狰狞着笑脸，那笑脸在变肿变大变肿变大，忽又变小变远变小变远。成群的姨太太在他后面，穿着军服的人站成方阵在为他奏乐，有几个人在为他搧着扇子。"我马上就要登基了……我要封你们，封你们……"袁世凯的脸又突然变肿变大变肿变大，鼻子肿胀起来肿胀起来……

"万岁爷，你怎么了？"

张谦和摇皇上，小皇上此时惊醒过来，原是在做白日梦。

"皇上浑身打颤，莫不是病了吧。"张谦和道。

"没什么。"

"是不是传膳？"

"我不想吃。"

"还是传膳吧。"张谦和见皇上没有什么表示，喊道："传膳。"

溥仪根本没有心思吃饭，喝了两口粥，便向四位太妃请安，从那里往毓庆宫。正走着，突然听到一声喊："我看到后宫了！我看到后宫了！"

紫禁城的人也惊恐起来，太监、宫女，值日的大臣、师傅，一齐向喊叫声望去，原来是保和殿上搭了脚手架，一个人站在那里边往后宫张望边叫喊。

内务府很快和总统府交涉，原来袁世凯要整修装潢三大殿，在那里举行登基大典。

虽然那放肆的喊叫声再也没有出现过，但那脚手架，那脚手架上人们的目光，使紫禁城的人都感到受到了极大的侮辱。脚手架根根扎向他们的心头，那目光直刺在他们心里。

在养心殿的台阶上，看那脚手架和做工的人们最为清晰。溥仪和太监们每当走到台阶上，总是有意无意地看三大殿的整修完成了什么样子，仿佛那东西捆绑着自己的命运似的。

不久，传来了一些让人们安慰的消息：袁世凯做皇上，不会让皇上搬出紫禁城，他们不会搬往颐和园。

溥仪绝不相信袁世凯，每天，他都仍然要看一下那些脚手架，一旦竣工，仿佛厄运就会降临。

一天，溥仪见到世续，道："袁世凯真的不会住进紫禁城？"

"万岁爷，奴才去和袁世凯交涉过了，袁世凯同意让皇上仍住在宫中，他是承认优待条件的。"

"可不能全信他。"溥仪道。

世续道："万岁爷放心，袁世凯已经写下字据了。要不，万岁爷随我去看看。"

在南书房，人们也正在看袁世凯亲笔写在优待条件上的几句话，见皇上来了，道："以后就由皇上收在养心殿吧。"

溥仪见那上面写道："先朝政权，未能保全，仅留尊号，至今耿耿。所有优待条件各节，无论何时，断乎不许变更，容当列入宪法。袁世凯志。乙卯孟冬。"

溥仪从世续这里回到养心殿，见王爷与四位太妃正在议论什么，见皇帝来了，几个人再不说话。世续跟在皇上的后面，溥仪见父亲载沣王爷和世续交换了一下眼色，好像有什么事，大家都在瞒着他。

溥仪向四妃请安后，王爷载沣道："皇帝，什么事情都会有王公们处理妥当的，皇帝还是要到毓庆宫好好读书，待会儿我去陈师傅那里再和他说说。"

溥仪道："王爷，我是皇上吗？"

载沣诧异道："你怎么不是皇……皇帝？"

溥仪道："袁世凯做皇帝后我怎么办？"

世续道："刚才不是给皇上看了袁世凯的亲笔跋语了吗，皇上还是皇上，他做他的皇上，两不干涉。"

"他说话一向都是不算数的，王爷你说对吗？"

面对皇上的质问，载沣道："他……他喜欢出尔反尔。"

世续道："这一次我拿脑袋担保，只要皇上答应了……"世续自觉失嘴，"袁世凯决不食言。"

溥仪道："他让咱答应什么？"

溥仪问王爷。

王爷载沣看了看四位太妃，四位太妃面面相觑，还是端康太妃心直口快，道："他要我们的玉玺和仪仗。咱们又派了世续到总统府，表示推戴他为中华帝国的大皇帝。"

溥仪仍狐疑地问着殿里的人们，表示仍不放心。

载沣道："我的话皇帝总……总该信了吧，大总统确实不会对皇帝怎样。"

瑜妃道："皇帝还是读书去吧，这里的事，你就别操心了。"

溥仪看问不出什么，就走出了养心殿。

溥仪刚出殿门，载沣便禁不住呜呜地哭了起来，四位太妃也跟着哭，哭了一会儿，载沣道："同意了吧，就同意这……这门亲事吧。"

端康太妃看着其他三位太妃道："同意了吧。"

其他的三位也点了头。

载沣便对世续说："还是你去总统府去答应了这……这门亲事。"

世续道："这样最好。"

原来，袁世凯想把自己的女儿嫁给溥仪作皇后。载沣和四位太妃不愿意，但是见到了皇帝一脸的愁容，一脸的狐疑，恐生不测，他们在溥仪进来的那一刻，在心里其实都一致同意了。

载沣和世续的话并没有让溥仪安下心来，到了毓庆宫，陈师傅的表情和一番话却使溥仪的心里踏实了许多。

溥仪坐下后，陈宝琛站起来往门外和窗外望了望，见没有人，便从怀里掏出一张纸条，神秘地笑了笑。在这种时刻却发出笑容且是会心的微笑，这让溥仪很惊奇，道："陈师傅，那纸条上写着什么可乐的事？"

陈宝琛道："袁世凯是兔子的尾巴，长不了的。"

"是吗？"

陈宝琛走上前来，把纸条展开在溥仪面前的几案上，道："臣昨天卜得的易卦，皇上看看，大吉大利。"

溥仪看见字条上写着："我仇有疾，不我能即，吉。"

"皇上，这就是说皇上的仇人袁世凯前途凶恶，不能危害皇上，他连皇上的边也沾不上。不瞒皇上说，老臣还烧了龟背，卜过蓍草，一切都是吉利的，皇上就放心吧，以我看袁世凯百日内就有血光之灾。"

溥仪也振奋起来，脸上显出兴奋的红润。

陈宝琛见皇上高兴，又道："现在北京城里到处都是执法处和警察厅的警探，茶馆、饭店、旅社凡是有人聚集的地方都贴了'勿谈政事，致于严究'的字条。他袁世凯越是这样，越是说明这个独夫民贼就快要完蛋了。他称帝，皇上在这里，皇上您是真命天子，百姓的心向着皇上啊。得民心者得天下，失民心者失天下。袁世凯民心尽失，用刺刀封百姓的嘴巴，他还能长久吗？"陈宝琛又向前靠了靠道："就是袁世凯的总统府，也是也有人反对他呢……"

溥仪的眼睛也是亮闪闪的……

"有一个叫崔启勋的警官，在纸上写道：'匹夫创共和，孙中山不愧中华先觉；总统做皇帝，袁项城真乃民国罪人。'昨天，这个崔启勋被押向刑场，一路上，他在囚车里高呼：'奉劝诸位同胞，当今之世有子弟者，千万莫教他读书，千万莫教他写字。这就是读书写字的结果。'皇上，那革命党就要和袁世凯狗咬狗了，他们都是乌合之众，不是正统，那是注定要失败的。"

从毓庆宫出来，溥仪神采奕奕，张谦和等太监很感意外，不知陈师傅给他灌了什么药。

正走着，见溥伦带人来拿仪仗。溥伦见皇上在前面，遂走上前请安："恭请万岁圣安。"

溥仪见他手中的东西，一阵心酸，复又悲愤，道："你见到袁世凯也是这样的吗?"

张谦和等露出惊恐的神色。这些天来，他们人人都对溥伦陪着小心。如今溥伦可是袁世凯的红人，他向袁世凯上了劝进表，袁世凯许给溥伦亲王双俸，又让他做了议长。所以这些天，连太妃王爷师傅们也都对溥伦陪着小心，向他做着笑脸。如今太监们见皇上对溥伦这样，生怕溥伦在袁世凯面前说坏话，个个心里惊慌。

这时，溥伦跪在地上道："奴才的心永远是向着万岁爷的，奴才为袁世凯做事，也是为旗人着想，为皇室着想，万岁爷您要明鉴此事，莫让奴才做屈死的鬼。"

"哼，你告诉袁世凯，他是兔子的尾巴，长不了的。天作孽，犹可违，自作孽，不可活。袁世凯这个独夫民贼多行不义必自毙!"

溥伦跪在地上满身的冷汗。

溥仪说完，转身走了，张谦和等太监，许久才楞怔过来。

到了养心殿的台阶上，溥仪不由得又向太和殿、保和殿、中和殿上的脚手架投去愤恨的目光，但今天，却少了些恐惧。

这时，张谦和等已跟了来，见皇上今天的神情，心里也受了鼓舞。

张谦和道："袁世凯就是作恶多端，正像皇上说的，他是独夫民贼，长不了的。听说他花了二百万元粉刷了三大殿，他说他最喜欢看那上面飞舞的金龙和耸立的朱红柱子。袁世凯还向咱宫中取了龙袍的样子，在咱宫中请了裁缝。据说，袁世凯的两件龙袍花了八十万元，用金丝织成，嵌上宝珠。因为咱的玉玺是满汉合璧的，他就不用大清的玉玺了，花了七十多万元做了六颗玉玺。这样的人，在世上是不会长久的，万岁爷您说的对，这样的乱臣贼子，是兔子的尾巴。"

晚膳，溥仪吃得特别香。他觉得他是正统，是真命天子，那些作乱的蟊贼，都不会长久。

日本。东京。

首相大偎和外相加藤高明正在大偎的办公室紧张地布置着。

大偎道："东亚理应是我大日本帝国的范围，可是英国却横加干涉，美国也指手画脚，这把我们大和民族置于什么境地？实在令人气愤。如今，英国对袁世凯称帝一手包办，若袁世凯一头倒进英国的怀抱，对大日本帝国的利益，必造成重大威胁，你看应如何处理此事？”

外相加藤高明道：“我已电令驻华公使日置益回国，调整对华政策。在下以为，大日本帝国此次必采取坚决措施，一者驱除英国势力，在英人面前展示我大和民族的雄武及决心；二者给袁氏一个下马威，要让他知道，在东亚，我大日本帝国才是真正的主人。”

“想必你已有方略了。”

加藤高明道：“我已对德宣战，与英为同盟，可以突然出兵青岛，谅英国及袁世凯也不会有什么说词。据我估计，英人似乎已与袁世凯在青岛问题上有了什么交易。我们的情报部门已觉察到袁世凯有派兵青岛的迹象。所以目前出兵青岛已刻不容缓。”

“好！”大偎道，“我们的意见是一致的，事实上军队已作好了一切准备。我不仅要占领青岛，还要占领胶济铁路及沿线地区。”

“好！”加藤高明道，“另外，袁世凯向与英美亲昵，从大日本帝国的利益出发，应寻找代替袁世凯的实力人物。在下已命令有关人员与冯国璋、段祺瑞、张勋等接触。”

大偎道：“除此之外，我大日本帝国在此时应采取断然行动，逼袁驱英。”

加藤高明道：“首相所言甚是。此时英德法俄欧战正急，大日本应乘机扩大在东亚的影响，使大日本帝国成为东方的主人，使大和民族立于不败之地。”

大偎首相道：“我与有关方面商量，已决定定出条款，逼袁世凯签约施行，把这些条款骤然放到他袁世凯面前，看他有何举动，我们要逼得他进退维谷。”

“高明，首相高明。不知首相对条款有何指示。”

大偎首相道：“条款内容大致有五个方面，具体的内容由你负责拟定。这五个方面的内容是：一、承认日本继承德国在山东的一切特权，山东省不得租借给他国，准日本修建铁路；二、日本在满洲南部、东部和蒙古东部可以租借土地、修建铁路、开采矿产并可以自由居住和经营工商业；三、把汉阳铁厂、大冶铁矿、萍乡煤矿等变成中日合办企业，中国不得自行处理，附近矿山不准公司以外的人开采；四、所有中国沿海的港湾、岛屿不租借或让给第三国；五、中国政府必须聘用日本人当军事、政治、财政顾问，中日合办警察和兵工厂。你负责把这五个方面具体化，也可补充或改动。”

“吆西吆西，这才是大和民族的气魄。首相，在下这就回去办理。”

大偎道：“越快越好！”

“哈伊！”加藤高明转身走出首相办公室。

第三天，加藤高明已经把大偎首相的五项指示具体化为二十一条并获政府通过和元老们的赞赏。此时，日本军队也已开进了青岛和胶济铁路沿线，动作果断迅速。

驻华公使日置益回国接受加藤高明训令，带着“二十一条”当天便转回北京。

次日，日置益大使偕参赞小幡、书记官高尾径直来到总统府拜见袁总统。

袁世凯在办公室接见了他们。

日置益大使开门见山地道：“总统阁下既要高升一步，何必舍近而求远呢？难道日本没有能力保障大总统实现宏伟愿望？今天，日本政府对总统表示诚意，愿将多年悬案和衷解决。兹奉大日本帝国政府之命，面递条款，愿大总统赐以接受，迅速商议解决，实两国之幸。”

说罢日置益递上“二十一条”。

袁世凯阅览以后，道：“容我们详细考虑，再由外交部答复。”

“大总统可要像我们大日本帝国一样，拿出诚意来，巩固我们两国传统友谊。”

说罢，日置益等昂然而去。

“日本人欺人太甚！”袁世凯愤怒得犹如一头被逗恼的狗，狂叫着。

当晚，袁世凯紧急召集会议，商讨对策。其心腹文武徐世昌、段祺瑞、梁士诒，外交总长孙宝琦、次长曹汝霖等都参加了。

梁士诒道：“日本人狂妄无礼，竟开外交恶例，把条款直陈总统而绕过外交部，亘古未有。”

徐世昌道：“我看这‘二十一条’所用公文程式纸，其上都印着极精良的无畏舰及机关枪的水印文，分明是恐吓。”

曹汝霖道：“日置益让人传话给外交部，说日本人对我‘远交近攻’的政策早就不耐烦了，由此可能造成恶劣的后果。这虽不是正式的外交照会，可也可能反映了日本政府的真实意图。”

外交总长孙宝琦道：“这二十一条也太过苛刻，若稍和婉一些也可接受。此等丧权辱国，谁也不愿答应。这分明是日本给中国政府的难堪。”

袁世凯道：“以我国目前的实力及国内的形势，拒绝日本的要求也是不妥。还是安定重要，各位都想想办法吧。”

会议开到深夜，大家的思路渐渐统一，即：如何既能保全民国政府的面子，又能满足日本人的要求。

最后，袁世凯作了人事调整，由陆征祥任外交总长，曹汝霖任外交次长，这一时期专门负责“二十一条”的问题。同时，袁世凯又使出了一些小花招……

两天后，冯国璋联合十九省将军发通电：要求政府应拒绝日本的无理要求，为保卫国家主权，我军不惜一战。

同时，国内外反日舆论高涨，民情沸腾。

外交部总长陆征祥于是接见日大使日置益道："舆论沸腾，军界异议鹊起，政府答应贵国的所有要求一定有困难，有关条款应当修改。"

日置益向国内发出报告。

外相加藤高明电训日置益道："各省将军之通电，必是袁世凯授以密令；民情沸腾，亦必袁氏有意泄漏有关内容，以此表示其政府接受条款实有压力。这一套玩支那人尚可，对我帝国，毫无影响。只是袁氏借舆论增加谈判砝码的办法，可能有悖于其初衷，中国的民情，可能发展到袁氏所不能控制的地步，望你密切注意。"

这一夜，袁世凯又是很晚才回去。他沮丧得很。日本人步步紧逼一点也不放松，对条款，不愿作任何更动，不答应看来是不行的，连英国人美国人都没有办法。要做皇上，看样子只有答应了这"二十一条"。可这"二十一条"也太"损"了，把我们国家的体面剥尽了。

袁世凯越想越烦恼：他本想给国人透露点消息，鼓动一下舆论和日本人讲讲条件，可是不仅日本人不吃这一套，这老百姓也不体谅政府的苦衷，不顾国家的安全稳定，各大城市居然都成立了什么组织，抵制日货，又是游行，又是演讲，越闹越凶。

1915 年 12 月 12 日，袁世凯宣布当皇帝，改国号为"中华帝国"，废民国年号，1916 年起为"洪宪"元年。次日，总统府改为新华宫。袁世凯身穿大元帅服，带着后妃，在中南海居仁堂接受了文武百官的朝贺。

随后按封建爵位，大封有功之人。

封黎元洪为武义亲王。

封徐世昌、赵尔巽、李经羲、张謇为"嵩山四友"，特恩许不称臣。

封一等公张勋、龙济光、冯国璋、倪嗣冲、姜桂题、段芝贵、赵秉钧（追封）；二等公刘冠雄。

封一等侯汤芗铭、李纯、朱瑞、陆荣廷、赵倜、陈宧、唐继尧、阎锡山、王卢元。

封一等伯张锡銮、朱家宝、张鸣岐……

公侯伯子男各爵分封后，受封者向洪宪皇帝三鞠躬，三呼万岁。

随后，袁世凯作了演讲："为救国救民，为国家稳定，为不负全国人民的拥戴，我做了皇帝。国民趋向君宪，厌弃共和，外邦友人，也谓共和民主不合中国国情，既然举国一心，共赞君王，我又何敢执一己之私见而违背民心？天心即民意，以民意可见天心，民意要实行君主制，我们怎能逆天违民？但是确有宵小之徒，好乱之辈，谋少数党派之私权，违背全国人民之公意，或造谣惑众，或勾结为奸，甘愿卖国为同国之公敌，同种之莠民。这些人在国为逆贼，在家为败子，蠹国祸家，众所共弃。对这些违法乱纪、破坏国家安定之徒，予唯有执法以绳，免害良善。特饬令各省文武官吏剀切晓谕，严访密查，毋稍疏忽。”

之后又宣布在1916年元月元日，举行正式的登基大典。

紫禁城又发生了“响城”。中南海居仁堂“万岁”、“万岁”、“万岁”的欢呼声清晰地传入紫禁城内，在各宫殿久久回荡。

毓庆宫内，溥仪听到这喊声不由自主地停止了念书，陈宝琛师傅也搁下手中的朱笔。

君臣二人四目相对，默默无语。

不久又传来嘹亮的军号声，毓庆宫中自鸣钟秒针的嘀嗒声和它遥相呼应。

“皇上，不要难过，他肯定是长不了的。”

陈宝琛的话说得有气无力，小皇上头耷拉着，十分沮丧。

见皇上这样，陈宝琛又进一步地说：“皇上，这袁世凯必定不长久，他先骗先皇光绪，后骗先太后隆裕，再又骗民国，又毒死为他效尽犬马之劳的赵秉钧，他已是天怒人怨，他就要完了，皇上只管安心读书。”

“散学吧。”溥仪道。

陈宝琛呆坐在那里，呆望着皇上。

溥仪走出毓庆宫并没有回养心殿，而是到长春宫的一个偏房里去找嬷嬷王焦氏。

宫女老妈子们见皇上来了，个个躬身敛衽，低首屏气。嬷嬷王焦氏听说皇上来了，忙走出房间接迎。

“几天不见，老爷子怎瘦成这样。”

王焦氏见到皇上来不及说客套话，惊讶地道。

小溥仪笑道：“这都怪嬷嬷。”

王焦氏吃惊地道：“怎么？”

溥仪道：“我没吃嬷嬷的奶。”

王焦氏道：“主子说皇上大了，可以断奶了。”

“我不断。”

几个宫女和老妈子把笑憋在了肚里，王焦氏道：“好吧，看看万岁爷的这句话是不是金口玉言。”

王焦氏随着溥仪边走边说来到养心殿，到了台阶上，不由地又往三大殿那里望了一眼——这已成了溥仪的习惯。脚手架已经拆除，袁世凯已经做了皇帝，就要举行正式的登基大典了。

来到东暖阁，其他的人退了出去。

“嬷嬷——”溥仪扑进王焦氏的怀里，抽泣起来。

王焦氏也不由地与小皇上抱头痛哭，哭了一会儿，王焦氏解开怀，小皇上伏在那硕大温暖的奶上吮吸了一会儿，甘甜的乳汁滋润着溥仪的五脏六腑，溥仪安静了许多，精神松弛了许多。

“万岁爷，”嬷嬷这时才说道，“不要难过，袁世凯长不了的。”

溥仪道：“师傅也这样说，我还以为他故意安慰我。”

“师傅是有学问的人，看得透，不像奴婢斗大的字不识一个。不过就让我说，那袁世凯也确实长不了的。”

溥仪仰头问：“为什么？”

“我听说，这袁世凯骗了皇上骗皇后，骗过皇后又骗大臣，骗过大臣又骗百姓，骗了中国又骗外国，一点也不实在，都被他骗一遍了，他也该完了。”

“这个跟师傅说的差不多。”

“就是，我听主子们说，他现在连老婆姨太儿子女儿也骗，那他身边就不会有一个人了，不完了才怪。”

溥仪露出笑脸，紧紧偎在嬷嬷的怀里，真的放松了。

过了两天，紫禁城里的人，人人都面露喜色，他们都在幸灾乐祸。蔡锷将军组织护国军的消息像春风一样迅速传遍紫禁城的每一个角落。一向封锁消息的禁城，却一反常规，哪怕有对袁世凯不利的一点点消息，也会传开。不久，又听说日本不知为什么原因，坚决反对袁世凯称帝，说袁世凯若称帝，大日本帝国只有兵发北京，保护日本的利益，吓得袁世凯急忙取消了登基大典。

这一消息太让人兴奋了，紫禁城的人奔走相告。

又过了几日，人们又说，护国军已打到四川，进军湖南湖北，袁世凯的北洋军也在不断地向护国军倒戈……

陈宝琛师傅这些天只讲《孟子》，说袁世凯“寡助之至，亲戚畔之”，袁氏的灭亡可指日而待。

好消息不断传来。

1916 年 3 月 22 日，袁世凯宣布取消帝制，袁世凯做了八十三天的皇帝。

听到袁世凯取消了帝制，溥仪精神百倍，太监们个个喜笑颜开。

张谦和道：“袁世凯是什么东西，胆敢僭夺万岁爷的名分。”

溥仪向四位太妃请安，太妃们的脸上都洋溢着欢笑。

瑜太妃道：“袁世凯不知羞耻，不知皇帝是天子，‘天子’，那是天命的，哪是凡胎俗子能做的。”

珣太妃也道：“哪一代皇帝不是秉天命而降？哪一个不是龙种？袁世凯是什么！”

到了瑾太妃的永和宫，端康太妃道：“这袁世凯，身为臣子，不好好地敬奉主上，倒想起称帝，与其自己称帝，还不如物归旧主。现成的皇上，他又要多事再去称帝，这是违天条的。皇帝你等着，他连大总统也做不长的，他的福分浅。”

溥仪高高兴兴地来到毓庆宫，陈宝琛师傅已笑容满面地坐在那里，见皇上来了，站起来。皇上坐下后，陈师傅从袖中拿出一张报纸，道：“各省纷纷挂起了护国军的旗帜，要求惩办袁世凯。皇上看，这上面都是声讨袁世凯的……”

溥仪拿过报纸，果然，上面都是讨伐袁世凯的文章，见一则海外华侨的通电说：“全国应一致倒袁，组织特别法庭，审判袁世凯。”

溥仪激动不已，道：“袁世凯真的完了！”

陈宝琛道：“多行不义必自毙。”

“袁世凯死了！”

“袁世凯完蛋了！”

袁世凯因焦虑急火攻心而病死的消息像春雷炸响在紫禁城的上空。

太妃们去护国协天大帝关圣帝君像前烧香，毓庆宫停了一天的课。

溥仪耳畔响起的都是令他心花怒放的声音。

“袁世凯失败，在于动了鸠占鹊巢之念。”

“帝制非不可为，百姓要的都是旧主。”

“有真命天子在，他袁世凯真不知天高地厚，倒妄想痴心地做起皇帝来。”

“袁世凯与拿破仑三世不同，他不像拿破仑三世那样有祖荫可恃。”

“与其听姓袁的当皇帝，还不如物归旧主哩。”

“本朝深仁厚泽，全国人心思旧，应该物归旧主。”

……

第十四章
念旧恶赐亡臣丑谥 逞童心捋恩师寿眉

载沣尴尬地笑了一下，道：“皇帝，还是看看在宗宗宗室的分上，另为赐个……吧？”溥仪理直气壮地道：“大清二百多年的天下，就断送在他奕劻手上，按说不该给谥，既然给了，就只能是‘丑’、‘谬’、‘幽’、‘丏’！”

这一天，溥仪又精神奕奕地走进毓庆宫，却看见师傅陈宝琛的脸上露出悲戚的神情。溥仪心里咯噔一下脸色煞白。这几年，陈师傅的脸就如政治晴雨表：那张脸若喜笑，虽身处险地，也必有喜事，前途光明；那张脸若忧戚，则必有祸事。溥仪心想，又发生什么祸事了？坐在那里，头嗡嗡直响，心扑扑扑直跳，心里面像塞满了棉花，堵得慌。

“皇上，”陈师傅终于说话了，“陆润庠师傅去世了。”

“嗨……”

溥仪长长地出了一口气，一颗悬在半空的心也放落下来，但仍旧突突突跳个不住。

陈师傅又道：“怎么，内务府没有向皇上禀奏？”

“没有……”

“这是不该的，应该马上让皇上知道才是。”

正说着，王爷载沣、内务府大臣世续、绍英、耆龄一齐来到毓庆宫皇帝的书房。

载沣道：“陆师傅仙逝了，内务府会议追赠他为太傅，并谥号为‘文瑞’，特来奏请皇上。”

陈宝琛道：“此事应先让皇上知道的。”

溥仪道：“是应该早点儿奏报的。”

绍英道：“这都是奴才们怠慢了，以后改正。”

世续道：“适才王爷的奏请，万岁爷恩准吗？”

溥仪望了望陈师傅，陈宝琛笑了一下，点了点头。溥仪于是说道：“准赐陆师傅为太傅，谥文瑞。”

“嗻。”

世续、绍英、耆龄退去。

王爷留下来，道：“陈师傅，陆师傅故去，你看谁可为帝师？”

陈宝琛道：“臣看梁鼎芬和朱益藩可。另外，古文功底么，还是徐坊。”

载沣道：“那我就禀明太妃，再和王公及内务府商量一下。”

朱益藩四岁就能写一手好字，光绪十六年恩科会试中贡士，殿试二甲第九名，赐进士出身。在保和殿御试时，钦点翰林院庶吉士。光绪二十三年大考翰林，取一等第一名，擢翰林院侍读学士，钦命南书房行走，兼经筵进讲大臣，在养心殿为光绪皇帝和皇后讲《贞观政要》。

徐坊是出名的孝子。其父在光绪年间做山东巡抚，遭诬陷，下刑部狱。徐坊在家则安慰母亲，在外则于狱中伴父。其父被判戍边，没出京城就去世了，徐坊扶柩回籍，徒步走泥淖中。光绪间两宫避居西安，徐坊奔赴行在，第二年护驾回京，遂擢国子丞。武昌变起，徐坊曾连上五封书，俱不报。逊位诏下，遂弃官居家。

三位师傅不久都相继来到京城，来到毓庆宫，都被赏紫禁城骑马，二人肩舆。可是，溥仪却有点失望，觉得这几个人都比不上陈师傅，梁鼎芬和徐坊都已老态龙钟。而朱益藩，讲课也精力不济，眼角上总有眼屎。有一天，溥仪打听清楚了，朱益藩好玩牌，玩个通宵是常有的事。

但渐渐地，溥仪都喜欢上了他们。

一天，徐坊老师讲着古文，溥仪似懂非懂，晕晕乎乎，看着自己的脚趾头，他想，两只脚的脚趾，就是两排仪仗队，于是在桌下演练起来，前后左右开步走，向左向右转，横排纵排，玩得有趣极了。猛一抬头，见徐老师摇头晃脑，正抑扬顿挫地读着书，而那瀑布似的白须和兔子尾巴似的白眉毛，也在摇晃跳动着。徐坊老师的白眉有一寸多长，耷拉在颧骨。溥仪好久就对这白眉惊奇，今天见它跳动，心里更是痒痒，于是便向前凑过去定睛地看。这时徐坊老师倒是发觉到皇上向他移近，见皇上盯着自己的眉毛，以为皇上特别欣赏，心里挺得意。不料，溥仪伸出手去，掐住一根，猛地一拔……

“哎哟——”

疼得徐老师呲牙咧嘴。

没过几天，徐坊老师便去世了。

陈宝琛师傅道：“皇上，徐师傅的那眉毛叫寿眉，怎能拔得呢？拔掉了他的寿眉，他还能活吗？还有阳寿吗？”

一席话说得皇上低下头去。

一天，在养心殿，世续递来一个奏折，说道：“奕劻死了，这是奕劻的遗奏。”

溥仪把奏折打落在地，道：“别弄脏了我的手！”

世续把奏折拾起，又递与皇上，道：“无论如何，他是皇室宗亲，何况如今已死，皇上可以原谅他一下，这是遗折，还是看看吧！”

“张谦和——”溥仪叫道，声音拉得很长。

“奴才在。”

“把遗折撕了。”溥仪命令道。

“这……”

张谦和看了看皇上，又看了看世续，不知如何是好。

“怎么，你敢抗旨吗？”

“奴才不敢。”

“那为什么不接过撕了。”

“这……”

“敬事房！”溥仪怒喝道，“把张谦和拉下去打十板子，他竟敢不遵旨。”

“嗻——”

世续见此，道：“皇上，奴才把它撕了吧。”

溥仪的举动震动了整个皇宫，也震动了王公旧臣。

第二天，溥仪正在养心殿准备乘轿去毓庆宫，突然奏事太监报有人求见。

溥仪来到东暖阁坐定，不一会世续带来一个人，王爷也在后面。

世续和来人跪拜后，又向王爷行了礼，世续才道：“万岁爷，这位是……”

“奴才叫载搂，多日不来拜见皇上，请恕罪。”说着捧出手中的锦匣道：“这是奴才孝敬万岁爷的。”

“有其他的事吗？”溥仪问道。

载搂道：“奴才实在不好开口，可又不能不说。我是庆亲王奕劻的次子，平时最知庆亲王罪恶多端，所以曾向摄政王举报过，摄政王可以做证的。”

载沣道：“是……是这样，他和载振有所不同。”

载搂见载沣这样说，便来了精神，道：“如今阿玛去世了，我们弟兄三人理应分得庆王府家产，各得其一，可是王府的财产，都被载振占去了。不瞒万岁说，在辛亥年武昌变乱的时候，袁世凯就向阿玛和小德张每人报效了三百万两银子。更何况，我们家的家产，只金银珠宝玩物衣饰等项，也有一万万两。我本想多得一点敬献皇上，以救大清之难之急，以济宫中的用度，可是大兄载振却一口独吞了家产，请皇上做主！”

溥仪道：“奕劻贪黩的事，你早不说晚不说偏偏在这时候说，分明是有私心。这事，你也别要求王爷，还是交给七叔去办吧。”

溥仪把此事交给载涛，又是一个明智之举。

"皇上，"载搂道，"家父虽罪大孽大，可也不能不给个谥号啊，皇上……"

载搂伏地叩头痛哭，其心哀，其心伤，出于真情。

载沣道："皇帝，就……就许了他谥号吧。不然，奕劻已去世他没……没有什么，可后人怎……怎么有脸在世上。"

是的，身为皇室宗亲，又是位极人臣，若讨不到现今皇上——虽然已逊位——的谥号，那是被认作奇耻大辱的。

载搂又跪地叩着头，呜呜痛哭。

溥仪心里烦乱，道："好吧，就给个谥号。"

"谢皇上。"载搂又是几个响头。

第二天，王爷载沣拿来几个谥号，恰巧，溥仪这两天感冒，没有师傅在跟前，不好请教，只好自己做主，便道："王爷，让我想一想，下午再赐吧。"

载沣道："那……好吧。"

载沣刚走，载涛进来。

溥仪道："怎么这么巧，王爷刚走，七叔就来了。"

载涛笑道："我是怕五哥在身边不好说话，特意等他走出殿门我才进来的。"

溥仪笑道："原来如此，七叔有什么话还要避着王爷？"

载涛道："五哥向来心善心软，经不住人家软缠温泡，皇帝可要拿定主意，外面沸腾得很，都是指责奕劻的。皇帝你想，奕劻贪赃枉法，欺君误国，得罪列祖列宗，我大清二百年基业，他一手卖了，我说不能予谥。"

"可王爷和内务府坚持要给谥，昨天我也答应了。"

载涛道："既然答应了，那就给他吧，不过给什么谥号，皇帝心里可要有底。"

溥仪笑道："这个么，七叔放心。"

下午，载沣和世续把谥号拿到养心殿，溥仪看了，有几个，什么"文"、"穆"……溥仪把它扔到一边，道："这怎么行，把那谥法都拿来。"

世续把二十多个谥字放在那里，溥仪在里面寻索着，他看到一个谬种的"谬"字，道："就这个！"

王爷和世续互望了一眼，载沣道："皇帝，还是换一个吧。"

溥仪又看到一个丑恶的"丑"字，就说："这个吧。"

载沣又表示反对。

于是溥仪又挑出个幽灵的"幽"字和乞丐的"丐"字，道："就这个了，随你们拣一个，或两个都用。"

载沣和世续又犹豫了一会，载沣尴尬地笑了一下，道："皇帝，还是看看在宗宗宗室的分上，另为赐个……吧？"

“那怎么行?”溥仪理直气壮地道，“奕劻收受袁世凯的钱，欺君卖国，劝太后让国，大清二百多年的天下，断送在他手上，按说不该给谥，看在他是皇室宗亲的分上给了，就只能是‘丑’、‘谬’、‘幽’、‘丐’。”

载沣见儿子这么认真，只好道：“那就按皇帝的意思办。”

停了一会儿，载沣又写了一个字，道：“皇帝，就用这个‘献’字吧，这个字是‘犬’旁，这这这个字不好的……”

王爷不会说谎，说谎就结巴，这个哄人的把戏被皇上识破了，溥仪道：“不行，就是不行!”皇上急得竟哭了起来，“我连‘犬’都不给他了，什么也不给了。”

载沣慌了手脚，忙道：“皇帝别哭，我找南书房去去拟一个去。”

第二天，皇上的病好了，来毓庆宫上课，皇上道：“昨天我和王爷争吵来着。”

陈宝琛乐得眼睛眯成了一条缝，道：“好！好！争得好，争得对。皇上有主见！有魄力！……有王虽小而元子哉!”

随后，南书房送来一个“密”字。溥仪觉得这个字可能也不是个好字，于是道：“就这个字吧。”

梁鼎芬从偏房里走出来，忙上前看什么字，见是一个“密”字，眉眼笑得如一朵花，直点着头，道：“英明啊皇上！苏洵《谥法考》上说：‘追补前过曰密’，奕劻贪赃误国，用‘密’来评定他，说明他本有大罪，天下恨之，死后也要追补其罪过。凡为忠义之臣，能不感泣吗！英明啊皇上!”

溥仪被梁师傅夸得飘飘然起来，他的耳畔总响着陈师傅那句话：“有王虽小而元子哉!”

日本东京。郊区的一个小院，很清雅，数间堂屋和厢房掩映在雪松樱花之中。

川岛芳子闻说有人来见，慵懒地来到前厅，可是当她望见眼前的人，顿时满脸热泪地扑上去：“七哥!”

川岛芳子呜呜地哽咽着，伏在宪七的肩上痛哭。

宪七道：“哭什么，哥哥高兴还来不及呢。”

芳子道：“你们把我扔下了。我是亲王府的格格啊。”

“在京城你不是这样的啊，那是你可是很向往日本的。”

川岛芳子抬起头，宪七顺势推开她。川岛芳了看了看宪七道：“你们是把我卖了。”

宪七道：“小妹，我们全家没有哪一天不念叨你，都盼着团圆的那一天，要不是孙文和袁世凯，我们能过着这种日子吗？你现在在这里，也是为了恢复祖业呀！”

“可是……”芳子欲言又止，因为她看到了宪七身后川岛浪速那阴鸷的眼睛。

川岛浪速道：“一家骨肉团圆，本来是万分高兴的事，就不要说那些令人沮丧的事了。以我看，我们的时机来了，大清复辟的机会成熟了。”

宪七道：“就是，袁世凯死了，北洋军也显出罅隙，这正是我们恢复祖业的好时机。”

川岛浪速道：“到里面坐下来说吧。”

来到正厅坐下后，川岛芳子道：“哥哥，阿玛还好吗？奶奶还好吗？”

宪七道：“父王母亲和全家都好，你就不要惦记了。”

“七哥怎么现在来了？”

宪七道：“我来和川岛先生商量起兵恢复大清的事的。”

川岛浪速道：“大日本帝国政府已做出决定，支持满蒙的事业，箭已在弦上。”

芳子道：“哥哥此来，能呆多久？”

“明天就回旅顺。”

川岛芳子望着川岛浪速，近于哀求地道：“让我和七哥单独呆一会儿，行吗？”

“哈哈哈——这当然可以，不过，还是先吃了饭再说吧。”

席间的气氛并不热烈，虽然宪七和川岛浪速显然很激动。川岛浪速的头发几近秃光，两只眼睛凹陷得更深了，六十多岁的人虽然已是老年，可川岛浪速的脸上有的只是皱纹，有的只是干巴巴的皮，样子比同龄人显得更苍老。只是眼光如刀子，如鬼火，显出的野性则超过年轻人。

晚饭过后，川岛浪速道：“你们兄妹说说知心话吧。”

川岛芳子见川岛浪速确已走远，忙奔到宪七面前道：“七哥，带我走吧，带我走吧。”

宪七惊讶道：“这怎么可以，你已是他的女儿，阿玛许过的，你也已加入日本籍，又姓了川岛，怎么可以回去呢？除非这是川岛先生的意思。”

“七哥，”芳子跪了下来，泪流满面，“我求求你了，带我回去吧。”

“小妹你不要任性，我知道你在这里举目无亲，可能还要受到日本军方的注意或训练，但是，既已走到这一步，又怎能回头呢？说实在的，现在我们已倾家荡产，为的是组建一支军队，现在我来是请求日本帮助的，日本的一个财团已愿意出钱，大偎首相也答应了支持满蒙的勤王行动。这个时候，你怎么可以任性呢？”

芳子霍地站起：“袁世凯、孙文把你们逼得倾家荡产，可你们却把我卖了。”

“又说这种无知的话。刚才在川岛先生面前说这话我就非常生气。再说，当初做他的女儿你也是情愿的，现在怎么这样！”

芳子道：“好！好吧！去吧！去吧！去为你的大清国去吧！”

“小妹，我真的要走了，但愿我们家有团圆的那一天，但愿我们能恢复祖业。明天川岛先生也与我一同前往，此去凶多吉少，你就别说那些不知高低的话了。”

芳子在日本过着非人的生活，多次想以死了之，可最后都没有下定决心，如今听说川岛浪速要到中国去，又燃起了她生的希望，没有了川岛浪速，她的生活中就少了条豺狼。

宪七告别了川岛芳子，川岛浪速从侧房里迎出来，道：“明天见。”

“明天见。”于是挥手告别。

川岛浪速送了宪七，搂过芳子道：“我要纳你为妾，这次我就要和你阿玛谈这件事。那时，我们就是名正言顺的夫妻，不再是父女关系，这样碍手碍脚的。”

在川岛浪速邪恶的灵魂里还有一样盘算：他还不算老，他还有广大的前途，但他出身太低微，如果能做了亲王的女婿，那他就成了贵族，人们就该对他另眼相看了。

川岛在大连已组成了二千人的军队，以日本浪人为主，肃亲王在旅顺也组织了军队。川岛浪速一到，他们迅速汇合起来，准备在奉天起事，而担任外围进攻的，是巴布扎布的军队。川岛浪速早就派出青柳和木泽两个大尉潜入蒙古。此次川岛和宪七从日本回来后，宪七便在巴布扎布联络员的引导下，也潜入蒙古。日本军方帮助肃亲王善耆和日本浪人把子弹包装成火柴盒，把炸弹装在大酱桶里，偷偷地运到蒙古。

宪七一到内蒙，巴布扎布便扯起“勤王之师扶国军”的大旗起事。

潜回到北京的铁良、溥伟等人与日本浪人一起，纠合了近二千人，也准备举事响应。

隆裕太后宾天后，皇上又回到长春宫居住。但他在长春宫的时间很少，只是在那里就寝，他的大部分时光是在养心殿和毓庆宫度过的。由于皇上的要求，在陈宝琛师傅的支持下，内务府给皇上了订了几份报纸。溥仪觉得这些报纸比那些枯燥的古文经传有趣多了，所以，他天天都要在养心殿看报纸。

一天，他见报纸上登着内蒙勤王的军队打到了石家庄的消息，便问陈师傅道：“勤王的军队是怎么回事？”

“皇上说的是巴布扎布王爷和肃亲王阿哥的军队吗？”

“是的。”

“想必皇上是从报上看的。”

“是。”

陈宝琛道：“巴布扎布已被部下杀死了，军队已经溃散。”

皇上似乎很失望，长叹了几口气。

陈宝琛又道：“巴布扎布和宪七阿哥是利用日本人搞满蒙独立，只是打着‘勤王’的旗号而已。不过他们心里装着皇上，这倒是真的。依臣看来，利用外邦恢复大清是不明智的，外国人靠不住，他们都是在为自己着想，把中国人当利用的工具。比方说，如果满蒙独立真的成功的话，那它就成了日本的殖民地了。所以皇上也不必为他们的覆亡感到伤心。”

溥仪道：“我曾听说铁良来到北京，不知道事情如何？”

陈宝琛道：“这事，臣就不知道了。”

溥仪心事重重，他从来也没有过这种心境，居然对宫中以外的人如此牵挂，他带着两个御前小太监，在紫禁城中转悠着，这瞅瞅，那瞧瞧，好像失落了什么，好像在寻找什么东西。

又到了冬天，又是一个年头，紫禁城又被一场小雪覆盖，溥仪踏在刚刚扫过雪的石板地上，吐出的气息成了白雾，黄色的琉璃瓦被薄雪覆盖，飞起的檐角张望着天空。溥仪心想，这檐角想腾空飞去，可是有这下面的条椽牵扯着它，以致于处在这种不飞又不行，欲飞又不能的境地。

第二天，在养心殿里，溥仪在报上又看到一条消息：宗社党人和日本人要暴动，可是被事先侦破制止了。

恰好，此时载涛进来。溥仪知道，皇室和外界的许多事都靠他周旋。于是问道：“铁良怎样了？”

载涛诧异道：“皇帝也关心这事了？铁良已回青岛了。”

“这些都是不可为之事吧？”

载涛瞪大了眼睛，他觉得皇上突然长大了，于是道：“是的。可是有些事，人们往往明知不可为而为之。”

“大总统那里是怎么打发的？”

载涛道：“这个，皇帝不必担心。现在是黎元洪做总统，段祺瑞做国务院总理，我们都已派人去解释打发了。事实上民国的军队在和勤王复辟的军队打仗，我们想脱去干系也不容易。我们派了溥伦去拥戴大总统和段总理，现在看来，宫中已经无事，黎元洪已把袁世凯拿去的仪仗还给宫中。我今天来，就是要和皇帝说一下，和内务府商量一下，黎元洪总统和段祺瑞总理在元旦都要派人来向皇帝拜年，我们先把这事安排一下。”

溥仪在当天没有到毓庆宫，不一会儿，载沣也来了，随后又召来陈宝琛和梁鼎芬两位师傅，几个商量了一下，由陈师傅向总统和总理分别拟了元旦贺词，派内务府绍英以皇帝的名义送去。同时，又商定了，在元旦和春节期间的大小节日，载沣就以醇王府的名义向总统和总理赠送礼品。

元旦那天，紫禁城又热闹起来，总统和总理都派了礼官来向皇上拜贺，总统还特意派了仪仗队和乐队，溥仪也破例下旨放进这些人一直到养心殿门口。溥仪坐在养心殿的宝座上，听着仪仗队的口号声和军乐队嘹亮的吹奏声，心痒难忍。过去，在响城时经常听到袁世凯总统府和新华宫仪仗的口号和军乐的声响，今天，来到了自家的门口却不能动一动，坐在宝座上，一脸严肃地接受总统派来的礼官的朝贺。而绍英也在念着答词。

一切完毕后，溥仪来不及换衣服，穿着龙袍戴着帝冕跑到殿外，可是乐队和仪仗队已没有了踪影。

正月十四是溥仪的生日，溥仪很想大总统再派军队仪仗来，可是总统府和国务院只是派了礼官，这在溥仪心里不能不说是一种遗憾。可是在遗老旧臣乃至于太监宫女那里，则犹如下了一场春雨，希望的禾苗又茁壮生长起来。满街上都能见到清时的袍褂，时时出现旧时的顶戴，而王公们的马车则骄傲地滚动着车轮。袁世凯称帝时隐匿的王公大臣，都如荒滩地上的蝗虫一样，从野草丛中蹦跳出来，他们出入于议会、总统府和国务院，出入于达官新贵们的私宴和聚会。

溥仪也忙个不停，内务府不断地来请旨，赏赐谥号，赏赐花翎，赏赐顶戴。

现在，人们对“优待条件”都深信不疑，对复辟大清都抱有幻想。

和宫中所有的人一样，四位太妃也沉浸在无比的欢乐之中，先前在袁世凯称帝时的那种惊慌已荡然无存。

瑜妃、珣妃、瑨妃聚在太极殿里。

珣妃道：“三姐，你是有主见的，要拿个主意儿，那胖妹妹天天派小太监到长春宫和养心殿，行着她后宫主人的角色。这样下去咱们怎么办?”

瑜妃道：“姑姑不要担心，只要咱姐妹拧成股绳，她胖妹妹能强到哪儿去。”

珣妃道：“九姐整日什么事也不问，这本是件好事。可有关咱姊妹们的前途，你也不能袖手旁观呀。”

瑜妹称珣妃为姑姑，其他人则称珣妃为三姐，瑨妃则是九姐。

瑜妃道：“恢复祖业不是不可能。到时候太后的位子该是谁的呀?”

珣妃道：“若立太后，说什么也轮不上她瑾妹。光绪爷是继咱同治爷的，咱在前，她在后。”

瑜妃道：“可她现在在宫中主持，是王爷同意了的。”

珣妃道："那是袁世凯的主意，王爷当时是迫于压力的。"

瑨妃道："所以，咱们也不能忘了母育皇帝的责任，我们都是皇额娘。"

几个女人唧唧喳喳说了半天才散去。

瑜妃送走珣妃和瑨妃，正要进殿，听前面一片吵闹声，当确定是长春宫的人在吵闹时，便急忙令太监扶自己来到长春宫。

一见瑜主子到来，长春宫的吵闹声立即停住了。瑜妃令太监老妈子都集中起来，道："方才我分明听到有打架叫骂声，闹得沸反盈天的，怎么这会儿都哑巴了。"

"我要告诉万岁爷，哼！"

瑜妃望过去，见是溥仪的看妈张连禄，便道："你和谁打架。"

一个太监道："她整日骂我是猪，我不就胖点儿吗？奴才实在忍耐不住她的讥笑，就还了句口，说她是螳螂，她顺手就给了奴才一巴掌。"

此时张谦和与阮进寿进来，听到刚才"胖子"的话，看这跪在地上的一群，知道是发生打架的事了，这在宫中，特别是万岁爷的宫中，那还了得。

张谦和与阮进寿跪在地上，叩头如捣蒜，道："瑜主子惩罚我们吧，我们愿罚，我们知罪了。"

瑜妃想，这正是和万岁套近乎的时机，张谦和兼有教育皇上的职责，皇上称之为"罕达"，而张连禄是看妈，对她按宫中的规矩应该驱逐出宫，可是她从小看护皇上，皇上能割舍得了她吗？

瑜妃道："你们都起来吧。"

众人怎敢起来。

瑜妃道： "我看看妈和胖子也是一时口角玩笑，并没有什么记恨的，是吗？"

看妈张连禄忙道："是的，是的，奴婢只是和他口角，并没有什么玩笑之外的意思。"

"那你刚才还要告诉皇帝哪。"瑜妃道。

看妈忙说："主子饶了奴婢吧，奴婢一时在气头上，乱说的。"

瑜妃道："既是玩笑玩恼了，也没有什么，比不上真的打架，要驱逐出宫的。但在万岁的宫中，也不能嘻闹如此，这样太放肆了。"瑜妃扫了大家一眼，厉声喝道："敬事房。"

"奴才们在！"

"把胖子和看妈各打三十板子！"

"嗻——"

"谢主子，谢主子。"

看妈和胖子叩头谢恩。

瑜妃走出长春宫，张谦和送她出来，道："主子的好处，奴才记在心里。"

长极殿距离长春宫最近，于是瑜妃便不时地到长春宫中，对下人特别和气。而瑾妃则成日寒着脸，派来到长春宫的太监，也颐指气使的，让人厌烦。渐渐地，长春宫的人们都喜欢瑜妃，而一听瑾太妃就心寒。

一天，瑜妃又来到长春宫，见宫中只有嬷嬷王焦氏，便道："二嬷（宫中人都这么称王焦氏），宫里的人都到哪去了？"

"回主子，都到养心殿去了。"

瑜妃道："你怎么没去？"

王焦氏道："我去那里也没有什么事的——主子您坐下说话吧。"

瑜妃道："不了，你陪我散散步吧。"

说是散步，其实就是在长春宫中来回地走。

瑜妃道："二嬷，皇上现在吃奶吃的还多吗？"

王焦氏笑道："他有点害羞了，只是现在倒比以前好撒娇了。"

"嗨，虽说是皇帝，可毕竟还是个孩子呀。"

王焦氏道："主子您真是通情达理，我看这宫中的人都不这么看。老爷子小小年纪，承受了那么多，怪可怜的。"

"二嬷，你有个女儿是吗？"

"是的，比万岁爷大三个月。"

"想她吧？"

"想。"

可是王焦氏不知道，她的女儿已死去八年了。

瑜妃道："过些天我让她来会亲。"

王焦氏跪在地上叩头道："我谢谢主子了……谢谢主子的恩德。"

瑜妃忽然想起了什么，拉起了王焦氏，"二嬷，刚才我不是说会亲吗？既然宫女的父母能来宫中探视她们，妈妈的家人也可到宫中叙天伦，那么皇帝的母亲怎么不能来看看儿子呢？"

王焦氏激动地道："主子是说让北府的福晋奶奶来看万岁爷？"

"是的。"

王焦氏又跪地叩头道："我先替万岁爷谢谢主子了。"

瑜妃又问道："皇帝说过他想母亲吗？"

"没说过。只是刚来的时候，整天哭叫着要回家，要娘，有时在梦中还叫还哭……那情景，真让人伤心。"

"现在，他可能忘了他母亲了。"瑜妃道。

"不会吧，过了多少年也不会忘的。说实在的，万岁爷天资聪明，可是我看，万岁爷对人情世故，知道的太少，这太不好了。"

晚上，溥仪回到长春宫，王焦氏满脸欢容地道："老爷子，快过来，我告诉你一件大喜事！"

溥仪忙跪过去，扑在她怀里道："什么喜事？"

只有在王焦氏这里，溥仪才全忘了君臣之礼，而且在别人面前也不避讳，大家也都习以为常。

王焦氏道："老爷子，瑜主子要安排万岁爷会亲呢！"

"什么？会亲？"皇上疑惑地道。

"对。"

"什么是会亲？"

王焦氏笑道："就是让北府的福晋奶奶来宫中看皇上。"

出乎王焦氏的意料，溥仪并不像她预想的那样激动，而是冷淡地道："是这么回事。好，好。"

王焦氏看着溥仪这种表情，这种反应，一阵心酸。

瑜妃却正在高兴。

瑜妃叫来珣妃和瑨妃，把她想让醇王府的福晋来会亲的事儿说了。

珣妃道："这事对我们能好吗？皇帝和她的亲生母亲关系亲密了，那不就疏远了我们？"

瑨妃道："三姐这样做是对的，北府的福晋虽是皇帝的亲生母亲，可她却只是福晋，永远也只是福晋，这名分是不可改的。而我们这样做，不仅和皇帝亲密了，和北府也走得近了。"

珣妃笑道："还是三姐的脑瓜子好使。"

第二天，瑜太妃把想法告诉了内务府，内务府又转告了醇亲王载沣，奏明了皇上。

为郑重其事，在养心殿里，四位太妃、皇上、载沣王爷、载涛贝勒及内务府，齐集一起，专门讨论此事。

瑾太妃端康道："二百多年来，对皇帝，大清没有会亲一说。皇帝既入宫，母育的职责就属后妃，如今，我们四位就是皇帝的额娘，北府福晋来会亲，是什么身份呢？"

瑜太妃道："'世易时移，变法宜也。'宫中的礼法也是要随时随事而变的。皇上在读书之余会亲是不影响什么事情的。至于说到二百多年来没有会亲，那是因为先代的皇帝都出自宫中的缘故。北府福晋来会亲后，仍是君臣关系，至于皇额娘，当然只能是我们四位。"

大家最后都同意了瑜太妃的建议，而会亲的一切事宜，也就由瑜妃主持负责了。

溥仪的弟弟溥杰一夜未睡，起得晚，刚用过早点，就有太监来报，说是福晋和老福晋都在等着他呢。

“什么事?”

那太监道：“肯定是大事，老福晋和福晋都很紧张呢。”

溥杰随太监快步来到老福晋的信果堂，见老福晋和福晋及妹妹韫媖都已在这里，听老福晋哭泣着道：“这下好了，我们能见着他了。”

溥杰诧异地道：“怎么了?”

福晋道：“宫中的瑜主子宣我们进宫会亲，你就可以见上你皇上哥哥了。”

溥杰一阵激动，母亲平日总是教导自己努力读书，将来辅佐哥哥恢复祖业，说到动心处，常常流泪：“将来大清的事业，就靠你们了。你阿玛是个没主见懦弱的人，可不要学他。”

现在，就要见上皇上哥哥了，他怎能不激动呢。

福晋道：“杰儿，你和韫媖去迎接天使，他已向这边来了。”

溥杰和韫媖连忙出门到廊外恭迎天使，兄妹两个肃立在那儿，也不敢抬头。不一会儿，天使走来，奏事太监高声道：“天使到——”

溥杰、韫媖随后道：“恭迎天使。”

那位天使头戴金饰，身穿袍褂，踱着方步来到信果堂。溥杰和韫媖跟在后面。天使进堂后，站在堂屋中央的东侧。老福晋、福晋带着溥杰和韫媖，对着方桌望空向太妃请安，然后半向左转退到桌子两侧依次而立。

天使这时正颜肃目朗声道：“瑜主子问老福晋、福晋好，传老福晋、福晋带着溥杰阿哥、韫媖大格格进宫会亲。”

溥杰此时定睛看这位天使，原来是他过去的贴身小太监刘得顺，此时出息了，做了宫中的天使。

刘得顺说罢将太妃所赐的尺头、玉佩、荷包等物，交与醇王府的太监，太监把这些赐品恭放在桌子上，于是老福晋、福晋、溥杰和韫媖便跪下向北磕了三个响头谢恩。

这时，刘得顺才道：“奴才给主子们问安了。”

于是给老福晋、福晋、溥杰、韫媖每个人磕了三个头。

刘得顺由天使的身份复变过在醇王府中做过事的太监，说话就轻松了。他们于是议定了进宫带几个妈妈、几名太监、住多少天。

刘得顺道：“二爷，主子要赐给二爷花翎，入宫前要准备好。”

福晋道：“顺儿放心吧，什么事都会圆满的。”

紧张地准备了几天，溥杰和韫媖也排练了几天，进宫会亲的日子终于到了。

老福晋和福晋各乘一顶八抬大轿，溥杰和韫媖分乘两辆大车。一行人走在大街上，引来了不少行人驻足观看。到了神武门，轿子继续前行，其余的人跟随。到了内廷的苍震门，王府的官员停下来，只剩下看妈和太监随福晋、阿哥和格格进去。福晋和老福晋都换成了二人肩舆，经过御花园，绕过太极殿，来到长春宫。

老福晋一行人到了西配殿休息，此时，刘得顺过来向福晋道："福晋奶奶，少时主子赏二爷花翎时，二爷要碰头谢恩，都准备好了吗?"

没等福晋开口，溥杰道："我不会碰头，可是翎子我已经带来了。"

刘得顺笑着道："二爷先别嚷，翎子还没赏给你呢。"

福晋瞪了溥杰一眼道："少多嘴!"

刘得顺道："待会儿二爷听到主子赏戴花翎时，二爷要立即跪在地上，摘下官帽放在右膝的右前方，再把脑门触地三次，然后戴上帽子再叩三个头，听清楚了吗?"

溥杰道："听清了。"

不一会儿，一位太监过来请福晋到了体元殿。殿内南窗炕沿上，坐着一位身穿古色长袍的女人。

刘得顺高喊："醇王府老福晋太太、福晋奶奶、二阿哥、大格格向敬懿瑜主子叩安。"

于是老福晋、福晋、溥杰、韫媖便向瑜太妃磕了三个头。随后献上贡物八盒点心。

瑜太妃道："你们辛苦了。"

刘佳氏等道："谢主子赐福，到宫中会亲。"

瑜太妃道："赏。"

于是便有小太监捧着一个小方盘，另一个太监从方盘内取出绿玉戒指给老福晋刘佳氏和福晋瓜尔佳氏，取出两枚玉佩分别挂在溥杰和韫媖格格的襟前纽扣上。

于是老福晋一行人又是磕头谢恩。

瑜太妃道："平身，坐下吧。"

于是老福晋等坐在两边摆好的四把椅子上。

瑜太妃道："我看老福晋身体还很硬朗，平时要多保重啊。"

"谢太妃，蒙太妃的福，我的身子骨儿很结实。"

瑜妃道："这就好了。"她又转向瓜尔佳氏道："福晋，想皇帝吗?"

福晋还没有回答，老福晋刘佳氏哭出来，道："想，怎能不想……不知现在是什么样了。"

福晋瓜尔佳氏道："老福晋太太当时哭昏过去了，皇帝当时是她育养的。"

瑜太妃道："这都是人之常情，骨肉血脉之间，哪有不想的，所以我这次提出会亲的事，虽然祖宗没定这规矩，宫中没有先例，但于情于理，这样做是对的。祖宗在时，也会赞赏这样做的。”

刘佳氏道：“谢太妃了，我在世上的日子不会多，能见一见皇上，也就心愿全满足了。”说着又落下泪来。

正说着，有奏事太监道：“万岁爷来请安了。”

太妃道：“皇帝请安来了，老福晋，你们下去歇歇吧。”

于是，有太监前来把老福晋一行人又引回西配殿，此时，宫女们也都纷纷退去。

“皇帝，老福晋和福晋及阿哥和格格已经到了，待会儿就在院子中相见。你们母子团聚，我就不在场了。”

溥仪道：“谢谢额娘。”

过了一会儿，体元殿后门打开，张谦和与阮进寿都穿着官服戴着顶戴，在前开路，后面又是两个领班太监跟随，然后是御前太监，其身后，则跟着一群随用的小太监。

此时，西配殿也走出老福晋、福晋、二阿哥和格格。

两个人群相遇在院子中。

第十五章

皇亲入宫天伦初享
辫军进京闹剧重开

溥杰和韫媖见祖母流泪，突然想起了“临别必须垂涕”的教导，就用手指蘸着唾沫抹眼角，作着哭腔道：“皇上哥哥，我们走了。”回家后，瓜尔佳氏叫过溥杰和韫媖训斥道：“有往眼角上抹唾沫假哭的吗？”

阮进寿铺下一块黄色的拜垫，于是溥仪走上前跪下向老福晋道：“太太吉祥。”

老福晋头一晕，差点跌倒，道：“皇帝起来吧，起来吧，长高了，长高了……”说着差点儿掉下泪来。旁边的瓜尔佳氏扶了她一下，她明白了，便站在那里眼盯着溥仪。

溥仪又跪下去，道：“给奶奶请安。”

溥仪站起后，溥杰和韫媖齐齐跪下道：“给皇上哥哥请安。”

溥仪笑了：“起来吧。”

溥仪心想：“这下好了，有了可爱的弟弟和妹妹来了。”

溥杰和韫媖扑闪着眼睛，心道：“原来皇上还只是个小孩子呀。”

一行人进了西配殿，皇上和老福晋一行人落座后，张谦和示意太监们和妈妈们全退去。

刘佳氏道：“宫中看护的还好吗？我怎么看皇帝还没有杰儿壮实呢？”

瓜尔佳氏道：“老太太是平时想皇帝想得入迷了，总想着皇帝现在该是亭亭玉立或顶天立地了。我看，皇帝的气色精神很好，个头比杰儿高了半头，很好，很好。”

瓜尔佳氏的心里也觉得皇帝有点瘦弱，说这番话，既是开导老太太，也是开导自己。

溥杰此时道：“我还以为皇上哥哥是个白胡子老头呢，今儿一见，才知道和溥杰差不多。”

这句话把大家都逗笑了。

溥仪心想：“我要是生活在醇王府肯定会更幸福。”于是说道：“我没能生活在祖母和母亲膝下。我想，杰弟弟和韫媖妹妹一定会快乐，”他望着溥杰和韫媖，道：“是吗?”

皇上的话，勾起了刘佳氏的无限心事。刘佳氏道：“我从来就不觉得皇宫里有什么好，可这都是慈禧老佛爷的主意，没办法的。”

溥仪道：“嬷嬷王二嬷时常提起太太和奶奶，太太和我想象的没什么差别，奶奶和我的想象是有出入的。”

福晋道：“皇帝想象我是怎样的?”

溥仪道：“我认为母亲就如二嬷一样，很高大，结实。”

福晋道：“我的个头也不小呀，身子也很结实的。”

溥仪又道：“我以为母亲一见到我就会把我抱在怀里……”

瓜尔佳氏眼睛一红，道：“我也以为儿子会扑在我的怀里，搂着我的脖子……”

刘佳氏又流出了眼泪，道：“皇帝，过来，让我抱抱吧……”

溥仪走过去，刘佳氏苍老的脸绽出春晖般的笑容，那双皮包骨头的手把皇帝抱进怀里。

溥仪激动万分，觉得他的血已和祖母的流在了一处。老祖母虽然已老态龙钟，溥仪却觉得，她一定会和嬷嬷一样健康长寿。

此时，门口有太监叫道：“主子赐老福晋、福晋、二阿哥、大格格在体元殿和主子同桌用膳……”

第二天，老福晋带着一行人依次拜望其他三位太妃。

第三天，用过午膳后，溥仪在祖母、母亲处说了一会儿闲话，道：“太太，奶奶，让溥杰和韫媖到养心殿去玩会儿吧。”

福晋道：“问问瑜主子吧。”

瑜主子笑道：“你们早该这样了，快去玩儿去吧。”

刘佳氏心道：瑜太妃还真是个通情达理的人。

来到养心殿的西暖阁，溥仪把太监都轰了出去。

溥仪道：“你们在王府里玩什么?”

溥杰道：“荡秋千、踢毽子、捉迷藏。”

“你们也玩捉迷藏呀!”溥仪欢喜地道。

“当然。”溥杰道。

“你们都和谁玩?”溥仪道。

溥杰说：“我、大妹、二妹、三妹，还有小太监一齐玩。皇上哥哥，你也会玩吗?”

“当然。”

“可是你和谁玩呢？”溥杰问。

“和太监，总是我赢。”

溥杰道：“那怎么会呢？”

溥仪道：“我们三个就玩捉迷藏。好吗？”

“好！”溥杰蹦起来。

韫媖道：“这里黑洞洞的，我怕！”

溥仪道：“我们就在这里，不许出这间屋子的，不行吗？”

“那好吧。”韫媖道。

大家说好了“皇上哥哥”先找，溥仪四下里寻找起来，不一会儿，就发现大钟后面藏着一个人。

溥仪想这必是妹妹，便突然叫道：“妖怪来了，妖怪来了！”

“啊——”韫媖喊叫着从落地大钟的后面跑出来。

“哈哈哈……”溥仪笑起来，他从来也没有这么开心过。

“皇哥哥犯规，皇哥哥吓人，这次不算。”韫媖道。

“好，媖妹妹，这次算我犯规。”

“那下次再吓人，怎么罚你？”

“什么，我是皇上还罚我？”溥仪道。

韫媖被溥仪说得一愣，这时，溥杰不知从哪里溜出来道：“皇上哥哥犯规了也要罚，不然怎么叫规矩？李世民还依法办事呢。”

“你也学了《贞观政要》——好，谁犯规都罚，可怎么罚呢？”

韫媖道：“谁犯规了就罚谁当马骑。”

溥杰一听，道：“媖妹，这行吗？他是皇上哥哥。”

溥仪却道：“行。”

于是兄妹三个又玩起来。直到张谦和来叫他们吃晚饭，三人才大汗淋漓地出来，兴致未减。

几天过去，会亲就要结束了。溥仪对弟妹们恋恋不舍，对瑜妃道：“皇额娘，以后还会亲吗？”

瑜太妃笑道：“今后来的更多，住的时间再长点。”

“那太谢谢皇额娘了。”

溥仪又来到祖母、母亲处见了一面，道：“太太、奶奶常来。”

刘佳氏道：“会的，会的。”

“把两个小妹妹也带来。”

刘佳氏道：“一定一定。”说着就要流泪。

溥杰和韫媖见祖母流泪，突然想起了“临别必须垂涕”的教导，就用手指蘸着唾沫抹眼角，不料被瓜尔佳氏看见了，可这小兄妹俩仍装作没人见到，作着哭腔道："皇上哥哥，我们走了。"

回家后，瓜尔佳氏叫过溥杰和韫媖训斥道："有往眼角上抹唾沫假哭的吗?"

国务院。段祺瑞总理办公室。

段祺瑞问旁边的曹汝霖、陆宗舆道："若不对德宣战，形势果真很严重吗?"

曹汝霖道："我们向日本借了一万万元，议定二千万用之于中日军械同盟，由日本人代我国改善兵工厂，八千万用之于组织参战军，由日本人担任教官。若不对德宣战，这笔款项如何能借到手?"

陆宗舆道："此次日本内阁和军界意见较统一。日本参谋次长田中将军保证，将来征讨南方，日本将尽全力支持。"

段祺瑞武力统一全国的谋略已盘算多年了。陆荣廷、李烈钧盘踞南方多年，已渐成气候，对北方威胁很大。张作霖于东北割据称雄，已羽翼丰满，阎锡山在山西已成土皇帝，等等，等等，多如牛毛的军阀，各据一方都在扩充自己的势力。而北洋军内部，也已出现分裂端倪，直系皖系渐有相离的趋势。若能在此时借对德宣战之机扩充自己的实力，那么在中国的舞台上，段祺瑞就可以唱主角。

此时段祺瑞的"小扇子军师"徐树铮道："很显然，若不对德宣战，日本人是不愿出资帮助我们的，而这正是大帅大展宏图的良机，不可丧失。再说，府院之争由来已久，此次再也不能后退，否则我们说话的分量就大打折扣了。"

段祺瑞道："有什么办法让黎元洪同意呢?"

徐树铮道："总理可以以内阁辞职与社会治安为辞，看看黎元洪的反应。"

"真是憋气，还要去找他。当年若不是你拦着，我早掀翻他了!"

徐树铮笑道："他拿着鸡毛当令箭，一叶障目，不识泰山，只是自取灭亡而已。老总你也不要放在心上。"

段祺瑞来到总统府总统办公室。

黎元洪忙迎到门口，握手道："总理满面春风，有什么好事?"

段祺瑞道："我今天谒见总统，特向总统请示欧战的问题。"

黎元洪道："我国虽大，但国力瘠薄，参与欧战，是不明智的。"

段祺瑞道："欧战已经三年，德国必败无疑。乘此机会参战，则可以提高我国在国际上的地位，又可收复德国占领租用我国的领土，总统为国家强盛着想，为消弥府院之隙着想，应该同意这种请求才是。"

黎元洪道："按照宪法，对别国宣战，应由国会同意才是，此事就由国会决定吧。我本人实在是无权作主。"

“那么总统个人意见呢？”

黎元洪道：“自然是以国会的意见为意见。”

段祺瑞道：“国会鱼龙混杂，良莠不齐，各党各派各据一己之私而不恤国家利益，若把此事交由国会讨论，恐怕会争吵不休，徒然丧失富国强邦、提高我国国际地位的良机。”

黎元洪道：“宪法如此，又如何不交国会讨论呢？”

“总统若明确表示主张，则国会就会有良好的秩序，我仍认为总统应明确表示立场。”

黎元洪道：“我对欧战的情况至为模糊，近又传闻德俄媾和，国际局势，诡谲多端，故此我身为国家元首，担一国之安危，不能不慎重，所以我还是听听国会的意见再说。”

段祺瑞的心里已似倒海翻江，气愤填膺，但仍心平气和地道：“总统，内阁多持参战之意，各省督军也谓我国军队今非昔比，在国际上应有自己的相当地位。恕我直言，如果总统在此事上暧昧，恐怕政府会有危机，社会治安也难保证，国家又将陷于混乱纷扰之中。”

黎元洪道：“虽然如此，我也不能干违法的事。我黎元洪性命事小，国家宪法事大。比起国家宪法，我又算得了什么呢？”

段祺瑞霍地站起，从牙缝中挤出话语：“总统，你可要承担全部责任，各省督军已厉兵秣马摩拳擦掌，都瞪眼看着总统哪。”说罢扬长而去。

众议院开会的日子到了，国会门前突然涌出蜂群般的请愿者，请愿者有“市民代表”、“陆海军代表”、“五族公民代表”、“政界代表”、“学界代表”、“商界代表”，横幅铺天盖地，人数号称有五六千，其实有二千人左右。这些人人人手中挥舞着传单和请愿书，把众议院包围得水泄不通。

“议员来了！议员来了。”

随着一声喊，人群旋风般地围住一个议员，向他塞着传单，念着请愿书。这个议员看来是立场不甚分明的，只顾点头哈腰，装点出笑脸，好不容易钻出人群走进议会。

“反战派的议员来了！”不知是谁喊了一声，忽啦啦人群把几个议员围住。“打死他们！”

于是人们的拳头在议员的身上挥舞，手指甲在议员的脸上抓出血印，唾沫喷了议员们一脸……

有个人高声喊道：“好了，我们是文明的国民，就放了这些反人民的反战议员吧，他们不文明，卖国，我们不能跟着学他。”

这个人一喊，人们才散开一条缝，议员们狼狈地进入议会大厅。

有些议员往人群中望去，因为刚才那喊话的声音有点熟悉，这一望不要紧，望一眼气炸了肺。那高声在人群中叫喊的人，正是国务院参议陈绍唐，而另一群人的核心，正是陆军部咨议张尧卿。

这显然是段祺瑞指使的。本来，参战是可以顺利通过的，不知是谁给段祺瑞出的馊主意，惹恼了议员们。

黎元洪很高兴，本来心里没有底，不知议员们向着谁，可现在，段祺瑞的拙劣戏法帮了他的忙。

段祺瑞则万分气恼，在国务院的办公室里暴跳如雷："这些狗屁议员，真是茅厕里的石头又臭又硬！"

段祺瑞又授意"请愿公民团"向国会发动攻势，于是会议厅周围布满的警察也成了"热切的爱国者"，在请愿团的"感召下"，同情请愿者，允许"公民代表"自由出入议会大楼，而对议员们则只许进不许出。

请愿的"爱国公民"扬言道："不通过对德宣战案，你们议员们就甭想出院，我们要把国会烧掉，把你们烧死！"

一阵摇旗呐喊，有砖头瓦片飞进会场，议员抱头四处乱窜。

议员们越来越恼怒："这把我们当成什么了！做这样的议员真窝囊。"

"我们辞职，等新内阁成立再讨论对德宣战吧。"

议员们在会场拍案狂叫，会场外，请愿者则继续向议会围攻。

从上午九点钟一直到下午四点，议员们饿极了，而请愿者则大嚼领到的大饼油条。

到黄昏六点钟，段祺瑞才给议会打来电话，说他已饬军警解散公民请愿团。

而议员们此时则愤激到了极点，一致要求段祺瑞到会场说明今天的情况。段祺瑞想，我还是亲自到议会再加一把火，通过参战决议案算了。于是，段祺瑞刚一入会场，请愿公民代表向议会提出最后通牒：限议员于二十四小时内投票，倘不通过参战案，即请政府解散国会；倘政府不允所请，即由公民自动将议院拆毁。

段祺瑞待公民代表读完最后通牒，道："你们也太急躁了，我代表政府保证，你们的愿望一定受到重视并得到尊重。现在还是请你们平息一下情绪，给议员们一点时间，给政府一点时间……"

"别听他胡说，他是幕后指挥。"一个议员叫道。

"是的，他让流氓打我们，我们就扣下他。"

"把他当作押头，切莫放走了他。"

段祺瑞做梦也没想到议员们会把他包围住。不久，国民党员伍廷芳提出辞职，不再干外交总长了。议员有在政府里兼职的也纷纷递交辞呈。段祺瑞立时成了光杆总理。他见如果再闹下去会对自己更不利，于是派马队驱散了公民请愿团。

第二天，“京津各界联合请愿团”发表通电曰：“全国人民一致要求对德宣战。昨京津各界组成请愿团前往国会申明人民意愿，表达人民心声，可政府却指挥军警威迫请愿公民，马踏请愿之手无寸铁之民众。此等镇压人民以正常途径表达心声的行为，违背宪法，我京津各界联合请愿团将对政府此种践踏人权的行为依法起诉。”

伍廷芳看了这个电文，道：“段祺瑞卑鄙如此，真一小人矣！”

黎元洪在总统府暗自高兴。府院斗争斗到这种程度，他始料未及，以他的实力，是不能取得如此的战果的。此时，有几位内阁部长来递交辞呈，黎元洪道：“还是慎重地考虑一下吧。”

几位部长道：“段祺瑞不是得意而忘形，就是蛮横无理，我们无法和他共事。”

黎元洪接过他们的辞呈，在每份上写上“交院”两字，道：“你们首先应到段总理那里提出辞呈才合乎手续。”

几位部长道：“我们不愿见他，他是个十足的小人。”

段祺瑞在府学胡同召开紧急会议商量善后的对策。

“总理不如暂时引退。常言道缩回的拳头击出去更有力。”不知是谁这样说道。

段祺瑞道：“我若辞位，政府瘫痪，国家又陷入无秩序的状态，为维持秩序，我还是忍辱负重、卧薪尝胆为好。”

于是段祺瑞又来到国务院他的办公室，可是各部已辞职一空。枯坐了一会儿，实在觉着无聊，便回到家，召来徐树铮道：“还是辞职了吧。”

徐树铮道：“老总，可以再组织督军团嘛。”

于是第三天，督军们进京，这些各地拥兵骄横的军事首脑一进京，段祺瑞顿时来了精神，黎元洪则躁乱起来。

不过，督军团并不像有些人估计的那样会采取什么过分的行为，却是大摆筵席起来。

曹锟、李厚基、田中玉欢宴直隶籍议员，张怀芝宴山东籍议员，王占元、赵倜、阎锡山、倪嗣冲分宴鄂、豫、晋、皖各省议员。这些武人此时显得儒雅起来，他们口径一致：请议员以国家为重，维持与国家休戚与共的段内阁。

过了一天，全体到京的督军又联合欢宴全体国会议员于迎宾馆。不过，尽管督军们请议员吃，请议员喝，甚至还请他们到小姐那儿跳舞，可是议员们吃了喝了玩了，依旧不同意参战。

段祺瑞急了，组织了督军们联名签名，要修改宪法，解散国会，否则，可能举行兵谏。

"兵谏!"

黎元洪看到督军们联名的呈文，也急了，虽然目前的形势对他很有利，可是他手里没有军队，而段祺瑞纠集的这些人一起举事，却是难以对付的，要真是用枪杆子和黎元洪说话，黎元洪就慌了。

黎元洪长得高大威猛，在办公室里踱着步，犹如一只北极熊晃荡在冰面上。终于，他想到了一个人，安徽督军、长江巡阅使张勋！这个最爱出风头又最自命不凡的人，这次却没有和其他督军们联名。黎元洪知道，骨子里张勋是反袁世凯也反段的，而且也反对对德宣战，虽然过去他和张勋干过仗，但现在却有可能联手对付段祺瑞！不过，得找一个能言善辩而又被张勋敬重的人去当说客，谁合适呢？黎元洪突然灵光一现，想到了李鸿章的侄子李经羲，这个被袁世凯封为'嵩山四友'的人，正是张勋的老上司，他的话，张勋是能听进去的……

徐州。安徽督军张勋坐在将军府里，得意地观望着时局。这位安徽的督军坐镇徐州，令身为江苏总督的冯国璋很不快活，曾向张勋提出移防安徽首府安庆的要求。但张勋说他是政府任命的长江巡阅使，整个长江流域他都可驻防，将军府设在徐州并无不妥。

张勋从来都没有断绝过复辟大清的梦，以至于现在他的头上还留着辫子，他的军队也都留着辫子，人称"辫子军"，而呼张勋为"辫帅"。

他对袁世凯称帝背叛大清极为恼恨，恨袁世凯没有听自己的劝告扶植小皇上重登大宝。袁世凯的倒台让他欣喜，但黎元洪继任总统恢复国会又让他忿忿不已。所以府院发生争执，他拍手叫好，发展到今天剑拔弩张的地步更让他激动不已。他认为现在出面力挽狂澜的时候到了，他复辟大清扶保宣统重登大宝的机会到了。

正在这时，侍卫官报告道："李经羲先生奉大总统之命来访。"

"好！蒋干过江来了。请!"

张勋迎出去，见李经羲颤微微地走来，忙跪下去，咚咚咚磕了三个响头，脑后辫子上下翻飞。

李经羲被张勋的憨态和诚意打动，忙拉他起来。"那时我就常说，张勋是个人才，文武兼备，必有出息，果然。"

张勋道："都是蒙老上峰栽培。"

李经羲道："你不但事业有成，为人又诚实义气，老夫一生之中有两位部下值得骄傲，第一是你，第二是蔡锷，可惜他英年早逝，不然，他可以做你的臂膀的。"

几句闲话后，张勋道："老师你说吧，大总统有什么事要俺效劳?"

李经羲道："总统只是让我来看看你的意思，只要能得到你的支持就行了，倒没有什么具体的事。”

“那好吧，老上峰，走，咱喝酒去。为老上峰，为大总统，您看看咱的表现，大总统是刘备，咱就是赵子龙！”

有了张勋的支持，黎元洪胆气顿雄，很快下了总统令，免去了段祺瑞国务院总理的职务，同时，李经羲被任命为总理，王士珍被任命为京津警备总司令。

段祺瑞免职后在天津发表声明：“黎总统免国务总理令未经段总理本人副署，不发生任何效力。将来地方及国家因此发生何种影响，本人概不负责。国务总理段祺瑞。”

段祺瑞此电一发，第一个响应的是倪嗣冲，他立即在蚌埠发表声明，宣布安徽独立。随后奉、黑、浙、赣、鲁、闽、陕等省也相继独立，张作霖通电说：“吾军已枕戈待命，声讨、兵谏中央。望我大总统悔悟。大兵到日，即清君侧，三策士、四凶、五息、十三暴徒都将要绳之以法，以惩其蛊惑总统之罪。”

黎元洪此时请求王士珍出面，同时电邀张勋作调解人。

张勋见黎元洪这个憨瓜已完全按照自己的意愿办事，赶走了段祺瑞，而又把自己当成救命的菩萨，便把脸一翻，发表通电说：“黎大总统要张某作调停人，张某既为督军团盟主，现即指出调停条件如下：一、修改宪法；二、段内阁复职；三、斥退宵小；四、赦帝制犯人；五、排除议会中之暴烈分子。限于五日内答复。”

随后，张勋以盟主的身份电邀督军到徐州开会。

督军们赞成盟主的见解：恢复大清以强国家，实行立宪以稳社会。

他们都在一块黄绫上签了字，没有到会的，由代表签。徐树铮代表段祺瑞签下了复辟清室的盟约。

十七省结成了同盟！张勋捧着黄绫子激动得老泪横流。

火车从徐州出发向北驶去，车里尽是辫子军。车轮辗动大地，发出隆隆声响。

张勋和段祺瑞在天津短暂会晤。

“绍轩，”段祺瑞道，“我会全力支持你的，你就大干一场吧，我对黎元洪，对共和，对民主，早就烦透了。”

张勋得到了段祺瑞的亲口保证，他的军队又在段军的人群中顺利穿过，他感到无比高兴。

面对如蛇的火车向西北爬去，段祺瑞站在那里，在昏黄中，久久不愿离去，直到火车的踪影和喷出的白烟完全消逝，他才转身离去。

"真是一把好刀！"段祺瑞道。

北京，前门车站。

荷枪实弹的士兵站了一排又一排，刺刀抽出来，寒光闪闪。城楼上、城墙上、卖票的大厅上，站满了士兵，架上了机枪。

黄土从前门车站铺开去，一直铺到南池子张宅。

黎元洪派来迎接的代表一看这阵势，吓得浑身冒汗、两腿发软。看那黄土铺的方向，看样子张大帅是不会到总统府去住的，没有办法，站在这里等吧。

军士的刺刀把欢迎的人群和火车的站台隔开。军乐队不知疲倦地不断地吹奏着重复着那些让人烦腻的旋律。

火车像一条灰蛇爬来了，哐啷哐啷几声停了下来，吐出一串白烟。

白烟里，有人打开车门，放下车梯，然后下来甩着辫子、挎着大刀、别着盒子枪、端着长枪的几队兵。两队兵雄纠纠地站好，有人高喊："张大帅到——"

声音如刚才的汽笛长鸣。

"嘀嘀嗒嘀嘀——"

随着军乐队响亮的号声，张大帅一身戎装从车上迈下来，圆圆的肚子向前挺着，圆圆的巴掌在空中挥舞着，圆圆的眼睛威武地瞪着。

"欢迎张大帅！"

"欢迎盟主！"

口号回荡在蓝天和白云之间，响彻整个北京城。

口号声中，许多人挤上去和张大帅握了手讲了话。黎元洪的代表好不容易地挤了上去。

"欢迎张大帅莅临北京。我代表总统代表全国人民对大帅的到来表示热烈的欢迎。"

总统代表的话，好像张大帅没有听到；总统代表伸出的手，好像张大帅没有看到。张勋一挥手，头一晃，肚子一挺，转身走向汽车。早有人把汽车门打开，大帅滚了进去。

第二天，黎元洪又派代表去请张勋，这次张勋昂然地来了。前面又是马队开道，后面又是一长串的汽车，汽车后面又是耀武扬威的马队，而两边则是扛着挂上闪闪刺刀的长枪的士兵。

汽车的顶盖突然退去，里面站起一个人来。

"辫帅！那是辫帅！"

随着喊声，街道两边的人流往那个站在汽车上的人望去。但见他头戴瓜皮小帽，帽中央嵌着宝石二方，脑后拖着根辫子，身着纱袍套以玄色马褂，镶以韦陀金边，足蹬乌缎鞋。

张勋车子过去之后，两边路上留下些兵士，这些兵士看着城里的东西很稀罕，都伸手摸摸打打，见好玩的，则往腰里一塞。老百姓刚要跟他们理论，一见他们脑袋后头那根辫子，就全都忍了。

张勋在总统府唾沫横飞吹胡瞪眼趾高气昂地讲话："总统，你让老张来，老张就来了，我现在呀，有几件事，要请你给办一下。"

黎大总统道："大帅说吧。"

张勋道："把优待清室的条件写进宪法，能办到么?"

"能，能。"

"还有一条，我的军队要加二十个营，军饷明天就拿。"

"现在就可拨。"黎元洪道。他奶奶的，把国家剩的几个钱都给他吧，至于明天是喝西北风还是西南风，管他呢!

南河沿张宅。

康有为不知从哪里冒出来，来到这里。溥伟从青岛赶来。郑孝胥从上海赶来。

三人骤然间聚集在一起，互相介绍后，都相见恨晚，彼此听到对方的名字都如雷贯耳。

康有为道："溥亲王组织宗社党，一直在为清室奔波，今天在这里相见，真是三生有幸。"

溥伟道："康先生名震中外，多年来为君主立宪而奔走呼号，先生的名字，早已如雷贯耳，今日得见，足慰平生。"

康有为道："郑先生屡次拒绝民国，不为高官厚禄所诱，隐迹上海，真是高风亮节。"

溥伟道："我早听说郑先生诗文为国中一绝，诗比曹子建，字如赵孟頫，早就有一字千金的传闻，今日得见如此道德诗文俱佳的高士，深感大清气脉仍绵延不绝。"

三人正在闲话，张勋推门而入，叫道："高人，高人，都是俺日思夜想的高人……"

话没说完，他便摘下帽子，扑嗵跪在地上，三位"高人"都知道他现在还行前清的礼节，于是都齐刷刷地扑嗵跪在地上还礼。

互相磕头礼毕后，几个站起，又是几句客套话。

溥伟道："大帅已誓师来京，兵屯城外，我以为，现在正是好时机，把民国以来的共和政权一概扫除!"

康有为道："要给民国政权以突然打击，不可前怕狼后怕虎，打击要迅速猛烈，不给民国以喘息机会，不给他以翻身机会。”

溥伟道：“要不计成败，敢下决心。”

郑孝胥道：“数年民国祸乱，群丑登场，群魔乱舞，百姓苦民国深矣、久矣。廓清乾坤，见朗朗之寰宇，荡涤污秽，显清明之世界，锄奸扶正，救国拯民，在大帅之一举。大帅振臂一呼，则天下云集响应，大帅忠君复辟之事业，即可席卷天下。”

“好！”张勋道，“今晚我去拜见涛贝勒爷，明天即到宫中叩见天颜，勋以为，拨去乌云见青天的日子到了！”

人人感奋，复辟胜利在望。

紫禁城。毓庆宫。

溥仪刚要坐下读书，见七叔载涛贝勒急匆匆地赶来，后面还随着世续和载沣。溥仪知道必定有什么大事，就站在那里。载涛示意两位师傅到旁边的一间屋里去，于是梁鼎芬和陈宝琛便随载涛、世续和王爷载沣进到一间屋去。不一会儿，陈宝琛师傅和梁鼎芬师傅出来又回到书房，而王爷、贝勒和内务府大臣世续又匆匆走出毓庆宫。

看着两位师傅合不拢嘴情不自禁地微笑的面孔，溥仪悬起的一颗心放下来，知道是喜事而不是坏事。

陈宝琛师傅道：“皇上，今天皇上就不要念书了，有位大臣来给皇上请安，一会儿奏事处太监会来奏事的。”

“谁呀？”

“张勋。”

“张勋？是那个不剪辫子的定武军张勋吗？他不是在徐州吗？”

梁鼎芬笑容可掬，点头赞许道：“正是，正是，皇上记性真好，正是那个张勋。”

梁鼎芬给溥仪讲过在民国二年，袁世凯扑灭“二次革命”，就是以张勋的辫子兵攻陷南京的。梁师傅又讲过，袁死后，督军们在徐州开会，推了张勋为盟主，而会议声明的第一款就是，尊重优待清室的各项条件。这些，不知为什么，溥仪记得很清楚。

陈师傅道：“待会儿皇上可以讲一下梁师傅给皇上说的故事，要夸赞他的忠心，皇上可要记住了，他现在是长江巡阅使，有六十营的军队在徐州、兖州一带，皇上可以问问他军队的事。皇上能记住这些吗？”

“能。”

“那好，”陈师傅又叮咛道，“张勋必夸赞皇上禀赋聪明，皇上切记，一定要谦虚答之，这就是示以圣德。”

"满招损，谦受益。"梁师傅补充道，"越谦逊，越是圣明。上次陆荣廷觐天颜，到现在写信来还不忘称颂圣德。"

是的，上次陆荣廷觐见，两位师傅也是这样反复嘱咐。

溥仪于是乘轿前往养心殿，一路上，他都在极力地想象着张勋的模样，可是到了下轿子的时候，在他的脑子里张勋的形象也没有成型。

溥仪刚到养心殿，奏事处太监报两江总督兼摄江苏巡抚、长江巡阅使张勋到。

溥仪坐在养心殿高大的宝座上，望着前面，见一个矮矮胖胖圆球样的人走来，他穿着一身纱袍褂，黑红的脸色，眉毛粗重，头上还戴着红顶花翎。

"臣张勋跪请圣安。"

"张帅平身。"

"谢皇上。"

"坐下来谈吧。"

张勋又跪下："谢赐坐。"

张勋坐下来后，溥仪道："据我所知，张帅曾率军横扫虎踞龙盘之金陵革命党，又在徐州会议上执十几省督军牛耳，宣言尊重优待清室各条件。故我常言，张帅忠心，青天可鉴。前次陆帅来觐见，我曾说，你二人当互为犄角，以成大业。如今还都好吗?"

张勋道："很好，我和陆帅北南响应，正在进行恢复大清的事业。"

"是啊，有了南陆北张两位忠臣，大清有望，中国有救——我时常这样讲。你在徐州、衮州的军队如何?"

"臣驻守徐、衮，军队整肃，个个要报效大清，献身皇上。如今提五千雄兵，进驻京郊，正待皇上指示进退，皇上若有指示，他奶奶……我……臣的几千儿郎，就会为皇上效命，扫荡那些坏蛋!"

"听说张帅有六十营兵，我皇室当拨出内帑，扩充张帅的军队，以资恢复大清事业。"

张勋喜不自胜，下来又磕了一个头："谢皇上。"

溥仪道："不必这样多礼，坐下吧。"

张勋道："皇上真是天禀聪明。"

果然这么说了，师傅真是料事如神。于是道："我差得很远，我年轻，知道的事挺少。"

张勋道："本朝圣祖仁皇帝也是冲龄践祚，六岁登基呀。"

溥仪连忙道："我怎么能比得上祖宗，祖宗雄视天下，而我逊位闲居于宫，天壤之别。若无像张帅这样的忠臣一柱擎天，形势真乃不堪设想。"

溥仪见过张勋后，并不喜欢他：这个人如此粗鲁，成不了大事的，师傅说他如曾国藩，看样子是溢美之词。

张勋听皇上说出这番话，真是五内沸腾，遂觉自己就是郭子仪，是一个盖世的大英雄，于是道："皇上放心，俺一定会荡平宇内，使皇上稳座宝座。俺张某人为皇上一定鞠躬尽瘁，效犬马之劳。"

随后，溥仪道："看赏!"

于是张勋跪倒在地，皇上赐给他一件件磁器，一幅幅字画，最后又赏他"紫禁城骑马"。

张勋谢恩后，出养心殿，四太妃又在坤宁宫赐宴为张帅洗尘。

第二天，在毓庆宫，溥仪刚一出轿子，就见梁师傅和陈师傅已笑容满面地迎上来。

陈师傅道："天子就是天子，和那些冒牌货是不同的。张勋夸皇上是真命天子，有天子气魄哪。"

梁师傅道："张勋夸赞皇上聪明谦逊，正是君临天下的贤明帝王。"

陈师傅道："皇上就要成为真正的皇上了。"

溥仪疑惑地道："陈师傅，我以前不是真正的皇上吗?"

陈宝琛慌恐地道："臣失言，臣失言。皇上一直是真正的皇上，可是没有治理天下，臣以为，皇上直接治理天下的日子不远了。"

皇上还想说什么，可兴奋的梁鼎芬这时终于抢着说上了话："皇上，以后就会走出宫中，君临天下了。"

溥仪并没有理解梁师傅所说的"走出宫中"的真正含义，但此时听到这句话，让他兴奋不已，模模糊糊中，脑海中又浮现了童年时代在乾清宫接待王公大臣们朝贺的影像：自己坐在高高的宝座上，三声鞭响，黑压压的人群，山呼海啸般的"万岁"的呼声……

第十六章
惧祸端竞拖假豕尾 应差使争悬纸龙旗

几位帝师纷纷道："这大总统是窃取的，如今已是大清的天下，哪能容他说了算。赐他死！赐他死！"溥仪摇摇头道："我刚刚复位，就赐黎元洪死，这也有点太不像话。再说，民国不也优待过我吗？"

从宫中回来后，张勋来到自己宅第，通电各省请其取消独立。

"入京后折衷各方意见，条举磋商，如组织责任内阁，召集宪法会议，改良国会规则，减少议员额数，赦免政治旧犯，屏退公府佥壬等事，均蒙主座批准，则收束军事，亟应实践前言。电到之日，请即取消独立名义，调回军队。勋待部署稍定，亦当率部回徐。"

督军们见张勋的电报颐指气使，心中不平："你张勋算老几，当年袁世凯、段祺瑞通电都谦恭下士，可你张勋却独断专行，目空一切，哼，给你点颜色瞧瞧！"

于是有八省的督军通电反对李经羲内阁，把矛头对准了张勋。这八个督军是：张作霖、曹锟、阎锡山、张怀芝、陈树藩、杨善德、王占元、倪嗣冲。

"好！"张勋气得暴跳如雷，"反对李内阁就是反对我！反对我就是反对中央，反对中央就是造反，谁造反就要杀头！我对李内阁本来无所谓，但我要维持中央威信，谁造反我就打倒谁！"

他暴跳一会儿，帽子让他扔掉了，纽扣让他撕开了，辫子让他抖散了，一会儿，头脑由发胀而变得清醒：李经羲虽为我老上峰，但这个老儿我一向不喜欢，而那些督军们，却不能不稍稍平息一下，于是又发电文致各督军曰："诸公敦劝聘老（指王士珍），何啻再三，而匪石之诚，竟不可转。聘老不担任，勋不得而强之，犹之仲仙自欲担任，勋亦不得而阻之。仲仙会就职矣，此时无论推举何人，亦谁肯横身插入！勋对此席毫无成心，凡我同胞，当能共谅。"

督军们接到电报，耻笑张勋不止："这个人，连老上级都不用尊称，而直称李经羲之字'仲仙'，真是外强中干，色厉内荏。"

"一个跳梁小丑，不自量力！"

"一个工具，一个玩物，屡被玩而屡不自知。"

康有为见形势有变，急到张宅。

康有为道："大帅，是采取非常手段的时候了。"

秘书长万绳栻却道："主公，此时举事，恐还不是时候。各省督军出尔反尔，皆宵小之辈。我们的力量恐不足以平定他们。"

康有为道："民众乃胜利之本，得民心者得天下。如今人们厌倦共和，厌倦纷乱分裂，若实行君主制，天下为一，张大帅传檄到处，各地当翕然以从，大帅不必多虑。"

万绳栻道："虽然民心向背很重要，但最后还是要靠实力的。"

张勋道："段祺瑞亲口许过我，又派代表在徐州签了字，都是拥护复辟的，我想，他不作梗，事情就成了。"

万绳栻道："段祺瑞的话主公怎能相信呢，各省督军的态度就足以表明段祺瑞的立场，在下以为，段祺瑞在这个问题上有阴谋啊。"

张勋考虑再三，道："我再问问冯国璋，他若不作梗，南边有我的义兄弟陆荣廷，其他的人，我老张也不放在眼里。"

当下，万绳栻向冯国璋发了电报，谁知冯国璋的秘书长胡嗣瑗是宗社党人，一心复辟，而冯国璋的另一幕宾潘博也是宗社党人。胡嗣瑷接到张勋的电报后，找潘博商量，二人不上报冯国璋，自作主张，以冯国璋的名义给张勋发电曰："华帅的意思，复辟是一件应天顺人的事。华帅与张帅的意思完全相同。"

万绳栻见了电报，犹自狐疑不定，张勋则大喜过望，而康有为见到后，更是血脉贲涌，催张勋道："建万世之功业，在于今日，大帅还有什么可犹豫的?"

"干!"张勋决心已定。

1917 年 6 月 30 日晚。

这天晚上，张勋像平常一样，到江西会馆看戏。戏台上风风火火，张勋在台下喜得手舞足蹈，不时地叫好。张勋看戏的消息照例被黎元洪、王士珍、江朝宗等人打听得清清楚楚，甚至一些督军的眼线，每天也向自己的首脑们报告着张勋在北京城的一举一动。

戏一直演到二十点才散。

半个小时后，张勋回到自己的宅第。不久，王士珍、江朝宗、吴炳湘、陈光远这些掌管北京军队和警卫的大员接到张勋的手令，说是有要事相商。同时张勋本人也分别向四人打电话说请他们到府上来商讨有关内阁的事情。四人立即坐车前来，车子到了张公馆门前，但见到处都是荷枪实弹的辫子兵，隐隐约约地还看到不远处有几门大炮，四人大吃一惊，但已来不及回去，只有硬着头皮进了张公馆。

到了客厅，众人刚一坐下，张勋站起身来道：“今天晚上恢复清朝，你们赞成不?”

话说得开门见山，事情来得突然，四人正面面相觑，张勋又道：“我这次进京，就是为了恢复清朝。十七省的督军或代表都签字同意的，事情已不可逆转。”

这时万绳栻拿出了那个督军或他们的代表签字的黄绫子，展开在四人面前。四人见这东西假不了，今天又身入死地，心道还是保住命要紧。

江朝宗道：“我也是赞成帝制的，不如也在上面签字。”

张勋道：“好!”

吴炳湘和陈光远也争先恐后地道：“我们早就厌烦透了共和，今天有张大帅主持，正是顺应民心，也道出了我们的心里话。”

二人也在上面签了字。

身为北洋之“龙”，王士珍感到有点羞辱，道：“绍轩，若闹复辟，也是可以商量的，突然把我们叫来，事先也不言语一声。这样做恐怕不是我北洋一派的大帅所应有的行为吧。”

张勋道：“我是觉得我们本是一家，彼此心照不宣，才这样做的，请见谅。”

王士珍也签了字，写毕后，道：“绍轩，此事你办得急了些，我看未必妥当。”

张勋道：“内外俱已安排妥当，还是请王大帅支持我，命令守城的卫兵把城门打开。”

王士珍道：“城门我给你打开，后果由你一人负责。”

张勋肚子一挺，道：“天塌下来由我一人顶着。”

王士珍作为警备司令，命令士兵打开城门，同时几人又命令警察维持北京城治安，说北京复辟了。

辫子军蜂拥而入。

鸡飞狗跳，辫子军吵吵嚷嚷。和这些声音混杂在一起的，是警察砸门的枪托声和叫喊声：“起来！快起来！快挂上龙旗!”

小百姓们揉着眼睛问：“怎么了?”

“复辟了！宣统帝又坐上宝座了。”

“哎哟，现在什么旗都有，就是没有龙旗。”

“娘的，快去买，天亮了还不挂上，辫子军不毙你小子才怪。”

“到哪去买呀，深更半夜的。”

“老子知道你哪去买，到有龙旗的地方去买呗。”

戏馆的门前被围得水泄不通，这里的三角旗被抢一空。

“辫子！辫子！”

不知是谁叫了一声，这一声叫提醒了大家，这辫子与龙旗一样重要，辫子也可以表示自己爱国的。

于是人们又蜂拥着去抢假辫子。

“对，这袍子……”

“对袍子！袍褂！”

戏袍也被抢一空。

“各位爷！各位爷！你们好歹留下两个子儿，我们救了你们，你们也要救咱呀！”

“对！”于是抢龙旗、抢辫子、抢戏袍的人都自动丢下钱。

旧货摊早早地摆了出来，假辫子和红顶花翎成了最抢手的东西。

戏业场的生意真是财源茂盛，财源滚滚，龙旗做不够卖的。

一些商店卖起了马尾巴，买不到假辫子的，便去买马尾巴，一时间北京的马尾巴销售一空。

经过半夜的折腾，到了大天亮，还是有人没有抢到、买到龙旗，怎么办？不知是谁别出心裁，在黄纸上画一条龙，高高地挑起来，谁能说这不是龙旗呢？

这一招，旋风一样又传遍了北京城。

7 月 1 日太阳升起的时候，北京城的大街小巷，各衙门，各府第，各商店，各旅馆旅社，各家各户，都挂上了龙旗，成了旗帜的海洋。

大街小巷的人都是急匆匆地赶路，脑后的马尾巴颤悠着，不知又在寻着什么东西。

面茶馆的门前聚了许多人，三教九流的人都有。

“怎么今天是改朝换代了吗？”

“明知故问，警察不是说了么，宣统皇帝又坐了金銮殿了。”

“你们可要知道，今天已经不是民国 7 月 1 日了，是宣统九年五月十三日。”

“中华门又改为大清门了。”

“嗨，又到了大清了。”

“这些年，什么旗子都准备了，就是没有准备龙旗。”

“谁不是呢。八国联军的旗子，哪一国的没有；什么五色旗，就是没有准备龙旗。”

“那么你也是抢的吗？”

“是画的。”

“纸画的龙旗，一捅就破，还能长得了！”

"什么!"不知从哪里冒出两个辫子兵,"你敢恶语攻击复辟,造谣惑众!"

于是两个大兵把刚才那个说话的拉出来,在大街上你一枪托,我一枪托,你一脚,我一脚地打起来。

"兵老爷饶命,饶……命……"

又是几脚踹去,这个多嘴的茶客就被当街打死了。

"贴上!"两个大兵又拿出大标语,命茶馆老板贴上。茶馆老板抖抖索索地走过来,接过标语,命人连忙贴上。

众人见这标语是:"不准谈论国事。"

当天,北京的《晨钟》、《民言》、《国民公报》,都停了刊。

紫禁城。毓庆宫。

陈宝琛、梁鼎芬和朱益藩三位师傅早早地来到这里,神色庄严。溥仪徒步来到毓庆宫,见三位师傅同时出现,表情又如此郑重,知道又发生了大事。

陈宝琛道:"皇上,张勋一早就来了……"

溥仪道:"他又来请安了?"

陈师傅道:"不是来请安,是万事俱备,东风劲吹,一切都已妥贴。他是来拥戴皇上复位听政,大清复辟啦!"

溥仪内心无比激动:我就要做真的皇上,君临天下了!

陈师傅见溥仪发怔,赶紧道:"请皇上务必答应张勋,这是为民请命,天与人归……"

溥仪浑身抖动着,面上红光闪射,道:"我要做真皇帝了。"

梁鼎芬道:"皇上本就是真皇帝,被蠡贼篡位,现在复位而已。"

"我,我说些什么?"

陈师傅道:"皇上用不着和张勋说多少话,答应他就是了。不过不要立刻答应,先推辞,然后再说:'既然如此,就勉为其难吧!'"

溥仪又回到养心殿,坐上宝座,不一会儿,奏事太监报:"张勋到。"

溥仪此时已觉得张勋万分可爱,并未有一点厌恶,看他进来,情不自禁地一笑。

"臣张勋叩见皇上。"

"平身,坐下说话吧。"

"臣谢皇上赏坐。"

但张勋并没有坐,而是念起了《吁请复辟折》——

"恭折仰祈圣鉴事:窃经国以纲纪为先,救时以根本为重,我朝开基忠厚,奏为国本动摇,人心思旧,谨合词吁请复辟,以拯生灵,纲纪为先,救时以根本为重。我朝开基忠厚,圣圣相承,立教则首尚人伦,敷政则勤求民隐。是皇灵赫濯，敬者凛若帝天；化泽涵濡，爱者戴若父母。虽经捻、发寇氛之巨，卒赖二三大臣效忠疆场，用能削平祸乱，弼我丕基。盖仁泽人人既深，而王纲又足以维系之也。廿载以来，学者醉心欧化，奸民结集潢池，两者相资，遂成辛亥之变。孝定景皇后不忍以一姓之尊荣，罹万民于涂炭，勉循所请，诏设临时政府。原冀惠安黎庶，止息干戈；岂意根本动摇，竟以安民之心，助彼厉民之虐。彼时臣勋、臣国璋等，孤军血战，莫克回天。臣嗣冲、臣怀芝等，虽力遏妖氛，卒难荡决。贻忧君国，寝馈难安，忠愤填胸，积年成痗。然不敢不仰承庙略，幸冀升平，蒙难艰贞，于兹七载。乃共和实行以后，上下曾以党贿为争端，各便私图，以贪济暴，道德沦丧，民怨沸腾，内外纷呶，迄无宁岁，苍黎凋瘵，逃死无门，此实非孝定景皇后逊政之初心，我皇上所当收回政权，实行安心，以仰承先志者也。臣等伏查列强之世，非建设巩固帝国不足以图存，此义近为各国所主张，尤深合吾民之心理。以中国皇王神圣，代有贻留，规复典章，易如反掌。而我皇上英姿天挺，圣学日昭，虽在冲龄，睿逾往圣。况当杌陧之运，曾无匕鬯之惊，天殆默佑圣躬，以宏济艰难，俾延无疆之祚。而吾民迭婴荼毒，尤傒后以来苏。臣等蒿目时艰，痛心天祸，外察各国旁观之论，内审民国真实之情，廓不谓共和政体不适吾民，实不能复以四兆人民敲骨吸髓之余生，供数十政客毁瓦画墁之儿戏。非后何戴，穷则呼天。臣等反复密商，公同盟誓，谨代表二十二省军民真意，恭请我皇上收回政权，复御宸极，为五族子臣之主，定宇内一统之规。臣等内外军民，誓共效命竭忠，保义皇室。伏恳我皇上大慈至德，俯允所请，天下幸甚。谨奏。”

张勋念完奏折，道：“皇上，当年隆裕太后不忍为了一姓之尊荣，让百姓遭殃，才下诏办了共和。谁知办得民不聊生，国家纷乱不止，共和不合咱的国情，只有皇上复位，万民才能得救，社会才能稳定，国家才能富强。皇上，臣张勋谨以万民意愿请皇上复位。”

溥仪道：“我年龄太小，无才无德，当不了如此大任。”

张勋道：“皇上谦逊下士，正是德性平明的表现。圣祖皇帝六岁践祚，建立宏伟功业，我皇蒙祖上荫德，德才兼备，正是振兴大清的明主啊。”

溥仪忽然道：“那个大总统怎么办呢？给他优待还是怎么着？”

张勋道：“黎元洪奏请让他自家退位，皇上准他的奏请就行了。”

溥仪道：“唔，还是也优待他才好。”

张勋道：“皇上真是仁如天厚如地，就如皇上所说吧。”

溥仪道：“既然如此，我就勉为其难吧。”

溥仪此话一出，康有为、王士珍等五十多人鱼贯而入，张勋便率这些“文武大臣”对皇上行三拜九叩大礼。门外，辫子兵高呼着“万岁！万岁！”声音响彻云霄。

儿时的记忆只在特定的时候才能浮现脑海，而此时，溥仪真真切切地感受到了什么是“真皇帝”。

行过三拜九叩的大礼后，朝贺的礼仪完结。溥仪刚在东暖阁的炕沿上坐定，奏事处太监便拿来了一堆上谕。这一天之中，他一共下了九道上谕，上谕多为康有为所写。

第一道：

朕不幸，以四龄继承大业，茕茕在疚，未堪多难。辛亥变起，我孝定景皇后至德深仁，不忍生灵涂炭，毅然以祖宗创垂之重，亿兆生灵之命，付托前阁臣袁世凯设临时政府，推让政权，公诸天下，冀以息争弭乱，民得安居。乃国体自改革共和以来，纷争无已，迭起干戈，强劫暴敛，贿赂公行，岁入增至四万万而仍患不足，外债增至十余万万而有加无已。海内嚣然，丧其乐生之气，使我孝定景皇后，不得已逊位恤民之举，转以重困吾民。此诚我孝定景皇后初衷所不及料，在天之灵恻痛而难安者。而朕深居宫禁，日夜祷天，彷徨饮泣，不知所出者也。今者复以党争激成兵祸，天下汹汹，久莫能定，共和解体，补救已穷。据张勋、冯国璋、陆荣廷等，以国体动摇，人心思旧，合词奏请复辟，以拯生灵；为国势阽危，人心涣散，合词奏请御极听政，以顺天人；又据黎元洪奏请奉还大政，以惠中国而拯生民，各等语。览奏情词恳切，实深痛惧。既不敢以天下存亡之大责，轻任于冲人微眇之躬；又不忍以一姓祸福之言，遂置亿兆生灵于不顾。权衡轻重，天人交迫，不得已允如所奏，于宣统九年五月十三日（即公历 7 月 1 日）临朝听政，收回大权，与民更始。而今以往，以纲常名教为精神之宪法，以礼义廉耻收溃决之人心，上下以至诚相感，不徒恃法守为维系之资，政令以惩毖为心，不得以国本为尝试之具。况当此万象虚耗，元气垂绝，存亡绝续之交，朕临深履薄，固不敢有乐为君之心，稍自纵逸。尔大小臣工，尤当清白乃心，涤除旧染，息息以民瘼为念，为民生留一分元气，即为国家延一息命脉，庶几危亡可救，感召天庥。所有兴复初政，亟应兴革诸大端，条举如下：（一）钦遵德宗景皇帝谕者，大权统于朝廷，庶政公诸舆论，定为大清帝国，善法列国君主立宪政体。（二）皇室经费，仍照所定每年四百万数目，按年拨用，不得丝毫增加。（三）懔遵本朝祖制，亲贵不得干预政事。（四）实行融化满汉畛域，所有以前一切满蒙官缺，已经裁撤者，概不复设。至通婚易俗等事，并着所司条议具奏。（五）自宣统九年五月本日以前，凡与东西各国正式签订条约，及付债款各合同，一律继续有效。（六）民国所行印花税一项，应即废止，以纾民困。其余苛细杂捐，并着各省督抚查明，奏请分别裁撤。（七）民国刑律，不适国情，应即废除，暂以宣统初年颁定现行刑律为准。（八）禁除党派恶习，其从前政治罪犯，概予赦免，倘有自弃于民扰乱治安者，朕不敢赦。（九）凡我臣民，无论已否剪发，应遵照宣统三年九月谕旨，悉听其便。凡此九条，誓共遵守。皇天后土，实鉴临之！

第二道：

黎元洪奏称，前因兵变被胁，盗窃大位，谬领国事，无济时艰，并历陈改建共和诸弊害，奏恳复临大统以拯生灵，自请待罪有司等语。……览奏情词悱恻，出于至诚。从乱既非本杯，归政尤明大义，厥功甚伟，深孚朕心。着锡封为一等公，以彰殊典。尚其钦承朕命，永荷天庥。

第三道：任张勋为政务总长兼议政大臣，梁敦彦为外务部大臣，王士珍为参谋部大臣，张镇芳为度支部大臣，雷震春为陆军大臣，萨镇冰为海军大臣，朱家宝为民政部大臣，詹天佑为邮传部大臣，沈会植为学部大臣，劳乃宣为法部大臣，李盛铎为农商部大臣，桑诺尔布为理藩部大臣。

第四道：任张勋、王士珍、陈宝珍、梁敦彦、袁大化、张镇芳为议政大臣。

第五道：任万绳栻、胡嗣瑗为内阁阁丞。

第六道：任徐世昌、康有为为弼德院正副院长。

第七道：任张勋为北洋大臣兼直隶总督，冯国璋为南洋大臣兼两江总督，陆荣廷为两广总督，曹锟为直隶巡抚，齐耀琳为江苏巡抚，倪嗣冲为安徽巡抚，张怀芝为山东巡抚，阎锡山为山西巡抚，赵倜为河南巡抚，李纯为江西巡抚，杨善德为浙江巡抚，谭延闿为湖南巡抚，李厚基为福建巡抚，刘显世为贵州巡抚，杨增新为新疆巡抚，张广建为甘肃巡抚，张作霖为奉天巡抚，孟恩远为吉林巡抚，许兰州署理黑龙江巡抚，刘存厚为四川巡抚，陈树藩为陕西巡抚，姜桂题为热河都统，王丕焕署理绥远都统，田中玉为察哈尔都统，王廷祯为江北提督，卢永祥为江南提督，张敬尧为长江水师提督，龙济光为广东提督，陈光远为直隶提督，范国璋为浙江提督，吴光新为湖南提督，蔡成勋为福建提督，马安良为甘肃提督，马福祥为固原提督。

第八道：授瞿鸿禨、升允为大学士。

第九道：锡封张勋为忠勇亲王。

溥仪一天发了九道“上谕”，一点也没有觉得累，反觉精神百倍。

张谦和与阮进寿忙前忙后，忙上忙下。二人走路脚步生风，谈笑神采飞扬。皇上复位了，二位总管也觉得熬出了头。虽然以前在宫中也是威风八面，可现在皇上君临天下，宫中主管威势自然水涨船高。

太极殿。

珣妃道：“三姐真有眼光，让醇王府老福晋、福晋和阿哥、格格来会亲，现在皇上复位，宫中能没有太后吗？现在，袁世凯死了，这太后的宝座，说什么咱姐妹也不能让她给夺了去。”

瑜妃道：“只要咱姐妹们同心一意，就一定能斗过那个胖子。”

“主子，内务府来谢恩了。”

瑜妃道：“让他们回去吧，就说四个宫的主子都知道了，说各位大人辛苦，以后不要谢恩了。”

刚才奏报的太监刚走，瑜妃又道：“刘得顺，以后每天都给加班的大人赏饭过去，说是主子知道他们。”

“嗻——”

刘得顺刚走，四位太妃忙去神佛面前烧香：“菩萨保佑咱姐妹！保佑，保佑……”

醇王府。

瓜尔佳氏喜极而泣：“这下好了，这下子好了！”

这个要强的女人无时无刻不在想着复辟大清，无时无刻不在想着儿子重登大宝。她叫来溥杰道：“你皇哥哥重登大宝了，咱们重见天日了。”

“奶奶，皇哥哥这么小，能治理那么大的国家吗？”

“混账话，以后不许你说这些混账话，当年圣祖皇帝几岁登上大宝？”瓜尔佳氏拉过溥杰严肃地道：“我早说过，你不能学你阿玛，像他那样废物。现在你皇阿哥复位了，你更应努力，多长点心眼，辅佐你哥哥治理天下，若说那些丧气的话，就不是爱新觉罗的后代。”

“是，奶奶。只是我觉得皇哥哥对那个大总统太客气了，他不是武昌作乱的革命党吗？”

“你皇哥哥是皇上，心胸是开阔的，心里想的是国家，他这样做，自有他的道理。那些革命党也该悔过才是。”

“我长大了一定帮皇哥哥治理天下！”

瓜尔佳氏一把搂过溥杰：“这才是我的儿子，是爱新觉罗的后代。”

恰在这时，醇亲王载沣回来了，还听到瓜尔佳氏在那里教导儿子，道：“哎哟，我烦透了，真不知怎么才好，我的头要炸了！”

瓜尔佳氏惊讶之后，流出泪来，道：“你怎么这么没有出息，皇帝重登大宝了，你还不振作，你……”

“咳，”醇亲王道，“张勋发了一道‘上谕’，不许亲贵干政，王公们很气愤，都来找我，那个溥伟闹得最凶，你说我怎么办？不复辟天天忙复辟，复辟了又吵闹个不休——第一天就这样，以后的日子怎么过？”

“你真是没用。”瓜尔佳氏又掉了几滴泪，停了停，道，“张勋是忠臣，他这样做也许有苦衷，在这种时候，就不要再提这事了。”

“我……我也是这么说，可……可他们非要找张……勋理论。”

“这样做不妥。”

“不这样做，他们围着我我脱不开开身呀。”

瓜尔佳氏道：“不过，话又说回来，张勋这样做是有点不妥。”

醇亲王道：“可不是吗？刚才你还让溥杰帮皇哥哥治理天下，他是亲贵，不能干政，怎么帮？”

亲王和福晋总觉得这事有点别扭，可又说不出口。

“卖报卖报，号外号外！”

报纸，特别是号外，像辫子和袍褂一样抢手，报童满街都是，到处叫喝。

“号外号外，六个子儿一份！”

“号外号外，六个子儿买古董咧！”

一个人走过来，“喂，六个子儿能买什么古董？”

报童道：“不说清楚了吗，是‘号外’。”

“这怎么是古董？”

报童道：“这上边登的都是宣统皇上的上谕，这玩艺儿，过不了几天不就成了古董了吗？买一份吧，六个铜子儿买一件古董可不贵咧！”

听者瞠目结舌。

这时，报童子则蹦跳着唱道：“六铜子儿，买古董；没辫子，马尾充；满街上，跑祖宗。”

报童的童谣肯定没被辫子兵听到，也肯定没有传进紫禁城里。

载沣还是迫于王公亲贵的压力向皇上禀奏了亲贵们对禁止他们参政的不满。

不让王公亲贵们参政，溥仪心里也有点不情愿，可是如何处理，却不知道了。恰好，陈宝琛听到了醇亲王载沣到宫中见皇上的消息急火火地赶来。溥仪刚想开口启问，陈师傅却先说道：“本朝辛亥让国，就是这般王公亲贵干政闹出来的，现在还要闹，真是胡涂到了极点！皇上万万不可答应他们！”

溥仪道：“师傅既然这么说了，我心里就有数了。”

“现在以稳定大局为重，怎可在刚刚复兴之时就争位争权？这要坏了大事的。”

此时梁鼎芬急匆匆地来了，陈宝琛忙问：“事情办得怎么样了？”

梁鼎芬气得嘴歪眼斜，道：“这个贼匪，竟然不答应！”

原来梁鼎芬和黎元洪是亲家，因为有了这层关系，所以皇室决定派梁师傅去和黎元洪商量，让他把总统府让出来——总统府本来是皇家的中南海，被袁世凯占了去。现在他们要回来，这在陈师傅他们看来是天经地义的。

陈宝琛听了梁鼎芬的话后，两天来笑眯眯的表情一扫而空，鼻眼拧着，嘴唇铁青，道：“他竟敢拒绝，拒不受命，反了！这是造反！”

朱益藩师傅也道：“这大总统是窃取的，如今已是大清的天下，哪能容他说了算。”

“赐他死！”陈宝琛道。

“对，赐他死！”梁鼎芬附和道。

溥仪道：“咱这样做是不是太过分了？”

“没有什么过分的，这是他应得的下场。”

溥仪道：“我刚一复位，就赐黎元洪死，这太不像话。再说，民国不也优待过我吗？”

陈宝琛开始对皇上进行驳斥了：“黎元洪不但不退，还赖在总统府里不走。乱臣贼子，元凶大憝，怎能与天子相提并论？”

溥仪道：“无论如何，在复位之初，不可再添什么乱子，还是对黎元洪优待吧。这事，张勋也是同意的。”

朱益藩道：“不如让梁师傅再到总统府去一趟，劝他让出总统府。”

陈宝琛道：“就这样吧。”

溥仪对梁鼎芬道：“不可逼他太甚。”

梁鼎芬领旨去了，但还没到总统府，就听说黎元洪带着总统的印玺，到日本使馆避难去了。

陈宝琛仍愤愤不已，对回来的梁鼎芬说道：“真是便宜了他！”

天津。意大利租界段祺瑞公馆。7 月 1 日上午。

徐树铮高叫着：“大帅，张勋拥宣统复辟了！”

段祺瑞鼻尖贴着徐树铮的额头，道：“他真的这样做了！”

“看，电报！”

段祺瑞接过北江的来电，道：“这张勋要完蛋了，会比我们估计得更快地完蛋。”

“是的，他不懂政治，很愚蠢，比我们估计的愚蠢多了。”

段祺瑞道：“他帮了我的大忙了！”

徐树铮道：“他也得罪了冯国璋、陆荣廷、张作霖。”

是的，张勋过高地估计了他自己的力量，既不知己，也不知彼。对段祺瑞的判断失误，自不待言，对冯国璋、陆荣廷的判断也是错误的。更要命的是，他不愿与别人分享复辟的成果，他自己是议政大臣，是直隶总督兼北洋大臣。他是亲王，而冯国璋、陆荣廷却只是公爵，冯、陆二人能让他一人独霸天下吗？对张作霖，也只是给了个奉天巡抚的职位，这个不可一世的东北王能满足吗？

段、徐二人所指张勋的愚蠢当然不仅于此，但仅这一点，就足以要他的命了。

“明日马厂誓师！”

“对，大帅这样雷厉风行是对的，可别让别人抢了个头功。”

段祺瑞道：“向左近督军发电报的事，就由你亲自办吧。”

“遵命！”

“又铮，”段祺瑞抚着徐树铮的肩膀道，“人家说你是我的头脑，果然。有了你这个头脑，我就无往而不胜！”

次日，段系几员大将奉命赶到马厂，数千军队，分马、炮、步兵列着整齐的队伍。

首先，由段祺瑞检阅三军：“弟兄们辛苦了！”

“保国卫民，赴汤蹈火，在所不辞！”

士兵们整齐地回答，响遏行云，声震大地。

段祺瑞站在敞篷汽车上在整肃的队列中向士兵们挥手致意，汽车慢慢地行驶着。

待检阅完军队，段祺瑞发表了讲话：“弟兄们！本总理，本上将军今天集各军代表于此，为的是誓师讨逆。今天，在这里，讨逆总司令部成立了！弟兄们，军人的职责就是驱除国贼，维护国家安定，保卫人民的生命和财产。可是张勋这个逆贼，公然带兵入京，废除民国，复辟大清，在京为所欲为，置百姓财产利益于不顾。对这种祸国殃民的奸贼，本上将军决定，再造共和，恢复国家的安定。为此特誓师讨逆，本军即为讨逆军。我军将士，为国除害，为民除奸，当奋勇上前，踊跃杀敌！让共和的旗帜再飘扬于北京的上空，兄弟们，前进！”

“为国除害！为民除奸！奋勇上前！踊跃杀敌！”又响起了雷鸣海啸般的口号声。

口号声卷过，大会宣布了讨逆军总司令部的组成及部署。段祺瑞任讨逆军总司令。兵分两路向北京进攻。一路由段芝贵任司令，一路由曹锟任司令。同时任命倪嗣冲为皖晋豫三省联军司令，以作后援。

誓师会后，段芝贵与曹锟即率部攻击前进。

与马厂誓师讨逆的同时，上海各界聚会，声讨张勋复辟的罪行，孙中山宣布和复辟势力不共戴天。在长沙万人聚会，要求出师北伐。在江西张勋的老家，人们指责他为孽根祸胎逆子国贼，丢了江西人的脸。在南京，民众声讨的呼声如扬子江的怒涛，冯国璋通电指责张勋包藏祸心，是历史的罪人，民族的罪人，他发誓要与民国共存亡。

讨逆军很快攻入北京，张勋只剩下天安门和天坛一带。

满街都是辫子。真的，假的；横着，竖着；结着，散着。

“快，快！老兄。快割！”

“别急，别急，我不正在割着吗。他娘的，日他祖奶奶，这德国刺刀怎么这么钝——”

"哎哟，哎——哟——，你轻点！"

"你不是让我快点割吗？"

终于辫子割下来了，那人转身就要跑。

"哎，我说你他娘的还有点人味不？我替你割了辫子，我的呢？"

"我还以为你要留着它？"

"扯蛋！我不要头了！"

于是另一位士兵便为这个士兵割起了辫子，割完了，一扔，扔下枪，扔下军服，扔下辫子。

噼噼啪啪，枪子在大街小巷飞舞……

这里那里，鸡飞狗跳，又是辫子军刚入城时的样子。

那些王公大臣再也不往宫里来，宫里只乘下陈宝琛师傅和王士珍。

王士珍道："张勋贪功太甚，我有一个法子，不知可用不可用。"

陈宝琛道："快说吧，是什么法子？"

"给张作霖下一道圣旨，封他为东北王，叫他来救驾，不知他是否愿意。"

陈宝琛道："就这样。"

这时，陈师傅把这计策和皇上说了，小皇上哪有不答应的。于是陈宝琛便拟了封张作霖为东北王的圣旨，命张作霖火速来救驾。圣旨写好了，忙到养心殿拿来印盒。但是印盒抱到，大家却傻了眼。

溥仪道："印盒的钥匙在王爷那里，要到王爷那里去取呀。"

最后的"呀"字刚一落声，猛听轰隆一声响，有人叫道："景山上架了大炮和机枪了！"

陈宝琛此时虽已年近古稀，却如猿猴一般迅捷，如豹虎一般威猛，不知从哪里拿来了棍子，狠命地往钥匙孔砸去，只几下，盒子开了，溥仪从里面拿出御宝，盖在了圣旨上，御宝上刻着"法天立道"四字。

"谁人能送出这份圣旨？"陈宝琛道。

大家面面相觑。

"谁能送出这份圣旨？"

"我！"

门外一声叫，大家看时，是奉军将领张海鹏，他和冯德麟、汤玉麟一起来北京参加复辟。

陈宝琛道："好！疾风知劲草，板荡识忠臣！这个重任就交与你了。"

"人在圣旨在！"张海鹏跪地接过圣旨叩头起身，昂然而去。

又响起了大炮的轰鸣声和机关枪的嗒嗒声。

梁鼎芬的马车在乱兵奔窜的街道上急驰，在子弹缝隙中奔突，终于来到了神武门，令他惊喜的是，平时接他的肩舆还等着他。梁鼎芬从马车里窜出来，坐进轿子里道："快，到毓庆宫去。"

"梁师傅，可是……"

话没说完，景山上一梭子子弹射过来，扑扑扑扑，打得宫墙上尘土飞扬。

"走，在这个时候怎能不在皇上身边?"

"可是……"

轿夫们不好说出来，从这里到毓庆宫，院子里一大片开阔地，那是往死地上去呀。

"走!"梁鼎芬命令道。

恰在这时，宫殿的屋顶上，禁卫军的机枪也吐着火舌，猛烈地向景山方向射去。梁鼎芬便道："看，咱们的枪也不是吃素的!"

轿夫们只得从命，抬起轿子便跑。子弹像跟他们赛跑似的，打在他们刚经过后的宫墙上，打在他们脚后的石板上。突然砖石灰泥如一阵冰雹砸到梁鼎芬的肩舆上。

"梁师傅，我们暂时在旁边的殿内避一避吧。"轿夫请求说。

"走！不可误差事，不可误差事!"

"这样会送命的，真的要完了!"轿夫道。

"只顾自己，不顾皇上，特别是身为帝师，这样苟且活了，比死还差劲，那是耻辱!"

轿夫们被他感动了，再不说话。好像真有什么神在保佑他们，子弹狂暴地迸在他们的周围乃至脚边和手边的杠子上，但几个人却毫发不伤。

终于到了毓庆宫，轿夫道："我真的信了，皇上是天神保佑的，忠臣也受天神的保佑。"

另一个轿夫道："要忠于真命天子……"

"呜——轰!"

这个轿夫的话还没说完，一个炸弹落下来，轿夫的一条胳膊飞上了屋顶!

"大鸟机……"

"是飞机!"王士珍叫道。

"啊——"溥仪吓得一泡尿撒在绣着金龙的黄袍内呜哇地大哭起来。他的脸色惨黄，嘴唇铁青，浑身抖索着如在狂风中的柳条。

王士珍毕竟是行伍出身，是北洋三杰中之一"龙"，他道："护皇上到养心殿!"

不知他是真的救皇上，还是出于对空袭的无知——因为这是中国历史上第一次空袭，王士珍就要太监们护送皇上越过一片亮亮堂堂、平平坦坦的开阔地。

慌忙之中，人们都听从了他的话，可是有的太监早已吓得不知躲到哪里去了，还是几位师傅和那剩下的一个轿夫胆壮，护着皇上上了轿子，一溜烟往养心殿跑。

“呜——”飞机在上面盘旋，“轰!”哪里又落下了炸弹。

到养心殿了。

“放下雨搭，帘子!”不知是谁叫了一声，便放下了雨搭、帘子。

“到卧室，到卧室!”也不说寝宫了，几个太监过来，把溥仪塞到了床下。

整个宫中惊叫声、哭喊声，机枪声和天上飞机的轰响声连成一片。

再也没有什么身份了，宫女、老妈子、嬷嬷、看妈和几位太妃一样乱窜，太监和护军们一样魂飞魄散，师傅和皇上一样面无人色!

轰！又是一枚炸弹，落在了西长街院门的瓦檐上。已经挤进桌子底下的在这里赌钱的太监看到了，于是又一起往里急爬！可是这枚炸弹却没有爆炸，但这些太监早已屁滚尿流。

人们在极度的恐惧中煎熬着，都觉得活着还不如死了的好。

可是两个时辰过去后，枪声逐渐地稀疏，飞机也没有了踪影，五个小时后，一切归于寂静。

“报——”

奏事处的太监在养心殿高叫着，可是没有人应，也不见有人影。

“报——”

他又大喊一声，尾音拉得像刚才头顶上的飞机的声音一样长。

陈宝琛走了出来，问：“什么事，说吧。”

太监道：“接护军统领毓逖禀报，奏上老爷子，张勋的军队打了胜仗，段祺瑞的军队全败下去了!”

“段祺瑞的军队全败下去了!”

不知是谁情不自禁地高喊。

“段祺瑞败了！张勋胜了！咱胜了!”

喊声此起彼伏。

张谦和把溥仪从床下拖出来，瑜太妃也从床下爬出来，珣妃和瑨妃则从墙角转出。瑾妃胖，只能蹲在桌子底下，听到胜利的欢呼声，她想挪动身子，但两腿两脚早已麻木，太监们见了，把她拉出，抱上了凤床。

梁鼎芬道：“连轿夫都知道皇上是真命天子，自有天神保佑，是战无不胜的。”

陈宝琛道：“王士珍还在毓庆宫，不知他怎么看。”

溥仪的脸腊黄，一点也没有“胜利”的喜悦。

这时嬷嬷王二嬷不知从哪里跑过来，头发散乱，道：“老爷子怎样了？老爷子怎样了?”

见到溥仪呆滞的目光，她一把把溥仪搂在怀里。

梁鼎芬道："怎么这样！成何体统！"

溥仪仍痴呆着，好像根本就没听见他的话，张谦和道："梁师傅，老爷子和王嬷嬷的关系不同一般，从醇王府到宫中，惯了的。"

梁鼎芬觉着别扭，但也不好再说什么。

陈宝琛道："皇上受的刺激太大，就这样吧。"

梁鼎芬问皇上："皇上没事吧。"

王焦氏松开溥仪，溥仪望着梁鼎芬，目光还是呆滞滞的。

陈宝琛也问道："皇上，没什么事吧？"

溥仪道："没什么，你们回吧。"

张谦和道："师傅们回去吧，老爷子没事的，放心回去吧。"

于是陈宝琛和梁鼎芬便告辞回家。

溥仪虽然仍呆滞着，太监们却个个眉开眼笑。

一个太监道："关老爷骑的赤兔马身上出了汗。皇上是真命天子，关帝也显圣保驾了。"

另一个道："是的是的，我亲眼看到又亲手摸了摸，赤兔马浑身汗淋淋的。我说那飞机怎么狂了一阵子就没声息了，他怎么也干不过关老爷，怎么飞也飞不过关圣帝的赤兔马！"

"就是，关圣帝显灵保圣驾，张勋才打败了段祺瑞！"

张谦和听到这，走到溥仪跟前道："老爷子听到吗？老爷子什么都不用怕的。"

嬷嬷王焦氏也道："天神一定会保佑老爷子的。"

这时，溥仪才来了精神，张谦和一见，忙道："老爷子，咱们去看看去？"

溥仪就是对这些感兴趣，点了点头。

大家来到钦安殿，殿里已有四位太妃在拜关老爷，她们已听到了关圣爷显灵的消息。此时一个太监正在眉飞色舞地讲着："今早上，我听到养心殿西暖阁后面有叮叮当当的盔甲声，心想，这一定是关圣帝去取那把青龙偃月刀。忙悄然跑过去，果然见一道白光升上天去，一闪之中，我的眼到现在还看不清东西，这是对我的惩罚：关帝爷是能看的吗？"

溥仪心里更为好奇，便伸手摸了摸神塑像的坐骑，冰凉，并没有什么汗。"也许汗已凉干了？"溥仪心想。

第十七章
惊美梦再颁退位诏 敛野心重做玩物童

小皇上溥仪看罢退位诏书，忍不住放声痛哭，瘫倒在几案上。张谦和忙把他扶起，“万岁爷，万岁爷”不住地叫着，不知说什么才好。载沣、陈宝琛等也老泪横流。顿时，毓庆宫犹如出殡一般，哭声震天。

当段祺瑞的四架飞机出现在天空时，张勋就再也没有了自己的勇气，他不得不承认自己彻底地完了。剩下不多的辫子兵见了空中的飞机吓破了胆，纷纷逃命，张勋手下的干将们也一一离他而去。

“参谋长，那箱子东西收好了吗?”

“大帅放心吧，我把他交给了一位法国医生手里，万无一失的。”

关键时刻，张勋想起了那只箱子，那里面的秘密足以保住自己的身家性命：这张牌打到段祺瑞和冯国璋以及其他的督军面前，没有不买账的；这箱子里多是他们见不得人的来往信件，特别是那些复辟大清的诺言。

“想不到你想得这么周到!”张勋不由地夸赞了万绳栻一句。

“不是周到，谁都能想到这一点，这些贵重的东西只有保存在外国人手里才安全，而外国人也甘愿这么做。别的事他们不一定乐意，但有关各实力人物的秘密他们是求之不得的。”

张勋道：“现在怎么办?”

万绳栻道：“康有为那个老头儿已经跑到了美国使馆。”

“这个熊老头儿，道貌岸然，小丑一个，懦夫一个。”

万绳栻道：“荷兰公使的汽车已开来了，主公，留得青山在，就有绿水长流，咱们也走吧。”

张勋便和万绳栻躲进了荷兰使馆。

段祺瑞请荷兰使馆交人，荷兰大使嗤之以鼻地拒绝了。张勋则扬言：“若把老子逼急了，就把那些信件、电报都公布出来!”

段祺瑞总理也就作罢，于是在北京重任总理，并声明国会已解散，新的国会将重新选出。

而黎元洪则在日本大使馆发表声明“退位”，辞去大总统职务，根据宪法，以冯国璋为代总统。冯国璋在南京举行了就任仪式。

紫禁城的人们在甜美的梦中醒来。

溥仪睡得倒也安稳，虽然受到了很大的惊吓，受到了很大的刺激，但是关圣帝保驾的传言让他兴奋，让他又陶醉沉迷在君权神授的说教中。

一觉醒来，像平时一样洗漱，像平时一样用早点，像平时一样到毓庆宫。

到毓庆宫坐了好长时间，也没见师傅们来，溥仪想：“昨天在枪林弹雨中梁师傅还能按时来当差，今天迟来，一定是为昨天的胜利兴奋得睡过了。”溥仪想也许有其他的原因，比如击退段祺瑞后，如何处置段祺瑞，如何处置那些在危急时躲避的王公大臣，等等。

终于陈宝琛师傅来了，后面还跟着王爷，面上的表情像死了至亲一样难看，溥仪的心里“咯噔”一下，凉了半截：又发生什么事了？

陈宝琛和王爷载沣站在溥仪面前好长时间，突然，“哇——”载沣号啕大哭起来。

“王爷！”脸色灰黑的陈宝琛道，“王爷，在皇上面前怎能这样。”

载沣好不容易止住了哭声，和陈师傅互望了一眼。

陈师傅走上前道：“皇上，昨天的消息有误，张勋败了。他已住进了荷兰使馆，康有为则进了美国使馆。”

“什么！”溥仪差点晕过去，两眼呆直，眼前一片昏黑，过了长长一段时间，才恢复了神志。

载沣和陈宝琛见皇上的脸青一阵白一阵黄一阵黑一阵，心内害怕，但见他两眼还睁着，坐得很稳，没有去扶他，过了一段时间，见溥仪的目光望着他们，这时载沣才道：“皇帝，这这……是……是退退位诏书……”载沣又忍不住掉下泪来，把退位诏书递给皇上，道：“这这是我我和陈师傅写写的。”

溥仪定了定神，见上面写道：“宣统九年五月二十日，内阁奉上谕：前据张勋等奏称，国本动摇，人心思旧，恳请听政等语。朕以幼冲，深居宫禁，民生国计，久未与闻。我孝定景皇后逊政恤民，深仁至德，仰念遗训，本无丝毫私天下之心，惟据以救国救民为词，故不得已而九如所请，临朝听政。乃昨又据张勋奏称，各省纷纷称兵，是又将以政权之争致开兵衅。年来我民疾苦，已如火热水深，何堪再罹干戈重兹困累。言念及此，辗转难安。朕断不肯私此政权，而使生灵有涂炭之虞，致负孝定景皇后之圣德。着王士珍会同徐世昌，迅速通牒段祺瑞，商办一切交接善后事宜，以靖人心，而弭兵祸。钦此！”

溥仪看罢这诏书，忍不住放声痛哭，瘫倒在几案上。张谦和忙把他扶起，“万岁爷，万岁爷”不住地叫着，不知说什么才好。载沣就不用说了，陈宝琛也老泪横流。顿时，毓庆宫犹如正在入殓的殡仪殿，哭声连天。

不知哭了多长时间，人们才止住了哭声。没有解劝，没有安慰，有的只是痛哭过后的默默无语。

第二天，溥仪并没有再去毓庆宫，好像丢了魂似的，无精打采。

载沣来到养心殿，见儿子这样，心里疼他，眼泪又要往下掉，但他拼命止住了，他意识到，如果再给溥仪一点情绪上的压力，溥仪的精神可能就崩溃了。此时他正好安慰儿子，于是道："皇帝，不要担心，咱们的优待条件民国还是遵从的。"

"唔?"

载沣递来一张报纸，指着一段道："皇帝看看这个。"

溥仪拿报纸，见上面报道说：

复辟前几天，张勋秘密入宫觐见宣统皇帝。张勋跪请圣安，并奏明其打算。宣统听了摇了摇头，未批准他的复辟计划。张勋问："皇上能否告知奴才不批准的原因?"宣统回答："陈宝琛师傅整天没完没了地给我讲课，我怎么可能有时间去注意其他的事情呢?"张勋说："如果皇上重新登位，要专心于国家大事，就不必花时间去做功课了。"宣统帝听后面露喜色，说道："你的意思是说，只要我重登皇位就可真的放弃所有的功课吗?"张勋称道："历史上只有马背天子，还从来没有听说过有读书天子。"宣统高兴地大声说道："既然是这样，一切就照你说的办吧!"

宣统帝看罢，道："这是假的。"

载沣却笑道："这是对咱们有利的。"

溥仪疑惑地道："这里说我是不实之词，说张勋就更不对了。"

载沣道："这报上的文章是说张勋为一己之私，欺骗皇帝，皇帝答应复位，是受蒙骗的，这不就开脱了宫中对复辟一事的参与了吗?"

溥仪恍然大悟。

载沣又道："舆论对咱是有有利的，涛贝勒又和徐太傅世昌、王士珍商量过，徐太傅和王参议又和段祺瑞交换了看法。现在事情好了，涛贝勒也见了段祺瑞，段政府发了'大总统令'，咱没事了。"

载沣又递给溥仪一张大总统令，内容是：

据内务部呈称：准清室内务府函称：本日内务府奉谕：前于宣统三年十二月二十五日钦奉隆裕皇太后懿旨，因全国人民倾心共和，特率皇帝将统治权公诸全国，定为民国共和，并议定优待皇室条件，永资遵守，等因；六载以来，备极优待，本无私政之心，岂有食言之理?不意七月一号张勋率领军队，入宫盘踞，矫发谕旨，擅更国体，违背先朝懿训。冲人深居宫禁，莫可如何。此中情形，当为天下所共谅。着内务府咨请民国政府，宣布中外，一体闻知。函知到部，理合据情转呈等情。此次张勋叛国矫挟，肇乱天下，本共有见闻，兹据呈明咨达各情，合亟明白布告，咸使闻知。

此令！

中华民国六年七月十七日

溥仪看罢，向父亲道："内务府也在说慌吗。"

载沣道："这叫金蝉脱脱……壳。"

溥仪很以为这样做不义、不体面，但又无可反驳，于是道："咱是真的没有事了。"

"皇帝，真没有什么事了，放宽心吧。"

溥仪无法宽心，也无心到毓庆宫去，就向太妃们请假，太妃的心绪比皇上还糟，很体谅皇上，当然准假。

"老爷子，出去散散心吧。"张谦和道。

"哪里也不去。"

溥仪怕见天空，怕见天空上的飞鸟，怕听响声，甚至怕见轿子，怕见轿夫，于是整天呆在养心殿黑暗的房间里，一呆就是一天。

张谦和想把万岁爷的情况向主子们汇报。但是四位太妃比溥仪吓的还厉害，他们甚至不能听到砰啪的响声，一听到便打哆嗦。所以，太监们拉窗帘放窗帘都不能太响，搬桌子放碗也不能出声。瑨妃最为胆小，一天在马桶里小便，听呼噜噜地响，大叫着跑向床，两手抓着毯子盖着头。宫女们和太监见了，大吃一惊，不知发生了什么事："主子怎么了？主子怎么了。"

他们把她扶起来，给她穿好衣服。

"主子，到底怎么了？"

"我听到呼呼噜噜的响声，不是飞机又来了吧？"

"不是，哪有飞机的影子，连一只麻雀也没有。"宫女道。

"那是什么声音？吓死我了。"瑨妃松了一口气。

"可能是主子的幻觉吧？"一位太监道。

"肯定是的。"一个老妈子附和着。

许多天过去了，正是三伏的天气。

经太妃们的准许，这些天，都由嬷嬷王焦氏陪着溥仪睡觉。只要有嬷嬷在身边，溥仪顿时就安静了许多。朱益藩师傅是精通医学的，说，皇上自诞生即与嬷嬷在一起，已心脉相连，气息相通，胜似母子，所以皇上见到王二嬷，自然而然地就产生安全感。

王焦氏还为溥仪扇着扇子，忽见他两腿乱蹬，嘴歪眼斜，喊道："我不要当皇上，我不要当皇上，你们放了我吧……"

"万岁爷，万岁爷，嬷嬷在这里，嬷嬷在这里……"

溥仪睁开了眼睛。

“又做恶梦了，”王焦氏道，“老爷子别怕，嬷嬷在这里呢。”

“嬷嬷，那么大的飞机是怎么飞到天上的?”

王焦氏道：“它有翅膀的，和鸟一样。”

“它还扔炸弹！打机关枪！”

“鸟也拉屎的。”

“可是……”溥仪还想说什么。

“算了，老爷子，什么飞机，就是一个大鸟，老爷子也可以养的。别想这些了，睡吧，主子说明天就要到毓庆宫上学了，不能再有假了。”

嬷嬷扶溥仪躺下，又给他扇起扇子。

第二天，溥仪给四位太妃请过安，来到毓庆宫。

“皇上”，陈师傅开讲了，“张勋失败，是他鲁莽了，其实，他要是和段祺瑞和冯国璋好好商量，不贪功，不傲物，还是可以复辟的。”

溥仪对这一点兴趣都没有了，听到这里，又想起了段祺瑞的飞机，“轰”的一声，一条胳膊飞上了天……

看到皇上的脸色惨白，陈宝琛知道皇上还没有摆脱恐惧，想了想，道：“皇上，段祺瑞的飞机，其实是飞了一圈给人家看的。皇上想，他若真的想炸人，难道只扔下三颗炸弹？顶多他也只是吓唬人，而且是吓唬张勋的。飞机那玩艺儿，就如一个大鸟，若把它当成大鸟，就没有什么可怕的了。皇上不也是在养鸟吗?”

这样说了一会儿，陈宝琛见皇上的表情舒展了些，于是又道：“臣带来两张报纸，现在看来，段祺瑞和冯国璋也是拥护皇上的。”

这倒引起了溥仪的兴趣，道：“是吗?”

陈宝琛道：“这报纸是段祺瑞冯国璋讨张勋时发的，看电文的日期正是张勋主政的第三天，皇上看看。段祺瑞和冯国璋在一开始就在为皇上开脱，说明他们也不反对复辟，并不反对皇上。”

溥仪看那被陈宝琛用红笔画出的电文。

段祺瑞的电文是：“该逆张勋，忽集其凶党，勒召都中军警长官三十余人，列戟会议，复叱咤命令，迫众雷同。旋即挈康有为闯入宫禁，强为推戴，世中堂续叩头力争，血流灭鼻，瑾瑜两太妃痛哭求免，几不欲生，清帝孑身冲龄，岂能御此强暴？竟遭诬胁，实可哀怜！”

溥仪看罢，扑哧一声竟笑了，这是许多天来的第一次笑：“全是假的，怎么假成这个样子啊?”

“皇上明白了吧，段祺瑞反对的只是张勋，而一心向着皇上呢。”

溥仪又看标出的冯国璋的电文：“张勋玩冲人于股掌，遗清室以至危……国璋在前清时代，本非主张革命之人，遇辛亥事起，大势所趋，造成民国……”

陈宝琛道：“皇上，如今冯国璋已是大总统，他对皇上难道会有什么不利吗？所以皇上尽管放心，皇上还是天下人心所向，连段祺瑞和冯国璋都这样拥戴皇上，皇上还有什么可害怕的？”

“唉——”这个十一岁的孩子长叹了一口气，“我不想再谈复辟的事了……”

令陈师傅担心的是，不仅是复辟的事情，溥仪对他讲的一切都不感兴趣。以前，溥仪虽然有时不爱听那些经书的讲解，但当陈宝琛讲解时事时，皇上总是显出浓厚的兴趣，而且爱看报纸。可是现在不行了，溥仪不仅不爱听陈师傅那些对经典著作的讲解，也不愿听那些时事消息与评说，陈宝琛给他讲那个孙逸仙又在广州成立了“伪政府”，当什么“大元帅”，溥仪道：“那就让他当呗。”陈宝琛师傅给他讲冯国璋解除了段祺瑞的职务，王士珍当总理了，溥仪道：“谁当都是一个样。”不久陈宝琛又说：“段祺瑞又作总理了，王士珍又下了台。”这时，溥仪似乎倒是有点兴趣：“我听说过，他们是北洋三杰，是什么‘龙’、‘虎’、‘狗’三将军，本是一家，怎么互相之间干起来？”陈宝琛道：“哪有永远的朋友，人都是不可全信的，忠诚的人能有几个。”溥仪便不再说话了。

陈宝琛发现皇上以前爱看报纸，现在却不看了，于是问：“皇上，怎么现在不看报纸了？”溥仪答：“都是假的，假得可笑。”

可是陈宝琛却发现，溥仪对蚂蚁、蚯蚓、蛐蛐都很感兴趣，还养了狗，而且非常喜欢骆驼。有一天陈宝琛远远地看见皇上拿根细草在撩拨着骆驼的鼻子，旁边五六个太监在牵着骆驼，骆驼在皇上草茎的撩拨下，扑扑扑地打着喷嚏，皇上笑得前仰后合。

养心殿。四位太妃，载沣、载洵、载涛，内务府大臣世续、绍英，师傅陈宝琛、梁鼎芬、朱益藩。

陈宝琛道：“现在皇上太贪玩了，对一切正经事都没有了兴趣。”

梁鼎芬已重病在身，此时也来到养心殿，道：“我已不能当差。从陈师傅的话看，皇上贪玩也太过分了。我认为，虽是皇上，我们做师傅的，该严加诤谏的时候，也不能放松或顾忌什么。”

载沣道：“是……是该这样，是君臣也是师徒，不要顾忌什什么。”

四位太妃态度一致，也认为既是老师，就有老师的责任和威严。

瑾太妃端康道：“这一阵子，大家心里都不好受，我们觉得皇帝也和我们一样，于是就疏于过问了。我既为后宫之主，负有母育皇帝的重任，这事首先是我的不对，今后我每天都要派人去看管着他，对他严些，这样必定会好些。”

瑜妃、珣妃、瑨妃一个翻眼，一个歪嘴，一个吸着鼻子。

珣妃道："我们是皇帝的额娘，对皇帝的爱护少了些。今后我也会派人天天去关心他的。"

瑜太妃突然道："我有一个法子，可以帮皇帝把心思用在读书上。"

瑾妃斜眼看着她。其余的人都想知道她有什么法子，催她快说。

瑜太妃道："皇子、皇帝都有伴读，皇帝一个人太孤单，我看北府的溥杰阿哥很机灵，就让他作皇帝的伴读好了。"

大家一致赞成，齐声说好。瑾妃心道：这个狐狸精，专会讨好。于是说："我先前也这样想过，只怕他们会玩到一起去呢。"

瑜太妃道："对二阿哥说清楚就是，又有我们作额娘的时时看着，不会玩在一起的。何况，就是闲时玩耍，也是人之常情。先祖康熙帝也有许多玩伴的。"

载涛贝勒道："该有伴读，祖宗都是这样做的。我看，除二阿哥外，还应加一个毓崇才是。"

众人沉默了一会儿，才一齐说好。大家都知道载涛的良苦用心：毓崇的父亲溥伦是个八面玲珑的人物，和民国及外国人都有很好的关系。陪读对于亲贵子弟来说是最高的荣誉了，让毓崇入宫，也就有笼络溥伦的意思；另外，陪读有代皇上受罚的规矩礼法，若让溥杰受罚，也不妥当，而让侄子辈的毓崇代皇上受罚就理所当然了。

载沣把伴读的事一说，溥仪高兴得手舞足蹈："太好了！太好了！"

于是赏溥杰、毓崇紫禁城骑马，赐御书房行走伴读。

毓庆宫。书房。

溥仪已坐北面南坐好，此时，陈宝琛、梁鼎芬、朱益藩、伊克坦四位师傅才进来，溥仪站起身，四位师傅向皇上作揖，于是皇上和师傅同时落座，四位师傅坐在中间书桌的东面。今天，满文教师伊克坦也来了，虽然溥仪平时并不学什么满文。

四位师傅背东面西坐定后，书房里便依次进来载沣、溥伦、溥杰和毓崇，载沣向皇帝作揖，溥仪起立，载沣便走过去立于溥仪的右手位置，溥仪坐下。溥伦便向皇上磕了三个头："谢万岁爷对奴才父子的恩典。"之后又向四位师傅作揖，此时四位师傅已起立。溥伦退过一旁后，溥杰和毓崇过来，向皇上叩三个头后，又向四位师傅叩头行拜师礼。行毕，背南面北坐下。

载沣道："请师傅们对他们严加管教。"

陈宝琛道："我们定尽力而为恪尽职守；恐才疏学浅难胜大任。"

载沣道："诸位师傅乃学界泰泰斗，不必过谦。皇帝、阿哥都要勤奋努力，不可'荒于嬉'，不可'毁于随'。"

溥仪道："王爷说的是。"

溥杰道："遵从王爷教诲。"

毓崇道："谢王爷教诲，一定勤奋努力，专心致志。"

于是载沣和溥伦行礼告辞而去。

开头几天，三位学生神情庄重，专心致志，确实用功于学问。特别是溥杰和毓崇，在来皇宫前都被千叮咛万嘱咐，告诉他们这是无上的荣耀，一定要珍惜，一定要守规矩。特别是溥杰，当他母亲瓜尔佳氏听说要他到宫中伴读时，竟喜极而泣。她语重心长地对溥杰说："和你皇哥哥一道用功去吧，这下好了！你们互相帮着，将来恢复祖业。"所以，溥杰和毓崇每天准时来到书房，丝毫不敢造次，从八点多到十一点多的整个上午，心无旁骛。

溥仪见两个伴读，一个是弟弟，一个是侄辈，坐在那里一丝不苟，自己也不好意思乱动，也一本正经地坐在那里读书，听师傅讲课。

师傅们发出会心的微笑，太妃和王爷的心情也轻松了许多。

可是这种情况仅仅就那么几天，互相间便挤眉弄眼。

一天，放了学，溥仪赏他们和自己一起用膳。溥杰、毓崇虽然天天中午在宫中吃午饭，但和皇上在一起用膳还是第一次。二人非常兴奋，见摆了几桌子几十道菜，毓崇道："谢万岁爷，特办了这么多菜。"

溥杰道："你知道什么，皇哥哥天天都是这样的。"他已进宫一次，便向毓崇解释。

毓崇瞪大了眼睛，道："万岁爷，人说'宰相肚里能撑船'，宰相都这样，皇上更是像大海一样的肚子，不然这么多饭菜怎么用得了。"

溥仪和溥杰都大笑起来，溥仪则更为高兴，从溥杰和毓崇的话里，从他们的行为里，他感到在同龄人中的那种优越，这种心理的满足，是在复辟那些天接见数不清的大臣时也没有过的。

溥杰道："皇上怎么能吃这么多，虽然皇上是天下第一位广大胸襟的人，肚肠却是和我们一样的。"

毓崇道："我还以为皇上能呼风唤雨，能日行万里，能一顿吃下这许多饭呢。"

张谦和道："万岁爷虽不能自己呼风唤雨，却可以命令仙家的。过去女皇帝武则天令百花齐放，那百花仙子都不敢不从的，天上的玉皇大帝可以听到万岁爷的话，万岁爷说什么话，他都是维护的。所以皇上总有百灵相助，要呼风唤雨，也能做到的。"

溥杰和毓崇一点也没有怀疑张谦和的话，溥仪则飘飘忽忽，如飞到了天上一般。

用罢膳，洗漱毕，毓崇战战兢兢地走到溥仪前，道："万岁爷，我……奴才能看看看看吗？"

"看什么？"溥仪问。

“看看万岁爷的肚子。”

旁边的太监吓坏了。“如此冒犯天颜，真是太不懂规矩了！”御前太监李长安喝道。

毓崇魂飞魄散，扑嗵跪倒在地：“奴才绝不是这意思。”

溥仪哈哈大笑，道：“你为何要看？”

“奴才不敢说。”

“恕你无罪，说吧。”

“奴才听说万岁爷是真龙天子，既是真龙，那身上该有龙鳞吧？”

溥仪又是一阵大笑，一把掀开了肚皮，毓崇瞅去，光光滑滑，白白嫩嫩，和他自己的一样。

张谦和道：“说万岁爷是真龙天子，是说万岁爷是真龙所化，化为人间人形，来统治人间的，就如玉皇大帝统治天上一样。‘天子’是说万岁爷是秉承天命降在人世，统治人间，是人间之主。”

今天的事，今天的话，对溥仪来说，刻骨铭心。虽然平时这样的话听过千万遍了，但是在同龄人跟前听到这样的话，使他觉得，他就是和别人不同，这种感受很具体，很真切。这种感受沉淀到他灵魂的深处。

“阮进寿，告诉师傅们今天放假。”溥仪命令道，然后转身对溥杰和毓崇道，“走，看我养的蛐蛐和蚯蚓去。”

几十个盆盆和花瓶摆在毓庆宫东跨院，让溥杰和毓崇大吃一惊，真切地感到皇帝和别人不一样——不一样，就是不一样。三个少年在蛐蛐盆前欢呼，为蛐蛐的神勇、斗架姿势的矫健优美而叫好；他们在盆罐前跳跃，为蚯蚓的繁殖力而惊奇不已。

红日没入了宫墙，三人仍兴致盎然，张谦和催他们，溥杰和毓崇连忙拜辞皇上。

溥仪道：“我忽然想起一个问题，你们若能答出来，就重重有赏。”

“什么问题？”溥杰和毓崇几乎同时说，他俩都希望自己能解答皇上的问题。

溥仪道：“怎么能分得清蚯蚓的公母呢？”

二人都摇头不知。

“你们回去想想、问问，答出来，重赏！”

第二天，溥仪到得早。照例，又是陈师傅第一个作为老师到了书房，见皇上已经在那里，很意外，也很高兴，于是站在那里向皇上作揖，皇上站起身算作答。落座后，陈师傅就要开讲，皇上道：“溥杰他们还没来呢。”陈师傅只好等一下，不一会儿，溥杰和毓崇到了，向皇上行了跪礼后，坐在南边的位子上，侍奉的太监过来接过帽子，放在帽筒上。溥仪便向溥杰和毓崇挤眉弄眼，指手画脚。溥杰看了一会儿皇上，没敢吭声，毓崇则头也不抬。见是这样，皇上的手脚比画得更厉害了。陈宝琛开始假装没看见，就讲他的课，讲了一会儿，见皇上的动作越做越大有增无减，便猛地往毓崇面前一拍道："你安静点，指手画脚地干什么？"

皇上果然安静了，毓崇惊恐地睁着眼睛，不知是怎么回事，也不敢分辩，头更深地低下去。

陈宝琛见大家都安静了，于是开讲《孝经》"始于事亲，中於事君，终於立身"的道理。对这一段，溥仪听得很耐心，很顺耳。"君叫臣死，臣不可不死；父叫子亡，子不可不亡。'君君臣臣父父子子'嘛。"陈宝琛接着又讲了一些历史上的故事。

一个小时过去后，溥仪耐不住了，再听陈宝琛的话，虽然还是吹捧君主无上的权威、绝对的权威，但溥仪感到索然无味，不自觉地脱掉了鞋，退掉了袜子，几个脚趾头又在像孙子训练吴妃一样列队布阵起来。

陈宝琛又一巴掌打在毓崇的面前："你不懂得'业精于勤，荒于嬉，行成于思而毁于随'的道理吗？忘了王爷的话了吗？"

陈宝琛的声音如打雷一般，震得皇上耳鼓轰鸣，他连忙把脚并在一起，眼光转到书上。毓崇则又是大吃一惊，还是敢怒而不敢言。

终于放学了，溥杰和毓崇向老师行礼，陈师傅转身走出去。

"快过来！"

溥杰、毓崇和侍立的太监都急忙过去。还是太监熟悉情况，立即蹲下给万岁爷穿鞋袜。

"老爷子，如今不比平常了，师傅要发火的。"

溥仪嘟囔道："一半天发了两通火，真吓人。"

溥杰见毓崇神情沮丧，安慰他道："这是陪读的规矩，这叫代君受过。皇哥哥是君，陈师傅虽然是老师，但他是臣，不好直说皇哥哥，于是就说你、训你，其实是——"

"胡说什么溥杰，打烂你的嘴！"溥仪道。

溥杰一巴掌打在自己嘴上，道："溥杰错了，溥杰错了。"

倒是值班太监笑了，问："老爷子，上课时那样是干什么呀？"

溥仪道："我是想问溥杰和毓崇，问清楚了那件事没有。"

"什么事呀？"溥杰道。

"就是怎么才能分清蚯蚓是公是母的事。"

毓崇道："我回去问了，大家都不知道。我阿玛见问，道：'蚯蚓是地龙，皇上是天龙，问这个问题，皇上难道要了解天地合一的事吗？'我问：'什么叫天地合一？'他笑了笑没回答。我又问他：'怎么才能分清蚯蚓的公母？'他摇摇头说不知道。我又问别人，别人也都说不知道。”

“毓崇看样子是真的问了，溥杰你呢？”

“我问了老妈子和太监，他们都不知道。我没问阿玛和奶奶。”

溥仪道：“这样的事，就不要问王爷和福晋了。”

“你们都没有欺君，这事就算了吧。”

可是只是嘴上这样说说而已，溥仪对这事，总是疑问重重：张谦和说过，万物都有阴阳，可他却分不出蚯蚓的“阴阳”。

“杰弟，我只见过大格格，另外两个妹妹好吗？”溥仪问。

溥杰答：“都很好。”

溥仪道：“只我们三个人玩，没意思，你把格格们都叫来吧。”

溥杰道：“三妹还要让人抱呢，怎么来呀。”

“这么小。”

“五岁吗。”

“最好玩，让她来吧。”

溥杰道：“这要请主子恩准吧。”

溥仪道：“就说是我的旨意。”

张长安禀告张谦和道：“小的今儿个听万岁爷和二爷谈话来着，万岁爷的意思，想让三位格格一块儿来宫中玩呢。”

张谦和道：“你做的对，我知道了。”

太极殿，溥仪来向太妃请安。

“皇帝，北府的老福晋、福晋好长时间没过来了，再过几天就进腊月了，我想，就趁这时让老福晋、福晋再来宫中住一阵子。另外，这一次，就让二格格、三格格和二阿哥、大格格一同来吧。皇帝你看怎样？”

“谢皇额娘。皇儿全听皇额娘安排。”

“我这就让内务府准备，让刘得顺去接他们，你准备一下吧。”

“嗻。”

出了太极殿，溥仪高兴得一蹦三跳的，贴身太监张长安道：“老爷子有什么喜事，这么高兴？”

“皇额娘又安排会亲了，这一次，阿哥和格格们都来！”

张长安道：“瑜主子真通情达理呀。奴才平时见了她，总觉得她慈眉善目的。可是……可是……”

“可是什么？”

“奴才不敢说。”

“但说不妨。”

“奴才怕得罪老爷子。”

“恕你无罪，你说吧。”

张长安这才压低声儿道：“奴才一见到瑾主子就害怕，她那下巴下面的胖肉瘤就够吓人的了，再一寒脸，一瞪眼，奴才就直打颤。”

溥仪一声不吭——这也正是溥仪见到端康太妃的感受。

长春宫。体元殿。

溥杰、韫媖、韫和、韫颖向皇上跪拜后，瑜太妃道：“三格格年龄虽小，但是满懂规矩的，真是讨人喜欢。来，让我抱抱。”

“谢主子。”韫颖细声细气地道。

“好！真乖，真懂事。”

敬懿瑜太妃刚一伸手，溥仪忙走过来道：“皇额娘，让我抱抱她。”

敬懿太妃笑道：“到底是一母同胞，看皇帝把妹妹疼的。”

这一句话，这场景，使老福晋激动地掉下了泪，福晋的心里也暖融融的。

“皇哥哥——”韫颖向哥哥张开双臂，溥仪忙把她抱在怀里，心里涌出无限的幸福感，不由地把妹妹亲得格格直笑。

瓜尔佳氏道：“应叫皇上的，怎么叫起皇哥哥了？”

溥仪道：“就这么叫好，溥杰就是这么叫的。”

瑜太妃道：　“就这么叫吧，本就是一家人，怎么亲就怎么叫，礼缘人情吗。”

瓜尔佳氏道：“主子真是母仪天下的榜样，有主子教导皇上，就都放心了。”

养心殿从来也没有这么热闹过，溥仪兄妹在这里玩得热火朝天。

韫媖道：“可不许吓人，二妹三妹还小。”

“放心吧。”溥仪道。

“不许把帘子放下来。”韫媖道。

“不许说‘不许’，应说‘请’。”溥仪训斥妹妹。

“嗻。”韫媖顿时低头道。

“皇哥哥这么好训人呀。”韫颖细声细气地道。

溥仪笑道：“我闹着玩的，吓唬她。”

溥杰、韫媖才轻松起来。

溥杰道：“还玩捉迷藏吗？”

溥仪道：“行。让你们先藏，我来找。”溥仪觉得，这里的每个地方他都熟悉，准能找到他们。

溥仪转过脸去，韫媖用一块黄绸子蒙住他的眼睛，于是众人分头就藏起来。

“好了吗？”溥仪喊。

“好了。”韫颖道。

溥仪放下绸子，一眼就看见韫颖把半截身子钻进一个桌子搭下的黄布里面，屁股撅在外面。溥仪也不去抓她，向别的房间走去，还没走多远，就听韫颖喊："皇哥哥，我在这里。"

咯咯咯，韫和不禁笑出声来：她为小妹的憨态忍俊不禁。溥仪寻声找去，一把拉出二妹喊道："出来吧，我找到二格格了。"

二格格笑得满脸通红，道："都是小妹坏的事。"

溥杰道："是你自己忍不住，不要怪别人。"

兄妹几人又笑又嚷，又争又吵，越玩越高兴。一个时辰过去了，大家都玩累了，于是就爬到炕上去休息。张长安忙和小太监拿点心和茶水。

休息一会儿，溥仪道："还玩什么？"

溥杰想了想，道："玩老鹰抓小鸡。"

"我不会玩的。"

溥杰道："我先当老母鸡，你做鹰，一下子就会了。"

兄妹几个人下炕，溥杰的身后，依次地站着韫媖、韫和、韫颖，依次地牵着前边那个人的后襟。站好了，溥杰道："我就是母鸡，后边是小鸡，你是老鹰，来抓吧。"

于是溥仪扑过去便抓"小鸡"，"老母鸡"咯咯地叫着护着身后的"小鸡"，"小鸡们"犹如溥杰的尾巴，左右甩动，溥仪怎么也抓不住，一次次地扑击要么是被"小鸡"躲过，要么是被"老母鸡"挡住。

"抓住了！"溥仪兴奋地大叫，他抓住了行动缓慢的韫颖，可溥仪已满身大汗。

溥仪道："我要是做老母鸡，杰弟你怎么也抓不到小鸡。"

"我不信！"

"试试看！"

"来吧。"

于是溥仪这只"老母鸡"的身后又依次地站着三个"小鸡"。

溥杰"扇动着翅膀"，做着扑击"小鸡"的动作，刚转了几圈，溥仪突然大叫"停下来！"

兄妹们听见溥仪这一声厉喝，当即便都一动不动地站在原地。

溥杰见皇哥哥脸色阴沉，问："怎么了？"

溥仪把溥杰的袖口翻出来道："溥杰，这是什么颜色，你也能使？"

"这，这这是杏黄的吧。"溥杰已懂得亲王之家只能用杏黄，帝王之家才能用明黄。

"瞎说！这不是明黄吗？"

"嗻、嗻、嗻……"溥杰垂手立着，脸上汗珠直滚，不知是刚才玩累的，还是惊吓的。韫媖、韫和忙溜到溥杰身后，真的如见到老鹰的小鸡，吓得哭出来。

“这是明黄！不该你使的！”溥仪吼叫着。

“嗻！”

“哇——”韫颖吓哭了。

溥杰、韫媖、韫和站在那也不敢动，不敢去哄她。

溥仪见小妹哭了，便转过身道：“小妹，别哭，别哭。”

“二阿哥为什么不能用明黄……”韫颖哭道。

没有人回答她。

第十八章 孙中山兴兵护约法 小皇上闯宫争自由

护军卫队首领似乎明白皇上要干什么，忙指挥护兵横在皇上面前，紧紧关上了大门。“开门！我要出去！”溥仪像荒原中的一头孤狼在仰天长啸！他撕打着护军们，咬着他们，踢着他们，直到声嘶力竭……

上海。英租界一个剧院里。

剧院并不太大，挤满了人，这是革命党和各界群众在集会。

人声嘈杂。

“静一静，静一静，请中山先生讲话。”

会场顿时鸦雀无声，全场翘首注视着台上的孙中山。

孙中山道：“同志们，各位代表，段祺瑞玩弄伎俩，借张勋解散国会、赶走黎元洪，又自诩‘再造共和’赶走了张勋。现在他公然推出一己卵翼下的新国会，废除《临时约法》，这是一笔勾销辛亥革命的成果啊！没有了能真正代表国民意愿的国会，没有了保障民主与共和及人民权利的《临时约法》，还叫什么共和国？段祺瑞是另一个张勋，新的国会是他强奸民意的工具而已，段祺瑞是假借共和的名义，做他的君主啊！……”

“他的共和国，一个招牌而已。”

“冯国璋也仅是个摆设。”

“他实际上就是皇帝。真正的专制政府，哪来的民权、民生，哪来的民主、共和？”

下面，人们不断地议论着。

“让中山先生继续讲完，同志们，代表们，大家静一静。”

会场又静下来。

“我已给陆荣廷和广东、广西、湖南、四川等省都督发了电报，希望他们行动起来，打倒假共和，建设新共和，协商成立新的民国政府，已得到广泛响应……”

台下又是议论纷纷。

“好！要进行新的革命！”

“进行北伐，彻底打倒专制政府!”

“事情不这么简单……”

“拿出革命的豪气来!”

……

孙中山出会场坐汽车住进租界内的一座洋房，他很疲劳，但仍然连一杯茶也顾不上喝，又拿起狼毫……

“先生，海军程璧光总长来了。”

“快请。”

“不用请了，先生，恕我冒昧，我已进来了。”

“欢迎，欢迎，革命同志对总长的支持倍感欣慰，在这种形势下，总长能看出时代潮流，毅然支持共和事业，文感佩之至。”

“先生几十年不辞辛苦、不畏艰险、不惮牺牲，为中国之民主共和事业，为中国之富强而奔走，而呼号，前仆后继，我这算什么。”

“坐下谈吧，请坐。”

“先生注意身体呀，你的眼睛红得……”

“红得像狼。”

二人大笑。

“总长来得正好，陆荣廷等已电邀我去广州，可我若是光杆司令，到那里有什么作为呢？所以要找总长在武装方面商量一下。”

程璧光道：“我今天正是为此事而来。先生胸怀磊落，坦荡做人，往往不计小人之诡诈。常言道：‘害人之心不可有，防人之心不可无’啊，何况，正如先生所说，没有自己的武装，说话是没分量的。所以我全力支持您，把军饷全给您使用，海军第一舰队也由先生调遣。”

孙中山先生霍地站起来，激动万分，好久，才说：“民主共和事业虽艰难危险重重，但必将成功。”

广州。

各界为孙中山的到来举行了欢迎会。

中山先生道：“同胞们，共和已六年，人民却没有得到共和的丝毫好处，这实在不是共和不好，不合我国国情，而是被一些军人所利用，建立了军人政府，实比封建王朝更专制、更自私。他们打着共和的旗号，实行真正的专制，欺世盗名，混淆视听。今天，我们维护约法，恢复国会，就是要打倒假共和，实行真共和。”

从北京南下广州的国会议员开会，决定成立中华民国军政府，孙中山为大元帅，陆荣廷和唐继尧为元帅。

孙中山、唐继尧、陆荣廷检阅军队。“维护约法!”“打倒假共和!”口号震天。

陆荣廷宣布护法军成立。

孙中山大元帅命令护法军北伐。

护法军兵发湖南。

南京。

冯国璋虽身为总统，但总是在老巢南京。他深感自己年纪已老，病体缠身，力不从心。南面有陆荣廷、唐继尧，北面混杂着段祺瑞。如今北洋分裂已成定局，老段独断专行，一心一意扩大自己的势力，冯国璋很为气恼，于是利用和护法军开战的失利，接受了段祺瑞的辞职，而任命了王士珍。可是段祺瑞的干将们硬是瞎起哄，日本人又横加干涉，冯国璋不得不再次任命段祺瑞为国务院总理。段祺瑞一复出，急命曹锟出战湖南。曹锟是冯国璋的老部下，便坐火车到南京，向老上峰请示机宜。

冯国璋道：“如今南方势力渐近长江，虽然老段的命令有其私心，但是为保住我们的势力领域，你还是应全力打击南方。但是，要打打看看，以免果实被段祺瑞窃取，段祺瑞从袁世凯那里学到的东西最多，最会渔翁得利。”

“可是我离了直隶，段祺瑞会不会乘机入内?”

冯国璋道：“直隶军队不动，调你的手下吴佩孚去。南方军声势强大，但战斗力虚弱。他们离心离德，不能凝成拳头。所以初一交战，要全力投入，不要有什么顾忌，南方必溃散。”

“我亲自去督战，先发制人!”

冯国璋道：“我已年老体衰，代总统任期将满，今后直系的重任就落在你的肩上了。”

“主公身体健康得很，怎么忽然说出这样的话来。”

冯国璋摇了摇头，道：“无论如何不能让段祺瑞做总统，目前，大家可以接受的人选就只有徐世昌了。以后，你扼住北京，稳守中原和江苏，严防东北张作霖和西南陆荣廷、唐继尧，当可寻机而夺取天下。老段的意思，是武力统一中国，其意直露，其敌也多，其信已失，但其力尚强大为中国第一，故当稍避其锋，而托其肘腕，暴露其胸，咱能则击之，不能则削之，以保护自己为上策。”

曹锟领命去湖北，干将吴佩孚领军直进湖南，势如破竹。大军将要向两广挺进时，曹锟道：“不可再冒进了，再往前，陆荣廷和唐继尧其云贵之众就会形成合力，拼死抵抗了。"

吴佩孚道："我看南方徒有虚名，不是咱的对手。"

曹锟道："再往前，就不同了，还是按兵不动吧。"

吴佩孚则想继续争辩，忽然一封电报送到曹锟手里，曹锟又把电报交于吴佩孚，吴佩孚看罢，破口大骂："他妈拉个巴子，这段祺瑞把我们当张勋了。"

原来，段祺瑞任命了皖系的张敬尧做了湖南的督军。

吴佩孚骂不绝口，"咱这里拼命死人，他倒好，坐收渔利。"

曹锟道："这是老段的故伎，不要以为他会任命你为湖南督军。"

吴佩孚也不是等闲之辈，顿时明白了曹锟的意思，领会了曹锟这样做的战略意图。但是吴佩孚还有疑虑，道："冯帅怎么看?"

"没打湖南之前，冯帅就料到了今天的结局。"

于是吴佩孚便按兵不动，发通电声明应与南方和平解决争端的主张，暗地里，冯国璋则早就和陆荣廷、唐继尧沟通了意见。

广州。

陆荣廷在非常国会会议上说："既然讲民主，讲共和，就不能独裁，特别是军政府，更不能让权力过于集中。不然，就会像北方政府一样出现一人说了算的家长制。我提议，取消大元帅一长制，改为七总裁合议制，由岑春煊做主席。以上是鄙人个人见解，请议员们讨论。"

于是即刻有议员上台道："陆公所言切中假共和假民主要害，要民主要共和就不能实行一人说了算的家长制。我同意陆公的见解。"

虽然没有发表不同的意见，但表决通过时，陆荣廷的提议被否决。

第二天，海军总长程璧光——孙中山大元帅的有力支持者，在广州被暗杀。

之后，孙中山的警卫部队的官兵接连不断地失踪，有一位卫队连长的尸体在江中发现——他被装在麻袋里，渔人们无意中把他打捞上来。

非常国会再议陆荣廷的提议时，则顺利地批准了。

孙中山抚尸痛哭，面对程璧光和他警卫连长的尸体，道："这会更坚定我的意志，我将更奋勇地为民主共和的事业奋斗。你们的血不会白流，你们的血也教育了我，教育了中国的民众，只有打倒军阀，才能实现真正的民主，实现真正的共和国。"

孙中山辞去了大元帅职务，又走上探索的道路。

紫禁城毓庆宫。

梁鼎芬身体不好，已多日不来上课，令大家惊奇的是，多日不见、请了病假的梁师傅又在宫中出现时，精神焕发，满面红光。

看着他笑眯眯的表情，溥仪、溥杰、毓崇以为他又要讲故事——他最好讲他自己的故事。可是他却说道："孙中山完蛋了。"

三个学生特别振奋，他们觉得孙中山是万恶的根源，是导致皇上退位的罪魁祸首。特别是溥杰，比溥仪还恨他，曾抠了孙中山相片上的眼睛。瓜尔佳氏经常对溥杰说，孙文比袁世凯更可恨，没有孙文，袁世凯也不会复出。

"他真的死了！"溥杰道。

"不是死了。"

三个学生有点失望。

"那怎么说他完蛋了呢——他不早就下野了吗？"溥仪道。

梁鼎芬道："他又被南方的国会、南方的军政府赶走了，他真的成了没有窝的兔子，这个奸贼，再也没有什么作为了。"

心里虽然没有原先高兴，可是这也让他们解恨。

"还有更好的消息呢。"梁鼎芬道。

"是什么？又有人保皇哥哥复位吗？"溥杰高兴地问。

"差不多——徐太傅要做大总统了。"

几个学生都了解，张勋复辟，首先就是由徐世昌劝说的。他在袁世凯称帝时，曾辞官在天津租界闲居，后来一直没有出仕，以致于连王公大臣家中的孩子也知道他主张复辟，现在听说他要做大总统了，心里也确实兴奋。

溥仪对复辟虽然一度十分厌恶，但不知为什么，自从伴读的来了以后，他忽然又对重登大宝神往起来。

梁鼎芬讲课也更为卖力，三个学生听课也更为用心，而溥仪在溥杰和毓崇心中的地位也更为神圣。

消息传得很快，紫禁城重又洋溢着喜悦，人们把这消息不厌其烦地奔走相告。

"徐太傅要做大总统了。"

"是啊，报上不是早就说过么，'若是徐太傅主持复辟而不是张勋，那么北洋各将军就俯首称臣了'。"

"你也看过这份报纸啊，我也看过的。"

北京一座简朴幽雅的院落，紫竹森森，老藤虬曲。徐世昌到北京后就住在这里。他声明说，就是大总统的提案通过了，他也不会住进现在的总统府，他要把总统府交还给"上边"。有记者问，何为"上边"？徐世昌答，就是现在宫中的皇上。所以一到北京，他就住进了一个普通的院落。

世续和载涛来到徐世昌的府上，徐世昌出迎到大门："世中堂大人和贝勒爷大驾光临，我真是既高兴，又觉惭愧。"于是倒地就拜。

涛贝勒把他扶起，道："徐太傅当年劝袁世凯不要妄自称帝，要还政于清，大家都知道的。至于有种种意想不到的事，也不是太傅所能左右的，太傅若要自责，则令我们不安了。"

三人在客厅坐下，世续道："大哥，你我和袁世凯都是曾结为义兄弟的，如今看来，还是忠义之人常在啊。"

"慰亭那里我有责任，我深感羞愧，真不敢面对你们啊。"

载涛道："我刚才说过徐太傅不要自责，就休提旧事了吧。"

世续道："大哥这次出山，有何抱负？"

徐世昌慨然道："慰亭当年扫灭孙文的'二次革命'是恢复本朝大清的好时机，可惜错过了；后来更不应该搞什么洪宪。张绍轩在丁巳又太鲁莽灭裂，不得人心。咱们这次出来，不过是为幼主摄政而已。"

载涛道："太傅之忠心，真是鉴日照月。可是，先太后已有懿旨，与民国有约，皇室也不图什么，仅是遵循而已。"

徐世昌道："周公之心，定会大白于天下。我就写一副对联，送给世相和贝勒爷吧。"他来到八仙桌旁，铺开纸挥笔写下一联："捧日立身超世界，拨云屈指数山川"。

世续赞道："好！好！我一定与大哥共勉，实现'拨云捧日'之志。"

"大家共勉！"徐太傅郑重地道。

世续也郑重地说："大哥，大家既是同志，也就不分彼此，不说外话了。听说大哥现在手头拮据，我们可以解决一二的。"

"我生性简朴，对金钱向来看得低，世兄弟就别为我操这个心了。"

载涛道："若为个人，我们定不会这么做。现在太傅虽为总统提名，但国会那里若不打发，也不能保证就通过了。现在的时势，意外都是存在的。所以我们决定为太傅选举总统筹一笔款子。"

世续道："议长王揖唐已和我说过选举的事。身为议长，他是知道内情的。大哥你就不要推辞了。"

"实在惭愧，我……"徐世昌嗫嚅着。

"为国家大事，就不必推辞了。"载涛道。

世续道："内务府为大哥准备了三百六十万优字爱国公债券，就拿去做活动经费吧。"

"我若不收下，反而会误认为我对本朝不能有所作为——好吧，我写个字据，就借下这笔钱。"

世续道："免了吧，不要节外生枝。你说写字据，若存在我和贝勒府里，这事就成了私事；若存在内务府，恐怕此事要张扬出去。'大行不顾细谨'，不要写什么字据了。"

世续和皇叔载涛走后，王揖唐从里面转出来，道："大事成了。"

徐世昌道："给议员的礼金，就由议长去办了，拜托你了。"

"老师说哪里话，我能有今天议长的位子，还不是靠老师您的提携？今天为您办这点小事，若办不好，不是辜负老师的栽培了吗。"

徐世昌道："你可以向他们说明，大总统可以对他们委以顾问、咨议，干薪可以定在千把元。"

王揖唐议长召集参众两院联合选举委员会于1918年9月4日投票选举总统。选举前，王揖唐议长除在背地里赠以重金外，又预发了一笔出席费，同时送发由徐世昌题名的照片。选举开始了，到会议员436人，徐世昌总统得425票，顺利当选。

1918年10月10日，徐世昌正式就任大总统。刚一就任，就宣称他不能进占"本朝"的中南海。记者问："何为'本朝'？"徐答："大清。"

不久，又做了几件让世人侧目的大事：赦免张勋，他可以在北京不受干涉地活动和居住；提倡读经、尊孔，举行郊天大礼；安排毓朗——前清军咨府大臣——做了议员，授载涛为"将军"。

徐世昌做了总统，最高兴的是紫禁城里的人们，宗室遗臣和前清余孽，普天下的人都知道徐世昌是主张复辟的，报纸上也连篇累牍地登徐世昌和前清的关系，登徐世昌如何如何地准备复辟。本来，宫廷中最不喜欢报纸的，现在却一反常态，连最保守的内务府、四位太妃也订了报纸。他们每天都在报上寻索着徐世昌准备复辟的那些令人振奋的消息。紫禁城和各王公的府上，天天有如过大年一样高兴。

端康瑾太妃斜躺在软榻上，二首领穆海臣在给她梳着头，大首领刘承平则为她读着报纸。

穆海臣道："老主子，王久安到哪里去了，怎么今天让奴才梳头？"

王久安是端康的贴身太监，俗称"梳头太监"，平时起居梳头等事，多是王久安去做。

刘承平道："忘跟穆老爷说，我安排他到万岁爷宫中去站班了。"

穆海臣道："应该这样，主子对老爷子也该管严一点，说不定哪天就复了位，天子也应有个天子的风范。奴才看万岁爷有点太随便了。"

刘承平道："所以主子才让我把王久安调过去站班。"

"有什么好新闻吗？"端康太妃道。

"哟，只顾说话，忘了给主子念报了。"刘承平拿着报纸，搜寻了一会儿，道，"有，有，天天都有。这不是，有一段，我念给主子听听，'如今乡下若是见到有知识的人或从城里来的人，总是问：如今是谁在龙廷哪？听说刚选上的大总统没有进衙门，留着让宣统皇上去住，这是真的吗？’主子听听，这是人心思旧啊。”

瑾太妃终于心满意足。

“老爷子呐……”一个小孩哭喊着跑进来。

端康太妃立时坐起来，道：“小七儿你怎么了。”

小七儿已跑到她的跟前，端康一看，疼得她掉下泪了：“小七儿哎，我的小乖乖，是谁这样手狠呀，打得你鼻青脸肿的？”她把小七抱进怀里，“告诉我，是谁欺负你的？”

“老爷子，我忘了是谁了。”

“哪个宫的？”

“奴才也不记得了。”

“哎哟，小七儿，那些该杀的，我要查到了，定饶不了他！”

小七儿是个七八岁的太监，端康太妃视他为心头肉。

刘承平道：“主子，奴才看，准是其他主子宫里的，别的人敢吗？”

穆海臣道：“奴才也是这样看。”

刘承平道：“主子，那几个主子对咱可没有什么好心哪，特别是瑜主子，对万岁爷用尽了心思，连对万岁爷宫中的总管和首领，也是笼络的，也不怕失了体统，丢了体面。看他们的首领和万岁爷宫中的总管、首领的那种热乎劲，真让人恶心哪。”

穆海臣道：“是啊，这后宫的主管交给了咱主子，她们不服呀。主子您也得提防着，万岁爷重登大宝是咱们来不及反应的事，若事先不准备着，万岁爷复位后，后宫的太后是没准儿的事。”

端康太妃被他两个左一句右一句说得气忿难当，怀里的小七儿还在抽泣，于是她恨恨地道：“咱娘们儿也不是好惹的，我现在是后宫的主儿，封印俱在的，她们，哼！别想！”

正说着，王久安来了，“回主子，奴才回来了。”

“皇帝还用心读书吧？”端康问。

“万岁爷今天骑了一整天车，叫什么‘自行车’、‘脚踏车’，万岁爷迷上了。”

“你下去吧。”端康对王久安道。

不一会儿，溥仪来了。

“皇额娘吉祥。”皇上道。

“我很好。皇帝，今天学的什么？”

“我今天身子有点不适，放了假。”

端康脸一寒，道："你的头上明明冒着汗，脸色潮红，分明是说假话，什么身体不适？"

溥仪心里凉了半截，只顾看着脚尖，不敢抬头。

"到底干什么去了？"

"皇额娘，皇儿骑自行车来着。"

"你是皇帝，骑那洋车有什么用？皇帝不用心于治国学问，倒去学那洋玩艺儿，对得起祖宗吗？你居然还说谎，这是皇帝应做的吗？"

"皇额娘，我错了。"

端康道："把张谦和、阮进寿叫来。"

不一会儿，张谦和、阮进寿来到永和宫，跪在太妃面前。端康狠狠地训了他们一顿，最后说："若以后再发现你们怂恿皇帝不用心读书，引他学坏，打断你们的狗腿。"

溥仪被端康一顿训斥，内心愤懑不已，怏怏地回到长春宫。

第二天，溥仪刚到毓庆宫没有多久，端康太妃和王爷、世续来到书房。太后传令几位师傅都过来。溥仪请太妃坐下，太妃道："我不坐了，今天我是来看你养的那些蚯蚓和蛐蛐的。"

几位师傅和伴读的学生头嗡地一下全吃了一惊。

端康道："都到院子里去。"

于是众人都随太妃到了院子中，世续已派人把那些盆盆缶缶花瓶罐子集中到院子的空地上。

太妃道："虽然这都是皇帝宫中的太监引皇帝学坏，可师傅为什么也不问？"

陈宝琛道："臣愿受罚。不过此事臣曾向太妃说过。"

太妃道："是说过，但皇帝继续养，为何不阻谏？"

陈宝琛道："臣疏于督导，请太妃治罪。"说罢跪了下去。

"起来吧，此事你们做师傅的虽有责任，但拘于君臣之礼，不好过问，引以为诫就是了。你起来吧。"

"谢太妃。"陈宝琛退过一旁。

端康太妃道："不过，张谦和与阮进寿不可饶恕，就扣去你们两个月的俸银。"

"谢主子赐。"张阮二人跪地谢恩。

"把皇帝的两个御前太监各打二十板子，敬事房去做吧。"

"嗻。"敬事房的太监把溥仪的两个御前小太监拖了出去。

端康转向载沣道："醇亲王看那些盆缶花瓶怎么办？"

"全全凭凭主子处理。"

太妃大声命令道："砸了！把那贵重的花瓶留着。"

"嗻。"

顿时，院子里砰砰啪啪，那棍子如同砸在溥仪的身上，他看那柔弱的蚯蚓有的被打烂，有的被踩断，伤心已极，涕泪横流。

溥杰和毓崇受到了载沣和溥伦的严厉训斥。

紫禁城内又少了少年天子的欢声笑语，他总是神情忧郁。在毓庆宫书房中虽然没有了平时挤眉弄眼的小动作，但那呆滞的神情，书房中凝固的表情、凝固的空气，更让人感到窒闷。

这样过了一些日子。有一天太极殿的刘得顺见了溥仪，道："我师傅是伺候醇王府五爷的，据师傅说，五爷前面的几位爷因老福晋疼孩子，把他们给耽误了。其中四爷在五岁的时候，老福晋信养生之道，总不给孩子吃饱，一只虾也要分三段吃，结果四爷因营养不良而仙升了。到了五爷，饮食上好些了，但管教却更严了。五爷的口吃结巴，就是惊吓不敢说话养成了习惯。五爷平时不敢多说一句话，不敢多走一步路，就是笑出来，也受训斥。奴才的师傅说，老福晋好训斥五爷：'笑什么？没个规矩。'奴才自幼在醇王府，六爷七爷也是这样长大的。奴才又伺候过溥二爷，福晋管溥二爷更是严得出名，他在毓庆宫伴读，回家后，王府的师傅和福晋对二爷的学业又是一番训导。奴才说这些话，是劝老爷子不要把许多的事放在心上，过几年长大了，也就好了。"

溥仪道："她若是像福晋对溥杰弟那样，我也没有什么说的。只是她太专横了，我动辄得咎，对我远不如对小七儿。"

刘得顺道："宫中和宫外，都以为复辟在望，对老爷子各有所图，奴才说句不知天高地厚的话，他们都是在为自己呢。"

见有人过来了，刘得顺忙收住话，道："老爷子，快活些，再寻些乐子。"便转身走了。

张长安走来，道："老爷子，别整天苦闷闷的，有啥呀，就像刘首领说的，快活些。"

溥仪苦笑了一下，道："让嬷嬷来。我和她散会儿步。"

"嗻。"

溥仪和王二嬷二人慢慢地走着，不知不觉来到慈宁花园。柳叶已经落尽，池水倒更清澈，柳枝便在池水中画出自己疏朗有致的影子。

"嬷嬷，你想家中的女儿吗？"

"怎么不想？"

"她若是整日在你身边，你会怎么做？"

王焦氏道："不时地抱她，给她烙饼吃，烧绿豆稀饭喝。"

"别的呢？"

“别的还有什么，随她吧。”

“不让她念书吗？”

王二嬷笑道：“别说是女孩儿家，就是男孩子，在我们家，也很难能读书的。”

“想读书吗？”

“做梦都想。”

“读书为啥？”

王焦氏道：“读书了，不是睁眼瞎子，知道的事多。长大了有口饭吃，不受人欺侮。”

溥仪道：“我就不知道我为啥读书。虽然太妃、王爷、师傅整日地给我讲为什么读书的道理。”

“老爷子，”王焦氏道，“说句不知天高地厚，不该我们奴才说的话，他们都是为自己罢了，他们从来也不问问老爷子你怎么想。”

“我真想跑出宫去。”

“我虽是奴婢，在宫中这许多年，也学了不少，知道了不少。过去的有本事的皇上，没有一个是整日里只待在宫中的。单从书本上，能知道多少啊。外面的事情，听人家说的，和自己看到的，就是不一样。有些事情，在外肯定不是我们在宫中听说的那样，我能感觉到的。”

神武门内的护军们站了两排，个个威猛。背上的大刀，寒光闪闪。

“这不是万岁爷吗？”一个首领突然认出了只身来到神武门的溥仪。

溥仪并不理他，直往大门走去，就要出门了，这时护军卫队首领才明白皇上要干什么。

“快关门。”

一队兵横在皇上面前，大门关上了。

“开门！我要出去！”溥仪吼道。

“万岁爷，请回吧，这是不可能的事！”

“我要出去！我要出去！”溥仪像荒原中的一头孤狼在仰天长啸！他撕打着护军们，咬着他们，踢着他们，声嘶力竭，这时，内务府官员和万岁宫中的太监才跑来，忙把皇上“请”回养心殿。

“敬事房！”

“嗻”。

溥仪指着挟他回来的太监阮进寿和一个御前太监道：“给我打！”

敬事房的太监懵了。

“怎么？敢抗旨吗？打！打五十板子！”

敬事房太监只有遵命，阮进寿和御前太监被打得皮开肉绽。

打完了，溥仪仍然吼叫着，夺过敬事房太监手中的竹鞭，往敬事房太监身上抽去："打！打！打！"忽而，他又往其他的太监身上打去，"打！打！打！"边吼叫边打，打个不停。

四位太妃闻讯都赶来了，端康太妃命令道："张谦和！"

"奴才在！"

"带人挟住皇上！"

张谦和犹豫了一下。

"耳朵聋了吗？"

张谦和双腿一跪："嗻——"随即起身，带着太监把溥仪抱住。

"皇帝心里有火，让他去败败火吧！"

瑨妃还要说话，瑜妃忙示意她不要开口。

"嗻！"

张谦和应声带几个太监把溥仪捉住，把他挟到毓庆宫里放马桶的一间屋子里，从外面把门锁上。

这是皇家对子弟管教的一种方式，隆裕太后在时，对溥仪也使用过一次的，所以这一次端康太妃一说让他败火，他早吓软了，但心头的火气还盛。

溥仪被禁闭在黑洞洞的屋子里，心里害怕，心里焦急，心里愤怒，狂喊："开门！开门！放我出去！放我出去！"嗓子哑了，脚跺麻了，拳头捶烂了，可是没有一个人理他。在黑洞洞的屋子里，在臭哄哄的马桶堆里，他觉得，他哪里比得上门外院子里的那小蚂蚁呀！

好久没有声息了，张谦和报告了太妃，太妃才命他打开门。

屋内，溥仪躺在地上，衣服早已撕得破烂不堪，帽子不知扔到哪里去了，头发散乱，他脸色惨白，呼吸微弱，身上湿漉漉的尽是凉汗。

张谦和道："快，快背万岁爷到养心殿！"

第十九章
老太妃怒斥洋装束
小皇帝谑赐怪官爵

“小的运气好，见着了真龙天子。请万岁开开天恩，赏小的个爵吧！”溥仪听了那人的话，比听到民国总统的祝福还高兴。他忽然想起老北京给桥头叫花子的诨名，就道：“就封你‘镇桥侯（猴）’吧！……”

溥仪果然生病了。

按太医和朱益藩师傅合议的药方，张长安在永和宫药房里拿了药。这个药房是原来隆裕太后的，由端康太妃继承了。她听说张长安来取药，道：“我过去看看皇帝去。”

端康来到长春宫。溥仪躺在床上，见太妃来了，忙要起身。

“躺着吧，皇帝。”

于是溥仪又躺下，道：“谢额娘来探望。”

“皇帝好些了吗？出汗了没有？”

“刚吃了药，还没出汗呢。”

“那我们就走了。”

一群太监一出屋，溥仪顿时感到屋子里的空气清新了许多。

端康太妃刚走不久，瑜太妃来了。“皇上好些了吗？出汗了没有？”

“刚吃了药，还没出汗呢。”

“那我们就走了，让皇上出出汗吧——端康也有点过分了，在那屋子里，哪有不着凉的？”说罢走出去。

一群太监出去后，溥仪又感到空气一阵清新。

没过多久，又是一群太监进来，后面跟着珣太妃，空气顿时污浊起来。几分钟后，珣妃刚走，瑨妃又来了。

四进四出，气流变了四次。

傍晚，卧室里安静了许多，溥仪很疲劳，沉沉地睡去了。不知睡了多久，一睁眼，见嬷嬷王焦氏正在床头看着自己，忙要坐起。

“老爷子快躺着吧。”

“我感到好多了。”于是还是坐了起来，“二嬷，你哭了。”

“都是我说的话害了万岁爷，奴婢对这宫中的规矩、宫中的人，实在不懂，弄不明白。”

“就像下棋一样，将帅在宫里，是最没有用的。”

第二天，溥仪的病就好了。太妃们又来探望。第三天，溥仪休息。第四天，溥仪向太妃们请安。

端康道：“皇帝今后可不能再任性儿，要守祖宗定下的规矩。万般皆下品，唯有读书高。就安心在毓庆宫读书吧。”

“谢皇额娘教诲。”

“回去吧。”

溥仪来到太极殿。

瑜太妃道：“皇帝的心思要用在学习治国的道理上，恢复祖业就指望皇上哪。”

溥仪道：“皇额娘的教导，皇儿牢记心中。”

“今后，”瑜太妃爱怜地望着溥仪道，“皇帝可不能在端康太妃面前太任性，就是有她宫里的太监在，也要收敛一下。”

溥仪又依次向珣太妃、瑨太妃请安，两位太妃的话是一样的。

“皇上的病好了，额娘就放心了，下去吧。”

给四位太妃请过安，在回长春宫的路上，二嬷迎面走来：“老爷子，也不能全听主子的话，该活动活动筋骨儿时，也不能闲着。老爷子自幼身体虚弱，老闷着读书，闷在屋里，也不好。奴婢觉得，骑车子倒是很好的，我见到王爷和总管们，会向他们求情，让他们向端康主子请旨的。”

溥仪道：“今天皇额娘们没有说什么。”

“这就好，”二嬷说，“我还以为主子们又是一番训话呢。”

果然，有一天，端康太妃道：“皇帝，你的身体自幼很弱，可以多活动活动的。我也不是说你不能骑那洋车，可不能迷上了，玩物丧志，平时骑骑还是可以的。另外，我宫里及南房子里有太监戏班子，你可以跟他们一起练功的。各宫中也都有武功高强的好手，皇帝也可以跟他们练，强健身体。”

车子，溥仪是没有什么心思骑了。可端康太妃给他说的练功，还真的吸引了他。于是他找到那些练功的太监，天天也打起砂袋，玩起吊环来。看着几个和他一样大小的太监能翻出好多又高又飘的跟头，溥仪惊羡不已。溥仪也想学，练功的太监说：“老爷子须先练身子骨儿，身子骨子硬朗了，有了气力才可以。”

溥仪渐渐地又有了笑容，又活泼嬉闹起来，这个少年和他的同龄人一样，对不快，是很容易忘记的，但这些不快也很容易沉淀下来。

不久，溥仪还真能走一趟拳脚。太监们夸："老爷子天赋资质高，领悟力不是凡人可比的。现在使出的架势、招数，真是虎虎有威。"

溥仪听了高兴，就在毓庆宫的跨院里也走出几招，连陈师傅也夸赞："皇上读书练武，这正是有志天子所为。能复兴的皇帝，哪一个不是文武双全。"

师傅们进而又夸赞端康教导得好，这话很快就传到端康的耳朵里，端康很高兴，一天，溥仪放学向她汇报学习情况的时候，端康笑着道："皇帝，听说你最近读书练武两样都很好，连师傅们都连连夸赞，这就好了。皇帝啊，你虽然年纪少，但身负恢复祖业的大任，就该这样啊。"

当天，端康太妃让皇帝下旨召来载沣，并赐他和皇帝与她一起用膳，听了太妃的夸赞，载沣很激动，心里很舒服，道："皇帝能这样，都是太妃教导得好，师傅们也向我提起过的，大家都在感谢太妃呢。"

端康飘飘然起来，俨然隆裕太后，对皇上的过问更勤了，见了瑜太妃们，鼻孔朝天，眼斜着，没有把她们放在眼里的样子。

"别高兴得太早了。"瑜太妃心道。

端康太妃夸赞皇上练武，万岁爷又迷上了武术，张长安看在心里，记在心里。

一天，张长安找来皇上的御前太监李延年道："张总管身体不好，年龄也大了，干不长的。咱俩也该往上提一提了，可现在要用点心思，讨老爷子的喜欢。"

二人一合计，决定给万岁爷买一身衣服穿。

一天，溥仪从毓庆宫回来，张长安道："老爷子，奴才给您老人家买了件宝贝，老爷子一定喜欢。"

"什么呀，快拿来看看。"

于是李延年便提出两个包袱，解开一看，溥仪真的乐了，原来是民国将领穿的大礼服，帽子上还有个像白鸡毛撢子似的翎子呢。溥仪连忙穿上，就要到镜子前。李延年道："老爷子，还有皮带和军刀呢。"于是溥仪又勒上皮带，挎着军刀，学着仪仗队的样子走起步来。

"好！真威武！真神气！"

"万岁爷真是文武双全！"

溥仪得意洋洋，在镜子前走来走去，越看越高兴。于是，他又走出养心殿炫耀起来，引来人们的一片赞叹。

端康听说后大怒，忙谕令内务府查抄长春宫和养心殿。搜查了一番，又找到一双洋袜子。

端康大为震怒："反了反了！谁给皇帝做的这些东西？是内务府吗？"

世续吓得脸发黄，跪地禀道："内务府不知此事。"

张谦和、阮进寿道："这个月老爷子做了皮袄十一件，皮袍褂六件，皮紧身六件，棉衣裤和紧身三十件。共计五十三件，另外还有一些零碎的东西，这都是'回执事库'写明的，并无民国礼服。"

"到底是谁干的?"端康大怒。

"是奴才。"张长安和李延年知道，若是查出来而不是自首，罪加一等，连忙跪地承认了。

"敬事房!"端康喊道。

"嗻。"

"打二百大板。"

"遵旨!"

一群太监围过来，把张长安、李延年按住，扒下裤子露出屁股，噼哩啪啦，顿时血水飞溅。

"饶了奴才吧，下次再也不敢啦……"

"饶了奴才吧，饶了奴才吧。"

宫中的规矩，被打的时候，必须喊求饶，若不喊，就一直打下去，一直打到你求饶，若不求饶，那就把你打死。

二百竹板打过，太监们把他俩架到端康太妃前，二人磕头谢恩。两边的太监正要把他俩拖出去……

"慢着。"端康道。

张长安和李延年魂飞天外，不知太妃又要干什么。

"罚他们到洒扫处，永不得更换。"

一下罚到最低层做苦役去了。

"皇帝随我来。"

到了养心殿东暖阁，太妃屏退了所有的太监。

"你对得起列祖列宗吗？这里是祖宗们接见大臣处理天下大事的地方！你再看看，看看吧。"

"皇儿知错了。"

"大清皇帝穿民国的衣裳，还穿洋袜子，这像什么话？你是不是爱新觉罗的后代？你把不把祖宗放在心上?"

待太妃训完了走出养心殿，溥仪已瘫在那里，裤裆里已湿了一大片，不知是什么时候尿的。

溥仪的心情如秋天的天气，一天凉似一天，但徐世昌总统却给祈望复辟的人们带来阵阵热浪。又是元旦，又到了皇上的万寿节，徐世昌总统对"上边"，比历代总统都更为尊崇，以至于溥仪的节日几乎成了全国的节日。北京城里的袍褂皂靴又多起来，王公们的马车又多起来，王公们带着成群的奴仆招摇过市，民国的官员乃至将军们以能够与这些地位尊显血统高贵的人交往而感到无比荣幸。

一天，溥仪根据只要不人迷就可以骑车的太妃谕令，在御花园的僻静处骑自行车，车速很快，在一个拐弯的地方，前面突然闯出一个人，溥仪的车子差点撞着了他。要是在前些日子，这人不被打个半死才怪，可是今天，皇上却没有理会他，车子打了个圈准备绕过去，可是那个人却又对着车头跪下去，道："小的给万岁爷请安！"

皇上看这个人，穿着紫色的坎肩，和太监穿的一样，溥仪骑着车打着圈子问他："你是干什么的？"

"小的是管电灯的。"

"噢，你是干那玩艺儿的。刚才没摔着算你运气。你干吗老跪着？"

"小的运气好，今天见着了真龙天子。请万岁开开天恩，赏给小的个爵儿吧。"

皇上听了他的话，比听到民国总统代表政府和全国人民给皇上的元旦贺词和生日祝语还高兴。于是皇上想了想，忽然想起早几天太监给他讲起的北京街头蹲在桥上候人乞讨的要饭的人的诨名，就道："行，封你一个'镇桥侯（猴）'吧！哈哈……"

那人磕头如捣蒜，千恩万谢地去了。

第二天，溥仪早把这事给忘了，忽然有内务府的官员来到毓庆宫道："万岁爷，有个人在内务府要'官诰'，说是万岁爷封了他个'镇桥侯'，是真的吗？"

溥仪哈哈笑道："这是一句玩笑话，他竟认真起来了。"

"小的也是这么说，可那人却说，'皇上金口玉言，你们倒敢说是笑话，不行'，气势很凶，不达目的不愿罢休的。万岁爷看怎么办？"

陈宝琛师傅听了，道："那人说的是对的，皇上的话就是金口玉言，不能改的，不然怎能取信天下？这个封号就给他，一'桥'之侯，除封号外，其余的内务府根据情况处理就是了。"

溥仪道："就按陈师傅说的办吧。"

内务府官员走后，陈师傅道："我们做师傅的几乎天天都遇到来求我们向皇上讨个封号、谥号或墨迹什么的人，王公及皇上身边的太监都会经常遇到，但没有一个轻易答应的。皇上赏的封号、谥号，皇上的墨迹，能是随便给人的吗？拿这开玩笑，就更不应该了。"

陈宝琛师傅是不训人的，特别是对皇上。今天却说了这么多，溥仪很感意外，也更感到在宫中是绝对应该"非礼勿听，非礼勿言，非礼勿动"的。

天性好动而又正值少年的溥仪，在各种规矩中，特别是在几乎人人都以为徐世昌将扶宣统复位的形势下，不得不由动入静，在养心殿看报的时间多了起来，在这种时候，看报是不会引起人们的非议了。

一天，他在《华北每日邮报》上看到了一篇题为《另一场复辟是否近在眼前?》的文章，内心激动不已。文中写道：

> 民国的经历绝不是幸运的。今天，我们又发现南北两方正剑拔弩张。由此而得出的唯一结论就是，人们已经在中国试验过共和政体，但发现在中国实行共和制尚缺乏某些条件。商人、绅士以及地主阶级对于这种自相残杀的斗争感到厌烦。我们确信，对于能够保证十八个省份和平的任何形式的政府，他们都会给予其热诚的支持。
>
> 不要忘记，那里有一个由亲帝制的人们形成的强大社会势力。这些人对共和制的政府历来表示顺从，但他们出于众所周知的原因而在最近的几年中保持沉默。他们同情日前军人们的行动自不待言，他们当中的一些知名人士来往于各类众所周知的官员们聚会的场所，也不是毫无意义的。
>
> 这些人私下赞成帝制，盼望以前的皇帝能够成功地重登皇位。他们认为，拥护共和政体的人正在毁灭国家，无论采取多么激烈的措施，也必须恢复从前繁荣和平静的局面。
>
> 恢复帝制绝不意味着会为各方面所欣然接受。相反，它可能会遇到来自不止一个公使馆的大量的外交方面的抵制。但即便是这种抵制，也注定会在一场成功的政变发生之后消失，因为众所周知：一事能成，则事事皆成。
>
> ……

溥仪明白了，现在在紫禁城中，为什么人们有时互相问候时也说“你看报了吗”，原来报上透露出许多复辟的消息。

“一事能成，则事事皆成。”溥仪回味着报上的话。那上边虽然说的是只要复辟成功了，内政外交的各项事情也就好办了；但是溥仪想的却是，只要复位了，他可能就不会像现在这样受到严格的束缚了，他就有权作出自己的决定了。从这个意义上，溥仪对复辟特别神往起来，经常询问徐太傅的事。

“万岁爷，现在世界大战结束了，协约国打赢了，大总统是参加了协约国的，乘着这股春风做事，友邦一定会支持的。”

连太监们对国事也谙熟如此，溥仪的希望之火越燃越烈。

一天，在毓庆宫里，溥仪见教汉文的三个师傅都在，便问：“报上整日说复辟，以前师傅也好说，怎么这些天师傅们却不说了?”

梁鼎芬道："我的挚友劳乃宣和徐世昌关系很好。据劳乃宣说，徐太傅早有复辟之志，只是一时控制不住局势。现在世界大战之事已了，直奉之间，直皖之间，南北之间，都没有什么大的摩擦，虽然有人说这是大战大乱前的宁静。臣以为，宁静则局势稳定，徐太傅会实现他的素愿的；若是大动乱的前兆，则国人会认清民国的罪恶，在渴求统一集权的呼声中，徐太傅也易于复辟。"

朱益藩笑道："今天皇上主政了，召开了御前会议。"

陈宝琛道："徐世昌的态度到底如何，我们是全然不晓，这都是王公们和他联系的，对梁太保的话，我是有保留的。"

溥仪道："我把世续传来不就清楚了吗？"

几位师傅互相看了看，陈师傅沉吟了一会儿，道："这样也好。"

于是溥仪传旨让世续到毓庆宫。

世续很快就到了，着急地问："出了什么事了？"

师傅们笑了。朱益藩道："不是一到这儿就会发生什么事的，今天到这儿来，是皇上有些话要问。"

溥仪道："你们和徐世昌联系过复辟的事吗？"

世续一听乍一怔，思忖了一会儿，道："万岁爷还是努力学习为好，奴才以为，这事，万岁爷就不必问了。"

陈宝琛道："世续必有难言之处。不过，皇上已读书数年，经史谙熟，国学优秀，对时政也有成熟的判断；我以为，皇上可以知道一些事情。何况，皇上知道真相，知道实情，是更有好处的。"

世续道："陈太傅所言极是，万岁爷知道事情的真实情况，对万岁爷自己确是有好处。不过……"

陈师傅道："我没有什么可顾忌的，"他转向溥仪道，"皇上，老臣把自己的看法说出来。徐世昌竟有浙、豫、直隶三籍，先随袁世凯水涨船高，为袁出谋划策；后与孙宝琦、钱能训论乡谊，又同冯国璋、曹锟套祖籍：其人油滑可知。当初竟然主张以汉大臣之女为皇后，是何居心？其实以清太傅出任民国国务卿，早已可见其人。以我看来，他放出言论，同时又逢迎直、皖、奉、南，只是为他的大总统位子而已，这样，不是说不可以复辟，若形势走到复辟，他也可以顺水推舟。可见，徐世昌是要进退自如，游刃有余啊。"

世续道："陈太傅虑事缜密深远，洞灼人情，所说都是实情。"他也面对皇上道："万岁爷，奴才就依陈太傅，向皇上说实情。奴才对徐世昌抱有很大幻想，在他为总统提名人的时候，就与他接洽疏通，很后悔许多事没有向万岁爷禀陈，未与师傅们商量，做出一些现在看来有点愚钝的傻事——也是复辟心切吧。现在看来，一切都是泡影。徐太傅对大清绝无忠心可言，有的只是他自己的地位，他自己的利益，他自己的野心。正像陈太傅所说的，他八面玲珑，正是要进退自如，游刃有余啊。”

溥仪眼前又是一阵发黑，但他还是坐稳了，面色虽惨白，但表情却还镇定。虽然他不了解世情世故，但从世续的表情和话语看来，他肯定被徐世昌骗得不轻。

梁鼎芬愤愤地道：“真是人心不古啊，没有一点忠义廉耻了。”

世续叹道：“像梁太保这样的忠臣能有几人？辛亥乱起，清臣乃至一些王公，不是两面讨好，就是落井下石。娼妓只出卖肉体，他们是出卖灵魂呀。”

朱益藩道：“这些跳梁小丑都不会有好下场的。奸猾如袁世凯者已至极致，但其下场又如何，身败名裂，遗臭万年。”

世续道：“万岁爷幼龄已过，正如陈太傅所说，应多让万岁爷知道真相才是，我们也应向万岁爷说真话——还是陈太傅虑事周到些。我今天就把话都说出来。我看，就算复辟成功，对万岁爷也没有什么好处，那些不知好歹的年轻王公不知会闹出什么乱子。就算王公出不了乱子，万岁爷自己也不保险，说不定给自己会弄个什么结局。”

一席话说得众人心头冰凉，大家都默默无声。过了一会儿，世续才道：“当着万岁的面，我说几句不知进退的话。我觉得，还不如让万岁爷和蒙古王公结亲，必要时，可以到那里去的。”

溥仪看到，他现在的生活只是泡沫；他的眼前是万丈深渊。

可是，除了这仅有的几个人之外，紫禁城中的人们，那些城外的王公们，那些前清的遗臣们，仍然沉醉于复辟的美梦之中。

永和宫。

大首领刘承平道：“主子，现在万岁爷见了咱，可是一点笑脸也见不到啊。”

王久安道：“是的，刘老爷说的，我也想向主子说呢。”

端康太妃道：“不是跟你们讲要管得严点吗?”

王久安道：“主子应恩威并重。”

“怎么恩威并重呢?”

“太极殿的那位，很有些手段，让老福晋、福晋和阿哥、格格来会亲，奴才的主子也可以这样做吗。”

端康太妃道：“让我想想。”

载涛已经到宫中来向端康太妃请安，二人宫内宫外互为倚重，所以端康太妃就问起载涛复辟的事。令太妃大感意外的是，载涛却极为沮丧，说徐世昌自顾不暇，复辟的事，没有一点定算。载涛走后，端康如同坠到冰窖里，浑身僵硬，一点也畅快不起来，感到前途无望，把一切也看得轻了，所以最近对皇帝并不怎么管束。现在听了太监们的话，也懒得去办。说是“想想”，其实心里已有了想法。

“穆老爷回来了。”奏事太监报到。

“快让他进来。”端康道。

穆海臣跪地给端康请安，又向刘承平、王久安行了礼，这才道：“奴才想主子和各位老爷，在家里呆不住。”

“我说呢，正要问你来得这么快的缘故，你倒先嘴甜，说出来了。”端康笑道。

“主子，这次来呀，一路上听到的都是复辟的事，在咱老家沈阳，人人都谈这事。这次回京，就是和袁得亮将军一起回来的。袁得亮说，他们在奉天会馆，天天谈论最多的是复辟的事。据他说，奉军大都是拥护复辟的。另外，他还托我请主子恩准一件事儿，他想请主子让万岁爷赐给奉军将领一些对联字幅什么的。”

端康道：“你说的这个袁得亮是个什么人呀？”

穆海臣道：“是步军统领衙门左翼总兵，他是醇王府的常客，因为荣禄是他过去的首长。”

端康又问：“奉天会馆是怎么回事？”

“这是奉军将领在北京聚集论事的地方，袁得亮常去和他们交往的——都是同乡嘛。”

“袁得亮真的和奉军的将领很亲密？”端康来了兴趣。

“当然，”穆海臣道，“他和张作霖也有交往，这次他回老家，也拜望过张作霖的。”

东北是大清的发源地，人们一向对大清忠诚。端康记得，当年张勋复辟，东北的三位将军——张海鹏、冯德麟、汤玉麟——都亲身参加了复辟。张海鹏又在极危险的时候挺身而出，为皇上送信，虽然信最终没有送出去，但他是冒死尽力的。

一个念头直在端康的脑子里打转转，她想，她现在是后宫之主，隆裕死后，她是继承人，皇上幼小，她应尽她应尽的责任。既然载涛说徐世昌那里已没了希望，在东北的将领那里，是不是能寻到勤王的人呢？是不是能把张作霖拉过来呢？若能实现这个计划，她对大清有再造之功啊。

既然北府和奉军已有联系，既然袁得亮是荣禄的部下，那么就让福晋到宫中会亲，商议一下这件事。

于是端康太妃传谕让老福晋、福晋、阿哥和格格都到宫中会亲。

“太阳真是从西边出来了，”瓜尔佳氏道。

“我不去！”溥杰叫道。

“我想去见她吗？可她是太妃呀。”福晋道。

老福晋道：“不会是皇帝又做出什么事儿来吧？”

“不会，要是皇帝做了什么事，她都是召王爷的。”福晋道。

福晋一行只得在永和宫住下。端康以隆裕自比，排场也尽量地模仿她，所以，一顿饭竟上了上百道菜，福晋瓜尔佳氏心里虽不以为然，但脸上却始终挤出笑来；而阿哥和格格们个个唬了一跳，过去几次在瑜太妃的太极殿里他们就已经很惊讶了。

膳后，端康太妃道：“让老福晋和阿哥、格格们去休息去吧，我和福晋有几句话要说。”

众人拜谢退去后，福晋道：“不知主子叫奴婢在此，有何吩咐。”

端康笑道：“我在宫中一心扑在皇帝的身上，福晋在府上，日日惦念的，肯定也是皇帝。你是他的生身之母，我是母育他的额娘，咱们的肩头，泰山压着呢。”

“让主子费心了。皇帝又有什么不是吗？”

“福晋不要太担心，皇帝现在很守规矩，成熟多了。”

“这都是主子教导的好。”

端康道：“福晋，既然我们都是母亲，我们就要全心全力为皇帝着想，为恢复祖业着想啊。”

“我何尝忘过一天，我们和民国势不两立，不共戴天！”

“咱都是一个心思儿，今天让福晋来，就为的这事儿。”

“主子有什么安排？”

端康道：“我看，徐太傅看样子是心有余而力不足，恢复祖业的事全靠他，恐怕终是泡影。”

“我也这样想，”两个女人之间的距离骤然间贴近了，“冯国璋对大清虽然有点感情，但到底还是赞成民国的，他手下的曹锟、吴佩孚就更说不准了；至于段祺瑞，完全和袁世凯一个样。徐世昌只听这些人的，怎能复辟呢？我原以为主子对他全然放心的，没想到主子虑事这么深远。”

“所以，咱不能只指望他一个人，还要找其他忠心大清的人。”

“主子肯定是有什么安排了。”

“本宫想，东北对大清有特殊的感情，我们应和东北的将领取得联系，得到他们的支持。”

福晋激动地说：“主子真有眼光，奴婢也曾这样想过，醇王府和奉军也有些接触。”

“这就好。不过，复辟大业不是一人一府的事，是国家大事，大家都一齐出力，事情就能办成。我是这样想的，通过袁得亮，咱们和奉军建立上关系，让他们知道皇上的恩典。”

“太好了，太好了。”瓜尔佳氏高兴得不知道说什么才好。

“我让皇帝给东北的将领们写了些字幅儿，又准备了一些珍玩字画，都是我宫中的名贵东西，你回去后，把这些交给袁得亮。另外，我还要再多问一句，袁得亮这个人靠得住吗？”

瓜尔佳氏道：“他是臣妾父亲的部下，一向忠于大清，又时常到我们府中，我是了解他的，没有问题。”

“这我就放心了。得到奉军方面的回音后，我再让内务府直接和张作霖联系，给他以恩典，赏赐他些什么。这样明暗两条线，好办事情。”

“主子这样苦心孤诣，臣妾还有什么好说的。失掉的东西，一定要追回来！推翻民国，恢复祖业，不是鱼死，就是网破。”瓜尔佳氏咬牙道。

“不归政皇帝，咱心不甘呀！”端康太妃想，“我应该做真正的太妃，真正的太后啊！”

瓜尔佳氏回到了自己的住处，向老福晋说道：“咱们平时错怪端康太妃了，仔细想一想，她对皇帝严一点，也是为了恢复祖业啊。”

溥杰道：“我看到她总是不舒服。”

瓜尔佳氏训斥他道：“以后不许说太妃的坏话，要听她的话，告诉皇帝也要听她的。”

老福晋和溥杰都很惊讶，不知道端康太妃和福晋说了什么，一席话就让她对端康的态度彻底地转变了。

第二天，老福晋一行人到太极殿向瑜太妃请安，瑜太妃的表情显然很不自然。

老福晋道：“太妃有命，按规矩我们都要遵旨的。”

瑜太妃道：“老福晋多虑了，这是出于你们主子的好意，好在哪里都一样。”

自此以后，瑜太妃就不怎么召福晋们来会亲了，倒是端康太妃三天两头传谕福晋进宫。

第二十章
试心地逼奴吞秽物
开眼界延师授洋文

洋教师庄士敦定定地望着溥仪，他想，在愚昧和庸碌气氛的包围中，在充满虚假、自私、盲目自大的环境中，在太监、王公们畸形人格的影响下，这少年的心灵能不受污染吗？他的人格会不受侵蚀吗？

距上次会亲没过多少天，正是端康太妃的千秋日，端康太妃又传醇王府福晋到宫中，这一次，老福晋没来，相随的是溥杰和三位格格。令人们惊讶的是，奉军副总司令张景惠和奉军王牌师长张宗昌也来向太妃祝贺，以至于直系和皖系知道消息后，忙发来迟到的贺词。

张景惠和张宗昌被赏紫禁城骑马，二人在养心殿拜见了皇帝，行跪礼；之后，又与端康太妃及醇王福晋一起用膳。

毓庆宫里，陈师傅问："皇上，事先知道张景惠到宫中的消息吗？"

"不知道。"溥仪答。

陈师傅道："我问过世续，他也不清楚此事，说'这是醇王府和奉军联系的结果，但能来为端康主子拜寿，则是出乎人们意料之外'。"

溥杰道："这必是奶奶和端康主子筹划的。这些天，奶奶和端康主子一说就是大半夜，有些话，我也能听到，什么'奉军将领'，什么'张作霖'，每次谈话，奶奶总是很兴奋。"

溥仪道："难怪福晋上次会亲后，总是在我面前夸赞端康皇额娘，要我听她的话，恢复祖业。"

陈师傅道："这事就确实是太妃安排的了。"

溥仪忧虑地道："他忠心吗？他能帮咱恢复祖业吗？"

陈师傅道："他在关内根基不深，威信不孚，扶皇上而令中国，倒是一策。但此人土匪出身，什么荒唐的事他都做得出，他的事，难以预料。"

希望只是一点火星，在溥仪面前一闪就灭了。

可是端康太妃却高兴极了，瓜尔佳氏也满怀着喜悦。

端康太妃在永和宫前搭了戏台，请来了京城名角杨小楼，唱了一天以后，太妃意兴未尽，又令南房子的太监戏班上演。

这一天，溥仪也被召来，瑜太妃给他放假一天，让他陪母亲听戏，阿哥和格格们则不许观看。

看戏的当儿，皇上对福晋道：“我不信端康皇额娘有什么见识。”

瓜尔佳氏道：“皇帝可别这么说。端康主子可是一心扑在恢复祖业的事情上。”

恢复祖业，恢复祖业！都是泡影。这些人都是为自己打算，哪一个真的是为了皇帝。溥仪离开永和宫，这样想着，没有一丝儿好心绪，周围的太监，则又说又笑，仍然沉浸在刚才戏剧的情节里。这笑声是这样的刺耳，这笑声使他的心胸里感到憋闷。

“别笑了！”溥仪脸色惨白，嘴唇发青。

太监们知道皇上性情怪异，立即惊恐万状，身子发抖。他们熟悉万岁爷的表情，当他脸色惨白，嘴唇发青，两手颤抖的时候，他可能就要使出种种的手段来虐待人了。

但是皇上今天似乎与往常不同，他闭目站了一会儿，神色缓和下来，只是冒出一句：“疾风知劲草，板荡识忠臣。”然后就继续回长春宫。

走在路上，溥仪忽然觉得：什么“劲草”，都是东西摇摆的品性；什么“忠臣”，都是怀着个人的功名利禄、个人的野心。突然，他看前面有一块黑乎乎的东西，走近一看，原来是狗屎。

“停！”

溥仪命令人们停下。众太监低首敛气地站在那里。

“你对万岁爷是忠心的吗？”他指着一个太监问。

“奴才绝对忠心。”

“你绝对服从万岁爷吗？”

“绝对服从。”

“好！你把那堆狗屎吃了！”

“老爷子，那……那可是狗屎啊……”

“赐给你吃了！”

太监苦笑着道：“万岁爷，那东西……”

“怎么？你不忠不义吗？”溥仪喝道。

太监跪倒于地，道：“谢皇上恩赐。”

那太监跪在狗屎前，拿起来闭目往嘴里塞啊，塞啊，狗屎一点点地被他用手指捣进喉咙内。

“吃！吃！吃！”溥仪不停地叫着，鼻尖上冒着汗，瞪着眼睛，眼珠似乎都要从眼眶里迸射出来。

溥仪体验到一种说不出的轻松和愉快。

“万岁爷！万岁爷！您老人家在这儿呀，奴才好找。”溥仪的奏事处太监急急地跑来。

“什么事？”

“内务府说梁师傅快不行了，让万岁爷去看看。”

溥仪急步回到养心殿，轿子已经备好，陈师傅、朱师傅及内务府的绍英已等在那里。见皇上来了，简单行礼后，都坐进了轿子。

溥仪想，这一下我可以出宫了，可要好好看看宫外是什么样子。可是出了神武门，刚转过景山，就到了梁鼎芬的家。这是一个很小的四合院，这足以让溥仪惊奇：原来宫外的房子这么小。

梁鼎芬挣扎着要站起来，可是心有余而力不足，他只好就坐在床上给溥仪磕了三个头：“皇上……”说着老泪潸然而下。

“师傅，好好养着吧，会转好的。”溥仪抚着梁鼎芬的手道。

“皇上，老臣没想到……在弥留之际皇上亲到老臣榻前……别灰心泄气……恢复大清……”

说着，布满泪花的脸上绽出笑容，定定地看着皇上，突然，目光失去了光彩，笑容也就凝固在脸上。

又一个忠于自己的人去世了，溥仪无限悲伤。他有时能定定地望着陈宝琛好长时间，看他也已是风烛残年，心内又是一阵悲怆。

涛贝勒府在龙土井胡同。进府去，过了银安殿，再从九间正殿往西走，回廊曲直依势，直通后面的小山，小山旁楼房数幢，载涛的书房就在这里。树木包围的一片空地上，载涛正砸着踺子，翻着跟头。载涛和著名武生杨小楼同师，连享誉全国的“猴王”李万春幼年时都曾向他学了三年的猴戏，可见其京戏的造诣绝非一般。

载涛又是一串跟头，又高又漂，劲健潇洒，犹如龙腾虎跃。

“好！”一位皓首老者拍手叫道。

载涛收住跟头，望见老者，高兴地走上来握手，道：“怎么事先也不说一声，往常可没有在这个时候来过。”

老者叫李经迈，是李鸿章的儿子，当年溥仪登基，载涛以军咨府大臣赴欧洲考察军事，李经迈是他的首席随员。辛亥革命后，李经迈寓居上海租界，但是他每年必到涛贝勒府两趟，问候贝勒爷。只是今年来的比往年早了些。

“提前给贝勒拜年不好吗？”

“好！好！”载涛道，“你先到书房去坐，我随后就来。”

“贝勒爷肯定还没用过早点，不如赏我一顿早膳。”

“这样更好。”

用早膳了，桌子上摆了一些西式点心。

李经迈道：“贝勒爷还没有改变那些年在欧洲养成的习惯。”

“西方的许多东西，是很好。比方说这牛奶、汉堡包，就很省事。”

“连咱这共和也是学西人的，这东西也好吗？”李经迈意味深长地望着载涛道。

“说起来，共和是好，选举有本事的人管理国家。可是咱们这儿，画虎不成反类犬。所谓的选举，只是块遮羞布，连一些小流氓也能围攻议员，国家不成体统。”

“那么君主立宪就好吗？”

“英、日等国都是君主立宪，也不能说不好。”

李经迈说：“几千年了，中国人心中有一皇帝在，皇帝可以规范其精神行为，这是自发的、自然的习惯。有了皇帝，在皇帝的监督下再实行选举，或者皇帝是国家的象征，是人们的精神支柱，是各派各党的纽带，这也未尝不好，中国人好一窝蜂地去干什么事，好走极端，好有不切实际不切国情的幻想。我看，如今的共和已失去民心。”

载涛叹道：“可是君主立宪也是难以实现啊！”

“这都是袁世凯的罪过。当年如果他不秉个人野心，也不会落到这种地步。”

“是啊，若有令尊那样对大清忠心而又有实力的人，也不会出现如今天下分裂的局面。”

“如今，也是人心难测啊。徐世昌其人，一向追随袁世凯，他的话也不能全信啊。”

载涛笑道：“你此来定有大事，不然不会在早餐桌旁就谈起国事。”

“还是贝勒爷了解我的肚肠。我是为皇上而来的。”

有太监捧来热水，载涛洗漱毕，道：“到外边边走边说吧。”

二人走在树林密翳夹道的鹅卵石上，都有失落感。

李经迈道：“南北军阀，多如牛毛，混战不休。喧嚣杂沓之声，不会不传到这小山湖泽之畔吧。”

“经迈是怎样看待这事的？”

“两个极端，皇上不是在京城呆不下去，就是重登大宝。”

载涛道：“是的，我也时常这样想。民国之外又有皇帝皇族之特权，必不能长久，但另一个极端可能吗？”

“天下总是四分五裂，打来打去，人们就会思念君主，君主立宪也是可能的。”

载涛道：“对这两种极端，我们怎么办呢？”

“我这次突然来此，是因为在上海一个人突然拜访了我。”

“谁?”

“贝勒爷不认识他，他是我的一位朋友，英国人，中国通，叫雷湛奈尔德·约翰·弗莱明·庄士敦。”

载涛知道，当年清廷向英国借款，都是由李经迈从中斡旋，而每次他所得到的回扣，都在百万两以上，他是个两面揩油的人。如今他在上海有许多辆汽车，又有专用的轮船、汽艇，是个豪富寓公。他认识许多英国人，自然在情理之中。于是载涛道：“你精通英文，有许多英国朋友，我是知道的；不过这个人与我们有什么关系呢?”

李经迈道：“刚才不是说过吗? 形势的发展难以逆料，要么皇上可能不能久居宫中，要么是国家实行君主制。若是皇上不能久居宫中，那么，就必须让皇上学习一些新知识，特别是外文，日后一旦有变，或出国留学，或到海外作寓公，都是有益的。若是实行君主制，那么皇上也应学习一些欧洲的政治制度，特别是英国君主立宪制的有关知识。”

载涛大喜，道：“这正合我意，你是说，要给皇上请一位英文师傅——这太好了。”载涛的心里还有一句话没有说出：外国人在紫禁城，有如皇上的保镳，惧怕外国人的军阀们也会惧怕这位外国人的。

李经迈道：“这事可以交给徐世昌去办。一者，既请英文老师，最好是英国人，徐世昌又是协约国的人，向英国请教师也就顺利成章；二者，这样做，也避除了民国政府的疑虑；三者，宫中也可减少一笔开销，贝勒爷是这方面的行家，徐世昌口口声声称皇上为‘上边’，贝勒爷出面与他交涉，请教师的钱，也就由他出了。”

“难为你想的这么周到，这庄士敦也必定是德才兼备的人了。”

“这个，贝勒爷尽管放心。他出生于英国苏格兰，在牛津大学读书的时候，就专门研究东方古典文学和历史，毕业后先被派到香港任英国总督的私人秘书——在那里，他和醇亲王爷有过交往——后又被派到山东任威海卫行政长官。最初他只能讲广东话，现在则威海卫话和官话都很流利了。他写过《大地众生佛》，崇尚东方的儒、释、道哲学，这本书我也带来了，改日奉给贝勒爷看看。”

载涛到醇王府对载沣说：“五哥，皇上应有一个外文老师才行。”

“什么!”载沣惊讶得瞠目结舌。

“我想给皇上请一位英国老师。”

“这这……恐怕有违祖宗的规矩礼法吧。”

这个事情要不是七弟载涛提出来，载沣非得痛骂他一顿不可。可是，七弟一向虑事周密，更是骨肉至亲，所以也就没暴跳起来。

载涛平心静气地把他和李经迈的想法详细地向载沣说了，最后道：“要顺着时势来，凡事不能尽往好处想，要居安思危啊；何况，就是皇上复位了，也是立宪，若皇上对立宪一点也不懂，天下也不能坐稳哪。”

载沣被七弟说动了，道：“有一个洋人在宫里在皇帝身边也好，免免免得那些居心不良的人人做意外的事。”

“就是，”载涛道，“这样，咱们和外国人打交道也就不用背着谁了，英国和皇上自然地就亲近了。”

瓜尔佳氏听到了载沣和载涛要为皇上请外国人的消息，破口大骂：“老七安的是什么心思？学什么洋文！祖宗家法都不要了！”

载沣结结巴巴地给她分析了形势，瓜尔佳氏还是怒气不消：“都是你没用，逊位让国，弄到今天这种地步。做什么寓公？留什么学？那咱大清不就彻底完了！”

载沣和载涛找到陈宝琛和朱益藩，两位师傅也是一番反对。

陈宝琛道：“这样不只是把大清彻底的丢了，连几千年的祖宗也丢了。中华泱泱几千年文化，什么没有，还要学那洋玩艺儿么。”

朱益藩道：“洋人向来都对中国不怀好意，让洋人做皇上的老师，恐怕是很危险的。”

载涛又苦口婆心地把他和李经迈的想法详细向两位师傅说了，两位师傅见载涛和载沣的态度都很坚决，也就不再说什么。陈宝琛说：“这些都是皇上的家事，按说我们是不能干涉的，如果王爷和贝勒爷觉得这样对皇上好，我们也没有什么可说的。不过，二位爷还是问问皇上和太妃为好。”

四位太妃分为两派，同治一家坚决反对，光绪的瑾妃起初也反对，但一看是载涛的主意，是载涛坚持的，就同意了。

至于皇上，并没有什么主见，完全听从王爷和贝勒爷的安排。不过，他对洋人是没有好感的，过去太监们给他讲过，外国人的腿是直的，所以有人向慈禧太后建议用竹筷子戳洋人的腿弯，他们一倒，就能打败他们了。又有太监说，外国人手里总是拿着棍，这些棍是专用来打人的。特别是那一头乱糟糟的头发，更让人厌恶。但是，最终皇上还是听从了父亲和皇叔的安排。因为皇叔的话很有力，他说：“当年世祖章皇帝和圣祖仁皇帝都请过洋师傅，学习历法、天文；顺治皇帝向德国人汤若望请教过望远镜、天象仪等知识；康熙皇帝向比利时人南怀仁学习过算学，向法国人白晋、张诚请教过几何、地理、天文。这样看法，请洋师傅，正是效法祖上。”端康太妃也支持载涛：“当年德宗景皇帝也想请个洋师傅学洋文，可是愿望没有实现。”

宫中和王公们的意见大致统一后，载涛和世续才去找大总统徐世昌，正如李经迈预料的那样，徐世昌以此事向英国人讨好，说请英国人做退位皇上的老师。英使馆早已和皇室通了气，于是庄士敦顺理成章地成了溥仪的老师，而薪俸，则主要由大总统来付。

庄士敦的家在安定门外张旺胡同，是一个有三十多间房的大宅院。除了佣人仆人外，院子里就再没有别人。庄士敦是个独身主义者，他以为结婚以后就要殷勤地伺候妻子，要受约束，实在麻烦。他的“妻子”是书，庄士敦时常对人讲：“它们就是我的妻子，能和我作无声的谈话，我也不必伺候它。”

五月四号，庄士敦刚用过早点，内务府大臣率领的一班人马就来到庄士敦家。

大门打开，庄士敦迎了上来，和内务府大臣鞠躬致礼毕，万岁爷宫中副总管阮进寿作为皇帝的使者道：“庄士敦接旨。”

庄士敦并没有跪地，而是鞠躬侍立。阮进寿念道：“内务府奉皇上谕旨：特赏庄士敦头品顶戴、毓庆宫行走、紫禁城内乘二人肩舆，即日进宫。”

庄士敦换上中国的袍服顶戴后，随宫中护军和内务府官员前往宫中。一行人走得很慢，路口的人渐渐多起来，到了天安门附近时，街上人群拥动，庄士敦这行人只好且停且行。

大街上响起了响彻云霄的口号声：“誓死争回青岛!”“还我山东!”“惩办卖国贼曹、陆、章!”

一张传单塞进庄士敦的马车，庄士敦见上面写着：“中国的土地可以征服，而不可以断送。中国的人民可以杀戮，而不可以低头！同胞们，起来吧，外争主权，内除国贼，中国存亡，在此一举了！同胞们，起来呀!”

游行的人转向东交民巷，才进午门。

溥仪坐轿来到毓庆宫，周围是王爷、贝勒爷和师傅们，镇国公载泽和在民国做议员的溥伦也站在溥仪的旁边。

不久，庄士敦来了，走进毓庆宫，向皇上三鞠躬，皇上便起立，从座位上走下来和庄士敦握手。

“辛苦了。”皇上道。

“臣愿为皇帝陛下效劳，以后侍奉左右，定当竭尽驽钝。”

这个中国皇帝不拘礼仪走下来和庄士敦握手，给庄士敦留下强烈印象。皇帝体格强健，发育良好，风度翩翩，又谦逊平和。

庄士敦的官话让溥仪大吃一惊，他以为洋人都是吐噜噜的难懂的话，可是眼前的这个洋人的话，比朱益藩师傅的土官话好懂得多了。

溥仪笑道：“你是苏格兰人，英国最著名的牛津大学毕业，是吗?”

庄士敦道：“回陛下，是的，臣对皇帝陛下崇敬已久，皇帝陛下对微臣如此关怀，臣铭感于内，谨谢皇帝陛下圣恩。”

“我想你是个学问渊博忠于职守的人。”

“臣一定恪尽职守。”

“你下去吧。”

庄士敦退了出去，溥仪换下朝服，又在原来的位子坐下来。这时，庄士敦又走进书房，站在中央，溥仪则起身离座，向庄士敦鞠了一个躬，道：“秉承师傅教诲，我定当兢兢业业！”

“回座吧。”庄士敦道。

庄士敦拜皇帝以及溥仪拜师礼毕，众人退去，朱益藩陪坐在庄士敦的旁边，于是庄士敦开始了他在皇宫中的第一节课。

许多天日子过后，人们顿时改变了对洋师傅的看法。

陈宝琛有一天惊喜地对皇上道：“没想到庄师傅学问如此渊博，对中国的经史子集了如指掌，其人品也称得上是彬彬君子。”

有了陈师傅的这种品评，王公们很高兴，都认为载涛极富眼光与远见，而端康太妃在宫中的地位则更突出了。

溥仪渐渐地发现，这位高大挺直的师傅并不是像原先人们描述及自己想象的那样令人害怕。他手里并不拿什么“打人的棍儿”，也没有什么“八字胡”。让溥仪感到不舒服的，是时常盯着溥仪的那双蓝眼睛。

庄士敦师傅腰板挺直，胸脯始终挺着。溥仪真的怀疑庄师傅衣服里有铁架撑着，于是有一天，不自觉地盯着他的腰板和胸脯看了好半天。

“皇上，我穿这袍褂不合体吗？”

“不不不，庄师傅。”溥仪连忙道。

“那么是我这外国人穿这身衣服很滑稽，是吗？”

“不不不，庄师傅。”

“可是皇上已盯着这身衣服看了老半天了。”

溥仪笑道：“庄师傅，你们衣服里有铁架子吗？”

“怎么会有这种想法？”

“庄师傅的腰板为什么总是这么直挺呢？”

庄士敦哈哈大笑起来，笑了一会儿，道：“这是我们英国人所要求做到的‘风度’。在英国，对男人的昂首挺胸的要求，就如你们中国对女人行不摇裙，笑不露齿，总是要含胸低眉的要求一样。”

溥仪笑道：“我原先还以为你们洋人的腿总是直的，你来了以后，才知道你们的腿也是能弯的。”

庄士敦忽然不笑了，一脸严肃，道：“皇上，臣以为你们中国在科学上是愚昧的，不愿意向外国学习是现在落后的根源。比如你的看法，在英国，连小学生都不会有，因为他们知道人体的结构，知道这些结构、功能，全人类是一样的并没有什么区别。”

“可是你们挺直的身子和中国人就是有所不同。”

“皇上，这是由中国的文化、中国的礼教给中国人造成的行为习惯。我是崇拜中国文化的，但是中国文化对人们思想的禁锢，对人们行为的束缚，是可怕的。这种可怕的致命之处在于，这种文化的毒素犹如空气一样，无臭无味，人们看不到，而每天都呼吸着它。”

“空气有毒吗?”

“皇上，臣不是说空气有毒，而是说文化的形态犹如空气一样，能呼吸到它，却看不到它。”

“空气是风吗?”

庄士敦道：“空气不是风，风是空气的流动。皇上，对宫中及王公子弟的教育，臣是极为赞成的。现在你们中国，也开办了许多学堂——这是先帝光绪极力主张的，学堂里有代数、几何、物理、天文、地理等等知识，可是这些最重要的知识，在中国并没有得到应有的重视，而在皇上这里和王公们的家中，则根本就不加理睬，这是非常错误的。”

“我在报上也知道有这些知识，也看到报上有呼吁学习这些知识的文章。我很想学习这些知识，我更想到宫外的学堂里去，可是……”

“我能理解，”庄士敦道，“传统杀人，我记得有一篇小说叫《狂人日记》，表达过中国传统文化‘吃人’的观点，皇上虽贵为天子，可是却无可奈何，甚至更受到传统文化的桎梏禁锢。”

“庄师傅能教我那些学堂中的知识吗?”

“我是赞成这样的，呼吁这样的，我尽力而为吧。说实在的，这些知识，我一个人讲起来，就不怎么能深入下去，也不会全面。”

庄士敦对皇上渴求知识的精神极为钦佩，他想，这个少年就要进入青春期，在愚昧和庸碌气氛的包围中，在充满虚假、自私、盲目自大的环境中，在那些太监、王公们的畸形人格的影响中，他的心灵能不受污染吗？他的人格会不受侵蚀吗?

显然，皇帝的身心都已开始受到损害。

庄士敦认为，皇帝最应该摆脱的，是他身边的成群的太监——这些畸形的人，这些令人作呕的人，这些人几乎成了皇上的唯一同伴，那么皇上会成长为什么样的人！

这样想着，猛然回头，正看着一个太监站在身后看着自己，脑后拖了一条枯黄的辫子，庄士敦厌恶到了极点，恶狠狠地看了他一眼，涨红了脸，忿忿地对溥仪道：“皇上，内务府这样对待我是很不礼貌的。为什么别的师傅上课没有太监，唯有我的课要一个太监站在那里？我不喜欢这样！”

刚才还是和风细雨，突然之间雷电交加，溥仪对这个外国人又害怕起来，道：“内务府这样做是为了照顾师傅，这样怎会妨碍师傅呢?”

“他在我后面老是盯着我！这是对我的不信任！我要向徐世昌总统提出来！我是徐总统请来的！”

第二天，王爷和内务府商量了一番，又问了几位师傅，几位师傅肯定了庄士敦的人品，于是内务府便把站立值班的太监撤掉了。

陈师傅道：“既然汉语课有陪读，英文课为什么没有陪读呢？有了陪读，不比设一个太监站在那里好吗？”

大家一致同意这个看法，最后议定让载涛的儿子溥佳作陪读。宣统皇帝下了一道上谕：“着溥佳内廷行走，伴读英文，赏在紫禁城内骑马。”

第二天，溥仪照样坐着金顶明黄的轿子来到毓庆宫，“吃吃吃”的声音过后，仍然是一大群太监的簇拥。

听到“吃吃吃”的声音，溥佳退过一旁，溥仪则进入书房，坐北面南，庄士敦向他行了鞠躬礼，溥仪起立注目，这就算是回礼。君臣师徒两人坐下后，溥佳才进来。

溥仪这才仔细地看溥佳，见他穿长袍马褂，戴官帽，脚上是粉底皂靴，腰间系一根带子，是杏黄的。溥佳向他皇上请了跪安，然后背南面北而坐。有太监过来，接过溥佳的帽子，溥仪顿时大吃一惊：溥佳留着一个和庄士敦一样的分头，辫子则是假的，挂在官帽上。

庄士敦已经念起了英文，溥仪也就把目光收回来，溥佳则觉得皇上的脸如木刻似的，没有一点表情，也没有一点变化，内心里七上八下，脑子里一片空白，连 A B C D 也记不住了。“快点下课吧！快点下课吧！”溥佳在心里不断念叨着。

终于下课了，庄士敦道：“溥阿哥的头就是好看，比那些‘猪尾巴’好看多了。”

溥仪脸一红，庄士敦觉得自己失了口，忙道：“我只是看着那些人头上的辫子别扭，至于有些人，比如皇上，辫子乌油油的，很密很健康，却是很好看的。”

“庄师傅别说了，不要掩饰你真实的想法，你不是说中国人说话没有西方人说话直率吗？为什么你今天说话却拐弯抹角，怕是受了中国传统文化的影响了吧？”

庄士敦张口结舌，第一次在皇上学生面前露出窘相。

“庄士敦师傅，这辫子有什么作用？”溥仪严肃地道，“你作为旁观者，可以毫无顾忌地谈一谈。”

“皇上，发式只表明个人的风格。像中国这样，把辫子当成一种思想的标志，当成大清的标志，是荒唐的。我不反对为了保持个人的某种喜好、个性而留辫子；但反对将它作为时代或思想的标志，就是这样。”

许多天来，庄士敦的魅力深深地影响了皇上。溥仪觉得庄士敦的一切都是好的。溥仪深信，西洋人才是最聪明、最文明的人，而庄士敦又是西洋人中最有学问的人。庄士敦身上的毛呢料使溥仪对中国丝绸的价值发生了动摇，庄士敦口袋上的自来水笔竟使溥仪因中国人用毛笔宣纸而感到自卑。溥仪有一天嗅到了庄士敦身上的一种味，道：“庄士敦师傅，你这衣服是用什么熏的，好香啊。”

庄士敦嗅了又嗅，不禁笑道：“这是樟脑味，不是香味。”

现在，溥仪为自己脑后的辫子而烦恼，“这个‘猪尾巴’，我剪了它算了。”这样想着，命令道：“溥佳，今天赏你在养心殿用膳。”

“嗻。”

膳后，溥仪道：“溥佳，街上的人都是什么发式啊？”

溥佳道：“回皇上，街上都是短发，没有辫子。”

“那涛贝勒的辫子也像你的一样，是假的吗？”

溥佳道：“是的。”

“学生都留什么样式？前些天我在响城中听到喊口号的声音，让太监到外面看了，说是学生们在和政府闹着呢。你看他们都留什么发式？”

“都像我这样的分头，女子多是齐耳短发。”

溥仪神往地说：“我要是能留着这样的头，和他们一道走在大街上，喊着‘内惩国贼，外争主权’的口号该多好啊。”

溥佳大吃一惊，没想到皇上竟有这种作乱闹事的想法。

“皇上竟以为学生们的闹事是对的吗？”

“学生们当然是对的，民国政府丧权辱国。报纸上的报道也是对的，学生们需要声援。只是我却不能出宫，整日困在这里！”

第二十一章
随新潮清帝剪发辫
论时政洋师逞口舌

溥仪问道："庄师傅，蚯蚓怎么分公母？"庄士敦道："若在英国的中学，这是要学习的一种知识，蚯蚓是雌雄一体的，非常特殊。"溥仪却哇地一声大哭起来。庄士敦感到莫名其妙，道："皇上这是怎么了？"

皇上竟不愿在宫里，这也是溥佳意想不到的。第一天伴读，就碰到了许多令人疑惑不解的问题。

第二天，溥仪命令剃头的太监道："给我剪发！"

"好的。"

剃头太监于是抖落起自己的东西，给皇上理发编起辫子。

"我是让你剪发！"

"万岁爷，这不是剪好了吗？有什么地方不满意，老爷子指出来，奴才再理就是。"

"我是让你剪掉辫子！"

"什么！"太监手里的家伙"啪"地一声掉在了地上，惊吓得浑身哆嗦。

"怎么，你敢抗旨吗？我是让你把我这辫子剪掉。"

"杀了奴才吧，奴才死也不敢剪万岁爷的辫子。"

御前太监早吓得魂飞魄散，忙报告了首领太监，首领太监则飞报总管太监，张谦和与阮进寿忙令太监们分头飞速把这事报告太妃和内务府及师傅们，弄不好，这是杀头的罪啊。

养心殿里，溥仪气得发抖："你竟敢抗旨，不给朕剪辫子，好！打死你！来人啊！敬事房，拖出去打！"

"谢老爷子恩赐。"理发的太监好像得救了似的。

"打！怎么不打！"溥仪吼道。

于是敬事房太监一齐上前，将剃头太监掀翻在地，竹板子带着风声，溅着水，往下甩过去。

"你们谁给我剪发！"

众太监跪了一地，都道：“杀了奴才们吧，奴才们绝不敢剪老爷子的辫子。”

“那么好吧，我自己来！”

于是溥仪拾起地上的剪刀，自己脱去帽子，嚓嚓几声，辫子齐齐地被剪下。

太监们惊呆了，个个感到大祸将要临头，人人魂飞天外。

师傅们最先赶来，见皇上已经剪去了头发，犹如天要塌下来一样，个个面色灰黑，愣怔在那里。

“天要亡清。”陈师傅的心里没了一点暖意，没了一点希望的火光。

“气数真的尽了。”朱益藩的意识中，地狱的冷气弥漫开来。

内务府大臣到了，个个如开水烫过的死鸡，僵硬木然。

太妃们赶来，见了皇帝的头发，失声痛哭，犹如见了阴间的无常。

紫禁城的人们个个神情怪异，都有一种末日来临的感觉。

可是，第三天，溥杰和毓崇也剪去了辫子，说是“奉旨理发”。又过了几天，宫中的一千多条辫子都不见了，宫中的辫子只剩下三条：陈宝琛、朱益藩和伊克坦。

陈宝琛和朱益藩整日面色阴沉。一天，陈宝琛见了他的几个光头弟子，怔了好大一阵子，最后对毓崇冷笑一声，说道：“把你的辫子卖给外国女人，你还可以得到不少银子呢！”

虽然紫禁城里的人已剪了辫子，可是看到庄士敦，犹如避开瘟疫一样躲着他，他们仍然认为剪去辫子是不幸的，而这个运数，是由庄士敦引起的。几位师傅本来已对庄士敦有了好感，可是经过剪辫子的风波，他们从来也就没有给庄士敦一个笑脸。

庄士敦仍然微笑着，有一天，他终于让陈宝琛师傅坐在了他的身旁，道：“陈师傅，赵武灵王胡服骑射，一向受到肯定。这头发的样式和服装的样式本是一个道理，人们看怎么好看，怎么实用，怎么方便，也就怎么选择。胡服骑射使赵国强大；同样，剃掉了头发，也绝不意味着皇上有什么不好的命运或什么不好的气数。东方人好拘泥于形式上的东西。唐朝时李隆基扑杀蝗虫，有的人据此断定必有大祸，而事实上，这却给开元年间带来了稳定。使李隆基走向衰落的是他的昏庸。可见，最关键的是君王德才，我们普通人的命运也是这样。中国有句古话：‘得民心者得天下’；又说‘天下惟有德者居之’。可见，‘德’是最重要的；其次还有才，即人的智慧。这样看来，皇上的命运如何，要看他的‘德’和‘才’，而不是看他是否留头发，陈师傅以为如何？”

陈师傅似乎根本就没有听到庄士敦的话似的，道：“凡事都有气数。恐怕皇上剪发也就是命定的气数，天定的机运，不可避过的吧。”

“阿瑟（溥佳），快给我把 Pencil 削好。”溥仪经过几个月的学习，会了一些单词。

"Yes！亨利（溥仪）陛下，都削好了。"

"好！放在 desk 上。"

恰好，溥杰进来了，溥仪忙道："威廉姆（溥杰），today 下午叫莉莉（韫颖）他们来，hear 外国音乐！"

陈宝琛听着这些对话，像吃了苍蝇似的，皱眉闭目，他只是厌恶，却无可奈何。

下午，庄士敦果然把英国兵营里的军乐队请来了。乐队变换着队形，迈着整齐的步子，在养心殿前后左右不住地走动着，不住地吹奏着。

"怎么样，三妹，比咱们'丹陛大乐'威严吧？"溥仪道，"咱们的管弦，不堪入耳。"

韫颖道："我倒觉得这像鸭子叫似的，不如咱们的箫笛悠扬，也不如咱的二胡琴筝宛转动听。"

"三妹长大了，说出这般话来。不过你年龄还是小了点，又是女孩家，听不出这里的雄壮。"溥仪表露出对三妹的不满。

三妹道："西洋的钢琴倒是好听的，姐姐正在学呢。"

"是吗？"溥仪转身向庄士敦，"钢琴比这好听吗？"

庄士敦道："当然，钢琴是乐器之王。"

溥仪道："这乐器之王也是外国的呀。"

韫颖道："皇哥哥迷上外国了，感觉不对吧。"

陈师傅道："童言无欺。"

庄士敦道："各有千秋，各有短长，只要看谁敢于找自己的短处，说自己的短处。如果有一味自大的国家，一味说优点的国家，必是个故步自封，落后挨打的国家。"

陈宝琛的脸色铁青，可是无话回答。

溥仪道："如果一个国家掠夺别国的财物，毁坏别国的文明，祸害别国的百姓，那么这个国家是先进的国家吗？是文明的国家吗？"

庄士敦的脸青一阵白一阵，无言以对。

溥杰却道："最野蛮的，还是国内的奸贼，他们无君无父，不仁不义，贪权贪赃，都该杀掉斩除。"

溥杰终日受母亲的训导，对夺取他们天下的乱贼恨之入骨。他的信条是：宁与外邦，不给家臣。

溥仪和他的洋师傅之间的关系日益亲密，人们发现，陈宝琛作为皇上的灵魂的地位日渐被庄士敦代替。与此同时，溥仪对时事的疑问则主要咨询庄士敦来回答。庄士敦对眼前的这位学生对时事的非凡的认识和强烈的关心感到很惊讶，庄士敦认为，皇上的见识超过了王公也超过了他的汉文师傅。庄士敦认为皇上的汉文师傅只是对传统的知识有精深的造诣，对现实形势的见解则是极为浅薄的。在许多课堂时间里，溥仪和庄士敦谈论的是时事政治而非英文。两人都热心这种谈话，庄士敦实际上代替了陈宝琛而成为溥仪的训政老师。

一天，两个人的兴致又来了。

溥仪道："庄师傅以一个英国人的观点来看，民国政府应该在《凡尔塞和约》上签字吗？"

庄士敦道："皇帝陛下是知道的，事实上，与德国的战斗、战争，民国政府并没有真正地参与，而胶济铁路沿线则是日本出兵占领的。"

溥仪道："我没有想到庄师傅是这种看法。真正的事实是，日本出兵这些地方并不是要和德国开战，而是要占领这些地方，并以此为跳板，向中国内陆发展。日本在中国是有野心的。"

"那么，做为某种条件，中国应该给日本些好处才对。"

"但是主权不应当丧失，庄师傅不是这样看吗？"

庄士敦道："皇上能看出日本人的图谋，是臣绝没有想到的。"

溥仪道："报纸上尽是这样的文章，这并不是我个人的观点。"

"在中国，目前是观点、主义会聚冲突的地方，皇上是否接受了某种思潮？"

溥仪道："我看不出来有什么非常不同的思潮，在我的印象中，只有君主立宪和民主共和两种。"

"皇上对这些明白吗？"

溥仪道："我正要问庄师傅呢。"

庄士敦想了想，道："共和制国家首脑是普选的，而君主制国家首脑则是继承的，这君主作为国家首脑只是种象征，并不行使国家的权力。"

溥仪又问道："那么同是君主制，君主专制制度与君主立宪制度有什么不同呢？"

庄士敦笑道："所谓不负责任的专制，就意味着君主操有这样的权力：他一时性起，就可以立即下令处死他的任何臣民，或者把这种生杀予夺之权委托给他的宠臣。"

"那么，我的列祖列宗就全都是专制君主了。"

"是这样，"庄士敦笑道，"在专制君主制度那里，国家的前途，人民的命运寄托在君主是否开明上，这种制度显然是有弊病的。"

"所以先帝力主实行立宪制，可惜老太后不同意。"

"在中国，总是传统占上风，改革历来都是艰难的，中国人宁愿在习惯中麻木而死，也不愿在改革中获得新生，安于现状，害怕动乱、流血，乃至极小的奉献也不愿履行，个人所承担的社会责任、社会义务，他们根本不闻不问。在过去，似乎只对君主即皇上负责，皇上就是一切，现在，实行共和了，他们反而不知道自己的责任和义务何在。”

溥仪道：“从庄师傅的话音里，我听得出你是赞成共和的。”

“不是！绝对不是！但也绝不是反对共和。相反，就中国的现在的情形来说，倒是君主制——君主立宪制更会受到人民的欢迎。”

溥仪的眼睛瞪得很大，很亮，他神情专注，道：“我想听你详细地解释一下。”

庄士敦觉得，这个困在紫禁城里的羽毛未丰的龙，其精神世界里，仍然是他的复辟的梦想，也许在理智的世界里他觉得复辟的可能很渺茫，但绝不会放弃，绝不会甘心沉蛰于这高墙围困的宫内。庄士敦觉得，这种想法是可以理解的，但如果只是为复辟而活着，或是认为复辟必然能成功，那么，对于眼前的这个学生，这个十四五岁的皇上来说，复辟成功与否，都是悲剧，于是庄士敦道：“人们对君主制的感情，并没有像目前舆论界所说的那么深厚；人们并非真正地欢迎君主制。人们现在对共和制的不满，是因为从君主制向共和制的转变，遭到了灾难性的失败。人民大众所渴望的，是一个像样的政府。大多数有思想的中国人民希望的，是一个稳定的政府。它应该有足够的力量，根除那些现在正出没于中国各地的武装强盗团伙；它应该有足够的勇气，遣散或者控制驻各省的各种‘军队’，这些‘军队’在老百姓看来比土匪更坏；它应该有充分的本领，使国家免遭外国人的纠缠，并把国家从国际财阀的暴虐压榨下拯救出来；它应该有充分的诚意，监督其官员忠实可靠地尽职尽责，并制止他们用腐败堕落的手段损公肥私。我认为，今日中国人民所倾心关注的问题，并不是‘要共和制还是君主制’的问题。他们会谢天谢地地接受任何形式的政府，只要这个政府表明自己愿意并有能力进行统治。”

“唉，袁世凯真真正正是个祸国殃民的奸贼。若是南北讲和，实行君主立宪；或是武力统一南北而实行君主立宪，都不至于弄到今天这个样子。孙文有一句话是对的：不打倒军阀，则中国一事无成。”

庄士敦惊讶得张大了嘴巴，他难以置信小小年纪的皇上会有这样的见识——假如不是面对面和他讲话的话。

庄士敦神情庄重地道：“尊敬的皇帝陛下，若在专制的时代，陛下会成为一个开明的君主；若在立宪时代，陛下会成为一个受人尊敬的君王。因为陛下的胸襟是开阔的，连孙文这样的人，皇上也能看出他的优点。”

溥仪并没有接着他的话说，而是又问道：“若是在共和时代，我会怎样？我难道永远是一个宫中皇帝？”

庄士敦道：“这正是我们大家都共同关心的问题。大家都不愿意让皇上只做宫中的皇帝，而和大墙外面的世界处于隔绝的状态。但是如何走出宫，怎样走出宫，大家的看法就不同了，甚至是对立的。”

“我不复位，又怎能走出宫去?”

庄士敦道：“我也不知道。”

溥仪对庄士敦以这样的话结束今天的谈话，很感失望，道：“庄士敦师傅，你一向抨击中国人说话太假、太矫情，如果你有什么话而不直说，那么你的形象又是怎样的?”

庄士敦呆呆地看了皇上好长时间，道：“有些话还不是说的时候——也许我的这种看法是错误的。”

庄士敦的几十间屋子组成的院落，很像一座清朝遗老的住宅。一进门，在门洞里可以看见四面红底黑字的“门封”：一边是“毓庆宫行走”、“赏坐二人肩舆”；另一边是“赐头品顶戴”、“赏穿带膝貂褂”。

载涛站在门前，看到这些，对身边的随从道：“看到了吗？这洋人和中国师傅没有什么两样，他是个洋书呆子，也以皇上的赏赐为荣。”

话没说完，庄士敦迎出来道：“贝勒爷说得对，我被‘中化’了。”

“你现在是不是想让皇上‘洋化’啊?”

“怎么，有人这样看吗?”

“不要过敏，只是随便说说。”

载涛随庄士敦来到书房，见这五间宽大的书房里书架直到房顶，书架上摆满了书，大概有二万册的样子。载涛特别惊讶，道：“早听说庄师傅一心只在学问上，学贯中西。果然，果然。”

“这是我最大的嗜好了。”

是的，除在宫中教书外，庄士敦剩下的时间，除了必须的应酬外，全是在书房度过的。

载涛见庄士敦的书桌后的墙壁上挂一幅巨大的相片，相片上的庄士敦戴头品顶戴，穿着袍褂，腰间还有带子。相片的背景是一座别墅，别墅的匾额被特意地突显出来。匾额上写着“东静山斋”四字。

载涛道：“庄师傅既像隐居的高士，又像朝中的主政大臣。”

庄士敦笑道：“那匾额是皇上亲题，仅此而已。说是‘高士’，我的精神没有修炼到于自然合一的境界；说是主政大臣，则与事实出入太远。贝勒爷，你应不折不扣地把我当成皇上的师傅，仅此就足以自豪了。”

“看样子皇上给庄师傅留下了美好的印象。”

“是的。贝勒阁下光临敝舍不只是为了谈论我的住处和穿着吧。”

载涛道：“庄师傅从报纸上也应看到，内乱将起，直系和皖系免不了要打仗，东北和南方的态度又不知怎样。在这种情况下，什么事情都可能发生。我到这里来，是想请庄师傅和贵国公使说一下，万一有什么意外，还请贵国帮助。”

“我想，这种战争，各方都不太可能想到皇上，因为有一个中立的徐世昌总统。不过，我一定会和大使商量此事的。”

载涛道：“要作到万无一失。”

“庄老爷，有人来了。”仆人道。

“谁?”

“皇宫中的太监，说是万岁爷差来的，要面见老爷，亲自送给老爷几件东西。”

“快让他进来。”

太监进来，见涛贝勒也在这里，忙跪下去：“奴才给贝勒爷请安。”

载涛道：“你应该先办万岁爷的事。”

“谢贝勒爷教训奴才。”于是又叩了三个头，这才起来。

“万岁爷赐庄士敦手杖。”太监举起一把闪亮的手杖。

见载涛在跟前正看着自己，庄士敦便鞠了三个躬：“谢皇上恩典。”

接过手杖仔细一看，把手处有机关钮，一旋按钮，抽出一把剑。

太监又道：“万岁爷赐庄士敦师傅一封信。”

庄士敦又鞠躬接过。

太监道：“这剑是万岁爷叫奴才送来的，万岁爷还让奴才告诉庄师傅，授予庄师傅先斩后奏的权力，您可以随便杀人。”

太监走后，载涛道：“皇上这是干什么?”

庄士敦笑道：“这是皇上在开玩笑，我们今天谈论了专制和立宪的问题——皇上极富幽默感。”

载涛道：“虽然这只是个玩笑，但我仍然想知道，庄师傅以为，他真的能成为国家的君主而不仅仅是宫中的皇上吗?”

庄士敦道：“我非常坚定地认为，目前，这个问题是次要的，甚至是应该把它丢在一边的。目前最主要的是使皇上摆脱他目前的生活环境。在我看来，皇上所过的那种极为不自然的生活，必定要损害他的身心健康和智力发展。为着皇上着想，我真诚地希望想出某种办法，使他能够生活得更自然，更合理。他虽然是一个帝王、一个宫中的皇上，但他仍然是一个孩子。假如忽视这一事实，尤其是在他正在步入青春期的年龄这一事实被忽视，对皇上来说，后果是极为严重的。假如继续把他作为一个在本质上与一般人根本不同的人来对待，那么，他作为一个人，几乎肯定将是失败的，而且也很难相信，他会成为一个成功的君主。假如伴随他成长的完全是对于王位的憧憬，当他恢复王位的最后一线希望也逐渐消逝时，就很难指望他会有能力在这个世界上发挥一个人的作用。然而，假如他被培养成一个思想解放的爱国者或有教养的上流中国人，一个真正的君子，无论是作为一个君主，还是一名普通的公民，他都将使任何一个历史要求他扮演的角色为之生辉。所以与其整日地为他做复辟的准备，还不如培养他的能力，保护他的身心健康更重要。没有能力，即使恢复帝位，情况也可能变糟；而只要具备了能力，他说不定会在竞选中获胜，成为民选的大总统。”

“庄老师的话真是振聋发聩，可是要改变这皇上的环境，可比登天还难。你懂中国象棋吗?”

“懂。”

“象棋中的‘帅’和‘将’，就是‘皇上’的化身，他被一切重重包围着，他只有在两种情况下——其实只是一种——出宫，要么对方的‘皇上’和他‘对脸’，要么是杀棋，他自己被杀。可是规则既已定下，谁都没法改变了。”

“如果在现实人生中也没法冲破这种规则，那后果就太可怕了。”

“庄师傅，我会尽力而为的。”

第二天，庄士敦带了一本画报，在上课之前拿给溥仪看。

“这太好了！太好了！还有这样的杂志!”

溥仪很快地翻着，几幅画面吸引了他。庄士敦见他停止了翻动，问：“皇上看见了什么?”

溥仪把画报摊在桌子上。庄士敦见那上面是坦克、飞机和协约国士兵的相片，便说：“坦克是用铁甲钢板做的，上面那是炮筒，下面还有机枪，跑起来像汽车一样快，而里面的人却很安全，因为没有什么炮和枪弹能穿透它。”

“那么就没有办法对付它了吗?”

“当然有。它的履带可以炸断，它上面的盖子也能打开。”

“但是等到靠近它，早已命归黄泉了。这种东西太可怕了。”

“更可怕的是飞机，它可以往下扔炸弹，也可以用机枪扫射。”

“别讲了，这个我知道。”

“皇上，一个国家要强大，要不被人欺侮，就要有这种东西。”

溥仪神往起来，他要是拥有这一切，那该是什么样子呢?

溥仪正在出神，庄士敦给他一包糖果，糖果的纸张绚丽多彩，上面印的图案非常精美。而剥开纸后，更让人惊奇，各种形状都有，特别是一种透明的糖果，里面还包藏着一点碧绿的细花。

溥仪把糖果放进嘴里，香甜满口，道：“洋人就是聪明。”

庄士敦道：“这都是中国的教育造成的。中国的学校在二十年前还只教四书五经，怎么会有发达的工业呢？没有工业，也就落后了。这小小的糖果，要制成它，须有很多的知识，比如这盛糖果的轻铁盒子，没有冶炼及机械制造技术，是造不出来的；这精美的包装纸，没有高超的印刷术是印不出来的；而这水果味道，是用化学方法……”

“停一下，”溥仪打断了庄士敦的讲解，道，“随我来。”

庄士敦疑惑地跟着他。溥仪来到院中的桧柏树前，放了一块糖果在树根旁，一会儿，蚂蚁滚成了疙瘩。

“连蚂蚁也爱吃这样东西。”

庄士敦笑道：“那当然，这是现代文明的产物。”

忽然，溥仪问道：“庄师傅，蚯蚓怎么分公母?”

庄士敦道：“若在英国的中学，这是要学习的一种知识，蚯蚓是雌雄一体的，非常特殊。”

溥仪却哇地一声大哭起来，哭得很伤心。庄士敦感到莫名其妙，道：“皇上这是怎么了?”

溥仪便介绍了他当初养蚯蚓而被制止的事。

“在西方你会成为生物学家的。不能成为达尔文，也能成为布封。”

“他们是谁?”溥仪擦干泪问。

“这个以后再说。中国，除了修身、治国、平天下外，一切其他的知识都被压抑了。而修身，则是服从专制，盲目地崇拜专制；治国，则把国家和皇帝混为一谈，爱国也就成了爱皇帝，忠于专制政府；平天下，也就是自己获取最高的权力——这是帝王，或替帝王打天下，自己取得更高的特权。在你们国家，帝王学习的知识被限定死了，就是普通的人，其所谓的建功立业之‘功业’，也就是帮助专制统治而获取的特权。权力高于一切，权力奴役一切。皇上，其实，人生可以有很多追求的。”

“可是我能追求什么呢?”

庄士敦一时语塞。

溥仪道：“我和其他师傅说一下，明天放假，你到养心殿来，带一些你的杂志——特别是画报。”

这还是庄士敦第一次到养心殿，太监把他引到养心殿后殿，他大吃一惊，见溥仪还在那里贪婪地看着报纸，对庄士敦的到来毫不察觉，对太监的屡次奏报听而不闻。偌大的房间，里面全是报纸，有中国的，外国的；有上海的、天津的、北京的，也有广州的、长沙的，洛阳的；有教会的，也有租界的；有政治的，也有文学的、商务的。

庄士敦问身边的太监道：“皇上天天在养心殿做什么？就埋在这些报纸堆里吗?”

“是的，万岁爷除了看报纸，就是喂狗，逗狗。”

“是吗？他逗狗我倒没有见到过。”

太监道：“自从主子及王爷不让万岁爷养蚯蚓、蛐蛐，万岁爷就逗骆驼和狗。”

“为什么他们不再管皇上了呢？”

“这个，庄师傅有所不知。咱大清朝从关外入关内，靠的是马上得天下，而勇武的体格习性，来自狩猎。在前代许多皇帝、特别是康乾时代，特别注重打猎，以此训练八旗子弟。对皇室子弟，要求得更严格，都是严旨让他们练习鞍马，不废狩猎。所以，至今宫中还有许多马匹及骆驼，至于狗，也是打猎必备的。玩狗是祖宗留下的传统，所以老爷子如今无论怎样玩，也没人过问。”

庄士敦道：“清朝尚猎的风习我是知道的，至于养狗我倒是知之甚少，更不知道在这养心殿里还养着狗——多吗？”

“一百条多一点。”

“什么！”

庄士敦大吃一惊，他原以为充其量也就十几头罢了，没想到竟有一百多条。

“庄师傅来了。”溥仪从报纸堆里站起身来，“庄师傅，你刚才喊什么？”

“臣并没有喊什么呀——噢，是我惊讶于刚才这位太监所说的皇上养狗的事。”

溥仪道：“养狗和养鸟是旗人的嗜好，待会儿我带庄师傅去看看。”

“平时这些狗不放出来吗？”

“放出来。平时我带它们到养心殿外时，庄师傅已出宫回家了。今天在养心殿，因为庄师傅要来，怕吓着你，特意让圈起来了。平时这后殿，从走廊到卧房到这书房，都满满的。”

庄士敦道：“皇上刚才看的是什么？”

“我已看了好几份了。庄师傅，你看这一份——”

庄师傅见这是一张《字林西报》，皇上指的那段文字写的是——

“捐税增加，官员的腐败，促使人民渴望恢复清朝的统治。他们认为，尽管清朝的统治不好，但民国要比它坏十倍。我们不仅在这个偏远的角落听到了对清朝的怀念之辞，在其他省份，我们也了解到，那里仍然存在着希望清朝得以重建的情绪。”

溥仪原以为庄士敦会高兴，没想到庄士敦脸上尽是不安的神色。

“庄师傅不同意报上的看法吗？”

庄士敦盯了溥仪好一会儿，才说道：“皇上，你看过《新青年》、《改造》、《曙光》上的文章吗？皇上知道陈独秀、胡适、李大钊这些人物吗？”

“这些人是新文化的提倡者，我看过胡适的诗，李大钊的关于俄国的文章及陈独秀对中国传统的批判和对现实的分析。”

“皇上看出什么来了？”

溥仪笑道：“我记得有人问胡适：‘青年中国需要无政府，老年中国需要君主制，这种说法是否准确？’胡适答：‘无论哪个中国，都需要‘太监’。”说罢溥仪大笑起来。

庄士敦道：“这些人提倡的东西，肯定会对未来的中国有很大的影响，皇上应多思考一下这些人的观点。”

溥仪道：“那当然。”他忽然想起了什么，拿起一份报纸道：“这是《曙光》，是他们的报纸，庄师傅看看上面的文章。”

庄师傅接过报纸，见皇上用朱笔描下的部分写道：“中国农民十之八九不识字，愚蠢得和鹿豕一样，真是可怜。什么自由、权利、政治，他们哪里懂得？他们就晓得把钱粮纳上，一边过他的苟且日子罢了。有时遇见城中人还要问问：‘宣统皇帝如何？’‘现在是哪一个坐在皇宫里？’往往也叹息痛恨地说：‘这样年头怎么得了！等出了真龙天子就好了！’

“你想，在这种情况下，只有张勋复辟，才能得农民们的心；只有张勋招义勇兵，他们还踊跃上前。若是给他们读什么新思想，哪还能够理会？所以我们要想种种社会运动都得农民的援助，就要先促起他们的觉悟。”

庄士敦放下报纸，见溥仪正得意地微笑着看他。

“皇上，你看到这样的文章很得意吗？”

“当然。”

“为什么会这样？”

“我不只是在宫里做着皇上，很遥远的人也在想念我，仍称我为皇上，仍把我当成皇上。”

庄士敦站起来，走到皇上面前道：“臣没有想到皇上会这么看这种报道，皇上应看到那最后一句话：‘所以我们要想种种社会运动都得农民的援助，就要先促起他们的觉悟。’新文化的倡导者们已经向农民们灌输民主、科学的思想，他们是要改变农民的思想，这一点皇上没有看到，却看到了自己仍在农民的心目中，皇上这样看问题，不是很可怕吗？这样，皇上会很危险的，会一步一步地走向对自己不利的境地。”

溥仪的脸上早没有了笑容，面色惨白，瞳孔突出，双手不住抖着。

“庄师傅是说我的处境会越来越危险，这些新文化的领导者会从根本上摒除我？”

“是的。”

“我完蛋了！完蛋了！”

“皇上一向文雅，说出这种词汇，我非常惊讶；皇上应处事稳重，有高贵的血统，有坚韧的意志，刚才还满怀希望，突然间就认为自己完了，我感到很痛心，痛心皇上是这种意志薄弱的人，见识短浅的人。”

“我们不是完了吗？”

“我必须直率地说，复辟的可能性是不大的，因为皇上自己并没有力量，仅能靠那些军阀，而军阀的态度是最不可靠的，他们仅是一群唯利是图的小人、土匪。但是，皇上不能据此就说自己完了。皇上仍然有实现自己伟大人格的道路可走，而目前，首先要使自己具备非凡的能力，皇上从报纸上看那些——搜寻那些复辟的消息是徒然的浪费时间，皇上的精力应花在更有意义的事情上。就是从复辟的这意义上说，皇上埋首于报纸中也无作用，陈太傅曾说，皇帝陛下圣德日新是最重要的。就是不复辟，皇上也可能以公民的身份竞选总统，就是竞选总统失败，也能靠自己突出卓越的才智品德，做出另一番事业，使自己成为历史上优秀的人物。可是皇上却总是走极端，要么在复辟希望的峰巅，要么在复辟梦破的谷底，这是很危险的。”

溥仪道：“庄师傅说，能力是最重要的，圣德日新是重要的，我如何做到这一点？”

“皇上要破除君权神授的观念，中国也有句古话：天下唯有德者居之。皇上要获得生存的才能，获得超越时代的思想品德，必须走出宫中。我们大英帝国的威尔士亲王是我牛津时的同学，他的生活，与我的、所有牛津大学的同学的生活，都没有什么不同。战争期间，他成了一名年轻的中下层军官，和别的军人一样为国家服役，军旅生活与其他军人没有什么不同，这样，他才具备必要的能力。可是皇上却被腐败庸俗的官吏、仆人、太监们包围着，而每日里都在憧憬着复辟的美梦，这能够获得这个时代所需要的多少知识能力呢？皇上让我带来的画报我带来了，臣请皇上坐下来看这些画报。”

溥仪坐下来，庄士敦拣出几页皇室生活的照片，特别是王子的。

“皇上看这些大英帝国的王室成员，他们是和平民和睦相处的。而作为王子，从小要过和平民一样的生活的。”

庄士敦对那些照片一张张地解释着，一会儿谈话轻松起来，不时地发出笑声。

“王子若是和哪一个年轻女郎稍一接触，马上就有记者拍出照片，写出文章。这些记者是无孔不入的。”

半天过去了，溥仪觉得他获得了有生以来，最重要的指导，便留下庄士敦，赐宴御花园。

庄士敦道：“这画报上还有一样好东西皇上没有看到呢。”

“什么？”

庄士敦翻开一页，溥仪看去，惊喜得跳了起来：“竟有这样玲珑漂亮的小狗！庄师傅无论如何要给我弄几头来。”

“让我先看看皇上的狗吧。”

“好的。”

溥仪带庄士敦进入一个大房子，一见，惊呆了，里面挤满了各种各样的狗。

“虎子，豹子，过来，见过师爷。”溥仪一招手，两头狗纵过来，一头如狮子，一头如豹子，高大威猛。庄士敦吓得心里冰凉，可脸上却装出镇定。“虎子”一抬前腿，爪子扶在庄士敦高高的肩上，舌头舔着庄士敦的颈项；而“豹子”，则围着他的腿嗅来嗅去。

“皇上，它们亲热够了吧。”庄士敦战战兢兢地道。

溥仪一摆手，两头狗围着他转起来。溥仪道：“也赏它们一起去御花园吧。”

溥仪带着两条狗和庄士敦一起去御花园，刚走到门口，溥仪道：“庄师傅，我让你看一出惊心动魄的好戏。”

“什么好戏。”

溥仪一笑，用手一指，道：“上！”

只是轻轻的一声，两头狗真地如虎似豹的向路过养心殿门前的太监猛扑过去，待庄士敦明白过来，太监惊恐的喊声刺破了天空似的：“救命呀！救命呀！……”

这声音，犹如在黑夜里突然见到一个张着血盆大口的恶鬼，这种恐怖的叫声，连听到的人也吓得半死。

“虎子”已是前爪搭在那太监的肩上，“豹子”的长舌则正好搭拉在那太监的鼻子上！

“哈哈哈……”

溥仪笑得前仰后合。

“皇上！皇上！这是干什么！干什么！”待庄士敦明白过来，竟愤怒得如虎子、豹子一样，一把推出皇上很远，“快停下来，这种恶作剧是有失身份的！”

从来也没有人敢对溥仪这样，溥仪愤怒地望着庄士敦。

“老爷子，您这是干什么？还不把狗唤回来。”

溥仪把狗招回来，那太监已是满脸血迹，倒在了地上。

“老爷子，这确是老爷子的不是了，庄师傅是为老爷子好才这么做的，就是我，也必然这么做。”

说话的是一个中年妇女，庄士敦已经知道她是二嬷。令庄士敦惊讶不已的是，她竟敢指出皇上的过错，而皇上对她却非常恭顺。她也只是个下人呀！

溥仪看庄士敦的目光柔和了一点。庄师傅觉得，对这个一向在宫中无人敢冒犯的皇上来说，他做得也太过分了点，于是道：“请皇上恕臣刚才的鲁莽，我在那瞬间的感觉是在英国。”

“我恕你无罪。”

王焦氏道：“老爷子对庄师傅可不必因这件事有什么成见。”

溥仪道："这是原轸在朝廷上唾晋襄公，是忠心的表现，我不会放在心上的。"

"皇上的大度臣又一次感受到了。"

宴会的席间，庄士敦道："皇上，在你的躯体里有两个皇上，而不是一个皇上。除非皇上能令两个皇帝角色中的那个好的占上风而使另外一个永远处于恭顺的臣仆地位，否则，皇上就绝不可能为了皇上自己、也为皇上的祖宗，充分发挥自己的聪明才智。"

溥仪道："如何才能做到呢？"

"还是那句话，离开紫禁城，离开身边这些庸俗的官吏、仆人和太监，把自己当成一个普通人。"

"唉，可能真要做个普通人了，眼见的战乱将起，不知直皖两家最终谁赢，而无论谁都有可能利用我、利用优待条件来粉饰自己；他们都标榜自己代表着进步，代表人民的利益。"

"皇上不必担心这个问题，涛贝勒爷已和我谈过此事。刚巧，大英帝国的海军司令将到中国北方，我会让他来觐见皇上的，这样不仅可以保证皇上的安全，也可以让皇上多了解些外面的世界、外面的人物。"

溥仪笑道："这本身是否意味着你也没有把我当成个普通人？"

庄士敦笑道："刚才的那一推，不就说明了这一点吗？"

"是的，"溥仪反驳他道，"你后来向我致歉的话，说明在你的灵魂深处，你仍然把我当成皇上。你都是这样，我要做个普通人，能吗？"

第二十二章

贿珍宝太妃遭局骗 安电话逊帝赶时髦

溥仪大声道："王爷早早地剪了辫子，却不让我剪；早安上电话了，却不让我安；前次不让我买汽车，可自己早买了。皇帝怎么不一样？我就连这点自由也没有了？不行！传内务府，今天就给我安电话！"

炮声在北京的一些郊区响起，从紫禁城中听去，犹如天边响起的闷雷。正如震响闷雷的天边阴云密布，电闪雨急，而自己头上的天空却晴朗灿烂一样，曹锟、吴佩孚和段祺瑞的血战并没有影响紫禁城的生活，紫禁城的人很安然，王公们也没有一丝儿慌乱。这在某种程度上要归于庄士敦的安排。在前后相隔不长的时间里，在英国公使的陪同下，英国海军司令和香港英国总督接踵访问紫禁城，他们对溥仪彬彬有礼，称溥仪为皇帝陛下。随行的英国记者对这两次访问作了详细的报道。不几日，直皖两家都声明自己一向对紫禁城是尊重的，也会继续尊重"优待条款"。

溥仪对庄士敦在那天中午推他一跤的不敬，早已忘得一干二净，英国海军司令及香港总督的来访使他找回了自尊，内心里充满了自豪，同时也对庄士敦由衷地感激。而那些王公们，太妃们、宫中的仆人太监们，虽然一向恨庄士敦，讨厌庄士敦，但他在宫廷可能要遭危难的时候，作出了巧妙安排，令这些平时憎恶他的人们有了许多好感，也多了几分敬畏。人们也更真切地理解了载涛给皇上请英文师傅的良苦用心。

不久，喜讯从天而降——奉军参与了战争，与直系联手打败了皖系，段祺瑞辞去了总理的职务，张作霖进北京来了！

与此同时，沈阳《北京导报》登了长长的一段话，紫禁城的人们互相传阅，几乎人人能背下来——

"最近几天来，在当地的各个阶层中，尤其是在张作霖手下的军人中，盛传一种传闻，声称清朝的君主制度不久将在北京重新建立，以取代现存所谓的中国共和制政府。按照通行的说法，此次发起重建君主制的，是张作霖将军。他将与中国西北的某些拥护君主制的和军界的领导人合作。曾经在 1917 年 7 月，实际上把年轻的满洲皇帝扶上帝位达十二天之久的张勋将军，将在重建君主制度的过程中扮演重要角色。传闻还说，目前重建君主制的唯一重大的障碍，就是段祺瑞元帅和西南地方的某些领袖。由于现在国家政局动荡以及来自外部的危险，即使是徐世昌总统和前总统冯国璋，也倾向于同意恢复帝制，而不对其表示强烈的反对或不满。至于曹锟、李纯以及其较次要的军界首领，据说，只要允许他们掌握他们现在各省享有的职权，再让他们当上亲王、公爵或侯爵，他们就会满意了。在中国的官员们中间流传着这样可信的说法：假如恢复帝制的方案在不久的将来成为事实，那也是因为国内的和平谈判陷入可悲的境地，以及国家缺乏统一，形势比清朝统治时期还要糟糕等等原因所造成的。这一方案将把清室的统治者名义上置于中国政府首脑的位置上，而所有政治、经济和军事方面的权力，则仍将留在中国总理的手中。而且，国家的名称也只会发生小小的变动。就是说，世界各国那时将称中国为'中华帝国'，而不是'中华民国'。那时中国政府的形式，将是'君主立宪'的，即仿效大英帝国的形式，由一个名义上的国王或皇帝来领导政府。"

"看哪，国名都定好了。"

"是呀，不叫'大清国'了，而叫'中华帝国'，不知咱万岁爷可同意呢。"

"这有什么不同意的，咱皇上是真的皇上了，这是不变的。只不过把国名改一下，无所谓的。"太监和苏拉们在议论着，毓庆宫书房中的溥仪和陈宝琛听得清清楚楚。

溥仪无比兴奋，哪里还能听进陈师傅的讲课，情不自禁地不时地发出笑声。溥仪从心底里感到欣喜。

陈宝琛问："皇上，宫中的人一夜之间都会英文了？是皇上教的？"

"陈师傅怎么问出这样的话，宫中除我之外还有谁会英文？我也从来没有教谁学过英文。"

"可是太监、苏拉们却都会英文了。"

"陈师傅也开起玩笑来了。"溥仪乐了。

陈宝琛严肃地道："《北京导报》是英文报纸，而在宫中人人传阅，都读懂了里面的意思，他们不会英文，怎么看懂的？"

"噢，是这么回事。报纸是庄士敦师傅带来的几张，念与我听，我又照着翻译给太监们的。"

"没翻译给太妃们吗？"

"当然翻译了，可当我翻译的时候，皇额娘们自个儿早知道内容了。后来我让庄士敦师傅又买了一些，送给皇额娘人手一份。"

陈宝琛道："太妃们肯定如获至宝。"

溥仪道："听陈师傅的口气，好像对这件事很不满意似的。"

陈宝琛道："皇上，可要记住，张作霖是个土匪，从赌局混出来的，这样的人靠不住，他说的话，皇上只当耳边风。这外国人，有时故意把水搅浑，让中国乱糟糟的，他们的话，也不可相信，至少也不能全信。"

"外国人不会别有用心吧?"

"皇上，我和庄师傅的观点虽有不同，但我肯定庄师傅是个好人，是个正派人。不过他身后的人，其他的洋人就不一定了。皇上还是要记住庄师傅的话，不要一天到晚泡在报纸里，一天到晚沉醉复辟的事中，还是让别人去做这些事，而皇上现在最当紧的，是圣德日新，是处事的能力，庄师傅叫什么身心健康。这个主张是对的，虽然他说的途径并不恰当。皇上，还是从报纸堆中走出来吧，还是不要被身边的琐事困住了身心。"

溥仪笑道："陈师傅，我关心天下大事，也是历练才能，像报上说的事，怎么能是身边琐事呢?"

陈宝琛觉得难以说服皇上，道："皇上还是问问庄士敦怎么看。"

"万岁爷，王爷、贝勒爷和庄士敦师傅来了。"值班太监奏道。

"来得正好。"溥仪和陈师傅几乎同时说出了口。

几位全部坐下以后，王爷载沣道："这几天，张景惠要进宫觐见皇帝，并为端康主子千秋行礼，依我看，张作霖也可能要来宫觐见皇上。"

溥仪特别振奋，道："刚才我还在和陈师傅谈论张作霖，陈师傅对他非常不信任。庄师傅，陈师傅让我问问你，你对此事怎么看。"

庄士敦道："中国的军阀是没有什么好角色，但是也不否认张作霖拥君钓誉作入中原准备的可能；因为，张作霖做国家首脑的可能性几乎等于零，这一点他自己是很清楚的。"

载涛道："我看张作霖对清室虽不能复辟，也不会有恶意。五哥和他打过许多交道，可以给皇上和师傅们说一下。"

载沣道："我我我曾托张作霖代售皇产庄园，款子是张作霖派人送与我的。我便去函致谢，又让内务府选出两件古物，一件是《御制题咏董邦达淡月寒林图》画轴，另一件是一对乾隆款的瓷瓶，我派唐铭盛为专差送往奉天，张作霖又派了副总司令张景惠随唐铭盛回谢。前几年，醇王府和奉军师长张宗昌有来往，他父亲在北京过八十大寿，我曾亲往祝贺，我们府的总管张文治和张景惠也成了拜把的兄弟。"

载涛道："奉军的将领都拥护君主制，这一点似乎没有疑问。"

庄士敦道："以我之见，张作霖在幕后支持复辟是比较明显的。问题是，他在幕后能否走到前台?他的政治伙伴能在多大程度上支持他。"

溥仪道："他若是来到宫中，不就是走到前台了吗?"

庄士敦道："是这样。"

连庄士敦都对张作霖抱有如此大的希望，陈宝琛的心里也开始认为张作霖有可能去实行复辟，不过他仍是疑心重重，道："对张作霖这样的人，仍然要多加小心，这样的人，土话叫做'有奶便是娘'。他那态度，就像风车一样。"

但是，所有的人都把陈宝琛的警告当成是老年昏聩迂腐，连庄士敦也认为他有偏见，因为，张景惠已经进宫来了。

张景惠在养心殿的第一件事就让紫禁城的人及王们感到高兴：他觐见皇上行的是跪拜礼。

溥仪道："听醇王府王爷说，将军是仁义君子，今天一见，果然。"

张景惠道："臣一向心系大清，景仰皇上；我们主公张作霖帅，与我同执此心。今天我能有幸先瞻皇上，拜皇上膝前，实感安慰。"

溥仪道："张元帅顺天爱民，其鸿图大志定能实现。"

张景惠道："张元帅和张勋亲王是一个心思，正待机保皇上复位。今天得见皇上天颜，天赋神智，回去后禀报大帅，大帅必更坚定复辟之心。"

溥仪道："我只希望天下干戈平息，四海归一，百姓能安居乐业，至于复辟归位，我早已不放在心上，也无力无能担此大任。"

张景惠道："如今的事业正如日高升，皇上一定准臣等奉将所请，不然，我们奔走辛苦的动力，就消退了。"

溥仪心花怒放，但表面纹丝不动，道："看赏。"

于是赏张景惠一柄玉如意，一轴古画。

张景惠留在宫中，又参加了端康太妃的千秋节贺典。与大家一齐跪拜之后，端康太妃单独召见了他。

"将军前次就风尘仆仆从东北赶来为我祝寿，现在战事刚弥，就又来宫里，将军的节操，真堪照日映月。"

"臣前次是奉大帅之命特来拜谢娘娘的赏赐，而此次主要是为娘娘拜寿并拜见皇上以议国家大事。"

太妃道："我多次从宫中馈赠给巡阅使一些东西，也曾给张将军你些许，你们都还满意吧。"

张作霖曾为东北巡阅使，太妃所说的赠送礼品的事，大概都让张作霖一人占去了，张景惠心中有气，但在这里又不好发作，只得笑着说道："娘娘所赠礼品，臣实在是没有收到，也许是在大帅那里。"

端康大吃一惊，道："这事你回去以后一定要问个明白，我宫中的珍品，多赠送给你们了。"

张景惠也暗吃一惊，这样说来，这位娘娘一定给了大帅不少国宝。于是道："我回去后一定问个明白。"

张景惠回去了，宫中却忙活起来，以为张作霖将要进宫拜见皇上。内务府忙着准备给张作霖的赐品，特意在醇王府里商议如何接待张作霖，结果决定，除一般品目外，加上一把古刀赐给他。

一天过去了。两天过去了。十天过去了。十几天后，张作霖还没有来，但派来特使，持着张作霖的亲笔信，说是要把信务必交到端康太妃手中。就这，内务府的人也是一番高兴，送走特使后，绍英打开了信，见信上写道："东北巡阅使作霖顿首娘娘足下：前次张副司令到宫中代表我向娘娘恭贺千秋永福，并向皇上请安，受到特殊礼遇，我在此深表感谢。但是太妃谓曾向我及部将多次赏赐礼和宫中珍品，恕作霖直鲁，但却不敢隐瞒不报，我及部将确实未曾收到，只是在几年前收到过一次，我已令景惠到宫中致谢。虽然，我仍叩首向娘娘千岁谢恩。我试想，太妃娘娘必受下人蒙蔽，珍宝途中辗转，必被奸人巧取。于是派人查寻，近日在地安门捕获一人，售永和宫中之物，鞫问之下，言与醇王府福晋之太监及护军首领袁得亮有关，此后我不再下问，因为是娘娘家事。但知情不可不报，特去函陈情。作霖再拜。"

所有的人都大吃一惊，明白了端康太妃为何一再召醇王福晋入宫，原来是密谋复辟大事，与奉军建立联系。可惜两位毕竟是不出宫的女流之辈，此事必有人从中牟利了。

端康接到张作霖的信以后连气带怒，病在床上。醇王知道消息后忙向福晋瓜尔佳氏说了，瓜尔佳氏顿时呆了，待省悟过来叫身边的太监，那太监早已逃走，不知去向。

二十多天过去，张作霖没有到宫中来，一个月过去了！张作霖没有到宫中来，两个月过去了！张作霖回到奉天！

紫禁城里的人们，王公大臣们，个个都如失了魂一般。

"小七儿，现在就只有你对我是真心的。"端康太妃歪倚在榻上道。

"老爷子，小七儿永远不离您的左右，奴才要伺候老爷子一辈子。"

"我的小心肝儿，刘承平和穆海臣都不是东西，他们和醇王府的太监吃在一块儿，不知钻到哪个老鼠洞里去了，可是老天爷有眼，他们是逃不脱天报应的。"

"老爷子，您放心吧，张作霖不会与他们拉倒，就是其他的人也不会放走他们，知道他们身怀不义之财，又是宫中的珍宝，谁能放过他们，他们是自取灭亡！"

"是的，他们肯定会不得好死！只是人心难测，如今只剩下小七儿你了。"

"主子，怎么把奴才也忘了？奴才这么多年做的哪一件事儿不顺主子的意呀。"进来的是梳头太监王久安。

端康道："不错，还是好人多。"

王久安道："像刘承平那样忘恩负义的就那几个。"

王久安又给端康捶起腿来："主子的病好些了吧。"

"好多了，只是心里还憋得慌。"

"犯不上和那些小人一般见识，就别生气了——让奴才给您揉揉胸脯吧。"

端康仰面躺着，王久安柔若无骨的手推着揉着，一会儿端康眯逢着眼问道："你原来唱戏的时候和赵荣升很熟吧？"

"是的老爷子，奴才是旦角，他是武生。"

端康太妃道："调他到这里来吧，戏就别唱了，要唱在这里唱。"

王久安道："主子嫌奴才了吗？"

"你千万别误会了，你来做首领，宫中的事你一人独当，其他琐碎的事儿也要有个人帮着你。放心，没谁能代替你的地位。"

赵荣升这个戏班里的武生，成了端康的梳头太监，她的心情显然好了起来，但对溥仪的管束也越来越严了。每天又加紧了对溥仪的看管，到溥仪那里站班的太监严格地执行着端康的指令，溥仪动辄得咎，端康太妃好像要把对醇王福晋的不满都撒在他身上似的。

"皇额娘，我想到颐和园去。"一天，溥仪在向端康请安后问道。

"什么？这真是异想天开。还记得当年隆裕太后在日，大家都曾担心被赶到颐和园，你当时也曾吓得不轻，怕离了皇宫，如今怎么忽然想到颐和园去住了。"

"回皇额娘，我身边的太监都是庸俗的，不忠实的，在他们的包围中，我不会有什么好的进展，到了颐和园后，我把太监留在宫中，只带少许的几个仆人在那里，读书锻炼身体都有好处。"

"这肯定是那个洋师傅给你这么说的，不能去，那里不安全。再说，你到那里自己单独生活，人们一定会议论我的不是，说我没尽母亲的育养之责，放任皇帝。不能去！绝对不能去！"

溥仪回到毓庆宫，把端康的话向庄士敦师傅说了，道："皇额娘怎能会让我离开皇宫呢？"

庄士敦道："这样做会害了皇上一辈子，真不知他们是何居心！"

"我要闷死了！我要自己说了算！我长大了！还要什么人管着我？"

"皇上这些话可以和王爷说说。"

溥仪让王爷进宫。养心殿里，溥仪对王爷道："王爷，圣祖皇帝是几岁亲政的？"

"这……"载沣不想回答，他分明知道溥仪要拿话套他。

"像我这么大，圣祖康熙帝已亲政几年了。现在我退位于宫中，虽不能亲政治理天下，但在宫内也该'亲政'了吧？也该说话算数了吧？"

"这……这个当然。"

"那好，我想到英国去留学，你同意不同意？不同意，就是不同意我亲政！"

载沣的嘴巴张开了半天，怎么也合拢不上，半天，才道："这……这不一切都完……完了吗？"

"这么说你是不同意了。"

"怎么能能去留学呢？不行……不行。"

"那好，我到颐和园去住，怎么样？"

载沣道："这样民国政府会会会趁势收去皇宫的。皇帝，我不懂，那里怎怎能比比得上这儿呢？"

"我厌恶身边的太监，身边的这些人！你若不同意，我就把太监们赶走！"

"好吧……我再想想，再商量商量。"

所有的人，太妃们，王公们，除了庄士敦的师傅们，都反对皇上到颐和园，对皇上要去留学，更认为是皇上年少不更事。

"庄师傅，我要困死在宫中了。"溥仪几乎要哭出来。

"他们不是怕皇上出去，而是怕丢掉优待条件和这皇宫。丢了'优待条件'，就丢了他们的一切。这些人都是废物，都没有自谋生路的能力，又都过惯了奢华的生活，一旦没有了'优待条件'，他们就是死路一条。可是这群人的可恨之处是，他们自己是废物，为了自己的私利也要把皇上变成废物，他们哪里是忠于皇上，他们是在'吃'皇上！"

溥仪被庄士敦说得惊心动魄，瞳孔张大，眼球突出。

庄士敦突然道："皇上，我忽然发现皇上的眼睛有问题，我怎么早先就没有注意呢。"

庄士敦拿了个小钟放在皇上面前，道："能看到钟上的秒针吗？"

溥仪摇了摇头。

"这是个严重的问题。"

庄士敦即刻找到了载沣、内务大臣们和几位汉文师傅。

"有一件大事情，我原先没有注意到。"庄士敦对几位道。

"什什么？又发生什么事了？"载沣惊慌地道。

"皇上的眼睛有病，他看不到小钟上的秒针。"

这些人都松了一口气，他们还以为又有什么军阀要开进紫禁城呢。

庄士敦看见他们的表情非常惊愕，道："你们怎么能对这事无动于衷呢？这可是关系到皇上健康的大事？"

"没有什么，"载沣道，"许多人都都这样，无碍身体健康。"

庄士敦对这句话感到莫名其妙："王爷，这本身就是健康问题吗！"

朱益藩道："与身体无碍，王爷说的是对的。"

庄士敦对这种把眼睛和身体分开来的说法非常恼怒，但他也知道一时难以说得清楚，难以说服他们，就说道："还是请一位医生检查一下，最好是让外国的大夫用科学的手段检查。"

"这没有什么，"朱益藩道，"庄师傅不要小题大作。"

"什么！这是什么话！"

内务府的绍英道："确实没有什么。"

"皇上要配镜子！不然皇上的眼有可能瞎的！"

不说配镜子还好，一说配镜子，这些人更不同意让皇上检查眼睛了，大家七嘴八舌地议论批评了庄士敦一番。

"我坚决要求给皇上检查眼睛！"庄士敦霍地站起身来，非常恼怒地拂袖而去。

第二天，竟为此开了御前会议。

大家一致反对为皇上检查眼睛，连四位太妃平时互相攻讦，这时也高度地一致。

端康太妃道："这没有什么。"

敬懿太妃道："皇帝的眼睛无比高贵，外国人不能随便乱检查的。"

端康太妃又道："让外国大夫检查，一定要配眼镜，这有损皇帝的形象，把皇帝变成妖怪了。再说，历来的皇帝都没有戴过眼睛。"

一向不说话的瑨妃也说："皇上的眼珠子，是神光灵火，还能叫外国人看？"

珣妃道："皇上还当春秋鼎盛，怎么就像老头一样戴上镜子？"

溥仪道："我倒觉得庄师傅说的是对的，不是你们的眼睛有病，你们当然不着急。"

"皇皇帝怎么说出这种话！"载沣道，"皇帝的眼睛能是外人随便便便看的吗？"

几位太妃又是异口同声地反对检查。

庄士敦的肺都要气炸了："真是不可理喻！如果不给皇上检查眼睛，我就辞职！"

这句话把大家都吓懵了，他们知道庄士敦的后面是英国政府，他若辞职，不仅和英国人失和，大总统徐世昌也没了面子——因为名义上庄士敦是徐世昌请来的。

陈宝琛道："庄师傅说的是有道理的，眼病也是病。圣祖康熙帝很喜欢外国人的望远镜，其实，眼镜和那没什么本质的区别，皇上可以戴的。"

载涛见陈师傅这么说，也道："还是检查一下看看吧。"

但是绍英和耆龄立即提出反对，道："庄师傅提出辞职，未免太过分了，这配眼镜，本是小事，庄师傅却大做文章，是不是要干涉皇家的事务！"

溥仪一看内务府的态度明显带有火药味，忙说："这件事不要再讨论了，就交给庄师傅去办。谁反对他，就是反对我！"

"皇帝的话过分了！"端康道，"这样大的事，要大家说了算的。"

陈师傅却道："这样的事——再大的事情，皇上说了，就算，皇上可以决定一切的。"

于是庄士敦给北京协和医院眼科主任霍华德教授写了一封信，请他到紫禁城来作一次业务访问，为皇帝检查眼睛。

"皇帝陛下，"霍华德教授和其助手李景模大夫检查完溥仪的眼睛对溥仪道，"皇上患有严重的进行性近视，又有其他眼病，应抓紧治疗，不然后果非常严重。"

他为溥仪配了眼镜，道："这是有关保护眼睛的小册子，改日我还会送来关于眼睛构造方面的图形说明，看来皇帝陛下这方面的知识是缺乏的。在美国，小学生都知道样保护眼睛，在中国，大部分的学堂也都有这方面知识的介绍。"最后，霍华德说："过一段时间后我们会来复查。"

溥仪笑道："教授不会知道，为给我配眼镜，大家吵得天翻地覆。"

于是庄师傅向霍华德教授介绍了为皇上治眼而争论的大致情况。

霍华德和李景模非常惊讶。

"真是难以置信。"霍华德道。

"这宫中和偏远的山区没有什么两样，如果不是亲眼见到，亲耳听到，我不会相信在宫中是这样的。"李景模道。

这句话深深地刺向溥仪的心里。

一连许多天，溥仪都闷闷不乐，虽然时而有人还在说起张作霖图谋复辟，虽然报纸上仍在登着张作霖要复辟的消息，但是溥仪的脑海中，全被先前陈宝琛师傅的话占据了。张景惠曾亲口向他说过"大帅"要到宫中向皇上"请安"，可是，结果怎样？张作霖还是没有作任何解释地退回关东去了。

溥仪感到生存的危险，现在已经怕暗夜，已经怕黑影，不敢一个人单独走动。现在已经怀疑每个人的忠心，怀疑每个人都是在利用他，甚至怀疑有人时刻要谋害他。

可是，他又跳不出皇宫，不能走出这高墙一步。

"溥杰，你真幸福，我们是一母同胞，你就能到其他的地方去，可是我却不能。"

看着皇上忧虑的样子，师傅们都很担心。

一天，庄士敦说："皇上，有一个不出宫就和外界联系的办法。"

溥仪高兴地说："快讲，是什么办法。"

"在宫中安电话。"

"对，"溥杰也说，"安上电话，就可以和宫外的人通话。"

"真的？"

"和对面说话一样！"溥杰道，"我有时也和外面打电话，只是很少而已。"

"安！马上安！"溥仪道，"传内务府绍英来。"

此时世续已久病卧床不起，没有非常重大的事，是不到宫中来的，内务府的事，就由绍英和耆龄一起管了。

绍英来到毓庆宫，道："万岁爷唤奴才来有何吩咐？"

"给我安个电话，就安在养心殿里。"

绍英立时变了脸色，但是并不敢顶撞皇上。

"嗻。"

绍英找到陈宝琛和朱益藩，说："皇上要安电话，我是不可能劝谏皇上的，我想还是两位师傅劝说一下，你们的话，他总是听的。"

师傅们并不明白绍英让他们劝驾的真正用意。内务府最怕的不是冒犯天颜，而是怕皇上经过电话和外界有更多的接触从而知道内务府腐败贪黩的黑幕。北京的报纸上每月都有内务府辟谣的声明，不是否认清室和某省当局或某要人有来往，就是否认清室最近又抵押或变卖了什么古物。皇上在庄士敦提醒下屡次询问那些抵押和变卖的事。有一次，宫中修了一段路，内务府拨了八十万元，可是到了施工方的手里，只有八万多元了。溥仪问："其余的钱哪里去了？"内务府的官员们张口结舌，说不出来。内务府的人们觉得，有报纸和庄士敦作溥仪的耳目，已经弄得他们手忙脚乱，若是再添上个电话，内务府岂不是防不胜防？

师傅们并不知道这些情由。陈宝琛向溥仪说道："听说皇上要安电话，这是祖制向来没有的事。安上电话，什么人都可以和皇上说话了，祖宗也没这样干过。这些西洋奇技淫巧，祖宗是不用的。"

"宫里的自鸣钟、洋琴、电灯都是西洋的玩艺，祖制里没有过，不是祖宗也用了吗？"

陈师傅道："外界随意打电话，冒犯了天颜，那岂不是有失尊严？"

"外界的冒犯我从报上也看到了不少，看和听不也是一样吗？"

陈师傅见自己说不过皇上，道："还是由皇上自己决定吧，老臣实在担心外界对皇上的干扰太大。若是真的安了电话，皇上可要慎用，不要随便和一些来路不明的人通话。"

"这个陈师傅放心。"

陈师傅退出后，庄士敦道："皇上现在的口才师傅们是轻易驳不倒的。"

“他们并不敢辩驳，总是一再地陈述理由，辩驳的是我。”

“反正都一样，”庄士敦道，“陈师傅明显是受内务府的鼓动才劝谏皇上的。估计王爷马上就要到了。说句不该说的话，王爷也成了彻底的维持现状派，只要皇上能老老实实地住在紫禁城里，每年他照例能拿到他的四万二千四百八十两岁银，他便一切满足了。他生怕有任何乱子，所以最容易受内务府摆布。这样说王爷，皇上不会怪罪我吧。”

“庄师傅的话句句在理，我有什么可怪罪的。不过，只要只是王爷自己，我就有办法。”

话音刚落，王爷来了。

溥仪道：“只王爷留下，其余的人都退下去吧。”

庄师傅看着跟王爷来的内务府总管和几位王公，道：“走吧，皇上已经命令了。”

众人退出后，载沣道：“听听听说皇帝要安电话？”

“王爷府上不是早安上电话了吗？”

“那是……那是，可是……可是跟皇帝并不一样。这件事还是过两天再说……”

没待王爷的话说完，溥仪大声道：“王爷早早地剪了辫子，却不让我剪；早安上电话了，却不让我安；前次不让我买汽车，可自己早买了。你在府上接待过孙文，若是我邀请孙文，王爷恐马上就会同意的，是不是？”

“是。不是，不是……”

“皇帝怎么不一样？我就连这点自由也没有了？不行！我就是要安！”溥仪回头叫太监，“传内务府，今天就给我安电话！”

“好，好！”载沣连忙点头，“好吧，好吧，那就安……”

第二十三章

会博士禁宫说白话
吊亲娘王府罩黑纱

溥仪终于走出了紫禁城，可却是去参加亲生母亲的丧礼！溥仪在两边跪拜的人前走过，走向醇王府门，溥杰在那里跪接、磕头，溥仪把溥杰扶起，四目相对，二人抱头痛哭。哀乐声声撕心裂肺直入铅云……

电话安好了，随电话机，电话局送来了一个电话本。溥仪高兴极了，又蹦又跳，一屁股坐在桌子上。他见电话号码上有个名字很怪，叫“徐狗子”，往下看，原来是个杂技演员的绰号，于是便拨通了电话。

“喂，”对方问，“你是哪一位呀？”

“徐狗子！”溥仪大喊一声，连忙扔下电话机，跳下桌子蹦跳着，许多不愉快忘得一干二净。

转了一圈，觉得满好玩的，又在翻弄那电话本，见有名满京城的京戏名角杨小楼的名字，于是拨了电话。

“喂。”对方答。

“来者可是杨小楼啊。”溥仪学着京剧中道白的腔调念道。

“是啊，我是。您是谁呀？……”

不等杨小楼说完，溥仪又把电话挂上了。

溥仪开心极了，仍觉不过瘾，又给东兴楼饭庄打电话，冒充一个什么住宅，叫他们送上一桌上等酒席。

这样玩了一阵，溥仪突然想起庄士敦平时经常提起的胡适博士。庄士敦选了一些胡适写的中文文章以及胡适及其友人经常为之投稿的一些报纸送给溥仪阅读，又给皇上带了一本《尝试集》。溥仪觉得这些诗很好笑，什么“匹克尼克来江边”也能入诗，文不文，白不白，洋不洋。看这博士用什么调儿说话！溥仪在电话簿上找着胡适的名字，果然找到了。

“喂。”对方道。

“哈罗，你是胡博士吗？”溥仪拿腔拿调地说。

“Yes！您是谁呀？”

“你仔细听听，猜我是谁?”

“您是谁呀？我怎么猜不出来呢?”

“哈哈，别猜了，我说吧，我是宣统啊!”

“宣统？……是皇上?”

“Yes！我是皇上。胡博士呀，你说话的声音我听到了，可是你是什么样儿我还不知道。你有空到宫里来，让我瞅瞅吧。”

宣统帝本是个无心的玩笑，胡适可是有点受宠若惊的感觉，找到了庄士敦，他们都是“文友会”的会员，第一任会长是庄士敦，第二任会长是胡适。

“皇上打电话要我到宫中，进宫都有哪些礼节呀。”

“博士不要担心这个问题，相互鞠躬握手就行了。”

“真的不要行跪拜礼?”胡适如释重负地说。

“根本不需要，宣统帝是很开明的。”

胡适道：“皇上对我了解吗?”

“你的中文文章他大都看过，你的许多诗他也读过。我曾送给皇上一本《尝试集》，他对你的诗可是有点感觉。”

“可以理解。这样看，电话真是皇上打的，我还怕是谁开玩笑呢。”

胡适到了神武门，和护军们发生了争执。

“我是皇上约来的，你们为什么不放我进去?”

“连内务府都不知道，没有告诉我们有人要见皇上；皇上自己也没有通知我们，你怎么可能是皇上约来的?”

“皇上是打电话约我来的，我和庄士敦是老朋友，我怎么可能说瞎话？我是说瞎话的人吗?”

护军道：“胡先生大名我们都知道，不过确实没人关照我们一声。”

“现在可以再问皇上吗。”胡适道。

护军们半信半疑，让奏事处询问皇上，奏事处太监来到养心殿，道：“万岁爷，外边有个叫胡适的人纠缠着要进宫，说是万岁爷约来的，有这个事吗?”

“嘿，他还真当真了！我早忘了。好吧，有这档子事，让他进来。”

溥仪便在东暖阁里坐好，坐正了，想了一些词儿，等着他。

太监一掀厚厚的门帘，胡适进来了。皇上看这胡适，西装革履，身体笔挺，有如庄士敦平时的穿戴。戴副眼镜，镜片后大大的眼睛透出深邃的目光。脑门又高又大，头发梳理得丝纹不乱。

溥仪从宝座上走下来，不急不缓地迈向胡适，道：“欢迎，欢迎，欢迎胡博士光临。”

胡适向溥仪恭恭敬敬地鞠过躬，道：“荣幸荣幸，得蒙皇上召见，真是三生有幸。”

“坐吧。”溥仪指着一个铺着蓝缎子的大方凳子说。

“谢谢。”

“博士提倡白话文，能说说白话文的好处吗？”

“当然可以。今日白话是一种活的语言，文字却是半死的文字。白话并不鄙俗，俗儒乃谓之俗耳，文言有时不能达意的，白话却可以说得很优美。比如说：‘赵老头回过身来，爬在街上，扑通扑通地磕了三个头。’很形象生动，若是译成文言，更有何趣味？白话文并不是文言文的退化，乃是文言文的进化。白话文可以产生中国第一流的文学，诗经，乐府都是。小说、戏剧、语录，就更不用说了。另外，文言的文字可读而不可听。演说、讲话、笔记，文言绝不能应用。”

溥仪道：“是的，书面语和平时的说话应该是统一的，不统一，弊病就多了。”

胡适大喜道：“皇上竟有这样高明的看法，在下实未料到。”

溥仪道：“我读过博士的《蝴蝶》：‘两个黄蝴蝶，双双飞上天。不知为什么，一个忽飞远，剩下那一个，孤单怪可怜。也无心上天，天上太孤单。’这是非常寂寞的感受，犹如我深锁宫中的心情。只是博士的‘匹克尼克来江边’有点莫名其妙——这样说，博士不会介意吧？”

“皇上批评得很恰当，我对于白话诗，只是在尝试之中。”

溥仪道：“外国的东西、古代的东西都要吸收，大家都这样看，但这要纳入新的体系中，如‘匹克尼克’，就要符合白话文的规范，否则就是不伦不类，是这样吗？”

“高明！皇上高明啊！皇上的观点，比现在社会上腐儒高明多了。没想到，绝没想到在深宫之中，有这先进的见解。”

“咳，”溥仪道，“我梦想冲出宫中，翻出高墙，可是……我并不在乎什么优待条件，我渴望进新的学校，到外国念书，做个有为的青年，可是，我，与博士不同，我不能做我自己的主人，不能左右自己的命运……”

胡适听了这一番话，大为感动，站起来道：“这里是封建意识最集中的地方，皇上的苦恼我能想象得出。”

“不过我在宫中也能读到许多新东西，”溥仪指着炕上放着的《新青年》道，“这种杂志，也能看到。”

“皇上真是开明，真是开明！前途有望，前途有望！”

二十分钟的会见结束了。

不久，庄士敦接到胡适的信：“……当我应召入宫时，皇帝对我非常客气，且以礼待之。我们谈到新诗和新的青年诗人以及其他文学等问题。因在神武门的耽搁，消耗了原拟在宫中停留的一部分时间，再加上我还有另外一个重要约会，没有多久我便向皇帝陛下告辞了。我本来不打算让新闻界知道这次会晤的事，但是不幸得很，一些我并不经常读的报纸却把这件事报道了出来，这对他们来说，似乎有着重要的新闻价值。我必须承认，我为这件小事而深受感动。当时坐在我国末代皇帝——历代伟大君主的最后一位代表——面前的，竟然是我。"

胡适这样的新派人物竟被皇上召进宫内，引起宫内外的一片非议。端康太后趁王爷、内务府乃至师傅们对溥仪这一做法的普遍不满，对皇上重又加强了控制。每天，她又派两个太监去"伺候"皇上，溥仪的一举一动都受到端康的严密监视。

"皇帝，你又到御花园去了，到那里去干什么？"

"回皇额娘，这只是去玩儿，平时去的很多的。"

端康脸一寒，道："这是什么话！平时都是这样的，难道就对了吗？过去你年龄小，现在年龄大了，也能私自召见像胡适这样的鼓吹邪说的人了。你的做法要检点些，玩儿也和以前要有所区别。"

"是，谢皇额娘教诲。"

又有一次，端康坐着肩舆，来到上驷院，在肩舆上哈哈地乐着。原来她看到小七儿在骆驼上那俊俏的样儿，情不自禁地笑起来。恰在这时，溥仪也来到这里。溥仪本来不想看见她，但此时已躲闪不及，只得上前给端康请安。见到了溥仪，端康顿然变色，道："皇帝不好好在御书房读书，到这里来干什么？"

"皇儿来这里骑骆驼骑马。"

"你该检点一下，不该这么做的。"

溥仪道："祖宗们都会骑猎，我到这里有什么不检点的呢？"

端康见溥仪顶嘴，怒道："你也能去打猎吗？能有祖宗那样的本事吗？这个时候提起祖宗了。配眼镜时为什么不提起祖宗？安电话怎么不提起祖宗？"

溥仪气得脸发白，见骆驼上小七儿的自在样儿，更是忿愤已极。

"您疼小七儿，比对我还强呢！"溥仪一甩袖子走了。

人们听了皇上的这句话，不禁也替皇上抱不平，又多了许多猜疑。

张谦和道："她只不过是个姨太太，大字不识一箩筐，何德何能也学起慈禧老佛爷对光绪老爷子的那种样儿来？"

阮进寿道："她对小七儿那么疼爱，不知安的什么心眼儿，一个小奴才，难道比皇帝万岁爷更重要吗？"

永和宫的太监在皇帝身边值班，把溥仪的一举一动都向端康报告，久而久之，陈宝琛师傅也大为不满。现在见端康瑾妃竟然宠爱一个小太监而不让皇上去骑马骑骆驼，也忿忿不平。

毓庆宫书房里，陈宝琛看皇上咬牙切齿的样子，道："自古后妃不得干涉国政，不然，必出事端，初汉初唐就是明证，慈禧太后和光绪帝之间也是如此。皇上已面临亲政年龄，她却更加紧密地监管皇上，其居心是不良的。自古嫡庶分明，她一个偏妃就这样束缚皇上，是不合祖制的。”

一席话更激起溥仪心中的怒气。

不久的一天，在毓庆宫中，溥仪上过陈宝琛的课，接下来是朱益藩的，朱益藩看了看溥仪道：“皇上的脸色有点不好，看了吗?”

溥仪说：“看了。”

“谁?”

“范大夫。”

“这我就放心了，太医院里数范大夫高明。不过他是专给端康娘娘看病的呀。”

“是我偶然遇见了，他也像朱师傅这样说，于是我便让他把了脉，开了药。”

“噢，是这么回子事。”朱益藩于是打开书本。

站立一旁的太监却道：“万岁爷说的是主子宫中的范一梅大夫吗?”

溥仪道：“正是。”

“他昨天被主子辞了。”

溥仪吃了一惊，问道：“为什么?”

“这个，奴才就不晓得了。”

“千真万确吗?”溥仪又问道。

“张老爷也是知道的。”那太监道。

溥仪传张谦和过来，张谦和道：“范大夫是被辞掉了。”

陈宝琛不知什么时候已经进来，道：“身为太妃，专擅未免太甚!”

张谦和道：“万岁爷这不就成了光绪爷了吗？再说，太医院的事也要万岁爷说了算呀，连奴才也看不过去。”

溥仪的怒气腾地冲上来，他一转身跑到永和宫，见端康正与赵荣升、王久安等几个人正在打牌，他也不打招呼，高声叫道：“反了！反了!”

牌桌上的一群惊讶地望着皇上。

溥仪指着端康道：“你，你凭什么辞掉范一梅？你太专擅了！难道我不是皇帝？这宫里谁说了话算数？真是专擅已极！……”

“范一梅是我宫里的，他专为我看病，我辞了他，与皇帝不相干的……”端康气得脸发白，在那里争辩。

溥仪一点也没有听到端康太妃说了些什么，只顾大嚷大叫：“……你想学武则天吗？你想学……”——“想学慈禧老佛爷”的话未说出来，溥仪一甩袖子跑了。

回到毓庆宫，几位师傅正在那里等着他，听了随侍太监的报告，师傅们赞不绝口，齐把皇上夸了一阵。

陈师傅道："太妃肯定还会找王爷和内务府的人，这个皇上别怕。"于是教了溥仪几句。

果然，端康把载沣、载涛一干王公和内务府的大臣们都叫了去。

端康的肉脸上挂满了泪水，她嚎叫着："他说我反了？我为了什么？到底是谁反了？"她哭喊了一会儿，道，"你们拿个主意吧，看这事怎么办？要不把我的名号撤了。"

大家伏在地上，不说一句话，谁也不敢给她出主意。

"怎么？皇帝是你们指派看来的，是不是？都不说话了？载沣，你说是不是？"

"不不不不，没没没有……"载沣结结巴巴，不知说什么才好。

"载沣、载涛，你们俩说怎么办吧。"端康点出他两人来。

"皇上是有点过分了……"载涛道。

"那——怎么办吧。"端康道。

怎么办？大家都闭口不言。

停了一会儿，端康哭道："你们都合伙欺负我，我……我……还不如随先帝去了……"说罢转身回寝宫去了。王公们吓坏了，忙令太监好好服侍太妃，便出去。

他们个个束手无措。

溥仪知道了消息，却先一步把他们召到上书房，训斥道："她是什么人？不过是个妃。本朝历代从来没有皇帝管妃叫额娘的！嫡庶之分要不要！如果要叫，怎么溥杰不管王爷的侧福晋叫一声呢？凭什么我就得叫她呢？"

说得大家张口结舌。

"王爷，你说是不是？"溥仪问。

"是……是……"

"皇叔贝勒，你希望我像光绪帝那样吗？"

载涛本来要为端康说话，见皇上这样问，满头汗，只是缄口不言。

其余的人也就什么话也不说了。

回到养心殿，敬懿太妃来了，道："皇帝可要小心，听说永和宫要请太太、奶奶来，皇帝可要留神。"

永和宫正殿。

"皇帝就是这样对待我的！"端康太妃哭着嚷着，"他说我反了，说我专擅，我……我……怎么做人！"

刘佳氏和瓜尔佳氏知道是怎么回事以后，都吓坏了。跪在地上。

刘佳氏脸色焦黄，哆嗦着，道："主子息怒，主子息怒……"

瓜尔佳氏把头也磕青了，道："主子，奴婢们一定要让皇帝向主子赔不是，主子息怒。"

端康仍哭叫个不停，听到瓜尔佳氏的话，道："他能听你们的吗？王爷的话他都不理。"

瓜尔佳氏道："他要不听，奴婢就碰死在他的跟前。"

"试试看吧！看看这个把胡适都叫进宫里来的皇帝！"

溥仪随醇王府和永和宫的太监来到永和宫的配殿，听到在正殿里端康太妃仍在叫个不停。

"我倒要去听听她怎么说。"溥仪要往正殿去和端康争吵。

"皇帝，看在我们的面子上，说什么也别去了。"

瓜尔佳氏泪流满面，拉着溥仪。

"皇帝，老身一大把年纪了，就求你这一次，别去了，若去的话，给她赔个不是。"

"听老福晋的话，去给她赔个不是。去吧，要是不去，老福晋会生出病来的。"

经不住祖母和母亲的苦苦哀求，溥仪答应了她们。

溥仪来到正殿，走到端康面前，看也不看端康一眼，给她请了安，含含糊糊地说了一句道："皇额娘，我错了。"

端康抽泣着，耸动着肩膀，也不答话。皇上见她不吱声，也没有说第二句，就出来了。毕竟有了面子，端康停止了哭泣，可是见到溥仪那态度，心里还是气恼。

配殿里，瓜尔佳氏见溥仪这么快就回来了，道："皇帝，怎么回来这么快？没向她赔个不是吗？"

"道歉了。"

"她怎么说？"

"她什么也没说。"

"可皇帝怎么就回来了！"瓜尔佳氏道，"虽然她不是皇帝的亲生母亲，可却有养育之恩啊。太后故去后，她就抚养你，对你讲过多少纲常大义！说你几句，管得紧点，还不都是为了皇帝好。我知道，她心里有气，多半是因为我。她宫中值钱的东西都送了奉军，还不是为了皇帝复位？至于不让你和胡适见面，我也会这么做的，王爷和师傅也会这么做的，这些人你都记恨吗？无论如何，她是你的长辈，以后要尊敬她。在宫中，要尊敬任何人——王爷、师傅和主子们，千万要听他们的话，啊——凡事要三思，不要莽撞。"说着说着，瓜尔佳氏流出了眼泪，“皇帝，无论如何，记住，要恢复祖业。帮你的人少，又有许多奸诈的人，皇帝你要处处小心，到处都是陷阱……溥杰整日在你身旁，要好好教育他，看待他。几个妹妹，也要经常教诲。王爷懦弱，办事没主见，凡事多请教你七叔。几位师傅，连庄师傅在内，都是中正高洁的人，多听他们的话，他们都是忠心的。只是庄师傅虽秉忠心，毕竟是洋人，跟咱们的作派不大一样，皇帝要慎重行事。”

瓜尔佳氏还想说什么，可是端康已派人传她过去，让老福晋休息。

瓜尔佳氏来到端康面前，给她请了跪安。道：“皇帝年少无知，气盛浮躁，主子以后仍要多加管教，奴婢在这里先谢过主子。”说着，跪在地上，砰砰砰不知磕了多少个响头。

端康道：“看样子，他是不会听我的话了。唉，当初，要是咱的珍宝都真的能送到张作霖和他手下的手中，他也不会不到宫中来一趟吧。”

“这都是奴婢的疏忽。”

“……唉，不然，复辟虽不一定已经实现，可能也就在眼前了。可是现在……若是再与奉军联络，已有了猜疑。”

“这都是皇帝福浅。”瓜尔佳氏道。

端康听了这话，又来了气，“福浅”，我的福也浅了！于是端康道：“咱娘们没有对不起你的，可是咱交你拿去赏张作霖的字画，怎么在地安门古玩铺卖出去了？咱知道你会花钱，醇王爷也没法子，可是……”

端康还说了些什么，瓜尔佳氏再也没有听到，她的脑子嗡嗡作响，犹如五雷轰顶。

回到醇王府，坐在寝室中，瓜尔佳氏的眼泪如断线的珠子，扑簌簌不住地落下来。

炕几上放着慈禧太后、荣禄、载沣、溥仪和溥杰的照片，泪水溅在照片上。她对着荣禄和慈禧的照片磕了几个头，道：“大清已经退位了，复辟无望，宫中又人心不齐。不是你们的女儿无用，是我太无能为力了。”

她又把溥仪和溥杰的照片揣在怀中，望宫拜了几拜，又跪地磕了几个头：“上天保佑他们平安！不能复辟也罢，他们小小的年纪，上天就不能保佑他们平安吗?”

瓜尔佳氏吞下鸦片，又喝了酒，然后躺在了炕上。

溥仪终于走出了紫禁城，可却是去参加亲生母亲的丧礼！

民国和护军的马队走过，是警察署的汽车，随后是溥仪租来的汽车。汽车来到醇王府前，府前的人们跪了一地，高高的牌坊耸立着，上面扎满了白花和蓝花。

溥仪在两边跪拜的人前走过，走向府门，溥杰在那里跪接、磕头，溥仪把溥杰扶起，四目相对，二人抱头痛哭……

长筒喇叭和唢呐的声音撕扯着铅云，直入云霄。

溥仪来到银安殿，载沣站在殿前，早已泣不成声。

溥仪在母亲的灵前磕了四个头，站起来，亲眼见母亲的遗体被盖上绣了经文的锦被……

“娘……”

刹那间，溥仪似乎回忆起十年前离开醇王府的情形，当时老福晋哭昏了，瓜尔佳氏紧紧地抱着溥仪不愿放下，而溥仪只知哭叫，哭声和搅天的大风混在一起。

下午，溥仪回宫，尽管仍沉浸在无比的悲痛之中，但他却贪婪地望着街上的一切。沿街布满了警察和民国的军队，尽管如此，街上还是挤满了人，人们都引颈看着这个已经退位的年轻皇帝，眼睛的表情是怪异的，想诉说什么，溥仪一点也看不懂。街上的人们只是观望着，寂静无声，侍从们的小汽车有时按着喇叭，溥仪讨厌这种声音，讨厌这些围着自己的小汽车，心想，要是能和街上的人们说上几句话该有多好。可是，鼓楼到了，景山到了，神武门到了，溥仪不得不走下汽车，回身伫立良久，望着神武门外发呆。

端康已痴呆了许多天，她做梦也没有想到瓜尔佳氏会服鸦片自尽。虽然有许多人来劝解她，可是瓜尔佳氏的死去与她有关这是肯定的，直截了当的。

“主子，别这么自责了，”赵荣升眉斜入鬓，目如朗星，唇红如润，按摩着端康的颈项道，“主子试想，她把所有的希望都寄托在奉军身上，结果奉军不能帮她圆复辟的梦，以她的个性，她能坚持得住吗？何况与奉军联络的，又是荣禄的部下，这种对她的背叛，对她的刺激已经够大的了。”

端康只是长叹，她也看到了灰暗的前途。今天瓜尔佳氏死了还有这么隆重的丧礼，他年端康将会有什么结局呢？

随着亲生母亲的去世，快满十六岁的溥仪终于冲破了束缚他日常生活的一些习俗和礼节。什么时候学习和什么时候玩耍，都可以由他自己来决定。他宁肯自己从宫中的这座庭院走到那座庭院，或者是从这条长街跑到那条小巷，也不愿坐那顶大黄轿。在宫中的官员们看来，宫廷礼仪，接见礼节和庄严的周年纪念仪式乃是皇上生活的全部内容，而溥仪对这许多事情却漠然置之，不屑一顾，其左右无不为之震惊。溥仪完全理解自己这种名不符实的皇帝地位，他不愿把自己看成是真的皇帝，也不愿把身边的王公大臣看成是真皇帝的左右，这使他身边的王公朝臣们非常烦恼。溥仪对那些赤裸裸的阿谀奉承深恶痛绝，又对那些对他稍有不恭的人大打出手，身边的太监时常被他打得皮开肉绽，而有时，却被他疼爱得死去活来。

他从庄士敦的画报中看到了许多洋狗，于是，养心殿简直成了狗窝。随他出行的，太监少了，代替太监的是形色各异的狗。

除了极少数的几个人外，他认为人们都是虚伪的，都在骗他，只有那些狗对他忠实，他喜爱这些狗，绝对超过了身边的那些太监及宫内外的王公大臣们。

这一天，七点多钟，天已黑了，溥仪带着一群小哈巴狗溜跶，突然，见前面有一个黑影，溥仪一跺脚，一群哈巴狗汪汪汪直奔黑影而去。

“娘的！敢咬老子！”那黑影手中有个扫帚，便舞弄起来，狗叫的声音不再是“汪汪汪”而是“昂昂昂”。

溥仪迅速地赶到，一声口哨，狗停了下来，围在溥仪的脚边。溥仪看前面的人，是个十三四岁的小太监，便道：“你为什么打狗！”

“这真是怪话，哪有狗咬人不许打的。我不打，就让他咬死啦！”

那小太监又挥舞着扫帚，小狗们直往溥仪身后躲。

“你你这叫冲撞皇上！”

那太监把扫帚一丢，扑嗵跪地：“俺的娘，你你是万岁爷呀……”咚咚咚就是几个响头。

“明儿个听信，你走吧。”溥仪刚转身要走，想起了还没问对方名字，“你叫什么？”

“俺叫春喜儿，河间府的。”

春喜回到住处，一群太监围着他七嘴八舌，都以为他要大祸临头。

春喜儿哭了半夜，第二天一早，一道圣旨下来，他却成了皇上的御前太监，大家都为他庆幸，庆幸他因祸得福。

春喜儿奉旨来到养心殿，离殿门还有老远，就见一群狗汪汪汪地跑来，这下春喜可吓坏了，转身就跑，旁边一个太监大叫：“不许跑，万岁爷的狗撵来了，能跑吗？”春喜儿面如土色，站着不敢动了。又听见一声口哨响，围着他汪汪直叫的狗又回了养心殿。

“喜儿，过来吧。”

春喜回头，见溥仪和另一个和他长得相似的少年正站在殿前，微笑着看他。

春喜儿走上前，给万岁爷请了安。溥仪道：“给二爷请安。”

春喜又跪地咚咚咚地磕了几个响头给溥杰请了安。

溥仪命太监接过春喜的包裹，然后道：“随我们来吧。”

走了没有几步路，溥杰问道：“你来宫中多长时间了？”

“一年。”

“原先在哪里？”

“在贝勒爷府上。”

“在那里几年?”

“也只两年。”

“你这么大的年纪，怎么会净身呢?”

春喜道：“待净过身，才知道早已是民国了，宫中府中不收太监。好不容易托门子到了贝勒府干了两年，可府上用度不够，就到了宫里，在这里，我是‘黑户儿’，内务府中名册上没有名儿的。”

“在宫中干啥?”

“别人叫干啥就干啥。在景仁宫干的活最多，总是为他们加火买烟，有时也帮他们打扫，那里总是一天赌到黑，两天赌到晚。”

溥杰道：“皇哥哥说的对，这宫中的太监，是祸害的根源，开赌局，开鸦片烟店，偷东西，什么事都干，确实是该整顿一下。”

溥仪对春喜儿道：“你知道我为什么把你叫到身边吗?”

“奴才不知道。”

“我看你憨直，才这样的，我最喜欢直来直去，忠心事主的人。”

溥杰道：“不许把万岁爷的话往外说。”

“奴才知道了。”

说着话，溥仪兄弟、春喜儿和一群狗已经来到御花园，溥仪兄弟站在假山上，久久地望着喧嚣的街市。

溥仪忽然道：“有人说站在这里能望见对面景山上朱由检上吊的地方，你说能吗?”

溥杰迟疑道：“不知道，不知道那是什么地方。”

溥仪走下假山，道：“历代最末一个帝王，没有一个有好下场的。像我活到现在，又是这高墙之内的主人，真是个奇迹了。杰弟你说，这能久长吗?”

溥杰道：“即便能久长，还不是龙落池塘遭虾戏，总是‘海阔凭鱼跃，天高任鸟飞’才好。”

“出去怎样最好呢?”

溥杰道：“出国留洋最好。”

“我也早就有这种想法，我不想总困死在这紫禁城。”

“咱们试试看吧，皇哥哥先和阿玛商量一下。”

第二天，在东暖阁里，皇上单独召见了王爷，旁边只有一个春喜。

“阿玛。”

载沣愣了起来。

“阿玛。”

载沣张口结舌，只是说不出话来。

“你怎么不说话，你难道不是我阿玛吗？难道不是我亲生父亲吗?”

“皇帝，”看着溥仪已滚出泪花，载沣早已泣不成声，“皇皇帝，我知道我无无能，没有守住祖业，可是，大义不能改改呀。皇帝有什么话就就说吧。”

溥仪道：“咱放弃那优待条件不行吗？”

“那怎么行？帝王的尊号如果不在了，祖业还还怎么恢复？”

溥仪道：“总是恢复祖业，恢复祖业，可是报纸上登的消息明摆着，奉系与直系已水火不容，刀兵相见的日期不远了。政局如此不稳，当局会不会加害于我？哪里还能谈什么优待条件，不是早已过时了吗？”

“优待条件载在盟约，为各国所公认，不不可能不承认的。”

溥仪道：“庄士敦师傅告诉我，中国一切政局的变化，没有一次不是列强在外面起作用。如果有一个和我势不两立的人登了台，再去想办法，怎么能来得及？成汤放夏桀于南巢，商纣自焚于鹿台，幽王被弑于骊山之下，离咱最近的朱由检，就吊死在对面的煤山上。历代的纷乱时期的君主有一个有好的下场吗？既然外国人能左右时局，何不直接去找外国人而在这里坐以待毙呢？”

一席话说得载沣战战兢兢毛骨耸然，他道：“皇帝要怎样呀？”

“我要出洋留学，和溥杰一起。”

犹如晴空打了个霹雳，载沣差点昏倒，半晌，才说道：“完完了，这样一切都完了。”

“我和溥杰是你的亲生儿子，出了洋，就有了外邦的支持，我们自己的安全就有了保证，我们就能学到各种知识，获得各种能力，就是不能恢复帝位，也能竞选总统。就是不能做总统，也能有什么别的方面的成就。可是在这里，我们能学到什么？得到什么？我们手里有什么呀？你难道就眼睁睁地看着我们困死在这里吗？”

“我我我再和别人商量一下。”

“你自己怎么看？”

“我我……”

溥仪见情理都打动不了他，一股悲愤从心底升起，道：“我早已没有了父亲。”说罢甩手出去了。

载沣号啕大哭：“为什么？为什么？老天爷啊！你你你捉弄人，我们犯了什么错？”

第二十四章
筹盘缠兄弟盗古籍
选后妃叔嫂做文章

敬懿太妃大叫起来：“你和永和宫是叔嫂，做事不能这样欺负人！”“我………我……”载沣面红耳赤，张口结舌。荣惠太妃转圜道：“这样吧，既然皇帝圈过了文绣，她再不能嫁给臣民了，可以把她纳为妃子……”

溥仪来到毓庆宫，眼泪仍在流着，见了庄士敦，道：“王爷为什么这么固执呢？”

“怎么了，皇上！”庄士敦吃惊地道。

“他什么事都犹豫不决，在我出洋留学的事上，一点也不通人情。”

“存天理灭人欲，已成中国的信条；这且不说，即是从人情上，在王爷看来，在宫中总是安全的，这样过安稳的日子，在他看来是再好也不过的了。一般的中国人都总是安于现状，何况像王爷这样处在动乱危机之中的人。”

“嗨，难道眼睁睁地就这么完了？”溥仪停了一会儿道，“庄师傅，你是真心对我吗？”

“皇上，臣是绝对忠心的。”庄士敦连忙说道。

“我不是皇上，我现在是你的学生，对你的学生，你难道不全力帮助吗？老师，是天下最伟大的人；老师为学生可以做一切事情，不是吗？”

“当然是的。”

“那么你为什么不帮助我出洋呢？”

“这，”他望着溥仪渴望的目光，“这当然也是可以的。”

“庄师傅！”

溥仪扑到庄士敦的怀里紧紧地拥抱，二人的心跳在一起。

第二天，毓庆宫中来了许多人。师傅们都来了，内务府连世续也来了，他喘得很厉害；王爷不用说，其余是载泽、载洵、载涛、溥伦；三位太妃也一齐来到——庄和太妃已卧病在床。

世续先说道：“万岁爷，只要您一出城，就等于是放弃了优待条件。既然民国都没有取消，您又何必自己偏要放弃而出洋呢？”

世续说完话，差点憋了过去，再看其他的人，个个脸色凝重。

溥仪看到这种阵势，知道再解释也没有用，于是不再说在养心殿东暖阁与王爷说过的话，道："我不要什么优待，我要叫黎民百姓和世界各国都知道，我不希望民国优待我，这倒比人家先取消优待的好。"

陈宝琛道："优待条件载在盟约，各国公认，民国倘若取消，外国一定帮助我们说话。"

"外国人帮我们——那么我直接到外国去不更好吗？难道他们见了我本人不更帮忙吗？"

载泽道："孙文的党徒遍布世界，皇上出去，必定危险得很，我们在座的有几位都遭到过暗杀，只是上天保佑而躲过劫难。那么，只身走出宫墙，汇入不可知的人流，后果不可想象。外邦就是想帮助，但对他们的暗杀手段，又能怎样呢？"

这时，三位太妃高度团结，齐声软言相劝。

"我……不会走的。"溥仪差点窒息了，两眼失去了光彩。

众人退去了，好久，溥仪才觉得心情舒畅些。

庄士敦瞅室内无人，悄声对溥仪道："皇上，涛贝勒倒像是开明一点的，不如探探他的口风。"

"好吧。"

养心殿东暖阁里，溥仪又屏退众人，只和载涛对面坐着。

"皇叔，我愿做你的侄儿，不愿做你的皇上。"

载涛脸色大变，忙跪倒在地上："奴才做错什么了！"

溥仪拉起了载涛，道："我真是这样想的，皇叔不要惊慌。"

载涛的心仍在突突地跳着，疑惑地看着溥仪。

溥仪道："直奉交战在即，南方孙文势力又起，我在这宫里真的很安全吗？"

"皇上，奴才愿效犬马之劳。"

"皇叔——"溥仪道，"快起来坐下，快——难怪庄士敦师傅说，中国的礼法说君君臣臣父父子子，其实，真的是君不君，臣不臣，父不父，子不子，把人都弄得生分了。我们多点亲情不好吗？"

载涛这才觉得溥仪今天是有什么事要和他说，并没有责怪他的意思，才稳下心，擦掉头上的汗。

"皇上真把我吓死了，以后可不能这样乱说了。"

"好吧，"溥仪道，"我在这安全吗？"

"要是很安全，当初我怎么给皇上请洋师傅呢？"

"与其请洋师傅，不如让我走出去。"溥仪定定地看着载涛。

载涛道："我也这样想，可除我之外，就再没有别人了——皇上叫我来，原来是为了这事呀。"

"是的。皇叔能帮助我出洋吗?"

"我起不了作用。这事还是请洋师傅，他们也为自己的安全着想，所以一说就通了。可是要皇上出洋，就是放弃了优待条件，就等于宫内外的人都没有了生存的依靠，他们怎么活下去？所以肯定说不通。"

溥仪道："我也知道说不通。"

"那——怎么帮呢?"

"帮我逃出去。"

载涛坐在那里，如木刻一般，半天，才说道："是可以试一试，可是出洋要钱，皇上要先筹钱。另外，这事，别走漏了风声。不然，我——"

"我知道，这个你放心，没人知道你参与这事。"

"好吧。"

不久，溥仪、溥杰兄弟又在御花园的亭子议论了半天。溥杰道："七叔说可以先在天津的租界买房子，以备急用。"

"他想的很周到。他有没有提让溥佳和我们一起干?"

"我这样和他说了，他说不行，若是溥佳参与进去，人们一定会疑心的。"

他们决定，第一步筹措经费，把宫里最值钱的字画和古籍，以皇上赏赐溥杰为名，运出宫外，把这些东西存到天津的房子里，然后卖出。之后，想办法逃出宫。

于是，载涛去了天津，不久，溥杰告诉溥仪，房子已准备好了，绝对可靠。

溥仪、溥杰和他们的七叔载涛正在紧锣密鼓地进行。一天，太妃有谕，让皇帝不要上学了，在养心殿东暖阁里有大事要说。溥仪心里忐忑不安：怎么，我们的行动被别人发觉了？

这一天，东暖阁里除了太妃、王爷、师傅、内务府、宗人府的大臣外，另有十位王公也来了，看见这阵势，溥仪的心里有些发抖，停了一会儿，心想，他们如果真的发觉了我们的事，我将和他们大吵大闹，看他们能怎么办！

可是，端康太妃的话却打消了他的顾虑。端康太妃道："皇帝已到了大婚的年龄，今天让大家聚在一起，就是商议这个事的。"

敬懿太妃道："是的，皇帝春秋已盛，宜早定中宫。"

大家一致同意，纷纷说这事确实应该办了。

原来，太妃和王爷见溥仪三番五次地要出洋留学，又要做一些其他出格的事，觉得不如为他筹备婚事，结了婚，皇帝大概就老实了。几位太妃意见一致，和王爷一说，一拍即合。太妃、王爷又把这事和陈宝琛师傅商量。陈宝琛认为，皇上大婚后就可亲政，太妃就不会再干涉皇上的生活。皇上成人了，思想也许会有所转变，所以也督促早定大婚之事。今天的聚会，是已酝酿得差不多了才召集的。

溥仪心想，这个时候怎么能谈大婚的事情呢？便说："虽说我年龄已大，可离结婚的年龄毕竟还差了一些，这时议这事情，未免……"这时，他看到载涛在向他示意，在摇头，便继续道，"未免早了些。"

陈师傅道："有典可查的，一点也不小，何况还要准备一段时间。"

"那……就这样定吧。"溥仪道。

于是大家便激烈地议论起来，最后观点比较一致的是，像祖宗那样选秀女是不可能进行的了，那么就通过看照片来进行。请示了皇上，溥仪点头道："可以，就这么办。"

会议散了，溥仪留下载涛，道："皇叔，现在怎么能办这事呢？"

载涛道："这样，大家便把目光都集中到了大婚上，有谁还会注意皇上，这不正有利于咱们的行动吗？"

"好！好！"溥仪也乐起来。

第二天，见到了庄士敦。庄士敦道："皇上应该同意大婚。在中国，皇帝大婚了，就等于成年了，自己就能主政了。那么王爷和太妃对皇上的管束也就自然地解除了。"

"这太好了！"溥仪还不知道大婚有这么多的好处。

一天，放学了，毓庆宫书房里只溥杰和溥仪两个人。

溥仪给溥杰系好包袱的带子，道："我今天赏你的是王羲之、王献之父子的墨迹《曹娥碑》和《二谢帖》，还有阎立本的一卷画轴。"

溥杰笑道："谢皇上恩赏。"

溥仪道："东西都很安全吗？可别像太妃和福晋那样都丢了。"

"放心吧皇哥哥，这些都是我和七叔亲自办的，都亲自存放在天津租界里，万无一失，谁也不知道。"

"这就好，这就好。"

"还有好事呢。"溥杰诡秘地笑了。

"什么事？"

"外面对皇哥哥大婚的事闹得沸沸扬扬。阿玛和七叔那里有两位特漂亮特俊俏的两张姑娘的照片，皇哥哥看了，一定心花怒放。"

"别开玩笑了，这我一点也不感兴趣。"

"我要是说出这两个姑娘父亲的大名，你肯定就有兴趣了。"

"还能有谁？"

"皇哥哥肯定猜不出。是徐世昌总统和张作霖将军的女儿！"

溥仪哈哈大笑。"我都要了，有了这两位岳父还怕什么？"

“皇哥哥当真吗?”

“笑话！他们算什么东西!”溥仪恨恨地道，“真是天道变了，像这样的政治流氓和土匪军阀也配和真龙天子结亲!”

溥杰流泪道：“皇哥哥有所不知，他们还想让我也娶张作霖的女儿呢。皇上可能挣脱掉，我就不一定了。”

“那，咱就快一点。”

溥杰又破涕为笑，道：“他们忙他们的，我们忙我们的。”

溥仪道：“这样最好，再没有谁注意我们。”

这样，溥杰每天放学回家，必带一个大包袱。运出的字画古籍，都是出类拔萃、精中取精的珍品。王羲之、王献之的字不必说，有钟繇、怀素、欧阳询、宋高宗、米芾、赵孟頫、董其昌等人的真迹，有司马光的《资治通鉴》的原稿，有王维的人物，马远和夏珪、马麟等人画的《长江万里图》，张择端的《清明上河图》，还有阎立本、宋徽宗等人的作品。古版书籍方面，乾清宫西昭仁殿的全部宋版明版书的珍本，都被溥仪和溥杰兄弟偷运出去了。运出的手卷字画、挂轴册页、古版书籍，不计其数，而且还在继续偷运着。

在溥仪、溥杰偷盗正忙的时候，北京城外，炮火连天。吴佩孚、曹锟要建立亲英政府，张作霖却要建立亲日政府，最后只有用枪炮说话。张作霖很快退回关东，北京政府完全控制在直系手中，徐世昌总统见左右不了形势，仓皇出逃。而庄和太妃也在此时升天。

这一夜，月色特别好。

“万岁爷，不如出去散散步，闷在屋子里许多天了，对身体不好。”阮进寿这样劝着皇上。现在溥仪特别害怕暗夜，就是在一群狗和一大群太监的护卫下也不敢出去。许多天过去了，连白天溥仪也蜷在养心殿里，很少到毓庆宫去读书。

听了阮进寿的话，溥仪往外面看了看，月光如水，苍天澄明。便说：“好吧，去去就回来，不要走远。”

溥仪带着他庞大的狗队，又在一大群太监的簇拥下才走出养心殿。穿过月华门，眼前骤然开阔，溥仪的心里也舒畅起来。不知不觉穿过日精门，信步来到景仁宫旁。

突然，啪地一声脆响，随后是一句：“我要杀了你!”

“啊——”溥仪大叫着，抱头就往回跑，一群狗汪汪汪地叫着，太监们不知道发生了什么，也随着跑，一气跑到上书房，溥仪脸色青紫，嘴唇发黑，阮进寿见皇上恐怖成这样，问：“万岁爷到底看到了什么?”

过了许久，溥仪才说道：“我听到有声响，随后是一个人喊‘杀’，要谋害我。”

阮进寿明白了，那“啪”的一声，必定是摔打象棋子的声音，随后的“杀”则是将死的意思，万岁爷耳朵尖，恰恰就听到了。

阮进寿道：“直奉开战，徐世昌出逃，万岁爷可能受了刺激。今晚上听到的，是万岁爷的幻觉，万岁爷，没有什么，休息去吧。”

“我明明听到的。”

“到现在宫里不安静得很吗？绝不会有什么的。”

“他们藏在暗处，要谋害我。”

“万岁爷多虑了。曹锟、吴佩孚和英国人好，庄师傅又是万岁爷的老师，他们能不千方百计地保护皇上吗？别多心了。”

溥仪的恐惧稍减，但嘴里仍喃喃地道：“我明明听到的。”

在上书房停留了一个时辰，乾清宫到养心殿站满了人，溥仪才走出上书房。乾清宫前的广场更显得空荡荡的，溥仪越是不想往四周看，可是眼睛却越是不听使唤，尽看一些他不愿看到的东西。

突然，又是一阵稀哩哗啦，乒乓啪啪的声音破空传来，夹杂着叫骂声，争吵声。溥仪心里发紧，也不吭声，回到养心殿，也不再愿去长春宫。

第二天，他找来绍英，问：“昨天晚上的叫骂声是怎么回事，你快查清楚。”

“嗻。”

不一会儿，绍英回来报告道：“是庄和主子宫中在分东西。”

“分东西？分什么东西？”

“这……一向都是这样的，如果哪一宫的主子升仙了，她宫中的人就会分她的东西。”

“岂有此理！”溥仪嚎叫道，“严办！严办！”

“嗻，嗻。”

可是几天过去了，并没有对那些抢东西吵嚷的太监进行处理。

这天，在养心殿里，溥仪无心看那些报纸，心里烦躁得很。在屋子里转了几圈后，牙一咬，给庄士敦打了个电话。

“喂，是庄师傅吗？”

“皇上！皇上有什么事吗？”

“你今天下午三点钟到养心殿来见我。还有，你准备两部汽车，在东华门外等候。”

“有什么事情吗？为什么带两部车子？”庄士敦在电话里的声音显得非常疑惑。

“这个你别问，来了就知道了。不过，这件事，绝对不准向外人讲，天知地知你知我知就行了。”

“好吧。”

下午，庄士敦按溥仪的吩咐开了两部车进宫，两部车子都停在东华门外。

庄士敦骑马来到养心殿，东暖阁里只有溥仪和他，没有第三个人。

“皇上，出什么事了。”

“庄师傅，我已下定决心冲出这牢笼，你现在就带我到英使馆去，从那里我出洋留学。”

庄士敦惊讶万分。

溥仪又道：“一旦到达使馆，我就通电全国人民，说明我对继续留在无所事事、只领国家津贴的这个位置上感到羞耻，我要放弃民国政府的每年四百万元的津贴，我要放弃帝号包括占据皇宫的一切特权，声明后，我请庄师傅与英国政府疏通，安排我出访欧洲。在出国旅行的必要事项还没有办妥之前，还得麻烦英国公使予以接待。”

溥仪见他不说话，便急起来，在里面转着圈子。

“皇上，此时不能走。”

“什么?”溥仪听了庄士敦的话很惊讶。

“皇上此时不能走。”

“你，你不是整日地劝我离开这宫中，离开这庸俗的人群，腐败的环境吗?今天我作出了决定，你怎么竟然不同意我走出去!”

“皇上，让我慢慢讲，不错，我时常劝皇上早下决心，毅然离开这扼杀生机的宫廷，但是现在的时机却不好，现在徐世昌总统刚刚逃离北京，皇上在这时出去寻求外国的庇护，那么，这两件事情将会自然而然地被新闻界和舆论界看作是一种默契，即皇帝和总统的命运乃是神秘地联系在一起的。这样，对徐世昌总统的谴责乃至攻击，就有可能在某种程度上或更多地指向皇上。还会有人认为，徐世昌总统在和皇帝一起搞什么阴谋，皇帝的逃离是由于内心受到谴责，心虚才这样做的，另外，皇上放弃帝号也不会消除舆论界的怀疑，只会证明皇帝之所以作出自愿放弃不久以后无论如何将被迫减少的权利的表示，只是为了保全面子而已。”

“我……我不是这样的，你是明白的，我的这种帝位让我感到耻辱，我的臣民是谁?是谁?我不愿要这个帝号了。我也清楚我的臣民都是在靠我的四百万生活，他们附在我的身上，如同一群蚂蚁叮在一块香糖上，他们关心的肯定不是我——没有人真正地关心我，而只是关心他们自己。他们把我当成摇钱树，挣钱的幌子。庄师傅，我要离开这里，何况，这些军阀们，在一夜之间不知道会做出什么荒唐不测的事情来。”

“皇上若现在真的逃出宫中，皇上的初衷是肯定会被误解的。至于皇上的安全，我可以向大使先生提出要求。”

溥仪颓然地坐在椅子上，望着庄士敦，仿佛万念俱灭。

看见溥仪这样，庄士敦也惊慌起来，劝溥仪道："皇上不要担心，我这就到使馆去。"

庄士敦来到英国使馆，办公室里，比尔比·阿尔斯顿爵士和他握手坐下。

庄士敦道："大使先生，如果中国政局混乱，发生了危及我的学生、中国已退位的皇帝安全的话，爵士可以给他提供安全的地方吗？大使馆会不会接待他？"

阿尔斯顿笑道："我们是多年的老朋友了，你的学生来这里居住当然是可以的。就英国政府来说，对逊帝宣统并没有恶感，甚至非常同情。就目前的情况来看，其政治的倾向并不明显，所以我们可以庇护他。"

"太谢谢爵士先生了。"

比尔比·阿尔斯顿爵士道："不过，此事要能确认皇帝有危险才能这么做，我们不愿为中国的政局再节外添枝。另外，避难的方式也是要注意的。庄士敦先生你可以在大使馆这里拥有一间房子——即我们给博士先生在这里提供住处。万一有事发生，你的学生到老师这里来听课，不就顺理成章了吗？"

"爵士先生考虑得太周到了，谢谢，谢谢。"

庄士敦把在英国使馆的谈话告诉了溥仪和陈宝琛，二人都很高兴。

溥仪除了忙于偷运那些古籍字画外，平时闲来无事。在养心殿里，除了逗逗狗，就是看报纸了。忽然他看见一份报纸上写道："曩岁本有人提议，以今大总统徐东海之女公子许配宣统，以东海名门与全国唯一无二之老世家，结秦晋之欢，本属门当户对，乃荏苒数年，尚无定局。"

溥仪哂笑，心道：看样子我还有点价值，还能成为新闻的热点，不过这位记者也太迟钝了。

溥仪之所以觉得那位记者迟钝，是因为徐世昌也好，张作霖也好，已绝对不可能和紫禁城结为亲家。一个逃离京城躲到租界，一个退到关东，哪里还有可能与退位的皇上结为连理。

一年多来，为后妃的事宫内外你争我斗，热闹非凡，溥仪觉得可笑，就由着他们去斗去吧，他自己干着他早已准备的事情。

但是，漩涡最终还是要卷来，溥仪还是要成为漩涡的中心。还在他庆幸能置身事外的时候，一向不太交往的载洵来了。

"六叔还认得养心殿的门哪。"溥仪笑着对载洵道。

"皇上，六叔我不中用了，就如当年的海军一样。可我该'放炮'的时候也要'放一炮'。"

"皇叔有什么'炮'放。"

"还不是那件事，我说皇上，端恭的女儿有哪点不好？虽说家境贫寒了点，可最重要的是人品哪，皇上说是不是？”

“是，是。”

“那就选她吧。”

“这——我哪能说了算。”

“这事，就得皇上说了算，别人不应多说，多插嘴。”

载洵在这里纠缠了一会儿，临走时，仍然念念不忘：“皇上，可要有个主心骨儿，这事儿，皇上自己做主！”

六叔载洵前脚刚走，七叔载涛后脚进来，道：“皇上，我看还是选荣源的女儿要好一些，荣源家境殷富，在这种时候，是起大作用的。”

“七叔，咱们正进行着那事，若是成功了，这选后的事又算得了什么呢？这事就放下吧，还是我们和溥杰干的那事当紧。”

载涛道：“两件事都要紧，都是一生的大事，绝不可轻率的。”

溥仪笑道：“你们‘陆军’真的和‘海军’干起来了，当年在摄政王面前一个强调陆军，一个强调海军，大概就像今天这样吧？”

载涛尴尬地笑了一下，道：“这些都是大事情，不可草率的。”

载涛和瑾太妃一派，载洵和敬懿太妃一派，两位太妃互不相让，两位皇叔也是一争到底，而溥仪根本就没把这事儿放在心上。

荣源和端恭的家属都住在天津的租界里，于是载涛和载洵连日仆仆风尘于京津道上，匆匆忙忙出入于永和宫和太极殿。

两派争持不下，载沣出了个主意：拿照片让皇上钦定。大家都同意，于是送过来四张照片在溥仪面前。溥仪看这照片上的人，四个人都是一个模样，身段都如纸糊的桶子。每张照片的脸部都很小，实在分不出丑俊来。选谁呢？怎么比较呢？溥仪看了半天，突然有了主意：比一比旗袍的花色，看谁的特别些。他见一张照片上的旗袍不是大花而细碎的小花，觉得新鲜、素雅，便拿起铅笔，在这张照片的背面上画了记号。

皇上选的是额尔德特氏端恭的女儿文绣，又叫蕙心。这一下敬懿太妃和载洵心花怒放，而端康太妃和载涛则十分沮丧。端康太妃更是不满意，叫来载沣道：“必须选荣源的女儿。”

载沣道：“可是皇帝已经圣裁过了，怎能再改？”

“那是皇帝随便了一些，没有慎重。皇帝是咱们家的孩子，不同别人，选后的事，是不能草率的。”端康以载湉妃子的身份出现，和这位五弟说话，自然要主动一点。她继续劝道：“王爷，婉容这孩子是出名的大家闺秀，旗人中闻名遐迩，相貌举止，谈吐仪态，都是有口皆碑的。就才气说，她琴棋书画样样精通，有教养，懂闺范。皇帝年轻，不知道哪些东西是重要的，就随心轻率地作了记号。别的事可以同意，这事却不可。”

载沣被他说动了，载涛又来加把劲。载涛道："五哥，这荣源的祖父曾是吉林将军，荣源自己也一直管理着祖上的房地产，在北京的宅地五哥是能看到的，就是在吉林，也有三千垧地。荣源的夫人又是毓朗贝勒的次女，婉容的身上流着咱皇家的血，她若为皇后，这是亲上加亲，哪一点不比文绣好？"

载沣和载泽商量道："大哥，你看这事怎么办？"

"七弟说的也有道理，文绣是太小，婉容的年龄合适些。从家境到个人条件，还是荣源的女儿好一些。"

载沣说："那就荣源的女儿吧。"

于是载沣和端康太妃又找来溥仪，把婉容的好处说了一遍。溥仪本来对这事无所谓，也就同意了。

敬懿太妃在载沣面前大叫起来："你和永和宫是叔嫂，我们远了一些。可这事也不能做得这样没有道理，分明是欺人吗！"

"这……这……我……"载沣面红耳赤，张口结舌。

荣惠太妃道："这样吧，既然皇帝圈过了文绣，她是再不能嫁给臣民了，可以把她纳为妃子。"

"好！好！"载沣道。

敬懿太妃见闹不出什么，也就不再吭气，默认了荣惠太妃的说法。

溥仪又不愿意了："什么时代了，还要纳妾，我不干！"

他想，一个老婆他都不想要，怎么一下子还要两个呢。

载沣和载泽来到养心殿，载泽道："皇上哪有没有后妃的？有后必有妃。再说，文绣是皇上圈过的，怎能再嫁别人？皇上就答应了吧。"

载沣道："皇帝也要看看在六叔和太妃的面子上。敬懿太妃已已经说我们有有厚此薄彼的想法了。"

溥仪不想为这事操心烦恼，道："好吧，就一后一妃，婉容为后，文绣为妃。"

"皇上，你真想在这宫中过安稳日子了？"庄士敦问溥仪。

"是这样——还有什么办法？"

"皇上，我觉得现在时机已经成熟，如果皇上有决心，我可以帮助想办法。"

溥仪一蹦跳了起来："你是认真的吗？"

"这种事还能开玩笑吗？"

"庄师傅认为怎样做才好？"溥仪的目光中充满了渴望。

"我觉得皇上应该和公使团的首席公使荷兰的欧登科联络好，让他事先有所准备，事情就好办了。"

"那好吧，你先给公使先生捎个信，这样会稳妥点。不然，我贸然地和他联络，会有误解的。”

“就这么办。”庄士敦说完就走了。

溥杰走进书房，溥仪高兴地道：“时机来了！机会来了！”

“什么机会！”

“出洋。”

“怎么回事？”

“庄士敦答应帮助我们，他愿意先和公使团主席荷兰公使欧登科联络一下，此事若能成功，我们许多的心血还是没有白费的。”

溥杰道：“还是和七叔商量一下，把天津的东西卖一部分，好筹一笔经费。”

溥仪道：“好的，就交于你了。”

溥仪、溥杰异常兴奋，待到重又展开黄色的包袱，溥仪道：“今天多带一些，这样的日子快到头了。”

这一天，溥仪一下子就“赏”了溥杰十本宋版书：《毛诗》四册，《韵语阳秋》一套，《玉台新咏》一套，《卢户部诗集》一套，《五经》一匣四套，《南华真经》一套，《和靖先生文集》一套，《御题尚书详节》一套，《帝学》一套，《孙可之文集》一套。包袱不行了，就装满一箱子。溥杰兴高采烈地带走了。

庄士敦离开荷兰公使馆，来到毓庆宫，溥仪已等得非常焦急，见庄士敦来了，忙问：“事情如何？”

“他愿意帮助。”

溥仪激动地说不出话来。

养心殿里，溥仪拨通了欧登科的电话，说道：“大使先生，你的美意庄士敦师傅已向我说了，对此，我深表谢意。”

“庄士敦博士向我们详细地描述了皇帝的生活环境，也介绍了皇帝的性格，我们觉得有义务，有责任帮助皇帝陛下过高尚的生活，过有意义的生活，过自由的生活。”

“大使先生，我和弟弟出逃宫禁的目的是要留学西洋，获取新知，增强能力，这些都请大使能提供帮助。”

“可以，我可以完全负责。不过，皇帝陛下如何才能出紫禁城？出城后的经费如何办理？这些都有准备吗？”

“这些问题，就让溥杰殿下到大使先生那里去详谈，在电话里说不方便，也说不清楚。”

“那么我就恭候溥杰殿下的到来。”

第二天，溥杰到了荷兰公使馆。

“我本人，也代表皇上，向大使阁下表示由衷的谢意。出洋留学是我们梦寐以求的事情。可是，大使先生是知道的，我们这种合理的愿望却根本就不会被理睬，更不用说得到理解和支持了。大使先生能把我们拉出火坑，我们一定会使大使先生因有这一义举而自豪。”

“这是我们应负的道义责任。恕我直言，你们的经费解决了吗?”

“大使放心，我们在天津已有筹备好的款项，足以应付各种费用。”

“我对此表示怀疑。皇帝陛下不出宫，而殿下出入也引人注意，又不常到外面走动，能筹下这么多的款项吗?”

溥杰笑道：“事实上还有一位亲王支持我们，对大使先生也没有什么保留的，这个人就是七叔载涛。”

欧登科这才释然一笑：“这就合理了。那么，剩下的问题就是皇帝陛下自己如何离开紫禁城了，只要能溜出那个大门，那就一切不成问题，从皇帝陛下第一天的食宿，到皇帝陛下脚踏英国的土地，进入英国学校的大门，我都可以安排好，我全部可以负责。”

于是二人计议，由欧登科把汽车开到神武门外，溥仪设法溜出神武门，只要是进了欧登科的汽车，一切就都完成了。

于是他们定下了出宫的具体的日期和钟点。

御花园里，在一群狗的包围中，溥仪和溥杰站在亭子里计议着。

溥仪道：“我身边有一群太监，各宫门有各宫门的太监。你看，宫廷外围是护军的各岗哨，神武门外，还有民军步兵统领指挥的巡逻卫队，我们怎么走出这重重的包围呢?”

溥杰道：“我看，最关键的是皇上身边的太监和宫门太监，只要这几关打通问题就不大了。皇哥哥有什么办法打通关节吗?”

“有！他们爱财，花点钱就行了。”

“不一定吧。”

“我最了解这些太监，他们为的就是钱。以前还想着地位，想着权力，以此找回男人的尊严。可是现在，我是个逊位的皇帝，他们追求的就只有金钱了。”

计议已定，溥仪便在太监们的身上大把大把地花起钱来，拿到钱的太监都欢天喜地地谢恩，表示绝对忠于万岁爷。溥仪内心暗自高兴，认为万事俱备，万无一失了。

第二十五章

大婚夜帝后如陌路
圣诞节妻妾竞恩泽

溥仪又看了新娘子一眼，她仍低着头，没有什么表情。溥仪只觉眼前一片片全是红：红帐子、红褥子、红衣、红裙、红花朵、红脸蛋、红窗帘、红地毯……溥仪不禁一阵眩晕，腾地站起来，推开门，奔往养心殿……

约定的日子到了，溥杰早早地来到宫中，进了养心殿。溥仪通知师傅今天放假，于是兄弟二人躲在养心殿里焦急地等着那一时刻的到来。

时间一分一秒地过去，钟摆的晃动是如此地缓慢，秒针的嘀嗒声，声声敲打在二人的心上。

到了！时间到了！

溥仪、溥杰往养心殿外走去。

"万岁爷、二爷请留步，王爷下了严令，叫奴才们不让万岁爷、二爷离殿一步，令各宫门一律断绝出入，紫禁城全部进入戒严状态。"

"胡说，我是皇上都不知道，哪有这样的命令！"

"万岁爷看殿外面，护军已到了内廷了，这是王爷刚下的命令，还没有一分钟呢。"

完了，全完了！溥仪、溥杰一下瘫坐在椅子里，面面相觑。

过了不大功夫，载沣气急败坏地来了，到了皇上跟前，上气不接下气地道："听听听听说皇帝，要要走走……"

他那副狼狈的样子，做错事的倒像是他，溥仪忍不住笑了起来："没有那么回事。"

"这可不好，这可怎怎么好好……"

"没那回事！"溥仪矢口否认。

载沣把目光移向溥杰，溥杰吓得连忙低下了头。

"随我回回府去。"

溥杰低着头，跟载沣走了。

"你们，你们是谁把事情泄露出去的？"溥仪暴跳如雷。他从敬事房拿来竹鞭，疯狂地打向他们："拿了我的钱，还要坏我的事！可恶！可恶！是你吗——是你吗！"他一一问去，一一打去，没有一个太监吭一声，任由他打。"我，我要是查出来是谁告的密，我剥他的皮！抽他的筋！割他的舌头！挖他的眼珠子！"

他不可能查出告密者，他对太监又多了层恨。

"监狱！监狱！监狱！"

他诅咒着，从此以后，最怕看见高墙。

本来溥仪只是晚上在长春宫就寝，而且近年来有时晚上也在养心殿居住，可是现在，他却躲在长春宫里不愿出来了。以前，白天的时间都是在养心殿和毓庆宫书房度过的，现在他却不愿到养心殿去，对那些报纸他也失去了兴趣，只是那一百头狗，他带了几十头在长春宫。

所有的太监都怕见到他，他一会儿能把你疼死，一会儿能把你打死；他疼你的时候，你是心惊肉跳地笑，他打你的时候，则是忍着剧痛去笑。连张谦和与阮进寿也被他打得遍体鳞伤，总是躲着皇上。

张谦和向内务府说了，绍英和耆龄一声不吭，不得已，张谦和又把这事向瑜太妃禀报，敬懿太妃道："还是找永和宫吧，这年头，什么事，都是她说了算。"张谦和又硬着头皮来到永和宫。

"奴才给主子请安。"张谦和跪在端康面前，赵荣升正在给端康挖耳朵，端康太妃正在自在，见到张谦和，很感讨厌，道："什么风儿把大总管给吹来了呀？"

"主子，现今万岁爷脾气大得很，养心殿长春宫的人被他打遍了。"

"连你这位罕达他也敢打吗？"

"回主子，奴才的手指甲都被他打劈了。"

端康坐正了身子，道："你怎么不到太极殿去呀，你不是一向都是把话往那里说的吗！"

"主子的话好像巴掌扇在奴才的脸上，奴才有什么地方做的不对，主子尽管打就是。"

"你年纪也不小了，谁也不会计较你，你以后走正道就行了。"

"奴才谨听主子吩咐，奴才的心可以掏给主子。"

端康道："好吧，皇帝闹得很厉害吗？"

"确实是有点过分。"

端康道："这话也只有你敢说了。不过如今我不大好管皇帝的事，这你知道。自从福晋仙升后，我内心愧疚，皇帝的事，不再好过问。现在皇帝正在气头上，就让他闹去，让他败败火，他总不会一直这样下去吧。"

张谦和道："主子总要想个法子给万岁爷败败火才好。"

端康道："总不能像他小时候那样关他禁闭。他的脾气，你们最晓得，有什么法子你们不好做，可以禀告我，这法子终归得你们想。"

张谦和见端康又把球踢给了自己，只得叩了头，回养心殿去了。

其实溥仪自己知道，他的暴烈与蛮横都只不过是外在表现，他的内心脆弱得很，真正算得上是外强而中干。他的身体孱弱无比，一股风就能把他吹到天上，而头脑里则不知道装了些什么，整日沉默不语。似乎连白天和黑夜的区别都没有了，多在早晨睡觉而在晚上起来。

"庄师傅，"陈宝琛见到庄士敦道，"咱们不能眼见皇上这样消沉下去。皇上很听你的话，你开导开导他吧。"

庄士敦道："我已失去了在皇上心中的地位。说实在的，对皇上我很内疚，到了今天这种程度，我是有责任的。"

陈宝琛道："看来，我们可能是错了。但是，如今庄师傅更要想出办法才好。"

"我正在努力，正在想办法。"

"这就好。"

庄士敦思来想去，脑海里突然一亮："对，让他再和外面的世界接触，和外面的世界联系起来？"

庄士敦来到养心殿，直接来到溥仪的卧室。溥仪似睡非睡，听到太监的呼唤仍眯着眼睛。

"皇上，起来吧，我有要事。"庄士敦对着溥仪的脸道。

溥仪翻开眼皮道："有什么要事？"

"有一位世界上现如今最闻名的思想家要到宫中来。"

"噢。"溥仪的眼睛睁得大了点。

"他的名声还在现在的法美总统之上，其他的国家元首就更不用说了。"

"是谁？"溥仪坐了起来。

"是罗素。"

"他不是来了好几个月了吗？记得是梁启超邀请的。"

"是的，皇上，可他还在中国，没有走，他不见到皇上他是不走的，他说若是这样的话就等于没来中国。"

溥仪在以前埋于报纸堆中，是知道罗素的，他来中国引起了中国的轰动，那时候，不论大报小报，都报道罗素的行止，他的学说被广泛介绍。今天听庄士敦说他要到宫里来，不能不说这是一针兴奋剂。

"庄师傅，这事是你安排的吧？"

"说对了一半，这主要是罗素的意愿。"

“何不早说？”

“可是……皇上最近身体不太好，精神也很……颓唐，所以我就没有和他联系。”

“现在行了？”

“皇上还是要再振作点。”

“好吧。”

皇上又到毓庆宫读书了，师傅们很高兴。

“听说有个叫罗素的要来，是怎么回事？”端康问载沣道。

“我已问过了陈师傅和庄师傅，罗素的名声很大，能来宫中拜见皇帝，也是咱们的荣耀，陈师傅说，这对皇帝养身子也有好好处。”

端康太妃道：“既然陈师傅这么说了，那应该是妥当的。不过，我听他们读报时是经常读到他的名字的，这个人主张什么‘社会主义’，要什么‘自由’，会不会对皇帝有不好的影响呀？”

“陈师傅说过这事了。”

“什么‘社会主义’皇上也不懂吧？”

“不会懂的。”

端康太妃道：“那好，宫中要好好接待他。”

罗素访问紫禁城，受到上自太妃王爷皇帝，下到内务府、宗人府、师傅乃至太监们的欢迎，这在紫禁城的历史上是少有的，因为他是个有争议的人。

御花园的楼阁上，溥仪端坐着，他的面色由于兴奋而红润，眼睛也有了神采。他头戴瓜皮黑帽，戴着眼镜，穿着一般的袍褂，显得很朴素。

不一会儿，罗素到了。

“皇上，这位就是伟大的哲学家罗素博士。”庄士敦指着走在前面的高个子长脸大脑门的英国人道。

“欢迎欢迎。”溥仪站起身，往前走了几步。

罗素忙上前握住溥仪的手道：“庄士敦师傅过奖了，不过，他在皇帝陛下面前这样夸奖我，我是非常高兴的。”

“先生来中国后引起的轰动，我是知道的……”

“皇上，”庄士敦道，“还有其他客人呢。”

溥仪笑起来：“我和罗素先生一见如故。”

庄士敦介绍了同行的人：勃拉克女士、赵元任教授、孙伏园教授、蒋白里教授，还有……

溥仪道：“这位就不用介绍了。”

“梁启超叩见皇上。”说罢，他跪下来。

溥仪连忙道：“快起快起，这样太不好了。”

梁启超站起身来。溥仪道："以后就不要行这些礼节了，不然，还以为我又怎样怎样了呢。"

梁启超道："我永远忠于皇上，是臣子！"

溥仪道："坐吧。"他转身向罗素说道："先生见此，有何评价？"

罗素道："犹如我见到了女王陛下，自有崇敬之情。"

说得溥仪喜滋滋的，道："我哪里能和女王陛下相比！"

"皇帝陛下，我从你的气色身体，看到陛下的高贵，也看到了陛下的忧郁，甚至还有恐惧、自卑，等等。刚才陛下的话也反映了这一点，我是不是说得太过分了点儿？"

"我从庄师傅身上早就学会了直率。"溥仪面向其余的人道，"各位学界泰斗都是学贯中西的，恐怕都不喜欢曲径通幽那种谈话方式。"

大家笑起来。

赵元任道："我确没有想到皇上秉赋有如此高的才华。"

梁启超道："中国若没有奸贼纷乱，不至于到此地步。"

"可是中国却四分五裂，干戈四起。这种局面，恐怕还会愈演愈烈。"溥仪道。

罗素道："从根本上说，中国没有更先进的思想，人们沉迷在低层次的欲念之中，想的是吃、喝、住、穿和女人。人类应放弃为私人幸福所作的争斗，摈去短暂欲望之一切热心，带着热情，为永恒的事物而点燃自己——这就是自由人所达到的精神美的境界。可是在中国，不仅不能放弃个人的私人的幸福，而且，对幸福意义的理解是原始的，是低层次的。中国正在倒退，其思想境界，远不如几千年前。"

"我也赞成这种说法，"庄士敦道，"孟子就有许多很自由很民主的思想，可是现在，在中国却人欲横流。"

蒋白里道："用鸦片叩开中国的大门是什么层次的欲望呢？"

庄士敦笑道："也不是什么高层次的欲望。"

罗素道："还是不谈这些吧。我想说的是我刚才说过的话，皇帝陛下确实生活在恐惧、犹豫之中。庄博士，你给皇帝陛下讲过生命的本质吗？我想，在中国师傅那里，恐怕不会有科学的解释。"

庄士敦道："我并没有讲。"

"那么，皇帝陛下，看到你这样，我要多说几句。在无从计算的时间里，灼热的星云产生的太阳系——喏——天上有千千万万个太阳，这是一个系统……"

"这个皇帝陛下是知道的。"庄士敦道。

"那么，好，有了太阳系，又产生了地球，地球上的生灵。人是多么渺小呀——中国的庄子也说过这种话。人面对的是一个陌生而无情的世界，在行动上、欲望上，人不得不恒久地驯服于外在世界的暴虐践踏之下。但是，人的思想却是自由的，我们的思想中，充满了对外在世界狂暴力量的反抗。我们每个人都面对过死亡、痛苦、贫乏或责任，我们要明白的是，当不幸降临时，我们要用勇气去将心思从无用的悔恨、恐惧中扭转开来，而不必抱怨希望之幻灭。我们人类自被上天所创造之日起，就面对着残酷的外在世界，问题是，人类总是在进步！为什么？因为人类用勇气将他们的思想，从徒劳的惧怕悔恨中扭转开来！"

大家鼓起掌来，罗素道："我说的话看样子引起了大家的共鸣。"

梁启超道："我就是在痛苦中活到现在的。听了先生的话，我会鼓起勇敢的风帆，在生活的苦海中继续前行。"

罗素见大家来了兴致，自已又滔滔不绝地阐发起来。众人谈话的兴致也越来越高，以至丰盛的筵席，又成了讲演的宴会。

罗素的来访犹如给溥仪打了一针强心剂，他又增了些活力，添了些生活的勇气，多了些开朗。

紫禁城内外都长出了一口气，对庄士敦的评价也逐渐好转。

担任皇上大婚典礼事宜总办大臣的是七叔载涛，绍英、耆龄当了他的副手。按照溥仪的意思，大婚要以最节俭的方式办理，即使这样，也需要四十万元才行。可是内务府已经一贫如洗，亏空得厉害，怎么办？

向北洋政府交涉，政府的回答是"国库亏虚"，一样没钱。最后还是把宫里的金银玉瓷，抵押给英国汇丰银行，才算筹齐了典礼的经费。

有清一代，真正行大婚之礼的只有几个皇帝。有几代皇帝是先成婚后登基，自然不能补办大婚。而溥仪虽已逊位，帝号不废，所以能以皇帝身份成大婚礼。这让躬逢其事的北京百姓大开眼界。

先是1922年10月21日（九月初二）行了"纳彩"礼。

上午十时，正使礼亲王诚堃、副使睿亲王中铨由乾清宫出发往皇后的娘家帽儿胡同荣府。诚堃骑马在先，中铨持节徒步在后。仪仗队手持黄缎龙旗两面以及木牌、木棍等分两边随行。中铨的后面随黄伞一把，白马、黑马各两匹，都是雕鞍锦辔，鞍上盖着一块黄色绒毯。

队伍的后半部分是彩礼。先是黄绸围裹的木亭八座，里面放着锦匣，内置金银锞子、各色宫缎、金珠头面和金银花瓶，另有其他珍宝，后随绍兴酒四十坛，干鲜果品、喜饼若干，分装了一百抬。最后是全身染成了红色的绵羊四十只……

随后是11月12日（九月廿四日）行"大征"礼，宣布成婚日期。

睿亲王中铨和郑亲王昭煦任正、副使，礼亲王诚堃持节。和上次纳彩礼节一样，去往荣府的几百名马队之后是正副使，然后是执事人等，礼物大致相等而略有不同：黄绸围裹的木亭增加为十二座；锦匣中放的除了金银绸缎外，还有皇后所穿的衣冠和珠宝；鹅四十只，也都涂成红色。

庆亲王朗声宣旨："宣统皇帝奉端康太妃、敬懿太妃、荣惠太妃谕旨：特于旧历十月十二日、新历1922年12月1日迎娶皇后进宫。钦此。"

婚礼日期公布后，礼品源源不断流入紫禁城，满蒙的王公旧臣活佛高级喇嘛自不必说，就是民国和其要员，也都纷纷送礼。第三次担任大总统的黎元洪特拨关税银十万元，八万元作清室优待费，两万元算作民国贺礼，他个人则送了如意、金瓶和银壶。其他如曹锟、吴佩孚、冯玉祥、张作霖、徐世昌、王怀庆等都有礼物礼金奉上。康有为还额外敬献亲笔对联："万国衣冠瞻玉步，九天日月耀金台。"

各省要员、驻外使节、前大臣也都送了礼。上海的犹太人大资本家哈同、香港的英籍大资本家何东都送了重礼。至于靠清朝发了大财的富豪如陈夔龙、李经迈等，更送来了价值连城的钻石珠翠。

溥仪下令把这些礼物放进建福宫，和乾嘉两朝堆积如山的宝物放在一起。

11月29日（十月十日），行淑妃"册封"礼。这次仪式，既无纳彩，也无大征，也没有仪仗乐队。郑亲王昭熙和内务府大臣绍英骑马把册封"宝册"送到端恭家里，册封礼就结束了。第二天即30日凌晨，备了黄围轿车一辆，悄悄地把文绣接到了养心殿。

西暖阁里，刚刚十七岁的溥仪和不满十四岁的文绣相视大笑，门外的人面面相觑，不知里面在搞什么名堂。

11月30日（十月十一日），行皇后"册封"礼。

礼亲王诚堃和怡亲王毓麒为册封正、副使。上午十时，正、副使从乾清宫内捧出"金宝"、"玉册"，分置于两座黄亭之内，然后上马前行，后面是伞棍旗牌。而后是凤舆一顶，金顶黄轿车一辆。舆车之后，还有黄伞六对，雉尾扇五对，金瓜二对，节一对，黄黑色龙旗各一对。出神武门，除马队外，又加上许多宪兵随行护卫。到了帽儿胡同荣公府门前，凤舆只是放在大门之外，并不使用，谓之"亮轿"，轿车倒是进到府内。还是跪迎跪送，婉容也到了大厅向"宝册"谢恩。

这几项还只能算是"序曲"，真正热闹的大婚礼马上开始。

1922年12月1日零时（农历十月十二日子时），乾清宫。

宫内外，丹陛上下，百官肃立。溥仪端坐宝座，一举手，旁边的御前大臣一声高叫："静——"

溥仪道："庆亲王载振，郑亲王昭煦。"

"奴才在。"

“命你二人为正副使前去迎娶皇后。”

“嗻。”

溥仪从载沣手里接过一柄如意，递给迎娶正使载振，载振恭恭敬敬将如意放进凤舆。

凤舆是三十二人抬的大轿，轿顶涂金，正中有一只很大的金凤凰，凤背上有一个小金顶，金顶周围有九只小金鸾，金鸾嘴里都衔着长长的黄丝穗子。轿围是鹅黄色缎子底，上边绣着蓝色凤凰，抱着红色双喜字，绣工极精致。这是光绪帝结婚时在杭州定制的，这次又重新进行了油饰。

迎娶用的是全副卤簿仪仗。伞、棍、旗、牌、瓜 、钺、斧、节、扇，样样俱全，外加牛角和大鼓各一百余对。

娶亲队伍上了大街之后，比在紫禁城中浩大了许多。虽然是行走于子夜，但由于已是农历的十二日，明月将满，清辉流泻，倒也并不妨碍路人观瞻。

首先是步军统领衙门的马队，其次是警察厅马队，再次是保安队马队。马队之后是军乐两班，往后便是黄缎银轿顶一顶，黄缎银顶车三辆，鸾驾七十二件，黄亭四驾，宫灯六十个。之后，又是警察保安队，步军统领队，又有军乐两班。这些人之后，是正副天使，载振手捧圣旨，昭煦捧着圣节。二人身后，则是三十二人抬的凤舆，凤舆前后左右围着民国军警护卫，更有清宫官员三十二名随从。

荣公府前早已扎了彩场。荣源和儿子润良、润麒跪迎天使。

载振、昭煦进府门后，荣源父子又跪在地上，载振读圣旨迎娶皇后，荣源谢恩领旨，进了大厅，圣旨传进内室。

十多分钟，福晋姜氏等四人扶皇后婉容踏上凤舆，然后姜氏等各坐进自已的轿子随大队一起向紫禁城进发。

这支队伍走得很慢，进入东华门的时候已经是凌晨三点四十分了。

四点钟左右，凤舆终于来到坤宁宫。

娶亲本就礼节繁琐，皇帝大婚，更是“节外生枝”，什么迈火盆、跨马鞍、挑盖头、吃子孙饽饽、饮交杯酒、进长寿面，折腾来折腾去，待这一切终告结束时，已经接近天明时分了。

坤宁宫那间喜屋里，只剩下他和新皇后婉容。溥仪又看了新娘子一眼，她仍低着头，没有什么表情。看着看着，溥仪只觉眼前一片片全是红：红帐子、红褥子、红衣、红裙、红花朵、红脸蛋、红窗帘、红地毯……好像一摊溶化了的红蜡烛。溥仪不禁一阵眩晕……他腾地站起来，推开门，奔往养心殿。

溥仪坐在养心殿东暖阁，还觉得胸口憋闷得厉害。他感到恶心，感到头晕，感到胸闷，好久才平静下来。

一抬头，他看到了墙上挂满了写着送礼人名单的绸子，第一位是黎元洪，上书："中华民国大总统黎元洪赠宣统大皇帝。"下面是礼品的记录，他近视，便看不清了。他一个一个地望过去，难以记数，脑海中又浮现出许多场面：

民国派来总统府侍从武官长荫昌，对溥仪以对外君主之礼正式祝贺。他对溥仪鞠躬后，忽然宣布："刚才那是代表民国的，现在奴才自己给皇上行礼——奴才永远是皇上的奴才。"说罢跪在地上磕起头来。

他又忆起报纸上的评论：遗老们如蝗虫一般成群地飞向北京，带来他们自己和别人的现金、古玩等等贺礼。这种浩大的声势，极易引起人们的联想，现在宣统的号召力有多大，他在民众，在政治势力中的地位到底如何？

"如果不是革命，我就开始亲政了。"溥仪站起来，在殿里盘桓着，什么新婚，什么后妃，他全都抛到脑后去了，"我要恢复我的祖业！"

冬天到了，雪花纷纷地飘着。

溥仪近来心情很好，很少见地把窗帘打开，养心殿里在洁白的雪光的反照下，显得很明亮。他又恢复了往日的爱好，仔细地品味着每张报纸。虽然许多天过去了，但报纸仍把大婚作为吸引读者的话题，像数头发似的一一理得清清楚楚，不漏掉一点细节，不漏掉一点事情。报上也登了北京乃至普天之下的人仍都沉浸在皇上大婚之中的短评，对北京街头袍褂又流行起来、甚至龙旗又打出来也作了正面的评论。

除了皇上的大婚，就没有什么令人高兴的报道了。所有的报纸都在讲述着百姓凄惨的生活，所有的报纸都在揣测着中国时局的变化，所有的报纸都在攻击着道德的堕落沦丧，似乎只有溥仪的大婚才是报上唯一的亮色——可也是过去了许多天后的袅袅余音！

报上登着孙中山和宋庆龄在上海的消息；登着绿林攻陷阜阳、把全城洗劫一空、知县和各界被绑架数百人的消息；登着中共代表陈独秀、刘仁静等出席共产国际大会的消息；还登着滇、粤、桂联军誓师讨伐陈炯明的消息；还登着各地工人大罢工、向警予号召大学生支持工人罢工的消息；还登着共产党员加入国民党是否变节的讨论……

"唉——只有朕才以天下苍生为念，只有君主制才能结束中国的分裂纷乱。若是……若是自己没有退位，现在亲政，怎么会发生这些事情！罪魁祸首仍是革命，仍是孙中山。"

"皇上在说什么？"

"庄师傅，你什么时候进来的？"

"我来了多时了，见皇上聚精会神，就没有打搅。"

"我送给你的圣诞礼物收到了吗？"

"谢皇上恩赏，我收到了。"庄士敦脸色一变，又说道。"只是别让那些穿着长袍、坎肩、搭包的人给我送东西。在今天的世界里，大概只有紫禁城内还保留着中古时代的太监制度。我看到他们的动作和那种穿戴，心里就感到厌恶。”

“万岁爷，二爷们来了。”御前太监在门外叫道。

“我们到前殿去吧。”溥仪道。

到了前殿的明殿，见溥杰、溥佳、毓崇几个伴读走来。

溥仪道：“圣诞快乐！”

其他三人也道：“圣诞快乐！”

几个太监平时跟皇上也学了不少东西，听到圣诞节到了，便走到庄士敦面前叩头。

“祝庄师傅圣诞快乐！”

庄士敦面红耳赤，不知如何是好。溥仪解围道：“庄师傅知道了，下去吧。”

不料，溥佳道：“庄师傅，几个太监托我向师傅要‘节赏’呢。”

“什么！”庄士敦大发雷霆，大骂道，“太讨厌了！你告诉他们，我并没有叫他们给我叩头，我不能给他们钱。”

美好的圣诞节是这样开始的，却令大家十分沮丧。

不一会儿，溥仪订做的圣诞树搬进了养心殿，电工太监把彩灯接亮，五彩灯光，斑斓耀眼，溥仪和大家齐声赞好，心情又好转过来。

“夜晚肯定更好看。”溥杰道。

“那就关上开关，到晚上再打开。”溥仪说完，赏赐给了溥杰、溥佳、毓崇三个人圣诞礼物。三人叩头谢赏，又拿出了自己的供奉。

庄士敦道：“我给皇上带来一件礼物。”说罢，打开身边的大盒子，盒子打开，大家欢呼起来，原来是一件圣诞老人的全套服装。

溥仪兴高采烈地急忙穿上，拿起英文画报，走到大镜子前，看着镜中的自己，又看看画报上的圣诞老人，高呼：“太好了！太好了！太像了！太像了！”

溥杰等也为皇上的打扮而开怀大笑，围着他舞蹈。

“这是啥呀？”

“咱也不知道，万岁爷怎么像扑克牌上的那小丑呀？”

“不是，你没听几位爷还在说是圣诞老人吗？”

“圣旦？还是圣诞？可能是西洋的皇帝？玉皇大帝？”

几位大监看着滑稽，低声议论着。

庄士敦师傅和几位学生围坐在一张圆桌旁，订购的大蛋糕已插满蜡烛，圣诞树灯光齐放，养心殿明殿一片灿烂。

溥仪等人正吃着蛋糕，庄士敦忽然说道：“这在中国叫‘良辰美景，赏心乐事’，皇上，为什么不与皇后共享此宵呢?”

其他的几位学生一怔，互相看着。溥杰道：“是啊，皇上，我们离去了，此时此刻，该是和皇后和淑妃娘娘共度的时光。”

溥仪道：“那么，我让她们来，你们留在这儿。”

溥佳道：“还是我们走了好。”

于是庄士敦和溥杰等向皇上谢恩告辞而去。

溥仪也觉得这样的蜜月时节有点太冷落了皇后和淑妃，于是便派人传旨接婉容和文绣到养心殿。

不一会儿，倒是文绣先来了，见了溥仪，并没有跪拜，欠身道：“臣妾给皇上请安。”

“蕙心，看我穿一样东西给你看。”溥仪说罢，穿起了圣诞老人的服装，文绣笑个不住，道：“皇上这是什么服装啊?”

“这是圣诞老人!”

“什么是圣诞老人?”

“随我进殿吧。”

文绣跟他进了大殿，见一株大松树上缀满了五彩的灯泡，灯光闪烁不定，如同神话中的境界，不禁惊异道：“噫，这里真如仙境一般，我懂了，圣诞老人是位神仙。”

“说的也对，”溥仪道，“你有什么要求吗?”

“什么意思?”

“今天是圣诞节，你若需要什么东西，圣诞老人会答应你的。”

文绣扑闪着眼睛，脸上现出阴郁的神情，道：“皇上说的当真?”

“那是一定的，说罢，要什么?”

文绣想了又想，手指在嘴唇上摩挲不停。

溥仪憋出粗嗓子道：“我的孩子，我是圣诞老人，在这美好的夜晚，孩子，你有什么心愿，请对我说罢，我一定会满足你的。”

“神仙老爷，”文绣双手合十，神情凝重地道，“臣妾只愿皇上能多去我的身边。”

“这……”溥仪回到原来的腔音。

“怎么，神仙老爷，不能答应吗?”

“会的，他一定会的，我的孩子，你放心吧。”

“神仙老爷，谢谢你!”文绣扑向“圣诞老人”，抱住了他。

旁边的人无不咋舌!

恰在这时，婉容进来了。见文绣抱住扮作圣诞老人的溥仪，心里酸酸的，俊面含霜，来到溥仪面前。

“皇上，圣诞快乐！”

文绣和溥仪顿时松开，转向皇后。溥仪高兴地道：“伊丽莎白，你也知道圣诞节呀——我晓得了，你在天津也有过洋老师教钢琴的，你曾进过学堂的……”

“奴婢见过皇上。”溥仪还没说完，婉容跪在地上行起礼来。

“说得好好的，行什么大礼呀，亏你还是上过新式学堂的。以后这么重的礼，免了！”

“圣诞老人，给我们准备的什么礼物呀？”婉容起身笑着对溥仪道。

溥仪又学着老人的腔调道：“孩子，你的心愿是什么，告诉我吧。”

“我……圣诞老人，我想让皇上……”

“常留你的身边——我知道，我会让皇上那样做的。”

“皇上……”

婉容情不自禁地靠近“圣诞老人”，圣诞老人轻轻地握了一下她的手，又轻轻地搂了一下她的腰肢。

一股暖流涌上婉容的心头，她喃喃地说道：“圣诞老人，在这大雪飘飞，宇宙洁净，圣诞树大放五彩的时节，请您帮助我，请您满足我，让我实现我的愿望吧。”

“老爷子，”一个太监进来报告，“看，是什么东西抬来了。”

众人望去，见四个人抬一大块蛋糕进来。蛋糕比圆桌还大。

溥仪惊喜地问：“这是谁送的？”

太监报：“是刚走不久的庄师傅及几位爷特地用大车送来的。”

“太好了！快，快插蜡烛。”

婉容拿起红红的蜡烛插起来，她兴奋异常，竟唱起圣诞歌来。

溥仪大喜过望：“伊丽莎白，你会用英文唱吗？”

“当时师傅曾教过，没有学会，只会用汉文。”

“我给你请英文教师，”他一转身，忽见文绣一个人木然地呆在那里，道，“蕙心，快过来呀。”

文绣还愣站在那里，她被刚才皇上和“伊丽莎白”的亲热劲惹生气了。

“过来呀。”溥仪拉她到大蛋糕旁，递给她蜡烛。文绣有了面子，嫣然一笑，就插起蜡烛来。

那边的婉容见了，心道：“好亲热，叫什么‘蕙心’，可叫我总是‘皇后’，用官称，我的‘慕鸿’他就从来不叫。”

两位御前太监也帮着插，高大的蛋糕上顿时层层地烧起红烛。

“真像童话般的世界，真如神仙般的境界。”婉容拍手叫道。

“蕙心刚才说过了。”溥仪道。

笑容僵在婉容的脸上。

文绣笑道：“皇上，对着这五彩的灯，对着这圣洁的烛光，你没有什么心愿吗？许下个心愿吧。”

溥仪脱去圣诞老人的衣服，道：“蕙心说得对，我应许个心愿。”

溥仪双手合十、二目微闭，神情庄重地在心底表达了他的意愿：“圣诞老人，帮我恢复祖业吧！”

婉容道：“皇上，许的什么愿哪，说给我们听听，要的什么礼物，快说说看。”

溥仪道：“心与神通，说便不灵。”

“那我刚才……”

婉容和文绣同时说出“那我刚才”，见说的一样，互相看了看，脸上都满是失望。

溥仪观察到两人的表情，笑道：“我就是圣诞老人，我说的话当然算数，你们的心愿，定能满足，至于我——是皇上，许下的心愿，当然不能轻说了。”

婉容与文绣见他这样解释，也就轻松了一些，脸上又浮现出笑容。

“慕鸿，让我们一起教蕙心唱《圣诞歌》吧。”

“好！”婉容听到“慕鸿”二字，心里高兴，拉起文绣的手道：“淑妃，很好唱的，你的琴弹得那么好，肯定听一遍就会了。

果然，文绣听了一遍便全学会了。

一夫二妇，在歌声中，在烛光和彩灯的梦幻中，过了一个欢乐的圣诞夜。

只是，快近天明的时候，一宿养心殿，一宿储秀宫，一宿重华宫。

第二十六章
买人心满城施恩惠
搜鼠迹倾宫查盗贼

溥仪来到库房门前，见厚厚的门板被砸出几个大坑，锁环被砸得七扭八歪。溥仪气愤已极："查！查出来拧断他的脖子！快查！""报老爷子，乾清宫的窗被人打开，少了不少金器！"溥仪暴跳如雷："成了贼窝了！"

溥仪一觉醒来，正是十一点多种。梳洗穿戴已罢，开窗望出去，紫禁城被白雪覆盖，成了银白色的世界。

用膳毕，溥仪浏览完几十份报纸，见内容与过去大同小异。突然，一张报纸的标题引起他的注意：

"朱门酒肉臭　路有冻死骨。"

于是溥仪留心起报纸的边边角角，发现那些地方登了许多贫民衣食无着的消息，他心里一动，想：这报纸传播的消息这么快，由报纸而影响舆论，作用肯定很大。

于是溥仪来到毓庆宫。

溥仪成婚后，就算已经成人，已经"亲政"，虽无"政"可"亲"，但是到毓庆宫学习的时间就已非常少了。在这大雪天气，天寒地冻，皇上还跑到毓庆宫，令陈宝琛师傅大为感动。

陈师傅道："皇上，自古成大事者，都有不可夺之志，懈怠者一事无成。皇上在这种天气还到毓庆宫读书，足见皇上毅坚志远。"

溥仪道："志当存高远，士不可不弘毅。我如今也真的体会到'有不可夺之志，则事无不成矣'的道理。可是，天时不如地利，地利不如人和，如何才能做到'人和'呢？"

陈宝琛道："皇上心里一定有了成见，孟子说'得道'即可'人和'，这是皇上再熟悉不过的事情了。"

"什么叫'得道'？怎样才能'得道'？"

陈宝琛道："施行仁政，与民同乐。这些皇上是知道的。"

"陈师傅，舆论的作用很重要的，是吗?"

"皇上，《史记》上讲'积毁销骨，众口铄金'，当然重要了。"

"如果夸某个人，大家一齐说，必然起到很好的作用。"

陈宝琛道："皇上，咱没有一张报纸，这对咱是不利的。皇上若能利用报纸宣传播扬圣德，对恢复祖业是大有益处的。外国总统议员竞选，凭的不就是报纸吗?"陈宝琛激动地道，"庄士敦师傅肯定也这么认为。"

"陈师傅，这种事庄师傅不知道也罢。"

"皇上，"陈宝琛站起身来，"恢复祖业是大势所趋，众望所归。民国已天怒人怨，众叛亲离。皇上是真命天子，心存社稷，心存黎民，若振臂一呼，必云集响应。只是在现在这种艰难的形势下，要审时度势而已。"

溥仪望着陈宝琛坚定地道："陈太师，朕一定要恢复祖业!"

听皇上叫自己"太师"，听皇上称"朕"，听到皇上说出这样铿锵有力的话，陈宝琛老泪纵横，道："这是老臣有生以来听到的最悦耳的一句话了，皇上……"

陈宝琛激动地说不下去了。

于是已"亲政"的溥仪采取了他的第一个措施：利用舆论做宣传——这也是他为"恢复祖业"悄悄地、单独采取的第一个措施。

不久，在北京报纸的社会版上，差不多天天都有"宣统帝施助善款待领"的消息。根据报纸登载的贫民的消息，溥仪派人把一些银元送到报社代发。有时，他也派人把钱直接送到那些贫户的家里。无论是哪一种做法，过一两天报上总是有这样的新闻——

"本报前登某某求助一事，荷清帝遣人送去×元……"

这样，既表彰了宣统帝，又宣传了"本报"的作用，溥仪自然也乐得让各种报纸都给他做宣传。

有一天，溥仪看到《平报》上登出一篇署名"秋隐"的文章：

时事小言　皇恩浩荡

皇恩浩荡，乃君主时恭维皇帝的一句普通话，不意改建民国后，又闻有皇恩浩荡之声浪也。今岁入冬以来，京师贫民日众，凡经本报披露者，皆得有清帝宣统之助款。贫民取款时，无不口诉皇恩之浩荡也。即本报代为介绍，同人帮同忙碌，然尽报纸之天职，一方替贫民之呼吁，一方代清帝之布恩，同人等亦无不忻忻然而云皇恩浩荡也。成日清帝退位深宫，坐拥巨款，既无若何消耗，只好救济贫民，此不是为奇也。我要反复强调的是：民国之政客军阀无不坐拥巨款，且并不见有一救济慈善者，于此更可见宣统帝之皇恩浩荡也。

溥仪看罢此文，高兴得手舞足蹈。再看其他报纸，又有对皇后婉容歌颂的文字。溥仪机灵地想：若是在这些赈济中再加上皇后，不更是有宣传的效应吗？

溥仪到储秀宫把自己的想法对婉容一说，婉容当即表示十分赞成。

溥仪激动地道："皇后真是明大义、识大礼的人！"

婉容道："皇上过奖了，身为皇后，当然要为皇上分担忧愁。"

溥仪点点头道："与民同苦乐，施行仁政，为治天下之本，我虽然退位，但不敢忘天下，不敢忘黎民，皇后懂得其中的意思吗？"

"我懂了。"

二人兴高采烈地说了一个下午，溥仪还在此用了晚膳。婉容满以为溥仪今晚肯定会留下来，谁知用过膳还没洗漱就"拜拜"了。

婉容心里依旧升起无限的惆怅。

养心殿里，陈宝琛和朱益藩两位帝师高兴地读着。

"皇上亲政了，真的亲政了。"陈宝琛眯着眼，就是在大婚的时候也没见他这样高兴过。

"是啊，树大自直。今天的皇上，使人难以想象昨天的性情。"

"其实，皇上的心中始终有着大清的祖业，如今看来，就是要逃出宫去，也还是为着以后的腾达吧。"陈宝琛意味深长地道。

"陈师傅说得有道理，如今人心不古，忠义礼智信被抛到九霄云外去了，在深宫中，很难有忠诚而有实力的忠臣来恢复帝制。到处是群魔乱舞，哪管生灵涂炭。"

"真是惭愧，眼见皇上振翮欲飞，我们却不能够给他一点风力。"

"真是惭愧。"

陈宝琛道："我已是风烛残年，黄土埋到了脖颈。唉——皇上要有更多的人辅佐啊。"

"我也想过这些问题，王公们的目光是短浅的，见识是浅薄的，宫中是该有新人辅佐皇上，宫外也要有人赞助才行。"

"万岁爷到——"有太监叫道。

陈宝琛和朱益藩来到书房向皇上行礼。

溥仪道："今年的春节过得还是挺热闹的，虽然没有大事张扬，但报纸上还是连篇累牍地报道皇宫中的事情。"

陈宝琛道："这都是皇上能在普天同庆的日子里能与民同乐，对贫弱无力者施以援手，才赢来了一片赞美声。"

溥仪道："我这样一家家一户户地救济，又能解决什么问题呢？我心里不安哪。"

朱益藩和陈宝琛对望了一眼，朱益藩说道："刚才我还和陈太师议论过皇上势单力薄的事。先不说宫外，就是宫内，也要遴选些有才识有道德的人进来，我和陈师傅年事已高，已是心有余而力不足的年纪，这件事已迫在眉睫。"

溥仪道："你们若有人举荐，我定当重用，只是……只是到了这里，前途堪虞，不是十分忠心坚韧之士，都不能保持完节呀。"

陈宝琛道："我们会尽快地为皇上物色人才。只是，在外面有实力而拥戴皇上的，放眼天下，没有几人哪。"

"那些军阀——所有的军阀都是靠不住的。我最恨孙文，但孙文有句话我是同意的，'军阀是中国灾难的罪魁祸首'，这些人全为自己的私利打算，绝无信义可言，恢复祖业，绝不能把希望寄托在他们身上！"

"那么，皇上，咱们哪有恢复帝业的实力呢？"

一句话把溥仪问住了。

朱益藩道："如果能够多筹措些钱，有了经费，皇上在外界的影响也就大了，在外面也能招到忠勇之士。"

溥仪道："就依两位师傅所言，先从紫禁城内抓起，稳固了根基，有了人才，再逐渐取得外势。"

陈宝琛忽然道："想筹钱也不难，这宫中的财宝早已闻名世界，只说古玩字画，哪一件不是价值连城？可是……"

"陈师傅，可是什么？直说么。"溥仪道。

"可是这些东西大都没有数目，就是有数目的，也没有人去检查，宫里偷东西的肯定不少。"陈宝琛说出了他极不愿说的话。

溥仪道："我也了解偷盗之风的盛烈，可以说是无一不偷，而且是放胆地去偷。我想，在紫禁城内，我就先抓这件事情。"

陈宝琛道："皇上抓这件事，老臣极赞同，不过，皇上要慎重小心，对有些事情，也不可过于认真。"

朱益藩道："说什么也要采取措施，杜绝盗患。"

下午，庄士敦师傅到了养心殿，道："听陈师傅说皇上要清点宫中宝物，杜绝盗患？"

"是的，庄师傅以为如何？"

"以为如何？我不是早就劝皇上做这项工作了么，好！做得好！皇上知道吗，内务府的人肥得流油，一些太监也富甲天下，他们的财富是从哪里来的？是皇上发给他们的几十块、几百块钱的薪水？No！是偷盗，是吃回扣！我住的地安门街上，又新开了许多家古玩铺，听说有的是太监开的，有的是内务府官员开的，而有的则是他们的亲戚开的。陈师傅和朱师傅说的绝对正确，应该清点一下宫中的财物！”

溥仪于是找到了王爷和内务府官员，道：“我要清点宫中的财宝，绝不能再让这些东西流失！这是恢复祖业的血本！”

没有一个说话，他们只是“嗻嗻”了两声。王爷见绍英和耆龄不说什么，也就嘟嘟囔囔地道：“那那就清点吧。”

没想到溥仪要清点宝物的打算刚一说出，偷盗更多了。

这一天，溥仪来到毓庆宫，刚坐下不久，一个护军急忙跑来跪地急报：“万岁爷，毓庆宫库房门锁被人砸掉了！”

“偷到我的眼皮底下来了。”

溥仪起身向库房走去，此时几位师傅已围在库房门口，见皇上来了，急忙闪开。溥仪来到门前，见门上的油漆被硬物砸得剥落一地，厚厚的门板被砸出几个大坑，锁被扔在哪里已不知道，锁环被砸得七扭八歪。

溥仪气愤已极：“查！查出来拧断他的脖子！快查！”

“报老爷子，乾清宫的后窗被人打开了，里面少了不少金器！”

溥仪暴跳如雷：“成了贼窝了！”

护军和太监们追查着盗案，但新的盗案一个接着一个地出现了：寿皇殿丢了金钟两个，每个都有一百多斤；宁寿宫丢失了铜器、金器、玉器数十件；一天，溥仪发现他刚买的大钻石也不见了。

端康太妃也怒不可遏：“叫敬事房！”

敬事房首领太监即刻赶到：“主子有何吩咐。”

“别的不说，皇帝的新钻石也敢偷，太不像话了，要不查出来，你就走人吧。”

敬事房都领侍组织九堂总管，会审当事太监，动了大刑，以死相威胁，可是一点也没审出来，一点线索也没有。

一个太监被打急了，道：“我临死之前说句痛快话吧。几个主子哪位不偷？偷了递给她们娘家人，哪个娘家人不富比王侯？就说端康主子，除了赠送奉军的被人骗了外，她宫中还有贵重东西吗？——这是上梁不正下梁歪。上面偷，其余的人也偷。”

不久，这太监死去。若是他知道了溥仪、溥杰也在偷，他一定会指出来，死个痛快淋漓。

“皇上，罪魁在内务府，他们比太监还坏，若去了太监，又整顿了内务府，宫中就太平了。”庄士敦对连续的偷盗行为作了总结。

“我早就注意了内务府，过去李经迈的亲戚在这里干了几天就借故不来了，可能里面有些黑得太厉害了吧。”溥仪道。

大婚之前，在庄士敦的一再要求下，溥仪曾派人清查内务府的账目，溥仪总觉得现在的开支比慈禧老佛爷那时的内务府开支还大，实在是舞弊到了极点。他想让李经迈来帮他清点，可是李经迈不愿来就推荐了他的一位亲戚，可是那位亲戚在内务府干了几天就请长假不来了。

“今天我亲政了，我要彻底地整顿！”

“对，皇上，您有多少钱您自己不知道，只有问这些管家，甚至不得不求这些管家，否则就一个钱也拿不到，这样别说恢复故物，就说手里的这些珍宝吧，如果不整顿好管家，也怕保不住。太监放心大胆地偷，就是由于他们是和内务府吃一块的！”庄士敦越说越激动，大声地道，“内务府有个座右铭，这就是——维持现状！无论是一件小改革还是一个伟大的理想，碰到这个座右铭，全是——Stop！”

“庄师傅，能给我推荐个人才吗？”

“能，在皇上大婚贺礼的名单上挑就是了，我看郑孝胥最好！”

“郑孝胥？”

“对！我在中国二十年最佩服的就是这个人，道德文章，全中国找不出第二个人来！”

“他在哪里？”

“在上海，卖画度日。”

“请陈师傅来。”溥仪对太监叫道。

陈宝琛一会儿的功夫，从隔壁来到书房。

“皇上，何事叫老臣？”

“你知道郑孝胥吗？”

“怎么不知！”陈宝琛高兴地道，“他是我的同事，他在本朝做过驻日本神户的领事，又做过一任广西边务智办，他的才干和魄力，找不出第二个人来，真正是子房、孔明之才。郑孝胥在辛亥时辞官，从此多次拒绝民国的高官厚禄，卖书鬻画为生——不过，其字一字千金，其画一笔连城，在上海，又是同光派诗人的后起之秀，红火得很！”

“他能到宫中为我所用吗？”

“皇上，老臣以为忠义之士绝不会忘记旧恩，他一定会来的。”

“那，就替朕邀请一下。”

“好！”陈宝琛道，“真是风云际会。”

庄士敦道：“他一人不行，陈师傅，你对忠于皇上的人最清楚，还有什么人可以招徕吗？”

陈宝琛道：“我已为皇上物色了一些人……”

“哪些人？”溥仪急不可耐地道。

“比如罗振玉、朱海珍、王国维、景方旭、温肃、柯劭忌、杨钟义、商衍殿等人，都是忠于大清的。”

“这些人我都了解的。特别是罗振玉、王国维，对大清的忠诚，绝对超过了八旗人士！”

陈宝琛道：“他们又是名满天下的大学问家，这些人集合在皇上的周围不是很好吗？”

“师傅想的周到！”

庄士敦道：“不如就让在京的罗振玉、王国维、朱海珍等先清点古玩字画，这些人都是国学大师，必能胜任皇上所给的任务。”

陈宝琛道：“老臣以为，待时来运转再整顿内务府也不迟，老臣担心的是会越整越乱，越整越糟——在这种情势下，确是不能再添乱子了。”

“我整顿内务府、太监的决心已定，不可动摇！”

几个人还说着话，溥佳上前递来一个信封道：“恰好我这里有一位有识之士的奏折，他托我奏与皇上，我刚好听了师傅和皇上的谈话，我觉得这奏折来的正是时候。”

溥仪展开奏折，见上面写道：

奴才金梁顿首于万岁爷膝前，奏事陈表奴才一片忠心。

臣意，今日要事，以密图恢复为第一。恢复大计，旋乾转坤，经纬万端，当先保护宫廷，以固根本；其次清理财产，以维财政。盖必有以自养，然后有以自保，能自养自保，然后可密图恢复，三者相连，本为一事，不能分也。今请次第陈之：

一曰筹清理。清理办法当分地产、宝物二类。一、清地产，从北京及东三省入手，北京如内务府之官地、官房，西山之园地，二陵之余地、林地；东三省如奉天之盐滩、鱼池、果园，三陵庄地，内务府庄地，官山林地，吉林黑龙江之贡品各产地，其中包含有煤铁宝石等矿，但得其一，已足富国。是皆皇室财产，得人而理，皆可收回，或派专员放地招垦，或设公司合资兴业，酌看情形，随时拟办。另一、清宝物。各殿所藏，分别清检，佳者永保，次者变价……

二曰重保护。保护办法当分旧殿、古物二类。一、保古物，拟将宝物清理后，即请设皇室博览馆，移置尊藏，任人观览，并约东西各国博物馆，借赠古物，联络办理，内外一家，古物公有，自可绝人干涉。另一、保旧殿……

三曰图恢复。恢复办法，务从缜密，当内自振奋而外示韬晦。求贤才、收人心、联友邦，以不动声色为主。求贤才，在勤延揽，则守旧维新不妨并用。收人心，在广宣传，则国闻外论皆宜注意。联友邦，在通情谊，则赠聘酬答不必避嫌。至于恢复大计，心腹之臣运筹于内，忠贞之士效命于外。成则国家蒙其利，不成则一二人任其害。机事唯密，不能尽言……此密图恢复之大略也。

……

溥仪跳行看完信件，只觉字字珠玑，都说在自己心坎上。他把信塞进袖中，待回去慢慢细看。

溥仪道："金梁来奏，也是谈清理宝物之事，可见人心所向，势在必行，刻不容缓，明天就开始吧。"

当天，溥仪传谕罗振玉、王国维等人，让他们到宫中清点宝物，他们都欣然领命，次日他们齐到紫禁城，溥仪的上谕也已发下，任命他们为"尚书房行走"和"懋勤殿行走"。

清点工作正式开始了。

溥仪道："庄师傅，建福宫的财宝堆积如山，有的府库从来没有开过，咱们去看看。"

溥杰和溥佳道："我们也去。"

毓崇在旁边一声不吭，溥仪道："毓崇，咱们一起去。"

毓崇高兴地道："谢谢皇上。"

几个人来到建福宫，庞大的建福宫内有许多殿屋和府库。

溥仪一行人来到一座库房门前，叫太监打开。库门封条很厚，至少有几十年没有开过了。走进大库，见满屋都是堆到天花板的大箱子，箱皮上有嘉庆年的封条，里面是什么东西谁也说不上来。

"打开一个箱子。"溥仪对太监道。

"嗻。"

一个箱子打开了，众人惊异地看着里面的物品，原来全是手卷字画和非常精巧的古玩玉器。

"我晓得了。"溥仪道，"这是当年乾隆帝自己最喜爱的珍玩。乾隆驾崩后，嘉庆帝下令把那些珍玩全部封存，装满了这福建宫一带的许多库房，我们发现的，只不过是其中一库。"

庄士敦道："真是骇人听闻，我若不是亲眼看到，真是不敢相信。这里是世界上藏宝最多的地方了，法国的卢浮宫，也难望其项背。"

"我们再到其他库看看。"溥仪道。

"太好了，让我这个外国人饱饱眼福！"

一行人走了许多库，有的库全是彝器，有的库全是瓷器，有的库是许多金银制品，有的库是钻石宝石制品。最后他们来到一个库中，里面全是名画。

庄士敦完全被眼前的景物震骇了：满满一库的世界珍品竟都躺在蛛丝网中？

他们翻看了几幅，只见郎士宁给乾隆画的许多画图。这些写实的图画，真实地记录了那个时代帝王的生活——这绝对是珍品！

庄士敦灵机一动，道："皇上，不如把清朝历代皇帝的画像和行乐图取出拍照。这样既可以显示清朝历代皇帝的丰采，又可有一笔丰厚的收入。社会影响和经济收入全有了，为什么不做呢？"

"太好了！"溥仪还苦于无所消遣，听了这个建议当然高兴，"就交于你办这事情。"

于是第二天庄士敦便带一位美国摄影师，就在养心殿里拍照，每天拍十来张，拍时到建福宫中去取。

溥仪跑前忙后，立即和摄影师成了好朋友，摄影师送了他两架照相机，溥仪如获至宝，每天学着拍起照来。

一天，当摄影师看到乾隆行乐图中的《万国来朝图》时，赞叹不已，对溥仪道："这真是绝世珍品，皇帝陛下的祖宗在当时的世界上真是威风八面，这种气势，这种宏伟的气象是现在的英国也无法比拟的。"

几句话把溥仪说得愣愣的。他又看了看其他几幅，是《乾隆赐宴图》、《乾隆南巡图》、《英国使臣马戛尔尼晋见乾隆图》、《乾隆太和殿筵宴图》……

祖宗的功业多么辉煌啊！可是如今江山已属他人，就是这宫中的宝物，我们爱新觉罗氏的宝物，也面临劫难！

看着溥仪怪异的神情，摄影师道："皇帝陛下，我说错什么了吗？"

溥仪急忙道："没没有，你继续拍吧。"

"我这也是为皇帝陛下做宣传呢。以皇帝陛下的家世，在西洋，那肯定是万人仰慕的，即便不是君主立宪的国家：像皇上的家族，在西方也必是钟鸣鼎食——用通俗的话说，也必然是名声显赫，财富盖世。"

几句话说得溥仪神往了许久："我要恢复祖业，我要恢复故物！"他在心里不停地念叨着。

但是溥仪是健忘的，一会儿，他找来溥佳道："我忽然想起来这后殿的库房里有许多东西没有动过，不知是什么，走，看看去。"

二人到养心殿后面的库房里，在里面翻找着，忽然，发现里面有许多很有趣的"百宝匣"。

"这又是老祖宗乾隆帝的玩物。"溥仪道。

他们搬出几个出来，见这种百宝匣用紫檀木做成，外形好像一般的书箱，打开了像一道楼梯，每层梯上分成几十个小格子，每个格子里是一个玩物：宋磁小瓶、名人手抄的寸半本四书、一个精刻的牙球、一个雕着古代故事的核桃、几个刻有诗画的瓜子、埃及古币、阿拉伯红宝石，等等，无奇不有。

一个小型的匣子里有几百种珍奇宝物，一个大型的匣子里有更不下上千种。名为"百宝"，举凡字画、金石、玉器、铜器、漆器、瓷器、竹器、牙雕等等，无一不备。

“我们把他搬到养心殿去！”溥仪道。

“对！搬到养心殿去，这些东西千万别丢了！”仍在惊讶中的溥佳附和道。

搬了两天，这四五匣东西都搬到了养心殿里，溥仪和几个伴读终日“清点”着，沉迷于其中，几天的时间，便玩腻了。于是又叫溥杰、溥佳、毓崇几个伴读到各处游玩。

一天，几个人看罗振玉、王国维等在整理建福宫中的古物和字画。

罗振玉道：“看来宫里丢失的珍品不少，有些东西让他们拿来就拿不出来了，而有些东西显然是配套的，却残缺不全。”

十年前罗振玉就以抢救清室的档案出了名，最近，又倾全家之财花了一万多元把民国博物馆卖到造纸厂的珍贵档案抢回来，他对这些档案的抢救，他的考证，早已轰动海内外。他的话带有权威性，溥仪听到后道：“我这就找内务府，让他们严加盘诘，若再有丢失，让他们自己赔偿。”

于是溥仪即刻召见内务府大臣和建福宫总管黄进禄道：“若建福宫再有丢失，就拿你们是问，用你们的东西来赔！朕是铁定了心要清点，要防盗，若是有谁敢顶风作案，定斩不饶！”

说罢，让他们下去。

所有的人都看出了皇上清点财物的决心，那些内务府的上下层官员，一些中上层太监、一些护卫慌了神。有些东西早在几年前就偷到宫外，有的虽是最近偷盗到宫外的，但是要运回来，那是太难了，何况他们偷出宫去的东西怎能忍心再弄回来？怎能甘心再运回来？更不甘心的是，溥仪这样做，断了他们泼天大的富贵。那些靠紫禁城发财的人整日在思量——

怎么阻止皇上的清点、整顿呢？

溥仪发号施令以后，就去玩自己的。结婚以后，到毓庆宫读书的时间是越来越少了，几个伴读的学生，实际上成了他的游伴、玩伴。他们到处游玩，玩厌了，溥仪又叫太监把各宫收藏的古物搬到养心殿玩赏。

一天，一个太监拿来一个能写“天下太平”的机器人和一个珐琅银质小盒，一按机簧，从盒内跳出一个小鸟展翅而鸣。

“太奇妙了！”溥仪道，“这宫中不知道有多少稀奇的东西呢！”

又有一次，几个太监抬来一张八仙桌。这个桌子，由桌面到桌腿全是大小抽屉和门，拉开之后，里面全放着各式各样的玉器和铜器，都是古代的稀世珍品。

溥仪常想：我究竟有多少财宝？我能看到的，我拿来了，我看不到的又有多少？那些整库整院的珍宝怎么办？被人偷去了多少？怎样才能制止偷盗？——再也不能让那些内务府的人、那些太监，那些护军偷盗我的东西了！盘查要快！清点要快！整顿要快！”

他又接连下了几道谕旨。

"溥杰，咱们到永和宫玩儿去吧。"溥仪下过圣旨以后，玩心又起。

"对，咱们到那去玩儿去。"端康最喜欢溥佳，听皇上说到永和宫去玩儿，溥佳自然非常高兴。

溥杰却道："我……我……还是不去吧。"

溥仪道："怎么，怕在那里见到媳妇呀！"

众人大笑起来。

原来，端康把他最疼爱的侄女唐怡莹许给了溥杰，对这个大自己三岁的女子，溥杰虽说不上不情愿，但也觉得不太能合得来。可是，既是太妃指婚，醇王府也不太好再说什么，便定下了这门亲事。

溥杰见溥仪和溥佳笑他，红着脸，倒不好意思不去了。"要真的能见上她……"溥杰心想，真的在永和宫见到唐怡莹怎么办？他心里渴望见到，又害怕见到。最后说："咱们去吧。"

溥仪道："唐怡莹经常在永和宫，说不定溥杰能碰到她呢。"

正说着，外边有太监报："老爷子，荣公府的二爷来了！"

"快！快让他进来！"

原来溥仪最近喜欢上了婉容那个十岁的弟弟，他那种调皮劲儿、那种无拘无束的脾性，总能让溥仪开怀大笑。

一会儿，蹦跳着进来一个小孩，见了溥仪，一躬身行了个不伦不类的礼，道："万岁爷吉祥。"

"你来得正好，我们正要到永和宫去玩呢，你顺便到永和宫向太妃请安。"

"那好吧。"

皇上的小舅子望了望这儿居室里的西式地板上，空荡荡的，便道："这里没有什么好玩的吗？"

"有，有，"溥仪道，"从永和宫回来后，我带你看百宝匣。"

"百宝匣？是不是想变出什么就能变出什么的匣子？"

"差不多哩。"

"那我现在就看。"

溥仪道："有的是时间，回来再看吧。"

润麒道："姐姐不要我在这儿长过，这次来，要不是万岁爷想的法儿，奶奶还不放我来呢。"

原来，溥仪很喜欢这个内弟，可岳母却不放润麒过来，一来怕他顽皮，惹事；二来怕耽搁了他的学业也耽误了皇上的事情。而溥仪则想了法儿：赏赐给荣府几匹马，按礼仪被赏的人必须到宫中谢恩，所以润麒才能被允许来到宫中。

当下听了润麒的话，溥仪道："端午节到了，我留你在宫中，再让皇后会亲，你不就留在宫中了吗？”

“好！还是万岁爷有法子。”

“走，咱们到永和宫去吧。”

众人来到永和宫，见端康太妃在一群太监和宫女的簇拥下正在骑自行车呢。端康胖胖的，骑在车上像一头肥肥的老母熊，笨拙得可爱。

“皇额娘吉祥。”

“主子吉祥。”

“哟，都来了！今天永和宫可热闹了。快，拿东西给他们吃。”

自从醇王福晋去世后，端康有如变了一个人，对溥仪对下人都和气了许多。今天见皇上来了，自己的侄女婿来了，自己最喜欢的溥佳来了，又来了个顽皮的小润麒，可把她乐坏了——她平日最喜欢十多岁的小孩，见润麒也跪在那里请安，忙道：“快起来吧，哪有这么多的规矩，到这儿来，不是到其他的宫中，都不要拘束。”

她拉着润麒的手，道：“我这里有许多好玩的东西，时常来玩。”

他们来到大殿，早有太监捧着一盘子东西过来。

太妃道：“随便挑，这是赏赐你们的东西。”

“皇额娘真疼他们，这些年来什么时候让我随便挑过东西啊。”

端康道：“怎么，皇帝也和别人争什么，那好吧，从今以后，就多弄几件，你们随便挑。”溥仪道：“这样，我还是沾了他们的光。”

“别逗嘴了，挑吧。”端康道。

几个人挑过东西，端康太妃看了看道：“还是麒儿会挑，别看他年纪小，还真有眼力，那块彩墨，是乾隆年间的，整个宫中也找不出几件了。”

润麒笑道：“还真被我误撞上了，有万岁爷在这里，又有几位爷在旁边，我原以为找件最不值钱的，原来这宝贝比那金玉还值钱！”

“原来如此啊，这是你命好——心好命就好。”端康道。

正说着，一位宫女捧来燕窝银耳汤，道：“主子，该用汤了。”

端康道：“溥杰呀，在这里我又没有板过脸，你怎么那么不自在啊，去，活泼点，一块去玩儿去吧。”

溥仪道：“等到他洞房花烛之后，可能就自然了。”

端康道：“杰儿太老实，我怕怡莹到时候太活泼。杰儿啊，别怕，什么年代了，我也从报纸上学了许多新的东西，也是‘新派’人物，你就放开点。”

说得众人都笑起来。

溥仪道：“皇额娘，他们的婚事还是早点办了吧。”

“正合我意——今年尽快办。好了，你们随便玩去吧。”

溥仪等人来到东配殿，这里是他们最感兴趣的地方。在这三间大殿里，无论桌椅还是上面摆的瓶盘盆景，以及其他所有的陈设，无一不镶有各种大小不同的钟表。座上所摆的座钟更是可爱，都装饰着各色花鸟人物，钟内也都装有花鸟、人物或其他玩意儿。每当报时的时刻到来，小人翩翩起舞，小鸟展翅而鸣，使人眼花缭乱。

溥仪、溥佳、溥杰等人已来过许多次，却还兴味盎然，那润麒第一次见到，自然更是高兴得手舞足蹈，他无法想象宫中竟有这么好的东西！如果不是亲眼看到，他说什么也不会相信有这么巧妙的东西。

“万岁爷，你的百宝匣有这好玩吗?”润麒不由地想起溥仪说过的百宝匣。

“各有千秋。”溥仪道。

正在这时，外殿有太监道：“主子，三位格格来了。”

端康在外殿道：“今天真是少有的热闹——你们就甭行礼了，皇帝、溥杰他们都在东配殿呢，去玩去吧。”

里面溥仪听得清楚，“喂！喂!”他小声叫道。

其余的人都把目光转向他，润麒道：“万岁爷，什么事。”

“你们都不要出声，躲起来!”皇上指了指外殿。

“太好了!”润麒看出来这是要吓三位格格一下，于是先藏起来。

溥杰道：“别真吓着她们。”

“说什么，快蹲下。”溥仪着急地道。

于是几个人都躲了起来。

三位格格进了殿里，见里面空无一人。二格格一向性格外向，道：“主子不是说皇上和二哥都在这儿呀? 怎么没有人?”

韫媖道：“不会吧——皇上别是和我们捉迷藏。”

“哇——!”溥仪大叫。

“啊!”三格格韫颖吓得钻进了韫媖的怀里。

溥仪大笑。

二格格韫和道：“皇哥哥吓不倒我！我一点也不怕。”

这时溥杰和溥佳都站起来。溥佳道：“二格格就会说大话。”

溥仪道：“不错，二妹，咱们赌一件东西。你若不怕，我就把今天皇额娘赏我的东西送你；你若怕，就把赏你的东西给我。”

“行！在这儿有什么好怕的。”二格格韫和道。

谁知她的话还没说完，“呜哇——”一声，一只老虎冲过来。

“救命啊!”

韫和大叫着奔跑。

哈哈哈……大家都大笑起来。

韫和跑到门口，只道是受了捉弄，回头一看，大骂道：“又是润麒个小不点儿，哪一次看我不好好整他一顿。”

众人又是大笑，韫颖胆怯地看了看润麒，心想：我可要躲着他！

溥仪道：“我带你们照相去，我跟美国的一位摄影师学的本领，今天露一手给大家看看。”

“皇上，也教我照相吧。”润麒道。

“教！一定教会你！”

此时，端康传谕道：“难逢今天这么热闹，大家聚在了一起，就在这儿用膳吧。”

用膳后，溥仪带着大家在御花园照相，摆够了姿势，大家又爬假山玩，一会儿又累了，三位格格要回去，溥杰、溥佳也向皇上告辞。

溥仪道：“天天这样多好！大家都住在一起多好！玩得正高兴，又要分开了。”

溥佳道：“这又有什么？黑夜过去是白天，月有阴晴圆缺，这是自然之理。明天我们就又聚到一起了么。”

众人走尽，溥仪道：“润麒，走，看我的百宝匣去。”

润麒却道：“万岁爷，我还没给皇后主子请安呢。”

“是……是的，你该到皇后那里去了。”

“皇上不去吗？咱们晚膳就在那儿吃吧。”润麒觉得皇上姐夫和姐姐在一起吃饭是天经地义的。

“走，到储秀宫去。”

第二十七章

灭罪证建福宫纵火 发雷霆养心殿挥刀

到了养心殿，溥仪一眼瞥见墙上康熙大帝用过的那把宝刀，于是取下来，照阮进寿的头上砍去，谁知不知是由于溥仪胆怯，还是由于什么原因，阮进寿没敢动，溥仪这一刀竟然砍歪了，一下砍在阮进寿的肩胛骨上！

正是初夏，柳丝轻拂，杨叶撑圆。储秀宫内，月季吐香，兰草摇翠。婉容挽着高髻，抚着古琴，对着红花翠兰，正在高歌："西北有高楼，上与浮云齐。交疏结绮窗，阿阁三重阶。上有弦歌声，音响一何悲。谁能为此曲，无乃杞梁妻。清商随风发，中曲正徘徊，一弹再三叹，慷慨有余哀。不惜歌者苦，但伤知音稀。愿为双鸣鹤，奋翅起高飞。"

"皇后主子，"润麒道，"我怎么听这声音透着那么多的悲伤？"

"你是什么时候来的？怎么突然到了这里？"

婉容拉着弟弟，刚才抚琴清歌时的愁绪一扫而空。

"我和皇上、格格及皇上伴读的几位爷在御花园爬山玩呢。"

"你自己到这儿来的吗？"

"不，皇上已进屋里去了。"

"你们来了多时了？"婉容惊讶地问。

"是，听到皇后主子在唱歌弹琴，皇上说不要打搅，就进屋去了。"

这时有宫女送来毛巾道："二爷擦把脸吧。"

"你是什么时候到的？"婉容问。

"上午就到了。"

"到这时才来——还是和皇上玩呀，上次你骑在皇上身上玩，却被谁拍下照片来了。你看，这成何体统，以后不许这样，不然，就不让你到宫中来了。"

润麒接过几张照片一看，笑道："这有什么，这不也有皇上骑在我身上的照片吗？"

"唉——我说什么你才能明白，不管怎样，对皇上这样不恭的事不能再发生了。"

“是，皇后主子。”

“这‘皇后主子’听了真不是味儿，叫姐姐不好吗?”

“临来阿玛和奶奶说，如果我要是把皇后主子叫‘姐姐’，就撕了我的嘴，我怎敢叫?”

“看把你热的，待会儿好好洗个澡。”

二人进屋，溥仪笑道：“姐弟情深呀，说了这么长时间的话，把皇上也忘了。”

“皇上吉祥。”婉容向皇上行礼，好像没有听到刚才的话。

“皇后，今儿个润麒来了，弄点好吃的，你这里有什么好吃的吗?”溥仪问。

“总是那几样，没什么新鲜的。”

“传御膳，今儿个储秀宫多备些菜肴。”溥仪对门外喊。

“嗻。”门外一声应答，有人到御膳房去了。

“皇上什么时候教我照相，这比吃饭有趣多了。”润麒道。

“什么？皇上教你照相——我也想学。”

“那就一起教。”溥仪道。

“现在就给皇后主子照一张吧。”

“相机拿到养心殿去了——明天吧，明天我给皇后照几张。”

溥仪向婉容看去，见她穿着素花旗袍，腰肢窄窄，更衬出她的窈窕与娇美，那眼中也就柔情万种。

“皇后，刚才的曲子有点太悲伤了。初夏的时节，万物勃发，一派欣欣向荣，皇后怎么选唱那种曲子，那种词。”

婉容道：“皇上没看见那藤下柔弱的纤黄的小草，只见到花红柳绿，那纤弱的小草整日得不到阳光的抚慰照射，哪来得生机勃发呢？臣妾看到那不得阳光抚照的小草，有感而发，又值黄昏来临，故起凄凉之声。”

溥仪道：“皇后，你是那怒放的月季，是那饱绽的牡丹，怎能说没有阳光的照射呢？皇后不会自认为是小草——藤下的小草吧。”

婉容道：“就是那牡丹，月季，更需阳光的抚照，雨露的滋润，不然，别看它今日尽展风采，明日它就会枯萎的。”

润麒大致听懂了他们的谈话，道：“皇上、皇后，进膳吧，阳光总会……总会……我不说了，我说不上来。”

晚膳很快进完，润麒调皮地道：“皇上，我到养心殿去了，皇上就留在这儿吧。皇后主子，如今有了皇上了，我自然……自然不是你最疼爱的人了——我懂，我还是早早地走开吧。”

“说什么呀！看打！”婉容嗔怒道。

润麒走了，溥仪携婉容进了内室，一歪倒在了炕上。

“来，来，过来皇后。”溥仪柔声唤着婉容，婉容走到炕边，坐下，溥仪一把搂过她，在她唇上、耳边、项上狂吻起来。

终于等到这一天了，婉容高兴地流出了眼泪……

第二天一清早，令宫女们诧异的是皇上和皇后——特别是皇后，并没有像她们想象的那样很高兴，反而神情沮丧，脸色黯然。宫女们为皇后和皇上穿戴，看着他们俩木然的神情，疑惑不已，满腹狐疑。

宫女们侍候皇后、皇上穿戴好，退了出去。

婉容道：“皇上，说什么也要在这里吃早点，我们不要让内监和宫女们觉得有什么地方不对劲儿。”

“皇后，”看不出溥仪那茶色近视镜片后的眼光，但可以充分体会到他的羞愧，内疚，他说道，“我教你学拍照。”

“皇上，以后吧，今天皇上不会有什么好情绪——不过，我不希望这样。我们都是有新思想的人，我也进过学堂，我们都不要有什么思想负担，下次我们再试试看——皇上要好好保养身体。”

回到养心殿，溥仪不想见到润麒，怕又想起昨夜的尴尬，他便一步不停地又到了毓庆宫。

一路上，所有的人都笑眯眯地看着他，眼睛里充满了美意。毓庆宫中，陈宝琛师傅居然也笑眯眯地看着他，道：“皇上，人之常伦是不可废的，是要遵守的，不然，万物怎能生生不息呢？孔圣人、孟圣人都赞同天地一家春，乾坤合一，阴阳交配的。”

溥仪更加慌恐：我在储秀宫中过夜的消息真的就这样不翼而飞不胫而走，传得这样快！

朱益藩师傅进来道：“皇上，臣给皇上配一种药，今天奉给皇上。皇上的身体有点虚弱，要补一补的。”

“上课吧！”

溥仪脸色蜡黄，低着眼睛道，声音凉得如天山上的千年冰雪。

陈宝琛和朱益藩面面相觑，朱益藩知趣而疑惑地离开了。

下午是庄士敦的英文课，见溥仪来到了毓庆宫，说道：“今天皇上来上课了，为什么不到各处督促清点到处盘查盘查？”

“一切都安排好了，都在有条不紊地做着，我还是来上课的好。”

“皇上可不能大意，不要以为万事大吉了。今天我经过神武门，见一个护军审问一个拿椅子的太监问他拿椅子干什么去，那太监说是拿到宫外去修。可能护军觉得这事有点蹊跷，就过来拿起椅子检查，结果椅子的坐板有夹层，里面藏了许多珍宝。”

“什么！大天白日里偷盗，也太大胆了！我亲自看看去！”

“把他叫到这儿来审问得了。”庄士敦也想参与审问，于是建议皇上把太监提到养心殿。

太监被敬事房的众太监押到养心殿的院中，溥仪命令把他捆在松柏树上。

溥仪道：“今天朕问你问题你要照实答，不然，打得你半死，让你在这里喂蚂蚁——看到吗，这里的蚂蚁可厉害了。”

“万岁爷饶命，奴才再不敢了。”

“那要看你说不说实话了。”溥仪道。

庄士敦道：“如果你说了实话，我担保你的生命安全。”

溥仪问道：“你知道还有哪些人在偷？怎么偷？怎么把偷的东西运到宫外的？”

“奴才家有老母，病得厉害，昨天弟弟从老家到京，说了母亲病重的事，我一时无奈，今天就做了这样丧尽天良的事。别的人是不是偷，奴才确实不知。”

“打！”溥仪一声令下，竹鞭如雨一样抽在那太监身上。

蚂蚁闻到了血气，成群地爬到那太监身上，在血流得多的地方，黑压压的竟滚成了疙瘩。

“你不说实话，就这样让蚂蚁慢慢地把你吃掉！你知道‘蚂蚁啃骨头’的俗语吗？这些蚂蚁会把你的骨头都啃光的！”

溥仪恶狠狠地盯着他，拿起竹鞭往他身上猛戳了几十下，那血，更汩汩流出。

庄士敦道：“皇上，别打了。”他转向太监问道，“你说建福宫库房的门都是锁着的，你是怎么把里面东西偷出来的？”

“我……”太监又闭上了嘴。

庄士敦向溥仪使了个眼色，溥仪会意，向其他的太监说道：“你们都回去吧，我和庄师傅在这里就行了。”

溥仪和庄士敦目送着太监走出养心殿的院子，突然，树上的太监啊地一声惨叫，溥仪和庄士敦回头一看，见那太监的嘴上满是鲜血，溥仪吓得脸色惨白，大叫：“护军！”

有几个侍卫跃进院子，道：“万岁爷，怎么了？”

庄士敦道：“看看那太监的嘴怎么了。”

一个侍卫走上前，用手指拭了拭那太监嘴上的血，道：“这个人不能说话了，他的牙和舌头都被石头子儿砸得稀烂——他也活不长了。”

溥仪吓得两眼发直，庄士敦骇异得毛骨悚然，道：“怎么可能？刚才院子里空无一人，哪里来的石子这么厉害。”

庄士敦不太相信护军，大胆地走上前一看，更为骇异，这人的嘴伤得比他想象的要厉害，而一个石子，棱角分明锋利，还在那人的嘴里呢，而地上则掉了几颗牙齿。

“中国的功夫庄师傅是不懂的。特别是在这大内，更是有许多高手。”侍卫道。

庄士敦相信了，但是他道：“无论如何，我想，皇上清理宝物的决心是不会变的，对偷盗的盘查会进一步展开——对吗，皇上？”

“对，我一定要一查到底，一清到底！”溥仪道。

几天过去了，内务府和罗振玉、王国维等十几人继续清点着建福宫的珍宝，发现丢失的越来越多，本来，这里的东西从来就没有清点过，到底有多少宝物，谁也说不清。那么，这里到底丢了多少宝物也说不清。

溥仪流下泪来，他暗恨自己的无能，不要说恢复祖业了，甚至连祖宗传下来的故物都保不住！他更没有心思跟他的后妃厮混了，每到夜幕降临，他只是在宫中的空旷之处漫无目的地踱步。

“起火了！”

“救火啊！”

“快救火啊！”

几声喊犹如旷野中的狼嚎，使得这月朗星稀的夜晚顿时变得恐怖起来。正在月下闲步的溥仪猛然回头望去，见西北方向烈焰冲天而起！

“那是建福宫！是建福宫！”溥仪叫道，心里一阵阵抽紧，两脚发软，两眼发黑。

御前的小太监忙跑过来扶住皇上，溥仪一阵惊恐后，清醒一些，道：“快！快扶我回养心殿。”

众人急忙过来把皇上架到养心殿。

“电话……电话……”

太监们又把他架到电话机旁。他摇起电话。

“喂……贝勒爷在吗……我是皇上……宫中失火了……什么？去看戏去了。”

他啪地放下话筒又摇到醇王府：“王爷吗……快来快来，建福宫起火了……是，是建福宫，那可是宫中藏宝最多的地方。”

他啪地又放下电话，又摇到京畿卫戍总司令王怀庆的家里。

“喂，王司令吗……宫中起火了……我是谁，我是宣统，我是皇上……建福宫可是整个宫中藏宝最多的地方。”

溥仪接着又摇通了警察总监薛之珩、步军统领聂宪藩的电话。

最后，他忽然想起储秀宫离建福宫很近，急忙打电话过去。

“喂，是皇后吗？快过来！快过来吧！”

“谢皇上，我就过去！”婉容觉得在这种时候皇上能想到她，皇上对她还是充满了爱意的。

烈焰冲天！

全城的消防车很快全调来了！

专供宫内照明用的发电厂停止了发电！

载沣赶来了！载涛赶来了！其他的王公也赶来了！

王怀庆来了！

“皇上，”王怀庆来到养心殿旁的空地上对正看着火势的皇上叫道，“宫中没有自来水，又没有多少水井，我把全城的消防队员都带来了，把所有的消防器材都带来了，可是没有办法使用啊！”

“走！过去看看！”溥仪忽然显出临阵统帅的风度来。

“皇上，危险，就呆在这儿吧……”

“不！我要过去。”

烈焰冲天，人们只好看着大火蔓延。

溥仪一行人来到长寿宫西门，火就在眼前，烤得人脸上焦痛。

“吸御河里的水！”不知是谁叫了一声，王怀庆下令赶紧把所有的水龙都接到一起，这样真的把紫禁城外的御河水吸引过来了，可是杯水车薪，无济于事。

烈焰冲天，映红了半个北京城……

眼见着大火由静怡轩一直烧到延寿阁。延寿阁宏伟高大，倒塌时又把正在燃烧的椽梁倒在别的宫殿上，把周围的宫殿一起燃烧起来，顿时建福宫真的成了火的海洋。庭中数百年的参天松柏，此时变成了一根根火炬！一根根冲天的火把！

“这是有人纵火！皇上！”庄士敦大喊大叫地走来，灰头土脸。

“肯定是有人纵火！分明是监守自盗的人在毁灭罪证！”溥仪道。

“不能就这么烧呀！这样会连西六宫都烧光的！”庄士敦道。

“可是确实是没有办法！”王怀庆的衣服都烧焦了，“我们确实尽了最大的努力！”

火焰冲天，映红了半个天空……

老百姓也来了！城内的，城外的，商人、学生、贩夫走卒、拉车的卖唱的，等等，等等，都来了，端一盆水，挑一担水，洒进去，如火上浇油，所有的人都乱叫着，进进出出，沸沸一片。

“意大利的消防队来了！”

“意大利兵来了！”

人们叫喊着，溥仪心里一阵振奋。只见意大利的消防车到来之后，一阵喷射，一片白色的烟雾升起，封住了火道，庄士敦过去了，溥仪也跟着过去了，王公们也跟过去……

很快，一条空道被开辟出来，火道被封死。

大火整整烧了一夜，至次日凌晨七点，大火才被扑灭，只剩下股股黑烟向空中盘旋。

建福宫一带，包括静怡轩、延寿阁、慧曜楼、吉云楼、碧琳馆、妙莲花池、积翠亭、广生楼、凝辉楼、香云亭等都变成一片焦土！近四百间房屋一夜之间化为灰烬！这些楼阁建筑都非常宏伟壮丽，里边除供有金佛、金塔，各种法器和藏文经版外，还有清代九位皇帝的画像和行乐图，历代名人字画，古铜、古瓷等稀世珍宝。另外，为了修饰储秀、长寿两宫，这两宫的珍玩也挪过来不少。溥仪结婚时所收的全部礼品，也都储藏在这里。

这里的奇珍异宝堆积如山！这里是清宫存放珍宝最多的地方！

调查起火原因和清理火场同时开始。

溥仪、溥杰、溥佳、毓崇几个走在火场的灰烬上，心如刀割。

“太监的监守自盗是分明而毫无疑问的了，”溥佳道，“据消防队员说，他们初到火场时，清楚地闻到煤油的气味。”

许多天来，拘拿审问了许多太监，可是毫无所获。

溥仪道：“这些可恶的太监！我不会放过他们的！”

溥杰道：“损失已无法挽回，外界的报纸也在指责甚至攻击宫里，把国宝先是丢失，后是付之一炬！”

溥仪的心在哆嗦，溥仪的心在滴血。他颤抖着道：“我对不起祖宗，祖宗留下的宝物就这样不明不白地化为乌有了，别有用心的人又拿这作文章打压我们，这……这一切都是这些可恶的太监造成的！”

溥仪和伴读们走在这残垣断瓦上，不时发现有未烧完的珍本书籍及大堆烧得毫无光泽的宝石。他们捡拾着，带到了养心殿。那些金佛、金塔等等，都被烈火熔化，有的成了碎块，有的化成金水流入土中，结成板块。溥仪同几位伴读捡拾着残存的书籍，一会儿，不忍再看，便走出火场。

绍英迎向前来道：“书籍和字画是无论如何也没办法了。”

溥仪道：“问出什么来了吗？”

绍英道：“那些太监打死也不说，到现在什么也没审出来。”

溥仪道：“无论如何要犒奖那些在救火中表现英勇的人。”

“当然，我正想为此事找皇上商量。这里烧过的碎块金子不如重新熔化成金块，再卖给金铺，以作为火灾后的善后开支。”

“好吧，就这么办吧。”

后来，内务府拣的碎金块一共化了四百斤黄金。之后，内务府把北京各金店找来投标，一个金店以五十万元的价格买到了灰烬的处理权，从中又拣出金片金块一万七千多两。金店把这些东西拣走之后，内务府把余下的灰烬装了许多麻袋，分给了内务府的人们。许多年后，一位内务府官员告诉皇上，他叔父那时施舍给北京雍和宫和柏林寺每庙各两座黄金“坛城”，直径高度都在一尺上下，就是用麻袋里的灰烬提制出来的。

“亨利，”婉容在电话里亲热地叫着溥仪，“到我这里吃晚饭吧，娘家送来一些新鲜的蔬菜，都是自家种的，来吧。”

“好，我就过去。”

溥仪忙于处理大火的事情，好长时间没有到储秀宫里去，今天婉容打来电话，哪有不去的道理。

溥仪带着几条狗来到储秀宫，婉容迎出来，手里也拿着狗链子，哈巴狗在溥仪面前摇头摆尾，这里嗅嗅，哪里舔舔，亲热得不得了。

“你也喜欢上狗了？”

“喜欢极了，寸步不离。”婉容还没有说出：虽然她自己不会洗澡，却会给小狗洗澡；虽然她不会自己解衣宽带就寝，却会伺候小狗入睡。

溥仪道：“你们府上还会种菜？”

婉容笑道：“我到了宫中，真的成了四体不勤，五谷不分了。在天津时，我的外国老师家里就种了许多菜，到了她家院子，真如走进田园。她说，在西方，中产阶级以上的人家都有花园，更不用说贵族了，而且人人都会种花、养花。至于种菜，她说，菜很美，可怡情消遣美化环境，又可食用，实在是一举数得。听了她的话，我也就有了一些种花种菜的知识，在天津种过，回到北京种了一点，辟的园子，现在就结出许多新鲜的菜蔬了——不过，这次送来的当然不是我自己种的了。”

“是什么蔬菜呀。”溥仪流出了口水。

“是青椒黄瓜。”

“做过了吗？”

婉容道：“别急，亨利，我早已吩咐膳房了。”

“种菜确是一种怡情的好方式。”溥仪忽然道，“伊丽莎白，你好吃西餐，不知会不会做。”

“当然会做了。怎么，亨利，你想学吗？”

“太想学了。我想，过几天，专门办一个西餐膳房。”

“亨利，你真的会体贴人，我就是喜欢西餐。”说着，伊丽莎白握起亨利的手。

溥仪道：“你的英文学得怎样了？这洋师傅你还满意吗？”

“很满意。”婉容用英文道。

“果然学得不错，将来，说不定我们能一起到英国留学呢。”

“亨利，你说的当真！”婉容跳了起来。

“当真！我就想着到英国留学，曾逃跑过，可没逃成。现在我成婚了，亲政了，我的事我自己可以做主了！”

“我亲爱的。”婉容用英语说着，搂着他亲了一口。

“达令，”溥仪道，“我们永远在一起。”

二人如胶似漆。一会儿，菜还没有端来，溥仪道：“这半天了，怎么菜还没有端回来，怎么回事？”

“亨利，急什么，再等一会儿吧。”

谁知，又等了一会儿，菜仍没有端来，溥仪急了：“这是干什么，这么拖沓！”于是他出内室走出房门，来到院子中。正好，一位太监端着菜盘子走来：“万岁爷，这不就好了么？”

“好你个奴才，端菜连盖儿也不盖，树上的蝎虎子尿尿怎么办？”

溥仪还没等那太监反应过来，夺过盘子，狠命地向那太监头上砸去，顿时那太监的头上开了花，血汩汩而出。

满宫的人都没有想到刚才还是风和日丽，转瞬间却是雷电交加。

婉容奔出屋子，见太监已瘫在地上，忙道：“快！快扶他看医生。”

几个太监忙过来把那太监抬走了。

“进屋去吧，皇上。”婉容凄凄地道。

溥仪转身想走，可是既然婉容开了口，他又折回身，走到屋内。

婉容道：“看他伤势不轻，别出什么人命来。”

“你别吓我，哪有那么严重。”

“那么一砸，又是要害部位，他已不省人事，说不定会出事的。”

这一下溥仪倒怕了，虽然他是宫中的皇帝，可是毕竟现在已是民国，何况又是多灾多难之时，万一太监真的完了，外边人知道，不知又会做出什么文章，造出什么舆论出来。

一会儿，婉容对太监道：“快去看看刚才那人的伤势怎样了，马上回来禀报。”

“嗻。”

太监走后，婉容道：“皇上的脾气可真大，不会是对我……”

“不！不！你想到哪儿去了？我这些天，看到太监就头疼，我心里有气，我心里有恨呀！他们偷盗还不算，竟然纵火，一把火烧掉了祖宗几百年积攒下来的宝物——这，我如何面对祖宗，对百姓我又如何交待！”

婉容听他这么一说，心里宽慰了一些，她生怕皇上的温柔和爱恋是做出来敷衍她。如今看来，他真的是对太监有气。

此时，门外太监报告："回万岁爷、皇后主子，刚才被砸的那位爷没事儿了。"

溥仪长出了一口气，道："叫总管来。"

"万岁爷，是养心殿的总管吗？"

"不，是宫中大总管。"

不一会儿，张谦和到了，他已由养心殿总管升为整个紫禁城的大总管，终于混到了当年李莲英、张兰德的位置。

"万岁爷，奴才到了，有什么事？"张谦和道。

"赏那位……那位受伤的太监一百块大洋，让他好好调养一下。"

"嗻。"

张谦和退出后，婉容道："皇上还在这里用膳吗？"

"在，就在这里。——晚膳后，我就不回去了。"

"亨利——可是……"婉容露出尴尬的神情。

"伊丽莎白，我只是在这里留宿，我现在反倒觉得这里很好。"

溥仪现在觉得太监都是拐骗坑蒙、无恶不做的人，而养心殿里除了狗之外，就是太监。而这里，门外站着的都是宫女，虽然她们……她们也让溥仪讨厌，但总是要安全些。那些太监，既然能放火烧了建福宫，既然能用石子作暗器砸烂自己同事的牙齿和舌头，那么，他们还有什么事干不出来？

还是住在宫女的圈子里安全些！

可是刚用过膳，养心殿的太监赶来报告："老爷子！打起来了。"

溥仪吓得脸色煞白，他以为又有谁打进紫禁城里来了，顿时目瞪口呆，不知如何是好。

见溥仪吓成这样，婉容莫名其妙，问道："谁打起来了？"

"大总管和二总管！"

溥仪听了这话，轻松下来，但又气上心头，道："哪个大总管二总管？是原来的还是现在的？"

"是现在的，阮爷和陆爷。"

原来是阮进寿和陆喜福打了起来！

"在什么地方打的？"溥仪问。

"在阮爷的住处。"

溥仪又松了一口气，他以为是在养心殿里打的。

"我亲自去看看。"溥仪起身随那御前太监走了。

阮进寿升为大总管后，势力大了，派了二十来个太监服侍自己，又有专门的厨师，在紫禁城外的胡同里，又娶了媳妇，娶了妾，认了干儿子，香火也有人继承了，不免有点太得意了。陆喜福刚升为万岁爷宫中的二总管，也想摆点谱儿，二人闲来无事，在赌钱的时候互不相让，于是发生口角，最后动起手来。都是宫中有体面的人，下面的太监没有人能劝住架，便有太监来告诉了万岁爷。可是大家谁也想不到，万岁爷竟叫了侍卫，亲自到他们的住处来了。

这是一个小院，虽比不上李莲英、张兰德的住处——现在由张谦和住着——但这里，假山嶙峋，绿柳婆娑，花枝摇曳，四廊连亭，如同豪门的别墅一般。

溥仪进了正屋，见八仙桌上放着许多烟土，一些赌具零乱地摆着。

阮、陆二人大吃一惊，急忙跪在地上，道："万岁爷饶了奴才吧。"

"阮进寿，叫我怎么饶你，你这里烟灯、烟枪俱在，赌具一应俱全，又带头打架，成何体统！"

阮进寿道："万岁爷息怒，这些多是陆喜福从景仁宫带来的，他在那里开赌局、卖烟土，无人不知，无人不晓。我随万岁爷，哪里会……"

"阮进寿！你不要血口喷人！"陆喜福道，"你不但自己开赌局，办烟馆，你还做景仁宫中赌局的保人，整个宫中，哪一处的烟馆不向你交保护费？这还不算，我有证据证明你冒领官款，你身穿的绫罗绸缎哪一种不能养活北京人一家子一年的生活，钱从哪里来的……"

"陆喜福！你个婊子养的！恩将仇报，你难道没抽烟馆的租税吗？你……"

"够了！"溥仪喝道，"你们简直简直是土匪！是流氓！是……"

溥仪气歪了嘴，道："走！随我到养心殿去，慢慢说。"随后他又道，"多叫侍卫过来。"

溥仪觉得这里太不安全了，他看到有许多太监睁着绿莹莹的眼睛在望着他。

到了养心殿，溥仪一眼瞥见墙上康熙大帝用过的那把宝刀，于是取下来，照阮进寿的头上砍去，谁知不知是由于溥仪胆怯，还是由于什么原因，阮进寿没敢动，溥仪这一刀竟然砍歪了。一下砍在阮进寿的肩胛骨上。

"老爷子饶命！老爷子饶命！"阮进寿就势躺在地上。

"万岁爷住手，万岁爷不能这样！"不知什么时候王焦氏跑进来。

溥仪把刀放下来，仍然气冲牛斗。

"老爷子，让他们下去吧，明天再问，天也很晚了。"嬷嬷劝皇上。

此时电话铃响了。

"万岁爷，接电话。"

溥仪走到话机旁，拿起话筒，里面是婉容的声音："皇上，晚上还在这里住吗？"

"不了。"

"听你的声音气得很厉害，别那样生气，和那些太监，值得吗？有什么事明天再说吧。"

"好。"

“千万别动气，皇上，要忍着点，答应我，亨利。”

“我答应你。”

“那好吧，祝你晚安，See you!”

电话挂断了，溥仪道：“你们都下去吧。”

众人退去，王焦氏也要走。

“嬷嬷，”溥仪急忙喊，“住在这儿吧，今晚已经很晚了。”

王焦氏看了看他惊恐的样子，道：“好吧，万岁爷，我就睡在你的房门口。”

“快！快给嬷嬷拿铺盖过来。”

溥仪又看了看走廊，从他的寝室到抱厦，都有值更的太监打地铺睡着。“有谁要是对我不怀好意，岂不太容易了吗?”

溥仪越想越怕，道：“把我的豹子、虎子牵来放在门前——嬷嬷，你在豹子、虎子的里面睡。”

“放心睡去吧，万岁爷，没有什么事的。”嬷嬷道。

溥仪进了寝室，又翻起了《圣训》——这是皇帝每天必做的功课——大清历代皇帝都是如此。他翻了雍正帝的《朱批谕旨》，见上面写道：“可信者，人；而不可信者，亦人。万不可信人之必不负于己也。不如此，不可以言用人之能。”又见雍正帝在亲信大臣鄂尔泰的奏折上批道：“其不敢轻信人一句，乃用人第一妙诀。朕从来不知疑人，亦不知信人。”“即经历几事，亦只可信其已往，犹当留意观其将来，万不可信其必不改移也。”他又翻了几页康熙帝的圣训，见上面写道：“为人上者，用人虽宜信，然亦不可遽信。”又道：“朕观古来太监，良善者少，要在人主防微杜渐，慎之于始。”

溥仪看罢，心道：“圣训说得对，这世上谁人可信？袁世凯？徐世昌？张作霖？外邦？最不可信者是内务府和太监们。圣祖说太监良善者少，其实太监多是邪恶之徒，无所不为之辈！雍正帝告诫人们要‘察察为明’，我明天就去调查。”

溥仪差不多是一夜没睡，他怕太监在为他解衣宽带时对他不利，便让嬷嬷在一旁站着，早上穿戴也是如此。

第二天，他套问身边的小太监道：“昨晚上大总管和二总管没有向你们交待事情吗?”

“回老爷子，没有。”

“也没和别人说什么吗?”

“没有。”

溥仪又进一步问道：“我怎么经常发现他们那几个在扎堆儿议论，都说些什么呀，晚上不耽误别人睡觉吗?”

“很少扎堆儿，除非是赌一把，奴才并没听到他们议论什么。”

溥仪道：“我最喜欢你们几个，所以把你们挑到御前，跟随朕的左右。朕也觉得有些地方做得不对，你们不要怕，你们若是诤谏，朕是绝不怪罪的，要是有别人诤谏，你们也可以转达，我会赏赐你们的。”

从小太监那里，溥仪并没有套问出什么，于是他就自己去偷听。

一天，他悄悄地走到一个窗子下，听到里面几个人议论着——

“皇上的脾气也太坏了，动不动举手就打，今天我又挨了十几竹鞭，真冤枉。”

另一个道：“万岁爷恐怕现在不相信咱们，走路也疑神疑鬼的，我整日提心吊胆，生怕万岁爷脾气不好的时候撞上我。”

“这日子真是难过。”一位太监狠狠地道。

“若能混到上面，就享尽荣华富贵了。”

“是呀，看阮爷，还不是被革了顶戴，陆爷不也是挨了几十板子。”

溥仪越听越怀疑：他们这样怨恨我，对我还能有什么好的打算吗？

这样听了一会儿，声音渐渐小了，他就蹑手蹑脚地回来，忽然，他发现无逸斋的窗户上有一团火，他大吃一惊，急忙喊：“起火了！起火了！”

第二十八章
驱太监阉奴绝生路 荐大臣总理受隆恩

神武门城楼上，绍英宣读皇上的圣旨："兹将太监全部裁撤，立即出宫。钦此。"片刻之后，全场掀起愤怒的狂涛。"留个印记给皇上，让他不得好死！"一个太监忿恨地叫着，一头撞向神武门，顿时鲜血飞溅……

太监们被惊动起来，有的拉起了火警。一会儿养心殿被围得水泄不通，而窗户上的那团火也被扑灭。

"万岁爷，这是一团刚浸过油的棉花，刚烧着，幸亏发现得早。"首领太监报告道。

不久，王公们和内务府的大臣们也赶来了。他们看着那团浸过煤油的棉花，骇异得张口结舌。

"谁谁先发现的。"载沣道。

"是我最先发现的——亏得我无意间到了东套院，不然……我……我可能也葬身火海。"

人们又是一夜没睡，又到了晚上，溥仪亲自到太监窗下去偷听。

"万岁爷到东套院干什么？"

"就是，半夜三更的。"

"喂，"一个太监的声音很小，但溥仪还是听到了他的声音，"我说，那棉花团说不定是万岁自己放上去的。"

"你这么一说，我看这极有可能。是万岁爷自己首先发现的，又是在东套院——有可能！有可能是皇上自己要放火！"

溥仪在外面听得惊心动魄。这些太监，不想谋害我是在干什么？这样居心叵测！

溥仪如幽灵一样地溜回来。

"不行，今晚要挑几个忠心的睡在这过道里值班——他们要谋害我也太容易了。"

挑来挑去，溥仪一个太监也没挑到，最后他拿起电话。

“喂。”

“亨利，现在来电话干什么？”

“到我这儿来睡吧。”

“我已经睡下了。”

“无论如何你也要过来——对了，经过长寿宫叫嬷嬷也过来。”

“非要这样吗？”

“十万火急！快来吧。”

“好吧，我就去。”

溥仪在寝室里等着，一会儿，急得直跺脚，“怎么还没有来！怎么这么磨蹭！”

婉容终于到了，溥仪已急得冷汗淋漓，他脸色苍白，瞪着眼睛，刚要发火，王焦氏道：“老爷子，甭发火，我们来得就够火急的了，是老爷子自己心急，您看看表，还能比皇后主子来得更快吗？”

“是是，来得够快了。”

“叫我们来干什么，有什么急事？”婉容问。

“没什么急事，我憋得厉害，头脑昏沉。我是让你们来为我守夜的。我躺下后，你们若发现有什么动静，随时喊醒我。”

婉容惊得睁大了眼睛，刚要说话，王焦氏向她使了个眼色，婉容道：“亨利，放心睡吧，绝不会有什么事的。”

有宫女为溥仪宽衣解带，很快，溥仪睡下了。

“皇后主子，”嬷嬷道，“一连串的事搅得皇上的心里净是阴影，他这样做，是对皇后娘娘的信任，奴婢倒满高兴的。”

“我懂。这么多的事情，大事小事，让皇上相信谁呢？”

是的，在这宫中，溥仪似乎只相信他的乳母和妻子。

第二天，溥仪正庆幸自己昨夜睡了个安稳觉，但是一个凶案又来至他的面前——

有个太监因为被告发了什么过失挨了总管的责打，于是他怀恨在心，在今天早晨，他趁告发人还没起身，拿了一把刀，抓了一把石灰，进了告发人的屋子，先撒石灰在那人的脸上，迷了他的眼，后用刀戳那人的脸，那人的脸被戳了十几刀。行凶的人逃跑了，受伤的人被送进了医院，生死未卜。

溥仪更是胆颤心惊，养心殿里放了狼狗，一只大狼狗佛格也从德国运来了。狼狗一来，一直跟溥仪而去，溥仪见这狗如一头毛驴一般，见了自己亲热得不得了，高兴万分。原来，他早就听说德国的军犬是世界上最勇猛、受训最好的，于是便花了几千块钱从德国买了一头，他把自己的一双袜子交给买狗的人，让那狗在德国嗅一嗅，看它到紫禁城后能否找到主人。如今，这头军犬准确地找到他，而且让它趴下就趴下，让它跳跃就跳跃，让它冲锋就冲锋。

“太好了！太及时了。”

于是他的床边，又多了这头佛格。婉容自然也是留在他身边，门外仍旧是王二嬷。

一连几天，婉容也没睡好觉，特别是身边有几只高大威猛的狗，早把自己的小狗吓得夹着尾巴不敢露头，而婉容自己在这些狗面前也是提心吊胆，生怕它们一时性野咬了自己，哪能睡着觉?

一连几天过去了，婉容已筋疲力尽，眼睛红红的。看到这种情况，溥仪想：狗和婉容再加上嬷嬷终究不能最终解决问题，这样天天让皇后陪着，与狗同眠，究竟不是个最终解决问题的方法，须采取个一劳永逸的法子方行。

“遣散太监!”溥仪在心里恨恨地道，“早该如此!”溥仪在养心殿里踱着步，作出了决定。他又思忖了好久，想好主意，形成了一个完整的计划：“我要让王爷措手不及，我要让内务府措手不及，我要让太监们措手不及!”

溥仪拿起电话，先把溥杰和溥佳找来。

溥杰和溥佳接到电话急忙赶到养心殿溥仪的寝室，除掉那几头狗之外，这里就他们三个人。

“皇上，有什么急事?”溥佳问。

“我要做一件大事！惊天动地的大事!”

“是要逃跑吗?要不要带上皇后?”溥杰问。

“No，我要裁撤太监。”

溥杰和溥佳愣了一会儿，之后，又高兴起来。

溥杰道：“皇哥哥英明，早该裁了他们，要是早这么做了，建福宫也不会被烧了。”

“这样皇上身边就少了许多讨厌的人，少了那些‘狗腿’、‘狗眼’。不过，这事王爷、太妃主子、内务府能同意吗?”

“我已有了详细的计划。”于是溥仪说出了他的计划。

溥杰道；“好！这样迅雷不及掩耳，准能成功。”

溥杰道：“中外的舆论一定会颂扬皇上的，太监制度早该覆灭了。”

溥杰的话正说到溥仪的心上：他正是要通过此事，树立他顺应历史潮流，革除腐败制度的崭新形象。

“咱们拟圣旨吧。”溥仪便和溥杰、溥佳在这里拟好了各种圣旨。

一切准备妥当，溥仪命令御前太监：“通知护军，我要到醇王府。”

于是几辆汽车准备好，溥仪坐进了自己的汽车，一会儿，汽车驶进醇王府。

“皇帝怎么这个时候来了，也不打声招呼。”载沣急忙走到院里迎接，见溥杰也在身后，斥道，“你你怎么也不先说一声。”

“这是我的主意。”溥仪来到书房，刚刚坐下，载沣喘息甫定，溥仪突然道：“王爷，我要裁撤太监。”

“裁撤多少？”

“所有的，把所有的太监都裁掉！”

“怎怎么能这样做！祖制万不可违呀！”

“祖制！康熙圣祖就说过最不可信者是太监，现在这些太监在宫内杀人放火，偷盗都算是家常便饭了。如果再不撤裁太监，难道要把整个紫禁城都推入火海吗？难道连朕也要殉于火海之中吗？”

载沣又惊又急，更加结巴。溥仪就是看准了他这一点，突然提出这个问题，不让他和内务府的人和其他的人商量。

“皇帝，这些人在宫中多年，小心当差，绝不会图图谋不轨的。”

“那么，建福宫失火是怎么回事？养心殿东套院无逸斋上的浸油棉花团是怎么回事？他们是要害朕！可是王爷却看着不管，眼睁睁地让谋害我的人，让破坏大清祖业的人在宫里胡作非为？”

“不不不，皇帝，这这这……”

“不是这样吗？王爷要是不准备看到整个紫禁城都变成建福宫，就同意裁撤太监吧。”

“这这这也是慢慢商量，皇帝先回宫，过两天……”

“什么过两天，王爷不答应。我从今天起就再也不回宫了！”

载沣急得坐也不是，站也不是，又抓头，又挠腮，直在地上打转儿，桌上的一瓶汽水给他的袖子碰掉了，砰地一声炸了。瞅他这样，溥仪心里直乐，表面上一脸镇静，从容不迫地打开桌上的一本书，装作决心不离开醇王府的样子。

“我我我同意。”

“那么好吧，既然王爷同意了，就赶快叫王公们和内务府及王怀庆来，马上把太监撤出，撤出后我再进宫。”

载沣便向贝勒府和内务府打了电话，又给王怀庆通了话。

不一会儿，载涛和内务府大臣绍英、耆龄赶到了，听说要裁撤太监，都大吃一惊。溥仪先发制人，拿出早已拟好的圣旨，读道：“此令将宫内太监全部裁撤，立即出宫。钦此！”

过了好一会儿，载涛道：“这是祖制，怎么一下子就废了。”

“宫里如果再发生第二次大火，你负那个责任？王爷都同意了，你还有什么话说。”

载涛和内务府大臣默无一语，再也无话可说。

溥仪道：“载涛。”

载涛怔了一下，随即道：“臣在。”

“朕命你到宫内向太妃说明原委，现在就去吧。”

“嗻。”

“绍英、耆龄。”

“奴才在。”

“朕命你们调集全部护军，把太监迅速集合，令他们出宫，出宫后再依次回来认领东西。此事要做得不漏风声，迅捷干脆，若有什么差失，唯你二人是问。”

“嗻。”

一会儿，王怀庆来了。见了溥仪，跪下道：“臣见过皇上。”

“王将军快起，我早已退位，你是民国的大员，怎能行这种礼节。”

王怀庆道：“我永远忠于大清，在皇上面前，我永远是臣子。”

“王将军真忠臣也。”

“皇上此时召臣来有什么事吗？”

“我要裁撤宫内太监，把他们都赶出宫去。将军明白，上次大火，若不是你们倾力相救，紫禁城不知会成为什么样子，可是那场大火就是太监们纵火造成的。所以，为保全紫禁城，才做了这个决定。”

“皇上英明，臣赞成此事。皇上的果断，必定会赢来中外的一致赞赏。”王怀庆道。

“这次让将军来，就是让你抽调一支训练有素而且是信得过的军队进驻紫禁城，帮助内务府遣散太监。”

“臣遵命。臣保证不会出任何乱子。”

王怀庆行礼后转身去了。

不一会儿，载涛来向溥仪报告道：“奴才到主子们处，开始她们不同意，力争不裁撤，后来知道皇上已降了旨，也就同意了。不过，她们要求留下若干。臣以为主子和皇后的宫中，总不能不留一些内监吧。”

“那好吧，”溥仪道，“太妃宫中各留下十几名，皇后和淑妃宫中，由她们选几名留下就行了，其余的，一律裁撤。”

“嗻。”

一会儿，王怀庆带着警察总监薛之珩又回到了紫禁城。

王怀庆道：“皇上，太监出宫以后看样子圣上也已想好了。”

溥仪道：“待他们集合后，发给遣散费，让他们有家的回家，有亲的投亲，也可以去寺庙，无路可去的，可暂住紫禁城外的雁翅楼内。”

王怀庆道：“这就好，我们就好执行了。”

“集合了！集合了！所有的人都到神武门内集合。”

各个宫内都响起了护军的叫喊声，各个宫内的太监都被驱赶着急匆匆地奔向神武门。

还是黄昏的时候，太阳已落下山，夜幕越拉越紧。

太监们黑压压地集中在神武门内，叽叽喳喳地议论着不知发生了什么事。

“肯定不是好事。”

“不会杀谁的头吧？”

“那说不定就是杀你的头呢。”

“你也一样。”

每个太监的心里都冷飕飕的，都预感到灾难的降临。

“大家都过来！”

有人在城楼上高叫，在这黄昏的紫禁城中，那声音，犹如猫头鹰的叫声一般凄厉。

绍英宣读了皇上的圣旨：“宣统皇帝诏曰：兹将太监全部裁撤，立即出宫。钦此。”

全场一时间鸦雀无声，静默得如同微风不起的大草原。

一会儿，这静默的草原变成掀起怒涛的大海。

“这不是把我们往死路上逼吗？”

“我们怎么活呀！”

“让我们到哪儿去呀？这里就是我们的家呀！”

“我们的家就是紫禁城，我们这种人，到了外面，怎么活呀？”

“皇上不得好死！他不是我们的万岁爷！”

“他不会有好报的，皇上不会有好报的！”

惨号声和咒骂声让天地为之变色。

城楼上架起了机枪。

神武门内外除了护军外，王怀庆的军队已经赶来。

城楼上又响起了声音：“限你们两小时出宫，出宫后，再依次认领自己的东西。胆敢违抗者，枪子儿给你说话！”

人们开始走出神武门。

扑嗵——

“救人啊，救人啊！有人跳河了！”

扑嗵！扑嗵！扑嗵……

许多人跳进筒子河自杀了。

“留一点印记给皇上，让他不得好死！”一个太监忿恨地叫着，一头撞向神武门，顿时鲜血飞溅……

溥仪在王爷和溥杰、溥佳的陪同下在书房里正等着消息。

九点一刻，绍英打电话报告：“太监除留下的以外，全部出宫了。”

“我们可以回去了，”溥仪道，“溥杰和溥佳随我住在宫中。”

溥仪的汽车在神武门前停下，车再也开不进去。门内，太监们的行李和物品堆积如山。

溥仪随侍卫徒步走过去，见有的太监还在摸黑找自己的东西。

紫禁城内一片漆黑，空无一人。

一行人走到养心殿前，高大的宫殿前只有三名外随侍，他们举着半明半暗的蜡烛把皇上和他的兄弟引进去。

兄弟们走在其中，犹如身入古庙一样，顿觉凉从心起，似有阴风在这“庙”内盘旋……

“啊——”

溥仪一声凄厉的长叫，犹如见到了恶鬼一般，一头栽下。溥杰、溥佳连忙把他扶起，见他已晕了过去。

“快！快按胸口！”

溥佳学过急救，坐在溥仪的腹上按着他的胸脯，溥杰掐他的人中。

“哇——”一口浓痰吐出，溥仪醒了过来，此时医生已经赶到。

“怎么了，皇上？”御医问道。

“那……那地方伏着个人。”

溥仪指着房梁，众人望上去，哪里有什么人在？

此时载涛、载沣已闻迅赶来，听了溥仪的话，载涛道：“这分明是皇上心里恐怖，产生了幻象，那上边哪有什人影，看——”说着，他一踩一个侍卫的肩头，一个跟头翻了上去，“皇上，这上面什么也没有。”

溥仪这才放下心来，道：“皇叔的轻功真不错。”

“猴王的师父，还还能差了。”载沣道。

此时婉容已来了：“皇上怎么了。”

“我……我没什么。”

“把我吓死了，有人说皇上昏过去了。”婉容随溥仪走向寝室，溥杰和溥佳停下了脚步。

“你……你们也去！”溥仪向两兄弟命令道。

溥杰、溥佳互相望着，很为难。

溥仪道：“还站着干什么？走啊。”

载涛道：“你们都过去吧。”

当晚，载涛召集了在京的所有王公，让他们全住在宫内当溥仪的侍卫。载涛对王公们道：“大家分两班，轮流在宫内值宿，以后就这样了。”

“皇上，听说有什么身穿朝服的殿王爷每夜在这宫中走来走去，是这样的吗？”溥杰听过许多关于殿王爷的故事。比如，太监们晚上往外泼水要叫一声，“殿王爷，我泼水了。”又如，太监们晚上每到一殿，总要大叫一声，免得撞上了殿王爷。今天住在这空荡荡的宫中，溥杰害怕，所以就提出上面的疑问。

溥佳道：“瞎说什么，太监们的话，哪有真的。”

溥仪打开抽屉，拿出两把手枪，道：“你们一人一把，这玩艺儿，你们都会用吧？”

“会！”溥佳伸手接过。

过一会儿，婉容走到溥杰前悄声说：“二爷，你怎么净说些不得体的话，皇上正怕着呢，你怎么又鬼呀神地说起来。”

人们担惊受怕地过了一日又一日，养心殿里又增加了十几名外随侍，可是仍感生活不便。摆饭桌，提马桶、洒扫等等小事，大家忙不过来。于是过了不久，溥仪不得不又召来一些太监，再加上护军，宫内的生活也恢复到往日的平静。

又要选总统了，吴佩孚从老巢洛阳赶来。

原来徐世昌逃跑后，曹锟和吴佩孚打着“恢复法统”的旗号，又把黎元洪请到北京当上了总统。黎元洪和以前一样，上台后就拿起鸡毛当令箭不甘心曹锟、吴佩孚的摆布，时常磨擦，弄得曹、吴二人非常恼火。黎元洪见自己无职无权整日受别人的气，不愿做受人玩弄的傀儡，也逃出了北京，到天津租界里去了。

大总统没有人做，便要重新选举，所以为着总统人选的大事，吴佩孚赶到北京。

“大帅，这个总统的位子你就自己做了吧，别人怎能有这种道德威信呢。”在曹锟的客厅里，留着八字须的吴佩孚劝着曹锟。

做总统是曹锟梦寐以求的事，今天这话从吴佩孚嘴里说出来，他感到特别熨帖，道：“恐怕我没有这威望，你做比较合适。”

"别推辞了，"吴佩孚道，"具体的方案我都想好了，又带来一些费用。我想，大帅在上面的花销肯定不少，就收下吧。"

曹锟矮胖的身子挪了挪，道："南方孙中山接收了共产党，都是一群激进分子，'革命'的口号提得震天响，又口口声声要'北伐'。东北张作霖对我仍虎视眈眈，皖系的孙传芳志向也不小，他握有数省，占据中国最富的省份，我若做了总统，恐不是什么民国总统，而是火药桶。"

"这个大帅放心，咱们的实力目前还是雄视天下的，我会在外围把南北的力量都抵挡回去。大帅就放心地做总统吧。"

曹锟、吴佩孚派人找到国会议员们，找到了五百多位，许他们一张选票一万元。议员们接到选票和银元票，道："这比袁世凯和段祺瑞进步多了。那时候，他们是派军警包围议员、饿议员、雇佣流氓围攻议员。现在，中国的民主有了长足的发展，曹锟毕竟知道还是选上的总统有面子，毕竟知道逼出的选票不光彩，用上了贿赂的法子。"

"是啊，哪一届总统不是选出来的？谁说中国不是共和国？谁说中国没有民主？"

1923 年 10 月，曹锟就任民国大总统。

全国舆论一片哗然，人们看清了政府的腐败，讽刺着曹锟式选举的"进步"，反直的声浪一阵高过一阵。东北的张作霖看到有机可乘，扬言要再与直系决一死战。一时间，战争的阴云，密布中国的上空。

溥仪看着报纸，他惊喜地发现，报纸上都是攻击政府腐败的文章，而唯一颂扬的，却是他这个退位的君主。报上称宣统帝裁撤太监是伟大的壮举，说宣统帝才真正是和旧势力勇敢作战的人。报上仍然在宣传着宣统帝的种种美德，特别是赈济灾民、体恤百姓的美德。报上的许多评论说，宣统皇上的这种美德正是那些野心无限膨胀的军阀们所缺少的，军阀们只会把百姓推向水深火热之中来满足自己的权势欲望。

庄士敦走到皇上跟前道："如今的形势对皇上很有利，各军阀忙于争夺权利和地盘，不会留心紫禁城，如果皇上外示韬晦，内事改革，必然大有作为。"

溥仪大惊，对庄士敦，他总是隐藏自己恢复祖业的志向，没想到他早看出来了。

"改革不是正在进行吗？"

庄士敦道："力度不够。有一个腐败的内务府在，皇上想实现自己的志愿是不可能的。"

溥仪道："上次说的郑孝胥，不知是否能来？"

“陈师傅已去信邀他，皇上可以问问陈师傅。”

溥仪叫来陈宝琛道：“陈师傅，你和庄师傅都极力夸赞郑孝胥，听说你已去信邀他，不知情况如何。”

陈宝琛道：“他就要到北京了。”

“再写信问一问，看他是否有志来紫禁城，若他有什么不情愿的地方，千万不可强求。”

“皇上，郑孝胥可不是随波逐流的浅薄之辈，绝不是见风使舵的势利小人，他一定会到紫禁城来为皇上效忠的。”

溥仪听从了庄士敦的建议，在郑孝胥没来之前，就大刀阔斧地对内务府进行了改革。

首先，上次给他陈奏的做过张学良老师的镶红旗副都统金梁被任命为内务府大臣，不久，又任命他的岳父荣源为内务府大臣，不久又任命宝熙为内务府大臣。在短短的十多天里一连加任了三个内务府大臣，这在有清以来的历史上是绝无仅有的，溥仪之所以这样做，就是要内务府大臣们能够互相监督。

金梁刚上任没有几天，面见皇上道：“皇上，内务府中饱舞弊的事若不刹住，皇上难成大业。臣仅上任几日就发现，内务府今年已抵押了金银古玩现款达五百多万元，可是内务府现在已空无分文，又要抵押。试想，民国政府答应给清室的优待款是每年四百万两，虽然他们一分未付，可是内务府的开支却已经突破了五百万块银元。皇上，五百万块银元的开支啊！皇上见到内务府干什么了？这些惊人的开支、惊人的抵押如果让报界知道了，皇上的清誉将毁于一旦！”

“真的开支这么多吗？真的抵押了这么多的珍宝吗？”溥仪的眼球突了出来，他吃惊的程度是难以形容的。

“确实是这么多。拿出一半的钱来，可以装备两个师了。”

“金都统，你就大胆地整顿吧，朕支持你，为了我们共同的事业，不要顾忌什么！”溥仪勉励金梁。

金梁道：“臣已是风烛残年，又蒙皇上眷顾，委以重任，这种恩遇，老朽将以整个生命作为报答。”

果然，又过了几天，金梁密奏溥仪道：“皇上，臣有件事不敢说。”

“什么事你就只管说。”

“事关皇上的亲戚，皇上能听得进去吗？能饶我的过激言词吗？”

溥仪道：“我最欣赏的文章是武侯的《出师表》，里面最令我难忘的句子是亲贤臣远小人的说法。朕难道是阿斗那样的昏君吗？”

金梁流泪叩头说道：“吾主英明如此，处退位之地，臣真是痛心疾首。为吾主能早日复位，我也顾不了其他了。”

据金梁密告，溥仪岳父上任没几天，就和内务府大臣绍英、耆龄一起办了一次抵押。内务府的签字人是绍英、耆龄、荣源，另一方是北京盐业银行经理岳乾斋。抵押品是金编钟、金册、金宝和其他金器，抵押款数八十万元，期限一年，月息一分。合同规定，四十万元由共重十一万一千四百三十九两的十六个金钟作押品，另四十万元的押品则是：八个皇太后和五个皇后的金宝十个，金册十三个，另外加上金宝箱、金印池、金宝塔、金盘、金壶等，计重一万零九百六十九两七钱九分六厘，另外还有不足十成的金器三十六件，计重八百八十三两八钱，另加上嵌镶珍珠一千九百五十二颗，宝石一百八十四块，玛瑙等珍品四十五件。

“皇上，”金梁流泪陈奏，“只这最后一笔的四十万元抵押来说，就等于把金宝、金册等十成金的物件当成荒金折卖，其余的则完全是白送，更没有计算其无可估量的艺术价值。皇上，这是什么抵押啊！这与偷盗皇上的财物有何不同？皇上想一想，他们中饱私囊到了何等程度！”

“这这这真是欺君枉法到了极点！”溥仪气急败坏，对侍卫叫道，“叫荣源来！”

“皇上，老臣告退了。”金梁慌张地道。

“好，下去吧。”

不一会儿，荣源到了养心殿，跪在皇上面前。许久，溥仪并没有说话，只是气哼哼地坐在那里。

“皇上，找臣来有事吗？”荣源小心翼翼地问。

溥仪道：“我明白了我的内务府的开支为什么超过慈禧老佛爷内务府开支的最高记录的原因，你知道是什么原因吗？”

“皇上说的这事，臣确实不了解。”

溥仪道：“慈禧老佛爷的内务府每年开支不过三十万两，就是在老佛爷的七十大寿时，也不过是加到七十万两，可是现在，我的内务府每年的开支却达到六百万两！这是为什么！”

“皇上，咱们的开支有这么多么？”

“别装糊涂了！”溥仪拍着桌子道，“我让你到内务府，就是让你帮朕整理家产，以期恢复祖业。可是，你到内务府不久就与他们吃在了一处，现在见到了朕还装糊涂，你可以对不起朕，你也可以对不起皇后吗！”

“皇上，”荣源知道了他的事被皇上发觉了，磕头道，“皇上，臣再不会做第二次了。这一次，是臣初入内务府，不知其中的关节，上了套子被套住了。皇上，下次决不会再犯了。”

"起来吧。"

"谢皇上，饶了臣，臣实在是不懂其中的关节，才贸然签了字。"

溥仪道："我就相信你这一次，下一次再犯，你知道后果是什么！"

"臣绝不会再犯了。"荣源又跪在地上碰起头来。

一天，溥仪正在看金梁送来的内务府账簿，庄士敦师傅和陈宝琛师傅两人进来，他们的身后跟着一个人，这人扫帚眉毛，二目深陷，鹰钩鼻，薄薄的嘴唇旁是几绺山羊胡须。来人没等庄士敦和陈师傅介绍，进门三步即跪倒在地，口称："臣郑孝胥拜见吾皇万岁万岁万万岁！"

原来这个刀棱脸就是陈师傅和庄师傅夸上了天的郑孝胥！

"你果真是郑孝胥？"溥仪问。

"臣正是郑孝胥。"

"起来！快起来吧，庄师傅和陈师傅整日夸赞你，我也渴思许久了，今天终于如愿。"

"臣息影闹世多年，混迹红尘数载，卑微之躯竟能蒙皇上关心。臣今得睹天颜，如见日月经天，江河行地，吾主定能建万古不废之宏业！"

郑孝胥起身后，溥仪赏坐。郑孝胥行礼后坐下，便滔滔不绝地谈论起来。他从盘古开天辟地一直谈到未来的大清中兴。谈到高兴处眉飞色舞，唾沫四溅；谈到激昂慷慨处，则声泪俱下，捶胸顿足。

溥仪大为倾倒，道："先生就留下来，在这里是能够施展自己的报负的。此地虽小，但可积土成山；源流甚微，但可积水成渊。先生在此，可以帮朕兴风雨，腾巨龙；先生在此，让朕有'鱼之有水'之感。留下来吧！你定会作出一番伟业！"

溥仪说得豪情满怀，郑孝胥更是意兴勃发，见桌有纸笔，提笔展纸，挥手写下《纪恩诗》，曰：

君臣各辟世，世难谁能平？
天心有默启，惊人方一鸣。
落落数百言，肝脑输微诚。
使之尽所怀，日月悬殿楹。
进言何足异，知言乃圣明。
自意转沟壑，岂知复冠缨。
独抱忠义气，未免流俗轻。
须臾愿无死，终见德化成。

郑孝胥写罢，道："皇上对微臣如此器重，微臣敢不竭尽驽钝？臣以为，为今之计，要成大业，必聚财播德。皇上若使复辟具财政上的保障，必先整顿内务府；若使圣德远扬，必利用舆论以造声势。臣有详案，条分缕析，不揣鄙陋，今天就献于皇上。"

说罢，郑孝胥递上一本自己以小楷书写的奏陈。溥仪粗翻一下，里面正是详细的整顿计划，心里大喜。

郑孝胥等人退去后，溥仪展开条陈，如饥似渴，废寝忘食地看起来，里面开源节流之法，条条详细；扩张外势之略，语语中的。

两天后，溥仪破格授郑孝胥这位汉人做总理内务府大臣，让他掌管印钥，为内务府大臣之首席。同时，加郑孝胥太子少保衔，赏他紫禁城骑马。

毓庆宫中，郑孝胥流泪道："陈师傅、庄师傅，谢谢二位恩公的举荐，皇上对在下如此重用。"

陈宝琛道："这是你自己的道德才能感动了圣上。不过，有清以来，还没有谁享受皇上这种一天三道谕旨的殊遇，你可不要辜负了圣上期望。"

郑孝胥道："感皇上一日九迁之恩，在下一定要彻底整顿内务府！"

庄士敦道："郑大人，整顿内务府可不是简单的事情，不比做一国的总理更容易，你可要有充分的思想准备。"

"无论如何，我都会帮圣上除了这块心病的。"郑孝胥说完往内务府去了。

看着他的背影，陈宝琛叹道："郑孝胥才高八斗，但见识未必很深。从他的谈论和表情看，他对内务府，显然不够了解。"

庄士敦却道："紫禁城就是缺少像郑先生这样德才兼备而又雷厉风行的人。我倒以为整顿会有圆满的结果的。"

陈宝琛不再说什么，只是长叹一声，心道："看来我向皇上引荐此人可能是个大错误。"

一会儿，庄士敦走了，朱益藩道："适才我听见陈师傅一声长叹，似乎是为郑孝胥而发，能把内心的话说给我听听吗？"

"我倒不是叹他整顿内务府是否会成功。"

朱益藩道："那么陈师傅必定是叹自己所举非人了。以我看来，此人鼠目豺声，好利贪名，夸夸其谈，今后可能会把皇上引入歧图。"

"我所担心的正是此事——我真是老糊涂了。"

"陈师傅不必多虑，一切都是天意。"

庄士敦离开毓庆宫来到养心殿，见到溥仪说："皇上，有郑孝胥为皇上整顿内务府，皇上可以放心地悠闲些日子了，何况皇上的身体也须锻炼锻炼。我以为可以在建福宫的火场废墟上建一块网球场，这样既可怡情养性锻炼身体，又可示外人以韬晦，何乐而不为呢？”

“太好了！庄师傅，这事交于你了，快布置修建吧，越快越好。”

庄士敦请了英国的一个工程师，工程师又带了几位技师，几个人画了图纸，在宫中一边游览，一边指挥施工，很快，一个球场建好了。自然，庄士敦又受命买了相应的整套器具。

第二十九章
治顽症郑孝胥束手 趁良机冯玉祥反戈

清室的内务府几近瘫痪，绍英、耆龄袖手不问，荣源不敢露头，金梁也不知到哪里去了。剩下的郑孝胥已是灰头土脸，他的内务府改革计划已成泡影。无奈之下，郑孝胥只好写了辞职书，双手递到溥仪桌前……

溥仪来到重华宫，他很少到这儿来，只因为荣源吃回扣吃得太急太过分了，溥仪迁怒婉容，才与文绣接触得多了。

“万岁爷来了。”有太监道。

“万岁爷来了。”宫女又向文绣传达着。

可是文绣仍坐在那里抚琴，连头也不抬一下。

“蕙心，”溥仪走上前抚着文绣的肩道，“我真羡慕你这种生活，整日沉浸在高山流水之中，把玩书画，无事又手谈数局，真神人也。”

“是啊，我真的成了神人。我似乎不是生活在人间。”

“所以你这琴音才没有尘世俗响，这正是你胸无尘世渣滓的体现。”

文绣道：“皇上真的成了我的知音了。”

“现在英文学得怎样了？”

“‘亨利’，‘达令’，我还是会说的，但是既是神仙中人，怎可说此尘世中的话语呢。”

溥仪道：“文绣，我的心中，你和婉容并没有区别。至于大婚礼，皇后的生日礼，包括婉容的家人来宫中会亲，等等这些事情，全是旧礼法使然，我欲革除，可是阻碍重重。不过，待我在宫中的其他重要的改革胜利后，我会顾及到其他的方面的。我说这些，主要是想表明后妃是平等的，都是我的妻子。”

“改革家，你想改掉我神仙似的地位吗？”

“是的，文绣，我今天来这里，就是请你去学打网球的。”

“哟，球场建好了？”

“是的，刚建好我就来这里了。”

“皇后可是进过新学堂、请过洋师傅的，网球场是为她建的吧。”

溥仪道："文绣，你是我第一个邀请的人，我请的老师是庄师傅，如果你需女教师，我可以让庄师傅再请。"

"我要一位女教师！"文绣终于站起来，面靥如花，"亨利，咱们比赛，看谁打得好！"

"一定，不过肯定是你输！"

"才不会呢！我的劲比你大，不信，咱们推推手看。"

二人站立，推起手来，溥仪一用劲，文绣轻巧地闪过，溥仪一个踉跄，文绣笑道："怎么样？你输了吧！"

"你耍滑头，咱们再比！"

文绣从来没有这么高兴过，她体会到，自己在皇上的心里还是有一席之地的。

已是初冬的天气，院子的枫叶树仍是红红的装束，柏树郁郁，松树青青，几竿细竹，碧绿如玉。

文绣和溥仪相偎着在院中踱步，见到这院中红红翠翠的一片，溥仪道："人们说松竹梅为岁寒三友，你这院子中的枫树也红一整个冬天，很少见的。"

文绣道："这种枫树有特殊的品质，她非要在这寒冷的冬天显示她的美丽，和松竹梅争姿，不知她是怎样耐得住那风刀霜剑的。"

溥仪道："你看她长得枝矮叶小，不比其他的枫树枝长叶大，在这宫中又有宫墙殿宇的呵护，所以在严冬也能展示她的红艳。"

"只怕这宫墙殿宇不是呵护她而是囿圈她的呢。"

"文绣，"溥仪把她拥在怀里，"你是我娇小的妻子，即使囿圈了你，那也是出于对你的爱意，你能理解吗？"

"我尽量地习惯吧。"文绣道。

……

整个冬天，网球场上充满了笑声，婉容、文绣及她们的英文老师都以宫中有了这个网球场而感到万分惬意。

打网球更是溥仪和庄士敦每天必不可少的功课。

网球场上的欢乐早已湮没了往日那场大火的惊恐和痛心。

雪花漫天飘下，又是一个寒冷的冬天，多少年了，人们说不清楚，只记得每年的冬天，北京的街边、檐下，到处都倒卧着尸体。

溥仪和婉容又成了这冬天里最耀眼的新闻人物，他们简直成了这冬天给人带来温暖的太阳，他们成了慈善家，他们的名字成了善的化身。而此时，南方的桂军，中东部的皖军，中原的直军，东北的奉军都在打着自己的算盘，直奉的争执越来越白热化，真的没有哪一个军阀太注意紫禁城，曹锟政府也无暇看一眼鼻尖上的紫禁城，于是溥仪的文章越做越大，上海武汉的报纸上也频频出现皇上和皇后的照片。

春节又到了，这是华夏子孙最隆重的节日，紫禁城更不会放弃这一宣传的绝好机会。

同时，许多好消息不断地传入宫中。

庄士敦道："康有为和他的弟子徐勤、徐良父子成立的中华帝国宪政党，目前在国内外很有声势，据徐勤说，他们在海外的党员已有十万之众，拥有五家报纸。皇上的事业看来已走入正轨。"

溥仪欢欣鼓舞，站起来道："现在就缺少首倡之人了，哪怕是陈胜、吴广之类也好。"

庄士敦道："徐良来信说他在广西的活动收获很大，陆荣廷、林俊廷、沈鸿英据说都与中华宪政党同宗旨，他日有事必会相助。"

"孙文在南方看来也不会有什么作为，共产党则如夜行的蝙蝠，也不能形成什么声势。问题就在长江、黄河两岸了。"溥仪觉得他帝国的影子已经浮现。

庄士敦道："皇上的分析很正确。东北的张作霖相信对皇上还是有特殊的感情的，确实如皇上所说，现在问题的关键是长江、黄河两岸，不过，皇上，我还有一个好消息呢。"

"什么？快讲。"

庄士敦道："这是我刚接到的康有为的来信，皇上看看。"

溥仪看着庄士敦用红笔标出的部分，上面写道："……经年奔走，近春节，乃归，幸所至游说，皆能见听，亦由各方厌乱，人有同心。陕西、湖北、湖南、江苏、安徽、江西等省我已说通，有些省，则一说即通。更可倚重者，吴佩孚也，吴洛阳忠于曹锟，然曹氏已重病，如一旦有不测之耗，则传电可以旋转。湖北萧耀南忠于帝制，庄师傅可请皇上在其生辰赏之。至于吴洛阳，更可先去联络，在春节期间犒赏恩赐。"

溥仪看罢信，道："我现在就指示郑孝胥对吴佩孚等加以赏赐。"

于是内务府以皇上的名义给吴佩孚送去新年礼物，给萧耀南送去寿礼，并赏了"福"字。

春节到了，紫禁城内一扫数十年来过春节的灰色气氛，变得红红火火。过去，宫中只是挂上一些春联，并无其他点缀，外面的人也不得到宫中去。可是今年的春节，溥仪的心情高兴万分，便买了大批各式的纱灯和花炮、烟火，又把载沣及载洵、载涛及他们的福晋、侧福晋及子女接来，婉容和文绣的父母及兄弟姐妹们也被接进宫内。这是一个大团圆的节日。

年三十下午四点钟，养心殿内外已悬挂好纱灯，养心殿已经临时搭了戏台，戏台前的棚下，桌椅已摆好。太妃、皇上、皇后、淑妃、王爷、贝勒爷、公及福晋命妇、格格们依次坐好，溥杰、溥佳和毓崇三位伴读则坐在最后。

镁光灯闪过，大家合了影，载沣激动得流泪，道：“这真正是一张全家福。”

今天大家都非常高兴，戏台上演出的，首先是载涛的猴戏，台下是阵阵的喝彩欢呼，随后，载洵、载涛上台，联合上演一出武戏《两将军》，由载洵演张飞，载涛演马超。溥仪最喜武戏，刚才七叔的猴戏已使他兴奋异常，六叔和七叔的合演更是扣人心弦。早已没有不叫喊的规矩，溥仪带头高叫，连身体欠佳的端康也叫好连声。

端康对荣源道：“早就听说贝勒爷是猴王李万春的师傅，他的戏在京城中是数一数二的，今日见了，才真的相信。”

“是啊，这种功夫在京城中确是数一数二的了。”

说话间载涛、载洵已下台换上了便装，台上焦德海说起了单口相声，场子里，数端康太妃的笑声最高，一块活儿使完，她捂住肚子道：“我的病也笑好了，皇帝，赏他，让他再演几场。”

于是有随侍拿着包好的二百块银元送到了后台，一会儿焦德海上台，跪在地上谢了赏，又说了两段。端康远没有听够，溥仪道：“皇额娘，后面还有戏呢。如皇额娘特别喜欢，改日再让他进宫就是。”

再上场的是著名曲艺演员徐狗子和荣剑尘，大家又是一阵捧腹。

二位下台后，是京城中有名的魔术大师韩秉谦、张敬扶上台表演魔术，两个人的助手是一个十四五岁的后生，剑眉斜鬓，二目如朗星，鼻直方唇，身材笔挺，显得十分英俊。

婉容的眼睛长在他身上，目不转睛，忽然间，这后生也向前台看了一眼正与婉容目光相接，婉容顿觉脸火辣辣的，随即低下头，而她却自觉着那后生仍不时地在看着她。

台上的表演让台下的人眼花缭乱，惊异万分。溥仪道：“皇后，你看出这其中是怎么回事了吗?”

一连问了几声，婉容才回过神来，脸一红道：“我没有看清。”

他又问文绣，文绣道：“我要能看出来是怎么回事，他们不就丢了饭碗了。”

“我要学魔术，我要让那在旁作帮手的后生作我的随侍，让他经常表演。”

一句话说得婉容心里突突直跳。

文绣道：“他那点年纪能会什么，皇上是看上他的英俊了吧。”

“胡说什么!”溥仪瞪了文绣一眼。

魔术演完了，已是六点，天黑下来。御膳房摆上筵席，大家吃过饭以后，溥仪道：“咱们先看灯，再去看花炮和烟火。”

殿内殿外，人们欣赏着形态各异、图案纷呈的纱灯，啧啧赞叹。

之后，他们去网球场看花炮和焰火。

网球场上搭好了一排排的架子。有女眷在低声说："这就是失火的建福宫吗?"

"正是。"另一个小声地答。

"万岁爷，可以放了吗?"有护军叫道。

溥仪看了看周围的人，道："可以了。"

"放花炮、烟花了——"

一个护军走近一个架子，火芯点燃，突然间，一声爆响，声如炸雷，一片红光腾空而起，五颜六色的火花在空中飘散开来。

又一架点燃了，千万条红鱼跃上空中，紫禁城在这红光之中，显得绚丽多彩。

一架架的烟花燃起来，空中不断地变幻着五彩的图案。

城墙外面，人们也翘首观望。溥仪分明地听到墙外人们的赞叹声、欢呼声。

"这是个辞旧迎新的夜晚，明年，我们的事业将如这时的天空一样辉煌!"溥仪在心里默念着，踌躇满志。

正月十四是溥仪的万寿节，养心殿内外，又大张筵宴，网球场上，又是一夜的烟花焰火。

宫里人喜笑颜开：几十年没有这么热闹过了。

在这美好的春天里，溥杰和唐怡莹结了婚，婉容的哥哥润良则和溥仪的大妹韫媖结为连理——这真是亲上加亲。

可是，郑孝胥的改革却碰了一路的钉子。

内务府总理大臣的办公室里，郑孝胥两眼黯淡无光，眼皮松弛。

绍英道："总理，您看这内廷的开支如此巨大，现在连庄师傅的房租也付不起了，房主催得又厉害，怎么办?"

内务府空空如也，春节期间皇上的铺张和几起婚事，更是把内务府推到了山穷水尽的地步。

钱是拿不出来，可是若抵押的话，一来皇上不情愿，二来国会议员刚致函民国内务部，让他们制止清宫的抵押，内务部转来的函件就在郑孝胥的桌子上，而且，外边还盛传北洋政府拟派冯玉祥、李石曾等起草保护清室文物古物的法案，这时若再事抵押，肯定会引火烧身，怎么办?

郑孝胥道："庄师傅的房租，民国政府也有份，和房主说清楚。"

绍英道："那时是徐世昌做总统，他说的话，在今天还算数吗?"

"那么——"郑孝胥道，"把宫内安吉所的房子修理一下，让庄师傅搬到宫内住吧。”

“这——合适吗？”

“有何不可？”郑孝胥拿出不容否决的姿态。

“好吧。可是内务府各级人员的薪俸，欠了这么多，现在正是新春过后，青黄不接，他们嚷着要补发，怎么办？”

这才最让郑孝胥头痛，内务府欠其官员的薪俸，多得无法计算。

“他们世代受大清的荫庇，现在正是艰难的时候，让他们讲点奉献，总不为过罢。”

“可是现在来上班的人越来越少，差不多只剩下我们几个内务府大臣了——下边司员上班的也寥寥无几。”

原本郑孝胥要裁减冗员，现在，他还没动刀子，内务府的人走了大半，这是他始料不及的，这个时候，他意识到他在皇上面前的大话，就要破灭了。

可是，郑孝胥心一狠，道：“既然他们不来上班，就永远不要来了，而且，对奉宸宛、武备院、上驷院、银库、灯库、皮库的人，我都要裁减；另外，上赏、津贴等名目一律取消，所有薪俸改为月薪，这样，内务府的开支就大大减少了。”

绍英心里一惊，他原以为他说了那些话郑孝胥会知难而退，没想到他反而更进一步，如果真的这样裁减，他们过去建立的网络就要被破坏，想了一想，绍英道：“总理，若是减撤人员，就必须首先补发欠薪，其次还要发遣散费，不然，他们先上法院，咱们怎么应付？”

是啊，你要裁人家，就必须首先把欠人家的付清——如今是民国，如果不这样，他们真的告上法庭怎么办？

郑孝胥又看了一眼所欠内务府各级人员的薪俸，眼前一黑，这是无论如何也偿付不起的，他如一个泄了气的皮球，瘫在椅子上。

绍英暗笑。

郑孝胥突然来了精神，似打足了气的皮球被谁猛拍了一下，他一蹦，站起来，道：“将内务府的官房租库裁撤，把房产、土地全部拍卖，这样，经费不就解决了吗？”

绍英不慌不忙地道：“总理到内务府不久，不知实情。内务府所管的房地产确实不少，在官房租库里，光契纸和租约就堆了三间库房，多少年来，从没有人动它一动。可这些年来，大部分的地产房产被民国政府接管，盗卖的也不在少数。房产就说不清楚了。总理，我问一句话你就明白啦，您说，这紫禁城的房产属于谁？”

一切都是水中月、镜中花，郑孝胥又瘫到椅子上。

绍英心里又是一阵冷笑：你这个毛头小子，能动得了内务府吗？

许久，郑孝胥才有气无力地道："还有一个办法。我在商务印书馆工作多年，那里的人我很熟，如果把文渊阁所藏的《四库全书》运往上海，由商务印书馆影印出售，肯定能获得一笔厚利。"

绍英心想：你与商务印书馆熟悉，肯定也能发一笔横财！不过，到了这个地步，绍英也不再说什么，道："这个办法可以试试，咱又不损失什么。就是不知道皇上那里怎么样。"

"皇上那里，我去说说看。"

郑孝胥来到养心殿，见罗振玉正和皇上说得亲热，心里不免厌恶。

见郑孝胥来了，罗振玉起身告辞，向郑孝胥举一举手，走了。

郑孝胥道："皇上，罗振玉的散氏盘、毛公鼎的古铜器拓片、佟济煦的珂罗版宫中藏画集都卖了大价钱，轰动了中外。像这样的清点，为公为私是说不清楚的，所以，臣以为，罗振玉此人不可太信他。"

"唔——"溥仪道，"怪不得有人上奏说罗振玉等人清点古玩字画是越清点越少，看来决不是空穴来风，你也要多加注意！"

"是，皇上。不过，我从罗振玉的拓片得到启示，如果把文渊阁的《四库全书》拉到上海印书馆影印，既可得一大笔钱，解决宫内紧缺的经费，又可展示大清在文化上的伟大贡献，扩大皇上的影响，这样的好事，何乐而不为呢?"

溥仪大喜，道："好！这又不是抵押，只是影印，东西还是咱的，这个法子好!"

"犹如那拓片一样，是从宫中的样本拓取的，卖了好价钱，也应归入宫中才是。"

"这倒提醒了朕，以后的拓片、影印、翻录、抄录都必须经过朕的批准，收入归内务府，违犯的，按偷盗治罪。"

"那么影印《四库全书》的事……"

"就交与你了，你全权处理此事，去办理吧。"

郑孝胥刚一退出，侍卫报："魔术师韩秉谦师徒来了。"

"快进。"

韩秉谦带着徒弟进了东暖阁倒身下跪，口称："皇上吉祥。"

"起来吧。"

"谢皇上。"

"这就是你那徒弟，不错，是英俊逼人，你叫什么名字?"

"小的叫李玉亭。"

"果然如玉树临风，虽是小小年纪，举止倒很老道。"

韩秉谦道："江湖中人，从小历练，比不得一般人家子弟。我这徒弟虽然不足十五岁，但学艺已有八年了，出入的场所场面，见到的世情世面都是极丰富的。”

溥仪道：“这就更好了。”

韩秉谦道：“不知皇上叫小的师徒来要表演什么节目。”

溥仪笑道：“却不是表演节目。”

“那么是……”

“你这徒弟身上的功夫如何?”溥仪做了几个架势。

韩秉谦道：“身手倒是出类拔萃的——玉亭到梁上去。”

李玉亭一个跟头翻上去，如紫燕打了个翻身，轻轻地落到梁上，没有一点声息。

“好!”溥仪赞叹一声，道，“我让你们来，不好说出口的，想让玉亭作我的随侍。”

“玉亭，还不快谢谢皇上恩典!”

李玉亭听师傅这一吆喝，便倒身跪地，咚咚咚磕了三个头，朗声道：“谢万岁抬举。”

“玉亭，真是你的造化！从今以后，你可有出息了!”

“看赏。”溥仪一声叫，有太监捧出盘子，盘子上是满满的珠玉金块，韩秉谦也不推辞一句，跪地磕头谢恩，把东西装进了包裹。

得了玉亭，溥仪整日沉浸在魔术之中，按李玉亭的指点，他买了许多变戏法的道具，经常练习，一个月下来，身手灵活，也能玩几种戏法，于是便把溥杰、溥佳及几位妹妹叫进宫，在他们面前卖弄，这自然博得了许多夸赞，溥仪更是高兴万分。

溥仪想：皇后和淑妃看了我的戏法，也一定拍手叫好，哪天玩给她们看看。

溥仪忽然觉得，这些天来他几乎天天都去看婉容骑自行车，却好长时间没有到文绣那里去了，于是他便来到重华宫。

“万岁爷来了。”太监在院子中传报。

溥仪做了手势，让他们不要声张，他要和文绣开开玩笑。于是他走到文绣的窗前，敲了敲窗，里面没有人应，又敲了敲，里面还是没有人应。溥仪的热情不免减下来，他知道文绣酷爱读书写字弹琴，她的学问，早超过婉容。可是这会儿并没有读书声和琴声，若是在写字，她应该听到的。溥仪疑惑之中又敲了一下，仍是没有人答理。他快快地折回到门口，进屋里去了，见桌子上和琴架上并没有人影，便往里去，见文绣侧身睡着，他又轻步上前，拽了根自己的头发，插在文绣的耳眼里，捻了几下。

文绣这才翻身坐起，笑道：“痒死人了，你干什么。”

“干什么，献你一朵花。”

"哼，还不是献给你的什么伊丽莎白，她是女王，咱是什么。"

"看！"忽然，溥仪的手中长出一朵玫瑰，文绣大喜，道："这是怎么回事？"

"看。"随着溥仪的手又一转，他的胳膊上，已站着一只鸽子，红红的眼睛，四处张望着。

"戏法！皇上什么时候学的变戏法！"

"这你也不知道？学了一个多月了，是李玉亭教的。"

文绣撇着嘴道："咱哪里知道皇上整天在干什么。"

"我不是来了吗？"

"就是，这倒很稀罕，你今天没去看人家骑车，不怕人家说你呀。"

"哪里的话！你要是想学车，我也送你一辆。"

"哼！就这么想着我！今天到这里来，说不定是想表现自己呢。"

溥仪最怕人家说中他的心事，常言说，雨不大，湿人；话不多，伤人。而文绣的话又正把溥仪自觉不自觉的隐秘说出，溥仪很气恼，来时的盎然兴致早已化为乌有，可他想毕竟自己已一个多月没来这里了，倒是天天去婉容那里，她心里难受，也是可以理解的。于是溥仪道："你也别生我的气，我觉得你年龄还小，待你再长大点，我就会天天带着你。"

"哟，那把皇后放哪儿呀，人家是'后'，咱是'妃'，你这样说，不怕舌头长疮呀！"

"你还是有点小孩子脾气——好吧，无论你怎么说，在我临走的时候，我还是要送你一件礼物。"

说着，溥仪一伸手，手里多了一朵黄花，把黄花展开，原来是一方块丝绢，上面还有一首词，文绣见是欧阳修的《蝶恋花》："庭院深深深几许？杨柳堆烟，簾幕无重数。玉勒雕鞍游冶处，楼高不见章台路。雨横风狂三月暮，门掩黄昏，无计留春住。泪眼问花花不语，乱红飞过秋千去。"

文绣看罢此词，正说中自己心事，不由得双眼涌泪。溥仪见此，才猛然悟起不该题上这么一首词，后悔也已晚了。便道："淑妃，转眼间是夏天，万物竞相勃发，不是更好吗？待你稍长一点，我会日日在你身旁的。"

又说一遍自己也觉寒伧的话，溥仪便起身告辞。

他快步来到储秀宫，见婉容正在骑车，她已经骑得非常熟练，拐弯抹角也不用别人去扶了。

"达令。"溥仪叫道。

"嗨。"婉容鼻尖上冒着汗，脸白里透红，鲜丽如花。

"下来吧。"

"不，我正骑得高兴呢——亨利，你今天来得这样晚，我等了你好长时间，以为你不来了呢。”

“我在给你准备礼物，快下来吧。”

婉容又绕了一圈，在溥仪面前停下来，道：“你别是哄我玩儿吧？”

“My dear，you see！”

一支鲜红的玫瑰伸到婉容的鼻子底下。

“啊！我太幸福了。”婉容接过玫瑰，嗅了嗅，又吻了吻，道，“皇上就是为我送这礼物呀，我太幸福了。”

“我的功夫还不错吧，若是在宫外，做个魔术师还是可以的。”

婉容笑道：“皇上还能变出什么来？”

“看！”溥仪又变出一只白鸽。

“好可爱的鸽子！”婉容捧着鸽子，用腮摩挲着它。

用过晚膳后，溥仪又和婉容闲话了一会儿，和往常一样，在夜幕降临的时候，又回到了养心殿。

而婉容，又是一番惆怅。

池塘里的荷叶铺展开来，柳丝儿也越抽越长。

又一个夏天来到了。

溥仪这些天却异常烦躁，因为宫中偷盗的事情又一件接一件的发生了，最让溥仪气恼的是，有一天祭祀，他去拿凤冠，可是上面的钻石珠宝全被人换成了赝品！

许多宫中古旧的珍宝又出现在北京的街头，出现在珠宝店里，舆论又是一片谴责声，报纸上登了许多文章，呼吁保护国宝，敦促政府对清宫采取措施，以防文物字画再被盗卖。

在这种呼声中，民国内务部颁布了《古籍、文物及古迹保存法草案》。草案很快在议会通过，内务部把它交给了清宫内务府，同时告知内务府：不许把《四库全书》运到上海商务印书馆影印，清室无权这样做！

清室的内务府几近瘫痪，绍英、耆龄袖手不问，荣源因为卖国宝的事受到皇上的斥责而不敢露头，金梁因为所上的条陈里有让皇上劝醇亲王退休的话被醇亲王载沣大骂了一顿，也不知到哪里去了。

剩下的郑孝胥已是灰头土脸，他的内务府改革计划已成泡影。

郑孝胥写了辞职书递到溥仪桌前，恰在这时，桌上的电话响了。

“喂——”溥仪拿起话筒。

“是皇上吗？”

“是。”

“给皇上请安，我是王怀庆。”

“噢，王将军，有什么事吗?”

“皇上，我在外面听说郑孝胥在宫里闹得很不像话，他这样闹下去民国政府可能会采取新的举动，我也不太好帮皇上的忙了，皇上还是酌情过问一下内务府的事情。”

“好的，王将军费心了。”

“为皇上效命，应该的。”

放下话筒，溥仪对郑孝胥道：“朕就准你所请，但仍是懋勤殿行走，我早晚间都要请教问题的，希望你不要泄气。”

“是，皇上，臣一定尽犬马之劳。”

此时，庄士敦进来了，问：“听说郑先生要辞职?”

溥仪道：“我已经准其所请了。”

“皇上，内务府不改革就无法稳定后方，郑大人的改革之所以失败，是由那些既得利益的官僚造成的，若就这么算了，以后对内务府就再也没有什么约束力了。”

郑孝胥道：“是我无能，我别无话说。”

溥仪道：“郑孝胥暂且离职，待情况有所缓和，郑孝胥对内务府再加了解后，可以再掌印钥。”

庄士敦见无法挽回，转而说道：“皇上，如今外面对紫禁城的议论不好，为挽回影响，皇上可与皇后一起做些善事，也可在城内城外走一走。”

不知道这外国老夫子怎么想出这种法子，在他的眼里，皇上和皇后总是高贵的，必然受到公众的拥戴，走到哪里，肯定会成为公众注意的中心，成为新闻的焦点。

庄士敦在宫里的房子修好了，位于御花园西南角，是一座二层的亭阁，名字叫养性斋，从养心殿到这里只需几分钟。按照溥仪的吩咐，房间里布置了一些欧式风格的家具。庄士敦对紫禁城在如此困难的时期仍这样慷慨大方非常感动，决心为溥仪作出更大的奉献。

江亢虎和胡适又访问了紫禁城，令溥仪万分高兴的是，他们明白地叫自己“皇上”，与第一次会面有很大的不同。不久许多中外报纸都报道了溥仪和胡适的这次会面，并登出了他们在御花园宴饮的照片。在英文报纸的报道中，胡适称溥仪为“My majestiy”（陛下），这在社会上立即引起了轰动。溥仪自然万分高兴。

之后，印度著名诗人泰戈尔、英国著名作家伊连赫尔、英国著名记者葛林，都成了溥仪的客人，溥仪在御花园中招待他们并合影留念。

一个轰轰烈烈的夏天过去了，长空雁叫，白霜降临，北京的天空变得如宝石般澄明，溥仪的心情也如这秋天的晴空一样，豁朗而爽快。

这一天，京津的报纸在首版登了两条消息：直奉已经开战；宣统帝和皇后游颐和园，对沿途民众恭谦随和云云。对直奉开战各有不同的说词；对宣统帝和皇后，却是异口同声的赞美。

尝到甜头的溥仪现在满脑子想的都是扩大影响收买民心。

这天，从报上看到日本国都东京发生大地震、人员财物损失惨重的消息。溥仪拍案叫道："这文章要是做到了国外，不是可以引起友邦的关注和好感吗?"于是命内务府筹措赈灾款项，可是内务府早已空空如也，哪里还能拿得出钱来？最后还是老办法，在古玩字画上动脑筋。当日本公使芳泽谦吉看到这批古玩字画的时候，舌根高翘许久不下，他根本想不到溥仪竟然捐献了这么多绝世珍品！日本国内朝野震惊，中外的报纸当然连篇累牍不吝报道。不久，芳泽谦吉进宫拜谒溥仪，一面代表日本国民表示最诚挚谢意，一面报告皇帝陛下，大日本帝国国会代表团将专程前来致谢。

溥仪血脉贲张，紫禁城也沸腾！这当中虽然还为端康太妃办了一档丧事，但清室上下渴望日本国会代表团早日来临的兴奋情绪却并未因此受到丝毫影响。

代表团终于越洋而至，溥仪和婉容在御花园的一座楼阁里亲切接见了他们。日本那些国会议员们一个个弯腰九十度，毕恭毕敬地向皇上和皇后行礼。末代帝后都是第一次受到高级别外国使团的隆重礼遇，自是感慨多多。

直奉两军上百万大兵陈于山海关一带，张作霖亲率二十五万奉军攻入热河，压向山海关。"讨伐军"总司令吴佩孚则率直军二十万迎战。见奉军势猛，吴佩孚急令第三军总司令冯玉祥出古北口，从赤峰口攻敌侧翼。

老谋深算的张作霖得知此讯，遂决意来个釜底抽薪，派奉军副司令张景惠亲见冯玉祥，说，只要推翻曹吴，奉军可以不进山海关一步。

冯玉祥则提出，事成之后要请孙中山北上主持大局。奉军表示完全同意，双方定下盟约，要共同推翻曹锟、吴佩孚。

冯玉祥率部火速返回北京，不费一枪一弹，一夜之间占了北京。当天，冯玉祥通电全国，宣称要召开全国和平会议，电请孙中山北上主持全国统一大计。冯玉祥的军队也改为国民军，经李大钊介绍，苏联驻华大使拉罕派顾问团帮助训练国民军。

溥仪急命召开御前会议。

溥仪道："紫禁城内城守卫队已被国民军缴械，调出了北京城，神武门上也换上了国民军的岗哨，景山上也不是守卫队，我用望远镜看过了，那里也是密密麻麻的国民军。冯玉祥一向仇视大清，如何是好?"

国丈荣源道："皇上的担心是对的，要赶快想办法逃跑。冯玉祥在张大帅复辟时就参加什么讨逆军，要不是段祺瑞的命令快，他那时就已打进紫禁城。就是这些年，他有时通电要把皇上请出紫禁城，有时又对古物文物议论纷纷，那些有关紫禁城的法案就是他鼓动起草的，现在，没有人约束他了，总统成了工具，他一定会对紫禁城不怀好意的。”

载涛道：“有优待条件在，他冯玉祥能干干什么？”

绍英道：“今天我派人去慰问景山上的国民军，据报他们还是非常友好的，至于调出守卫队，那原是曹锟、吴佩孚的人，冯玉祥调他们也未必是针对咱的。”

溥仪道：“庄师傅，你和公使团联络一下以备有变，我最不相信这些军阀，他们心血来潮，什么事也能干出来。”

“好吧，我和英国公使及公使团团长荷兰公使欧登科联络一下，相信他们一定会保护皇上的。”

黄郛的总理办公室里，正在连夜举行会议。

冯玉祥道：“那个小朝廷，复辟之心不死。近一个时期，更是沽名钓誉，企图扩大影响，不惜把我中华的珍贵文物拿去作政治贿赂，其拙劣的手段，卑鄙的企图真是令人发指！决不能再让这些贼留在宫中了，不然，紫禁城中的瑰宝将会丧失殆尽!”

警备司令孙岳道：“眼线获悉，庄士敦正与英、荷公使联络，溥仪有逃跑企图，我们行动不宜迟缓。不然，可能造成巨大损失。”

总理黄郛道：“事不宜迟，明天上午就采取行动，今晚就把清室的优待条件修改好。”

冯玉祥道：“就按总理部署去办，今晚作好一切准备，明早动手。”

第三十章
被驱逐清室离紫禁
受朝贺溥仪悲黄袍

听着祝贺声，看着椅子上和身边的明黄色，溥仪悲从中来，一点也没有生日的快乐。“我是一个被驱赶的，寄人篱下的皇帝，是一个被废了名号，正在争取恢复那称号的皇帝，我还能有所作为，还能回到紫禁城吗?”

次日便是中华民国十三年（公元1924）十一月五日，警备总司令鹿钟麟、警察总监张璧和社会贤达李煜瀛先生前往故宫执行新的清室优待条件。他们一到紫禁城神武门，即刻命令把电话线割断，又对宫外及宫门的国民军作了一番布置。然后率军、警各二十名进入神武门。如狼似虎的四十名军警，个个拿着德国造二十响短枪，每过一道门就缴下值岗卫兵的武器，留下一个监视他们不许走动。一行人一路走到养心殿，绍英已闻知此事，跑到养心殿前，鹿钟麟命令在此停住，向绍英出示了国务院通过的优待条件道：“我等奉大总统和内阁命令，保护逊帝溥仪先生在两小时内出宫!”

绍英扫了一眼修改的优待条件，面如土色。一会儿老羞成怒，指着李煜瀛道：“你不是故相李鸿藻的公子吗？何忍做出这种背叛旧主的事来?”

李煜瀛并不答话，只是一脸微笑。

绍英又指着鹿钟麟道：“你不是故相鹿传霖的一家吗？为什么这们逼迫我们?”

鹿钟麟道：“你要知道，我们这是执行总统和国务院的命令，是为了民国，同时也是为了清室，如果不是我们，你们就休想这样从容了，也容不得你在这里说三道四的。”

绍英道：“我大清入关以来，宽宏为政，没有对不起百姓的事，况优待条件尚在，怎么能够这么办呢?”

鹿钟麟声色俱厉地道：“‘扬州十日’和‘嘉定三屠’至今百姓们仍记忆犹新。前次张勋复辟，颠覆民国，这不是明显公然地毁弃优待条件吗？可见是你们先撕毁的优待条件。当时全国军民一致要求严惩复辟祸首，到现在还是一个悬案。最近，溥仪先生和太妃及内务府大臣们带头偷盗国家宝物，把宝物视为私有，任意处置，已引起举国公愤。群情激动，要采取极端措施，其势汹汹，就要动手，如果不是我们劝阻，早就有鲜血溅到宫墙上，你看，景山的大炮正张着大嘴巴呢。”

已有人来报告绍英：“万岁爷不在养心殿，到储秀宫去了。”

鹿钟麟道：“总管大人，记住，两个小时！”

储秀宫里，溥仪哆哆嗦嗦地接过绍英手里的公文，只见一份是大总统指令，派鹿钟麟、张璧等交涉《清室优待条件》修正事宜。另一份就是《修正清室优待条件》了。

今因大清皇帝欲贯彻五族共和之精神，不愿违反民国之各种制度仍存于今日，特将清室优待条件修正如左：

第一条　大清宣统帝即日起永远废除皇帝尊号，与中华民国国民在法律上享有同等一切之权利；

第二条　自本条件修正后，民国政府每年补助清室家用五十万元，并特支出二百万元开办百姓贫民工厂，尽先收容旗籍贫民；

第三条　清室应按照原先优待条件第三条，即日移出宫禁，以后得自由选择居住，但民国政府仍负保护责任；

第四条　清室之宗庙寝陵永远奉祀，由民国设卫兵妥为保护；

第五条　清室财产归清室完全享有，民国政府当为特别保护，其一切公产应归民国政府所有。

中华民国十三年十一月五日

这个条件倒让溥仪松了一口气，说道：“比我想象的要好多了。”

绍英道：“他们说要在两个小时内全部搬出！”

这才打在了溥仪的疼处，他跳起来道：“这怎么来得及？我的财产呢？太妃们呢？”他急得直打转，“快打电话找庄师傅，找公使团来干预！”

“电话线断、断、断了！”荣源这时跑过来答道。

“去人找王爷来！我早就说要出事！偏不叫我出去！找王爷！找王爷！”

“出不去了，”宝熙道，“外面把上了人，不放人出去了。”

“给我交涉去！”

“嗻！”

敬懿、荣惠太妃号啕大哭，她们死也不愿意离开。“就让我们在这里陪伴死去的端康吧！”

绍英来到养心殿门口，道：“端康太妃的灵柩停在那里，敬懿、荣惠两太妃又不愿离开，还是宽延些时日吧。”

张璧一拍腰间的手枪，道：“恐怕它会急得发火。”

鹿钟麟说：“你们不要拖延，耽误时间对你们的安全是不利的。”

绍英道：“已耽搁这么长时间，后妃们的行动又慢，这么短的时间，无论如何也不够。”

“好吧，刚才的时间算在内，三个小时，”鹿钟麟又把时间延长了一个小时，他随即对外面大喊道：“告诉外边，千万要耐住性子，再延长一个小时，事情是可以商量的，先不要开炮放火！”

鹿钟麟这么一叫，又掏出一块手绢向景山上打了个手势，吓得绍英等人面如土色，此时溥仪已来到了养心殿，听了鹿钟麟的话，吓得差点又栽到地上。他哆哆嗦嗦地道：“快快收拾东西，快快把印玺交给他们……”

此时，朱益藩和陈宝琛进来了，让皇上不要慌张，出了宫以后，事情还有商量。

“庄师傅呢？”

陈宝琛道：“他们独不让庄师傅进来，庄师傅到大使馆去了。”

“啪——”一声枪响划过紫禁城的上空。

绍英忙道：“快快，再过二十分钟，景山上就要开炮了……”

溥仪带着众人走出养心殿，鹿钟麟走上前道：“我奉命保护溥仪先生及家人撤出紫禁城，先生，要去哪里？”

所有的人都愣住了。

鹿钟麟有意无意地摸了一下手枪，又道：“溥仪先生，到什么地方去？先生看哪里最安全？”

溥仪道：“去北府。”

“上车！”鹿钟麟一挥手，手拿短枪的军警一拥上前，围在了溥仪及婉容、文绣的四周，一行人往御花园行去。

溥仪他们刚刚钻进汽车，每位司机旁边立刻跟进一名军警，车两边的踏板上则各站了两名警察。

几个满脸污泥、头如鸡窝、衣衫褴褛的太监站在神武门旁，见溥仪的汽车来了，大骂：“报应啊！皇上，你也有今天？”

溥仪的头扭在一边。

车到醇王府，大家下了车，鹿钟麟道：“溥仪先生，你今后是打算做皇帝，还是要当个平民？”

溥仪答：“我愿作一个平民。”

“好！”鹿钟麟道，“那么我们就保护你。”说罢和溥仪握了握手。

张璧道：“既是个公民，就有了选举权和被选举权，将来也可能被选做大总统呢!"

溥仪连忙道:"我本来早就想不要那个优待条件,这回把它废止了,正合我的意思,所以我完全赞成你们的话。当皇帝并不自由,现在我得到自由了!"

听了这话,周围的民国士兵们都鼓起掌来。

溥仪出宫后,对宫内的宫女和太监等均任其自由迁出宫外。同时,国务院下令组成了清室善后委员会,对清宫的历代文物进行清点、登记、整理、保管。故宫归属于国家。

对溥仪的软禁终于有了松动,在荷兰公使欧登科、英国公使麻克类、日本公使芳泽谦吉的干涉下,摄政内阁总长王正廷答应保证溥仪的生命和财产的安全。

但是溥仪和王公们仍然陷在极度的恐惧之中。

庄士敦终于被获准进入醇王府。溥仪拉着庄士敦的手,流着泪道:"公使们和新内阁磋商得怎么样了?"

庄士敦道:"他们已经答应保证皇上的安全。另外,据我所知,张作霖和冯玉祥可能要起内讧,而政府很快可能由段祺瑞来接管……"

大家都静听着庄士敦的消息,可是载沣却在屋子里踱来踱去:"皇帝不要害怕,请皇上不要害怕……"他在不停地念叨着,有好几次突然加快脚步,跑到庄士敦的跟前,说了些谁也听不清楚的结结巴巴的话。庄士敦有点厌烦了,当载沣又把唾沫溅到他脸上,又在重复那句"请皇帝不要害怕"的时候,庄士敦再也忍耐不住,大声道:"皇帝陛下在这里,站在我的旁边,你为什么不直接和他说话?"

可是载沣听了庄士敦的话只是"唔"了一声,又漫无目的地转起圈子来,不过,这一次,他的口中却是许多埋怨的话:"载涛到东交民巷治治什么病去了,载洵也躲躲躲起来了,都都都走了……"

正当载沣唠叨个不停的时候,郑孝胥领着两个人进来,他们的手里拎着药箱和医用器材手提包。

"皇上,"郑孝胥指着前面的一位留着一撮小胡子的医生道,"这位是日本大使馆的竹本多吉大佐。"

"哈伊!"大佐一个九十度的鞠躬。

"这位是副官中平常松大尉。"

"哈伊!"大尉也是一个九十度的鞠躬。

溥仪连忙和他们握手,大厅里的王公和汉文师傅们也向日本人作着笑脸,他们顿时感到安全了许多,因为在他们的经验里,还没有哪一届政府不怕外国人的,既然外国人一个接一个地来了,那么他们确实可以松一口气了。不料郑孝胥道：“皇上，我已和大日本帝国的使馆及兵营定好了计策，大日本帝国的朋友们愿意帮助皇上逃走。”

“什么！往往哪里逃？”

“日本使馆。”

“怎怎么去？”

“假装皇上有病，送皇上去医院，出了这个门，就可以坐进汽车，前往使馆。”

郑孝胥的话刚落音，大厅里的王公和师傅们便七嘴八舌地坚决表示反对：“现在已比较安全了，还逃走干什么？”

“就是混过了门口的卫兵，但是街上还有国民军的步哨，万一被发现，那就更糟糕了。”

载沣的嗓门最大：“就算跑进了东东交民巷，可是冯玉祥向我要人，我怎么办？”

大家一致表示反对，郑孝胥和日本人悻悻地走了。

竹本多吉大佐回到了日本大使馆，向芳泽大使道：“要那个怯懦无用的皇帝干什么？”

“啪”，大佐挨了芳泽一巴掌。

“你懂什么！他有很高的号召力，帝国的战略是先取满蒙，再取沿海，然后进入中国腹地，这个人大大的有用！”

“哈伊！”

“无论如何，要把他抓在我们的手中，他若真的毫无价值，再扔他也不迟。”

“哈伊！”

天津日本驻屯军司令部里，罗振玉点头哈腰地坐在那里，接见他的是司令部的参谋金子定一。

金子定一道：“我们对冯玉祥欺侮寡母孤儿、公然侵犯人权的行为极为义愤，政府已通过大使馆向冯玉祥的内阁提出了强烈的抗议，大日本帝国绝不会对这种公然践踏优待条件的行为袖手旁观，一定会主持正义。目前，先生可以去找段祺瑞将军，相信他不日将重新在北京执政。”

罗振玉来到段祺瑞的府第。段祺瑞道：“我们对冯玉祥的行为深感不安，这是对优待条款的公然蔑视，也是对民国政府权威信用的挑战。我们已拟好了谴责冯玉祥逼宫的通电，罗先生可以看一下。”

罗振玉仍不放心，又到日本驻屯军天津司令部，要他们出面保护。

仍是金子参谋接待他，道：“考虑到宣统皇帝陛下对本国人民的深情厚谊，司令部已作出了保护宣统皇帝的决定。保护的具体措施你可以回北京问竹本大佐。”

“太谢谢了，太谢谢了！我们永远不会忘记大日本帝国的恩德。”

罗振玉急速乘火车回到北京，见到了竹本多吉大佐，然后又乘车来到醇王府。

“皇上，”罗振玉下跪报告，“从今天起日本骑兵将在北府附近巡逻，如国民军有什么异样举动，日本兵营就会采取断然措施。”

陈宝琛道：“这样看来，还是日本人够朋友。”

溥仪夸赞罗振玉道：“你辛苦了，大家都要谢谢你。”

罗振玉这才起身坐下，谈了段祺瑞的事情。

果然如罗振玉所说，段祺瑞不日进了北京，张作霖也只身一人，仅带一名侍卫昂然入关。

溥仪急忙派郑孝胥、罗振玉到车站迎接段祺瑞，派和张作霖拜过把子的醇王府管家张文治去迎接张作霖。

没有几天，冯玉祥宣布辞职退隐。

溥仪、王公及师傅们都欢欣鼓舞，内务府发表声明说：

“凡以强暴胁迫人者，应负加害之责任，凡出于强暴胁迫，欺罔恐吓之行为，法律上均不能发生效力。兹特专函声明：所有内阁任意修正之五条件，清室依照法理不能认为有效。”

日本人办的《顺天时报》派记者访问溥仪，溥仪借此发表谈话：“此次国民军之行动，以假冒国民之巡警团体，武力强迫余之签字，余决不如外间所传之欣然应诺。”

与此同时，《顺天时报》大量使用了“逼宫”、“蒙难”、“泰山压卵”、“欺凌寡妇孤儿”等等词语；大力渲染和编造了“旗人纷纷自杀”、“蒙藏发生怀疑”等等故事；甚至还编造了“淑妃断指血书，愿以身守宫门，散发攀轮，阻止登车”的惊人奇闻。

看着报纸，溥仪道：“塞翁失马，安知非福。”

陈宝琛道：“政局未稳，皇上不可大意。”

载沣却从极度恐惧回到极度乐观，道：“皇帝可以回宫了。”

“我可不再回去了。”溥仪道。

“什么！”载沣瞪大了眼睛，“皇皇帝别再添乱乱子了。”

溥仪还要说话，外面人报：“有个胡博士要见皇上。”

陈宝琛道：“他比国民军还坏，是革命党的帮凶，皇上不要见他。”

溥仪道：“他在报上登了一封谴责冯玉祥国民军的公开信，骂得很厉害，陈师傅也是看到的，为什么不让他进来？”

陈宝琛一时语塞，起身到别处去了。

胡适西装革履地进来，老远就叫道："皇上受惊了，我来了几趟，门口的大兵不让进，现在冯玉祥的士兵被换下去了。"

溥仪迎上前去，和他握手："欢迎胡博士!"

"冯玉祥，野蛮人一个，这种逼宫事件，在欧美国家看来，全是东方的野蛮!"

二人坐下后，胡适问："皇上今后有什么打算?"

"我希望过独立的生活，求些学问。"

"皇上有志气，有志气！我总是在朋友面前说皇上是有为青年。"

"我想出洋留学，可是很困难。"

"这有何难。到英国，有庄士敦先生；若到美国，在下也可帮忙。"

"可是王公大臣们都不放我，特别是王爷。何况民国当局也不一定放我走。"

"这主要是看皇上的决心，我想，现在的当局恐怕不会阻拦皇上出国留学吧。"

溥仪想，到海外然后再图复兴，也是一条好路，不过，无论如何，我不会做总统，我要做皇帝，要做紫禁城的主人!

这天，郑孝胥和陈宝琛匆匆忙忙地赶到醇王府，溥仪正在书房里，郑孝胥急步上前，说："皇上，看这个，《赤化运动之平民自治歌》。冯玉祥入京后，共产党乘机活动，他和李大钊特别近乎，又请了苏联的顾问团训练军队。苏联，那是把沙皇、贵族全都杀了或流放的呀!"

陈宝琛道："平民自治歌说，'留宣统，真怪异，唯一污点尚未去。'这是什么意思?"

郑孝胥不顾溥仪早已吓得嘴唇发青，眼睛发直，又道："冯玉祥被鼓动了，他又要政变，军队已经占领了颐和园，现在正召集他的军官开会，进军北京呢。"

陈宝琛道："皇上看报，看这里，就是冯玉祥不来，段祺瑞到底怎样也说不清。"

溥仪看陈宝琛指着的一条消息，报纸上登载——

"昨日李煜瀛拜见段祺瑞执政，争论皇室的事情。李忿然道：'法国杀路易十六，英国杀君主，是屡见不鲜的，外交干涉没有什么可虑的。'段执政默而不答。李煜瀛又道：'非斩草除根，不能了结此事。'……"

溥仪不再往下看了，他的眼前阵阵发黑，只觉天旋地转。

"怎么办？怎么办？我要逃走，他们非不让走！今天这怎么办?"溥仪的眼前又出现了鹿钟麟率领的手枪队，一门大炮正扬着炮筒对着他……

庄师傅来了。溥仪如挨揍的孩子遇到强壮的父亲，哭道："庄师傅，怎么办？"

"怎么，"庄士敦道，"你们已经知道了冯玉祥有了新的军事部署？"

陈师傅道："看来是真的了，我们还想着如何帮皇上逃走呢。"

庄士敦道："如今冯玉祥的军队已布满了大街小巷，新的政变，极有可能。"

溥仪哭丧着脸道："他不是宣布退隐了吗？"

"袁世凯也曾隐居在彰德，这些人的话不能信。"

"事不宜迟，必须马上行动。"陈宝琛道。

"我同意，"庄士敦道，"咱们商量一下，看怎么办。"

"还商量什么，现在就走！"陈宝琛临危的果断劲儿又显示出来。

庄士敦道："不带皇后、淑妃了吗？"

郑孝胥道："带了她们，连这大门也出不去。现在就走，也不要准备，也不要打任何人的招呼。"

他们当即决定：先到一家德国医院，然后从那里再到东交民巷。

"说走就走！"陈宝琛霍地站起来，全不像一个七十多岁的老头子。

溥仪抓了一些珍宝，拿了一大包珍珠，庄士敦立即把自己的皮大衣解开，撕开夹层，把它们放了进去。

"为皇上备车。"陈宝琛道。

司机立即过来，问："皇上到什么地方去？"

"去麒麟碑胡同看皇额娘。"原来，在溥仪出宫的第二天，两位太妃也不得不出宫，住进了一位公主的家里。

没有引起人们的怀疑。

溥仪跨进了汽车。

王爷突然跑过来道："还还是让管家张文治跟你们一道去吧。"

"没有必要！"溥仪道。

"我还是跟着吧。"张文治说着已随陈宝琛钻进了汽车，郑孝胥反而落在了外面。

郑孝胥向皇上递了个眼色，溥仪道："开车！"

汽车开动了，庄士敦坐在司机的旁边，指示着路线。

大风扬起尘沙，打得车上噼啪震响，街上的人斜行着，把头低在衣领里。

"老天帮忙。"溥仪和师傅们默念着。

车速很快，更显大街上是迷茫的一片。

车停在德国医院门前，张文治问道："皇上，怎么到这里来了。"

“我肚子痛得厉害。”溥仪低头捂着肚子，庄士敦扶他进了医院。

“这家医院行吗?”陈宝琛故意地问。

庄士敦道：“这里有个医生我很熟悉，快进去，皇上疼得厉害。”

庄士敦带他们来到了一个德国医生的房间，用英语和他说着什么，张文治见这根本不是什么看病，赶紧道：“皇上，我去方便一下。”

不待溥仪说话，他已溜走了。

溥仪道：“快去使馆交涉，张文治必是回北府见王爷去了。”

庄士敦向大夫说了几句，转身去英使馆了。

等了好一会儿，溥仪等得心焦，心突突直跳，快要憋过去了。

郑孝胥赶来了，道：“庄师傅呢?”

陈宝琛道：“到英使馆去了。”

“不能等，我们到日本使馆去。”郑孝胥伸手来扶皇上。

溥仪道：“你还是先去日使馆说明一下。”

郑孝胥很快就从日本使馆转回医院，见了溥仪道：“快走，走后门乘马车!”

此时，风更大了，黄沙蔽天，对面不能见人。

“怎么走这条街，街上全是国民军!”马车上的溥仪惊叫，“他们都认识我。”

“皇上别叫，这么大的风怎能看见皇上？再说，这样的马车中怎么会有皇帝？皇上别怕，马上就到了。”

车行河岸上，大风狂怒，沙尘更炽，马车几乎不能前进，溥仪正在焦急，郑孝胥道：“到了!”

竹本大佐和中平大尉迎上来，溥仪进了日本使馆。

芳泽谦吉公使夫妇对溥仪的照顾无微不至，把自己的卧室腾出来让溥仪居住。

“皇帝陛下，我大日本帝国的全体人民对您有深厚的感情，陛下就安心地住在这里，把这里当成自己的家。”

“太谢谢公使先生了！冯玉祥有没有再发动政变?”

“政变的可能性仍有，但是不大。不过，孙中山已取道日本前来北京。听说他病得厉害，不知是不是谣传。但是无论如何，北京的形势是难以预料的，这里真是一个大火药桶啊。”

“还请大日本帝国能对与我有关的人加以保护。”

芳泽夫人突然道：“芳泽君，咱们怎么忘了一件事，皇后还没来呢，芳泽君应尽快想想办法，让皇上和皇后团聚。”

"谢谢夫人的关怀!"

溥仪这才想起了婉容和文绣，这才意识到在北府的许多天里他和她们连一面也没见。

芳泽道："我明天就亲自到段祺瑞那里交涉。"

第二天，芳泽派他的外交秘书先到醇王府，不一会儿，电话铃响了，芳泽拿起话筒。

"喂，事情办得怎么样了?"芳泽问。

秘书道："皇后和淑妃已作好了一切准备，可是卫兵却不让离开。"

"你在那里等着，我这就去找段祺瑞。"

"大使别放电话，皇后想和皇上说话。"

芳泽把电话递给溥仪，溥仪拿起电话道："喂，这是什么声音呀，笃笃笃的?"

"是皇上吗?呜——"婉容哭了起来。

"刚才那是什么声音?"

"声音?"

"就是笃笃笃的——好像是踏在地上的声音。"

"是高跟鞋的声音，我我哪有鞋穿，穿的是唐怡莹的鞋——皇上，你还有心谈这个，快救我们吧。"

溥仪道："放心吧，芳泽先生已经去找段祺瑞交涉了。"

芳泽公便来到段祺瑞的办公室，段祺瑞已老态十足，如同一个去了骨架的老虎，他挪着步，走上前来迎着芳泽与他握手。

"大使先生有什么事打电话就行了，这些事情是可以解决的。"

"既然执政知道在下的来意，那么我也就不多说了，我只是强调，大日本帝国政府对这个事情是严肃认真的，态度是坚决的。"

段祺瑞道："执政府极愿尊重逊位皇上的自由意志，并于可能范围内保护其生命财产及其相关者之安全。"

"看来执政阁下想得已十分周到，我们的担心是多余的。不过，我的秘书在醇王府接皇后却遭到阻拦，确实让人不能理解。"

"有这种事吗?如果有，那也是为了皇后的安全考虑，我这就打电话过问此事。"

段祺瑞打过电话，芳泽道："大日本帝国对段执政一向是支持的，在此纷乱昏晦之际，大日本帝国的态度依然没有改变。"

"蒙大日本帝国的支持，我们才有今天的形势。我们对大日本帝国的友好态度也决不会改变。我们的根本利益是一致的。"

"让我们为日中友谊做出新的贡献!"芳泽告辞出去。

婉容已先于芳泽到达日本使馆，而随同婉容前来的，不仅有淑妃，还有罗振玉及其他一些王公，醇亲王听说芳泽公使回来了，便去拜见他，不一会儿，他兴高采烈地回来，没头没脑地道："皇帝，咱们回去吧。"

溥仪吃惊地道："回哪里去?"

"先回北府。"载沣笑着道。

"这是芳泽公使的意思吗?"溥仪惊慌地道。

"不不是，是是段祺端的意思，他已完全答应保护皇帝及与皇帝有关系的人。他他说他仍是尊重过去的优优待条件的。"

罗振玉忙起来道："不要相信段祺瑞的保证，这是因为皇上进了使馆他才这样说的。何况这北京城犹如一个火药桶，哪一个放一点火星都能炸起来，我们不要相信他们的话。"

溥仪道："我坚决不回去!"

载沣道："如果他们答应完全回复到原来的优待条件，让皇上回紫禁城，还是回去的好。"

陈宝琛这位保着皇上逃出来的功臣，此时也道："只要有声明让皇上回宫，北京的形势又明朗稳定，皇上还是回去的好。"

郑孝胥也道："我和段祺瑞有交情，我去说说看，完全回到过去的优待条件我有把握。"

"那那就快去。"载沣生怕溥仪又有新的想法。

众人正在议论，芳泽大使及夫人随婉容和淑妃走过来，大家看到，虽然时间极短，芳泽夫人与皇后和淑妃似乎已成为了知心朋友。

大家全都站起来，望着眼前的救星，向芳泽及夫人点头哈腰。

芳泽道："看来，这三间屋是绝对不够皇帝陛下用的，后面那座楼就送给皇上了。"

所有的人都被大使的举动感动了，同时也看到了新的希望。

溥仪于是搬进了后面的一座楼里，他的南书房行走、内务府大臣、几十名随侍及太监、宫女、妇差、厨役等等又各得其所。同时，他的奏事处和值理房又完全恢复了，这真是国中之国的国家。

溥仪受到日使馆这么高的礼遇，王公、遗老遗少及至王公们都活跃起来了，他们纷纷给段祺瑞的执政府打电话，要求恢复清室优待条件；纷纷向皇上密陈复兴大计；纷纷进奉钱财。他们又如蝗虫一样到处乱飞，成群地起哄，似乎天又要变了!

新年到了，遗老遗少和王公们又如蝗虫一样飞到日本使馆向皇上行了三拜九叩大礼，其隆重的程度，绝不亚于在乾清宫。

芳泽夫妇更是热情周到，过了新年没几天，他们请溥仪和婉容、文绣赴宴。筵席之上，芳泽公使道："在下知道皇上的万寿节就在本月，而且是皇上二十整寿，在下以为皇上应热热闹闹地办一下。"

盛情难却，溥仪决定在使馆过他的二十岁万寿节。使馆把礼堂粉刷一新，地板上铺了豪华的地毯，正前方的台上放了一把太师椅作为宝座，宝座上铺了黄缎子座垫，椅后一个玻璃屏风上贴了黄纸。

大寿那天，各地拥来上千朝贺者，使馆内到处都挤满了人。

溥仪身穿蓝花丝葛长袍，黑缎马褂，走上前台，坐上太师椅。

"朝贺进拜，第一班，近支王公世爵，载涛领衔。"

随着御前大臣的叫声，王公们走进礼堂。

"跪——"

齐刷刷的一片影子倒下去。

"起立——"

听着这喊声，看着椅子上和身边的明黄色，溥仪悲从中来，一点也没有生日的快乐。"我是一个被驱赶的，寄人篱下的皇帝，是一个被废了名号，正在争取恢复那称号的皇帝，我我还能有所作为，还能回到宫中吗?"

溥仪差点滚出泪水来，此时，御前大臣又领着一班一班的人来三拜九叩。

"我的祖宗多么雄武，四方宾服，八方朝拜，今天来宾众多，但是我在他们的心目中到底有多少威严呢?"

溥仪愁肠百结，迷迷糊糊中，已是到了第六班。

"皇上，"御前大臣低声道，"结束了。"

溥仪清醒过来，眼前这第六班是由庄士敦领衔的外宾，再不会有"跪"和"起立"的呼叫。

"皇帝陛下，我们由衷地祝你生日快乐，祝你幸福。"一位英国人用英语向他说着。

溥仪走下台来和他们握手："谢谢光临。"

"陛下，"一位外宾道，"在这快乐的日子里，你有什么要讲的吗?"

"有。"溥仪响亮地回答。

"那么就对我们大家讲几句，这真是我们的荣幸。"

于是，溥仪慷慨激昂地发表了下面这一大篇即席演说："余今年二十岁，年纪甚轻，不足言寿，况现在被难之时，寄人篱下，更有何心做寿。但你们远道而来，余深愿乘此机会，与尔等一见，更愿乘此机会与尔等一谈。照世界大势，皇帝之不能存在，余亦深知，决不愿冒此危险。平日深居大内，无异囚徒，诸多不能自由，亦非余所乐为。余早有出洋求学之心，所以平日专心研究英文，原为出洋之预备，只以其中牵掣太多，是以急切不能实行。至优待条件存在与否，在余施之，无关轻重。不过此事在余自动取消则可，在他人强迫则不可。优待条件系双方所缔结，无异国际之条约，断不能一方面下令可以更改。此次冯玉祥派兵入宫，过于强迫，未免不近人情，此事如好好商量，并不难办到。余之不愿拥此虚名，出于至诚，蓄之久矣，若胁之兵威，余心中实感不快。即为民国计，此等野蛮举动，也大失国家之体面，失国家之信用，况逐余出宫，另有作用，余虽不必明言，大约尔等亦必知之。余此时系一极无势力之人，冯玉祥以如此手段施之于余，胜之不武。况出宫时所受威胁情形，无异凌辱，一言难尽。逐余出宫，犹可说也，何以历代祖宗所遗之衣物器具文字，一概扣留，甚至日用所需饭碗茶盅及厨房器具，亦不许拿出，此亦为保护文物乎？此亦可值金钱乎？此等举动，恐施之盗贼罪酋，未必如此苛刻。在彼一方面，言丁巳复辟为破坏优待条件，须知丁巳年余方十二岁，有无自动复辟之能力，姑不具论，但自优待条件成立以来，所谓岁费，曾依时付过一次否？王公世爵俸银，曾照条件支给否？八旗生计，曾照条件办理否？破坏之责，首先民国，今舍此不言，专借口于丁巳之复辟，未免太不公允！余今日并非发牢骚，不过心中抑郁，不能不借此机会宣泄，好在将有国民议会发现，如人心尚有一线光明，想必有公平之处置，余唯有静以俟之。余尚有一言声明，有人建议劝余运动外交，出为干涉，余至死不从，余决不能假借外人势力干涉中国内政……”

……

第三十一章

小朝廷栖身天津卫
北伐军血战汀泗桥

罗振玉高兴地对溥仪道："原来驻武昌的第八镇统制张彪在天津有一片园子，他愿意租给皇上住。""我才不住他的！关键时候他也会扔下我一走了之的。""皇上，他说要赎罪，看他是个忠臣，皇上就原谅他吧！"

一段时间住下来，大使馆书记官池部已成了罗振玉的新朋友，他和罗振玉煮茶手谈，很是投机。这一天，池部落了几个棋子后，道："罗先生，你的学问在中国是首屈一指的，你对中国的政局也有研究吗?"

罗振玉道："我在贵国十多年，埋首学问，一向不问政治，去年蒙皇上错爱，到宫中也不过是考证古物。只是最近冯玉祥逼宫，我才留心世事，发现中国分裂的局面难以收拾。"

"你认为谁能统一中国?"

罗振玉道："我看军阀割据，寡德薄义，北京城头，旗帜屡换，真的能够使天下顺服的，只有皇上。"

池部道："他日中国将更是战火不息，能平定战乱，威服天下的，只有皇帝陛下。皇上宜早日他去，以完成宏图大业。若呆在这里，终不是个办法。"

罗振玉道："先生对中国局势洞若观火，我很佩服。皇上早就有出洋的打算，池部君应帮助才好。"

"我一定效力。"

于是二人拟定了让皇上到日本留学的计划。

罗振玉来到溥仪的房间，道："皇上，在军阀中寻求支持的力量，看来已无可能；郑孝胥只会夸口，说段祺瑞的亲信曾毓秀、梁鸿志是他的同乡，王揖唐跟他半师半友，能说动段祺瑞恢复优待条件，看来已没有了结果。臣以为，皇上还是出洋为好。"

"我早想出洋，可庄士敦已到威海做了行政官，一时无从联络。"

"皇上怎么一时糊涂起来。皇上出洋目的虽为求学，获取知识本领，但最重要的还是联络外邦以图大业。在臣看来，日本是真心帮助咱们的，又与我近邻，皇上为什么要舍近求远呢？”

“那么好吧，你就联络一下。”

“皇上，到日本比到英美方便多了，还联络什么？我和书记官池部商量好了，皇上可以先到天津日租界，在那里就可从容准备了。”

溥仪大喜：“你是做实事的，比郑孝胥强多了。”

罗振玉喜滋滋的，心想：郑孝胥，你回老家去吧。这样想着，又说：“皇上，我们应该先在日租界找座房子，皇上去了也好有个地方住。”

“那么你就到天津去给我找房子去吧。”

罗振玉去了天津，第二天就回来了，他高兴地对溥仪道：“原来驻武昌的第八镇统制张彪有一片二十亩左右的园子，他愿把房子租给皇上住。”

“我才不住他的！关键时候他也会扔下我一走了之的。”

“皇上，租房子的事是他主动提出的，说是赎罪，我看他是个忠臣，皇上就原谅他吧。”

溥仪不情愿，但还是接受了。

罗振玉道：“现在国民军换防，铁路上只有奉军，正是去天津的好机会，可以立即动身。”

溥仪去拜见了芳泽公使，道：“我明天想离开这里去天津，从那里到贵国留学，公使以为如何？”

“我非常赞成，也很支持，虽然我极想让皇上在这里多住些日子，但是事业为重，我就不留皇上了。另外，我会亲自到段祺瑞那里，让他在沿线保证安全。皇上放心，我还会命令天津的日本警察来京与皇上一同去，同时我们的军队也会做好准备。”

溥仪这才放心。

第二天，在日本军警的簇拥下，溥仪乘火车顺利到达天津，按照事先的约定，后妃都暂时留在了北京日本使馆。

张园的面积并不大，有二十多亩，中间的楼房是八楼八底，共三层。在二楼平台的左右两侧，建有对称的角楼。楼前有花园、水池，两端各建一个八角形飞檐的石亭。

这个园子本来是座游艺场，只因溥仪要住，张彪为了表示对大清的忠心便给了皇上，并不收租金，每天抱把大扫帚为溥仪扫院子。这个园子原本卖票的地方就成了“奏事处”，内务府已不复存在，可是这里却有个“清室驻津办事处”在处理一切。

不久，婉容和文绣由日本人接来，一些王公和遗老遗少也渐渐辐辏于此。

在张勋复辟时出过大力的胡嗣瑗、万绳栻也来了。

一天，溥仪召集御前会议，说道："没有什么可隐瞒的，我来到这里是为了出洋，我出洋后，许多国内事情如何做，你们说说吧。"

陈宝琛道："皇上，老臣以为如果皇上现在出洋，是拱手把大好的时机错过了。皇上，目前冯玉祥已成为众矢之的，张作霖和吴佩孚必然联手把他赶出京津，而这二人又都是拥戴皇上的，如果皇上出洋，这种大好的形势不就徒然浪费了吗?"

胡嗣瑗道："陈太师说得对。京津乃中国心脏、首脑，别说去日本，在目前就是去上海也是要不得的。当年公子小白奔莒就是因为它离齐都最近。现在皇上居津，安全有了绝对保障，而北京形势明显渐趋恶化，万一情况有变，皇上可捷足进京，号召天下，稳定局势。若是离京太远，则反应过慢，大好的形势、机会就可能丧失，请皇上三思。"

溥仪听他这么一说，心有点动了。

罗振玉见此，急忙道："皇上，这几天的报纸是大家都见到的，许多报纸都把矛头直指皇上，北京的学生们和赤党不说，就是天津也成立了什么'反清大同盟'，那是和皇上专门作对的。何况，冯玉祥虽然有被吴佩孚和张作霖夹击的可能，可是他现在毕竟控制着京津。这个人是不怎么怕外国人的，我们虽然在这日租界，旁边有日本的兵营，但是若是冯玉祥发起疯来，这里仍不安全，皇上若没有人身安全，谈何复辟大业!"

陈宝琛道："皇上，老臣也不是完全反对皇上出洋，当时在北京，危急之中，臣都能当机立断，这是皇上所知道的。可是，如果出洋是太莽撞了，因为皇上还不明白日本政府对皇上的真实态度。皇上出洋，日本真的会帮助皇上复辟吗？臣看不一定。因为，皇上的天威在这里能显示出来，若离开这里，则如龙离大海、鞭长莫及。日本人恐怕也不会帮助一个不能影响中国局势的人。至于说到安全，冯玉祥是绝不敢轻举妄动的，他现在腹背受敌，若再惹上日本人，那是一条必死的路，他绝对不敢在日租界有何举动。老臣以为，还是静观事态的变化，若是形势有利则留，不利则可抽身便走，很方便的，为什么非要现在离开呢?"

溥仪道："好吧，我们再等等看。"

日本军部也说可以等等，他们先和东京联系。这样，溥仪就暂时住了下来。

每天都有一位日军司令部的参谋来为皇上讲时事。这天，金子定一参谋来到张园，向溥仪道："皇帝陛下，当陛下在北京时，罗振玉先生曾两次来到司令部，都是在下接待他，他可真是个忠臣啊!"

"是的，如果没有他的努力，我不可能顺利地到这里。"

"在下听说皇帝陛下到这里是为了要到我们日本，不知此事办得怎样了？要不要我们帮忙。”

溥仪道：“目前还有许多事情没有办妥，贵国领事馆又通知我们可以在此多逗留些时日，你们军部也是这种观点，所以就滞留于此。”

金子道：“现在军部已接到东京军部的指示，说皇帝陛下可以到东京，军部愿意帮助皇帝陛下。”

“还是过几天吧。”

“我只是随便问问，我们当然遵从皇帝陛下的意见，现在在下就为陛下分析形势，好吗？”

“进行吧。”

“在下今天所讲的，是中国内战的问题。中国军队腐败无能，欺压老百姓可以，内战可以，对我们大日本皇军来说，他们如同废物。”

“当然，当然。”

“中国的混乱，根本在于群龙无首，只有皇帝，只有宣统陛下您，才是民心所向，也只有您的天威和道德才能使军队驯服，克服军队的腐败无能。”

“我德才都有待提高，所以想到贵国去留学。”

“我们也希望皇帝陛下到日本去学习先进的管理办法，回国后重振国威。”

金子又为他讲了一会儿，最后道：“后天是大日本帝国天皇陛下的天长节，军部请皇帝陛下去阅兵，这是司令部的请柬，请陛下务必光临。”

“我非常乐意！”

天长节到了。

十辆摩托车开道，溥仪就坐在摩托车队后一辆吉普车上，后面是装甲车，上面机关枪黑洞洞的管子在注视着前方。

阅兵场到了，场上立即响起了军乐声。虽然溥仪觉得这声音里含有丧礼上的曲调，但是他的精神还是异常昂扬。

司令官植田谦吉骑着一匹高大的东洋战马走向溥仪，到了跟前，抽出军刀，向溥仪行了礼。而全场的日本官兵，见了司令官的这个动作，也一齐向溥仪行礼。

“欢迎陛下光临，”司令官雪白的手套向上一举，全场顿时响起了雷鸣般的欢呼：“欢迎陛下！”

溥仪哪里受到过军人这样的礼遇，不觉高呼起来。

司令官和所有日本官兵被皇上的欢呼震惊了，也激动不已。

植田谦吉司令官在马上振臂高呼。

士兵们齐声呐喊，声音震天动地。

随后阅兵开始。日本军队的战车、马队、飞机，都作了表演，最后是士兵的操练。

溥仪坐在阅兵台上，望着日本军队的这种阵势，心想：中国军队根本不是日本军队的对手，我如果能得到日本的帮助，复辟的大业也就成功了一大半。

阅兵的兴奋还没完全消散，溥仪又应邀参观一所日侨小学。

到了学校，刚一下车，学生们手持小龙旗，夹道欢呼道："欢迎、欢迎、热烈欢迎……"

没走几步，学生又高喊："宣统皇上万岁！万岁！万万岁！"

听到了这样的欢呼，溥仪热泪盈眶。

日本领事吉田茂在为溥仪举行的宴会上致词道："在我们日本人的心目中，宣统帝不仅尊号仍在，而且犹如在朝临政，我代表日本人民向陛下祝福，祝福皇帝陛下万事如意！"

很晚，溥仪才回来，罗振玉和陈宝琛还等在那里，溥仪激动地说了这几天的事情。

陈宝琛道："皇上去东洋的事，看来可以考虑。"

罗振玉道："就是，皇上到了日本，国内的大臣仍在，国内的事自然有人过问。何况，皇上到了日本，就可以和日本的高层接触，就是天皇，也能见到的，这对复辟大业难道不是最大的帮助吗？"

溥仪道："那么罗振玉明天就再去活动一下看。"

罗振玉高兴极了！

这时，奏事处报："张宗昌求见！"

几个人大惊，罗、陈二人忙避到别室，溥仪道："快传他进来。"

"吾皇万岁、万岁、万万岁！"张宗昌进来就给溥仪磕了三个头。溥仪忙走上前扶他起来。张宗昌站起来如铁塔一样，高出溥仪很多。一脸横肉，左腮上一道伤疤衬得黑脸更为狰狞。

张宗昌，字效坤，山东人，小痞子出身，在关东做过土匪，在海参崴做过警察，又做过黑社会的老大，后来又当了冯国璋的营长，层层升到师长，后投奔张作霖作了旅长。由此步步高升，做了师长、军长，现在则是直鲁联军司令。

溥仪赏坐，他谢坐，坐下道："皇上就是不来这里，谅那冯贼也不敢对皇上怎样。我那时不是和皇上说了吗，北京城内也有我许多的弟兄们，特别是醇王府的附近，更是我们精锐，这些人，飞墙走壁，个个都是武功好手，皇上在那里很安全的。"

原来，溥仪在北京的时候，张宗昌曾化了装进去见了溥仪，表达了对他的忠心。

"你的忠心可鉴日月，我是知道的。今天深夜到此，有什么事吗？"

"后天我就要打北京了，皇上要是回去的话，咱扶您上宝座，有谁敢不服，盒子炮说话。"

“后天打北京？当真！”

“那还有假！”

“张作霖和吴佩孚都准备好了？”

“都妹（秣）兵万（厉）马了，大伙都等着抄家伙呢！”

溥仪激动万分，道：“我可不能贸然进京，此事张将军慎重一些，待攻下北京再说吧。”

“那就等到打下北京再说吧——皇上能给点军饷吗？”

“多少？”

“随皇上的意，赏弟兄们一点，让弟兄们也知道万岁爷的恩德。”

“好吧，就先给五万块大洋。”

“谢万岁爷！”

果然，第三天吴佩孚和张作霖合攻冯玉祥，张宗昌很快打进了北京，张作霖和吴佩孚在北京会面。

一时间，遗老、王公及康有为那样的忠君者纷纷写信给张、吴二帅，要求复辟。

溥仪的心在膨胀，似乎复辟就在眼前，即使不能复辟，恢复优待条件也是呼之欲出，他哪里还想出洋。

这天，荣源高兴地道：“皇上，情况有转机了，皇上，复辟的日子屈指可数了。”

“怎么？”溥仪热血奔涌。

“张作霖来天津了，他希望能在他的行馆里拜见皇上，并先送来了十万块钱。”

不料，陈宝琛却道：“此事万万不可，皇上到民国将领的家里，成何体统？何况那里是日租界的外面，很危险的。”

溥仪道：“这确实有点不合适，也确实危险。”他觉得有失身份，为什么你张作霖不来拜我？

荣源见太傅在旁，也不再说什么，可是第二天晚上，却突然把张作霖的亲信阎泽溥带来。阎泽溥向溥仪叩了头道：“皇上，到大帅那里是绝无危险的，可是大帅却不便走入租界，不然，大帅早来拜见皇上了。”

溥仪觉得他说得有道理，在他和荣源的反复劝说下，当晚去了曹家花园——张作霖的行馆。

下了汽车，溥仪被领到一个灯火辉煌的大厅，这时，迎面走来一位身材矮小、便装打扮、留着小八字胡的人。溥仪认出这就是张作霖，可是脚步却放慢了——用什么仪式对待他？正在他犹豫无所适从的时候，那个张作霖却急步走到溥仪面前，趴在砖地上磕了头，道："皇上好。"

"上将军好。"溥仪扶起他，一同走向厅门。

客厅里摆的是硬木桌椅、西式沙发、玻璃屏风。刚一坐下，张作霖就点着一根香烟，狠吸了几口，道："皇上，那冯玉祥打着保护国宝的旗号逼宫，其实他那肠子里藏的是什么屎谁不清楚？他是贪着宫中的财宝！"

一会儿，烟只剩下了"屁股"，张作霖又点了一支，猛吸一口，吞云吐雾地道："咱才是真正地保护宝物古物，咱把奉天的宫殿保护得好好的，这一次呀，咱准备把《四库全书》运到奉天去，在那里才安全！"

"就是，上将军是真正的文明人，我早就知道奉天的宗庙陵寝和宫殿都保护得很好，上将军的心意，我是明白的。"

"皇上要是乐意，到咱奉天去，住在宫殿里，有我在，怎么都行。"

"上将军真是太好了。对我这个蒙难的皇上还如此热忱。"

溥仪把话往"皇上"这件事上引，可是张作霖却道："皇上，以后缺什么就给我来信。"

缺什么？溥仪心道：我缺的就是一个宝座。

一只苍蝇飞来，张作霖一巴掌打过去，苍蝇掉在地上，他又用脚搓了几下。而此时，一个卷发女人的头在屏风后露了一下。溥仪见此，连忙站起来，道："上将军很忙，我就告辞了。"

"那么好吧，以后见面的机会就多了。"

张作霖送溥仪出来，见溥仪的汽车旁站着一个西装革履的小矮子，只道那是日本人，是监视溥仪的活动的，便大声道："皇上，要是日本小鬼子欺侮了你，就找咱，告诉我一声，我就会治他们！"

溥仪从张作霖那里回到张园，罗振玉迎上来。溥仪道："张作霖给我磕了头，请我到奉天去呢。"

罗振玉想说什么，但是见了皇上这么高兴，便没有再开口。他知道，皇上必定要在这里住下去等机会，现在不会再谈出洋的问题了。

这一天是农历七月七日，正是民间所谓七巧节，溥仪的心情很好，白天特意带了皇后、淑妃去街市上逛逛。

婉容是在天津长大的，责无旁贷地要当向导，便提议道："咱们先到义利公司，然后再去中街。"

"皇上，"日本军部的便衣道，"到义利公司是可以的，我们可以保护皇上、皇后、淑妃的安全，可是中街是天津卫最热闹的去处，为皇上的安全考虑，还是不去那里吧。"

溥仪看了看婉容，婉容不自然地笑了笑道："那就以后再去吧，不过，我们可以到一家意大利餐馆吃正宗的西餐。”

“这个可以，在租界里总是较安全的。”那个便衣道。

“就这样吧，”溥仪命令道，“祁继忠和李玉亭随驾前往。”

“嗻。”

婉容瞟了一眼李玉亭，见他已是身材伟岸，剑眉朗目，笔直口方，棱角分明，长成一个真正的男子汉了。

在一群日本便衣的簇拥下，皇上一行来到义利公司的珠宝店。

“皇上，我要这挂钻石项链。”婉容叫道。

溥仪走过去，一位小姐迎上来道：“我们经理马上就到，知道贵客是皇上和皇后、淑妃，全公司都非常荣幸，请皇上和皇后、淑妃随意挑选。”

“我就要这挂钻石项链。”

“好，皇后，我替您戴上试试看。”那位小姐为她戴上，笑道，“好像专为皇后定做的似的，别人戴了，真是糟蹋了这项链。”

“买下！”溥仪道。

婉容并不取下来，就戴在了脖子上，她的感觉好极了。

文绣道：“我也喜欢那项链。”

服务小姐道：“淑妃娘娘真如天仙下凡一般，戴了这项链，越发神光照人。”说着她已给文绣戴上。

此时白白胖胖的经理已经走来，远远地就说：“皇上、皇后、淑妃光临本店，这是本店万年的荣幸。皇上，在下就把这两个翡翠戒指奉与两位娘娘了。”

“哪能这样收下，我们买就是。”溥仪道。

“这就是皇上看不起草民了。”

那位小姐已给后、妃戴上。

婉容总觉得自己比文绣要高贵一点，怎能她有什么文绣也有什么？总要再买一样东西才好，于是又在那里仔细看了起来。

溥仪已为自己挑了钻石别针和钻石戒指。

经理道：“皇上的袖扣也应该是钻石的呀。”

“好吧，就再订一套钻石袖扣。”

“看样子皇上喜欢西装，在下以为，西服料子还是我们英国的好。”

“是吗？”

“是的！皇上，在下和庄士敦博士可是老相识了，他手里的文明棍都是我们店的。”

“那好吧，再订一个文明棍。”

“皇上有没有订一份杂志？”经理问。

“什么杂志？”

“就是专表现西方上层社会穿戴饮食住行的《老爷杂志》。”

“我没有订。”

“这就是庄师傅的疏忽了。皇上，今后每一期杂志我都派人送去。”

“那就多谢了。”

经理又道：“本店还有新进的德国蔡司厂出品的眼镜，这是全世界中最高贵的，皇上不要一架吗？”

从义利公司出来，一位英国人忽然来到溥仪的汽车前道：“皇帝陛下，看样子您对天津不太熟悉，在天津这地方，惠罗公司和隆茂洋行才是最具实力的，物品才是最地道最上乘的。”

“不会吧，我可是有向导的。”

“恕在下直言，若是皇上有向导的话，恐怕他只是对许多年前的天津是熟悉的。”

“请问你是谁？”祁继忠道。

“在下告辞，就别问我的名姓了。不过我说的句句是真话，皇帝陛下可以打听的。”

那外国人走后，溥仪道：“看来还有更好的购物的地方。”

婉容道：“天津的变化真是太大了。”

一行人又到意大利餐馆用过膳，才回张园。在这个白色的三层洋房中，文绣到一楼就走向了自己的房间，溥仪和婉容住在二楼的北半部，是隔壁。二人走到自己的门口，互相望了一眼，溥仪便向婉容房间走去，马上又向祁继忠道：“给我打一针。”回头向婉容道：“我马上就来。”

十分钟以后，溥仪来到了婉容的寝室。

婉容道：“亨利，你打什么针呀？”

溥仪走上前来拥着婉容道：“伊丽莎白，我也很痛苦，我的痛苦比你更甚。我想要一位皇子呀。食色性也，我不是没有要求，我也渴望着那种事情，我也深知皇后的渴望，可我不能，我的痛苦不是更甚吗？”

听了皇上的肺腑之言，婉容哭了，道：“亨利，别把这放在心上，我也不会介意的。”

“可是我介意，所以我看了西洋医生，他们让我打针，针名叫荷尔蒙。我想，今天是牛郎织女相会的日子，咱们还是再试试吧。”

“亨利，你是怎么落上这种情况的？”

“不说了吧。”

“我也问了一些人，皇上，咱们不能急的，慢慢放松就好了。”

可是仍然一切徒然，婉容痛苦地叫着，又一件件地摔东西……

文绣在一楼听到这响声，狠狠地咬了咬牙，对着天上隔河相望的织女牵牛星，弹起了琴，幽怨的琴声直飘荡到银河岸边……

过了难熬的夜晚，就是热闹的白天。婉容拼命地买着东西，像钢琴、钟表、收音机、西装、皮鞋，买了又买，不厌其多，至于衣服首饰更是到街必买。婉容买了，文绣也一定要。文绣买了，婉容一定硬要买，而且花的钱更多，好像不如此就不足以显她皇后的身份似的。

溥仪也在等待着北京方面的消息，康有为正鼓动着吴佩孚拥戴皇上复辟，吴佩孚果真给宣统帝写了几封信以臣自居，对溥仪口称皇上。康有为甚至说，连国民党都不反对拥戴皇上复位，看来天下形势逐渐明朗了。

溥仪陶醉在这些消息和信件中，穿着他英国料子的西服，一身钻石，手提文明棍，戴着德国出产的眼镜，浑身散发着密丝佛陀、古龙香水和樟脑精的混合气味，身边带着佛格这高大的德国警犬，又有高大威猛的虎头、豹头相随，再带着奇装异服的一妻一妾，便经常出入在戏馆、电影场、游艺场和外国人的俱乐部等等地方，真是有点乐不思蜀的味道。

汀泗桥三面环水，一面背山，吴佩孚在这座铁桥上布置了二万人的精锐部队，筑起碉堡。

“就让蒋介石、李济深试试!”

李济深的军队向铁桥猛扑，机枪的火舌从碉堡的洞口吐出，大炮向桥的周围猛烈射击，顿时桥边血流成河，碧蓝的江水早已是殷红一片。北伐军仍前仆后继，整营整营的被火舌吞没了。从黎明一直打到这天的半夜，这座桥还是依然如故。

叶挺在望远镜里看到北伐军同志成批成批地倒下，向李济深道：“军长，我上!”

“去吧！你再拿不下来，我就没办法了。”

“不把它拿下来，就不回来!”

叶挺一个立正，转身去了。独立团从小路插到敌军右翼，突然出现在山顶上。

“弟兄们，冲——”叶挺拔出手枪，率先冲下，敌军腹背受敌，遂土崩瓦解。

但是，北伐部队来到贺胜桥的时候，遇到了吴佩孚更猛烈的抵抗，吴佩孚的炮弹倾泻而下，几架飞机也冲来荡去。但是北伐军仍如潮水一般往前直涌，踩着倒下的同志们的尸体只知向前！向前！向前！

吴军后撤逃跑，吴佩孚抓住一个旅长吼道：“娘的，这个时候敢往回走!”不等旅长说话，一枪打去，旅长倒下了。

“把他的头割下来挂在桥头上。”吴佩孚深知，武昌一下，他将无险可守。

北伐军各营、各连、各排都独立作战，不计牺牲，一场混战直杀得天昏地暗。吴佩孚派出执法的大刀队把退下的官兵一律斩首，谁知，退下来的士兵一声呐喊：“奶奶的，谁不叫咱活，咱就冲向谁！”便一齐向执法队冲去。

“湖北完了！”吴佩孚哀号着登上了北去的火车。

与此同时，国民革命军攻下了南昌、九江，孙传芳溃逃北上，福建、浙江两省被占领。不久，上海、南京的上空也飘扬起革命军的旗帜。

溥仪又陷入了极度的恐惧之中，把一身镶满钻石的西装脱下又换上袍服，戴着瓜皮小帽，再也不敢出使馆一步。

金子又来分析形势，溥仪忙道：“蒋介石快打到这里了，怎么办。”

“哈哈哈，哈哈哈！谁敢动大日本帝国一根汗毛？他蒋介石打那些军阀还算能行，可是与皇军相比，嗤——”

这使溥仪略微宽心一些，但是他还是心有余悸，道：“还是请贵军多加保护。”

“陛下的建议我回去向司令部说一下。”

不久，果然在张园的大门前加派了一营日兵。溥仪这才放心。

一天，恭亲王溥伟从青岛赶来看望溥仪。

溥仪问他：“如今吴佩孚、张作霖敌不住革命军，看来回宫已无可能，怎么办？”

“皇上，先脱离险地，到旅顺去，那里有日本的关东军，又是咱祖先的发祥地，百姓们心向大清，若效法祖先，先建满洲，再由满洲而入关，必能恢复祖业！”

罗振玉道：“革命军全是洪水猛兽，个个杀人放火。这里马上就会有革命军出现，还是走吧。”

“日本人真的会帮我们复辟吗？”溥仪还是犹豫不定。

第二天，陈宝琛向皇上说道：“我从日本使馆那里听说，蒋介石也怕外国人。皇上不是说过没有不怕外国人的中国人吗？他蒋介石就不怕外国人？皇上还是等一等看，再说这华北、中原还在吴、张手里，他们若是拥戴皇上重登大宝，凭皇上的天威，他蒋介石算得了什么？他比得上孙文？孙文不也是灰溜溜地下台了吗？如今的形势，和辛亥年差不了多少，南北谁胜谁负，还说不清呢。”

“那就等等看。”

果然，国民党清党的消息传来，蒋介石成批地屠杀共产党人。蒋介石说：“凡是可以杀的一律杀！宁可错杀，不可错放！”汪精卫说：“捉一个杀一个。

宁可错杀一千，不可使一个漏网。”

溥仪看着报纸，觉得国民党并不是传说的那么可怕，又见报上登出英国军舰炮轰南京，日本出兵山东，阻挡南方军队北上的消息。不久，报上又登出蒋介石的后台就是美英的消息，说他之所以能够有今天的势力，就因为他的后台是最硬的，是美国。

溥仪这才觉得陈宝琛很稳健。既然蒋介石也和袁世凯、段祺瑞一样，我住在租界里，不是和以前一样保险吗？

溥仪又心安理得地住下来，又提着文明棍到处地招摇。更让他兴奋不已的是，英、美、法、意、荷等国的驻津领事们经常邀请他和皇后参加聚会。婉容的虚荣心也得到了最大的满足。特别是外国的军队时常请这位皇上去检阅，当雄纠纠气昂昂的外国军队走在自己的面前的时候，溥仪并没有觉得这是外国的军队在践踏自己的土地，而是感到无比的自豪。当英王乔治五世的儿子到张园访问他时，他忘记了自己是在张园，“直把杭州作汴州”，顿觉自己仍是个无可争议的皇帝。他又和意大利国王互赠了照片，他觉得他可以和世界上的任何一位君主平起平坐——我仍是皇帝，仍是东方最古老最大的国家的皇帝。

溥仪又挽着他高贵的妻子走进了 Country Club。这是英国人办的俱乐部，中国人是不许进的。可是当皇上、皇后的身影出现在门口时，两边的大兵举枪行礼，俱乐部的主人早迎出来鞠躬行礼。

这一天，婉容打扮得更为光彩照人。她剪去了长长的头发，烫了一个西洋的发式。她一反宫廷中含胸低眉的规矩，而是挺起了自己丰满骄人的胸脯。她穿着旗袍，腰身束得很细，苗条的身材显露无遗。旗袍的开叉很深，修长匀称的腿让人望而心醉。

“尊敬的皇后，能请您跳个舞吗？”英国的文化参赞走过来，他早就被这位东方美人所迷住。

“当然。”婉容随他进了舞池。

华尔兹响起，溥仪也挽着英国远东舰队司令的女儿翩翩起舞。

“皇帝陛下，”司令的千金道，“我爱你爱得发疯，你会娶我吗？”她把胸脯紧紧地贴在溥仪身上。

“小姐，你的话让我深为感动，假如我身上没有许多缺点的话，我会娶你的。”

英国参赞碧蓝的眼睛一刻不停地盯着皇后的眸子，婉容并不回避，而是含情脉脉地与他对望。

“皇后，我简直要为您而死，您太迷人了，我爱你爱得发疯。”

“参赞先生，你也非常可爱。”

所有人的眼光都盯着婉容，她是舞会的皇后——她本来就是皇后。

舞会还是结束了，婉容犹如从缥缈的云间又回到了山中的阴冷的洞穴。她的精神病越来越厉害，大烟也越抽越凶。

又响起了砰砰啪啪摔东西的声音，又是撕心裂肺的几声嚎叫。和这种声音应和的，仍然是隔壁无奈的叹息声和楼下幽怨的琴声。

第三十二章

孙殿英敢盗宝祖墓 淑皇妃欲对簿公堂

张园里摆上了乾隆、慈禧的灵位和香案祭席，遗老遗少个个痛哭流涕。溥仪的心里燃起了无比的仇恨怒火，他走到阴森森的灵堂前，当着满脸涕泪的人们向空中发誓道："不报此仇，我便不是爱新觉罗的子孙！"

冯玉祥、阎锡山宣布归顺蒋介石，冯玉祥的军队在国民革命军的支持下迅速控制了河北。与此同时，张宗昌的军队也由热河溃退，这位要拥戴溥仪重登大宝的痞子流氓除了在打仗的时候会跑之外，另外一个本事就是向溥仪要钱了。张宗昌写信道："皇上圣鉴：敬陈者，宗昌兵退热河，但精锐全在，又收奉直残军多部，但撤退匆匆，军饷实难发放。臣又与谢米诺夫联手，准备再向华北，锋刃山东。事情紧急，臣谨请皇上赏余三百八十万元。时机已迫，若望云霓，伏乞圣鉴。恭请吾皇圣安。张宗昌谨呈。"

陈宝琛道："这个人痞子出身，虽拥兵十万，但已溃逃星散，不成气候，这种骗子的勾当，万请皇上不要理他。至于谢米诺夫，那个被苏俄赤党赶出来的人，更是个恬不知耻的大骗子，皇上都不必与他们来往。"

溥仪这次没有给张宗昌钱，只写了个鼓励性的手谕给他。不久就听说张宗昌部队被彻底打垮，他本人则跑到东京去了。

坏消息是一个接一个，最令他震惊的，是张作霖从北京退出后，在皇姑屯被炸死，张学良则宣布东北易帜，归顺国民革命政府。

回宫、靠军阀们复辟已经绝对不可能了。

可是最令溥仪震惊的，却是东陵被盗的事件。

东陵是乾隆帝和慈禧太后的陵墓，他们是清朝历代帝后中生活最奢侈的，孙殿英用大炮轰开了陵墓，慈禧凤冠上的朝珠成了蒋介石新婚妻子宋美龄鞋上的装饰。

宗室和遗老们全被激怒了，他们纷纷跑到张园。溥仪好似被人们摘去了心肝：是可忍孰不可忍，他们竟扒了我的祖坟？

张园里摆上了乾隆、慈禧的灵位和香案祭席，就像办丧事一样每天举行三次祭奠，遗老遗少们络绎不绝地来行礼叩拜，个个痛哭流涕。

溥仪的心里燃起了无比的仇恨怒火，他走到阴森森的灵堂前，当着满脸涕泪的人们向空中发誓道：“不报此仇，我便不是爱新觉罗的子孙！有我在，大清就不会亡！”

郑孝胥从上海赶到了这里，在他的心里，皇上虽蒙难张园，但仍是奇货可居，我郑孝胥有张良孔明之才，不能就这样卖画卖字，虚度一生。

“皇上，蒋介石丧尽天良，但臣知他必亡。皇上若能用臣一二计策，则可报仇雪恨，重复天位。”郑孝胥向皇上游说道。

“我已决定到东北，日本人已答应了我的要求。”溥仪道。

“皇上，目前断不能去。”

溥仪问：“为什么？”

“现在皇上乘舆狩于天津，与天下仍为一体，中原士大夫与列国人士可以与皇上时常接触。若离津一步，则为去国亡命，自绝于天下。如果到东北或去日本，若为日本所留，兴复之望绝矣！”

溥仪道：“如今蒋介石已统一全国，我留在此地怎能有所作为？中原同情大清之力量几被消灭殆尽，有何力量可凭？”

郑孝胥也不是绝然反对皇上去东北，只是现在皇上若是去了东北，那么功劳最大的是罗振玉，他郑孝胥到时有何名分？所以现在无论如何要阻止皇上东去或北往，待过一段时期以后，他能把皇上从罗振玉手中夺过来再说，于是郑孝胥道：“蒋介石虽表面上统一了中国，但张学良、阎锡山、冯玉祥及桂系、川系各派各怀心思，并不完全听命与他，共产党在南方数省更是大有星火燎原之势，所以中国内乱必矣！若内乱日久，列国必遣兵保其商业。若皇上让列国共管中国，则列国必拥皇上而号令天下。”

“中国的百姓愿意吗？”

“皇上，中国的百姓不比外国，全都拥戴皇上呀。照臣看来，大清亡于共和，共和必亡于共产，而共产必亡于共管。”

“如何共管？”

郑孝胥拿出日文报纸《天津日日新闻》为溥仪翻译了出来：

英人提倡共管中国

联合社英京特约通信　据政界某要人谓：中国现局，日形纷乱，旅华外国观察家留心考察，以为中国人民须候长久时期，方能解决内部纠纷，外国如欲作军事的或外交的干涉，以解决中国时局问题，乃不可能之事。其唯一方法是只有组织国际共管中国委员会，由美英法日德意六国各派代表一名为该委员会委员，以完全管理中国境内之军事。各委员之任期为三年，期内担任完全之责任，首先由各国代筹二百五十兆元以为行政经费，外交家或政客不得充任委员，委员方须与美国商务部长胡佛相仿佛。此外，又组织对该委员会负责之中外混合委员会，使中国人得在上述之会内受训练。

郑孝胥道："只要皇上许给外国人许多商务好处，行门户开放政策，各邦必扶皇上君临天下（中国）。"

溥仪道："辛亥年之革命就由盛宣怀让外国人筑路引起，若是给了外国人许多商机，岂不会又闹事吗？"

郑孝胥道："是的，所以臣的方案与盛宣怀的不同。中国的铁路，矿业等等有商办，有官办，有外国人办。不过，中国人穷，钱少少办；外国人富，钱多多办，这很公平合理。"

"许多外国人都来投资，他们要是争起来怎么办？"

郑孝胥很有把握地道："唯有如此，他们才更要尊重皇上！"

溥仪听从了郑孝胥的话，渐渐地和罗振玉疏远了。郑孝胥见目的已经达到，心想：罗振玉，既然你给咱铺好了路，那么咱就照此走下去，不这样也对不起你。

于是郑孝胥向溥仪道："英美钟情于蒋介石，唯日本对英美吃中国这块肥肉心怀不满，臣不如到日本去，看看日本高层的态度如何，若能得到日本的全力帮助，皇上的事业也就可计日成功了。"

于是郑孝胥去了日本，没有多少天，看出日本是军界说了算，便一头栽到日本军部，与其特务组织黑龙会联系起来。

"哼！"郑孝胥心想，"罗振玉那个书呆子也想搞政治！和那些什么大佐大尉的有什么可交往的！"

婉容的精神越来越不正常，歇斯底里病时常发作。

陈宝琛道："皇上，还应为皇后再请位汉文师傅。臣看那洋师傅只会教皇后如何奢华，如何向西洋王后看齐，对中国的传统渐渐违背。请了中文师傅，皇后的情性也许会有所改变。"

"有合适的人吗？"

"有。前清监察御史陈曾寿可以胜任，他的曾祖父是一位状元，其后翰林、进士、举人不断。陈曾寿本人又是进士，在张勋复辟时出任学部侍郎。现在他在西湖写诗卖画，诗名与江西义宁陈三立、福建闽侯陈衍并称'海内三陈'。他现在住在西湖岸边，大门上有一副对联：'北极朝廷终不改，西山寇盗莫相侵'。可见其心志与'臣心一片磁针石，不指南方誓不休'的文天祥是一样的。"

溥仪又问了其他的人，没有不交口称赞的，于是便召陈曾寿做婉容的汉文师傅。

陈曾寿到了天津，每天下午为皇后进讲。一天，婉容道：“陈师傅，这书上的字我看不清楚。”

陈曾寿想了一会儿，道：“那就找一个人给皇后抄书。正好我的女婿周适君闲着没事，就让他抄书吧。”

于是婉容的书都由周适君抄写，每字核桃般大小，都是正楷，书目文章由陈曾寿圈定。

婉容果然改变了许多，安静了许多。她从陈曾寿进讲的文章里明白了，在中国，几千年中，皇后都是在宫中循规蹈距地度过一生的。就是有杰出才能的及德行卑污的，也绝没有离开过皇宫的。皇后就是皇后，她的高贵就在于她能抑制个人的私欲而做对国对民的好事。

这一天，溥仪刚吃过饭，张彪的儿子来到他跟前道：“皇上，我们没有生路，皇上要是不出房租我们可真没法活了。”

“这是你父亲送与我们的，是他对大清的赎罪！你敢要吗？”

张彪的儿子道：“如今是民国，是蒋介石领导下的国民政府，就是在这日租界，也是讲法律的。皇上手里有父亲的字据吗？”

“你——你真是大逆不道！你父亲尸骨未寒，你竟然做出这种不忠不孝之事！”

“我是民国的国民，不信封建社会的那一套。皇上若是不付房租，我就打官司，打到东京都可以！”张彪的儿子扔下横话，转身走了。

文绣的房间就在楼下客厅隔壁，皇上和张彪儿子的谈话，她听了个清清楚楚。她内心一动：是的，皇上一听说打官司就吓得六神无主了！

客厅里，荣源道：“皇上，就让他告去，日本人还能听他的？”

溥仪道：“难道真的让我上法庭？万万不行！”

“那怎么办？”

“另找房子。”

荣源道：“可是现在确实是没有钱了。”

“那些宝物脱手了吗？”

“那些宝物都由二爷让吉冈安直处理了，处理了一部分，另一部分也不知道是怎么回事，这事只有二爷知道。”

溥仪知道：他和溥杰在宫中偷盗的那些古物古籍的价钱建立一支强大的海军也用不完。可是这事又不能声张。

过了几天，荣源报告溥仪道：“陆宗舆的一所乾园，西式洋楼不比这里差，他愿无条件地奉送给皇上。”

“还是有好人哪！”溥仪很兴奋。

于是小朝廷便由张园搬到乾园。

到乾园的第一天，日军部的参谋吉冈安直又来为皇上进讲，他是接替金子参谋的。

“皇上，在下画了一幅墨竹，请御览斧正。”

吉冈安直把画展开，溥仪道：“这是板桥遗韵啊！”

“皇上谬赞，就说句实话吧，我这画实在差得很。”

“这画真是高雅之至！”郑孝胥从外面进来，看了画也不住称赞。

“这是权威的评论，不是我有意夸赞的，”溥仪道，“吉冈参谋真是文武双全！”

“儒将！儒将！”郑孝胥不住地称赞。

吉冈安直道：“我只不过是个大佐，谈何将军？不过，我倒想请皇上和郑先生在这画上写上点什么，不知皇上和先生肯赏光吗？”

“可以。”郑孝胥挥笔在上面写了一首诗，溥仪也写上“外直中空，笑傲霜雪”八个字。

吉冈道：“不日我将回东京，那时正是太后大寿，就以此礼敬献！”

溥仪道：“若是能见到天皇和太后，代我向他们问好祝寿。”

“这个一定，殿下和国舅都在东京，皇上有什么要向他们说的吗？”

“让他们好好用功就是。如今蒋介石治下你争我夺，民不聊生，我看国将不国，就让溥杰和润麒在那里好好用功，将来报效国家。”

吉冈道：“蒋介石于民刻薄，恐怖临政，难服中国，定于一的大业，非皇上莫属。我们日本人都认为，在不久的将来，皇上定能君临天下。只是目前要静待时机而已。”

郑孝胥道：“吉冈将军所说都是肺腑之言。”

溥仪高兴地道：“那么我就把这‘乾园’改为‘静园’，以静观变化，静待时机！”

“好！”吉冈道，“我深信，皇上东山再起的时日一定不会太远了！”

1931 年盛夏，吉冈安直在他日本的家里迎接贵客溥杰。

吉冈安直住在鹿儿岛，这是个风光秀丽的地方。而他的住处，则是背山临水，檐伸古木丛中。

“真如蓬莱瀛洲呀！”溥杰呼吸着这里的新鲜空气。

“殿下，您是我们家、也是整个鹿儿岛最珍贵的客人。”

吉冈安直住处的门口站着几个人，吉冈安直指着那位穿着和服的美丽少妇道：“这是我内人。”

那女人竟然跪下去，用流利的汉语道：“给殿下请安！”

“快快请起！怎能行这种大礼。”

吉冈夫人站起，吉冈又向另一位指着道：“殿下，认识这位吗?”

溥杰看去，见眼前的这位青年，眉清目秀，杏眼流韵，身材笔直而又有窈窕之感，腰间束着的皮带更衬出纤细的腰肢和丰满的胸部。看他像个女人，但是他腰悬军刀，脚登皮靴，那顶军帽还托在手里，一头的乌发虽细柔浓密，但却是典型的东洋男士的发型。

“我……还真不认识!”

“二爷!”眼前的青年跪下向他叩头，声音哽咽。

溥杰大惊，一把扶起他，触摸之处，虽是隔了衣服，但也柔软撩人无比。眼前的青年站起来，已是泪流满面，哽咽不已。溥杰更是大惊。

那青年道：“二爷，我是宪玗呀，是肃亲王的格格，现在叫川岛芳子。”

溥杰道：“我们虽未见过面，但是肃亲王一家对大清的忠心是有口皆碑的，可是现在，却流落到各处，真让人悲怆满怀。”说罢也流出泪来。

“殿下不要悲伤，我大日本帝国会为你们报仇的。”

溥杰向说话的人看去，见此人头上只有几根茸毛，眉毛向外张着，如刷一般，倒是非常茂盛，鼻下的一撮胡子衬得那张老脸蜡黄白惨，只是那对眼睛却凶光闪射，与他的年龄不相符合。

吉冈安直道：“这就是川岛浪速君。”

“久闻大名。”溥杰上前与他握手。

几个人走进客厅，客厅正面的墙壁上挂着一幅大照片，照片上是裕仁天皇和皇太后接见吉冈安直的镜头。

吉冈道：“我的画上有宣统皇上和郑孝胥先生的题词。天皇陛下和皇太后对我送的礼物很高兴，我也因此荣幸地受到接见。”

一天天地，溥杰在鹿儿岛受到了吉冈大佐夫妇的殷勤热情的招待，无疑，他们成了朋友。

一天，溥杰向吉冈安直道：“真是由衷地感谢你们盛情的款待，我要告辞了。”

“殿下，”吉冈安直道，“再在这里逗留几日吧，有一位子爵要来拜访您。”

“谁?”

“水野胜邦，他可是天皇跟前的红人，又是军部的支持者。”

第二天水野子爵来了，在客厅里，只剩下了三个人，几个人互相问候寒暄后，吉冈安直道：“殿下到了天津，可以告诉宣统皇上，现在张学良闹得很不像话。为了日本的利益，最近可能要发生什么事情，非宣统皇上收拾不可，请宣统皇帝多多保重，他的希望是很大的，也许就在眼前。”

溥杰道：“谢谢大日本帝国对我们的关心，我回去以后，定当转告这些美意。”

水野道：“天皇陛下让我转告对您的问候，并请您转告对宣统皇帝的问候，天皇陛下要与宣统皇帝荣辱与共。”

溥杰热血沸腾，道：“请代我向天皇陛下问安。”

水野道：“殿下，我想把一件礼物亲自送到宣统皇帝的手中，你看可以吗？”

“这太感谢了，但不知是什么礼物？”

水野胜邦拿出一把扇子，展开来，道：“就是送这——关键是扇子上的一联诗句。”

溥杰接过扇子，见上面写道：

“天莫空勾践，时非无范蠡。”

溥杰道：“这是要皇上像勾践一样复国雪耻，可是范蠡文种何在？”

水野胜邦道：“这两句诗在日本有个典故。在我国南北朝时，受控制于镰仓幕府的天皇发动倒幕失败，被幕府捕获，流放隐岐。流放中有个武士把这两句诗刻在樱树干上，暗示给他。后来天皇在武士的帮助下终于推翻了幕府，回到了京都，便开始了建武中兴。如今宣统皇帝的范蠡应该是军队，但是中国有可靠的军队吗？”

吉冈安直道：“子爵想同殿下一道拜见宣统皇帝，这事行吗？”

“当然行！”

晚上，溥杰睡不着觉，披衣坐于灯下。看来日本是要用军队扶宣统复位了。溥杰又兴奋又有点担忧，宣统复位是他渴望的，但是借外人之力会不会遗恨于后代？

这样想着，不觉已是后半夜。忽然，他听到敲门声。

“谁——”

“二爷，是我。”是芳子的声音。

溥杰为她开了门。

“你怎么这时来了？”

芳子道：“我从子爵那里知道你明天就要回天津，特来见二爷。我过几天也要走了，是到沈阳去。我已在日本军部下的特高课训练过两年了。不久日本将在沈阳有大的行动。二爷，咱们要抓住这个机会。复了国，我们受多大的苦难、凌辱都值。二爷回去劝皇上不要动摇，只要能复国，咱们就有前途！”

天津。静园。

郑孝胥的三角眼放射出异样的光芒，溥仪激动得差点晕了过去。他们俩在听了水野胜邦子爵的话后，都明白了日本将出兵支持他登上大宝而且是从东北开始。溥仪想：祖宗不就是从东北入关而统一全国的吗？他也可以先据有东北。

郑孝胥道："皇上，这可是万事俱备，只欠东风了。"

水野道："一定会有东风劲吹的那一天，但是还希望在东风面前，皇上能心意坚定。"

溥仪道："这个尽管放心，只要是符合我们共同利益的事，我都会坚定地去做。"

"我定会将宣统皇上的意思转达天皇陛下并本国参谋部。"

溥仪听了更是兴奋，他知道，这是日本方面向他发出的行动信号。

溥仪当然设盛宴招待了水野。

送走了水野，次日溥仪又设宴招待从日本来的溥杰、润麒、宪原、宪基。

溥仪道："你们都将要担当重任，现在作好准备。宪原、宪基在蒙古方面有很好的基础，到时候要亲身前往行事。"

"是，皇上，我们都作好了准备。"宪原、宪基答。

"听说你们的妹妹也回国了，为什么没来呢？"

宪基道："她到沈阳去。不过，她虽入了日本籍，她的心永远是咱大清的，她的血永远是咱爱新觉罗的。"

宪原道："在鹿儿岛，二爷和她见过面的。"

"是吗？怎么溥杰没说过。"

溥杰道："她在吉冈大佐家过了许多天，现在她和日本军政两界的高层都有来往，作为一个女子，为大清，她做了一切她该做的事。"

"溥杰看来在日本不只是读了书，还有广泛的交往，我很欣慰。"

宴会后，几个人都坐在客厅里谈着形势，心情都非常激动，正说着，奏事处报告说高友唐来见。溥杰等便告离开。

"传他进来。"溥仪觉得这个高友唐可能会把国民政府的一些事情报告给他——高友唐是国民政府的监察员。

"臣请皇上圣安。"高友唐进来，向溥仪叩了头。

"你有什么事情吗？蒋介石那边有什么消息？"

高友唐听了很高兴，因为在张园，他数次拜见皇上，拍着胸脯发誓要向蒋介石讨回优待条件，可是都没有结果，溥仪对这位遗老有点不耐烦。今天，他可是受蒋介石派遣而来，听了溥仪的问话，高兴地道："蒋介石召见了我，他告诉我，国民政府愿意恢复优待条件，每年照付优待费，或者一次付给皇上一笔整数都可以，请皇上提出数目。至于住的地方，希望皇上选择上海或南京，如果皇上要出洋，国民政府也可以提供任何帮助。皇上平时可以到任何地方，只要不是东北和日本，什么地方都可以访问。"

溥仪冷笑道："国民政府早干什么去了？优待条件废了多少年，孙殿英渎犯了我的祖陵，连管都不管一下，现在是怕我出去丢蒋介石他们的人吧？这才想起了优待。我这个人是不受什么优待的，我也不打算到哪儿去！你还是大清的旧臣呢！何必替他们说话？”

高友唐道：“皇上，我永远是大清的臣子，我的忠心可以和比干相比，皇上要是要它，我决不吝惜。只是臣想，国民政府的条件确实对皇上有利。当然，蒋介石往往是说话不算话的，但是，皇上要是认为有必要，可以由外国银行做保。有了外国人做保，蒋介石这回可是不敢骗人的。”

“我早就知道这个人的手腕厉害，为了拉拢美国，他娶了宋美龄，连发妻都不要了，这人根本不讲信义。他现在许我这许我那，恐怕是别有用心。”

“皇上要是想回北京，恢复帝号，国民政府都是可以答应的。皇上还想要什么，也可以再商量。”

想要什么？我想要帝位，想要天下！他蒋介石能给我吗？现在日本已发出信号，看来蒋介石也已有所觉察。我要整个东北！我不上蒋介石的当离开日本人。这样想了一会儿，溥仪道：“好吧，你的话我都知道了，这次谈话可以告一段落了。”

高友唐离去了，望着他的背影，溥仪恨恨地道：“扒了我的祖陵呀！此仇一定要报！我要复国！我要报仇雪恨！”

在天津期间，还发生了一件令溥仪万分难堪的事情：文绣不愿意再忍受这种没有爱情的婚姻，寻机会逃离了静园，并且委托了三位律师，要求解除与溥仪的婚姻。这在溥仪以及那些“忠君”的人们看来，不仅是不能接受的，而且是大逆不道的。但是毕竟落花有意、流水无情，几经周折，最后终于以庭外和解的方式，结束了这段婚姻。文绣后来到了某地农村，在那里开办了一所小学校，并亲自担任教师。

九一八事变发生了。日本军队占领了沈阳，并迅速向南满展开军事行动。

一天，郑孝胥高兴地跑到溥仪面前道：“皇上，土肥原来了！”

“土肥原是谁？”

“土肥原是原奉天市市长，现辞去了市长职务，是关东军参谋部的红人，现在他来天津主要是为了要见皇上的。”

“那就让他来吧！”

“可是日本军方和政府特别是外务省有矛盾，军方不想让日本驻天津的领事馆知道此事，所以皇上还是暗地里召见他为好。”

于是决定在第二天夜里召见土肥原。

虽然土肥原在中国已近二十年，许多的方言他也很精通，但是还是带了翻译。

溥仪的客厅里，窗帘早已放下，门窗关得严，关得死。

土肥原矮矮胖胖，一脸忠厚，脸上时刻透着笑意，露出谦恭。

土肥原道："我是奉日本关东军参谋部的命令来问候宣统皇帝的，同时也秉承陆相和山满先生的一番心意，特向皇帝陛下表示友好的情谊。"

"欢迎欢迎，说起来，我们已是熟人了。"

"是啊，在张勋将军复辟时期，我就进见过皇上，今天与当年有点相似可是远胜当年啊！"

溥仪道："贵国在东北的行动我们是理解的，不过，外国人会怎么看？"

土肥原道："我们的行动，主要是针对张学良的，他闹得民不聊生，日本人的权益和生命财产都得不到任何保证，这样，日本才不得不出兵，这也是没有办法的事。我们日本人认为，中国的大小军阀、政客、匪商都不看重国家利益，只为自己的私欲而蝇营狗苟。国民政府只不过是军阀政府而已，是乌合之众，蒋、李、冯、阎间的战争才告一段落，但是内心仍是龃龉不合，所以，为中国的利益着想，为拯救中国，我们日本人认为应当由宣统皇帝您来主持大局。但是，就目前来说，还是先以关外地区为根据地为妥。在这里，我们会全力支持皇上的。当然，这可能招来阻挠，但我们日本认为这些年苏俄在国内实行残暴统治，滥杀政见不同之人，万马齐喑，国内政局不稳，而外面又有西方列强要扼杀它，所以，虽然宣统帝入主满蒙，他们也无暇东顾。至于国联，美、英、法、德等国军事危机严重，所以他们对宣统皇帝在满蒙主政，也不会干涉。只要有我们大日本帝国作皇帝陛下的后盾，谁也不敢说三道四的。"

溥仪最怕外国人干涉，听了土肥原这一番话，心花怒放。溥仪道："看来东北全境的问题——我指的是军事上的事，也已安排妥当了。"

土肥原道："皇上知道，哈尔滨的张景惠、吉林的熙洽等实力人物都欢迎日本对中国的帮助，认为只有日本的帮助，只有宣统皇帝的领导才能建立清廉的政府，其余的人们也都心向皇上，所以皇上到东北去建立一个新的国家为最好。关东军绝无领土野心，只是诚心诚意地要提供帮助。当然，我们日本也希望整个中国的统一强盛，可见，日本帮助中国强大也是从自身的利益考虑的。宣统皇帝陛下，希望您不要错过这个时机，很快回到您祖先的发祥地，亲自领导这个新国家，日本将和这个国家订立攻守同盟，它的主权领土将受到日本的全力保护。皇上作为这个国家的元首，一切可以自主。"

"土肥原君的话出于至诚，我深信不疑。可是贵国政府和军界不和，我们从贵国大使馆和领事馆那里得到的消息完全不同。关东军能代表日本政府吗？"

土肥原斩钉截铁地道："天皇陛下是相信关东军的！关东军的行动是天皇陛下指令做的。"

溥仪问出了一个最关心的问题："这个新国家是个什么样的国家？"

土肥原道:“新国家是独立自主的,是由宣统帝完全做主的。”

溥仪道:“我问的不是这个,我要知道这个国家是共和还是帝制,是不是帝国?”

“这些问题,到了沈阳都可以解决。”

“不!如果是复辟,我就去,不然的话,我就不去了。”

土肥原堆起了脸上的横肉,道:“当然是帝国,这是没有问题的。”

“去!我去!”

土肥原道:“那么就请宣统帝早日动身,无论如何要在十六日以前到达满洲。”

土肥原进静园的消息不知是怎么透露出去的,第二天,京津的报纸都刊登了这条消息,陈宝琛见溥仪道:“皇上,当前大局未定,启驾东北实属躁进,万万行不得!”

郑孝胥道:“时机错过,外失友邦之热心,内失国人之欢心!”

“日本军部即使热心,可内阁没有此意。再说,去了东北以后他们到底要怎样,皇上还没真正弄清楚,怎能骤然启驾?请皇上三思!”

郑孝胥想:我眼看就要成为宰相,这个老儿聒噪不休,真是烦人。于是怒道:“日本军部有帷幄上奏之权,实控制日本政局,三思什么!三思再思,迂腐迟缓!”

有谁敢对他陈宝琛这样讲话!陈宝琛气得吹胡子瞪眼,道:“我请皇上三思,谁请你三思!”

“到了关外,即可恢复祖业,您老担心什么?”

陈宝琛脸色苍白,道:“你!你只是为自己打算而已,你热衷的是什么,你自己最清楚!”

这正揭了郑孝胥的短,郑孝胥几乎伸出老拳,正要发话,陈曾寿道:“算了算了,别争了。以我看,可向日本拟出下面的条款,如能照条款行事,即可成行。”

溥仪道:“说吧,快说。”

陈曾寿道:“一、用人行政之权,完全自主,日本不得干涉;二、训练新军如需日本教练官时,由我自由聘雇,只司教练之事,不干涉统率调遣之权;三、两国订攻守同盟之约,无论对民国或俄国或欧美任何国作战,两国协同作战到底,利害共之;四、尊重历来已定条件,关于东三省铁路及一切悬案,双方开诚商议,以共存共荣为主旨。”

荣源道:“只要能复辟,不妨多答应他们些条件!”

正说道,有太监禀:“老爷子,涛贝勒来了封电报。”

“念。”溥仪道。

“奴才不敢念。”

溥仪把电报拿到手中，见上面写道：“皇上切不可认贼作父，作日人傀儡……”

溥仪气得脸上发青，把电报撕得粉碎。

众人散去了，国民政府又派人来到静园，又是那个高友唐，他道：“皇上，万万不可去东北，那是日本人的圈套，蒋介石说了，皇上若是到了南京，他可以做首相。如若皇上有疑惑，他可以请美国总统写下声明作证，然后皇上再离开天津。”

“让我想想，你先回去吧。”

“皇上可千万别上日本人的当！”高友唐叩头离开了。

形形色色的人都往静园里奔，静园真是太不平静了。吉田翻译官找到了溥仪的随侍祁继忠，道：“机关长在仙凤楼等你，赶快去吧。”

祁继忠来到距日本军部不远的仙凤楼，这是个妓院，到了二楼，早有人等在那里，把他引到一小门，门内是个大厅，穿过大厅，转了个弯，进了一间大屋子，祁继忠一看，郑存胥、郑孝胥的儿子郑垂、荣源以及土肥原都在这里，他们都是左拥右抱。见祁继忠来了，两个日本艺妓搂着他坐在了圆桌旁。

土肥原道：“你来得正好，这事要靠你帮忙，板垣征四郎参谋来电，怕夜长梦多，令我尽快把皇上请到满洲。可是我已获悉，外务省电令大使馆及天津领事馆，若发现皇上有出逃天津迹象，紧急时可以开枪射杀；我又获悉，蒋介石和赤匪都派人来到天津，企图阻止宣统帝到满洲，他们准备了一切手段，所以，我们要采取果断行动在近日请皇上出津。我会作多方面的布置，请各位配合。”

郑孝胥指着怀里的女人道：“她们不会走露风声吧？”

土肥原道：“都是我们的人，过两天还要靠她们上阵呢。”

第三十三章

借外力潜逃关东地 充摆设执政伪满洲

1932年3月9日，溥仪穿着西式大礼服，在所谓新京长春的执政府典礼大厅举行就任执政仪式。当伪满洲国旗五色旗升上旗杆以后，溥仪不禁飘飘然起来。他想：我既是一国元首，今后有了资本，就更好同日本人商量了。

“请问溥浩然先生，”天津的一个小报记者问溥仪道，“这几天外间极力传言您将到关外去，这消息可靠吗？”

“绝无此事！”溥仪断然否认。

“那么本报一定会回击那些谣言的。”

“谢谢你们报纸这么多年来对我们的支持，特别是先生你时常为我们说话，我们会有所表示的。”

记者回去写他的辟谣文章去了。溥仪拿起报纸，见上面都是有关“九一八”事变及宣统帝将赴东北的内容，不免慌张起来。他已不止一次接到恐吓信，什么“当心你的脑袋！”什么“我们决不会放过你！”等等。

这时电话铃响了，他也不敢接，便叫过祁继忠和别人通话。祁继忠嗯嗯啊啊之后，一脸凝重地对溥仪道：“皇上，维多利亚餐厅的茶房打来电话，不让皇上再到那里用餐了。说有一些形迹可疑的人在那里打听皇上。”

溥仪吓得心里有点发毛，这时李玉亭进来道：“皇上，这些天可别外出，有许多带短枪、带刀的人在打听皇上。我曾亲眼认出一个人，他是张学良手下的。”

溥仪如惊弓之鸟，风声鹤唳，草木皆兵。次日晨，刚起来用过早点，便坐在客厅里看报纸。这时，一位太监提来一个礼品盒道：“老爷子，这是刚送来的礼品。”

溥仪问：“谁送的？”

“赵伯欣。”赵伯欣是原东北保安司令部顾问，现在则是奉天市长。

溥仪正要接礼品，祁继忠突然道：“事有蹊跷，赵伯欣现在怎么会送礼品来？还是让奴才看看。”

祁继忠撕开包装纸，突然大叫：“炸弹！炸弹！”

溥仪吓得魂不附体，一头钻到桌子底下。

祁继忠冒着生命危险把炸弹提到院中，轻轻放下后，便打电话给日本司令部。片刻工夫，日本警察和司令部军官来了，有工兵提走了炸弹。

不久，吉田翻译官向溥仪报告道：“皇上，经检验，那两颗炸弹是张学良兵工厂出的，还好大家都没有碰到引线。”

溥仪道：“请日本方面快多派人保护。”

吉田道：“宣统皇上，不要再接见外人了，还是早些动身的好。”

“好！好！好！请你快些安排吧。”

“遵命！请陛下不要对不相干的人说。”

“不说。我这回只带郑孝胥和一两个随侍。”

当天晚上，在土肥原的安排下，华北的汉奸数百人举行暴动，日本军方予以配合，日租界被宣布戒严，于是静园与外界隔绝，街上空无行人，只有军队和日本的装甲车，这为溥仪出逃创造了良好的条件。

11 月 10 日，即天津发生暴乱的次日。这天傍晚，溥仪来到一辆跑车前，李玉亭看看四处没人，给祁继忠使了个眼色。

祁继忠道：“皇上，只好委屈一下了。”

于是打开跑车的后箱，溥仪钻进去蜷在里面。祁继忠盖好后盖后，李玉亭开车，祁继忠坐在他旁边。在开出静园院门时，吉田忠太郎见祁继忠向后箱做了个手势，心里明白，便尾随着这辆跑车。

街上有的只是血腥和烧焦的气味，这是昨晚暴动留下的东西。车子很快开到预定地点——敷岛料理店。祁继忠打开车箱，拽出溥仪，溥仪已头晕目眩。一个日本大尉也不说话，迅速地为溥仪裹上一件日本军大衣并给他戴了顶军帽，又往他唇上粘了一片小胡子，溥仪即刻间成了日本军官的模样，然后，他们一同坐进日本驻天津军司令部的汽车，汽车一路畅通无阻开到一个码头，他们领溥仪到了一艘小汽艇前，见郑孝胥父子已在那里，溥仪心里感到安稳了些。

他们上了汽艇，艇上有十几个日本兵。而与溥仪同行的，是上角利一参谋和工藤铁三郎。工藤铁三郎是浪人，见了溥仪，道：“皇上，以后我就是你忠实的奴仆了。”

船在半夜时到了大沽口，溥仪等人登上了商轮淡路丸号。

上角利一对工藤铁三郎道：“宣统的旁边有几桶汽油，万一我们的行踪被蒋介石或张学良的军舰发现，就立即点燃汽油，勿使一人活命！”

“哈伊！”

结果很顺利，溥仪在 13 日晨抵达营口，住进了翠阁温泉旅馆。

溥仪疲劳已极，美美地睡了一晚。醒来后，洗漱已毕，叫祁继忠道：“咱们出去蹓跶一下。”

“不行呀，”祁继忠道，“皇上，不让出去啦！”

溥仪诧异地道：“出去看看左近的风景怎么不行？这是谁说的？到楼下去问问！”

“连楼也不让下呀！”

溥仪感到事情不妙，在楼道上走来走去，道：“罗振玉呢？”

此时，郑孝胥父子已经站在他跟前，都说不知道。

郑孝胥道：“这日本人也太过分了，皇上问问他们。”

溥仪道：“祁继忠把他们找来问问。”

一会儿，祁继忠把上角利一和村粨正彦带到楼上来。

祁继忠笑嘻嘻地用日本腔说道：“这是为了安全的，为了宣统帝安全的。”

溥仪道：“罗振玉到什么地方去了？”

上角利一道：“他到沈阳去了，现在还在讨论建立新国家的问题。”

“什么！”溥仪吃惊地道，“土肥原不是说这个问题已经解决了吗？”

上角道：“哪能说办就办？宣统帝不要着急，到时候自然会办好的。”

“我们整日呆在这儿吗？”郑垂问。

上角利一道：“这要听关东军司令部板垣参谋的。”

溥仪的欢喜一扫而空，这时方想起陈宝琛的持重，傻楞楞地看着郑孝胥。

沈阳。

在日本关东军司令部里，司令官本庄繁正和几位参谋紧张地讨论着行动的步骤。

石原莞尔道：“帝国对锦州采取了果断行动，如今南满已定，可见当初我们的计划是绝对正确的。现在应乘胜追击。随后，可由山海关出兵向平津地区，同时由上海、福州、广州而向广大的内陆包抄。”

板垣征四郎道：“现在的问题是，打下整个满洲后，如何解决满洲地位问题。”

石原莞尔道：“在下仍认为，满洲应由帝国直接管理。”

司令官本庄繁道：“现在日本对满洲用兵，在国际上已陷于孤立，若日本对其直接管理，恐怕更遭非议，还是扶植一个政权为好。”

石原莞尔道：“我们不要顾及以美国为首的国联，大日本帝国与美国决战是迟早的事，大日本帝国雄霸全球的唯一敌人就是美国，与其以后与他翻脸，不如现在就不理他。”

板垣征四郎道：“目前尚不能如此，满洲仍人心浮动，我们直接管理恐怕会耗去许多精力，不如扶植一个政权过渡一下。现在的问题是，即使在满洲建立一个新国家，可能也会遭到国际间的一片非议声，如何解决这个问题？”

土肥原参谋道：“我们可以在东北制造建立新国家的民意，既然满洲人民要求建立新国家，国联就不好干涉，其次，我们可以在上海等地行动，把国联的目标转向那里，这样，他们就无暇顾及满洲了。”

石原莞尔道：“这个主意好，在天津、青岛、福州、广州等地可同时展开行动，让海军看看我们陆军的风采！”

本庄繁道：“这样看来，我们大致可以这样确定：一、在满洲建立一个新的国家，为减轻日本的压力，此国家采用共和国体；二、为支持满洲建国，令在京、津、沪等地的我方人员制造事件，减轻我们在这里用兵的借口，同时制造事件，使国联关注的地点由这里转移开去。另外，也要电令京、津、沪各地顺手打击取缔这些地方的什么‘抗日委员会’；三、在满洲制造舆论，让人民懂得建立一个廉政国家的好处。我这样总结可以吗？”

“哈伊！”众参谋异口同声。

本庄繁道：“对哈尔滨等地的作战由石原君负责。”

“哈伊！”

“组织满洲新国家的工作由板垣君负责。”

“哈伊！”

“在京、津、沪、青岛、福州、广州等地的特别行动由土肥原机关长负责。”

“哈伊！”

“三宅光治参谋长负总责。”

“哈伊！”

溥仪已住进肃亲王家里，可惜善耆已死，他没有能见到这位对大清忠心耿耿的亲王。郑孝胥父子已到沈阳去了，他身边只有祁继忠和李玉亭，可是日本方面又给他安了个贴身侍卫，叫工藤铁三郎。

溥仪已经知道婉容和陈曾寿、荣源等被十四格格接到大连，可是许多天了，为什么他们不不来旅顺和他见面？

宪基改名金璧东，已是日本方面的红人，溥仪把他叫来，道：“皇后早已到了大连，为什么不来这里？你向日本人问一下。”

“我马上问问日本人。”

金璧东见到上角道：“你们不许皇上自由活动，也不许他的旧臣来拜见他，说是为安全考虑，这都可以理解，可是皇后总该来这里吧，川岛芳子来这里总是行的吧？”

“我问问总部。”

上角利一向沈阳关东军参谋部发了电报，板垣指示：可以让宣统皇后前往旅顺。

婉容终于见到了溥仪，几个月的分别，反而拉近了他们间情感的距离，二人相拥而泣。

“哭什么？这是高兴的事，我们终于又见面了。”溥仪道。

婉容看看溥仪眼中的泪花道：“就是，我们应该笑才是。”

可是，二人的泪水又滚涌而出。

婉容道：“我在大连急得疯了，一会儿有人说皇上被关东军暗杀了，一会儿又有人说是被囚禁了，那日子真是度日如年。”

“我在这里确实不得自由，不知道日本人想干什么。该不会日本人选了溥伟了吧？他在老佛爷跟前的时候，就认为皇帝非他莫属。”

“我们哪里知道发生了什么事，这日子什么时候是个结束？”

“别怕，我想一切都会过去的，他们正在商讨国体问题，要建共和国，要我做总统那样的官，我实在心有不甘。”

“皇上，别拗了，总统就总统、共和就共和吧，先安全了再说。”

“是的，我也这样想，先稳定一下形势再徐图将来。”

“皇上，我真有不祥的预感，我们好像小鸟被日本人关进了笼子！”

“别这样说，”溥仪虽然也这样认为，但他不愿承认自己处在这种地位，他心里仍想着他的复辟大业，道，“日本人会帮助我们复辟的。”

这种时候，婉容也不再愿意提起这个话题，道：“皇上瘦多了。”

“你也瘦多了，眼圈更黑了。”

“我更离不开大烟了，想戒掉恐怕很难了。”

“你身体不好，我……你就不要急着戒了吧——现在不要戒。等强健一些再戒不晚。”

这些话令婉容感动得落下泪来：“达令，我是你的羔羊。”

溥仪拥着她道：“你虽是皇后，可是跟我受了这么多的苦，连做女人最起码的快乐也得不到，我已认识到这一点，我会注意自己的，我会治我的病的，我的病是后天得的，相信会好的。”

“达令，我……我有时实在是……”

“我理解你，无论外人怎么说你，我是理解你的，达令……”

这一夜，两人相拥而眠，虽没有男女之事，但都感到无比幸福。

第二天早上，川岛芳子来到婉容这里。婉容正吸着大烟，旁边站着溥仪。

“十四格格来了。”婉容道。

溥仪回过身来，他们已经见过面，彼此也不客气，但一向骄横不羁的她，在皇上面前变得特别温顺。她仍是那身西服，只是腰身更显细了些，更衬出胸部的高耸。

川岛芳子道："从今天开始，我就改为中国名字，我叫金璧辉。"

溥仪道："你在日本方面是有关系的，你可以说说，新的国家应当是帝制。"

"皇上，我一定会尽力的，咱失去的天下，就要快被夺回来了！"

门外有人叫道："皇上，上角利一大尉有事见皇上。"说话的是工藤铁三郎。

溥仪来到会客厅。

上角利一道："根据军部命令，皇后还是住在大连的好。"

"什么！她只在这儿过了一夜！"

"可是，这军部的命令，不能更改！"上角利一斩钉截铁！

"为什么？"

"因为皇后在这里有诸多不便，郑君会向皇上解释的。"

下午，郑孝胥父子和罗振玉从沈阳回来了。

郑孝胥道："板垣参谋近日要亲见皇上，为安全起见，闲杂人等一律不得在此！"

"皇后是闲杂人等吗？"溥仪愤愤地道。

"可是皇后身边的太监、老妈子等，皇上能说他们不是闲杂人等吗？在这种时候，皇上一定要注意自己的安全，这是非常时候，绝不能功败垂成！"

郑垂道："蒋介石派来了许多杀手，义勇军也在各地神出鬼没，不可不防。"

溥仪吓得两股颤颤，道："随你们安排吧。"

其实，郑孝胥和罗振玉怕的是随着婉容的到来，陈曾寿和胡嗣瑗也会到这里，听说陈宝琛也要来，这些人在溥仪身边，不仅会坏了大事，也会和他们争功！他们一手造成的这种大好局面，怎好拱手让给他人！现在皇上马上就要就位了，作为功臣，自己肯定会位在首辅，但要是陈宝琛那样的人来到这里，可就说不准了。所以，他们和日本人串通一气，牢牢地把皇上和其他人隔离开来。对日本人来说，溥仪是一个工具，对郑孝胥等人来说，他更是个工具！

众人散去后，工藤铁三郎端来一杯茶，溥仪掀开盖子，大惊失色，道："这茶、茶颜色有点不正！"

工藤铁三郎二话没说，端起茶一饮而尽，道："皇上以后的茶饭饮食都由奴才代尝！"

溥仪被深深地感动了，许多天来，工藤铁三郎对他的关心是无微不至的，他的勤奋和小心远远超过了李玉亭和祁继忠。

"工藤，我就赐给你个名字，叫'忠'！"

"哈伊！"

工藤忠跪地叩头，泪流满面地道："我是个孤儿，自幼流落到满洲作浪人，后为川岛浪速收留，本没有名姓，大家见我忠厚威猛，都叫我'铁三郎'。今天皇上赐我名字，有如父母给了我做人的荣耀，更何况皇上是君临天下的帝王，我这荣耀是光宗耀祖又流芳万古的！"

板垣也从沈阳来到了旅顺。

板垣比土肥原更矮，也更青、更白，他剃了一个光光的头，差不多和他的脸一样白里带青。

板垣向溥仪说了日本的计划。

板垣从皮包里拿出《满蒙人民宣言书》以及五色的"满洲国国旗"。

溥仪气得发抖，他复辟的梦破灭了。但还极力地克制着自己，道："这是个什么国家，难道是大清帝国吗？"

板垣的脸上充满了微笑，小眼睛眯得如一条线，他回答："这不是大清国复辟，东北行政委员会由张景惠主持，熙洽君、臧式毅君、马占山君等七人都签了字，一致推戴阁下为新国家的元首，就是执政。"

听着从他嘴里响出个"阁下"来，溥仪的血顿时翻涌到脸上，大声道："人心所向不是我个人，而是大清的皇帝，若是取消了这个称谓，人心必失，请关东军重新考虑这个问题！"

板垣青白的脸上始终洋溢着笑容，他们又争论了两个多小时，最后，那张脸上再也笑不出来，扔出了像那光头和白脸一样清冷的话："阁下再考虑一下吧，关东军的意志是坚决的！"

晚上，郑孝胥、郑垂和罗振玉围在溥仪旁边。

郑孝胥道："臣早说过，不可伤日本的感情，板垣说了，若皇上不接受军部的条件，就只有用对待敌人的手段答复，皇上看怎么处理此事？"

溥仪瘫在沙发上，他能说出什么来？

郑垂走到溥仪面前道："不入虎穴，焉得虎子！识时务者为俊杰。咱君臣现在在日本人手心里，不能吃眼前亏，不能像张作霖那样，要通权达变。小不忍，则乱大谋啊！"

罗振玉道："日本人和张景惠、熙洽他们都是不讲信义的人，说好的帝制，如今又反悔了。"

郑孝胥道："留得青山在，不怕没柴烧！做元首和做皇上只是名称不同而已，臣跟随皇上这么多年不就是为了皇上能登上这个位子吗？若皇上不答应，前途凶险，臣也只好卷铺盖回家了！"

郑垂道："日本人说得出做得出，恐怕不能等闲视之。不过，我总以为，现在答应日本军部，将来慢慢地再培植力量，借日本人建立咱自己的军队，到那时不愁没有办法。"

罗振玉垂头丧气地道："事已至此，悔之至极，只有暂定一年为期，如逾期仍不实行帝制，到时即行退位，看以此为条件，板垣怎么说。"

溥仪不得不妥协，对郑孝胥道："就这么回板垣的话吧。"

郑孝胥高兴已极，到了板垣那里，道："皇上同意了。"

"那么还有许多的条件要签字呢。"

"我来签！"

"阁下能代表皇上吗？"

"能！"

"好！有关矿山、港口、新政府的人员及运作，阁下都可以代表皇上签字吗？"

"能！在沈阳我不是已和三宅参谋长议好了吗？"

郑孝胥觉得，只要跟定了日本人，为日本人效命，总理的位子就到手了，他可以代皇上签字。至于皇上那里，他有的是手段！

板垣放纵地笑着，道："今天晚上就和溥仪阁下一起来参加宴会吧，你只要真诚与大日本帝国合作，我们一定会考虑你在新政府中的地位的。别忘了你在沈阳和刚才反复说过的话！"

1932年3月9日，溥仪穿着西式大礼服，在所谓新京长春的执政府典礼大厅举行就任执政仪式。

溥仪不禁飘飘然起来。他想：我既是一国元首，今后有了资本，就更好同日本人商量了。

第二天，罗振玉来到执政办公室，道："皇上屈就执政，按说君辱就该臣死，今天到这种地步，与我有很大关系。我无脸再见皇上，臣就此告辞，仍去卖画玩古董去了。"

溥仪苦留不住，君臣洒泪而别。

郑孝胥的总理办公室与执政府办公室仅一墙之隔，他望着罗振玉这个已渐渐远去的敌人身影，长出了一口气："他只能做铺路石。"

郑孝胥自言自语。然后，他挟着皮包来到执政府执政的办公室，道："皇上，这是内阁会议上确定的次长和司员的名单，请皇上签字批准。"

溥仪看了名单，惊讶地道："怎么都是日本人！我们用这么多日本人干什么！"

郑孝胥道："这是驹井德三提出的，关东军军部审定的。"

“什么！不行！我执政还没审定，关东军怎么能这样掌握用人大权！”

“皇上，如今您是执政，有些事别人可以代劳的。”

“国家高级官员的任命也可以代劳吗？不行。”

“可是据条约规定，日本人有这权力。”

“什么条约？”

“臣和关东军参谋部订有条约……”

“你！你怎能背着我与他们私订条约？”

“这是皇上同意的。”

“我什么时候同意的？”

“不是皇上派我和犬子郑垂去沈阳全权处理一切吗？”

“你！这用人的大权也能出卖吗？”

“皇上，我这样做犹如当年的李鸿章，全为老佛爷考虑，为大清考虑……”

他不再说了，因为皇上已晕了过去。

待皇上醒过来，过了半天，还是签了字。

溥仪并没有气馁，他把自己执政的位置看成是通往皇帝宝座的阶梯。他只是觉得，还是陈宝琛师傅说得对，郑孝胥欺下罔上，只为自己权力着想，不是个好人。

一个月后，执政府搬到了一个新地方，这里有楼房有花园，是长春最好的房子了。

溥仪亲自为每座楼命名，把居住的楼命名为“缉熙”，取自《诗经·大雅》“于缉熙敬止”句。又根据祖训“敬天法祖、勤政爱民”，把办公楼命名为“勤民”楼，把自己的办公室命名为“健行斋”，取《易经》“天行健，君子以自强不息”之义。

于是溥仪宵衣旰食，想把元首的职权使用起来，每天早早起来，进办公室办公，一直到天晚。

一天，他见到陈曾寿，道：“我将忍耐一切困苦，兢兢业业，发誓恢复祖业，百折不挠，不达目的，誓不甘休。”

不一会儿，胡嗣瑗也来了，面对两位老臣，溥仪流泪道：“我现在有三个誓愿，告诉你们：第一，我要改掉过去的一切毛病，陈宝琛十多年前就说过我懒惰轻佻，我发誓从今永不再犯；第二，就是刚才向陈曾寿师傅说过的，不达目的，誓不甘休；第三，求上天降一皇子，以承继大清基业。此三愿实现，我死亦瞑目。”

一席话说得君臣唏嘘不止。

缉熙楼是一栋二层戴帽的小楼，正门朝南、后门朝北，溥仪上勤民楼去都是出后门，越过中和门，直冲勤民楼的前门。

起初，溥仪早晨起床，便到健行斋坐等文武百官来向他启奏国家大事。来的人很多，但有的是请安，有的是贡献方物。溥仪问起国事；总理的回答是“总务厅长正在办”，“总长”们的回答则是“次长正在办”。而总务厅长和次长是很少和溥仪见面的。以国务院总理名义呈递的敕裁书，溥仪只能“裁可”，不能驳回或改动。日子久了，溥仪发下的第一条誓言就自动地解除了，他渐渐懒散下来，成天呆在缉熙楼里，无意于日理万机了。

从正门进缉熙楼，对面便是楼梯，溥仪的住处在二楼西侧的两个房间里，婉容则住在楼的东侧。

二楼最西侧的一间屋是一个小佛堂，溥仪每天都在这里虔诚地向佛祖菩萨拜跪：“请佛祖、菩萨给我一个皇子吧……”

第三十四章
顾大局张少帅下野 贪小利伪皇帝登基

登基仪式后，北京来的宗室觉罗以及前内务府的人向溥仪行三拜九叩大礼。这时，溥仪当然是纹丝不动地坐在椅子上，看着眼前的人群，他恬然不知自己的元帅服在这种礼节面前是多么滑稽，只是踌躇满志。

蒋介石最怕的是共产党，对日本人占领东北建立“伪满洲国”，则一味退让。他哀求国联出面调解与日本的关系，一任美、法、英、德等国组成国联代表团到东北调查。

溥仪在勤民楼的健行斋会见了调查团。

团长李顿爵士问：“溥仪阁下，您是怎么到东北来的？满洲国是怎么建立起来的？”

溥仪想起庄士敦来，眼前的李顿爵士就是英国人，他想，我在这里还不如到英国留学，正如婉容所说，这里可能是日本设的陷阱。可是他又看了看旁边新到的关东军参谋长桥本虎之助和高参板桓征四部，于是便老老实实地按事先板垣吩咐他的话说道：“我是由满洲民众的推戴才来满洲的。”

调查团员们一再点头，便不再问什么问题。于是寒暄过后是照相，照相之后便是宴会。

宴会上，板垣征四郎向美国的佛兰克洛斯·麦考益少将道：“我真诚地希望我们日本在满洲存有军队的苦心能被贵国和国联理解。

佛兰克洛斯·麦考益少将道：“我们理解，但是我们认为，在满洲，我们应是机会均等的，满洲应实行开放的政策。”

这时，李顿爵士端着酒杯也道：“这里海关港口的事务，更应是机会均等，何况英国早已在这里经营。”

板垣道：“在下在满洲的任务是，把它建设得繁荣富强，至于其他事务，则不是我们所能说了算的，我们日本人充分尊重满洲国的主权。我重申：我们在这里只是帮助把满洲建成一个富强的国家。”

郑孝胥的脸被酒精弄得有点发黑，他凑趣地道：“各国的资金若投入满洲，这不仅是满洲的福祉，各国也将得到很大的利益。满洲国一定会纳入国际合作之轨道，经济得到蓬勃的发展。”

板垣的脸由白转青，又由青转紫。

溥仪心里一阵紧缩，他的脑子里急速地翻着：郑孝胥父子多年来一向主张国际共管中国，若真的实现了共管，南京政府也有一份；即使没有南京政府，恐怕国联共管也会弄出个什么自治政府来，那还有什么帝制？看样子，要想重登大宝，还得靠日本人，更何况现在自己在日本人手里，命都是人家的。于是溥仪跨到郑孝胥前面道：“满洲国会愿和各国发展友好关系，特别是经济往来，但是，满洲国现在受益日本国颇大，在百废待兴之际，日本国无私地给满洲矿山、铁路、港口等以极大帮助。在满清时，港口等地由英国管辖较多，那时，若得管理港口码头，须学英语。今日满洲，各港口、矿山等以满洲国语和日语为主，若列国参与管理，本执政认为，须学习满洲国语和日本语，这是前清的惯例，也是英、美各国所主张的。”

板垣道：“此等问题，就不在宴会上说了。来，为满洲国的繁荣昌盛干杯!”

“干杯!”

大家干杯后，板垣的脸变得红润了，为了回报溥仪，他暗示地喊了一句口号：“满洲国万岁！万岁满洲国!”

宴会在欢乐中结束，各方皆大欢喜。

只是在会后，上角利一和工藤忠接到参谋部训示：“郑孝胥已成为不受大日本帝国欢迎的人!”

在关东军参谋部作战室里，新任关东军司令兼驻满全权大使武藤大将对坐在长桌旁的校佐们道：“现在我国已退出国联，德国希特勒上台，意大利墨索里尼执政，因此，我们可以趁这个有利时机迅速占领热河，对平津地区形成包围之势!”

关东军参谋长小矶国昭道：“帝国参谋总部闲院宫元帅和次长真崎甚三郎大将，仰承天皇降下旨意，指示我关东军不许跨越长城一步，各位对此事怎么看?”

关东军副参谋长冈村宁次道：“将在外君命有所不受。扩大满洲国范围，进入中国腹地从而以此为据点，以此丰富之人力物力为凭借与美国争霸全球，为我们既定之方针。现在形势对我如此有利，决不可丧失时机!”

第一作战课长斋藤弥平太大佐道：“蒋介石在江西剿匪，汪精卫正在东京，与我国关系甚密。热河的张学良军队决不是我们的对手，我们可以秋风扫落叶之势迅速打下热河，进而脚踏华北!”

在坐的师团长、旅团长个个磨拳擦掌，齐声主战。

武藤大将道："既如此，我们就全力进军热河，并可越过长城，对平津作包围之势，若有责任，一切由本大将承当。"

情报课长喜多诚一大佐道："可让川岛芳子先潜入热河为我内应，我军也有进入热河的良好借口。"

武藤道："就这么决定，参谋部近日作出详细作战计划，我亲自到执政那里商讨军队事宜。"

武藤大将亲到执政府，让溥仪受宠若惊，但是让溥仪高兴得差点流泪的，是武藤的下面的话："执政阁下不久即可登基而为皇帝，我军准备对热河采取行动，执政阁下的辖区将来是整个中国！"

"日满亲善万岁！"

溥仪不知说什么好，半晌喊出这句口号。

关东军司令部。

在作战室的大厅内，关东军首脑及伪满洲国军事首长齐集这里。

长长的桌子两边坐着的人有：第六师团长板本政右卫门、第十一旅团长松田国三、第三十六旅团长高田美名、第八师团长西义一、第四旅团长铃木美通、第十六旅团长川原侃、骑兵第三旅团长饭田贞固、混成第十四旅团长服部兵次郎、骑兵第四旅团长茂木谦之助、张海鹏、程国瑞、邵本良、李守信。

副参谋长冈村宁次道："我军已有充分借口进军热河。关东军司令部命令：第六师团长板本政右卫门——"

"哈伊！"

"你部由司令官武藤大将直接指挥，你师团的任务是：经开鲁、绥东、阜新，向天山、下洼、朝阳前进，以后向赤峰、多伦进发。"

"哈伊！"

冈村宁次又命令道："第八师团长西义一。"

"哈伊！"

"你以一部迅速占领北票，掩护北票铁路修整，并指挥留在这里的第六师团部队；另以一部严守山海关及九门口一带，掩护主力侧背安全，以其余主力分成二纵队分别从北票及绥中出发，尽快向建昌附近及以南一线推进，不失时机地以一部确保罢岭口、冷口、新峰口等长城关口，掩护主力侧翼。"

"哈伊！"

"骑兵第三旅团、混成第十四旅团——"

"哈伊！"

"你们应在开鲁、鲁北、林东一线，横扫那些杂牌军。"

"哈伊！"

"满洲军张海鹏——"

"有！"

"你率洮辽军负责扫荡各地匪贼。"

"是！"

"其他各位听令。"

"嗨……有……"

"你们作为预备，随时听从军部调度！"

"嗨……是……"

不到一个月的时间，日军占领热河，板本前锋抵达距北京不足25公里一线。平津遂在日军的刀锋枪口之下。热河于是并入伪满洲国。

但是，关东军并不以此为满足，武藤信义在取得热河后，按预定计划向长城国民党的军队发起更猛烈的攻击。参加战斗的除原来的第六师团、第八师团外，第十师团、第十四师团和第十六师团的主力也参加了向长城各隘口的猛烈攻击，宋哲元、傅作义军奋起抗战，战斗惨烈异常。

与此同时，在南昌，蒋介石正集结几十万大军对红军进行"围剿"。

听到日军进攻长城隘口的消息，汪精卫到南昌见蒋介石，道："我从日本回来，遇到国内如此纷乱的情况，作为革命党的元老，我不得不承当更大的责任。"

蒋介石见了他如见到蛆一样，正是焦头烂额的时候，他竟来添麻烦，可是此人在国民党中是有威望有势力的，大敌当前，不能和他直接冲突，于是说道："兆铭兄，如今党国处于危难关头，你要勇挑重担，好啊，好啊！那么这样吧，政府就交给你了，我专心于党务和军事，你看怎么样？要不，我们调换一下。"

汪精卫心里很有委屈，觉得党权也应是他的，可是此时自己实力不敌蒋介石，便道："这样很好，我只怕不能把事情做好。"

"咱们都别谦虚了，你说说如今怎么办吧，日本人欺人太甚！"

汪精卫道："我们应一面谈判，一面抵抗。我总觉得日本人对我们还是有感情的，他们的源头在中国，不像西方那些人，只想中国的市场、中国的东西。"

"我不理解你的话，日本人明显地是要以东北为根据地越过长城，进而占领华北乃至中国，野心很大呀！现在他们成气候了，美英也不放在眼里了。要说他们对中国有感情，我不知道是什么感情。"

"那么放下共产党把队伍、把物质都拉到北方去打日本人去？这不是什么好主意吧？还是要避其锋芒的好。”

“这话说得好，你我是一条心思，那就为铲除共产党而努力吧。至于北方的事，我这就去。现在汉卿失了东三省，又失了热河，日本人又要越过长城，他名声不好，你看谁能主北方大局？”

汪精卫道：“何应钦是个恰当的人选，他在这事上最有分寸。”

蒋介石知道这何应钦和汪精卫一样都是心向日本人的，但现在的形势，绝不能和日本人翻脸，让何应钦到北方，也许是最好的人选了。

蒋介石交待了“剿匪”的大事后，电告张学良与他在石家庄会面。

“汉卿，你看怎么办，汪兆铭从日本回来了，他要权，我们三个人不能同时在台上，现在形势又这样紧迫，你看谁下去好？”

张学良有苦说不出，道：“只要对国家、对人民有好处，我下去可以，马上下去，并且出国。”

“唉——，到了这种地步，我不情愿，可是为缓和一下国内的情绪、冲突，就按你说的办吧。”

于是张学良立即请章士钊为他拟了下野通电。

蒋介石为找到一个替罪羊而高兴，可是日本人的进攻更疯狂了，他不愿自己的嫡系部队这么吃亏，身后还有共产党呢，于是叫来何应钦道：“你是军政部长，你是知道的，现在南方也有一些将领要来这里和日本人打仗。我的态度是公开的。如今剿除长江流域之共产党，整理政治，是我们工作的中心。国家大患在江西。剿清之前，绝对不能言抗日，违者即予最严厉的惩罚。华北的事就全托付于你了，不要让日本人再闹腾，和他们讲，这会帮共产党的忙。你一定要尽快把那里的事平息下去，不论你采取什么手段，你是有权的，不然，不知道有多少将领和那些愚昧的国民起哄！”

“我明白了主座的意思了。我会尽快以和平的方式解决这里的问题的。”

“越快越好！我现在就回南昌，那里才是最重要的战场！”

何应钦很快与日军签订了《塘沽协定》，实质上承认了日本对热河全省、察北、冀东的占领。

于是双方停战。蒋介石虽觉面子有失，但内心万分高兴，于是全力向红军发起攻击。

东北各大城市的上空都是彩旗飘扬，他们在庆祝胜利。

溥仪为武藤信义大将的伟大胜利举行了隆重而又盛大的欢迎宴会。

宴会上，武藤道：“执政阁下，您恢复皇上的称号为时不远了。”

“这都是靠大日本帝国及你的全力提携。”

“希望阁下不要忘了这一幸福的源头，希望能为东亚的共荣贡献更大的力量。”

在武藤的心中，让溥仪做皇帝比让他做执政更容易控制伪满洲国，这种控制不仅是政治、经济、军事上的，更是思想文化上的。武藤看得更远，若伪满洲国成为帝制国家，那么它就更容易在血肉上、在精气神上和大日本帝国融为一体了。所以，他向国内提出了让溥仪重登皇位的想法。

可是，武藤信义没有活到溥仪登基的那一天便病死在东北。武藤是在他晋升为元帅不久即猝死的。

武藤元帅去世后，关东军的司令官兼驻满全权大使是菱刈隆。

菱刈隆刚一来到伪满洲国，就给溥仪带来一件令他狂喜的消息：日本政府准备承认溥仪为满洲帝国皇帝。

溥仪对祁继忠道：“终于等来这一天了！我终于又要重登大宝了。”

“皇上，在奴才的心里万岁爷从来就没有离开过帝位。”

“我一定要穿上龙袍登基。皇额娘那里藏有龙袍，你去把它取来。”

“这么大的事，让奴才去合适吗？”

“让你去最合适。另外，我还有个想法，你是我最亲近的侍从了，”溥仪意味深长地看着他道，“我就要重登大宝，以后国家正是用人之时，所以我想让你到日本去留学，学军事，回来后委你重任。”

祁继忠跪下给皇上磕了几个响头，他心里明白，他就要飞黄腾达了，当了几十年的奴才，不久，自己就可以改变身份了。

祁继忠很快从北京荣惠太妃那里取来了龙袍。这件龙袍是光绪皇帝曾经穿过的，在荣惠太妃手里保存了二十年，现在又用着了。

看着龙袍，宣统帝激动得热泪盈眶，情不自禁地跪下去，向龙袍磕了三个头，道：“我一定会把失去的江山夺回来。”

“万岁爷，”祁继忠道，“荣惠主子说，她在北京等着皇上回宫呢。”

“一定会有那一天的。”溥仪转向祁继忠道，“你准备一下，到日本留学去吧。”

“我真不想离开万岁爷一步，我要终身伺候皇上。”

“留学回来后，你会更好地侍奉朕，为朕做事，你就去吧，满洲国正缺人。”

祁继忠转身出去了，溥仪看着桌上的龙袍心里又是一阵翻腾。

此时，郑孝胥进来，道：“皇上，有件棘手的事。”

“什么事？”

“说了皇上别生气。”

“快说吧。”

“关东军说，日本承认的是满洲国皇帝，不是大清皇帝，所以皇上不能穿龙袍，只能穿关东军指定的满洲国陆海空军大元帅服。”

面对金光灿灿的龙袍，这真是令人扫兴的消息。

“这怎么行！我是爱新觉罗的后人，怎能不守祖制？再说，北京的宗室觉罗都要来，看着我穿东洋式的服装登基，算什么！”

“皇上说的是。”

郑孝胥心里也盘算着正一品珊瑚顶和三眼花翎，他就要当丞相了，所以也希望皇上能穿龙袍登基。于是便道：“我到他们那方面交涉去。”

溥仪又独自欣赏着荣惠太妃保存了二十二年的龙袍，他抚摸着，又是一番激动，又是一阵热泪盈眶。他在心里念道：“这是真正的龙袍，光绪皇帝穿过的龙袍，这是梦寐以求的龙袍啊！我必须穿它去登基。这是恢复清朝的起点……”

溥仪的头脑还没冷静过来，郑孝胥就回来了，道：“关东军坚持登基时穿元帅正装。”

“这怎么行！”溥仪跳起来，“登基之前要行告天礼，难道叫我穿元帅服磕头吗？”

“这是板垣亲口给我说的，臣不敢作主。”

陈曾寿此时正好进来，听了皇上和郑孝胥的话，道：“现在争的应该是赏罚黜陟的人权，不在外部的礼仪礼节。如果时机未到，不如暂且等待一下。如果能实权在己，就是像赵武灵王胡服骑射一样，也没什么不好。”

溥仪听了这番话，对郑孝胥道：“你再去交涉一下看。”

郑孝胥很快回来，高兴地道：“板垣同意皇上在祭天时穿龙袍，但是在登基时必须穿元帅服。”

众人心里都明白：皇帝的名义也绝不会抬高溥仪的地位，溥仪仍然是个傀儡。溥仪自己更是明白自己的地位，于是再不和关东军争什么了。

于是，登基大典便紧锣密鼓地准备起来。

1934年3月1日，彤云密布，朔风凛冽，溥仪迎来了他人生的第三次登基。

溥仪的执政府成了宫内府，缉熙楼成了后宫，于是连同其他的建筑，这个院子，也就成了皇宫。虽然不能和紫禁城相比——那真是霄壤之别——但是，对于溥仪来说，对于那些所有钟情于大清的人来说，这种变化多么神圣，多么富有意义。

溥仪要举行祭天典礼，“新京”郊区的杏花村用土垒起了天坛，当然它绝对不能和北京的天坛相比，就如这里的宫室不能和紫禁城相比一样。

从宫门到“天坛”，一路警戒森严，家家关门闭户，断绝行人。如同溥仪每次出门一样，警宪机关认为形迹可疑的人，都关进了牢房里。“新京”的人，连最好奇的小孩和女人们也不愿从门缝中往外看，他们知道，在日本人的导演下，绝演不出什么好戏。

清晨，溥仪身穿光绪皇帝穿过的龙袍，乘上大红色的御用汽车。宝熙、胡嗣瑗两位老臣为“前引”，陈曾寿、商衍瀛为“后扈”，而陪同溥仪坐在汽车里的，是侍从武官长张海鹏和侍卫处长工藤忠。

一群人一路上也算是浩浩荡荡，到了杏花村。溥仪在前引、后扈的簇拥下，先进入“八封红黄幔帐”内，洗手洗脸，然后由前引、后扈和陪祀官郑孝胥、张景惠、臧式毅等人陪同到天坛敬献帛、玉、爵、牲，对上天行三跪九叩大礼。

这真是绝妙的一群，宝熙、胡嗣瑗、陈曾寿、商衍瀛都是当过一、二品大员的，都戴着红顶花翎，穿仙鹤或锦鸡黼黻。执事官大都是不满三十岁的宗室贵族子弟，没有封过官，没有戴过翎顶，于是溥仪便赏给他们一、二品或三、四品顶戴。这种服装谁也没有现成的，赶制也来不及，只好四处去借，好不容易凑齐了，破旧自不必说，更有那些蟒袍和帽子，不是长了就是短了，不是大了就是小了。至于朝珠，就借不到了，有一个执事官异想天开，把算盘珠子拆下来，用线穿成一串，套在脖子上，虽然不够圆，但远远看去，也还混得过去。至于朝靴，更是尺寸不一，有的小了，硬是把脚塞进去，走起路来扭扭捏捏，犹如小脚女人。

礼毕回宫，已改称为“勤民殿”的勤民楼布置一新。

勤民殿的大厅里铺着大红地毯，在北墙根用丝帷幕装设成一个像神龛的地方，中间放一特制的高背椅，上刻有作为徽号的兰花御纹章。溥仪换上了海陆空军大元帅正装，站在椅子前，两旁站列着宫内府大臣宝熙、侍从武官长张海鹏、侍从武官石丸志都磨和金卓、侍卫处长工藤忠、侍卫官熙仑奂和润良。

以总理大臣郑孝胥为首的文武官员列队向重又登基的“皇上”行三鞠躬礼，溥仪以半躬答之。

接着，关东军司令官日本大使菱刈隆向溥仪呈递“国书”和祝贺。

以上的仪式后，北京来的宗室觉罗以及前内务府的人向溥仪行三拜九叩大礼。这时，溥仪当然是纹丝不动地坐在椅子上，看着眼前的人群，他恬然不知自己的元帅服在这种礼节面前是多么滑稽，只是踌躇满志。

当天午时，赐宴伪满文武官员和关东军有关人员。

宴会前，书斋中，溥仪和菱刈隆大使进行了简短的会见。

菱刈隆大使道：“如此盛大的郊祭仪式，真可谓壮观无比，用庄严一词来形容是再贴切也不过的了。”

溥仪道：“虽因郊外祭典前夜睡眠不足，稍感疲惫，但这次的仪式，可说得上是庄严肃穆的了。”

大使道：“此次大典若有古乐就锦上添花了。日皇陛下在登基时，就演奏古代的帝乐，这些音乐都是很久以前从中国传到日本的。”

溥仪道：“在中国，古乐已被遗忘，今天又有许多失传了，虽有人多少懂一点古乐，无奈没有乐器，实在可惜。”

“皇帝陛下，”大使道，“天皇陛下将派秩父宫雍仁亲王来满庆贺皇上的登基大典，日本也期待着陛下早日前去访问。”

溥仪真是受宠若惊，连忙道：“感谢天皇陛下的厚爱。”

宴会上，溥仪高兴得犹如玉皇大帝在灵霄殿上大宴众神众仙，飘飘然，那种得意是无法用语言来形容的。

载沣从北京赶来几天了，今天他并没有参加那些大典。这天的傍晚，他坐汽车来到缉熙楼前，下了车，溥仪迎上来。他几乎认不出眼前穿着元帅服的皇帝，更让他惊讶的是，“皇帝”竟向他行了一个军礼。

载沣并不怎么高兴，他深知这个“皇帝”是多么窝囊，他深知日本人更没有什么好心。

倒是婉容向他行了跪安礼，他高兴起来。

“王爷，进屋去吧。”

溥仪陪载沣进了客厅，见没有外人，又向他请了个跪安。

“皇帝毕竟是皇帝，不能行这样的大礼！”

“我追认王爷为太上皇不就行了？”

载沣并没有显出十分的高兴，却说道：“这乐队奏的是什么曲子呀，怎么……”载沣想说怎么像是死了人似的，但没有说出口。

溥仪忙笑着道：“这是日本国歌和满洲帝国国歌。”

此时，溥杰、溥佳等都走进来，于是一家人走到长长的餐桌旁。他们吃的是西餐，位次排列是洋规矩，溥仪和婉容分坐在男女主人之位。

香槟酒倒好了，溥杰起立举起酒杯高呼：“皇帝陛下万岁！万岁！万万岁！”

满桌的人都随声附和，载沣此时才激动起来，也振臂高呼。

载沣并没在这儿呆多少天，他不愿看到自己的儿子由紫禁城的宫中天子、天津的蒙难天子成为今天的笼中天子。

载沣的心死了。看来还是载涛看问题更明白些。

日本雍仁亲王到了，在勤民楼正殿，溥仪和婉容会见了雍仁。

婉容道：“我们今天迎来了最高贵的客人。”

雍仁亲王道：“我谨代表日本皇后陛下向您致意，她让我转达对满洲皇后的敬意。”

婉容道："谢谢，我一定学习天皇皇后美好的德行。让天皇皇后的佳言懿行成为满洲国妇女至美的典范。"

雍仁亲王为婉容的美貌和举止所倾倒，竟忘了和溥仪握手。菱刈隆大使上前道："满洲国的皇后和皇上一样，都是大日本帝国崇仰的人。"

雍仁亲王伸手握住溥仪的手说："是的，天皇陛下对满洲皇帝陛下，早已神交，想不久能在东京接待您。"

"天皇陛下高山仰止，景行行止，我一定会去拜望。"。

坐下不久，雍仁亲王又向溥仪和婉容转交了日本天皇的亲笔信，向溥仪赠呈"大勋位菊花大绶章"，向婉容赠呈"勋一等宝冠章"。

会见后，溥仪和婉容在勤民楼宴会厅设午宴招待雍仁。溥仪迎来了他人生中最辉煌的一页，他自认为他有了极高的权威。

1935 年 4 月 6 日，溥仪开始了他的访日之行。

溥仪乘火车来到大连。此时，日本政府已派出以枢密顾问官林权助男爵为首的十四人接待委员会，派了战舰比睿丸到大连迎接，又有白云、丛云、薄云等舰护航。

溥仪登上比睿丸，起航前，大连港内的球摩、第十二、第十五驱逐舰接受了他的检阅。

溥仪已感觉此行受到的隆重而热烈的礼遇。但是，他的美好的感觉，他升起的无比豪情，犹如这次出行一样，才刚刚开了头。

比睿号快到横滨了，正是夜幕沉沉的时刻。在汪洋大海之中，这黑夜显得更为浓重。

突然，几十艘军舰团团围住比睿，每艘军舰都放射出强烈的光芒——那是所有的战舰都打开了光芒强烈的探照灯。探照灯的光芒都集中攒射在比睿舰上，把它照得通明一片。不一会儿，各舰礼炮齐鸣。

溥仪及其随行人员站在甲板上，都被激动了，心潮如同舰下的大海一样。

更让溥仪他们惊叹、威服而同时又感到自身的崇高的是，当比睿在清晨抵达横滨港时，港口上空一百多架飞机编队欢迎。

飞机呼啸而过，白烟在蓝天飘荡，溥仪豪情满怀，提笔写下一首四言诗：

海平如镜，万里远航。
两邦携手，永固东方。

秩父宫雍仁亲王在横滨码头候接，又陪同溥仪检阅了海军陆战队，然后乘火车去东京。

昭和天皇率王公贵族及全体内阁大臣在车站迎接。受到外国人这样的礼遇，溥仪流下了热泪。

当天，天皇为他设了国宴。溥仪住在赤坂离宫，在他拜访了天皇后，天皇又回拜了他。

天皇道："满洲皇帝，这赤坂离宫是我做皇子时居住的宫室，希望皇帝到这里有宾至如归的感觉。"

"谢谢天皇陛下的盛情款待，我真是感激不尽。"

天皇的话并没有勾起溥仪对自己童年、青年的回忆，他完全沉浸在眼前的幸福之中了。

当晚，溥仪又在这里接见了日本的元老重臣，所有的人都对他恭恭敬敬，以"陛下"、"皇上"称之。

在东京的日子里，溥仪和天皇一起检阅了军队。随后，他又参拜了明治神宫，慰问了在中国战场受伤而回国养伤的士兵。

就要离开东京而前往京都参观访问了，雍仁亲王代表他哥哥到车站向溥仪送别，致欢送词道："皇帝陛下这次到日本来，对于日满亲善，是有重大贡献的。我国天皇陛下对此感到非常满意。务请皇帝陛下抱定日满亲善一定能做到的确实信念而回国，这是我的希望。"

溥仪致答词道："我对这次日本皇室的隆重接待和日本国民的热诚欢迎，实是感激已极。我现在下定决心，一定要尽我的全力，为满日的永久亲善而努力。我对这件事，是抱有确实信心的。"

溥仪到京都，受到了满街手持鲜花的人们的欢迎。在这里游了比睿山和琵琶湖。

离开京都又到了奈良，在奈良的一个夜间，有群众结队每人手持灯笼在广场上摆成"满洲国皇帝陛下万岁"九个大字。溥仪到平台上观看，又是一番激动。

随后，溥仪又访问了神户、大阪、宫岛，然后乘比睿号回大连。

对这次令人受宠若惊的招待，溥仪荣幸万分，提笔做了一首七绝：

万里雄航破飞涛，碧苍一色天地交。
此行岂仅览山水，两国申盟日月昭。

放下笔举目望去，海天空阔，心潮逐浪。溥仪觉得，自从他重登皇帝宝座后，周围的一切都变了，空气也更新鲜。如今，受到日本人这样的接待而回国，更使他看到他高贵的地位，他想："天皇与我平等，天皇在日本的地位，就是我在满洲国的地位。日本人对我，当如对其天皇者同。"

一天，在“新京”的宫中，溥仪正训导几位读书的侄子，让他们努力，为以后祖业的完全恢复奋斗，新任关东军司令南次郎来拜会，溥仪连忙去了勤民殿。

南次郎道：“皇帝陛下，我们以为，郑孝胥已不适宜再做总理。”

“我也这样看，”溥仪早就对郑孝胥专权不满，于是道，“我看，总理就由臧式毅来代替他吧。”

“这个，皇帝陛下不必操心，我们选定了人。”

溥仪心中略有不快，道：“谁？”

“张景惠。”

溥仪不再说什么，心里隐隐地感到，他的地位并不是像前些日子访日时想的那样，日本人对他，并不是像对天皇陛下一样。

南次郎又道：“皇帝陛下，关东军决定，在您的身边配一个御用挂，随时供皇帝驱使，也可通过他随时和关东军联络。”

“这个人是谁？”

“他是皇帝的老熟人，也是皇帝殿下的朋友，吉冈安直。”

溥仪的不快很快又打消了，因为吉冈安直确是他的熟人，溥仪对他的印象确实很好。

南次郎走后，溥杰恰好进来。溥仪刚要说话，溥杰却慌忙抢着说道：“皇上，十四格格被日本人抓起来了！”

“这怎么可能！”

“确实是这样。”

“什么原因。”

溥杰想了想道：“看样子我们对日本人有太多的幻想。日本人只是要我们满足于满洲国，绝不想让我们恢复大清。所以十四格格在锦州一带建起了更大的队伍的时候，日本人就不愿意了。”

不错，早几天溥仪还接到十四格格的信，说她已组建了十多万人的军队，有原来张宗昌的，有张学良扔下的，也有其他的土匪。这确实是一支很有战斗力的队伍，而且正在扩大。现在听溥杰这么一说，又联系到南次郎刚才对新内阁总理的任命，从日本回来时的豪情，已灰了大半。

半晌，溥仪道：“我还要告诉你一件事情，关东军要派吉冈安直来做我的御用挂。”

“什么叫御用挂？”溥杰似乎首先对这一名称感兴趣。

“行走、秘书之类的吧——我也不清楚。”

“恐怕他要‘挂’在皇上的身上。”溥杰忧虑地道，“这个人心机深沉，手段极高，又阴狠已极。这一点，我是有体会的。”

溥仪倒抽了一口凉气，哪里还有在日本时的兴高采烈。

不过，对十四格格，他们的担心是多余的，过不了多少天，报纸上登出她在京都与一些日本贵族在一起观看相扑比赛的照片。溥杰心想：我本来打算让皇上出面救救她，看来用不着了，她的生存能力是很强的。

几个月之后，川岛芳子的身影则是在上海、北京等地出没。凭直觉，人们以为，川岛芳子出没的地方，往往是日本人要动手的地方——伪满洲国的人们悄悄地等待着。

但是，令溥仪和伪满大臣们感到惊慌不安的事一件件地发生了。先是郑孝胥的儿子郑垂暴死，死时脸色黑紫，特别难看，而郑孝胥，也不得随意走动，时刻受关东军的保护。于是他便只有在自己的斗室之内写写画画，三年后同儿子一样，也不明不白地暴病而死。

第三十五章

迎倭神恬然忘先祖 称亲邦甘之做儿皇

伪满总理张景惠发言道："日本是父母之邦，我们就像是婴孩躺在日本母亲温暖的怀抱里，吃她的奶，受她的保护。叫日本为亲邦，是合适的。"把诏书拿到溥仪那里，溥仪毫不犹豫地钤了玉玺……

溥仪回"新京"许多日了，这一天，突然来到婉容的房间，房门口，他看见了神色很不对头的李玉亭。溥仪疑虑重重地看了他好一阵，直到他一路倒退着走远。溥仪突然想起，缉熙楼中李玉亭是可以到处走动的！他急忙闯进婉容的房间。

婉容还躺在床上，一条毯子把自己遮得严严实实。

"皇后，你怎么到现在还没起来？"

婉容道："我这几天不太舒服，睡得不好。"

溥仪冷笑着说："哼哼，是睡不好！夜里太累了！"

"皇上是什么意思？"婉容不安地问。

"没什么意思！你不配做皇后！你丢尽了大清朝的脸，丢尽了朕的脸，也丢尽了自己的脸！"溥仪一摔门，出去了。

过了几天，溥仪对御用挂吉冈安直道："皇后精神失常，难为一国母仪，我想和她离婚，把她废了。"

吉冈想了想道："嗯，这个，是皇上家事，啊，我们不便过问。"

可是没过几天，关东军司令部打来电话：皇后在人们心目中已成偶像，又无过错，随意废黜，不合情理。

溥仪便不再提废后的事，只是把李玉亭开除驱逐了事。

一天，溥仪对二格格韫和道："你以后把那个人看紧点，不要让她和别人乱说话。"

"皇上放心好了，就是连雌的也休想接近她。"

"她和别人说话的时候，你也要注意，千万别把什么东西说出去。来的人，更要小心，别把什么消息都带给她。"

二格格道："无论是谁和她讲话，我都在旁边不就行了？"

"那么你就是'皇后挂'了。"

溥仪无意中开了这个不大合适的玩笑，大家很尴尬，溥杰进来道："皇上，不好了，日本人把凌升抓起来了。"

凌升是清末蒙古都统贵福的儿子，原来是张作霖东三省保安司令部的顾问，现在正做着兴安省省长。

"日本人怎么会抓他？"溥仪问。

"在省长联席会上，他发了牢骚，他说关东军言行不一。他说他在旅顺时曾亲耳听板垣说过满洲国是个独立的国家，可是现在一切都是日本人说了算，在兴安省，他更是什么权力也没有。这样，他回省以后，就被抓了起来。"

"他说的对……"

二格格话没说完，溥仪就捂住了她的嘴。恰在这时，御用挂吉冈安直走了进来，道："你们好像在谈论什么事情，嗯？"

"没有什么，我们正在说怎样才能把皇后的病治好。"

"嗯，皇后的病是该治一治了，啊——，我看哪，北京那边要来人看皇上，嗯，我看，以后就不必了。"

"这——不妥吧，"溥杰道，"都是宗室亲戚，怎能不来往呢？"

"影响国家大事，以后就免了！嗯。"

过了许久，溥仪才道："听说凌升被抓了，是什么原因？"

"这个，皇上能不知道吗？他有反满抗日活动，这个人，想造皇上的反哪。"

溥仪道："他是建国元勋，不会做出什么事吧？"

"嗯，我说皇上还是以前那样，太相信人了。什么段祺瑞、张作霖，都相信。你们中国人、满洲人，可信的人少，所以以后皇上还是少见人为妙。"

大家又陷入沉默。这次打破沉默的，倒是吉冈安直，他道："有件事，我和你们说一下，溥杰殿下这么些年独居，很不合适。我们日本有许多倾慕殿下才貌的女子，嗯，我会当红娘的。"

二格格道："这就不麻烦您了，我们会操心的。"

"啊——日满一体，我与殿下又是朋友，说什么我也要操这个心。"

这时，随侍李国雄报告说，新任关东军司令官植田谦吉大将来了。

溥仪便和吉冈安直一道来到勤民殿。

"皇帝陛下，"植田谦吉开门见山地道，"我来汇报一个案件的。"

"什么案件？"

"这是前几天破获的，罪犯是陛下认得的，兴安省省长凌升。他勾结外国图谋叛变，反对日本。军事法庭已经查实他的反满抗日罪行，宣判了死刑。"

溥仪本想为凌升求情，听到"死刑"二字，吃了一惊。

"死刑!"植田谦吉斩钉截铁地道，"这是杀一儆百，陛下，杀一儆百是必须的!"

溥仪的四妹和凌升的儿子订了婚，两家是亲家。植田谦吉走后，吉冈安直道："皇上，公主的婚约也该解除了。"

"当然，当然。公主怎能和乱臣之子结婚呢。"

凌升被处决了，用的居然是斩刑。一同受刑的还有他的几个亲属。

回到缉熙楼，溥仪仍自心跳不止。见了二格格，道："咱们快给溥杰筹办婚事，你托人到北京为他物色一个满族姑娘，要快，走在日本人前面。"

二格格忙碌去了，不久，北京有了回音，说已为二爷选定了人，并拿回照片。溥仪看过照片后，对二格格道："很好，消息别传出去了，我跟溥杰说说，马上就给他完婚。"

第二天，溥杰来到缉熙楼，溥仪道："你随我到洗手间来。"

溥杰跟皇上到了洗手间，溥仪把水龙头拧开，水哗哗地流着，溥仪道："我有重要的话和你说。"

"什么话？怎么在这儿说？"

"吉冈安直肯定在我的客厅住室安了偷听的那种东西，不在这儿说在什么地方说？"

"到底是什么事？"

"你的婚事，无论如何也不能娶日本女人。我和二格格已经在北京为你物色好了，这是她的照片，你们马上就结婚。"

"一切听皇上的安排。"

溥仪听了弟弟这句话，很激动，没说什么，只是拥抱了一下溥杰。

二人关上水龙头，正好吉冈安直找来了，道："原来皇上和殿下都在这儿，让我好找。"

"有事吗？"溥仪问。

"有件特别重要的事。"

溥仪和他们二人进了客厅，坐下后，吉冈安直才道："嗯，陛下，殿下，告诉你们一件大喜事，本庄繁大将在东京已经为殿下找好了对象，是华族嵯峨胜侯爵的女儿，叫嵯峨浩。"

溥仪立即道："不行，这事我们已经安排好了，溥杰已经与北京的一位姑娘订了婚约，就要举行婚礼。"

"立即解除婚约!"吉冈安直站了起来。

"请日本方面尊重我们的家事。"溥仪道。

"可是，我们更希望陛下尊重关东军和日本皇室，何况这是本庄繁大将做的媒。溥杰殿下既为御弟，就要为日中亲善做出表率。溥杰，你以为怎样？"

溥杰低头不语。

“溥杰同意了，嗯，这是件好事。那么，今天我就参加你们的家宴，庆贺一下吧。”

1937年4月，溥杰与嵯峨浩在日本完婚。同年五月，在关东军授意下，伪满洲国务院通过了《帝位继承法》，上面规定：“皇帝死后由子继之，如无子则由孙继之，如无子无孙则由弟继之，如无弟，则由弟之子继之。”

不久，溥杰带嵯峨浩来到“新京”。溥仪惧之如蛇蝎，精神高度紧张。凡是嵯峨浩送来的食品，他必须等别人先尝过才敢吃，如果溥杰在座，总是让溥杰先吃，然后自己略尝一尝。这样，手足之情，自幼年时即无话不谈的伴侣，到此结束，溥仪再也不敢和溥杰说知心话。嵯峨浩有了身孕，溥仪更是提心吊胆，担心自己性命的同时，也担心着弟弟，因为《帝位继承法》上规定“无弟，则由弟之子继之”，日本人的意图不是明摆着吗？

好在嵯峨浩生了个女儿，溥仪总算松了一口气，于是设家宴庆贺。御用挂照例参加，香槟酒在手之际，吉冈安直道：“我真为皇室家族高兴。不过，我还有个想法，皇后既然已无痊愈的希望，那么，日本皇室、华族中有的是贤德美貌的女子，皇上何不纳进一个呢？”

“我不懂日语，我决不能和日本女子一起生活！”

溥仪态度坚决得让吉冈惊讶。

可是，过了两天，关东军参谋长冈村宁次亲自来到“帝宫”，拜见溥仪道：“皇帝陛下，我们日本人有尚武的传统，自幼接受严格的训练，所以有强健的体魄和无坚不摧的意志、毅力，关东军以为，皇上如果诞育皇子，五岁时应交由关东军教育，使其健康发展——这是必须的。”

溥仪眼前一片茫然，提起笔，哆哆嗦嗦地签了字。

消息传到了早已靠边站的那些老臣的耳中。

佟济煦在皇上身边，还算有点权，道：“大清初年就有满汉不通婚的规定，特别是‘汉不选妃，旗不点元’，行之二百多年，世世遵守。现在竟破坏了家法，真是司马昭之心，路人皆知。”

胡嗣瑗道：“谁无祖宗，谁无子孙？现在爱新觉罗氏子孙变种了，祖宗也要改，真是旷古未有的奇闻。”

陈曾寿道：“一株大树，铲断其根本，又剪伐其枝叶，则此树难婆娑，生意尽矣！”

商衍瀛道：“本朝同治、光绪、宣统三代，五十年间，宫中不闻儿啼，气数已尽，虽曰人事，岂非天哉！”

无论如何，溥仪也不愿接受吉冈安直所介绍的日本女人，这一点，溥仪的态度是异常坚决的。

1937年初春，溥仪选中了一个叫谭玉龄的姑娘，她出身满族贵族，原姓他他拉氏，辛亥年后，其姓按音转改为“谭”。谭玉龄这时刚刚十七岁，正在北京的中学堂里念书。

吉冈安直无法阻止溥仪，便搬来了植田谦吉大将，但溥仪这次很执拗地说：“我的妃子，由我自己决定！”

植田谦吉不愿在这件事情上和他弄僵，何况，现在溥杰已娶了日本女人，而溥仪基本上是位“废人”。于是植田道：“皇上还是再考虑一下吧，在下告辞了。”

植田谦吉派吉冈安直到北京对谭家作了详细调查，不久，吉冈安直向他报告说：“谭玉龄合格。”这样，溥仪和谭玉龄在“帝宫”中悄然举行了婚礼，“新京”的老百姓根本不知道“皇上”又纳了一个妃子。

吉冈安直似乎通过纳妃问题感觉到了溥仪的不驯，于是，他更警惕地窥伺着溥仪周围的人，窥伺着接近“皇上”或想接近“皇上”的每一个人。他渐渐发现，溥仪的护军已非打击不可了。这些人个个武功高强，对“皇上”、对大清又忠心耿耿。要控制溥仪的一切，护军就成了一个大障碍。

于是吉冈安直来到关东军参谋部，作为参谋部的一员，布置了又一个圈套。

一天，有几个护军到公园去玩，他们准备租游艇游湖。

一个护军交了钱正要登艇，有几个穿西服的中年人走来，大叫：“这是我们预订的。”

护军道：“刚才我们租的时候，船主并没有这样说！”

“你这人真不讲理！我们预订的艇也要坐！”

护军气愤地道：“是谁不讲道理？”

“你们！”几个穿西服的围拢来。

“怎么，想打架吗？”护军道。

那几个人不由分说，一拥而上，向护军扑去。

溥仪有二百多个护军，都是百里挑一的好手，三拳两脚，那几个人全趴下了。这时，一条狼狗扑上来，一个护军飞起一脚，狼狗一声惨叫，扑地吐血而死。

倒在地上的人吓呆了，道：“敢动手打关东军的参谋，又踢死了军犬，等着瞧！”

几人歪歪倒倒，钻进了一辆汽车。

几个护军也吓呆了——他们不知道这几个人是日本人，更不知道他们是关东军的。

几个护军回到了驻地，正在忐忑不安的时候，宫内府外来了日本宪兵，两挺机枪对准大门，三排士兵拉开了枪栓。

“叫佟济煦的出来！”亀田小队长吼道。

一会儿，佟济煦出来道：“老总有什么事？”

“你们的人，去公园的，打关东军参谋，快把他们拉出来，不然，统统死了死了的！”

佟济煦吓坏了，忙回去，问：“有在公园和日本人打架的吗？”

几个护军站起来。

“日本人来了，你们去吧。”

一个护军道：“咱们真是软弱透了。”

护军们被宪兵带走了，烟熏火燎，皮鞭毒打，各种酷刑用了个遍。

溥仪听到佟济煦的报告，心里一阵疼痛：护军是他自己出钱养的队伍，是他培养的军事骨干啊！溥仪忙装出笑脸，对一旁的吉冈安直道：“请中将阁下向关东军说说情，我担保他们是无心和参谋部的人发生争执的。”

吉冈道：“这是皇上的看法，我倒以为这些护军有反满抗日的思想倾向。但是，我愿为陛下去一趟，哈。”

吉冈回来后，带来了东条英机的三个条件：

1. 佟济煦向关东军参谋赔礼道歉；

2. 将肇事的护军驱逐出境；

3. 保证以后不发生同类的事。

“可以，”溥仪道，“我们接受这条件。”

“不过，”吉冈安直道，“关东军军部已决定，警卫处长佟济煦应被革职，由长尾吉五郎接任，警卫处的编制也应缩小，不准使长武器，只准用短枪！”

溥仪陷入了绝望，他所有的企图被一笔勾销了！

过了几天，是1937年的7月7日，七七事变发生了。不久，蒋介石发表《庐山讲话》，道：“地无分南北，人无分老幼，无论何人，皆有守土抗战之责任。”

南京政府态度强硬，中日全面战争遂成定局。

7月下旬，平津陷落。

8月13日，淞沪抗战爆发。

随着对华战争的全面展开，关东军对溥仪的控制越来越严密。溥仪出巡，接见宾客、行礼、训示臣民、举杯祝酒，以至点头微笑，都要在吉冈的指挥下行事。溥仪要见什么人，不见什么人，见了说什么话，以及溥仪出席什么会，在会上说什么，一概听吉冈安直的吩咐。

溥仪已成了吉冈安直的木偶。

南京被攻占了！吉冈安直向溥仪报告道：“皇军已攻占南京，不日将向武汉攻击，大日本帝国的军队是无人能敌的，嗯，蒋介石快完蛋了！”

说完，他让溥仪与他一同向南京方向鞠了三个躬。吉冈道：“让我们为在战场上牺牲的大日本帝国的英雄们默哀。”

有一天，溥仪和谭玉龄来到网球场，忽然，溥仪看见一面墙上写着：“日本人的气还没受够吗?”

“快擦！快擦!”溥仪面如土色，指挥侍卫们把粉迹擦得干干净净。

溥仪对谭玉龄道：“日本人要是看到了这字，不知又要怎样了。”

谭玉龄道：“日本也是外强中干，抗联的几千人，他们就要动用几十万的队伍。如果没有满洲的粮食、钢铁，日本不敢和中国打仗。”

“这些话你少说。”

溥仪成了真正的孤家寡人。胡嗣瑗、陈曾寿、宝熙、佟济煦这些老臣都已不在他身边，溥杰也被关东军安排到另外的地方，手中并无实权。

溥仪也不再乐于到勤民楼去，他的大多数的时间花在在帝宫读书的侄辈们身上，只有在他们那里，他的尊严才是凛然不可有丝毫轻慢的。

这样，溥仪就陷入了深深的孤独和猜疑之中，他每天最好做的事情便是算卦，用各种方法算卦。

这一天，溥仪又坐在缉熙楼最东侧的佛堂里，在佛像神龛前祈祷，正在默念着，吉冈安直像幽灵一样地进来了，嗯嗯两声。溥仪抬起头来，道：“你怎么到这儿来了?”

“我是皇上的御用挂，皇上到哪儿，我就到哪儿。”

这样过了几天，溥仪见吉冈没再提起这事，也就不再想它了。这时，关东军司令官植田谦吉却找上门来。

原来。植田谦吉带着军队进入蒙古，在诺门坎，被苏军和蒙军打得大败，他跟着便被撤职，临走之前，来向溥仪告辞。

两人寒暄了许久，植田谦吉道：“日满如此亲善，实为一体，如果将来能使两个国家的信仰一致，那就好了。我以前向吉冈参谋说起过此事，后来战争紧张，把事情耽搁下来，现在皇上可以重新考虑这事。我此次到东京述职，会说起这件事的。”

植田谦吉走后，溥仪叫来二妹韫和。

韫和道：“皇后近来病得更厉害了，洗脸吃饭的事，都时常忘记。”

“不要说她的事——吉冈和植田都给我说过日满一体，又说日满信仰应统一，又说什么日本信仰天照大神，他们这话是什么意思?”

“难道是让我们崇信天照大神吗？这样不是把祖宗也给丢了?”

溥仪心里一寒，若真是如此，真的是连祖宗都不要了。

溥仪和妹妹想不出什么应对的办法，整日里只是担惊受怕。

终于，一天，吉冈安直对溥仪道："新任关东军司令官梅津美治郎让我通知陛下，希望陛下能到日本去迎接天照大神。这样，才能表现日满一心一德、不可分割的关系。"

溥仪道："我们本有宗教，没有必要有其他宗教。"

"嗯！"吉冈安直的眼竖起来，声色俱厉，"这是司令官通知我的，这是日本的既定方针，没有任何犹豫的余地！"

"那么，"溥仪嗫嚅着，"到清祖陵祭祖还是可以的吧。"

"不行！那样会引起误会。"

溥仪想用迎天照大神换回祭祀祖陵的权力，这样对自己的面子也好看些，但是，日本人把一切都做绝了。溥仪痛苦了许多天，最后还是决定去日本迎接天照大神——自己在人家手里，保住眼前的皇位要紧，至于祖宗和文化传统，暂时可以不要。

1940年5月，溥仪第二次去了日本，为的是迎接天照大神。

日本的接待，远不及上次隆重。

裕仁天皇接见前，吉冈叮嘱道："和天皇就说那纸条上的话。"

"从来都是这样的，何必再说。"溥仪道。

"我是提醒皇上。"

裕仁仍很热情，二人寒暄几句话，溥仪掏出吉冈的字条，对裕仁天皇道："根据日满一德一心、不可分的关系，我衷心愿意迎接日本天照大神到满洲国供奉。"

裕仁道："这是陛下自己的事，既然陛下愿意，我只有从命了。"

裕仁用手指着桌上早已准备好了三件东西，对溥仪道："这些，就是神器。"

溥仪看那桌子上的东西，原来是一把剑、一面铜镜和一块勾玉。溥仪心想：这种东西在北京琉璃厂很多，太监从紫禁城偷出去的零碎，哪一件也比这个值钱，这就是神圣不可侵犯的大神吗？这就是祖宗吗？

在归途的车上，溥仪痛哭失声。他深深地知道，他这次到日本去是多么的耻辱！这是对本民族祖先的公然背叛！而他整日为之奋斗的，就是恢复祖业。溥仪想到恢复祖业，精神又轻松起来。"祖宗，你们的在天之灵原谅我吧，我做这一切，都是忍辱负重，为的是要恢复祖业呀。"溥仪这样想着，很快进入了梦乡。

吉冈安直把他推醒，道："皇上，这是到新京后要颁发的《国本奠定诏书》，您看一下。"

"写好了？"溥仪道。

"是的，这是总务厅嘱托佐藤知恭拟定的，皇上回新京，就该立即颁发这个诏书。”

溥仪不敢怠慢，回“新京”后，立即安放从日本带回的“神体”，在“帝宫”内建造建国神庙，祭祀天照大神。安放神体的当天，伪总理张景惠率“文武百官”，另有特殊会社代表三百余人，一齐来到“帝宫”，举行了《国本奠定诏书》颁发式典。

从此以后，每月初一、十五，溥仪都要和吉冈安直一起去祭拜。每逢祭拜之前，总是先在家里对自己的祖宗磕一回头，到了神庙，面向天照大神的神龛行礼时，心里念叨着：“我这不是给它行礼，这是对着北京坤宁宫行礼。”

一天，吉冈安直道：“每次祭祀行礼，我见皇上总像是在默祷什么，这不太好，嗯，皇上对天照大神，对八纮一宇，应有所了解，所以，嗯，我请了一位日本著名神道家给陛下讲神课。这位神道家是大日本帝国皇太后的神道讲师，所以，皇上要仔细听讲领会。”

溥仪道：“这样最好，下次我在默祷中，就会更加虔诚了。”

神道家来了，他叫筧克彦，头发长长的，个子奇矮，看上去像个泥捏的陶俑。对于他的讲解，溥仪嘴上说“明白了，明白了！”但是他心里却道：真是胡说八道！

胡说八道，有悖常识——溥仪心里这样想着，脸上却露出极恭敬的神情。

“陛下这样领悟就对了。”

溥仪要做的“政事”，似乎就是对天照大神的祈祷了。至于太平洋战争爆发后，日本对东北如何加紧掠夺、压榨，则完全由伪国务院替日本人干，溥仪只要在送来的文件、规章、法律条文上写上“裁可”两字即可。

一天，吉冈安直对溥仪道：“陛下，大日本帝国，嗯，还有满洲国，向英美宣战以后，太平洋战场上，大日本帝国取得了辉煌的胜利，嗯，大日本帝国就要领导世界，建立世界新秩序。这个，嗯，在满洲国建国十周年之际，陛下应意识到，没有日本，便没有满洲国，嗯，所以应该把日本看成满洲国的父亲。所以，嗯，满洲国就不能和德国、意大利一样，称日本国为盟国友邦，应称亲邦。嗯，亲邦——陛下明白了吗?”

溥仪成了真正的儿皇帝，内心一片凄怆，可是，无论如何，应以自己的利害为行为的最高准则，如果保证安全、保全生命，只能随着日本人的心意转。孟子说的舍身取义，义高于一切，被溥仪理解成为了恢复祖业，当忍受一切屈辱——勾践不也做过犬马被吴王驱使吗！

溥仪在精神鸦片的麻醉下，苟且偷生。

伪国务院真正的头头——总务厅长官武部六藏，把张景惠和各部大臣叫到办公室里，道：“圣战到了关键时候，满洲国要作出表率，起到榜样的作用。首先，在精神上，要认识到日本才是父母之邦，日本是各国的领导，没有日本，便没有今后繁荣的世界，没有日本的领导，世界就会走向纷乱、堕落。所以，满洲国要视日本为义邦，为亲邦，我这里拟了一份《建国十周年诏书》，你们看看，没有意见，就交与皇帝陛下颁行。”

伪总理张景惠看了看，第一个发言，道：“叫日本为亲邦，是合适的。”

其余的部长们并没有异议，于是张景惠把诏书拿到溥仪那里，溥仪钤了玉玺，诏书便颁行天下。

溥仪刚封上印玺，关东军司令官梅津美治郎来了。见了他，溥仪忙站起来道：“日本与满洲国乃是一体不可分的关系，我一定举国力为大东亚圣战的最后胜利，为以日本为首的大东亚共荣圈奋斗到底。”

“陛下的这种看法令我感动，陛下对日本亲邦的诚挚态度会有回报的。我今天来这里，是想让皇帝陛下做个表率。现在正是圣战的关键时期，急需铜铁，所以——我有点不好开口。”

“日本为我父母之邦，如有要求尽管明确提出。”

吉冈安直道：“圣战正在紧要关头，日本皇军为了大东亚共荣圈各国的共存共荣，作奋不顾身的战争，它要担当起父母之邦的责任。而作为大东亚共荣圈的一员，每个国家都应尽量供应物资，特别是金属。嗯，陛下可以率先垂范，亲自表现出日满一体的伟大精神，比如这宫中的铜铁，就可让它支持圣战。”

梅津美治郎道：“陛下感到困难吗？”

“不不不！”溥忙道，“这是我们应尽的责任。”

于是溥仪立即命令把宫中的铜铁器具，门窗上的铜环、铁挂钩等等，也一齐卸下来。

溥仪回到缉熙楼，拿出了许多白金、钻石首饰，又搜寻几件银器，放进包裹里。

谭玉龄走了过来，道：“皇上，这是干什么？”

“献与日本人，支持圣战。”

谭玉龄道：“我看日本人是长久不了的，这不是好事。皇上，不要为日本人这么卖命了，这样得不到好结果。”

溥仪吓出一身冷汗，凑到谭玉龄耳朵跟前，道：“你怎么这样说，这屋里有窃听器，吉冈安直肯定在这里安了窃听器。”

谭玉龄叹气道：“皇上，不要这样孱弱，这样是不能恢复大清的。”

正说着，吉冈安直如幽灵一样地闪了进来，道：“贵人好像对大日本帝国的圣战不抱什么信心。”

溥仪吓得两股战栗，喘不过气来。谭玉龄道：“哪里哪里，大日本皇军所向无敌，在珍珠港击败了美国海军，在南洋又有重大的胜利，至于中国内地，汪精卫这样的国民党精英人物都投进了日本的怀抱，可见，大日本帝国的圣战一定能取得全面的胜利。”

“啊，哈，贵人不愧是女中豪杰，巾帼英雄。”

溥仪忙道：“为支持圣战，这些就是祥贵人献给日本皇军的。”

“吆西！吆西！大大地好！我会把这登在报纸上的——日本的，北京的，上海的，南京的，各处的报纸都要登出满洲帝国祥贵人捐珠宝以充军费的消息。嗯，这对整个大东亚都有垂范作用。”

吉冈安直拎着包袱走了。溥仪心里仍怦怦地跳着。他道：“我的亲爱的，我为你的安全担忧，你可知道，日本人是心狠手辣的，我已经接到郑孝胥暴毙的消息——看来，郑孝胥父子都是日本人暗害的。”

“皇上，”谭玉龄搂着溥仪的脖子道，“我真为皇上担心。”

“我的玉龄！”溥仪哭了起来，他真的爱玉龄，他视玉龄为自己生命的一部分，甚至比自己的生命更重要。

溥仪和玉龄相拥着，紧紧地相拥着，他们真正地融为了一体。

……

婉容完全疯了，但这一点也没有影响溥仪和谭玉龄的两情缱绻。

但是，吉冈安直阴鸷的眼睛就离不开谭玉龄了。更让吉冈安直不安的是，一天，他忽然看见了谭玉龄呕吐的情形，吉冈安直一阵颤抖，心像是被猫狠狠地抓了一下，他决定采取行动。

几天后，谭玉龄感到不适，体温在不断地升高，谭玉龄再也进不下半点食品，不久，肚子鼓胀起来。

侍医佟成海用了种种方法也没有控制病情，随即请来了著名西医来诊治，医生道：“祥贵人得的是伤寒，用药后一般没有什么问题。”

可是，用药以后，谭玉龄仍是时好时坏，溥仪急得吃不下，睡不着，嘴边起了一圈的泡。

看皇上急成这样，吉冈安直道：“陛下，还是请日本医生来看吧。”

在坐的几位医生也道：“日本医生见的病例多，他们的经验丰富，快请他们来吧。”

于是溥仪请来了满铁医院的院长小野寺。

小野寺急急地来了，看过后，立即对护士道：“马上输血！”

输血的同时，小野寺给她进行了频繁的注射。傍晚，谭玉龄醒来，溥仪急忙走上前，握住她的手：“玉龄——”

“皇上，你吃饭了吗？别累坏了身体。”

“别担心我了，现在小野寺院长来了，你是知道的，他常来给我们检查身体，是这里最好的医生了，你马上会好的。”

谭玉龄笑了笑道："皇上，快……歇歇去吧。"

小野寺也道："陛下，祥贵人身体的十分的虚弱，陛下的，少说话的，让病人休息休息的。"

"谢谢！谢谢！"溥仪站起来握住小野寺的手，不知道说什么好。

"陛下，我想贵人已度过危险期，我一定会尽力的。"

溥仪去了。吉冈安直走过来对小野寺医生道："小野医生，过这边我有话说。"

没等到天明，谭玉龄撒手人寰。

对于谭玉龄的死，溥仪满腹狐疑，他怀疑是日本人搞的鬼，但没有证据，他能说什么？就算有了证据，他又敢说什么？此刻，溥仪唯一能做的，就是追封谭玉龄为"明贤贵妃"，择定吉日举行了册封仪式，还亲自书写了"封谭玉龄为明贤贵妃"的谕旨，放入贵人棺内。

第三十六章

册贵人立奴役规矩
迁伪都知末日消息

溥仪猛地从御座上站起身来，瞪大了眼睛，涨红了脸，急切地说："御前会议的决定朕是赞许的，关东军的决策朕是拥护的，大东亚圣战是要坚决进行到底的，迁都也是一定要迁的，但无论如何今晚是不能动身的！"

和所有的伪满洲学校一样，长春南岭女子国民优级学校的学生，每天上课前首先要做的事是向日本天皇和"康德皇帝"行礼，然后背诵《回銮训民诏书》、《国本奠定诏书》、《时局诏书》、《建国十周年诏书》。若背错了，轻者挨打，重者杀头。

这一天，南岭女子国民学校的学生起立背完诏书以后，校长小林和女教师藤井来到各个班里，从每班中挑出三名长得漂亮、学习也好的学生。学生挑好后，校长带着学生到了一家照相馆照了相，然后说道："这次照相，是为了选人到宫中读书，被选中的人，福气大大地好。"

其他日本人开办的学校，也像这个学校一样，选出了许多女学生拍了照。

几天后，这些照片都送到了吉冈手里。这天，吉冈安直把成册成册的照片放在溥仪面前道："皇帝陛下，从里面挑吧。"

溥仪想，我要挑就挑一个年岁小、容易受我摆布的女孩子，这样可以摆脱吉冈安直的逼迫。

溥仪一张张地看着照片，一张照片跃入溥仪的眼帘。看上去，这是个天真、单纯、幼稚的女孩子，溥仪需要的就是这样的人，看她年龄，也是其中最小的——十四岁。于是指着这张照片道："我看，就是她吧。"

吉冈安直看那名字，叫李玉琴。

第二天，吉冈安直来到了长春的那所女中，校长室里，李玉琴被叫到吉冈安直的面前。

吉冈安直问李玉琴："把你的家庭介绍一下。"

李玉琴道："父母务农，两个姐姐已出嫁，家中还有一个妹妹。"

"好！好！"吉冈安直道，"你愿意到宫中读书吗？"

“不愿意，还是在这里好。”

“你的不懂，到了宫里读书，吃的，住的，比在这里好多了，你们家也可得到优待。”

李玉琴被说动了。

吉冈安直又和李玉琴的父母接触了一下，他们都是地道的农民，贫穷得家徒四壁，几间草房也是又破又旧。

吉冈安直把李玉琴首先带到关东军司令部，梅津美治郎点头后，她才真正被选中了。

二格格韫和来到吉冈安直家。吉冈安直的老婆比吉冈安直更为瘦小，干瘪瘪的，站在二格格面前，不鞠躬还好，一躬身子，便只有二格格膝盖那么高了。

“二格格殿下，我已经给李小姐洗好澡了。”

说罢，她领韫和到了客厅。韫和见客厅里坐着一位姑娘，圆圆胖胖的脸，一脸稚气，便知道她就是李玉琴。

吉冈夫人忙到李玉琴跟前道：“李小姐，这位是二格格。”

李玉琴站起来，向二格格鞠了一躬。二格格看她那生硬地鞠躬的样子，有点厌恶，便没有回礼，道：“李小姐，随我到宫中去吧。”

李玉琴见眼前这人的言谈举止如此傲慢，心里十分不快。但是，家里早已收了钱，自己已经来到这里，前面就是刀山火海也只有去了。

李玉琴随二格格坐在汽车里，汽车开到宫中的中和门，有卫兵看了一下，汽车很快进了院子，到了另一个门前，车停了下来，二格格道：“李小姐，下车吧。”

李玉琴走下车，便有人围上来，拿着喷雾剂向李玉琴身上喷难闻的药水。李玉琴吓了一跳，转身要跑，二格格道：“别动，这是消毒，进了宫的人都要这样。”

走过一个客厅，一个老妈子迎上前来，二格格道：“李小姐就由你伺侍了，我走了。”

“二格格走好，我一定会伺候好主人的。”

二格格走后，老妈子道：“来，主人，我给你梳梳头吧。”

“不，我会梳的。”

“千万别这样，以后穿衣洗梳一切事情，都由我做！”

“那我干什么？”

老妈子一时也说不清，便道：“还是我让给你梳梳头吧。”

东北的春天还是来到了，虽然来的这么晚这么艰难。

这一天，二格格道：“随我见皇上去。”

李玉琴随二格格来到缉熙楼会客厅，见沙发上坐着一个中年人，戴副眼镜，面容削瘦，穿着一身西服，梳着一个分头。

“李小姐，跪下磕头。”

李玉琴疑惑地看了看二格格，道：“俺为啥磕头呀？”

“见了皇上怎么不磕头。”

“俺的天爷！”

李玉琴扑嗵跪下去，向那个戴眼镜的、脸色像死人一样惨白的人咚咚咚磕了几个响头。在她的心目中，皇上，是至高无上的。

看着她这憨厚的样子，溥仪的脸上显出笑容，但立即又消失了。待李玉琴抬起头来，看到的又是一张冰溜一样冷冷的脸。

二格格走了，客厅里只剩下溥仪和李玉琴，屋内，挂钟嗒嗒地响着，李玉琴站在那里，低着眉，无所适从。

溥仪仔细地打量着她，虽然她身材很高，但是一身的孩子气，脸白胖胖的，端正中又透出秀气，纯朴中又显出娇媚。她的身体比所有溥仪见过的女人显然都更好。

许久，溥仪才道：“坐下吧。”

李玉琴坐在沙发上。

“李玉琴，我要封你为贵人，不过，你，是要写保证的。”

“什么？皇上，你要我当贵人，什么是‘贵人’哪？”

“你！”溥仪气得脸都歪了，叫道，“来人！”

贴身侍卫严桐江进来道：“万岁爷，什么事！”

“叫二格格来。”

二格格很快来了。溥仪道：“你该教她宫中礼节。她说话你呀我的，不知道什么叫‘贵人’！”

二格格又把李玉琴带到同德殿，专门教了李玉琴几天礼节。

这一天，二格格道：“皇上的夫人分为皇后、皇贵妃、贵妃、妃、嫔、贵人、常在、答应八个等级，封李小姐为‘贵人’，那是第六等。”

“什么？让我做皇上的老婆！”李玉琴大吃一惊。

“是呀！没人给李小姐说吗？”

“他们……他们说是到宫中读书，怎么……怎么是这样？”

李玉琴哇地哭起来。

老妈子过来劝道：“别哭了，这是你的福气呀！”

李玉琴虽是乡下人的女儿，但皇上的权威她是知道的，既然是皇上决定的事情，她只得答应。

转眼间，到了册封的日子，同德殿前的花园里，许多花朵都绽放开来，杨柳堆烟，碧水澄澈。

二格格韫和正与老妈子一起给李玉琴打扮，道：“从今后，李小姐就是贵人了，就是我……也要改称呼的。”

二格格对她从心里就看不起，但是皇上看她喜欢，又封她为贵人，那么她的地位就比自己高了。

溥仪指定李玉琴穿金黄色丝绒旗袍，穿戴好后，二格格把李玉琴领到缉熙楼。大厅里，溥仪穿着龙袍，二格格是司仪，她领李玉琴来到溥仪面前，李玉琴向皇上递了玉如意，溥仪回赏了她一柄玉如意。交换如意后，李玉琴向溥仪行了三跪九叩大礼。李玉琴已经听二格格讲过，她本来该行更复杂的“六肃礼”的，可是现在一切都简化了。

册封礼毕，李玉琴成了福贵人。

溥仪带贵人给列祖列宗磕过头，便是福贵人受礼。

韫和道：“新贵人该谦虚一点，平辈可以免礼，后辈要磕头的。”

于是一群毓字辈的人和佣人们向福贵人磕头。

晚宴后，溥仪和李玉琴来到同德殿，进了客厅，二人坐下。

溥仪道：“凡事都有规矩，这里有些条款，你抄一遍。”

“是，皇上。”

李玉琴显然懂得了一些宫中的规矩礼节。她拿过溥仪递过来的纸片，看了一遍，脸色顿时变得发青，可是，皇上的话是金口玉言，是不能更改的，也是要绝对服从的，从一开始懂事，所有的中国人都懂这一点——在宫中过了近一个月的李玉琴更懂得了这一点。

李玉琴终于写完了。

溥仪道：“再念一遍。”

于是李玉琴又念了一遍。

溥仪道：“这个，朕是列得很稳妥的，若是犯了这里的条规，是一定要罚的——这也是你亲笔同意的。”

规矩一共有二十一条，这是二十一条绳索，紧紧地捆在了刚刚十四岁的李玉琴身上……

时光过得很快，溥仪每天都要听收音机，那里面不断传来令他胆颤心惊的消息：盟军进入意大利，盟军解放了法国，苏军向德国本土挺进，日军在南洋、中国大陆接连受挫……

吉冈安直内心也恐慌无比，他感到大日本帝国正如秋后的蝇虫，没有几天的时间了。但是，他仍要牢牢地控制溥仪，控制他的一切。

一天，他又看到溥仪在听收音机，过来道：“那多是反动的宣传，不能信的。”

溥仪忙堆上笑容，道：“我的，听大日本帝国的广播。”

恰好，里面传来了日军在太行山扫荡的消息，溥仪把收音机关上，吉冈安直道：“这样的消息，是可以听的，大日本帝国的军队，在那里采用了种种战术，都是军事史上的开创，如铁壁合围，梳篦扫荡等等。”

“共产军小小的，何必用上这么多的战术。”

“陛下没有实战体验，共产军不得了，他们和百姓鱼目混珠的，嗯，如赤豆混在红沙土里，大日本帝国军队的，常陷入他们的包围。嗯，比如水，抓他不着，手指都被它淹没了，可怕可怕的。”

溥仪心想：大日本皇军这样怕共产军，我怎么说话呢？半晌，溥仪突然道：“杀人放火，真是可怕！”

“嗯，日本皇军，大大的，无人能比，圣战一定会胜利，陛下要坚定信心。”

“是的是的。”

可是，渐渐的，吉冈安直也整日愁眉苦脸起来，说到大日本帝国的军队，不再那么神气十足、趾高气扬了。

一天，关东军某方面军司令官山下，奉调到南洋，临行，来谒见康德皇上。

溥仪道：“皇军大大的，将军再到南洋，定能旗开得胜。”

因为山下是占领新加坡的将军，此次再到南洋，溥仪便这么奉承。不料，山下却捂着鼻子哭了起来，说：“这是最后的告别——陛下，我们永别了，此一去再也回不来的。”

溥仪惊恐地望望身边站着的吉冈，吉冈安直也流下了眼泪。

看样子，日本皇军是靠不住了，大日本帝国的大东亚共荣圈也将土崩瓦解。

“完了！一切都完了！”

溥仪惶惶不可终日，但又无可奈何。他在这“帝宫”中煎熬着，唯一能做的事，就是残酷地虐待宫中的人们了。

末日就要到了。

历史长河中的1945年，对经历过多年浴血奋战、反抗法西斯侵略、争取民主自由的世界人民来说，是捷报频传、激奋人心的一年，当然，这一年也是曾经猖狂不可一世的法西斯分子走向穷途末路的一年。

1945年初，世界反法西斯盟国在欧洲、亚洲太平洋地区进一步对法西斯分子发动致命的打击。欧洲战场，美英盟军和苏联红军分别从东西两线进入德境；美英盟军在太平洋战场上和日本展开逐岛争夺战，并对日本的东京等重要城市的工业设施、军事设备、桥梁、码头、铁路等，实行狂轰烂炸。

1945年2月，为进一步协调反法西斯国家的行动，苏、美、英三国的巨头斯大林、罗斯福、丘吉尔聚会雅尔塔，通过了彻底击败德国、根除德国法西斯、重建民主德国的宣言，表达了世界人民的反法西斯决心，同时美英为换取苏联在欧战结束后参加对日作战，借以减少美英的牺牲，同苏联达成了协议。

1945年4、5月间，曾被溥仪顶礼膜拜视为榜样的墨索里尼，也被意大利共产党领导的游击队逮捕处决并暴尸于米兰街头，落得可耻下场；挪威人民的头号敌人，被法西斯德国扶植为傀儡统治挪威的吉斯林也在人民群众的正义呼声中被处决，结束了其罪恶的一生。

1945年4月25日，美英盟军和苏联红军这两种不同意识形态的军队在易北河的托尔高一带实现了历史性会师，完成了对德军实施最后打击的准备。美英盟军和苏联红军作了分工协调，美英盟军重点进攻德国的鲁尔工业区，以彻底击垮德军进行最后垂死挣扎的物质基础；苏联红军作攻克柏林的最后准备，以啃下法西斯德国这最后一块硬骨头。4月30日，苏联红军攻克了柏林，把胜利的红旗插上德国的国会大厦，同一天，梦想建立千年帝国、双手沾满人民鲜血的希特勒在总统府的地下室和其情妇埃娃·布劳恩一起饮弹自杀。5月8日，法西斯德国宣告无条件投降。

1945年7、8月间，苏、美、英等国在德国柏林郊外波茨坦召开会议，中、美、英三国联合发表《波茨坦宣言》，再次重申《开罗宣言》的精神，敦促日本无条件投降。但日本法西斯分子仍执迷不误，负隅顽抗，企图作最后的挣扎。

1945年的8月6日、8月8日，美国把它刚刚试验成功不久的、还仅有的两颗原子弹分别投在日本的广岛、长崎，不仅给无辜的日本人民带来了巨大的杀伤，造成了很大的损失，也给日本统治集团造成极大的震慑；8月8日凌晨，苏联政府宣布废除《苏日中立条约》，同日本处于战争状态，并且苏联的远东军以摧枯拉朽之势向日本关东军发动了攻击；毛泽东也发出了《对日寇最后一战》的声明，朱德总司令则命令全国的八路军、新四军向日寇发动全面反攻，使中国战场的日军遭到致命的打击，昔日猖狂不可一世、自诩不可战胜的日本皇军如同丧家之犬，惶惶不可终日。

这一切的一切，深处内宫，被严密封锁和监视着的溥仪可能不会完全知道。1945年8月初的“新京”，日伪官吏们照常上班，报纸和广播仍在宣传皇军的“辉煌战果”，伪政府的《公报》继续公布法令和官员的任免名单，但伪帝宫的康德皇帝及其皇后和贵人等却不时地要躲进防空洞逃避空袭，这不能不让康德皇帝感到异样。

1945年8月8日这一天，虽然没有人预约晋见，溥仪却像经常要接见某人似的，于上午十点钟前起床，在随侍的服侍下用了早餐。用过了早餐，溥仪一反常态慢步走向他那无公可办的办公楼——“同德楼”。

同德楼位于伪宫“勤民楼”东侧院外。这是一座由日本人设计、监工建造的黄琉璃瓦顶的二层宫殿，其建筑风格可谓不中不日、不土不洋，按照我国传统的建筑艺术风格，以黄为尊。黄色象征着帝王的至高无尚，但同德殿的黄色的瓦脊和滴水处却是日本式的，其整个建筑的外观也没有中国古典皇宫建筑的传统风格，实际上是一座规模不小的钢筋水泥结构的二层楼房，其突出的特点是宫殿的瓦当和滴水处都有“一心一德”的字样。那是溥仪在1938年为讨好其日本主子特意命令烧制的。

溥仪皇帝来到同德殿的觐见室，在那刻有兰花御纹章的宝座上坐下。望着那空荡荡的房间，阴森森，满壁生寒，溥仪本来瘦弱的身子缩在御座上显得更为瘦小了。

“报告，吉冈安直求见。”

近侍一声长长的、尖尖的呼喊，不仅打破了同德殿的寂静，也使溥仪激凌地打了个冷战。溥仪睁开了本来已闭上的眼睛，但这次溥仪没有像往常那样从御座上站起，而仅仅是在御座上直了直腰身，有气无力地望了望御座前的吉冈安直。

“皇帝陛下，日本皇军的英勇的大大的，皇军的武士道的大大的，日本皇军的男子汉的大大的，他们不仅打败了美英盟军，而且、而且也打败了俄国人……”

“俄国人。”溥仪情不自禁地重复了一句。

“俄国人”这个字眼可是以前吉冈安直的军情评议或日本军事汇报中从来没有过的。难道日本人又和苏联人也交上了火？溥仪的脑海里不禁产生了这样的疑问，但望着御座下站着的令溥仪胆寒，但又如挥之不去、抹之不掉的粘在溥仪身上的橡皮泥的吉冈安直，溥仪也不敢打探虚实，只得口是心非地说：“是的，皇军的大大的，皇军是战无不胜的，天皇陛下万岁，万万岁！”

“皇上，事情的没有了。”吉冈安直的话今天虽然和往常的汇报一样，都是皇军的辉煌胜利，但明显的是语速快了许多，也没有了惯常的“嗯”、“哈”等。这一点，溥仪似乎也感觉到了，从高度近视镜片后瞅了瞅吉冈安直，有气无力地说了声：“下去吧。”

夜晚，寂静而又深沉。东北八月的夜晚虽然给人带来应有的一种凉凉的秋意，但1945年8月8日的晚上，给溥仪带来的却是一种前所未有的郁闷，而这种郁闷又似乎笼罩了整个伪满洲国都“新京”长春城。十一点多钟，虽然有“内廷学生”毓嵣等族侄和近侍的伺候，也有往常那样的满桌满桌的佳肴，溥仪只是草草的、蜻蜓点水式地吃了几口，就回到缉熙楼的“寝宫”躺下了，随即，毓嵣等人散去。

溥仪刚躺下不久，那双长期戴近视镜而凸起的眼球还没有完全闭上，脑海中尚残留着白天会见吉冈安直的情形。突然，“新京”西南上空传来了巨大的轰鸣声，好几架苏军轰炸机呼啸而至，在“新京”城上空如入无人之境地大胆盘旋低回，猛地又调头飞往东北，直朝伪满的皇宫俯冲下去，紧接着传来了震耳欲聋的爆炸声。也许是因为这是苏军的首次轰炸，目标不甚明确，也许是黑夜的掩护影响了苏军技术的发挥，炸弹没有落在伪皇宫。长春城的东北角燃起了熊熊的大火，几乎烧红了半边天。

苏联轰炸机的几枚炸弹的几声爆炸，对于长春市民来说无异于晴天霹雳。尽管早些日子长春市民已在关东军淫威的逼迫下进行过防空演习，但实弹轰炸这还是第一次，所以整个长春市，上至伪满皇帝，下至普普通通的老百姓，都恨不能立刻钻进地缝，毕竟对大多数人来说是无可防空，有的钻进床下，有的钻进桌下，还有的只能把窗户、门关紧一点，借以寻求点心理安慰。当然，溥仪与那些普通老百姓相比是不可同日而语的。他立即翻身而起，也顾不得“皇帝”的尊严，衣带不整地就赶往那同德殿院内的防空洞。这同德殿的防空洞全名为“御用防空避弹室”，在同德殿东南角的一座假山下的九米深的地下，是钢筋水泥结构，其外装三道铁门，内装换气设备，生活设备一应俱全，可容纳数十人。由于避弹室上方有一座假山，即使炸弹直接落在防弹室的正上方，避弹室里面的人也可确保安然无恙。

正当全城上上下下、老老少少、男男女女都在为躲避轰炸而抱头鼠窜时，从二道街通往伪皇宫的路上却有一人在拼命踏着自行车狂奔不止。他就是溥仪最为信赖的近侍——李国雄。

李国雄，北京市人，1912 年生，因生活所迫，李国雄于虚岁十三岁时进入紫禁城，当上了溥仪的童侍。进宫不久，因溥仪被冯玉祥驱逐出宫而随之出宫。由于李国雄忠诚、勇武、机灵，深得溥仪的信赖，一直跟随在溥仪左右。到伪满时期，李国雄不仅继续担当着溥仪近侍的角色，而且兼任宫廷护军的中校队长，随着溥仪对摄影的爱好和对电影的偏爱，李国雄又凭着他的聪明，很快地成为一名摄影的行家里手，兼为溥仪称心如意的摄影师。伪满洲国垮台后，李国雄曾随同溥仪一起逃走，在沈阳机场被苏联红军俘获，解往苏联。1950 年初，他又随同溥仪一起被遣押回国，同在抚顺战犯管理所接受改造，后来获特赦，成为中华人民共和国的一名普通公民，这是后话。

苏联飞机投下的几枚炸弹轰隆炸响的时候，作为溥仪皇帝最为信赖的随侍李国雄，刚刚和毓嶦、毓嵒等人伺候完溥仪的晚餐，从伪皇宫内返回其二道街的官邸，洗完脚后正欲上床熄灯就寝，突然而来的爆炸声使他打了个寒噤，但他头脑还算清醒，不禁高叫一声：“糟糕！大事不好！”李国雄随即翻身下床，连军装也顾不上穿，随手拿了件便装随意穿上，迅即以百米冲刺的速度向外冲去，直奔车库。事该凑巧，越忙越生乱，李国雄的那辆“卡德那”牌轿车似乎此时专门要和他捣乱，怎么也打不着火，李国雄急得满头大汗，眼中冒火。他那颗七上八下的心此时好似要吊到嗓子眼上，他干脆抓过一辆自行车，飞一样地冲出了门，直奔伪皇宫方向疾驰而去。李国雄此时可谓脚、手、脑并用，一边用力猛蹬自行车，一边焦灼万分地朝起火的方向眺望，一边在心中祈祷："佛祖保佑，保佑我皇万事大吉，龙体无恙！阿弥陀佛。"急驰一段路后，李国雄凭着多年来他对长春市各地理方位的了如指掌，他判断起火的地点大约在监狱或者是东天街、洮源路一带，而不是"皇宫"。"但愿佛祖保佑，阿弥陀佛……阿弥陀佛……"长期生活在溥仪身边深受影响的李国雄不禁又诵起了佛号。

不大功夫，李国雄气喘吁吁、汗流浃背地赶到伪皇宫，直奔溥仪的"寝宫""缉熙楼"。李国雄三步并作两步来到二楼西侧，见溥仪"寝宫"的门紧锁着。李国雄的心不禁又骤然紧了一下，但他仍然不敢高声呼喊，轻声细语地唤道："赵连升、赵连升。"

赵连升是伪满皇宫中仅存的几名太监之一，专门负责伺候"皇后"婉容的生活起居。

李国雄见仍然没有人回答，他不得不又心情急切地返回一楼，寻找近侍处长毓崇，仍然是人影不见，直到这时他才发现楼内已是荡然一空。李国雄立即推断，溥仪和婉容等人应该是躲进了同德殿院内的"御用防空避弹室"里去了。李国雄随即返身退出"缉熙楼"，沿着东墙的角门，经过同德殿，向避弹室飞奔而去。

李国雄很快来到避弹室的长方形大铁门前，仍不见护卫和当班近侍的踪影。这位忠心耿耿的近侍气不打一处来，闷声骂道："你们这些龟孙王八羔子，皇帝老子有难，你们却不知跑到哪儿去了！"

李国雄狠命地一脚踹开室门，顺着台阶进入了"二室"。这是一间方形的临时居室，室壁由钢筋水泥砌成，并且全都挂上了墨绿色的挂毯，尽管也安上壁灯，但此时并没有亮，整个房间显得更为阴森。室西侧陈设着两对西式沙发，地上铺着灰色的地毯，沙发前摆着条型的茶几，茶几上燃着几支蜡烛，似乎由于氧气不足而有气无力地燃着。整个室内显得格外的昏暗，李国雄借着微弱的烛光望去，只见溥仪身着晚礼服，瘦弱的躯体深深地埋在沙发之中，紧闭双眼，口中含混不清地反复地念诵着佛号："阿弥陀佛……阿弥陀佛……"

李国雄忙上前打了个立正，恭恭敬敬地声细若蚊地说道："老爷子，奴才该死，奴才该死，奴才来晚了，御体没受惊吧？奴才万万不该回去，奴才不该回去，老爷子，惩罚奴才吧。"

听了李国雄半晌的絮絮叨叨，溥仪这才慢慢地睁开了双眼，用一种异常恐怖的眼神看了看李国雄，像突然有了主心骨似的，口气也不像是皇帝，说了句："李国雄，你可来了……"

李国雄见“皇上”老爷子没有责怪的意思，忙趋步上前，双手扶起溥仪，轻声说道：“老爷子，没受惊就好。现在空袭警报已经解除了。请老爷子起驾回宫吧！好生好生休息一下。”

溥仪喉管里轻轻地“哼”了一声算是回应，然后吩咐李国雄说：“你去照看一下‘福贵人’她们吧，让二嬷陪她们回去吧。”

溥仪吩咐完毕，扶了扶近视镜，理了理晚礼服，便起身离开了。王连寿扶着“福贵人”李玉琴也跟在溥仪身后向外走去。走到门口，二嬷回身向李国雄使了个眼色，李国雄会意了。

李国雄在二嬷的授意下开始寻找“皇后”婉容。他沿着走廊来到防空避弹室的第三室，刚一推开门，室内那凄惨的景象把那自小生长在宫中不知经过了多少人间未遇惨象的李国雄也惊得目瞪口呆。只见婉容那昔日如同瀑布般的黑发此时被剪得短短的，且凌乱不堪；昔日穿上绫罗绸缎现出美妙曲线的身段，此时却被一袭折皱肮脏的红色睡袍包裹着，形同干尸；昔日如同嫩藕般，能够给人以无限遐想的一双美足，此时却沾满污垢赤裸着，昔日丰满无比，此时瘦骨嶙峋的身躯半躺在室内灰色的地毯上。皇后躺在地上时而翻过身“咯”、“咯”地傻笑，时而左右摆头，时而又用那芦柴棒似的手揉搓着头发，时而又用那瘦弱的手捶打着地板，“呸、呸”地吐着唾味，嘴里还不住地含混不清地念叨着：“今天闹鬼了，今天闹鬼了。那些大坏蛋，那些胆小如鼠的家伙，不就是几声鬼嚎吗？不就是几声公鸡叫吗？就没命地跑，就跟没了魂似的，就吓破了胆，钻那些鼠洞，连老祖宗都不要了，连老祖宗都不顾了……今天闹鬼了……闹鬼了。”

说着说着，她便伸出那芦柴棒似的手，从上向下猛地抓去，每抓一把，口中就念念有词：“抓鬼了！抓鬼了！”

看着眼前如此惨状的婉容，看过宫中多少人间悲剧的李国雄，也不免动了恻隐之心，怜悯之感油然而生。他轻轻地来到婉容身边，压低着声音说：“主子，我是李国雄呀，那几只‘大公鸡’已经被我们赶跑了。主子，起驾回宫吧。时间长了，要着凉的，身体要紧啊！”

婉容听到呼声，猛地抬起头，睁大了那两只呆滞失神的眼睛，直愣愣地盯着李国雄，胳膊肘支在地毯上，身躯在地毯上艰难地移动着，口中还不住地声嘶力竭地喊道：“李国雄，李国雄是什么东西?！出去、出去，你这个鬼！你就是鬼，抓鬼啊！”

她边说边竭尽全力支撑起身子，瑟缩成一团，朝黑暗的角落中躲去，似乎要寻个老鼠洞钻进去。

“主子，你别怕，你别怕，我是李国雄，我是国雄呀！主子，您回宫吧！”李国雄尽可能轻柔地说。

婉容似乎被这轻柔的声音所感动，一双眼睛死死地盯着李国雄，突然爆发出一阵狂笑，然后侧身贴着墙壁，旋风般地跑了出去。

此时天已放亮，李国雄一夜未能合眼，疲惫不堪，但经外面的凉风一吹，睡意全无。望着经过初次空袭的长春城的街道，虽然还没有给人满目疮痍的感觉，但他分明感到苏军正逼近“新京”。想着避弹室中的“皇上”与“皇后”，特别是“皇后”婉容在他脑海中留下的印象，他心中突然涌出了一种不祥的、悲凉的预感：伪满洲国快要完蛋了，日本关东军也快要完蛋了！

8月9日清晨约5时许，按照日本主子的意思，长春的日伪电台正式对外广播了苏军越境的消息，然后又反复广播军乐，那纯粹是为了拿“雄壮的歌声”去刺激那萎靡不振的士气。然而，无论那军乐声是多么的“雄壮”，那些身在“满洲”的日本兵士以及伪满的日伪官员再也提不起精神来了。他们的面容上充满了痛苦的表情，完全没有料到日本武运的末日竟这样快地来到了。尽管伪满的广播里三令五申让人们保持镇静，但长春街上开始出现了三三两两的马车，满载着日本人的行李物品向市外驶去。这自然是为求生而逃难的。

经历首次空袭而折腾半宿的“康德皇帝”此时刚进入梦乡。

但到了上午9时许，缉熙楼上西前间的那台电话骤然间响了起来。按照惯例，这台电话在这个时刻是不会响的，因为按溥仪的作息时间，他这时正在酣睡，谁敢这样不识趣地惊扰“圣体”呢？但这次电话不仅响了，而且长时间地鸣叫，直到把溥仪弄醒。被惊了好梦的溥仪不耐烦地拿起话筒，但电话中传来的消息却让溥仪惺松的睡眼睁大了许多。

“陛下，皇军关东军司令官山田乙三大将此时正在由大连返回新京的飞机上，回来后马上要到皇宫，向皇帝陛下通报重要情况，请陛下作好准备。”原来，这是关东军司令部打来的电话。

“是。马上准备，请到同德殿。”

溥仪选择在同德殿接见，也不知是为了躲避空袭方便，还是为了在这紧急关头，表明其无论何时都要和日本主子“一心一德”的忠心。

溥仪不得不打破作息规律而提前起床。洗漱完毕，在随侍的伺候下开始进餐，尽管此时的早餐和往常一样的精美丰盛，但溥仪仅味同嚼蜡地吃了几口，就传令撤了下去。

饭后溥仪踱步走向同德殿。溥仪无意间抬头向天空望去，整个“新京”城上空晦暗昏黄，不时地有成团的乌云乘风翻滚，有的似凶猛的野兽，互相追逐，互相厮杀；有的似蟒蛇，互相纠缠、拧作一团；有的似乎张开血盆大口，向伪宫方向狂奔而来，要把伪宫一口吞下去。这使得溥仪那颗本来就充满疑惧，笃信神灵的心更加害怕，脚下不由得加快步伐奔向同德殿。顷刻间，雷电交加，大雨滂沱，夹杂着狂风的大雨猛烈地抽打着同德殿的黄色琉璃瓦顶，冲刷着瓦当滴水处“一心一德”的字样，似乎老天爷也要嘲弄这不肖的“天子”，要让那代表着屈辱的“一心一德”变成“离心离德”。整个天地间风声、雨声交织在一起，云气、水气混合着，万事万物都笼罩在灰蒙蒙之中。同德殿也仿佛在暴风雨中震颤、摇弋、晃动着，康德皇帝的宝座也似乎摇摇欲坠。

中午时分，滂沱的大雨仍没有停息的意思，继续不停地下着。那每丝雨都好像鞭子无情地抽打着溥仪的心，那瘦弱的身子缩在御座上显得更为憔悴了。

最末一位关东军司令官山田乙三大将，今日却显得神情格外沮丧。山田乙三等人匆匆走进同德殿大门，来到候见室，未作停留就由一位侍从武官导行，经广间东行，登上三层铺着红色毛毯的大理石台阶，进入了“皇帝”的觐见室。

山田乙三未等落座，便以命令的口吻说道：“皇帝陛下，苏联政府背信弃义片面撕毁条约，大日本皇军不得不与苏联军队开战。苏军凭其高度机械化的大兵团部队，强大的、密集的炮火，强行推进，速度迅猛异常，对皇军大大的不利。目前，皇军如固守北满，将影响到整个东亚圣战的大局，不利日满亲善。为此，从全局考虑，皇军准备放弃新京！”

山田乙三看了看惊愕的溥仪，继续说道：“皇军准备放弃新京，这是从全局考虑的。这是为大东亚圣战取得最后胜利而作的决策。放弃新京，皇军将在通化和奉天一线阻击苏联军队，固守东边道防线，给苏军以毁灭性的打击，根据这一作战方案，满洲帝国政府要员需随军迁都通化。请陛下尽早准备好，务必于今日晚间动身，不得拖延，以免延误战机，不利大东亚圣战全局。”

溥仪这时才猛地从御座上站起身来，瞪大了眼睛，涨红了脸，急切地说：“御前会议的决定朕是赞许的，关东军的决策朕是拥护的，大东亚圣战是要坚决进行到底的，迁都也是一定要迁的，但无论如何今晚是不能动身的。”

“皇帝陛下，请你要明白，迁都是我大日本皇军的既定决策，这是不可更改的，而且，我大日本的天皇陛下不久也将迁来通化，和亲邦一起共同把大东亚圣战进行到底，彻底打败美英盟军及那可恶的苏军。”山田乙三边说边瞪了溥仪一眼。

正如山田乙三所说，迁都通化是日本皇军的既定决策。这个计划早在1945年3月左右，由日本关东军司令官山田乙三和伪满总务厅长官武部六藏主持，有日本关东军的各军司令官和伪满政府中司以上的日伪官员参加，在军人会馆召开秘密会议，经过十余天的密谋，制定了周密的放弃长春、退走通化的垂死挣扎计划。

这个计划的大致内容是：苏日开战以后，日军将放弃东北的大部地区，而把日伪的主要机关迁移到通化，以奉天、吉林、延吉这一线为抵抗线，先将苏军引入东北内地，继而断其后路，再展开游击战，实行焦土政策，无限制地屠杀民众。

对“新京”这个“特别市”更是采取以下措施：破坏“新京”的主要建筑物；从吉林、哈尔滨发射长距离大炮，射击解放新京的苏军；破坏吉林水坝，阻击苏军进攻。

看到溥仪还在犹疑不决，站在山田乙三身后的吉冈安直向前跨了一步，习惯性地挺了挺身子，皮笑肉不笑地说：“陛下如果不走，落到苏军手里，后果是难以设想的!”说罢，吉冈安直狠狠地瞪了瞪溥仪一眼，心怀叵测地奸笑了一声，面部肌肉不住地抽动着，眉毛又向上挑了两挑。

溥仪见吉冈安直的态度如此强硬，心中的恐惧感又增加了几分。他暗自寻思：大势已去，日本人如果恼怒于我的不肯迁都，怀疑我与“亲邦”存在贰心，按日本人的惯常手法，那必欲杀我灭口，那真是“后果难以设想”。何不……何不……以忍为先。于是溥仪扔掉了皇帝的所谓“尊严”，向山田乙三哀求道：“拥护迁都，朕决无二心；支持亲邦进行圣战，与苏军周旋到底，朕责无旁贷；我满洲国人民也必会作出最大的牺牲。只是宫内财产及亲属，既有老，又有少，总该料理料理，仅限半日恐怕过急，忙必出乱，忙必出错，还是请将军再宽限几日为佳!”

溥仪的话音刚落，只见山田乙三沉默了片刻，略为思忖，慢慢地举起了三个指头，用不容置疑的口气说道：“陛下，三天，就三天!”

第三十七章

焚伪宫悲猢狲离散 颁末诏骇貔貅奔突

溥仪身穿伪满洲国上将洋服，带一枚大勋位花劲饰章，腰间没有挎往日参加重要仪式挎的那把天皇“赏赐”的日本军刀。心情不好，再加上灯光的照射，使他的脸色很难看。他用低沉而嘶哑的声调念完了《退位诏书》。

山田乙三等人走后，溥仪从御座上走下来，静静地环顾四周，他的眼光最后集中在那用明黄色丝绸装裱的墙壁中央，那里悬挂着他身穿陆海空大元帅正装的绿色绣像。绣像上配挂着他第三次“登基”时，由日本天皇裕仁赐给的“菊花大绶章”，绣像下面的刀架上还放置着“皇帝”佩带的金柄兰花佩刀……这一切将再也不是溥仪“尊威”的象征，而将成为卖身投靠的历史罪证。溥仪看着想着，一种恐惧感油然而生，不禁喃喃自语：“出宫了，出宫了，又要出宫了……难道……难道我多年来苦心孤诣的追求就要这样完了吗？完了吗？老祖宗，你们能回答我吗？”

溥仪毕竟还算清醒，等情绪稍稍安定了下来，立即吩咐把毓嵣、毓嵒等几个所谓的“内廷学生”找来。毓嵣等人刚跨进觐见室的门，立即跪下，齐声高呼：“恭祝圣上御体安康……”

还未等他们说完，溥仪十分不耐烦地把手一挥：“免礼！平身。”

毓嵣等人还没在他们该站的地方站好，就听溥仪语气急促地说道：“要上通化大栗子沟了，赶快收拾东西！”

一切显得是那样的慌乱，一切又那样的满目狼藉，尽管天已黑下来了，也无法掩饰这一切。

缉熙楼内的溥仪“皇帝”，正仰卧在安乐椅上，微闭着双眼。溥仪自从经历了首次空袭后已经两天未能宽衣就寝了，也完全打破了原来的作息时间。此刻他真想躺在咖啡色的钢丝床上，倚着明黄色的被子，舒展一下疲倦的身躯，松弛一下紧绷着的神经，清理一下以往的世事，为未来设想一下。可是，他无论如何也办不到，连日来所发生的空袭，威逼“迁都”的局面，问题不时地浮现在眼前，搅得他六神无主，烦躁不安。

“国务总理大臣张景惠等人求见。”

近侍的一声呼喊，打断了溥仪的思绪，他睁开了微闭的双眼，口中轻轻地吐出了一个字：“进。”

张景惠等人鱼贯而入，到了“皇帝”躺着的安乐椅面前，未及行礼，只见“皇帝”把手轻轻地挥了一下：“免了，有事就说吧！”

看着眼前的情景，大家你看看我，我看看你，谁也不知道溥仪的葫芦里卖的什么药，最后都把目光自然集中到张景惠身上，以张景惠的伪国务总理大臣的身份，他也应该当仁不让地代表大家说话。

“皇上，臣等近日事务缠身，不及叩问圣体康安，万请我皇治罪。”

“不要太啰嗦了，也不要客套了，有话就说吧！”

溥仪不客气地打断了张景惠的话，这在以前可是从来未有过的。溥仪虽贵为“皇帝”，张景惠是“总理大臣”，二人之间是君臣关系，但张景惠是日本人直接选中取代郑孝胥的，溥仪对张景惠向来是比较客气的。

“是，迁都一事，不知皇上决定了没有?”

“决定了。”溥仪似乎在说一件和自己无关紧要的事情一样，随意地回答了一句。

“臣等冒死进言，国都乃国家千秋基业之所在，国脉之所系，万不可轻言迁都。即使是为打仗，不到万不得已也不可为之。如果真是打仗需要，臣可以摘下相印，愿以一介武夫之身份，效死疆场，报效皇上，宁为玉碎，不为瓦全，决不辜负我皇对臣下的栽培。国家有难，匹夫有责，这不仅是臣子的心愿，也是诸位大人的心愿，请皇上圣裁。”张景惠慷慨陈词。

“是，是我们大家的心愿。”诸位“大臣”齐声附和道。

“诸位大臣忠勇可嘉。朕不胜感激，只是……只是……”溥仪脸上露出无可奈何的神色：“迁都之事，这是日本关东军已经作出的无可更改的决定，是山田大将亲自来告诉我的。我们要先赴大栗子沟，那是日本人已经作好了准备，将来如有可能，天皇还要来和亲邦一起共同把大东亚圣战进行到底。万一到最后不得已的关头，我们再赴日本，我已经答应山田了。请大家回去召开紧急会议，布置防务。”

说完，溥仪不容置疑地摆了摆手。

大家见无可争辩，他们也知道，关东军作出了的决定，溥仪是无法更改的。他们只得灰溜溜地退了出来。

吩咐完毕以后，溥仪又重新躺倒在安乐椅上。此时已是夕阳西下，天近黄昏，一缕缕暗红色的光线斜射在缉熙楼那青灰色的墙壁上，呈现出一种不伦不类的色调，更搅得溥仪烦躁不安，给予他的心理和精神上的刺激更无以覆加，他漫无目的地拧开了收音机，将声音放低到最小的程度。短波电台里传来了来自海外的消息：

“美联社消息：世界人民的反法西斯战争在各个战场上捷报频传，美英盟军和苏联军队在各个不同的方向给予垂死挣扎的日本以极其沉重的打击，特别是英勇无比的美军已在日本本土登陆，美国飞机已可以对日本的各个地方、各种设施实行任意的、无限制的打击。日本关东军在各个战场上节节失利，苏联红军和蒙古骑兵部队，已占领了伪满洲国的广大地区，并向伪满国都‘新京’推进，蒋介石先生领导的国军也开始调动，中共领导的八路军、新四军及地方部队从敌人后方不断地骚扰敌人。”

听到这里，溥仪恼恨地拧上了开关，恨不能一下子把收音机摔个粉碎。什么“大日本皇军不可战胜”，屁话！鬼话！！大日本皇军已经是四面楚歌了啊！穷途末路了！溥仪下意识地抖动着身躯，伸手抓住了放在袋中的手枪。他的情绪更加烦躁，思绪更加紊乱，几天来深深疑虑和困惑的问题又出现在脑际：大日本皇军不可战胜的神话，已被事实打得粉碎；大日本帝国防线固若金汤，也成欺人之谈；曾经不可一世的皇军要人，也流露出异常的恐惧，风光不再。跟随日本人迁都通化，我及皇族的命运将会如何？若是迁都不成，落入苏联军队手中，我的性命和下场又将如何？会不会像吉冈安直所说的那样“后果难以设想”？难道我多年来苦苦追求的恢复祖业就这样完结了吗？我今后将怎样面对列祖列宗呢？难道我这大清帝国的末代皇帝就当定了吗？

这一系列的问题困扰着他，使他疑虑重重，百思不得其解。忽然，他有一种茅塞顿开、豁然开朗的感觉。我为何不求助于神灵呢？我每一次逢凶化吉、有惊无险不都是神灵的启迪吗？我每一次的柳暗花明，不都是佛祖的保佑吗？他浑身似乎突然间增添了无穷的力量，站起身来走出“寝宫”，推开了佛堂的房门。

这是一间约有二十多平方米的房间，天棚上悬挂着罩有乳白色玻璃的圆型大吊灯，地上铺着浅绿色的纯羊毛地毯，房间的正面空荡荡的，房间的西北角放置着一架黑色烤漆屏风。屏风后的供桌上，放着佛龛，供着几尊用明黄色丝绸遮盖着的金佛像（当然，这里供奉的佛像，不经溥仪特许，任何人不准随意揭开）。整个佛堂在暗淡的灯光下，给人一种阴森和神秘之感，甚至是一种恐惧感。然而，这里却是溥仪的希望之所在，给他带来的是一种安慰。溥仪进入佛堂，来到供桌前，整了整衣服，用那苍白的手理了理头发，虔诚地双膝跪在黄色的铺垫上，合掌入静，口中不停地念诵着佛号，乞求神灵保佑。

“大慈大悲的佛祖啊，法力无边的佛祖啊，赐朕以吉祥，赐朕以力量，保佑朕平安迁都，朕将使面前香火旺盛。佛祖啊，朕一生多灾多难，多亏佛祖保佑，每次总能逢凶化吉，遇坎成坦，但愿朕的这次迁都也能一帆风顺，免遭磨难……佛祖啊……阿弥陀佛……”

李国雄在中和门左边的侍房里，听到溥仪的传呼的电铃声，便三步并作两步来到溥仪的“寝宫”。

“老爷子，您有何事吩咐奴才？”

“李国雄，传膳。”

“传膳？”

“怎么？迁都就不吃饭了吗？我已整整一天没吃饭了！”

“不，不。”

“那怎么了？”

“是，是这样的，老爷子，宫廷中的杂役和勤务班的人，该走的走了，该跑的跑了，该遣的遣了，中、西膳房的厨子们都溜光了。”

“什么？都溜光了？”溥仪不禁惊愕，心中不由得又是一阵难以名状的痛楚，他不由自主地唠叨：“败象，败象啊！去为朕随便弄点吃的吧。”

李国雄在同德殿的点心库中翻腾半天，终于找到了仅剩下的几盒饼干，双手捧着送到了溥仪的面前。

“老爷子，将就垫垫饥，如若不中，奴才再另想办法。”

这个时候，还有什么“中不中”的，溥仪接过饼干，狼吞虎咽地嚼了起来，真比当年老佛爷西逃途中吃的那豆面窝窝头还要香上十倍啊！

真乃是人到矮檐下，不得不低头啊！想当初，这位堂堂的“康德皇帝”最讲究进膳的排场，用的是绘着龙纹的外涂明黄色的瓷银器，吃的是山珍海味，喝的是玉液琼浆，其排场比起昔日的老佛爷慈禧太后丝毫也不逊色，而在今天这种境况下，他也顾不得那么多了，但他嘴里嚼着又干又涩的饼干，心里也特别不是滋味。他胡乱地吃了一气，勉强填饱了肚子，便将剩下的半封饼干扔给了李国雄，便习惯性地将手伸向面前的长条茶几上，但却摸了个空。

就在这时，眼明手快的李国雄变魔术般地从口袋里掏出一盒精制“555”牌香烟，恭恭敬敬地双手递给溥仪，并帮助溥仪点燃了一支。

溥仪望了望李国雄，脸上露出了让人难以觉察的一点笑意，但随即转了过去，踱步走向穿衣镜。穿衣镜中映出了他那清瘦憔悴的面颊。他深深地吸了一口烟，向镜子中的自己吐去，随之长叹了一声：“嗨！古人云：三十而立，四十而不惑，五十而知天命，我如今已三十有九，而立之年已过，不惑之年将临。而如今又要颠沛流离，辗转他乡，不知日后将归巢何处，此乃终生之大不幸矣！”

溥仪在寝宫中焦躁地来回踱着，不知不觉地来到书房——无逸斋，推开房门一看，斋中一片黑暗，再也看不到往日的窗明几净，一尘不染，满斋的翰墨气息，眼睛逐渐适应以后，他借着寝宫投来的一缕微弱灯光，只见屋内地板上放置着好几个已经捆好的书籍，箱旁扔着一本线装的黄皮书。他走进书房，伸手打开了那精制的双泡落地灯，拾起书来，一行醒目的大字映入眼帘：《大清宣宗成皇帝实录》。顿时，他拿书的手像触了电一般，开始颤抖了，他那颗心像针扎一般，隐痛又一次萌发出来。“难道……难道……”他强抑着溢满眼眶的泪水，而这流进心底的泪水又在激荡着，强烈地冲击着他那颗被“忏悔”所撕裂的心。他突然双膝跪在地上，将书高高地举过头顶，“忏悔”的泪水终于从他那清瘦的面颊上滚了下来。

夜愈来愈深，时针渐渐地走向十二点，整个“皇宫”呈现出劫难前的短暂的死一般的寂静。人们都在默默地等候着那最后时刻的到来。天空中也不时地有几堆不厚不薄的云朵在翻滚着，也有几颗耐不住寂寞的星星不时从云层的夹缝中露出脸来，似乎要窥探一下伪满洲国历史的最后一页是如何翻过去的。

“当！当！……”时钟敲了十二下，正在这时，在近侍处担任处长的溥仪的族侄毓崇急匆匆地走进缉熙楼。

“老爷子，该起驾了。”毓崇深知溥仪此时心情的烦躁，稍有不慎，就会引起溥仪的恼怒，不得不小心翼翼地说话。

“准备好了吗？”溥仪慢慢睁开眼问道。

“是的，老爷子，准备好了，汽车已经准备好了，就停在楼门口。”说着，毓崇走向御座，搀扶溥仪。

果然，外面停放着四辆汽车，在第一辆车里已坐着两个人，正襟危坐在前排正中的就是伪祭祀府总裁桥本虎之助，坐在桥本身边的还有一个日本人是宪兵曹长浪花，他显然是负保护之责，自然也坐在第一辆汽车里。站在第一辆汽车旁的则是帝室御用挂——吉冈安直，此人平时片刻不离地跟随溥仪左右，但这次出现在这里，离上次和关东军司令官山田乙三一起通知溥仪迁都，已经两天的时间了，这两天的时间，他是在幕后操纵指挥着溥仪及其家族的大搬家事宜。

一群垂头丧气、无精打采的人群从“皇宫”鱼贯而出，吉冈露出了让人难以觉察的笑意，他又寻找到了凌驾于众人之上的感觉。众人看着站在汽车旁边的吉冈，也都如同老鼠见了猫一般，不由自主地停了下来。吉冈习惯性地以“嗯”字开头，清了清嗓子。

“大家请注意，我现在宣布几条纪律，请大家在途中务必遵守：第一，大家要保持镇定，不得大声喧哗，更不得哭哭啼啼；第二，大家要守秩序，按照规定，该坐哪辆车坐哪辆车；第三，遇事要请示、报告，给批准后方可行动，不得自由散漫；第四，凡遇到广播等播报与天皇有关的事情时，大家应主动跪呼‘万岁’；第五，凡经过天照大神象征的‘神器’面前，大家必须行九十度鞠躬礼，否则以‘大不敬’论处。现在登车!”

众人依序登车完毕，汽车如风驰电掣般地驶离“皇宫”，直驶长春东站。就在汽车开动的一刹那，溥仪又回首向他那居住了十几年的“帝宫”望了最后一眼，他看到的不再是昔日给他带来“荣耀”的豪华帝宫，而是一股冲天而起的火焰。

溥仪等人在长春东站登上了“展望车”。所谓“展望车”，就是溥仪“迎幸”时的专用车辆，其豪华奢侈决不亚于皇宫中办公的地方，集吃、喝、玩、乐于一体。不用说，这次的“展望车”也不太讲究了，车厢的一半地方摆着沙发和办公桌椅，而另一半地方仍然是座位，昔日讲究的榻榻米还有钢琴等物也不见了。溥仪坐在沙发上，而毓嵣和毓嶦等人守护在车厢门口，因此，这节车厢一直是秩序井然，其他车厢可就乱了营了，孩子哭，老婆叫，男人骂，士兵吼，一片凄惨的溃逃景象。

跟着溥仪登上这列溃逃专列的，除溥仪的家族人员外，还有很多伪满的头面人物，如参议中的伪参议长臧式毅，伪副议长、也是伪祭祀府的总裁桥本虎之助，伪参议张焕相、井上忠也、高桥康顺等人，伪满大臣中的伪国务总理大臣张景惠，大臣卢元善、阮振铎、于静远以及伪满兴安局总裁巴特玛招布坦等人。当然，溃逃的总指挥吉冈也是必不可少的。

战争的紧张进行，铁路的被破坏，不时还有运送“战略物资”的军用专列的通过，使得“康德皇帝”的溃逃专列，只能走走停停，停停走走，活像蜗牛爬行，速度极慢。

溃逃专列经过二十四小时的行驶，终于在通化车站停了下来。“报告，山田大将求见。”

原来，山田乙三大将在溥仪及其家族人员迁出“新京”长春以后，也迅速地把关东军司令部迁移到了通化，他自己也坐飞机于12日中午在溥仪之前到达了通化。

溥仪的“请”字还未落音，山田大将就带着他的参谋长秦彦三郎、副官松村知胜及其他随行人员迈步进入了溥仪的“展望车”。

“皇帝陛下受惊了，一路辛苦了。”山田微微鞠了个躬说。

“哪里，哪里，大将辛苦了。”溥仪谦卑地回答说。

“皇上一路生活可好，该有诸多不便吧。”

“没关系。为了亲邦的大东亚圣战，将军不辞辛苦，辗转各地，餐风露宿。我皇帝吃点苦算什么，也是应该的。”此时的溥仪仍不忘巴结奉承他的主子。

“多谢陛下对大东亚圣战的鼎力支持，多谢陛下的夸奖。”山田也许以为自己的最末一任关东军司令官兼日本驻伪满洲国特命全权大使的时日不多了，说话的语气出现了前所未有过的谦虚。

“我现在向陛下汇报我各路关东军作战的情况：自从8月8日苏联方面背信弃义对我大日本帝国宣战，我大日本国对军力部署作了调整，于9日决定将十七方面军编入关东军统辖，10日命令关东军对苏联全面作战和保卫朝鲜。我皇军按照命令在各条战线进行了英勇顽强的抵抗，具体如下：满洲东线的苏军，开始全线入侵，主力杀到我第五军正面，苏军装甲兵，突破绥芬河国境，沿着牡丹江大道突进。我皇军各部队据守阵地奋力抵抗。进行了反复的拼死的抵抗，战斗是激烈的。第三军的珲春正面，皇军奋起反击苏军入侵，保住了阵地。在第三军、第五军之间衔接的地区，第一线阵地经过激战虽被突破，但保住了第二线阵地。挡住了苏军的前进。总之，东线的皇军几乎全员做到了与阵地共存亡，真是东部国境的光荣。”

“是，是皇军的光荣，是武士道精神的光荣。”溥仪附和道。

“北面战线，虽然优势的苏军渡过黑龙江向我进攻，但由于挺进队的拼命撕杀，守军的勇敢抵抗，同时还有军部特使的督战，主要阵地仍在我军手中。西北方面，”山田稍微停了停，呷了口茶，“自从9日早晨，苏军突破各个国境监视哨之后，以强大的机械化兵团杀到呼伦贝尔的要地海拉尔，但由于守军守住了永久性堡垒阵地，阻止了敌人的进攻。苏军又向在兴安岭顶峰附近构筑工事的我皇军开火，皇军进行了勇敢的战斗，阻止了敌人，苏军被迫停战。总而言之，”山田又稍停顿了一下，“我关东军的将士们作出了出色的表现。有这样英勇作战的将士们，我大东亚圣战一定能取得最后的胜利！”

当然，明眼之人不难看出，如果日本各路军队真的能获得如此“辉煌”的战果，作为关东军的司令官为何不在前线亲自指挥作战，而要跑到这里向他的傀儡皇帝作一番汇报呢？但溥仪不得不奉承说：“是的，皇军的英勇是大大的，皇军的战果是辉煌的，大东亚圣战一定会取得最后的胜利。”

会见就这样在溥仪的几乎是歇斯底里的奉承声中结束了。

8月13日清晨，列车到达大栗子沟车站。

大栗子沟属临江县，是一座日本人开的煤矿，与朝鲜一江之隔，青山绿水，风景如画。清晨，白雾迷漫着群山，置身其中，有如太虚仙境；太阳升起后，青山翠谷，鸟语花香，阳光明媚，景色极美，但这一切在溥仪的眼里都是灰暗的。

溥仪的“行宫”是一排七八间的日本式平房，房间里有榻榻米，浴盆等设施，但房间与房间之间隔音效果极差，整天闹哄哄的，比起溥仪那些先辈皇帝们极尽奢华的行宫可真是太寒伧了。其他人更惨，只能在那些矿工宿舍将就着。

不过这种“将就”的日子只持续了两天多一点。

8月15日中午12时左右，吉冈未经值日官的导行，直接来到溥仪那简易的“行宫”。不见了往日的趾高气扬，而是垂头丧气；也不见了往日的颐指气使，而是如丧考妣。

“报告皇帝陛下，”吉冈口气十分急促地说，“我代表关东军司令部正式通知陛下。”

看吉冈的神色是那样的严肃，口气是那样的急促，溥仪不由激凌凌打了个冷战，声音颤抖着说：“是，请讲。”

“我圣明的天皇已正式决定终止大东亚圣战，结束同美、苏、英、中等国的战争状态，其《终战诏书》如下。”

说到这里，吉冈顿了顿，抬眼看了看溥仪一下，见溥仪呆若木鸡般地站着动也未动，有违常礼地没有口呼“万岁”，吉冈也顾不得溥仪这样的“失礼”，从口袋里郑重地掏出《终战诏书》，以极其沉重的语气念道：“朕深鉴于世界大势与帝国现状……前者，对美英两国之所以宣战，实出自希求帝国之自存与东亚之安定，至如排斥他国之主权，侵犯其领土，固非朕之本意。然自交战以来，已阅四载，虽陆海将士勇敢善战，正宫有司励精图治……而战局并未好转，……加之，敌方最近使用残酷之炸弹，频杀无辜，惨害之极，实不可料……”

死硬的法西斯分子吉冈，没能完整地读完《终战诏书》，已是声泪俱下，身心交瘁，不由自主地面向东方跪了下来，连续磕了几个响头，默祝天皇陛下平安，然后慢慢站起身来，转身向溥仪说道：“天皇陛下宣布了投降，美国政府已表示对天皇陛下的地位和安全予以保证。”

吉冈说完，溥仪遥向东方跪地磕了几个头，念诵道：“我感谢上天保佑天皇陛下平安！”吉冈也再次跪下，磕了一阵头。

磕完头，吉冈愁眉苦脸地说：“关东军已和东京方面联系，经关东军再三请求、协商，东京方面也已同意，陛下将被送往东京。不过，天皇陛下也不能绝对保证陛下的安全，这一节要听美军的了。”

听到这一回答，溥仪感到死亡似乎向他招手了，他将不再是“困”龙，而将是“死”龙一条。

日本法西斯的无条件投降，表明世界人民的最后一个凶恶的法西斯敌人将寿终正寝，表明中国人民将最后赢得反抗日本帝国主义的民族解放战争的胜利，表明中国人民近百年来第一次取得反对帝国主义侵略的彻底胜利，这也为中国历史的末代皇帝——溥仪的第三次“退位”的丑剧以通化地区的高山峻岭为背景拉开了帷幕。

听到日本帝国主义无条件投降的消息，伪满大臣们内心的恐惧也是不言自明的。他们这时在心中考虑最多的是如何逃避中国人民的惩罚，如何为自己安排出路，当然，为自己安排出路之前，还要为他们的“康德皇帝”先上演一场收场戏。

伪总理张景惠拿着退位诏书草案，直奔皇上的临时御所，伪参议府议长臧式毅和伪宫内府大臣熙洽等紧随其后。这个诏书草案，是根据“周二会议”相对于日本的次官会议的决议，是由著名汉学家、企划所长高仓正用日语匆忙起草而译成汉语的。

“皇上，现在亲邦日本已宣布无条件投降，皇上将作何打算？”

“你以为该怎么办？”溥仪反问道。

“恕臣直言，盛衰荣枯，世之常情。人无常兴，国无永为。俗话说：‘皮之不存，毛将焉附？’况且现在亲邦日本业已宣布无条件投降，我满洲国就失去依靠和存在的必要了。皇上，皇上还是退位吧！”

“退位？”

“是的，自动退位。”

“退位。”溥仪喃喃自语，泪水唰唰地从镜片后顺着那张瘦脸流了下来，痛苦地闭上了双眼，脑海中不禁想起这将是他一生中的第三次退位，如果说前两次退位，他溥仪还是个无知孩童和懵懂少年，那经历并没有在他的心目中留下多么深刻的印象，如今已是壮年的他将如何再一次面临那痛苦的经历。

溥仪身穿伪满洲国上将洋服，带一枚大勋位菊花绶章，腰间没有挎往日参加重要仪式挎的那把天皇“赏赐”的日本军刀。也许是心情不好的缘故，再加上灯光的照射，他的脸色很难看。

溥仪慢慢地打开《退位诏书》。

“奉天承运，……”

溥仪声音哽咽了，脸色红得像猪肝似的。

在低沉而嘶哑的声调中，众人听他念完了《退位诏书》。

皇帝宣读《退位诏书》的时间非常短促，大约只用了两三分钟左右，这时的傅仪与当年已不可同日而语了。

念完了《退位诏书》的溥仪“皇帝”，稍稍稳定了情绪，略略向前弯下了他高高的身体，透过他的高度的近视镜片，巡视一下眼前神色各异的群臣，又补充说：“本人现在退位，希望各位注意自己的身体健康，如有幸长生在世，想必还有能再见的机会吧。”

溥仪从1932年“屈就”伪满洲国执政，1934年，重登九五做了“康德皇帝”，到1945年8月16日深夜在深山老林里的大栗子沟第三次“退位”，他“执政”、“皇帝”一共干了近十四年，这其间并没有一天真正地掌握过实权，无非是日本统治中国东北的傀儡，是当代中国的一个最大的、彻头彻尾的汉奸卖国贼，但日本毕竟当时还需要他，而今天的溥仪就如同一个被扔在深山老林里的无家可归的野狗，他的地位一落千丈，迅速地降到了张景惠、臧式毅等人之下。

溥仪想到最多的就是今后的出路问题，他想了几种方式。

继续跟日本人吗？想来十四年，自己虽贵为“执政”、“皇帝”，但始终也没走出日本设好的牢笼一步，完全成为日本人的玩偶，今后，那日本人还不更把我不当一回事吗！我能有好日子过吗？

如果落入苏联军队手中，现在苏联和日本处于战争状态，我又是日本人的奴才，那说不定真会像吉冈所说的那样“后果难以设想”，不行。

如果落入共产党、八路军之手，听说共产党专门杀富济贫，抗日最积极，最恨汉奸卖国贼。天哪，我溥仪不是中国的头号汉奸，卖国贼吗？我有一百条小命，也要完蛋呀。不行。

如果落入蒋介石手中呢？情况也许会好些，听说蒋介石也和日本人勾结，蒋介石的军队还有那么多“曲线救国”的呢？还是不行，蒋介石可是个翻手为云、覆手为雨的政治流氓，说不定蒋介石会把我送上断头台，以抬高他自己的身价。

思来想去，竟无一条好的去路。比较一下，还是去日本稍微好一点，我毕竟还给日本人效劳那么多年啊，难道日本人能不讲一点情意吗？正在这时，突然一个人走了过来，溥仪像溺水的人看到了一根稻草，来人乃祭祀府的神官中岛信之，手中捧着天照大神象征的三件神器的二件——一面镜子（御灵代）、一块勾玉，只缺少一把小刀即所谓的“神剑”（御汰刀）。

溥仪迅即走向前去，向中岛信之行了九十度的鞠躬礼。

“请问中岛君，总裁哪里去了？”

“我也不知道，自从退位仪式结束，桥本总裁就把三件神器中的神剑留在身边，御镜和宝玉交给我捧持，我再也没有见到桥本总裁，你找他有何贵干？”

“我要找桥本，我要告诉亲邦日本人，天照大神是我溥仪请来的，我不能让天照大神因我而蒙难，我还要亲自把天照大神的三件神器送还日本，亲自送到天皇手中，请你一定转达我的意愿。”

“好，我一定代为转达。”

还未等中岛代为转达，吉冈已经自己找上门来了。

“溥仪，”进得门来，吉冈就直呼其名。

“什么？”刚刚退位了的溥仪，以前听到称呼他的总是“皇帝”或“陛下”，或“老爷子”，还不习惯别人直呼其名，一时没有反应过来。

“溥仪，”吉冈加重了语气，“溥仪，我在招呼你。现在我也是代表日本方面正式通知你，东京方面已正式同意你前往日本居住，暂住地点为日本帝国饭店，请你尽快做准备，我方已准备好了飞机。”

“将军，我可以带一些随行人员吗？”

“可以，但必须尽可能地少，因为飞机比较小。”

“那我们的路线将作何安排？”

“这个，这个吗，我方也已基本作好安排，我们将首先乘飞机至沈阳，然后在沈阳换乘大飞机，直赴日本。”

“谢谢亲邦的周到安排。”

“不必谢，也不必‘亲邦’、‘亲邦’的。”吉冈冷冷转身离去。

这边吉冈刚刚离去，那边溥仪将要乘飞机去日本的消息就在溥仪身边的人中间传开了。没过多大一会儿，溥仪居住的房子里就聚集了一大群人。这个哀，那个乐；这个哭，那个叫；下跪的，磕头的，鞠躬的，作揖的，千姿百态，样样皆有。总之都是为了一个目的，向溥仪表决心，希求和溥仪一起飞赴日本，早日离开这深山老林，也离开生了他们，养了他们，但他们却对其犯下了无尽罪恶的祖国。这些人的哀告，一时搞得溥仪心情烦躁，六神无主，无所适从，也无法确定让谁和他一起飞往日本，气得坐在沙发上直喘粗气，嘴里唠叨道：“败象啊，现眼啊，可羞啊！”

就在这时，溥仪最为喜爱的族侄毓嵣附在溥仪耳边（当然这种举动在溥仪退位以前是不可能有的）如此这般耳语了一番，溥仪有了主意。

最终，溥仪还是带着最贵重的珍宝和溥杰、毓嵣、毓嵒等几个家族人员及李国雄等随侍在马达的“隆、隆”轰鸣声中逃走了，把“皇后”和“贵人”等一批人通通扔在荒郊野外而不管不问了。

第三十八章

伪皇帝翻成真俘虏 旧天子不惯新称呼

溥仪从大家的口中再也听不到“皇上”、“陛下”的称呼，而是“大爷”、“老人家”的乱叫一气，心道这叫什么请安，心中还有我这个“皇帝”吗？也不好把大家拒之于门外，于是冷冷地说了声：“请进吧！”

在吉冈的指挥安排下，溥仪等人于 8 月 17 日从大栗子沟乘火车到达了通化。简单地用了餐，溥仪等人就被送到了飞机场，分别乘上了两架飞机。临上飞机时，吉冈向大家宣布：“我们要先飞到沈阳去，在那里换乘大飞机，转赴日本。”

11 点，溥仪乘坐的那架飞机降落在沈阳机场，溥仪和同机的吉冈、桥本、溥杰等人进了机场休息室，等待另一架飞机。

但是溥仪这次等来的却是苏联的飞机。溥仪从玻璃窗往外看，一队队手持冲锋枪的苏军空降部队从飞机上走下来，迅速解除了机场日本军队的武装。不一会儿，连楼房和走廊口的日本岗哨也都被苏联士兵取代了。溥仪大脑里产生的第一个信号就是：“完了，我们成了苏联的俘虏了！”

“你们现在已经成了我们苏联的俘虏了，请你们自觉听从指挥，遵守纪律，按要求办事，否则我们不客气。”为首的一名有少将军衔的苏联军官说。

苏联军官的这一席话对这一行人来说，大多是“对牛弹琴”，幸亏祭祀府总裁桥本虎之助懂俄语，于是他就临时充当了翻译，把苏联军官的话翻译给此行人的最高指挥官吉冈。吉冈听了大吃一惊，迷惑不解，我们不是和东京方面联系好了吗，怎么刚到沈阳就被俘了呢？莫非其中有……他不敢继续往下想，但此刻是人在矮檐下，不得不低头呀，看能不能尽量和苏联人周旋，争取让苏联人放我们回日本，我也好给东京方面交差啊。

“请你们自动交出随身携带的军用品！”苏联军官命令道。

待桥本翻译完之后，溥仪一行人表现得很积极，主动交出了身上所带的用于防身的手枪、匕首等物品，日本方面几个人表现得稍为迟疑，虽然有点不情愿，但也都纷纷拿出自身携带的武器，交到苏联士兵手中。

“请问你们从哪里来，要到哪里去？谁是负责人？”苏联军官问道。

“报告长官，我是吉冈安直，是此行的负责人。我们从通化来，我们将要到日本去。”吉冈回答道。

“到日本去，哈，哈，你们现在不可能到日本去了，你们将要被送到苏联去。”苏联军官说道。

“长官，我们已经放下武器，和贵国并无敌意，请你们高抬贵手，放我们回日本去。”吉冈央求道。

“回日本，做你们的白日梦去吧。”苏联军官嘲笑道。

“长官，看在我们这些人都是文官的份上，且手无寸铁，并不能对你们构成威胁，你们还是高抬贵手，放我们回日本吧，否则我们无法向东京方面交待。”吉冈低声下气地哀求道，再也没有了昔日作主人的威风了。

就在吉冈苦苦央求到日本去的时候，溥仪多次给苏联军官使脸色，打手势，示意要跟他们到苏联。苏联军官问溥仪：“请问你叫什么名字？”

“我叫爱新觉罗·溥仪。”

“溥仪？”

“是，溥仪，爱新觉罗·溥仪。”

“职业是什么？”

“我曾经是满洲帝国的皇帝，现在已退位。”

“现年多大岁数？”

“现年三十九岁。”

“你们准备到哪里去？”

“日本方面安排我们到东京去。”

“现在还准备到哪里去？”

“愿意听从长官的安排。”

对溥仪的最后一句回答，苏联军官感到很满意，微笑着点了点头，而一旁的吉冈气得狠狠地瞪了溥仪一眼，但有苏联人在面前，吉冈也要不起主子的威风。

苏联军官又走向了会说俄语的桥本面前。

“请问你叫什么名字？”

“回长官，我叫桥本虎之助。”桥本恭敬地回答。

“多大年龄。”

“现年五十二岁。”

“曾担任过什么职务？”

“回长官，敝人曾担任过日本关东军参谋长、日本宪兵司令、陆军部次长，后来担任满洲国祭祀府总裁。”

“祭祀府总裁是干什么的?”

“回长官，祭祀府总裁是专门祭祀天照大神的。”

“请你们稍安勿躁，不得随意走动，一旦准备好，我们马上飞赴苏联。否则，将以违犯纪律论处，后果自负。”苏联军官大声宣布道。

苏联军官宣布完纪律，很快离开了会客室。日本方面的吉冈和桥本还气鼓鼓的，既为他们要求回日本得不到允许而气恼，也为苏联军官侮辱他们的神灵而感到羞耻，他们真恨不能找个地缝钻进去，抑或找个对象出出怨气，也能消消心中的怒火。机会很快来了。

不大一会儿，一名中校军衔的苏联军官和一名士兵一起带着一大包食品来到了会客室，有牛肉罐头、黑面包、火腿和啤酒。如此“精美”的食物，对于那些经历火车、飞机长途跋涉旅行的年轻人来说，馋虫早已被勾出来了，哪能经得住诱惑啊，毓嵒带头高呼一声：“好美啊，我们可以饱餐一顿了。”

毓嵒这边话没说完，那边几个族侄就一拥而上，把苏联军官围住了，你开罐头，他切面包，当然也没有忘记给他们的“皇上”送上一听罐头。“放下吧。”溥仪无精打采地说，几个族侄们也顾不得主子的态度，狼吞虎咽地大吃大嚼起来。

正当他们津津有味地吃着的时候，憋了一肚子火的吉冈开腔了，他虽然在苏联人面前左一个“请求”，右一个“批准”，奴颜卑膝，低声下气，但对于溥仪等人，他并不愿意放下“主人”的架子，特别是看到那几个族侄们并无“为主绝食”的义气，冷笑着说：“苏联的东西就那么好吃吗?”吉冈作出了不屑一顾的姿态。

一句讽刺，无异于给这些沉浸在美味中的族侄们兜头泼了一盆冷水。刹那间，他们一个个怔住了。

毓嵣很快反应了过来，迅即回敬了一句：“我们满洲国的东西都被你们日本人吃完了，我们吃点苏联人给的东西，难道还不允许吗?”

吉冈气得直翻白眼，还是桥本随和点，来了一句转圜，当然也带着讽刺的口吻说道：“中国有句古话叫‘民以食为天’，人怎能不吃呢?何况俗话说：‘人是铁，饭是钢，一顿不吃心发慌。’我们就领受主人的盛情吧!”

有了这位地位极高的桥本的转圜，吉冈也放下了架子，扭扭捏捏地和大伙一起吃喝起来，而且吃的一点也不比溥仪的族侄们少。真正没怎么吃的还是这位皇帝——溥仪，也许他不能接受的是，他怎么就一下子从金銮殿而沦为苏联的阶下囚呢!

一行十三人，除了溥仪外，大多饱餐了一顿。于是在两名苏联军官和几个苏联士兵的押解下，从沈阳登上了苏联的一架大型运输机，飞机很快离开跑道，直冲云霄。那天沈阳地区，天气晴朗，万里无云，飞机飞得也不太高，山川、河流、城市、村庄、牧场、田野尽收眼底。甚至连地里做活的人，都看得清清楚楚，真好似一幅美丽动人的田园山水画，不停地向后一页页地翻过去。

如此美丽动人的田园山水风光，特别是那异域的风光，如果对正常的旅行者来说，那该是多么激动人心，大家怎能不欢呼雀跃、激动不已呢？但是对于这批特殊的“旅行者”来说，他们哪有心思去欣赏如此的美景，他们谁也没有说话，但他们的头脑又都是一刻不停地思考着问题。他们怎能不想呢？眼下最现实的问题是苏联人将要把他们送到什么地方？苏联人将如何对待他们？他们到了苏联，生活能够习惯吗？那些被扔在大栗子沟的人情况将会如何？如果他们有什么不测，那将来我们这些爱新觉罗的后裔将如何去面对列祖列宗？……当然，他们哪个人也都不能解释回答这些问题，但他们哪个人又怎能不想呢？

正当大家苦苦思索之际，飞机进入了一片云区。飞机在濛濛云雾里飞行，唰、唰、唰声不绝，无数的水珠随着飞机的双翼向后抛去，真如无数颗珍珠在飞舞、在跳动。很快飞机穿过了云区，又进入了一片晴空之下，忽然之间，飞机直落千丈，又猛地直冲而飞。这一上一下只不过两三秒时间，可把飞机中的“旅客”惊呆了。正在昏昏欲睡的溥仪，睁开了惺松的睡眼，等他明白过来是怎么回事，他不禁心惊肉跳，双手合十，嘴巴不停地念叨着：“阿弥陀佛……阿弥陀佛……但愿佛祖保佑，但愿佛祖保佑，保佑我平安飞行，但愿我爱新觉罗家族平安，保佑我列祖列宗的陵寝不受侵凌，但愿……”等溥仪睁开眼来，只见对面座位上的祭祀府总裁桥本虎之助正恶狠狠地盯着自己，那眼神仿佛在质问：你不整天宣称“满洲国”和日本同宗同祖同教吗？“满洲国”和大日本精神如生一体吗？原来这都是假的呀，你还信的是你的佛祖呀，混账东西！溥仪看桥本那眼神，头发一阵发麻，但转念一想，他们不和我一样都是苏联的俘虏吗？半斤对八两，谁也比谁强不了多少，鼓起精神，站起身来，对着桥本鞠了鞠躬，一字一句说道：“神体安否？”

一听这话，溥杰、毓嵣等人可乐了，哈、哈、哈地大笑起来，特别是近侍李国雄笑得最响，这笑声不仅打破了机舱的沉寂，那笑声似乎还传达着溥杰等人的心里话：我们的皇帝还满幽默的嘛！这笑声也气恼了日方人员，不仅桥本气得脸色铁青，吉冈也气得那三角眉毛直往上挑，恨不能劈头盖脸给溥仪几个巴掌：神体安否，安个屁，不是故意找我的难堪吗？真是个忘恩负义的东西，如果……如果还是“满洲国”时期，看我不收拾你！

中午，飞机降落到一个机场上，不知是什么地方，四顾茫茫，黄沙满地，飞沙走石，天空一片灰蒙蒙的，天连着地，地连着天，只有一些稀稀疏疏的小草，也多半枯黄。机场不远处，正有一群伪满兴安军部队的蒙古族兵士正在苏军的监视下从事劳作，一个个显得极为疲劳的样子。看到溥仪一行人的到来，他们一个个都露出极为惊异的目光，纷纷停止劳动，把目光投向溥仪等人身上，这可把溥仪的弟弟溥杰及几个族侄吓坏了。但事有凑巧，越怕有事，越是有事，人群中突然传来了一声惊呼："那不是溥仪皇帝吗?"

"走，看看中国的皇帝去!"很快，几名苏联士兵就涌到了溥仪一行人面前。为首的一名军官模样的人，走到溥仪面前，用英语问溥仪道："你是'伪满洲国'的皇帝吗?"

"是。"溥仪老老实实地回答。

"你怎么从我们苏联的飞机里下来了?"苏联军官问道。

"我们成为贵军的俘虏了!"溥仪毫无虚言地回答道。

"你们将要到哪里去?"苏联军官进一步问道。

"这个，这个我们也不知道。"

"长官，让我们和中国的皇帝握握手吧!"正当苏联军官要进一步询问时，几名苏联士兵请求道。

"和中国皇帝握手，新鲜!说不定还能成为重大新闻呢!"

"可不可以?长官，你就批准吧!"几名士兵又请求道。

"可以，让你们成为历史的幸运儿吧。"苏联军官宽容地笑了笑，答应了士兵们的请求。

"乌拉!谢谢!"说罢，几名士兵纷纷伸出手和溥仪握了握。看着他们的士兵的脸上一个个露出满意的笑容，苏联军官高兴地对溥仪说："红军士兵和皇帝握手，这真是一件不平常的事。"

很快，在苏方的安排下，溥仪等人分乘几辆军用吉普车离开了机场。机场外仍然是一片大平原，虽然此时只是八月中旬，但草也开始姑黄了，树叶也开始变黄了，很难见到绿意。这一行人见到最多的是遍地鼠穴，不时有地鼠钻出来，对着快速行驶的一行吉普车也不知道害怕，有的甚至就在汽车不远处打拱而立，一双贼眼直勾勾地盯着汽车。只是司机猛地按响喇叭，它们才迅速掉头钻进地洞里。

汽车不多时驶入了市区的一条街道。他们中的人很快地就辨认出这地方是通化。原来他们仍然在中国境内，但街道上再也不见了迎风飘扬、耀武扬威的日本太阳旗，也看不到充满老朽气息、低人一等的龙旗了。到处悬挂着国民党的青天白日旗，这真给人一种翻天覆地变化的感觉，溥仪等人被安排在曾是中国人开设的医院（现为苏联军官招待所）暂时休息。这时有身挂冲锋枪的苏联士兵寸步不离地在旁监视，即使是上厕所，那士兵也在门外看着。这多少让溥仪等人感到不舒服，甚至是"屈辱"，但他们也不敢提出什么异议。好在这家医院的原院长张励清非常热情，不仅拿出了当时普通老百姓很少能够拿得出的精米白面来款待溥仪等人，而且还高声亮嗓地招呼妻子："夫人，快让人把我们那只鸡捉来杀了。"

"阿弥陀佛，罪过，罪过，不杀生，不吃鸡肉。"溥仪打起了佛号。

溥仪的近侍李国雄很快走到张励清面前，打躬作揖："谢谢主人的盛情，那鸡是不能杀的，我家主子虔诚信佛，如犯了杀戒，佛祖是要惩罚的，谢谢主人的盛情美意了。"

原来，溥仪在伪帝宫时，随着他对佛教信仰的更加虔诚，他就越发不准杀生，甚至连苍蝇、蚊子也不准打死，只准用手"抄"，捉住了然后放出门外放生。他吃饭也就以素食为主，但偶尔也吃肉，但那猪肉、鸡、鱼等必须由工役人员在外面买别人杀好的，是为生不为我杀，从而佛祖也不会怪罪。今天，要当着溥仪的面杀鸡，他怎能允许呢？

在原张励清的医院、现苏联军官招待所略事休息，简单用餐后，溥仪一行人又换乘了一辆苏联大型军用飞机，而吉冈、桥本等人则被安排乘坐另外的飞机，这样，溥仪才在苏联人的帮助下，终于摆脱了日本人，特别是吉冈、桥本的纠缠。这架飞机倒比较讲究一点，不仅座位高大，人可以在座位上坐，还可躺下，机舱的空间也比较大，再也没有先前乘坐的、特别是日本人的飞机给人的一种压抑感。机舱的地面上还铺了一块猩红色的地毯，从质地上看还相当考究。

经历了几个小时的飞行，太阳快要落山时，飞机又降落到另外一个机场上，这里来来往往的飞机很多，这不是通辽机场的满眼凄凉景象，而是一片繁忙，有的飞机上正在往下卸运来的食品、药品，有的飞机正在卸着运来的汽油，还有的飞机正在往下卸武器弹药，有的飞机里走下一群群苏联的士兵。溥仪等人走下飞机，在一名机场值日的苏联军人的引领下，来到机场候机大楼的一间会客室。这间会客室比较讲究，客厅中有一盏大吊灯，四壁都有壁灯，还有一些俄国著名画家的传世名作，地面上铺着花岗石，在灯光的照射下熠熠生辉。溥仪等人刚走进会客厅的门，一位英俊挺拔、高大威武、穿着嵌有很宽的红线裤子的苏联军官迎了上来。用一口流利的英语对溥仪的到来表示欢迎，这也可以发挥溥仪的优势了。

"溥仪先生，我奉上级命令，在此恭候您的光临。"

"谢谢，败国之君，人皆可辱，哪敢承望款待，多谢了。"溥仪谦卑地用英语回答。

"不，你曾经贵为一国之君，我能在此见到您，确实很荣幸。"苏联军官继续说道。

"不，不敢当。"

客气一番之后，苏联军官的话转入正题，"溥仪先生，我们这座城市叫赤塔，是我们苏联西伯利亚地区的一座重镇，地理位置较为重要，山环水绕，风景优美，不仅是一座重要的工业城市，也是一座风景优美的旅游城市。溥仪先生，你们此行的目的地就将是这座城市。你们稍事休息后，我方将安排汽车来接你们。你们请随意用茶，我告辞了。”随即，苏联军官和溥仪握了握手，转身离去。

太阳平西以后，一行汽车逶迤而来，共有十来辆。按照安排，溥仪等人每两人乘坐一辆汽车，一名苏联军官跟着，溥仪招呼溥杰上了同一辆汽车。尽管早先因溥杰在日本的强迫下娶了一名日本女子嵯峨浩子为妻子，溥仪对溥杰有了很深的隔阂，但此时却表露出一种落难兄弟的表情。汽车开进市区时，天已经黑了，什么也看不到。汽车停在一幢楼前面，外面看不到灯光，从大门口往里看，楼里灯火通明，溥仪等人也没有被安排住下去。稍事停留以后，汽车继续前进，但似乎比从机场来时少了几辆，汽车很快驶出市区，行驶在颠簸的土路上，看上去很疲倦的溥仪也无法安睡。

坐在溥仪身边的苏联军官好似突然发现了什么似的，眼睛直直地盯着溥仪的手腕，溥仪透过眼镜片也似乎看到苏联军官的眼中充满了欲望。

“溥仪先生，现在几点了。”苏联军官用日语问道。

“现在是晚上 8 点 23 分。”

“你的表好精致哟。”苏联军官赞叹道。

看来这位苏联军官倒满识货的。溥仪这块表是瑞士产的双日历自动手表，外表是白金的，表带上还镶有一圈钻石，正是溥仪无意中伸出手，那钻石在漆黑的夜晚发出的光引起了苏联军官的注意。

“没什么精致的，只不过一般的手表而已。”溥仪谦虚地说道。

“哪里，哪里，你的谦虚了，我们一般人是不可能带上这种表的。”苏联军官又继续以羡慕的口气赞叹道，并向上捋了捋空空的手腕。

溥仪哪能不理解这位苏联军官的话的意思呢？“长官，如果需要的话。”说着，溥仪动手去解表带。

“不，不，我哪能夺人之爱呢？”苏联军官“谦虚”了。

“没什么，没什么，一点小意思，权当我对长官的一点谢意吧！”说着，溥仪慷慨地把手表递了上去。

“那我就恭敬不如从命了。”苏联军官笑容满面地接过手表，很快地带在了自己的手上。

又走了一段路程，汽车停在一幢三层楼的大门前面，整幢大楼灯火通明，像是早有准备，汽车刚在大门口停下，大楼里的人已经等在大门口，迅即把溥仪等人从汽车接下，并安排在二楼。进入楼来，才知道这幢楼的装饰比较豪华，不仅各个房间里，连走廊里都铺着地毯。室内的家具是一色的红木，光洁锃亮，式样豪华，吊灯、壁灯一应俱全，另外还备有欧式蜡烛台。溥仪他们无意欣赏房间的装饰，他们面临的最直接问题就是饥肠辘辘。他们很快来到了一楼的大厅里，苏方安排他们吃了一顿苏式八宝饭，饭里加了许多葡萄干。

溥仪等人刚用完饭，一位四十多岁，经理模样的人从二楼走了下来。身边还跟着一名翻译。“经理”首先面目和善地对众人说道：“我们这个地方的厨师非常有名，厨艺高超，饭菜的品种多样，有英式、法式、俄式、美式，还有中餐，也不知你们喜欢吃哪种饭菜，我们就先入为主，给你们做了一顿俄式的，你们喜欢不？”

不知是因喜欢，还是为了讨苏联人的欢心，大家齐声说道：“我们喜欢俄式的。”

众人话音刚落，“经理”模样的人神情庄重、口气严肃地说道：“诸位请注意，现在我代表苏联政府郑重宣告：苏联政府命令，从现在起对溥仪等人实行拘留。”

一句话，犹如给大家兜头泼了一盆冷水。原来，这位“经理”并不是经理，而是赤塔地区的卫戍司令，而在战争气氛较浓的赤塔，这位卫戍司令实际上也就是赤塔地区的最高负责人。

宣布完命令后，卫戍司令换了一个面孔，笑容满面地对大家说：“我们现在所在的地方名字叫莫洛科夫卡，是一个享有盛誉的疗养院，这里的矿泉水很著名，人们把它叫做‘那尔赞’，各种微量元素的含量很丰富，特别是铁的含量丰富，对于治疗贫血的效果很显著，喝了可以增加身体健康，但大家初喝起来，可能会不习惯，但喝惯了，大家就会离不开。”

说着，司令打开桌上的小瓶盖，将清水注入一个杯中，并一饮而尽，这又使人感觉到这位司令还满平易近人的呢！

溥仪等人虽然被拘留，但总算安顿下来，有了个暂时的栖身之处，而且住在了无边无际的林海中的疗养院。夜晚松涛阵阵，凉风习习，白天鸟语花香，风光明媚，一日三餐不仅吃得好，而且还有服务员伺候。虽为俘虏，但人身自由没有受多大限制，特别是很少看到荷枪实弹的士兵在身边游动，在一定范围内可以自由走动。到中午，还可以到山坡上晒个懒阳，舒展舒展筋骨，溥仪等人还有点乐不思蜀的味道。

悠闲安适的生活过了没有几天，原伪满大臣张景惠等人先后分两批来到了莫洛科夫卡，打破了疗养院的宁静，给这里增添了些许的热闹。

张景惠、臧式毅等人不是在溥仪退位后就被日本人安排回长春了吗？此刻怎么又到了这里？

情况是这样的，溥仪迁都大栗子沟，日本随即宣布投降，长春陷于一片混乱。也正是乱世出英雄，于是一批人开始乘机而入，原伪满勤劳奉公部大臣于镜涛利用和张景惠的老关系，自己宣布就任长春市长，负责长春地方治安，几乎取代了伪满洲国的职责；曾任伪满驻南京大使的吕荣寰也不愿偃旗息鼓，善罢甘休，于是召集了荣厚、蔡运升及王荆山等人在自己家里开会，吕自任会长，并任命于镜涛为副会长。吕、于二人争权，吕认为长春的维持会算全东北的，凡以前属“伪满洲国”政府管的，全要归进来，统由维持会管；于认为自己是长春市长，“伪满洲国”中央政府已不复存在，因此凡在长春的机构权力，统归长春市管。正当吕、于二人争吵不休的时候，张景惠因在大栗子沟抢得领先回长春的权力，和国务院总务厅长武部六藏一起飞回长春。

张景惠回到长春后，看到大家任市长的任市长，任会长的任会长，眼中根本没有他这个总理，气愤不已，他立即召集了邢七廉、黄富俊、阎独绂、卢元善、谷次亨、于静远、阮振铎、吕荣寰、于镜涛及日本人武部六藏、松本益雄等人在他家里开会。大家还没完全坐好，张景惠双目圆睁，露出了几十年前当绿林好汉的那股凶光，大发雷霆。

“老子才几天不在家，有的人就想造反，也不撒泡尿照照自己，什么德行，就这个长，那个长的，你们能负起这个责吗？不要认为有了二两颜料，就可开染坊呢！你们知道东北将是谁的天下，你们和谁联系上啦！你们可知道，几十年来，在中国、特别是在东北，没有外国人的支持，没有最有力的人支持，能做出什么事来吗？地方治安没法维持，杀人放火，偷抢扒拿，伤风败俗，鸡犬不宁，老百姓也不得安生，你们眼都瞎了吗？我宣布，从前的什么这个会，那个会，都不算，都统统作废！”

在座的人哪个不是官场的老手，哪个不知张景惠和日本人之间盘根错节的关系？今天的会虽然也是个“家庭会议”，但与吕、于的“家庭会议”相比可是不可同日而语啊！他们的会议可是连个日本人的毛也不见啊！今天可是“国务院”最有实权的武部六藏亲自到场啊！会议自然而然地重新选举组织了维持会，张景惠是当然的会长。

以张景惠为首的维持会成立后，立即通过电台发表声明，表示要维持地方治安，欢迎南京“中央”方面前来接收。

南京方面的人没来，苏联的红军先进驻长春。张景惠以长春维持会会长的身份向苏联表示友好。苏联方面没有打草惊蛇，以便把伪满时期的战犯一网打尽。苏军进入长春后，就开始了对战犯的调查摸底和登记，等准备就绪后，苏联方面以苏联驻长春卫戍司令部的名义向张景惠及其以下大臣发出邀请，请他们于 25 日晚 7 时准时到苏联卫戍司令部赴宴。

张景惠接到“请帖”后，狂喜不已，立即赶回家，进得门来，就大声呼喊：“老婆，老婆。”

“什么事？大呼小叫的，也不怕人说老不稳重。”妻子嗔怪道。

“你猜猜。”

“我猜，莫不是南京方面有消息啦！”

“不是。”

“那么是皇上有消息啦。”

“不是！谁还管他，落水的凤凰不如鸡。再猜猜。”

“猜不着。”妻子不愿再费脑筋了。

“告诉你吧，苏联方面邀请我晚上去赴宴，是好事吧！”

“好事，那日本方面这些年对你这样好，你就忘了。”

“头发长，见识短，女人见识，如今日本方面成了战败国，人家想躲还躲不及，你怎么偏哪壶不开提哪壶！苏联是战胜国，如今是除美国以外最强的国，想巴结还来不及，他们主动邀请我们，肯定是认为我们这些人可资利用，一定是和我们共商大计，说不定我们还能官复原职呢！”

官迷心窍的人当然不只张景惠一个，几乎所有接到“请帖”的伪满大臣及一些有影响的人物都准时来到苏联驻长春卫戍司令部赴宴。

没有拘谨，没有寒暄，伪满方面的人个个脸上露出掩饰不住的喜气。很快地酒过三巡，菜过五味，一个个面红耳赤，头重脚轻。宴会的主人，苏联的卫戍司令站起来，口气似乎很随意地问道：“诸位都是‘伪满洲国’时的老臣，为了你们的康德皇帝，肝脑涂地，鞠躬尽瘁。你们大家如今可知道你们的皇帝在哪里？我告诉你们吧，他现在正在我们苏联的一家疗养院，生活得很好。他是非常想念你们的，难道你们就不想见见他吗？”

这一问，可把大家问住了，刚刚洋溢在诸位大臣脸上的喜气一下子被吹到爪哇国去了。他们个个面面相觑，无言以对，好像是热昏的脑袋上突然被浇上一大盆冷水，宴会就此结束。各位大臣纷纷回到家中和妻儿告别，官没捞着，却被关进了充当临时俘虏收容所的三浦公馆，分两批被送往苏联。

苏联虽然从来没有承认过伪满洲国，但也按照惯例给予张景惠以下的人以适当的安排，享受一定的待遇。苏联方面首先给这些伪大臣们召集了一个小型宴会，向他们宣布政策，并问他们有什么要求。这些伪大臣们当场表示，希望苏联当局送他们回去，从此解甲归田，不问政事。苏联方面并没有给予明确的回答，他们就把希望寄托到了溥仪身上。

这天清晨，溥仪刚吃过饭，正欲出门，张景惠等人就堵在了“皇上”的门口。

“溥大爷好，我们给你请安来了。”

“溥爷吉祥，我们好想你啊！

“老人家，你不能不管我们哪！”

你一言，他一语地说起来，溥仪再也无法出得门去，特别是从大家的口中再也听不到“皇上”、“陛下”的称呼，而是“大爷”、“老人家”的乱叫一气，这叫什么请安，心中还有我这个“皇帝”吗？他也不好把大家拒之于门外，于是冷冷地说了声："请进吧！"

门口还是请安，进得门来就成了请愿，张景惠首先开了口："听说您愿意留在苏联，可是我们这些人家口在东北，都得自己照料，再说还有些公事没办完。请你跟苏联人说一说，让我们早些回东北，你瞧行不行？"

"就是嘛！"张景惠刚说完，另一个人又开了口："我们都是上有老，下有小的，祖祖辈辈世居东北，老百姓可是安土重迁，热土难离，求您了，溥大爷，您就给苏联人说说，让我们回去与家人团聚。"

"溥爷，就劳驾您老人家了。如若能回到东北，逢年过节的，我们也好给列祖列宗的陵寝添把香火啊，免得他们凄凉。"

这话正说到溥仪的心窝里，他这几十年的奋斗，何尝不是要恢复列祖列宗的"祖业"，以免愧对列祖列宗。可我何日能回去，谁又能说得清呢！于是溥仪冷冷地说："我怎么办得到呢？连我是留是去，还要看人家苏联的决定。"

这些家伙一听溥仪不愿意管他们的事，就苦苦地哀求起来："您说说吧，您一定做得到，这是大伙的意思，大伙推我们做代表来求溥大爷的。"

"大伙的事，不求您老人家，还能求谁呢！"

"念我们平时对您老忠心耿耿的份上，您也不该撇下我们不管啊！"

溥仪被缠得没办法，只好去找这所疗养院的负责人。现在负主要职责的就是负责管理这些俘虏的苏联中校沃罗阔夫，溥仪向沃罗阔夫转达了大家的请求，同时恭敬地递交了自己的请求留居苏联的信。沃罗阔夫不冷不热地说："好吧，我代为转达。"

溥仪留居苏联国的请求虽未获得明确的答复，但溥仪信中提出的由通化大栗子沟再叫几名"内廷学生"和随侍来的要求，却受到了重视，苏联派了一名苏联军官和几名士兵乘坐直升飞机到了大栗子沟，引起了大栗子沟人的一片狂喜，溥俭等随苏联军官到了沈阳，但最后因种种原因未能到达苏联。

10 月中旬的一天，疗养院的负责人沃罗阔夫中校把溥仪等人集中在一楼大厅里，郑重地从口袋里掏出一纸文件，以非常严肃的口气宣布道："我代表苏联政府正式通知你们，从明天起，你们将被转移到哈巴罗夫斯克，请你们收拾好行李，准备出发。"

"哈巴罗夫斯克，那不离中国就不远了吗？莫非……"这一通知，又在溥仪及其以下的人中引起极度恐慌，但他们也无法违抗苏联的命令，一个个带着忐忑不安的心情去收拾那极其简单的行装。

经过将近四天四夜艰苦难熬的征途，火车即将抵达目的地。火车上突然传来了一名女播音员用中文的播报："大家好，旅途辛苦了，我们即将到达目的地，我们马上就要通过中国的黑龙江大铁桥。"

不知是有意还是无意，播音员播报"中国"二字时特别加重了语气，这下子溥仪的疑心病又犯了，难道我们这不是去哈巴罗夫斯克？难道苏联要把我们交给中国方面处决我们？阿弥陀佛……阿弥陀佛……佛祖您多次保佑我渡过了劫难，难道这一次我就在劫难逃了吗？

就在溥仪惊恐不已的时候，火车迅速地通过了黑龙江大桥，片刻未作停留，直奔哈巴罗夫斯克而去，溥仪等人的一颗心总算落了地。溥仪等人在火车站等了好长时间才被允许下去，随即乘汽车穿过市区，直奔郊外，车开进一所小院子，院角有木桩架起的角楼，里面站着持枪的岗哨，院子周围都架设有铁丝网，网上悬有俄文写的“禁止越过，违者射杀勿论”的方木牌。院内是一幢二层小木楼，据说这幢楼原是某局长的别墅。楼上有一大间、两小间，溥仪带的一行人被安排在楼上，楼下一大间，带四个小间，伪满大臣们被安排在楼下。经打听，溥仪知道这个地方的地名叫红河子，红河子濒临乌苏里江，站在小楼上，北面正好对着乌苏里江，天气晴朗时，极目西望，还可以看到中国境内的群山。

第三十九章
审战犯人民申正义 当证人溥仪叙实情

从1946年8月16日起，溥仪连续出庭八天，创下了远东国际军事法庭单人作证时间最长的纪录。8月27日，在最后一次作证结束后，法官们让溥仪暂时留在东京听候通知。溥仪在苏联和美国宪兵保护下退庭。

溥仪在红河子是怎样渡过他那俘虏生活的呢？他拜佛念经更加虔诚了，每天跪在床上"修行功课"，而他的几个族侄这时自然要退避出去，并给他放小哨。溥仪则每次必然拿出那本出逃时不慎被红药水染红了的诸满神课，摇动八只日本的带孔的硬币。溥仪摇卦非常有耐性，什么时候摇出上签，什么时候才罢休。几个放"小哨"的族侄一见苏联士兵上楼来，就给他发暗号，苏联士兵进屋时，溥仪总是微笑着和他们打个招呼，苏联兵只是来看人数缺不缺便走开了。溥仪每天照例睡得很晚，起床很迟。他不招楼下的那些伪满大臣们来玩。那些伪满大臣们饱食终日，无所事事，则呼卢喝雉，大押其宝，他们无钱可赌，就用苏联方面发给的长管纸烟俗称"大白棒"作赌注，有时为了几根烟卷，还闹得面红耳赤，大臣的斯文完全扫地；那些抽大烟的，由于当了俘虏，断了烟源，不用请医生给戒烟，都平安无事地断了瘾。溥仪和这些伪满大臣们不相往来，溥仪的这一行为使得溥杰大惑不解。

一天，溥杰照例给溥仪请了安，溥杰看溥仪的精神满好，心情也比较舒畅，溥杰坐了下来："哥哥，我有个问题，不知该不该说。"

"什么问题？尽管说吧，我们亲兄弟还有什么可分的。"溥仪极为热情地说。

"哥哥，你为什么不和那些大臣们来往呢？"

"我和他们不一样啊！"溥仪叹了口气说。

"有什么不一样的，我们现在都是俘虏，说不定互相之间还要帮衬着点呢！要说从前在满洲国时，有日本人监视，想来往也不能来往，但现在日本人垮台了，应该和他们交往交往。"溥杰劝说道。

"这个，你就不懂了，我和他们就是不一样。我们现在虽然是俘虏，但我曾经是皇帝，他们是大臣，现在日本人虽说垮台了，但我们的事可没有完。他们这些人是什么货色，大多是有奶便是娘的东西，他们都是希望回国的，而我呢！我可是有国难回，有家不能归的人啊！万一我们要是被遣送回家，你想他们还不都把责任往我身上推，落井下石可是他们的拿手好戏！如若再跟他们来往，万一有什么把柄落在他们手上，那不更是罪上加罪吗？"

溥仪和其家族之外的人保持着不相往来的关系，但有一个例外，那就是他的岳父荣源。荣源在伪满时并没有什么官职，日本人看在他和溥仪关系的份上，给他安了一个"满洲"棉花株式会社挂名拿薪不上班的理事。有职无权，构不成战犯资格。苏军去抓伪中央银行总裁荣厚，偏巧抓错了人，荣源的邻居报告说，我们这里有个姓荣的，是溥仪的老丈人。苏军也不清楚他是干什么的，反正姓荣，又与溥仪有点关系，就被俘虏来了。荣源过去也只是在逢年过节时，照例进宫见上一面，而且由于婉容的问题，见面之后也是彼此隔阂，话不投机，很难说上三言两语。现在倒好，荣源每天晚上都来陪溥仪聊一阵子，特别到后来一段时间，溥仪的几个族侄被调到另外的战俘收容所，溥仪生活不能自理，端茶、倒水、洗衣、送饭便被荣源包了下来，荣源成了溥仪生活中须臾不可离的人了。

1945 年的十月节，对于苏维埃社会主义共和国人民来说是一个具有十分重要意义的节日，它既是俄国十月革命胜利 28 周年纪念日，又是苏联人民迎来的卫国战争胜利后的第一个十月革命节。苏联举国上下，载歌载舞，一片欢腾，溥仪所在的伯力市红河子俘虏收容所的苏方人员，也以各种形式庆祝俄国十月革命节，甚至个别的被俘人员也被这种气氛所感染，参加了苏方人员组织的联欢。溥仪这时萌发奇想，居然写了一份申请书，要求留住在苏联，同时还要求三个"内廷学生"各写一份。而毓嵣却拒绝写申请书。

毓嵣本来是溥仪最信赖的侄子。当 1940 年毓嵣和吉林市女中毕业的杨景竹结婚时，溥仪则是爱屋及乌，对于这位洋学生出身的侄媳，不仅破例一次赏了五百元，而且还亲自陪同侄子、侄媳到帝宫的西花园照像。照好后，溥仪还亲自动手洗了几张送给侄儿侄媳，这可是其他族侄望尘莫及的。毓嵣为此对溥仪忠心耿耿，不仅在宫中对溥仪服侍得更周到，从长春迁都到大栗子沟时更是形影不离，从大栗子沟准备逃往日本时，毓嵣抛妻别子。当溥仪在沈阳机场被羁押后，毓嵣仍随侍左右。正是不断的颠沛流离，毓嵣对洋学生出身的娇妻更为思念，一双儿女的可爱的身影不断地萦回在脑海，这种情感哪是从生理到心理都对女人感到厌恶的溥仪所能理解的。还在红河子俘虏收容所时，毓嵣因对性感、多情的女服务员托尼娅多看了几眼，遭到了溥仪的"家法"惩罚，如今又让写申请书留居苏联，说不定从此将要和妻儿远隔天涯，永世难见。妻儿的砝码与一个废帝的砝码权衡起来，这也许正是毓嵣拒绝的原因吧！

1946年8月初的一天，伯力第四十五收容所所长陪伴着一位苏联中校来到溥仪等人的住所，那中校除母语外，精通中日两国语言。他来到溥仪居住的房间，用纯正的中国话向溥仪宣布道："我代表苏联政府郑重通知溥仪先生：溥仪将于8月5日作为证人被送往盟国设在东京的远东国际法庭作证。"

"东京"、"远东国际法庭"？东京，溥仪是熟悉的，他曾经两次访问东京，并且受到"礼遇"，退位后，他想去日本而不得，而这次又来说自己到什么"远东国际法庭"。远东国际法庭是什么？远东国际法庭是第二次世界大战后，经盟国远东委员会授权盟国驻日美军最高统帅麦克阿瑟于1946年1月19日颁布通告，由美、苏、英、中、澳等十一国代表，组成远东国际法庭，在东京审判日本的首要战犯，最后经过两年零十个月的工作，终于在1948年11月12日完成了审判，宣布首要战犯二十五人有罪，其中东条英机、土肥原贤二、广田弘毅、板垣征四郎、松井石根等七人被判处绞刑。

前两次溥仪到东京，那可是少者几十人、多者百余人的前呼后拥、随侍在侧，这次如果就我一个人，万一遇到个什么事情，我找谁去商量？于是溥仪说："我愿意服从苏联政府的安排，但我希望能带一名随从，且我的五妹夫万嘉熙自愿前往，希望贵方批准。"

"不行。"中校断然拒绝。

溥仪将被送往东京国际法庭作证的消息，很快在第四十五收容所传开。这立即在收容所的囚犯中引起极大的恐慌，特别是溥仪的族侄、弟弟、妹夫和近侍李国雄最为担心害怕。皇上到底是去作证人，还是去接受审判，也不知这一去是否还能回来？他们天天缠着所长问个没完，所长虽也曾肯定地告诉过他们，溥仪到日本就是去作证人，二十天之后溥仪就会回到这里，他们还是将信将疑。一星期后，所长拿着收容所里的日本俘虏自办的一张报纸，上面载着一条"特大新闻"：废帝溥仪前往日本作证。溥仪的这些亲信们看后才稍微放下一点心。

溥仪请求带一名随侍，虽然未得到批准，苏联政府为便于溥仪到日本的生活和作证，专门给他配备了一名译员，此人就是前面提到的苏联中校别尔面阔夫。此人曾在我国黑龙江省哈尔滨市生活居住多年，既懂汉语，又精通日文。溥仪还穿上苏联政府为他特制的新装。溥仪穿上了这套得体的黑色西装，又在雪白的衬衫脖领下系上一条黑白相间的格纹领带，左胳膊上还挎着一件灰色的高级呢料大衣，溥仪本身又带着近视镜，给人一种斯文、儒雅的印象。就这样，溥仪在伯力地区内务局的别尔面阔夫中校和另外两名苏联军官的护送下，在伯力机场登上了飞机的舷梯。

一路劳顿，时而乘飞机、时而坐汽车，几天之后，终于又乘坐飞机到达东京机场上空。几架美国军用飞机耀武扬威地迎面飞来，肆无忌惮地左盘右旋，片刻不离地尾随降落；走下舷梯的溥仪又遇到身穿美式制服的警察例行公事的盘问，态度十分生硬；善于捕捉新闻的记者的闪光灯不断闪烁，问话声叽叽喳喳，且尖刻直率。这种境遇，让本来就胆小的溥仪更感忐忑不安，他不敢见人，尤其不敢见中国人。不过，当中国检察官和国际检察局的美国检察官一起，先后两次找溥仪谈话核实情况时，溥仪又显得过分热情，见了他们就主动握手，还一口一个“同志”地叫着。中国检察官鼓励溥仪大胆地、实事求是地出庭作证，溥仪的心这才踏实了许多。

溥仪来到东京所受到的待遇，引起了他无限的伤感，但他曾经拥有过的“皇帝”的身份，却在东京引起了极大的震动，世界各国的报道把 8 月 16 日称为东京审判的“一个划时代的日子”。溥仪出庭的消息事先就传开了，人们争相来看，所以这天的法庭便显得极为拥挤，法庭前专为贵宾保留的座位平常总是稀疏冷落的，今天却早已人满为患，而坐在第一排的几乎是清一色的苏联人，记者席上则早已坐满了各种肤色的手持摄影机和记录簿而急待发回电讯的人；特别是台阶上边的旁听席，简直是拥挤不堪。庭上各国的精英法官，神情一个比一个严肃。

1946 年 8 月 16 日 11 时 25 分，东京法庭审判长卫勃威严而宏亮的声音响了：“传证人到庭。”

法庭执行官维恩米特作前导，两名卫兵护送，一位瘦而高，带近视镜的中年男子步入法庭，缓缓地走向证人台。整个法庭顿时紧张起来，所有的人都屏住呼吸，把目光投向这位证人。只见他身着一套浅蓝色的西装，白衬衫，黑领带，脚上的黑皮鞋擦得锃亮。没有戴帽子，满头厚厚的头发，其中有一绺乌黑乌黑地垂在宽阔的前额上，他就是中国前清的末代皇帝，伪满洲国的“康德皇帝”——爱新觉罗·溥仪。

法庭照例询问了溥仪的年龄、性别、职业，并且按照西方的传统进行了宣誓。然后，溥仪开始回答季楠检察长的询问。

“我 1906 年出生于北京，名叫溥仪，按照习惯在名字之前另加爱新觉罗四字。1909 年登上帝位……”

溥仪正说着，忽听一位美国辩护律师提出异议道：“证人发言的时候为什么总是窥视他带来的黑色笔记本？”

卫勃审判长当即严肃地对溥仪说：“证人，你在看什么？”

溥仪申辩道：“是备忘录。因为很多事情时间比较久远，年月日等记不住，需要看看备忘录才能回答。”

卫勃微笑着说：“我的同事中正好有一位精通中文的法官，他能辨认你到底写的是什么东西。”

溥仪的小本子被拿到审判席上，中国政府派去参加审判的梅汝璈法官仔细看了看，发现上面就是几个数字，如“我生于1906”、“我第一次登基”、“辛亥革命1911”等等。于是卫勃庭长表示法庭不反对。

溥仪接着说：“1911年，国内发生了革命，一个伟大的人物孙中山先生领导国民党，推翻了腐败的清政府，这是一次非常进步的运动。当年12月中华民国成立，与此同时我便退了位……”

当溥仪讲述了他被逐出皇宫、来到天津的经过之后，法庭开始对他如何离开天津进入东北这个关键问题进行讯问。季楠问道：“你是怎样离开天津到东北去的？是胁迫还是自愿？”

溥仪回答这个问题的时候显得异常小心，他既没有用“胁迫”也没有用“自愿”，而是选择了另一个词，“威胁”。他说道：“我是受到了日本人的威胁。当时在天津相继发生了种种奇怪而危险的事情。有一天，有人借中国人的名义，送来一筐水果。打开一看，原来里边装的是炸弹。不久，天津日本驻屯军司令官香椎浩平将军来了，他说在天津住很危险，劝我到旅顺去。实际是强制前往，我不得以才去的。在天津，我和家属住在一起，到旅顺去，同行的人只有郑孝胥父子，家属等直到后来才到达旅顺。”

当溥仪谈到在旅顺与关东军上校参谋坂垣征四郎会面的时候，季楠检察长问道：“坂垣上校对你讲了什么？”

溥仪答道：“大概谈了两个半钟头。他说：‘东三省的张学良旧政权压迫人民推行劣政，所以发生了种种事件，严重影响了日本的既得权益，为了驱逐他们，谋福于民，希望能在满洲成立新的政权。’”

季楠问道：“这是坂垣自己的主张，还是他奉了上司的命令？”

溥仪说：“他是遵照本庄司令官的命令和我说的。”

季楠问：“他说希望你担任什么工作呢？”

溥仪说：“他说因为我是满洲人，请我当新国家的元首。还说日本对东三省没有领土野心，成立的是完全独立的政权。”

季楠问：“你答应了吗？”

溥仪说：“我拒绝了！”

季楠问：“为什么拒绝？”

溥仪说：“坂垣希望新政权要用日本人做官，要求和‘伪满洲国’人享受同等待遇。”

季楠问：“在坂垣请求之前，日本军队做过什么？”

溥仪说：“日军占领了东三省，同时在沈阳由日本人协助组织了地方治安维持会。土肥原便是组织维持会的主要人物。”

季楠用手指了一下被告席，问溥仪：“你所说的那个被告坂垣大佐，就是坐在被告席上的那个坂垣吗？”

溥仪迅速瞥了一眼应声说："就是他。"

被告席上，坂垣征四郎气得脸部抖动不止。

季楠最后问："你有没有治理国家的经验?"

溥仪说："我从小就让出了政权，一点政治经验也没有。"

由于溥仪当面作证，坂垣和土肥原再也无法狡赖。每次受审时，他们都掏出手帕，一次又一次地揩着头上豆大的汗珠……有一篇报道这样描述了被告席上坂垣的形象："在法庭聆听之坂垣，闻提他之名，骤现不安之状，不断以其颤抖之手指，触弄他之耳机下之电线，当溥仪谓他运用威胁时，他之面部因憎惧而变其形象，嘴之两角，向下表示鄙夷之神情，他一度瞥视在场之听众后，立即伪作未见，若无其事然。"

远东国际军事法庭最后根据溥仪的证词确认："伪满洲国的实际支配权，完全是在日本关东军和日本陆军省手里。"

溥仪第一次出庭作证，虽然对日本帝国主义作了一定的揭露，但为了摆脱自己，也回避了一些事实。他没有敢如实地承认他是为了自己当皇帝而到东北来的，日本人正是利用了他的这一点才胁迫他的。

溥仪从法庭回到住处后，思前想后，这次出庭有什么教训呢？他总觉得有些问题还没有说透，憋在自己胸中十几年的怨气还没有完全出来，还应该多说，深说！

1946 年 8 月 19 日，溥仪第二次出庭作证。和上次一样，贵宾席、记者席、旁听席甚至走廊上，整个法庭坐无虚席。但是大家注意到，站在证人席上的溥仪神气活现，回答问题伶牙俐齿，口惹悬河，时而蹙紧眉头，时而微动着他的身体，而且有时声调激动，有时甚至敲打着证人台，这和他第一次出庭作证的表现大相径庭。

溥仪甚至有好几次在大庭广众面前情绪失控。

一次是在法庭上控诉日本人密谋借治病杀害谭玉龄的时候。溥仪和谭玉龄婚后感情不错。但谭玉龄得了重病，治了很久也不见效。在日本医生插手给她治病的第二天，她就死了。溥仪认为她是被日本人毒死的。因为，不久日本人就张罗着要给他找个日本太太。

这是溥仪在法庭上第一次情绪失控。在他说到妻子被日本人毒死的时候，他使劲用手连续拍打证人台，吼叫着。再接下来讲到他前往日本，天皇裕仁送给他天皇神器宝剑和镜子的时候，溥仪再次情绪失控。

他情绪十分激动地说："当我拿着这些东西回家时，家里人都哭了。这是我这一代人的耻辱。"

日本战犯的辩护律师立即指责这是攻击日本天皇的祖宗。溥仪听后大声咆哮道："我并没有强迫他们把我的祖先当他们的祖先!"这句话引起法庭哄堂大笑。

1946 年 8 月 20 日，溥仪第三次出庭作证，在这次作证中，溥仪详细讲述了日本人统治东北十四年中奴役中国人民的情形，重点揭露了日本帝国主义的经济侵略。

针对季楠检察长关于日本在伪满洲国如何压迫和掠夺人民的讯问，溥仪先后谈到了伪满的强制储蓄问题、日本移民问题、劳工问题、居民等级制度问题、伪满经济统制法问题等。

1946 年 8 月 20 日下午开始，由被告律师针对证言对溥仪进行质问。在与辩护律师打交道的随后几天里，溥仪经历了一场严峻的考验。

日本被告律师团的首席叫做鹈泽聪明博士，这位博士身材瘦小，满头白发，总是绕着圈儿提出问题，有意让你摸不着头脑。

“证人在 1909 年继承皇帝之位后，是在北京天坛行过祭天告祖之礼吗?”鹈泽慢条斯理地盘问。

溥仪回答道：“那怎么可能，我当时年仅三岁，祭天告祖之礼是由父亲代劳的。”

鹈泽接着说：“那么，证人在 1934 年在‘满洲’称帝登基，也曾在长春南郊举行了同样的告天之礼吗?”

鹈泽博士没头没脑的讯问马上引起以季楠检察长为首的检察团的抗议，认为这已超出了讯问的范围。但是卫勃庭长却说，既然是针对证人是否是真正的帝王，当然可以问。

鹈泽得到庭长的首肯后，更加来劲了：“证人在辛亥退位后考虑再行实现康熙乾隆二世的王道政治否?”

溥仪机智地回答：“由伟大的人物办卓越的政治，这希望是自然的。如果孔子出世治世，世界自然要好些。”

鹈泽博士一直玩弄圈套，想引诱溥仪说出他早有复辟皇位的念头。但溥仪对此也已心领神会，总是想方设法绕开博士的圈套，用含混其词的回答敷衍搪塞。

卫勃庭长终于忍无可忍地下令不许这样绕来绕去地问答了，他断然说：“离题太远了，对法庭审判毫无价值。”

接着上场质问溥仪的是布莱克尼少校，他是一位美籍军人，这次在东京审判中担任被告梅津美治郎的辩护律师。刚开始，布莱克尼一心想从历史上证明溥仪是自愿登上伪满皇位的，围绕这一点，他和溥仪在你问我答之中捉起了迷藏。

布莱克尼似乎已经看到自己的计谋就要得逞了，谁知溥仪并不上当，对于布莱克尼律师无休止的纠缠，溥仪只用“不记得”三个字，不置可否地对付他，使布莱克尼少校由焦急而激怒，却又毫无办法。报纸纷纷把溥仪“受律师盘诘突失记忆”当作新闻刊登。

1946年8月21日，溥仪第四次出庭作证。这次出庭，溥仪和他的对手展开了一场短兵相接式的恶斗，把前几次已经掀起的轩然大波推向了新高潮。

布莱克尼律师一上来就以连续不断的讯问发起攻击。围绕着溥仪是根据自由意志成为伪满皇帝，还是被强制不得不当伪满皇帝这个问题，法庭展开了论战。

由于布莱克尼反复提出雷同的问题，卫勃庭长非常不满，遂问道：“律师到底是想证明什么呢?”

布莱克尼直言不讳地说道：“本律师就是想让溥仪丧失证人资格。因为在本律师看来，证人事实上已经成为‘伪满洲’君主，只是说这并非出于本心，一切行为都是受到威胁被迫的。如果能够证明溥仪的行为不是被强制的，而是基于他自由意志的选择，就可以推翻溥仪的全部证言，并宣布他一直在说谎，是一个说话根本靠不住的人，从而剥夺他的证人资格。”

这时，季楠检察长发言，郑重提醒律师要注意讯问时采取的方式。他说：“这位证人对于法庭里的讯问没有经验，所以请务必把质问的内容好好整理一番，不要使他陷于答复困难。”

其实，论战一开始，人们就已经明白：在上次出庭中布莱克尼律师所发出的那些诸如张勋复辟、民国背弃、“优待条件”等似乎无关痛痒的讯问，原来都是为今天的短兵相接服务的，都是埋下的伏笔。由此，布莱律师很快便把问题追到溥仪为了当皇帝，曾委派郑孝胥找坂垣交涉的事上。

布莱克尼反复绕着圈子询问溥仪，试图证明溥仪为了当皇帝，曾亲自派郑孝胥和罗振玉找坂垣征四郎协商。但溥仪始终都表现得很镇定，坚持说：“根本没有这回事！连执政都是后来决定的，更谈不上皇帝的问题。”

结果，经过一个上午你来我往的短兵相接，布莱克尼也没有达到他的目的。他很是懊恼。

所以，当天下午一开庭，布莱克尼就向法庭交出了溥仪亲笔写给日本战犯南次郎的黄绢信。他满以为这铁的物证一定会使溥仪无可抵赖而低头认输了。黄绢信很快便通过法庭传到溥仪手中辨认。溥仪慎重研究该文件数分钟之久。此时法庭空气的紧张，达到了极点。

突然，溥仪像弹簧似的从椅子上站起来，一下子把黄绢信扔到地上，面向法官大声嚷道：“各位法官，这信是伪造的！”

布莱克尼律师一听，顿时现出慌乱之状，忙问：“上面的宣统玉玺也是假的吗?”

溥仪斩钉截铁地说：“完全是假的！我一直用小印鉴，而盖在这封信上的是大印鉴。再说，我写信函从未用过黄绢纸！”

局面对溥仪来说，立时从被动转为主动。季楠检察官显然也很兴奋，立即提出：“应把这封信作为集团阴谋的证据，由被告方面负伪造罪责。”卫勃庭长表示可以受理这一要求。

1946 年 8 月 22 日，溥仪第五次出庭作证。布莱克尼律师继续提出质问。不甘心失败的他经过一夜的考虑，感到只有在法庭上揭露溥仪证言的不可靠性，才有希望转败为胜。他决定先从溥仪目前所处的地位和身份入手。

一开始，布莱克尼就讯问溥仪日本投降后由长春、奉天辗转而去伯力的经过。溥仪一一从容作答。

当布莱律师发现溥仪的精神开始有所松懈时，他突然把话锋一转，向溥仪抛出了他的杀手锏。

“1931 年，中国政府把你当作卖国贼通缉，你知道吗？你想过没有，最终你自己也要以战犯身份受到那个国家的审判！”

对溥仪来说，这确实是打中要害、刺疼心窝的问题，是他明明知道而不敢去想的问题。虽说不敢想，可连做梦也梦见！为了逃避那终将到来的审判，他在不久前曾写信给斯大林，要求长期留居苏联。现在，布莱克尼少校竟然在严肃的法庭之上，以愤恨的口气，提出了这个足以使他精神崩溃的问题！

不过，没等溥仪启齿回答，季楠检察长就表示了反对这样提出问题的态度。卫勃审判长也表态说：“这是让证人宣布自己是罪人的问题，是在误导和恐吓证人。请律师撤回！”

布莱克尼似乎已经看出他所提出的问题在溥仪心中造成打击，尽管审判长表示反对，他仍换换口气和角度又提了出来：“证人把一切罪行都推到日本人身上，可是你是和日本通谋的，你知道中国也要审判有通敌、利敌行为的人吗？”

在场的被告日本战犯们，听到律师提出的问题都很开心。东条英机与大岛治二人面含笑容，坂垣征四郎连仁丹胡子都一翘一翘的。

然而，季楠检察长依法再度提出异议。布莱律师对此极其不满地向审判长申辩道：“证人之证言是否可信，这当然是很重要的。所以，打听打听证人现在处于如何地位，以分析其证言是否因受威胁或默许之故而失其真实性，这显然是很必要的嘛！”

卫勃审判长环顾左右，和几位审判员简单磋商几句，梅汝璈和其他法官对律师的这种讯问方式均表示坚决反对。

卫勃便对布莱律师说：“庭上大多数人都反对你这种讯问方式，不过，问一问是否由于威胁或约定才作的证言也好。”

溥仪应声答道：“完全没有受到威胁，我只是说我所知道的呀！”

1946年8月23日，溥仪第六次出庭作证。8月26日，溥仪第七次出庭作证。8月27日，溥仪第八次出庭作证。被告的辩护人几乎都陆续对溥仪进行了激烈的盘问。他们继续使用了拖延战术，他们千方百计试图证明溥仪在说谎，他的证词是虚假的，但是溥仪顶住了辩护律师一轮又一轮的威胁与恐吓，圆满完成了他的作证。

从1946年8月16日起，溥仪连续出庭八天，每天由上午9点到12点，下午1点到4点出庭，创下了远东国际军事法庭单人作证时间最长的纪录。8月27日，在最后一次作证结束后，法官们让溥仪暂时留在东京听候通知。溥仪在苏联和美国宪兵保护下退庭。

之后，溥仪没再出庭，几天之后，他被送回了伯力。

东京之行的二十余天，对于溥仪来说，既有打了胜仗之后的快感，也有经历艰难跋涉后的疲劳。而对于在伯力俘虏收容所的溥仪的家族人员来说，则是焦心等待的日子，他们一个个度日如年。

9月初的一天，溥仪在收容所所长及其他苏方人员的陪同下，回到了他原来所在的俘虏收容所，还是溥仪的贴身近侍李国雄最先发现溥仪的归来："皇上回来了，主子回来了！"

李国雄的这一声惊呼非同小可，立即引起了整个俘虏收容所的沸腾，"皇上回来了，皇上回来了"的喊声传遍了整个俘虏收容所。

溥仪的弟弟、妹夫、侄子们把溥仪团团围住，一个个激动得热泪盈眶，好像是他们的分别有一个世纪似的。溥仪对于又见到他们也感到非常高兴，扶扶这个的胳膊，摸摸那个的脸，拍拍那个的肩膀，表现出十二分慈祥的样子。

看着溥仪和他的家族人员十分亲热的样子，也有个别的伪满大臣们过来凑凑趣，领头的自然是伪国务总理张景惠。

"溥大爷好。"

"好。"溥仪有点不冷不热地回答道。

"溥爷到东京去的时间不短啊！"张景惠又继续说道。

"是不短。"溥仪又是那样不咸不淡地回答着张景惠的问话。

"溥大爷这一走，可把大家都想苦了。"张景惠虽感到溥仪答话的冷淡，但也不好立即打住话，又继续问道。

"有什么好想的，自己的老婆孩子还想不过来呢！"

"这，这……"以大老粗著称的前总理一时被噎得说不出话来。

溥仪在弟弟、妹夫、随侍、族侄们的簇拥下很快地回到了他在收容所二楼的住处。

"皇上，您怎么去了这么许多的天，不是说好去几天就来的吗？"本来十分愿意扈从溥仪去日本的五妹夫万嘉熙首先问起。

“我也没想到要这么些天。我从伯力机场起飞，本来说是直飞海参崴，但由于天气的原因，飞机降落在了离海参崴八十里远的一个机场。然后苏方安排我乘汽车到达海参崴。然而天公不作美，接连几天的时间，海参崴都是雾气濛濛，飞机无法起飞，最终雾过天晴，我才乘飞机到了日本东京，而我到东京总共出庭作证八次，成了整个东京审判中出庭作证时间最长的人，所以才拖了这么长的时间。”

“皇上离开的这些日子可真让我们担惊害怕啊!”李国雄说道。

“你们害怕，我自己也害怕啊，特别是我从伯力机场起飞后不久，听苏联人说到‘哈尔滨’三字，那个胆都要吓破了，真想从飞机上跳下去。幸好的是很快就被告知飞机停在了离海参崴八十里的一个机场，我才稳稳安了心。”

“皇上，您走后，我们这里关于您的消息可多了。”毓嵣赶忙说道。

“都有什么消息?”溥仪问道。

“你看。”毓嵣说着，拿出了几张报纸。

“那是什么报纸?”溥仪问道。

“这是我们这里的日本俘虏自己办的，您看这第一张报纸，是所长捷尼索夫亲自拿给我们的，这上面登载着一条特大新闻，标题为‘满洲皇帝赴日本作证’。我们就是通过这张报纸才知道您真的到了东京。以后我就把这些报纸中凡是有关您的消息都收集了起来。”

“那都还有什么消息?”溥仪问道。

“这张报道的标题是‘满洲皇帝机警妙对，证据变罪证’。这是怎么回事?”毓嵣问道。

“那是梅津美治郎的辩护律师布莱克尼，一心想降低我证言的价值，甚至要取消我证人的资格，企图置我于死地，拿出了两封黄绢信，一口咬死说是我写给日本人的，说是我和日本人勾结的证据。但被我矢口否定，我说那上面盖的是大印鉴，不是我的小印鉴，而且我写信只用普通信纸。因而检察长季楠认定这是日本人集团犯罪的证据，卫勃审判长也同意了这种看法。这种所谓‘证据’就成了‘罪证’。”说完，溥仪不无得意地露出了笑意。

“还有呢。”毓嵣看皇上满高兴，又继续说道。

“还有，那你念我听听。”溥仪说道。

“这语言不太雅，不太好念。”毓嵣显得有点难为情。

“没关系，这都是我们自家人，你大胆地念吧。”溥仪格外宽容地开恩道。

毓嵣念了起来：“满洲皇帝忘恩负义，辱骂日本天皇祖宗。”

“骂，骂轻了。”溥仪愤愤地说，“你们说说看，我强迫他们日本人把我们的祖先当成他们的祖先了吗？他们硬是把那一块破玉、一面玻璃镜子和一把刀那三件破玩艺儿，在我们北京的琉璃厂、垃圾堆里到处都能捡到的东西，非要我们当作祖先供奉，我能不恨吗？我能不骂吗？如果他们真有个什么个祖宗，要让我碰到了，我还想杀了他呢！”

“好，好，皇上骂得好！”众人齐声喝采。

溥仪的一番慷慨陈词，把在东京没有出尽的恶气又出了一点，但他的脑海中不时还要回想的是布莱克尼的声音：“最终你也要以战犯身份受到审判！”所以此刻溥仪思考最多的问题，还是如何解脱自己，使自己逃避审判，他唯一的途径还是求助于苏联人。

机会又一次来临了。

溥仪回来后没几天，州内务局长道尔吉赫在捷尼索夫所长的陪同下来收容所视察，道尔吉赫局长专门来到了溥仪的住处。

“溥仪先生，你好。”道尔吉赫局长首先伸出了热情的大手。

“你好，你好，欢迎光临，有失远迎，不成敬意。”溥仪很客气地回应着。

“溥仪先生太客气了，我们应该对你表示敬意。”

“哪里，哪里，局长先生过奖了。我感到很遗憾的是，没能完全完成贵方政府的指示。按照贵方的要求，我应该在法庭上揭露日本的天皇制度，但由于那些律师们提问过紧，追问太多，所以只能在其后召开的记者招待会上对日本的天皇制度进行了一定的揭露。”

“就这样也很好，你在记者招待会上的发言，表明了你是坚决反对罪恶的法西斯制度的，表明了苏联人民是爱好和平、热爱民主的，你是起了很大作用的。”道尔吉赫局长夸奖道。

“局长先生过奖了，我……我上次……”溥仪欲言又止，此时的溥仪听到道尔吉赫局长的夸奖，似乎看到了留居苏联的希望，于是想乘机再次提出要求，但又不敢贸然提出。

“局长先生，我上次通过您交给贵方政府的信件，现在有回音了吗？”溥仪鼓足勇气提出了自己的要求。

“噢，你上次所交的信件，我很快就转交给了我方的有关方面。但遗憾的是，到目前为止，我没有得到回音。但溥仪先生，请你不要灰心，耐心等待，这也是影响很大的事，须慎重研究。如果一旦有了回音，我将马上通知你。在这里我也对你的慷慨解囊，支持我们伟大祖国的社会主义建设表示诚挚的谢意。”道尔吉赫回答了溥仪的问题。

溥仪听了道尔吉赫局长的回答，当然感到很失望，但也不能表现出不满，只得强作笑颜说：“不用谢，那样就太客气了，能够资助贵国人民伟大的社会主义建设，能够为贵国人民恢复家园作一点微薄的贡献，这也是我对贵国人民的一点敬意。”

“你太客气了，如果一旦有了回音，我一定及时通知你。”道尔吉赫局长承诺道，其实他自己对于究竟何时能得到回音，也没有一点底细。

“谢谢你了，谢谢你了。如有需要我的地方，一定不必客气。”溥仪又进一步地表示了诚意。

第四十章

对故国难煞废皇帝 庆重生好做新公民

溥仪在各种各样的设想中度过了惊恐的一夜，但无论何种设想总免不了一死，要死也要死出个样子来。他最终下定决心，临死前一定要高喊一声“太祖太宗皇帝万岁”，也不枉为爱新觉罗的子孙……

俘虏收容所里的生活依旧是空虚无聊的，如何打发时间是他们颇费脑筋的，饱食终日的伪满大臣、将官们起先是掷骰子、押宝，以苏联人发给的烟卷作赌注。但经历了几次为了几根烟卷而争得面红耳赤的事，他们就开始迷上了打麻将，俘虏收容所里当然没有现成的麻将。这一下子那些舞枪弄棒的将官们可就发挥了他们的长处，于是他们找来苏联人为让他们劳动锻炼而准备的锯、斧头等物，然后从劈柴堆里找出质量较好的桦木，精雕细刻，总共刻了十几副，用苏联人发给的羊毡作台布，在上面打起来。从走廊这边到走廊的那边，一列都是牌桌，噼哩叭啦之声不断。一会儿是吃，一会儿又是碰，再不就是“自摸、和了”的声音接二连三。如果外边来的人经过这里，还真的会以为这里是一个麻将俱乐部呢！对于俘虏们的这些行为，只要他们没有越轨行动，只是作为消遣的行为，苏联方面表现得挺开通，不但默许而且还给与种种方便。有的苏联士兵甚至还给这些俘虏们站“小哨”，只要上面不来人，他们这些俘虏们就可以尽情地玩；一旦上面来了人，他们就给这些俘虏们发暗号，他们立即收摊，马上装模作样地等候着上面来人的检查。

溥仪平生是最恨赌钱的，而且还要自我保持着“皇帝”的架子，当然是不会同那些伪满大臣、将官们同流合污的。而随同溥仪而来的几名“心腹羽翼”，在这种环境的熏陶下，也逐渐分成了两派，一派是他的三个侄子——毓嵣、毓嵣、毓喦和另一个贴身随侍李国雄；另一派是溥杰、万嘉熙、润麒和西医黄子正。毓嵣这一派关起屋门，把过去伪满宫内府的生活继续延长到苏联的伯力市俘虏收容所，每天过着别有天地的生活，不打苍蝇，不杀臭虫，每天念佛，随时摇金钱卦，溥仪有时还对这几个基本群众发发脾气，甚至“扑作教刑”，重温一下做皇帝的威风；溥杰等人另一派则是“脚踏两只船”——既保持着和溥仪的关系，又和这帮伪满大臣厮混在一起，形成了蝙蝠派。

这一天的麻将照例又打得热火朝天，牌场中的人如痴如醉，场外的不少人也看得分外起劲，但也有个别的人对此无甚兴趣，但又无其他事可做，闲极无聊，坐在牌场旁边发呆。一个叫邢士廉的伪满大臣，此人是伪满时期的外交部长，自认为留过几天学，喝过几瓶洋墨水，从内心里不能认同这帮伪满大臣们打麻将这种带中国特色的娱乐活动，但又不愿孤立于这帮伪满大臣之外，他虽然从不参加打牌，但每当别人支起牌桌后，他总坐在牌桌外帮个人场。他看了两场，显得实在无聊，就对着溥仪的门发呆，他看着看着，好似突然发现了什么秘密似的，但又怎么也解不开这个“谜”，他抓了抓身旁也是个看牌的，颇为神秘地说：“你看！”

“什么？”

“你仔细看看。”

那人看了又看，怎么也看不清，只见皇帝房间的那扇门一会儿开开，露出一只手，随即缩回去，一会儿又开开，露出一只手，随即又缩了回去。这位大臣又招了身边的一位大臣，接着一个又一个大臣被招了过来。不大一会儿，牌局停了下来，整个走廊呈现着死一般的寂静，大家都在全神贯注地盯着皇帝门前的这一反来复去的动作。

“你们猜猜看，皇帝房里的那门一开一关，手一伸一缩是干什么的？”最先发现这一动作的邢士廉问道。

没有人回答，整个牌场鸦雀无声。

“谁说得上来我请客，正宗的俄式大菜。”邢士廉允诺道。

“真的？假的？说话可要算数！”突然一个人沙哑着嗓子问道。众人回头一看，此人原来是伪满劳动部（又称勤劳奉公部）大臣于镜涛，满脸络腮胡子，颧骨突出，铜铃般的大眼时时露出瘆人的凶光，身穿黑布中式长衫，身材魁梧高大，如果不知此人身份，肯定会给人留下一个黑道老大的形象。此人不仅长相凶恶，而且语言也比较粗鲁，平时许多大臣是不和他打交道的，也难得和他说上一句话，他此时的插话引起了众人的诧异。

“真的，当然是真的，君子一言，驷马难追。”邢士廉保证道。

“有谁愿意作证吗？”于镜涛还是不相信，扫视了众人一眼问道。

“我来作证。”臧式毅站出来说道。

“好，臧老爷子，凭你的威望，我信你。”于镜涛伸出了大手握了握臧式毅的手。

“要是平时在皇上面前表忠心，大家恐怕一个比一个来得厉害，竟然连皇上的这一习惯都不了解，真他妈的太可怜了。”于镜涛的嘴角露出讥笑，“你们都该知道皇帝吃斋念佛吧？”

“那谁能不知道！”众人有点不屑地回答道。

“知道就好。”于镜涛说，“皇帝吃斋念佛可不比一般人，他是铁杆的信佛，佛有五戒：杀、盗、淫、妄、酒。杀为首戒，皇上是力戒杀生的，甚至是苍蝇、蚊子也不准伤害，屋里有苍蝇、蚊子，不能打死，怕犯了杀戒，就让他屋里的人用手抄，抄住了就放到门外去，而皇上平时是不大开那屋里的门的，开门是为了给苍蝇、蚊子放生，放生后，门随即又关上了，而我们这里离皇上房子比较远，看不到苍蝇，就只见门一开手一晃了。请客吧。”

“你说的不可信。”邢士廉不愿服输。

“怎么不可信？不要想赖。”于镜涛睁大眼睛问道。

“就是不可信！我问你，皇帝不杀生，为什么还吃肉？肉都能吃，连个苍蝇、蚊子都不能打吗？”邢士廉反问道。

“这你就少见多怪了，亏你还是个喝过洋墨水的，佛教的杀戒还有个小注：‘不为我杀’，即不是为我吃而宰的，反正我不吃别人也要吃，吃这样的不算破戒。”

他们正争得面红耳赤，“皇帝”房间的门开了，毓嵒走了出来。

“毓爷，毓爷，过来，过来。”邢士廉喊道。他想从敏嵒的口中探个究竟，不想轻易在于镜涛面前认输。

邢士廉把事情的来龙去脉叙述了一遍，毓嵒的证实果然如于镜涛所言，这令邢士廉大跌眼镜，他不得不赔了一顿俄式大餐，心疼得邢士廉好几天见了人都不理。

时光在这帮伪满大臣的空虚无聊中被打发了过去，很快到了1948年的11月底，这时中国形势发生了令这帮伪满大臣们意料不到的变化。东北全境被人民解放军解放，东北成了共产党的天下。这帮伪满的大臣、将军们刚到苏联时，凭着他们的经验和嗅觉，认定蒋介石兵精将广，背后又有强大的美国作后援，而共产党领导的八路军不过是一批乌合之众，装备低劣，哪能是蒋介石的对手，必败无疑。他们都想着早晚是要被送交国民党的，所以就一心向着蒋介石，他们不少人和国民党还都有些关系，亲朋故旧在国民党中能够呼风唤雨的人也不在少数，他们就通过这种或那种关系和国民党套近乎，以求未来的时日能够有个比较令人满意的结局。现在的形势变了，这帮善于见风使舵的政客们，又开始动起了脑筋，如果说他们以前和国民党领导是暗渡陈仓，那这次向共产党示好则是明修栈道。他们商量的结果，组织起了一个学习会，名为“马恩列斯学习会”，还郑重其事地报请收容所批准，声势造得轰轰烈烈，形势搞得有模有样，既有讲解员为大家讲，听者还煞有介事地记。既有讨论，还有提问，深受收容所的好评。这下可把溥仪甩在一边了。

急得如热锅上的蚂蚁一样的溥仪把溥杰、万嘉熙及几个族侄召集在一起，召开了一次“御前会议”。

“你们几个看一看，人家那边多热闹，我们该怎么办?”溥仪首先开了腔。

“怎么办？他们能学，我们也能学。”年龄最小的毓嵒抢先说道。

“学，就是你一句话的事吗？听说人家还是经过所里批准的呢!”溥仪没好气地抢白道。

“那我们就和他们一起学，不就行了吗?”和溥仪及伪满大臣们都保持密切关系的“蝙蝠派”万嘉熙说道。

“是的，这倒是个好主意。”溥杰附和道。

“好主意！好个屁！平时我又不和他们来往，这时要参加人家的学习，那我怎么能拉得下这个老脸!”溥仪对溥杰投来了极为不满的一瞥。

“那怎么办？自己学不行，参加人家的又不愿意。”毓嵒快言快语地说道。

“少插嘴，谁让你说这么多!”溥仪十分恼怒地责怪毓嵒。

“那这么办行不?”一直未开口的毓嶦说道，“他们能打报告成立学习小组，我们为何不能呢？还可以借此看看所方的态度。”

“嗯。这倒是个不错的主意。”溥仪赞叹道。

“御前会议”结束后，由万嘉熙执笔，溥杰润色，溥仪过目的一篇关于成立学习小组的申请报告很快递到所方。所方的指示很快下来了，让溥仪参加伪满大臣们的学习小组，并指定溥杰、万嘉熙担任讲师，学习的内容不外是《联共（布）党史简明教程》、斯大林著《列宁主义问题》等。

溥仪的参加，使学习小组的气氛严肃了不少，但无论是伪满大臣，还是溥仪及其族侄们，他们都没有一个是真心学习的，讲的是在唱戏，听的也在“当差”，能糊弄过去就算了，只是每次的开讲之前，仪式倒是蛮有趣的。每到学习时间，照例是现吆喝人。等到伪满国务总理张景惠以及其他文武大臣们一个个搬椅坐定之后，再由溥仪的侄子去请溥仪。不大一会儿，便可看到溥仪领着三个侄子及近侍李国雄缓步走来，同时有一个人捧着溥仪专用的椅子，抢行几步，把椅子放在和讲师座位平行稍前的右方，紧靠着八号室、九号室之间的地方。这时，摆椅的人向溥仪鞠一个比伪满时期稍浅些的“致敬礼”，“讲师”溥杰或万嘉熙则向溥仪报告一声“现在开始”，溥仪则神情木然地点点头。对于溥仪的出席，退场，那些伪满大臣们则既不起立，也不行礼，但都是习以为常地乖乖地坐在那里等着。

看着这种学习的场景，曾任南京汪伪政权驻朝鲜领事的汉奸杨绍权作过一首诗，诗云：

长廊短椅列公卿，
御弟高声讲列宁。
斜并讲坛安宝座，

半掩龙门仔细听。

1949年10月1日，中华人民共和国成立，中国人民在中国共产党的领导下，经过二十八年的艰苦努力，终于推翻压在中国人民头上的三座大山，结束了旧中国一百多年的半封建半殖民地的历史，这对全中国人民来说都是欢欣鼓舞的大喜事，但溥仪整日里却愁眉苦脸，似乎世界末日就要来临了似的。他的诸葛神课摇得更勤了，也更虔诚了，这一天他又摇了一卦，恰巧有这么一句卦词“一片彩云秋后至”，那意思是回国将在秋后不久的日子，这更使溥仪愁上加愁。

这一天，别尔面阔夫中校代表苏联伯力市内务局来收容所检查工作，溥仪如同抓到了一根救命稻草。

没等溥仪开口，别尔面阔夫首先笑容满面地和溥仪打了招呼：“溥仪先生，你好，我们很久没见面了！”

“很好，很好，我倒非常想念你呢！谢谢你在日本时给予我无微不至的照顾。”溥仪赶忙套近乎回答了别尔面阔夫的问候。

“不用谢，那是我职责范围内的事，是我应该做的事。”别尔面阔夫回答道。

“先生……”溥仪迟疑了一下。

“不用客气，我们是老熟人了，你就直呼我的名字就行了。”别尔面阔夫说。

“不，首长。”溥仪又显得有点很难为情地说道。

“溥仪先生，请你不必客气，有什么问题尽管提出来。如果是我能够做到的，我一定尽力帮忙。”别尔面阔夫十分仗义地说道。

“是，是这样的。”溥仪似乎受到了鼓励，终于说了出来。“我曾经多次向贵方提出了留居贵国的要求，不知为何到现在一直没有回音，我希望能够得到贵方一个肯定的答复。”

“这个，至于为什么没有给予你回答，我不了解情况，我也不能回答你，但我想……”别尔面阔夫摇了摇头。

“什么？我不能留居苏联，留居苏联可是我多年的愿望。”溥仪急切地表白道。

“我想，我想是这样的。如果目前的中国还是蒋介石的国民党政权，溥仪先生想留居苏联倒是有可能的。而现在中国的政局已发生了翻天覆地的变化，中华人民共和国成立，中国共产党掌握了政权，美国支持的蒋介石被赶到了台湾，以美国为首的西方资本主义国家拒不承认中华人民共和国，对新中国采取经济上封锁、武力上威胁、外交上孤立的政策，而我们苏维埃社会主义共和国联盟是世界上第一个承认中华人民共和国的国家，双方建立了正式的外交关系，给予新中国以莫大的支持。我想，溥仪先生的去留问题，你自己多考虑一下吧。”

别尔面阔夫的一番分析，使溥仪仅存在心中的最后一点希望破灭了，他头脑里整日想的是他回到中国后如何受到公审，然后被拉往刑场，人头落地，这使他神思恍惚，萎靡不振，茶饭不思，一日比一日消瘦。原先从收容所的食堂打来饭菜后，溥仪的几个族侄总是把自己那份里的好菜留给溥仪，现在倒过来，他难得动一下筷子，有时在几个族侄的劝说下，溥仪勉强端起碗，随便挑几下，也吃不下几口就又放下了碗筷。这一来急得几个族侄毫无办法，作为妹夫的万嘉熙也十分焦急，心中也在寻思着怎样才能使溥仪吃点东西。

一天，吃过早饭不久，万嘉熙来到收容所的院子散步，苏联值日军官叫住了万嘉熙：“万先生，离我们这儿不远有个马戏团，要我们这儿去几个人帮着做些零活，你带几个人去吧。”尽管对参加体力劳动，万嘉熙打心眼里一百个不满意，但他也不得不带着溥仪的几个族侄到马戏团去了。

到了马戏团，其实也没有什么多重的活儿让他们干，无非是打扫打扫卫生，整理整理道具，那最脏的活也就是帮助马戏团的工作人员清理那虎、豹、黑熊的圈。就是这些劳动强度极轻的活，对这些从小生活在宫廷中四体不勤、五谷不分、衣来伸手、饭来张口的人来说，也是一件极痛苦的差事，他们一会儿东看看，一会儿西望望，那日头似乎比平时毒辣了不少，他们的脸孔一个个呈现出痛苦难耐的神情。万嘉熙也耐不住这份辛苦，不时拉腕看看手表。这一动作被一名正在他们旁边的马戏团的演员发现：“呀，你的表怎么这样好呀！”

这一声惊呼，随即引来了许多马戏团的演员的围观。万嘉熙带着的是一块瑞士产的金表，是溥仪送给他的、带日月双日历。不要说在当时物质极其匮乏的苏联人看来，是十分珍奇的，就是在今天物质生活相当丰富的时代，一般老百姓对这种表也是望尘莫及的。

“我看看！”

“给我看看！”

“让我摸一下。”

“这表好高贵呀，能卖好多钱！”一个驯兽师啧啧赞叹着说。

“能值多少钱？”另一个演小丑的问道。

“多少钱，最起码要能卖三千五百卢布。”驯兽师肯定地说。

“三千五百卢布。”万嘉熙听了心里不由得咯登一下，这该是一个多么大的天文数字啊，收容所里的补贴那才几个钱呀！溥仪和伪满大臣、将官们每月由苏联支给三十卢布的津贴，校官级十五卢布，尉官级十卢布。这些钱仅够买买牙膏、牙刷等零用品，想打打牙祭都是极其奢侈的想法。这些天皇帝不思茶饭，如果有了这么一笔钱，给皇帝买点东西改善改善生活，再给皇帝一部分钱，也算我给皇帝尽了一份忠心了。

“你到底愿意不愿意卖？”驯兽师问道。

“卖，你能买得起吗？”演小丑的演员不无讥讽地插话道。

“我买不起，我不能帮他找个买主吗！”驯兽师不满地瞥了那位小丑演员一眼。

万嘉熙终于痛下了决心：“卖，这就拜托你了。”

仅过了一天，驯兽师就在银行把金表换成了现钱，拿着收据和三千五百卢布，背着监视俘虏的苏联士兵交给万嘉熙。万嘉熙感激不尽，为了表示谢意，拿出一百卢布给驯兽师：“给，略表谢意，不成敬意。”

“不，不必客气，我在德国也当过多年的俘虏，俘虏是需要用些钱的，留着自己用吧。”驯兽师十分诚恳地说道。

有了这一大笔钱，万嘉熙在劳动回来的路上，进入食品公司买了不少的高级食品和伏特加酒，回来以后，把大部分食品和酒送给溥仪。卖表的钱也大部分给了溥仪，剩余的钱分给几位族侄各一部分。

溥仪等人有了这笔钱，就经常给那些苏联的值日军官以小惠。请他们帮助出去购物，买来就大吃一顿。

一天傍晚，别尔面阔夫中校来到楼上：“现在所方要了解你们携带的金器，要立刻登记。”溥仪他们的登记都和上次一样，唯有万嘉熙的登记比上次少了一只金表。

万嘉熙被请到副所长阿斯尼斯的屋子里。

“你怎么没登记金表？”阿斯尼斯口气相当严肃地问道。

“我卖了。”万嘉熙如实地回答道。

“卖了！卖了多少钱？”

“卖了三千五百卢布。”

“三千五百卢布，不少哪！钱在哪里，给我拿来！”

“大部都买了吃的，并且分给溥仪他们了。”

“你这是违反所规，要对你起诉。”阿斯尼斯怒气冲冲地说道，随即把值日军官叫了进来，对值日军官说：“把万带到禁闭室关起来！”

溥仪很快知道妹夫万嘉熙因为卖表被关进了禁闭室，急得如热锅上的蚂蚁。溥仪先是把自己身边剩下的五百卢布交给了所方，以争取宽大处理。溥仪的几个族侄也把自己身边剩下的一点钱分别送给了几位值日军官，以求他们对禁闭室里的万嘉熙能够优待些。

溥仪等人在焦急的等待中度日如年地过了五天。到了第六天，别尔面阔夫把万嘉熙带到了阿斯尼斯的房间，阿斯尼斯说道："本来应该对你起诉，但是我们没有这样做。你所余下的五百卢布现在在我这里保管，就用这些钱给你买只苏联手表吧。也算是对苏联社会主义建设的支持。"

万嘉熙焉敢不服，千恩万谢走出了阿斯尼斯的房间，重新回到溥仪他们的房间，他们多日来一颗颗悬着的心终于落了下来，一场虚惊终于过去，雨过天晴。

溥仪最不愿意听到的消息最终还是到来了。1950 年 7 月底的一天，俘虏收容所所长代表苏联政府方面郑重宣布：苏联政府根据苏中两国业已达成的协议，近日内将把溥仪及其以下的所有伪满的俘虏及扣留者遣送回中华人民共和国，请大家速作准备。为使遣送工作顺利进行，特宣布如下纪律：

一、只带随身的生活用品。

二、有关苏联方面的文件、书籍等不得携带。

三、个人在收容所期间所写的有关的资料不得携带。

四、不得携带枪支、弹药、匕首等军用品。

听到这一消息的人反应各有不同，最高兴的当数那些伪满的大臣、将军们，他们虽然不再奢望中国如是国民党掌权，他们还能混到个一官半职，但毕竟可以回到国内。前伪满外交大臣平时可谓斯文儒雅，听到这一消息，当即高兴得跳了起来："乌拉，我们可以回国了，终于熬到头了，我们死也要死在国内，不能死在苏联。"

前伪满奉公勤劳部大臣于镜涛则来得粗犷、奔放："他妈的，我们终于解放了，又可以回家搂老婆了。"

听到消息的溥仪，垂头丧气地回到房间，焦躁不安地在房间里来回踱着步，几个族侄则小心翼翼地收拾东西，唯恐不小心惹恼了溥仪，但活该毓嵣倒楣，他一不留神碰倒了身边的一个瓶子。

"眼瞎了么？你不是整天想着回国吗？和我一起见祖宗去！"溥仪边说边上前拉着毓嵣的手，也许是此时的溥仪要把一段时间以来对毓嵣的嫉恨都要倾泄出来。

"奴才该死，奴才该死，请皇上息怒，皇上息怒，我这就把瓶子扶起来。"毓嵣也知道自己自从不愿意和皇上一起写申请留居苏联，就由皇上最偏爱的侄子变成皇上最恨的人，所以一直在皇上面前陪着小心，哪知越怕事越有事，他赶忙向皇上请罪。

"什么死不死的，丧门星，到时候你不想死也得死。"溥仪瞪着毓嵣气咻咻地说。

另外两个族侄和近侍李国雄，望着暴怒中的皇上也不敢言语。溥仪望着几个木头人般的“家里人”，气上加气， “看什么看！还不赶快都给我停下，过来。”

“是，皇上息怒。”几个人异口同声地说，并走到了溥仪的面前。

“你们说说看，回去后我们将怎么办？”溥仪环视着众人问道。

“怎么办？我们也没有想过，请皇上明示。”毓嶦小心翼翼地说道。

“你们整天就知道吃，谅你们也不会想什么！”溥仪没好气地说，“你们不想想，共产党是干啥的？他们不是整天宣传什么‘打土豪、分田地’，‘打倒封建剥削’，‘敢把皇帝拉下马’，他们对我们比蒋介石对我们还要仇恨百倍，我们恐怕是死路一条！”

“皇上，共产党难道能不讲一点人道吗？”李国雄试探着说。

“讲人道，共产党决不会对我们讲人道的。如果说苏联对我们讲了点人道，那是因为苏联是美国的盟国，它要受国际协约的束缚，中国共产党就不同了，美国不承认它，它能顾忌什么，能对我们讲什么人道。”溥仪继续阐述他的观点。

“那按皇上的说法，我们回去必然就死。与其窝窝囊囊地死，不如堂堂正正地死。”李国雄献计道。

“怎么个堂堂正正地死法？”溥仪问道。

“皇上不记得东京法庭了吗？”李国雄说道。

“在东京法庭？”溥仪有点不明。

“皇上在东京法庭证言已告诉了世上，皇上是完全被日本人威胁利用的。您回国以后，应当对国人说，本是要利用日本以图恢复祖业，谁知反被日寇利用，给中国带来莫大的灾难。事已至此，无须多言，唯愿慷慨就死，以谢国人。这不是堂堂正正地去死吗？”李国雄说出了自己的想法。

“嗯。”溥仪未置可否。

1950 年 7 月 30 日，溥仪及其以下的伪满大臣、将军、族人在苏联武装士兵的押解下，在伯力火车站上了火车。溥仪上了火车后就和家里的人分开了，被安置在苏联军官们的车厢里。苏联方面为溥仪准备了面包、火腿、啤酒、糖果等食品，负责押送的阿斯尼斯大尉举着酒杯走向溥仪。

“溥仪先生，祝贺你即将回祖国，来，让我们干一杯。”

“没什么值得祝贺的，谢谢你的美意。”溥仪不冷不热地说道。

“怎么不值得庆贺？你们中国话不是说：‘美不美，家乡水；亲不亲，故乡人。’况且你离开你的祖国也已有将近五年的时间了，到天亮你就可以看见你的祖国了，回祖国总是一件值得庆贺的事。你放心，共产党的政权是世界上最文明的，中国共产党和人民的气量是最大的。”

无论阿斯尼斯大尉怎样劝说，溥仪总是觉得他们把自己送回中国就是送他去死，他相信的是只要他溥仪一踏上中国土地，就会没有命，如果能够多活一会儿，那无非只再多一场审判会，让更多的人来揭发他溥仪是一个汉奸、卖国贼。看到劝说无效，阿斯尼斯大尉也失去了耐心，就在溥仪对面的卧铺上躺了下来，很快地发出了均匀的呼吸声。溥仪躺在床上被死亡的恐惧搅得无法入睡，睁大着眼睛盯着列车的顶棚。不大一会儿，溥仪又翻身坐起，默诵了几遍经文，但仍然无法入睡，望着窗桌上的空酒杯出神，但传入耳鼓的是对面卧铺上的阿斯尼斯大尉的毫无顾忌的鼾声，溥仪恶狠狠地瞅了躺在对面卧铺上的阿斯尼斯一眼：“呸！欺骗！你的话、你的酒、你的糖果、你的面包，全是欺骗！我的性命跟窗外的露水一样，太阳一出来便全消失了！你倒睡得踏实！”

想到即将到来的死，溥仪的心在颤抖。这么多年来，不正是好死不如赖活着的思想支配着，使他忍辱偷生。北洋军阀政府不能按规定履行优待条件，他忍了；冯玉祥把他驱逐出宫，忍了；日本帝国主义把他当玩偶摆弄，他还是忍了；在苏联的收容所，他过着从没过过的生活，他仍然是忍了。他都没有勇气去寻死了，那么共产党将怎么处死他呢？枪毙，那太好了，一颗“花生米”，万事皆休；斩首，那也不错，顶多脖子上留下个碗口大的疤；绞死，那要多受会罪，但能留个全尸，免得以无头鬼的身份去见祖宗，祖宗不认。不会这么便宜吧，共产党不是最讲依靠人民群众吗？如果共产党把我交给老百姓，如若是东北的老百姓，那不把我千刀万剐了才怪呢！太可怕了，太可怕了！

溥仪在各种各样的设想中度过了惊恐的一夜，但无论何种设想总免不了一死，要死也要死出个气概来。他最终下定决心，临死前我一定要高喊一声“太祖太宗皇帝万岁”，也不枉为爱新觉罗的子孙。

天明时分，列车停靠在中苏边境的绥芬河车站。列车还在苏方的伏罗希洛夫城时，苏联的军官和士兵就换上了礼服。昏头昏脑的溥仪跟随阿斯尼斯走进绥芬河车站的一间厢房。这里坐着两个中国人，一位穿着中山装，一位穿着草绿色的只有两个口袋的军装，胸前符号上写着“中国人民解放军”七个字，见阿斯尼斯走进门，中方的两位人员站起，双方互相握手致意，互递公函。随即阿斯尼斯侧转身，大手一摊，算是把溥仪介绍给了中方人员。穿中山装的中方接收人员对着溥仪打量了一下，然后神情庄重地说：“我奉周恩来总理的命令来接收你们。现在，你们回到了祖国……”

自认为命将休矣的溥仪站在那里一动不动，双手并在胸前，等着那位军人给自己带上手铐，可那军人却面带微笑瞅着溥仪，一动也没有动。

“怎么回事？他们怎么不给我带手铐？他们不怕我跑吗？”溥仪的脑海翻腾

了起来，他抬起头望了望对面的军人，“中国人民解放军”七个字又闪现在他的眼帘中。“噢，对了，蒋介石的八百万美式装备的军队，都是被这种人消灭的，我这一个退了位的皇帝算什么，连个虫子也不如呀！让我跑，我又能跑到哪里去呢?”

一个多小时以后，溥仪跟随着中方接收人员上了中方的火车。进了车厢，溥仪看见了张景惠等伪满的一伙人，也看见了他家里的人。他们都规规矩矩地坐着，身上也都没有镣铐和绳索。溥仪则被领到靠尽头不远的一个座位上，有个士兵把他那装有珍宝的箱子放在了行李架上。溥仪环视了一下车厢，这才发现车窗的玻璃上都被报纸糊上了，而车厢的两头，一头站着一个端冲锋枪的大兵。溥仪的心凉下来了。如临大敌的气氛，这不是送我们上刑场，这又是干什么的呢?

不大一会儿，一个模样像军官但又没带任何武器的人来到了溥仪所在的车厢中间：“各位听着，你们现在已经回到祖国了，应该感到高兴。中央人民政府对你们已经做好安排，你们可以放心。……车上有医务人员，有病的就来报名看病……”

“安排”、“放心”，怎样的安排，我们怎能放心，无非是要稳住我们的心，免得路上出事故，他们回去不好交待，欺骗、还是欺骗!

很快，溥仪等人被安排吃了一顿家乡风味的早餐，有咸蛋、酱菜、大米稀饭。溥仪的情绪稍微稳定了一点，他觉得这些押送人员还是很有纪律、很有修养的，这又激起了他求生的欲望，他要找押送人员谈一下，表明他是不该死的。

溥仪的目光搜寻了一番，目光停留在一位战士的“中国人民解放军”的胸章上，话题就从这里开始了。

“你是中国人民解放军，‘解放’，这两个字意思好极了。我是念佛的人，佛经里就有这意思，我佛慈悲，发愿解放一切生灵。佛教有五戒，其中‘杀’为第一戒，我信佛非常虔诚，从不杀生，连个苍蝇也从没有打过，蚊子在我手下也能得到超度……”

无论溥仪怎样表白，那位小战士一声不响地听着。难道是他不愿意和我这个即将就死的人说一句话？溥仪的疑心病又犯了，他的心情更加绝望了。他听到那车轮碾着铁轨的声音，也似乎是听到那死亡的丧钟正一遍一遍地敲响。溥仪离开了座位，在通道上漫无目的地走着，走到中途，突然发现毓嵣正在和别人低声交谈，似乎有什么“君主”、“民主”的字眼。溥仪突然站住歇斯底里地嚷道：“这时候还讲什么君主？谁说民主不好，我可要跟他决斗！”

人们被溥仪这突然的叫喊弄呆了，溥仪不管不顾地继续叫喊：“你们看我干什么？反正枪毙的是我，你们不用怕！”

一位解放军战士走过来劝溥仪回座位，溥仪为表白自己，对那位解放军说道："刚才那个是我的侄子，思想很坏，反对民主。还有一个姓赵的，从前是个将官，在苏联说了不少坏话，和日本人打得火热……"

解放军战士并没有重视溥仪的话，只是一个劲地劝他好好休息。不得已，溥仪躺在座椅上，闭着眼，嘴里不停地叨咕着。不知不觉，溥仪竟然睡着了。

一觉醒来，列车在沈阳站停了下来。沈阳，这不是爱新觉罗家族的发祥地吗？这不是列祖列宗的陵寝所在地吗？列祖列宗们在这里受万世景仰，难道让我溥仪在这里受万人唾骂？共产党真够歹毒的呀！溥仪在心中咒骂着。

正在溥仪愤恨不已的时候，车厢里上来了一个文官模样的陌生人，穿着一身干净整洁的中山装，手里拿着一张字条，当众宣布说："天气太热，年纪大些的现在随我去休息一下。溥仪、张景惠、臧式毅、邢士廉，于镜涛……毓嵣。"

"毓嵣"，溥仪脑子一震，"毓嵣才三十几岁，怎能算年纪大的。我四十四岁，又当过皇帝，勉强算年纪大的，张景惠他们可算年纪大的。其中难道有诈？对了，我是皇帝、张景惠他们是大臣，毓嵣，我揭露了他，他也要和我一起被处死。"溥仪虽然最恨毓嵣，但此时真要就死，溥仪又感到有点对不住毓嵣。溥仪转身走到毓嵣面前，跪下来给毓嵣咕咚磕了一个响头，众人被弄得目瞪口呆，唯有溥仪心里明白，他相信死鬼报冤的故事，害怕毓嵣死后报复他，找他算账，"临死"前给毓嵣行了个免灾礼。

溥仪带着一种慷慨就死的神情随来人下了火车，并对紧随其后的毓嵣说："和我一起去见祖宗吧！"毓嵣被这句话吓得脸色惨白，拿名单的来人则很随意地说道："怕什么呀！不是告诉过你这是休息吗？"溥仪懒得去辩白，心中一个劲地说："骗局！骗局！骗局！"

溥仪等人乘坐的汽车很快在一座大楼的门口停下，大门口是端着冲锋枪的战士，看来是真的要死了。怕是死，不怕也得死，溥仪豁出去了，把随身带的上衣往胳膊下一夹，径直向大门走去，并且很快超过了来接他的人。来人不得不紧走几步，抢在溥仪前面，在一个门口停下，示意溥仪进去。

溥仪走进屋子，见这是一间很大的房子，中间摆着长桌、椅子，桌上是些水果、纸烟、点心。溥仪完全失去了一个皇帝的风度，把上衣往桌子上一摔，随手拿起一个苹果，狠命地咬了一大口，咯嚓、咯嚓地咀嚼，根本就没有听到在屋里迎接他的那个人说了什么，等后面的十几个人来到，溥仪已把苹果吃了一半。

手拿名单的人附在屋里那个人的耳边说了几句话，那个人笑容可掬地看着溥仪吃完苹果。溥仪拿起桌上的衣服，擦了擦嘴："走吧，快走吧，一切都不要说了。"

“哈、哈、哈，”屋里的那个人笑了起来，“你太紧张了。不用怕，先休息一下，活络活络筋骨。等到了抚顺一定要老老实实学习，认认真真改造，争取重新做人……”

抚顺？还要到抚顺？看来还不是在这个地方把我们处死，共产党还不是成心要羞辱我，让我无颜见列祖列宗……看来，兴许还有活的希望。

一声汽笛长鸣，列车载着心中升腾起希望的溥仪奔向抚顺，溥仪的历史掀开了新的一页！